Karl-Josef Müller
Mahler

SERIE MUSIK
PIPER·SCHOTT
Band 8264

Zu diesem Buch

Sich auf Gustav Mahler und seine Musik einzulassen, heißt immer, vertrautes Terrain einer gesicherten Kunst-Ästhetik preiszugeben und sich der »Gefahr« von Ungereimtheiten und Widersprüchen auszusetzen. Gustav Mahlers Musik ist ein Abenteuer, so schön und furchterregend, so beschaulich und unberechenbar wie die Welt, von der sie redet, eine Musik, die als skeptische Reflexion eben dieser Welt, als Widerpart der Realität all jene Brüche, Verletztheiten und hämischen Platitüden in sich aufnimmt, welche die Kunst zuvor sorgsam von sich fernzuhalten wußte. Darin findet sie ihren »Ton«, und darin ist Mahler sicher auch der natürliche Antipode seines Zeitgenossen Richard Strauss.

Den Musikliebhabern seiner Zeit war Mahler dagegen zuallererst der mächtigste Hofoperndirektor der damaligen musikalischen Welt, der die Sommermonate nutzte, um auch zu komponieren, und sich darin an Bruckner und Strauss messen lassen mußte.

Diesen Sachverhalt versucht dieses Buch durch Präsentation authentischer Belege zu beleuchten und damit jenen tragischen Aspekt dieses Lebens, die Diskrepanz zwischen Mahlers hohem ethischen Anspruch als Komponist und der Qualifizierung durch die Umwelt, in den Vordergrund zu stellen.

Karl-Josef Müller, Prof. Dr. phil., Komponist und Musikwissenschaftler, lehrt an der Hochschule für Musik und Darstellende Kunst in Frankfurt/M. und an der Johannes-Gutenberg-Universität in Mainz. Neben Kompositionen, die – bisher außer der Oper – alle Gattungen umfassen, hat er zahlreiche Arbeiten vor allem über die Musik des 20. Jahrhunderts veröffentlicht.

Karl-Josef Müller

Mahler

Leben – Werke – Dokumente

Schott Mainz · Piper München

SERIE MUSIK
PIPER · SCHOTT

ISBN 3-7957-8264-3 (Schott)
ISBN 3-492-18264-X (Piper)
Originalausgabe November 1988
2. Auflage 5. bis 9. Tausend Oktober 1989
© 1988 B. Schott's Söhne, Mainz · BSS 46602
Umschlag: Federico Luci
Gesamtherstellung: Clausen & Bosse, Leck
Printed in Germany

Inhalt

Dokumente

Essays

Vorwort

Die Musik Gustav Mahlers ist seit den sechziger Jahren in ständig steigendem Maße zum selbstverständlichen Repertoire von Konzert- und Rundfunkprogrammen in aller Welt geworden, und auch die Schallplattenindustrie hat sich ihrer in einer Intensität angenommen, wie es in diesem Maße keinem Komponisten der vergangenen hundert Jahre widerfahren ist; weder Richard Strauss noch Max Reger oder Arnold Schönberg haben eine solche Aktualisierung erfahren wie Gustav Mahler.

Nach dem Mahler-Fest von 1920 in Amsterdam, dessen Initiator der Dirigent Willem Mengelberg war, und dem ersten deutschen Mahler-Fest im April 1921 in Wiesbaden unter der Leitung von Carl Schuricht wurde es still um Gustav Mahler, den Sohn jüdischer Eltern. Nur die Emigranten, allen voran Bruno Walter und Otto Klemperer, Weggefährten des Komponisten aus frühen Jahren, setzten sich im Ausland für ihn ein, bis Leonard Bernstein 1960 zusammen mit Dimitri Mitropoulos das erste große Mahler-Fest nach dem Krieg in New York, Mahlers letzter Wirkungsstätte, arrangierte, von dem in der Tat Signalwirkung an viele Dirigenten vor allem der jüngeren Generation ausging.

Über die Gründe für ein seither auch bei Konzertpublikum und Schallplatten-Sammlern steigendes Interesse an der Musik Mahlers ist viel spekuliert worden. Mag sein, daß die in den sechziger Jahren einsetzende Stereophonie eine auf Raumwirkung angelegte Musik wie die Mahlers begünstigt; mag sein, daß Adornos Mahler-Buch von 1960 ein fachlich interessiertes Publikum aufhorchen ließ, und mag schließlich auch sein, daß der Film *Tod in Venedig* von Luchino Visconti, der das *Adagietto* aus der 5. Sinfonie als Untermalung benutzt, sowie der Mahler-Film von Ken Russel, beide aus den frühen siebziger Jahren, ihren Teil dazu beigetragen haben, die Musik Mahlers einer breiteren Öffentlichkeit überhaupt zum ersten Mal ins Bewußtsein zu rücken: ohne Probleme ist das Verhältnis des Konzertpublikums zu Mahler bis auf den heutigen Tag nicht.

Denn: sich auf Gustav Mahler und seine Musik einzulassen, heißt immer, vertrautes Terrain einer gesicherten Kunst-Ästhetik

11

preiszugeben und sich der »Gefahr« von Ungereimtheiten und Widersprüchen auszusetzen. Gustav Mahlers Musik ist ein Abenteuer, so schön und furchterregend, so beschaulich und unberechenbar wie die Welt, von der sie redet, eine Musik, die als skeptische Reflexion eben dieser Welt, als Widerpart der Realität all jene Brüche, Verletztheiten und hämischen Platitüden in sich aufnimmt, die Kunst zuvor sorgsam von sich fernzuhalten wußte. Darin findet sie ihren »Ton«, und darin ist Mahler sicher auch der natürliche Antipode seines Zeitgenossen Richard Strauss, ohne zugleich auch schon als Ziehvater der zweiten Wiener Schule gelten zu können, deren Sache die Diskontinuität kompositorischen Denkens Mahlerscher Provenienz nicht war.

Was immer aus heutiger Distanz die historische Position Mahlers sein mag – die internationale Musikwissenschaft nimmt sich des Themas »Mahler« seit Jahren mit bemerkenswerter Vehemenz an –: seinen Zeitgenossen war Mahler von alledem nichts, für sie war er zuallererst der mächtigste Hofoperndirektor der damaligen musikalischen Welt, der die Sommermonate nutzte, auch zu komponieren, und sich darin an Bruckner und Strauss messen lassen mußte.

Diesen Sachverhalt versucht das vorliegende Buch durch Präsentation authentischer Belege zu beleuchten und damit jenen tragischen Aspekt dieses Lebens, die Diskrepanz zwischen Mahlers hohem ethischen Anspruch als Komponist und der Qualifikation durch die Umwelt, in den Vordergrund zu stellen.

Mein Dank gilt vor allem Frau Eleonore Vondenhoff, Frankfurt/M., die mir immer wieder Einblick in ihre unvergleichliche private Dokumentation gewährte, sowie Frau Emmy Hauswirth, der Haupt-Sekretärin der Internationalen Gustav Mahler Gesellschaft in Wien, die mir bei der Arbeit im Archiv jederzeit mit Rat und Tat zur Seite stand.

Zeittafel

1860 Gustav Mahler wird am 7. Juli als zweites von vierzehn Kindern des Kaufmanns Bernard Mahler und seiner Frau Maria, geb. Hermann, in Kalischt (Böhmen) geboren.
Im Dezember Übersiedlung der Familie nach Iglau (Jihlava), Pirnitzergasse 4. Der Vater betreibt im Hinterhaus eine Spirituosen-Destillation.
R. Wagner darf nach Deutschland zurückkehren. Hugo Wolf geboren, Schopenhauer gestorben. G. Th. Fechner veröffentlicht die *Elemente der Psychophysik*.

1866 Erster Klavierunterricht. Entscheidende Eindrücke durch die Militärmusik der nahegelegenen Kaserne.
Deutsch-österreichischer Krieg; Schlacht bei Königgrätz.
F. Busoni geboren.

1868 Harmonielehre bei Heinrich Fischer.
Meistersinger in München. *Requiem* von Brahms in Bremen.
1. Sinfonie von Bruckner in Linz.
Max Slevogt und Stefan George geboren. Beginn der Gewerkschaftsbewegung.

1869 Eintritt ins Gymnasium Iglau.
Berlioz stirbt, Pfitzner wird geboren.

1870 Erstes öffentliches Auftreten als Pianist im Stadttheater Iglau. Die Stadt wird ans Eisenbahnnetz angeschlossen.
Ausbruch des deutsch-französischen Krieges.

1871 Im Herbst Wechsel ans Neustädter Gymnasium in Prag, von dem er bereits im nächsten Jahr zurückkehrt.

1872 Bernard Mahler erwirbt das Nachbarhaus, Pirnitzergasse 6. Mahler hört in Iglau zum erstenmal Mozarts *Requiem*.
R. Wagner siedelt nach Bayreuth über; Grundsteinlegung des Festspielhauses. P. Mondrian geboren.

1875 Sommerferien in der Nähe von Časlau; Bekanntschaft mit dem Domänenverwalter Gustav Schwarz, der sich bei Mahlers Vater für ein Studium am Wiener Konservatorium einsetzt. Gutachten des Pianisten Julius Epstein.
10. Sept. Eintritt ins Konservatorium Wien (Hauptfach Klavier). Freundschaft mit Hugo Wolf, Hans Rott und Guido

13

Adler. Erste Kompositionen, darunter ein Opernprojekt *Ernst von Schwaben.*

Bruckner wird Lektor an der Wiener Universität. Ravel und Rilke geboren.

1876 23. Juni: Erster Preis bei einem Klavierwettbewerb.

1. Juli: Erster Preis für den I. Satz eines Klavierquartetts. Am 12. September spielt er in einem Konzert in Iglau u. a. eine eigene Violinsonate und ein Klavierquartett.

Erste Bayreuther Festspiele (*Ring* unter Richter). Erstes technisch brauchbare Telephon.

1877 Mahler fällt bei den Abitur-Prüfungen am Iglauer Gymnasium im Juli durch und holt sie am 12. Sept. nach.

Inskription an der Wiener Universität, u. a. Harmonielehre bei Bruckner. Tritt dem »Wiener akademischen Wagner-Verein« bei, verläßt ihn aber 1879 wieder.

Walzen-Phonograph von Edison. 2. Fassung der 3. Sinfonie von Bruckner; Mahler fertigt einen Klavierauszug davon an.

1878 11. Juli: Diplom des Konservatoriums. Beteiligt sich mit der Ouvertüre zur nicht vollendeten Oper *Die Argonauten* am Beethoven-Kompositions-Wettbewerb ohne Erfolg. Gibt Klavierstunden.

Bayreuther Blätter erscheinen. Erlaß des Sozialistengesetzes.

1879 Klavierlehrer auf einem ungarischen Gut in der Nähe von Budapest. Arbeit an der unvollendeten Oper *Rübezahl* (nur Libretto erhalten).

31. August: Alma Maria Schindler, Mahlers spätere Frau, wird geboren.

1880 *Das klagende Lied.* Vertrag mit dem Konzert-Agenten Lewy. Erste Kapellmeisterstelle in Bad Hall.

Jaques Offenbach gestorben.

1881 Mahler beteiligt sich mit dem *Klagenden Lied,* erneut ohne Erfolg, am Beethoven-Wettbewerb.

Kapellmeister am »Landschaftlichen Theather« in Laibach (Ljubljana).

Neutralitätsvertrag Österreich, Deutschland, Rußland.

Erste deutsche elektrische Straßenbahn in Lichterfelde bei Berlin.

1882 Im März Ende der Kapellmeistertätigkeit in Laibach, Klavierunterricht in Wien. Arbeit an einer *Nordischen Symphonie* (verschollen) und an der Oper *Rübezahl.*

Strawinsky geboren. Berliner Philharmoniker unter Hans von Bülow gegründet.

1883 Januar bis März Kapellmeister in Olmütz; im April Chordirigent einer Stagione-Truppe im Carl-Theater Wien. Erster Besuch der Bayreuther Festspiele.
Ab August zweiter Kapellmeister und Chordirektor am Königlich-preußischen Theater in Kassel.
Wagner gestorben, Webern geboren. Eröffnung der Metropolitan Opera in New York.

1884 Beginn der Arbeit an der 1. Sinfonie. Bülow gastiert mit der Meininger Hofkapelle in Kassel. Bühnenmusik zu *Der Trompeter von Säkkingen*. Ab November Leiter des »Mündener Gemischten Gesangvereins«. Bewerbung bei Angelo Neumann, der noch Theaterdirektor in Bremen ist. Dezember Beginn der Komposition der *Lieder eines fahrenden Gesellen*.
Smetana gestorben.

1885 April: Dem Gesuch um Entlassung in Kassel wird stattgegeben. Im Juni dirigiert Mahler beim Musikfest in Kassel Mendelssohns *Paulus*. Ab August zweiter Kapellmeister am Deutschen Theater in Prag (Direktor Angelo Neumann).
Alban Berg geboren. Erste Leipziger Mustermesse.

1886 Ab August zweiter Kapellmeister neben Arthur Nikisch am Stadttheater Leipzig (Direktor Max Staegemann). Lernt dort den Enkel C. M. von Webers kennen.
Liszt gestorben. Berner Konvention zum Schutze geistigen Eigentums.

1887 Bearbeitung der Skizzen zur Oper *Die drei Pintos* von C. M. von Weber. Im Februar übernimmt Mahler für den erkrankten Nikisch dessen gesamtes Repertoire, u. a. den *Ring*. Beginn freundschaftlicher Beziehungen zu Richard Strauss.
Chagall geboren. Erfindung des Platten-Grammophons durch Emil Berliner.

1888 Uraufführung der *Drei Pintos* am 20. Januar im Stadttheater Leipzig. Vollendung der 1. Sinfonie. Mahlers Gesuch um Entlassung wird stattgegeben.
Niederschrift des I. Satzes der 2. Sinfonie (*Totenfeier*). Ab Oktober Direktor der Königlich Ungarischen Oper in Budapest.
Kaiser Wilhelm I. gestorben.

15

1889 Mahler führt *Rheingold* und *Walküre* in ungarischer Sprache auf. Tod der Eltern und der Schwester Leopoldine. 20. November: Uraufführung der 1. Sinfonie in Budapest.
R. Strauss wird Hofkapellmeister in Weimar. Weltausstellung in Paris (Eiffelturm). Erzherzog Rudolf von Österreich erschießt seine Geliebte und sich.

1890 Engagementsverhandlungen mit B. Pollini in Hamburg.
Brahms hört in Budapest mit Begeisterung eine Aufführung von Mozarts *Don Giovanni* unter Mahler.
Cavalleria rusticana von Mascagni in ungarischer Sprache. Aufhebung des Sozialistengesetzes. Erste internationale Maifeiern.
Dunlop entwickelt den Luftreifen.

1891 Neue Statuten für das Budapester Opernhaus führen zu Auseinandersetzungen zwischen Mahler und dem neuen Intendanten Geza von Zichy.
Im März tritt Mahler von der Direktion zurück.
Ab April Erster Kapellmeister am Stadttheater Hamburg (Direktor Bernhard Pollini). Erster Aufenthalt in Steinbach a. Attersee. Mahler spielt Bülow den I. Satz seiner 2. Sinfonie vor.
Prokofiew geboren. Päpstliche Enzyklika *Rerum novarum* im Sinne sozialer Reformen.

1892 *Lieder und Gesänge* erscheinen bei Schott.
Juni/Juli: Gastspiel der Hamburger Oper in London.
G. Hauptmann *Die Weber*. Cholera in Hamburg.

1893 Revision der 1. Sinfonie. Komposition des II. und III. Satzes der 2. Sinfonie und einiger *Wunderhorn*-Lieder. 27. Oktober Aufführung der revidierten Fassung der 1. Sinfonie und einiger *Wunderhorn*-Lieder.
Tschaikowsky gestorben. Nansens Nordpol-Expedition.

1894 Ab Februar: Übernahme der Leitung der Philharmonischen Konzerte nach Bülows Tod. Aufführung der 1. Sinfonie ohne *Blumine*-Satz bei der 30. Tonkünstler-Versammlung in Weimar. Vollendung der 2. Sinfonie. Bruno Walter wird Korrepetitor und Chordirektor am Hamburger Theater.
R. Strauss wird Hofkapellmeister in München.
Debussy *L'Après-midi d'un Faune*.

1895 Tod des Bruders Otto. Die ersten drei Sätze der 2. Sinfonie werden auf Veranlassung von Strauss in Berlin aufgeführt. Entwurf der Sätze II bis VI der 3. Sinfonie. 13. Dezember:

Uraufführung der gesamten 2. Sinfonie in Berlin.
Hindemith und Orff werden geboren. Entdeckung der Rönt-
gen-Strahlen.

1896   16. März: Uraufführung der *Lieder eines fahrenden Gesellen*
in Berlin. Beendigung der 3. Sinfonie. Mahler bewirbt sich
um eine Kapellmeister-Stelle an der Wiener Hofoper.
Bruckner und Clara Schumann gestorben. Erfindung der
Drehbühne (München). Erste Olympische Spiele der Neuzeit in Athen.

1897   Mahler bittet im Januar um seine Entlassung in Hamburg.
Am 23. Februar tritt er zum katholischen Glauben über.
Aufführung des II., III. und VI. Satzes der 3. Sinfonie in
Berlin. Konzerttournee nach Rußland. Konzerte in München und Budapest, dazwischen Engagements-Verhandlun-
gen in Wien.
11. Mai: Antrittsvorstellung mit *Lohengrin* in Wien.
13. Juli: Ernennung zum Stellvertreter des Direktors Jahn,
am 8. Oktober Ernennung zum Artistischen Direktor der
Wiener Hofoper.
Brahms gestorben. Die »Christlich-Soziale Partei« gewinnt
die Wiener Bürgermeisterwahl.

1898   Mahler wird Mitglied der Leitenden Kommission der
»Denkmäler der Tonkunst in Österreich«. Er bezieht die
Wohnung in Wien III., Auenbruggergasse 2 (Rennweg 5),
die erst 1909 aufgelöst wird. Ab September Nachfolger Hans
Richters als Leiter der Philharmonischen Konzerte. Erste
ungekürzte Aufführung des *Ring* in Wien.
R. Strauss wird Hofkapellmeister in Berlin. Gershwin gebo-
ren. Bismarck gestorben. Erste Ausstellung der Wiener
»Sezession«. Entdeckung des Radiums durch das Ehepaar
Curie.

1899   Zunehmende antisemitische Angriffe auf Mahler, vor allem
in der *Deutschen Zeitung*. Beginn der Arbeit an der 4. Sinfonie. Erwerb eines Grundstücks in Maiernigg am Wörthersee.
Johann Strauß gestorben. Haager Friedenskonferenz. Erstes registriertes Autoopfer in den USA.

1900   Aufführung einiger Orchesterlieder in Wien.
Mahler führt Beethovens 9. Sinfonie mit eigenen Retuschen
auf. Konzerte der Wiener Philharmoniker unter Mahlers
Leitung bei der Weltausstellung in Paris. Vollendung der

4. Sinfonie. Franz Schalk wird Kapellmeister an der Hofoper. Einbau einer Drehbühne. Wiener Erstaufführung der 1. Sinfonie.

Gründung der »Neuen Bachgesellschaft«. Nietzsche gestorben. Plancks Begründung der Quantentheorie.

1901 Mahler engagiert Leo Slezak. 17. Februar: Uraufführung von *Das klagende Lied* in Wien. Operation, danach Erholung in Abbazia (Opatija); dort Arbeit an der 4. Sinfonie. Im April Rücktritt von der Leitung der Philharmonischen Konzerte. Erste Entwürfe der 5. Sinfonie; Orchesterlieder auf *Wunderhorn-* und Rückert-Texte, darunter drei *Kindertotenlieder*. Bruno Walter wird neben Schalk erster Kapellmeister an der Hofoper. Im November: erste Begegnung mit Alma Schindler. 25. November: Uraufführung der 4. Sinfonie in München.

Verdi gestorben. Erstes deutsches Bach-Fest in Berlin. Beginn der »blauen Periode« Picassos.

1902 9. März: Heirat mit Alma Schindler. Konzertreise nach Petersburg. Beginn der Verbindung zu Künstlern der Wiener »Sezession«, u. a. zu Alfred Roller. 9. Juni: Uraufführung der 3. Sinfonie in Krefeld. Erste Begegnung mit Willem Mengelberg. Vollendung der 5. Sinfonie. 3. November: Geburt von Maria Anna (»Putzi«).

Strawinsky nimmt Unterricht bei Rimskij-Korsakow in Heidelberg. Urheberrechtsgesetz an Werken der Literatur und Musik tritt in Kraft. Opposition der ungarischen Unabhängigkeitspartei im österreichischen Parlament.

1903 Intensivierung der Dirigiertätigkeit vor allem eigener Werke. Beginn der Zusammenarbeit mit Roller. Mahler tritt der »Genossenschaft deutscher Tonkünstler« bei. Beginn der Arbeit an der 6. Sinfonie.

In der Hofoper wird der Orchesterraum tiefer gelegt.

Erste Aufführung einer Mahler-Sinfonie (»Dritte«) in Holland.

Hugo Wolf gestorben. Gründung des »Deutschen Museums« in München. Fertigstellung der transsibirischen Eisenbahn.

1904 Wiener Erstaufführung von Wolfs *Corregidor*. Mahler lernt A. Schönberg kennen. Er wird Ehrenpräsident der »Vereinigung Schaffender Tonkünstler«.

15. Juni: Geburt von Anna Justine (»Gucki«).

Vollendung der 6. Sinfonie, Komposition der letzten *Kindertotenlieder*, Arbeit an der 7. Sinfonie. 18. Oktober: Uraufführung der 5. Sinfonie in Köln. Erste Aufführung einer Mahler-Sinfonie (»Vierte«) in den USA. Eduard Hanslick gestorben. Salvador Dali geboren. New York bekommt eine U-Bahn.

1905 29. Januar: Uraufführung der *Kindertotenlieder* in Wien. Im März sagt Mahler eine Konzerttournee nach Moskau wegen Revolutionsunruhen ab. Die kaiserliche Zensurbehörde verbietet eine Aufführung der Oper *Salome* von R. Strauss an der Wiener Hofoper.

Richard Spechts Mahler-Biographie erscheint. G. Craig *Die Kunst des Theaters*. Léhar *Lustige Witwe*. Medizin-Nobelpreis an Robert Koch (Tuberkulose-Forschung).

1906 27. Mai: Uraufführung der 6. Sinfonie in Essen. Mahler bearbeitet Webers *Oberon*. Komposition der 8. Sinfonie. Gastspiel der Wiener Hofoper beim ersten Salzburger Mozartfest (*Figaros Hochzeit*).

Erstes Gastspiel von Enrico Caruso in Wien.

Kritische Gesamtausgabe der Briefe Beethovens erscheint. Gründung des Jüdischen Museums in Prag.

Erdbeben und Großfeuer zerstören San Francisco.

1907 Verstärkte Wiener Pressekampagne gegen Mahler. Demission. Tod der ältesten Tochter Maria Anna. Bei Mahler wird ein Herzfehler festgestellt. Abreise nach New York.

Gründung der Künstlergruppe »Die Brücke« in Dresden.

Zusammenschluß der Christlich-Sozialen Partei Österreichs mit den Deutschklerikalen. Allgemeines Wahlrecht in Österreich. Papst Pius X. gegen »Modernismus«.

1908 Dirigent an der Metropolitan Opera in New York.

Gastspiel in Boston. Pläne für ein »Mahler-Orchester«, die aber wieder fallengelassen werden. Komposition des *Lied von der Erde* in Toblach, wo Mahler bis zu seinem Tode jeweils die Sommermonate verbringt. 19. September: Uraufführung der 7. Sinfonie in Prag. Beginn der zweiten Saison in New York. Gastdirigent des »New York Symphony Orchestra«.

Rimskij-Korsakow gestorben. Kubismus in Frankreich. Österreich-Ungarn annektiert – von Deutschland unterstützt – Bosnien und Herzegowina.

1909 Rodin-Büste in Paris. Komposition der 9. Sinfonie. Dritte Saison in New York: Dirigent des »New York Philharmonic Orchestra«. Einführung sogenannter Historischer Konzerte. Richard Strauss *Elektra*. Futuristisches Manifest von Marinetti.

1910 In Toblach Entwürfe zur 10. Sinfonie. Schwere Ehekrise. Mahler sucht Sigmund Freud in Holland auf. 12. September: Uraufführung der 8. Sinfonie in München. Aufbruch zur vierten und letzten Saison in New York.
Strawinsky *Feuervogel*. Erster Dieselmotor für Kraftwagen. Brücke über den East-River in New York.

1911 Unstimmigkeiten mit der »Philharmonic Society«. Krankheit und Rückkehr nach Europa. Behandlungsversuche in Paris, die erfolglos bleiben.
Gustav Mahler stirbt am 18. Mai in Wien. Die Beisetzung findet am 22. Mai auf dem alten Grinzinger Friedhof statt.
Schönberg *Harmonielehre* (Mahler gewidmet).
Regierungskrise in Österreich, Unruhen werden blutig niedergeschlagen.

Biographie

Gustav Mahler
Bronzebüste von Auguste Rodin

Jugend und Lehrjahre (1860–1881)

Kleinbürgerliches Elternhaus

Am Sonntag, den 21. Oktober 1860 erscheint in der *Wiener Zeitung* ein »Kaiserliches Manifest«, in dem es u. a. heißt:

Ich habe von den Wünschen und Bedürfnissen der verschiedenen Länder der Monarchie Kenntniß nehmen wollen und demzufolge mittelst meines Patentes vom 5. März l. J. Meinen verstärkten Reichsrath gegründet und einberufen.

In Erwägung der mir von demselben überreichten Vorlagen habe ich mich bewogen gefunden, in Betreff der staatsrechtlichen Gestaltung der Monarchie, der Rechte und der Stellung der einzelnen Königreiche und Länder ebensowohl, wie der erneuten Sicherung, Feststellung und Vertretung des staatsrechtlichen Verbandes der Gesammt-Monarchie am heutigen Tage ein Diplom zu erlassen und zu verkünden.

Ich erfülle Meine Regentenpflicht, indem Ich in dieser Weise die Erinnerungen, Rechtsanschauungen und Rechtsansprüche Meiner Länder und Völker mit den tathsächlichen Bedürfnissen Meiner Monarchie ausgleichend verbinde...

Als Kaiser Franz Joseph I. dieses Manifest erläßt, befindet sich der Habsburgerstaat, Konglomerat aus einer Vielzahl von Völkern, Sprachen und Religionen, in großen Schwierigkeiten. Jahrzehntelange Ignoranz gegenüber den Autonomiebestrebungen der Kronländer und eine Fehleinschätzung der Kräfteverhältnisse in Europa hatten erst ein Jahr zuvor zu den Schlachten von Magenta und Solferino geführt, in denen die Monarchie empfindliche Verluste erlitten hatte. Die schweren Staatsdefizite und die Unruhe unter den Völkern zwingen den Kaiser zum Handeln. Er greift zu einem Mittel, das – im sogenannten Oktoberdiplom niedergelegt – zweierlei bewirkt: indem er die politische Bevormundung der Kronländer reduziert und den Untertanen größere Mobilität zugesteht, aktiviert er zugleich die Wirtschaft, die damit ihren Teil zur Gesundung der Staatsfinanzen beitragen kann. Solche Politik schlägt durch bis auf die untersten Ebenen der ökonomischen Pyramide

Das Mahler-Geburtshaus in Kalischt

und bietet auch dem Handelsmann Bernard (Baruch) Mahler[1] aus
Kalischt in Böhmen die Chance zu wachsender Reputation und so-
zialem Aufstieg. Bernard Mahler hatte in Kalischt ein kleines
Häuschen gekauft, in dessen Fenstern nach der späteren Beschreibung seines Sohnes *nicht einmal Scheiben waren* [...]. *Vor dem
Hause breitete sich ein Wassertümpel aus. Das kleine Dorf Kalischt
und einige zerstreute Hütten waren alles, was in der Nähe lag*[2].

Immerhin: Bernard Mahler legt mit dem Erwerb des Häuschens
den Grundstein für eine Existenz, die ihm die Gründung einer Familie erlaubt. Im Februar 1857 heiratet er, selbst Sohn jüdischer
Eltern, die Tochter des jüdischen Seifensieders Abraham Her-

---

[1] In den meisten Veröffentlichungen liest man »Bernhard«; aber sowohl in der Ge-
burtsurkunde Gustav Mahlers als auch auf dem Grabstein ist »Bernard« zu lesen.

[2] Natalie Bauer-Lechner, *Erinnerungen an Gustav Mahler*, hg. von Johann Killian,
eingeleitet von Paul Stefan, Wien–Zürich 1923, S. 52, Neuausgabe, hg. von Herbert Killian, mit Anmerkungen und Erklärungen von Knud Martner, Hamburg
1984.

Eine Aufstellung der Abkürzungen findet sich auf Seite 615.

mann aus Ledeč, Maria Hermann, *die ihn nicht liebte, vor der Hochzeit ihn kaum kannte und lieber einen andern, dem ihre Neigung gehörte, geheiratet hätte*[3]. Bernard Mahler *hatte bereits alle möglichen Erwerbsphasen hinter sich und hatte sich mit seiner ungewöhnlichen Energie immer weiter emporgearbeitet*[4]. Die Heirat mit der Tochter aus »besserem Hause« ist – so will es scheinen – ein weiterer Schritt auf dem Weg nach oben. *Der großväterliche Seifensieder in Ledeč hielt auf bürgerliche Reputation. In seinem Hause legte man auf Benehmen wert, was Bernhard Mahler als »nobel« erschien. Im Spaß nannte er die Familie des Schwiegervaters »die Herzöge«.*[5] Er selbst war der Sohn einer »fliegenden Händlerin«, die mit ihren Kurzwaren von Haus zu Haus zog, das Nötigste zum Leben verdiente und ihrem Sohn nicht mehr, aber auch nicht weniger als den Instinkt für das Erreichbare mitgab. Instinkt und ein unbeirrbarer Ehrgeiz des Vaters, der allzu oft in erster Linie als »Trieb- und Sinnenmensch« hingestellt worden ist, stellen jene Faktoren dar, ohne die der Werdegang des jungen Gustav Mahler nicht verständlich wird. Wahr bleibt wohl dennoch, daß Bernard Mahler seine Frau immer wieder aufs abscheulichste demütigt und daß sich die hinkende und ihr Leben lang herzkranke Mutter dem Sohn als Inkarnation des Leidens tief ins Bewußtsein einprägt.

In Kalischt ist die junge Familie noch klein. 1858 war das erste Kind, Isidor, geboren, aber bereits im Jahr darauf gestorben, so daß der zweite Sohn, Gustav, der am 7. Juli 1860 zur Welt kommt, der Älteste ist. Aber er ist kaum ein halbes Jahr alt, als der Vater beschließt, Kalischt zu verlassen. Das kaiserliche »Oktoberdiplom« gewährt nun auch den jüdischen Mitbürgern Niederlassungsfreiheit, und Bernard Mahler wittert sofort die Chance: die Familie übersiedelt am 22. Oktober 1860 in das nahegelegene Städtchen Iglau (heute: Jihlava) auf mährischem Boden, einem Zentrum der Leder- und Textilmanufaktur, in dem man überwiegend deutsch spricht.

Kurz nach dem Umzug im Dezember 1860 muß Bernard Mahler bereits einen Antrag beim zuständigen Bezirksamt eingereicht haben, in dem er um die Genehmigung zur Herstellung und zum Ausschrank von Branntwein oder Likör nachsucht. Am 28. Februar 1861 erhält er folgenden Bescheid:

[3] *NBL*, S. 53
[4] *NBL*, S. 52
[5] *KB* I, S. 24

Die Anzeige des Bernard Mahler aus Kalischt, wegen von ihm beabsichtigter Erzeugung versüßter alkoholhältiger Flüßigkeiten auf kaltem Wege dann des Verschleißes derselben im Sinne des Hofdekretes vom 6. Dezember 1841 in versiegelten, mindestens ein Seidl enthaltenden Bouteillen in Iglau wird zur genehmigenden Kenntniß genommen.

Dem Ansuchen um Concession zum Ausschanke dieser versüßten alkoholhältigen Flüßigkeiten kann mit Rücksicht auf die vielen bereits bestehenden Brandwein- und Rosoglioschänker keine Folge gegeben werden.

Bernard Mahler ist seinem Ziel, als Bürger mit Ansehen in gewissem Wohlstand leben zu können, wieder ein Stück näher gekommen. Voll Stolz hängt er den Bürgerbrief in der Wohnung Pirnitzergasse 4 auf und tritt auch als »beitragendes Mitglied« dem Ig-

Pirnitzergasse in Iglau.
In den beiden Häusern am rechten Bildrand verbrachte Mahler
die Kindheit

26

lauer Männergesangverein bei. Für den Sohn einer Hausiererin sind dies die Insignien eines erfolgreichen Lebens, und zweifelsfrei ebnen sie Gustav Mahler den Weg für erste Schritte in der Kunst-»Szene« der königlichen Kreisstadt Iglau, dessen gebildetes Bürgertum sich immerhin ein Orchester leistet, in dem von insgesamt 34 Mitgliedern fünfzehn Berufsmusiker sitzen, die von der Kommune finanziert werden. 1850 hatte man die ehemalige Kapuzinerkirche zu einem Theater mit 1020 Sitzplätzen umgebaut und bietet dort neben Theaterstücken und Operetten auch Opern an. Der spiritus rector des Iglauer Musiklebens ist Heinrich Fischer, ein Schüler des Prager Konservatoriums, der 1858 den Männergesangverein übernommen und ihn etwas später durch einen Damenchor ergänzt hatte, so daß es möglich wird, auch größere Werke mit Orchester aufzuführen, ja sogar Opernaufführungen zu wagen, die nach zeitgenössischen Berichten beachtliches Niveau erreichen; so bietet der Männergesangverein zusammen mit der Stadtkapelle unter der Leitung von Musikdirektor Fischer dem Iglauer Publikum 1867 die Oper *Alessandro Stradella* von Friedrich von Flotow und zwei Jahre später den erst 1853 uraufgeführten *Troubadour* von Verdi.

Der städtische Musikdirektor Fischer ist Nachbar der Mahlers, und die beiden Kinder, Theodor und Gustav, werden natürlich schnell Spielkameraden und Freunde. Theodor Fischer, nachmals Kreisgerichtspräsident und Hofrat, erinnert sich später noch sehr genau an die gemeinsamen Kinder- und Jugendjahre:

Im Hause C. Nr. 265/Or. Nr. 4 der Pirnitzergasse jetzigen Znaimergasse betrieb sein (Mahlers) Vater in den 60er Jahren und anfangs der 70er Jahre des vorigen Jahrhunderts die Erzeugung und den Ausschank von Likören.[6] Im I. Stocke dieses Hauses war auch die Wohnung der Familie, bestehend aus einer großen Küche, Vorzimmer und 2 Zimmern. Das große Zimmer war als Salon im nüchternen Stile der damaligen Zeit eingerichtet mit der stereotypen Ripsgarnitur; dort hing unter Glas und Rahmen der Bürgerbrief des Vaters, der Bürger von Iglau war, dort stand ein Glaskasten mit Porzellan und Glas und allerlei Raritäten, ein Bücherkasten angefüllt mit Werken der Klassiker und zeitgenössischen Schriftsteller, die Gustav Mahler früh kennenlernte und dort stand auch der Flügel (Vo-

---

[6] Ob B. Mahler entgegen der o. a. Verordnung doch Alkohol ausgeschenkt hat, ist nicht festzustellen.

*paterny Flügel), an dem Gustav Mahler übte und studierte, als
er bereits im Klavierspiel unterrichtet wurde.*

*[...] Als er heranwächst, ist im Sommer die städtische
Schwimmschule für ihn und seine Kameraden der Tummel-
platz, wo der Schwimmsport eifrig gepflegt wird.*[7]

Garnisonsstadt Iglau

Aber die bürgerliche Musikwelt Iglaus ist für den kleinen Gustav
nicht die einzige Quelle seiner Musikbegeisterung. Iglau ist zugleich Garnisonsstadt mit all ihren unvermeidlichen Begleiterscheinungen; vor allem hat es dem Jungen die Regimentskapelle
angetan, die regelmäßig in ihren schmucken Uniformen durch die
Stadt marschiert. Er ist so fasziniert von dieser Musik, daß er als
Vierjähriger morgens, halb angekleidet, mit seiner Ziehharmo-
nika auf die Straße stürzt und den Soldaten nacheilt, um schließlich
den Marktfrauen auf seinem Instrument vorzuspielen, was er eben
gehört hat. Er singt und spielt überhaupt alles nach, seien es Volks-
lieder, die ihm meistens die Hausmädchen vorsingen, oder die Musik von der Straße und aus der Umgebung. Als er mit sechs Jahren
bei den Eltern der Mutter auf dem Dachboden ein altes Klavier
entdeckt[8], gibt es nichts mehr, was ihn von diesem Instrument weg-
bringt, und auch der Vater scheint überzeugt, daß hier die Zukunft
seines Sohnes liegt. Er sorgt dafür, daß Gustav ab 1866 beim Iglauer Theaterkapellmeister Franz Viktorin geregelten Klavierunterricht bekommt, so daß er immerhin in der Lage ist, mit acht Jahren einen Siebenjährigen in Klavier zu unterrichten, *die Stunde zu
fünf Kreuzern. Aber angesichts der Unachtsamkeit des Schülers
wird der Lehrer »rabiat«, der Unterricht wird eingestellt*[9]. 1869
wechselt er dann zu einem neuen Klavierlehrer namens Brosch,
der offensichtlich alles daransetzt, aus dem Kind einen Virtuosen
zu machen. Denn der Zehnjährige tritt am 13. Oktober 1870 zum
erstenmal öffentlich im Stadttheater Iglau als Pianist auf: die örtli-
che Presse spricht in ihrem Bericht vom »künftigen Klaviervir-
tuosen«.

---

[7] *KB* II, S. 146

[8] Bei Berndt W. Wessling, *Gustav Mahler, Ein prophetisches Leben*, Hamburg 1974,
   wird berichtet, der kleine Gustav habe das Instrument bei der Mutter des Vaters
   (»Mammeh Mahler«) entdeckt (S. 35/36).

[9] Paul Stefan, *Gustav Mahlers Kindheit, erste Jugend und Lehrjahre*, in: *Die Musik*
   10 (1910/11), S. 342

Mahler Mitte der 60er Jahre

Sicher fällt von solcher Ehre auch etwas auf die ganze Familie des Spirituosenhändlers Mahler, zu der neben Gustav inzwischen sieben weitere Kinder gehören: Ernst (geb. 1861), Leopoldine (geb. 1863), Karl (geb. 1864), Rudolf (geb. 1865), Alois (geb. 1867), Justine (geb. 1868) und Arnold (geb. 1869). Zwei von ihnen sterben früh: Arnold noch im Kleinkindalter (1871) und Gustavs Lieblingsbruder Ernst mit 13 Jahren.[10] Aber das Kindersterben im Hause Mahler sollte noch kein Ende haben: auch die beiden Nächstgeborenen Friedrich (geb. 1871) und Alfred (geb. 1872) überleben das Kindesalter nicht; Otto (geb. 1873) wächst körperlich wohl gesund heran, begeht aber mit 21 Jahren Selbstmord. Das elfte Kind, Emma (geb. 1875) überlebt das Kindesalter und wird damit das jüngste der Familie, denn der Letztgeborene, Konrad (geb. 1879), stirbt ebenfalls als Kind. Damit überleben von 14 Kindern, denen Marie Mahler zwischen ihrem 21. und 42. Lebensjahr das Leben geschenkt hat, nur sechs die Kinderzeit, eine aus heutiger Sicht unglaubliche »Bilanz«, die aber für die zweite Hälfte des 19. Jahrhunderts noch als durchaus normal gelten muß. *Noch gegen Ende des neunzehnten Jahrhunderts betrug die Sterblichkeit der Kinder unter fünf Jahren in den Ländern des Habsburgerstaates im Durchschnitt nahezu fünfzig Prozent.*[11]

Solchen Zustand kann der Staat nur resignierend konstatieren, Verbesserungen muß man von der Medizin erhoffen. Im wirtschaftlichen Bereich dagegen unternimmt die Monarchie eine Reihe von Anstrengungen, die in besonderer Weise auch den Kronländern Böhmen und Mähren zugute kommen; so wird Iglau 1870 an das Eisenbahnnetz angeschlossen, womit der Mobilität der Bürger und dem Handel neue Dimensionen erschlossen werden, an denen sicher auch Bernard Mahler partizipiert.

Der Älteste besucht inzwischen das Iglauer Gymnasium, aber der wirkliche Bildungszugewinn findet für Gustav Mahler offensichtlich außerhalb der Schule statt, vor allem in der Lektüre der Klassiker und Zeitgenossen, die er teilweise auswendig lernt. Die Schule ist ihm ein Greuel, so, wie ihm jede aufgezwungene und in erstarrten Formen ablaufende Beschäftigung mit Dingen, die ihm lieb und wichtig sind, zutiefst zuwider ist und bleiben wird; wiederholt wird er dabei ertappt, daß er sich in völliger Abwesenheit mit ganz anderen Dingen befaßt als seine Mitschüler. Kein Wunder,

---

[10] *KB* I, lt. Henri-Louis de La Grange, *Mahler*, Garden City/New York 1973, London 1974, stirbt Ernst am 13. April 1875.
[11] *KB* I, S. 22

daß das erste Zeugnis des Gymnasiums ihn nicht gerade als eine »Leuchte« ausweist. Seine Leistungen in Religion sind zwar *vorzüglich* und die in Turnen (!) *lobenswert*, aber der Rest ist nicht der Rede wert; vor allem ist sein Fleiß nur *befriedigend*, und außerdem wird ihm attestiert: *äußere Form: minder sorgfältig, sittliches Betragen: entsprechend*[12].

Der Vater hält angesichts solcher Erfolge einen Schulwechsel für angezeigt und nützlich. Im Herbst 1871 besucht Gustav das Neustädter Gymnasium in Prag und wohnt bei der Familie Grünfeld, deren Söhne Alfred und Ernst später selbst bedeutende Musiker werden.[13] Aber der Versuch scheitert: der Junge kehrt nach Iglau zurück mit einem Zeugnis, das ihn als schlechtesten Schüler seiner Klasse ausweist! Er wird also wieder Schüler seines alten Iglauer Gymnasiums, aber seine Liebe gehört nach wie vor der Musik, so daß er auch weiterhin als Pianist auftritt und von sich reden macht; so u. a. anläßlich eines Festaktes zur Vermählung der Erzherzogin Gisela, bei dem er in überragender Manier eine *Fantasie über Motive aus der Oper Norma* von Sigismund Thalberg, dem neben Liszt wohl berühmtesten Pianisten seiner Zeit, vorträgt.

Entscheidend für Mahlers weitere Entwicklung aber wird eine Begegnung, die während eines Ferienaufenthaltes auf dem Lande, in der Nähe von Časlau, stattfindet. Dort lernt Gustav Mahler den Verwalter einer Domäne kennen, Gustav Schwarz, der selbst ein begeisterter musikalischer Laie ist und sich mit Vehemenz dafür einsetzt, daß Mahler zum Musikstudium nach Wien gehen soll. Aber da gibt es eine Hürde: Bernard Mahler. Der Vater ist ein nüchtern kalkulierender Mann, der Zweifel hat, ob Gustav neben der Schule (als sog. Externer), in der er ohnehin genug Schwierigkeiten hat, ein anspruchsvolles Musikstudium wird bestreiten können. Der Sohn hat sein Ziel längst anvisiert. Er muß nur noch die Weichen richtig stellen, und das versteht der erst Fünfzehnjährige in einer auch sprachlich so brillanten Weise, daß dem Leser doch gewisse Zweifel kommen, ob dieser junge Mann nun wirklich nichts anderes ist als jener verträumte Weltfremdling, als der er von seinen Verehrern so gern gesehen wird. Er schreibt am 28. August 1875 an seinen Gönner Gustav Schwarz u. a. folgendes:

---

[12] *KB* II, S. 148
[13] Alfred Grünfeld (1852–1924), in Prag geborener Pianist und Komponist, seit 1913 als Professor in Wien tätig; Heinrich Grünfeld (1855–1931), Bruder von Alfred, ebenfalls in Prag geboren, Cellist, schrieb eine Autobiographie *In Dur und Moll*, Leipzig und Zürich, 1923.

*Anschließend an das Schreiben meines l. Vaters danke auch
[ich] Ihnen, geehrter Herr, für die ehrenvolle Aufnahme
und Bewirtung, die Sie mir in vollstem Maße zuteil werden
ließen, und ich kann nur hinzusetzen, daß es noch einen
kleinen Kampf kosten wird, den l. Vater zur Übereinstim-
mung mit uns in betreff unseres Projektes zu bewegen, obwohl er freilich sich schon ziemlich zu unserer Seite hinneigt; doch ist er noch immer nicht eins mit sich…*

*Der l. Vater fürchtet bald, daß ich mein Studium ver-
nachlässigen oder unterbrechen würde, bald wieder, daß ich
durch schlechten Umgang in Wien verdorben werden
könnte; und wenn er auch, wie es mir scheint, sich zu unserer Seite hinneigt, so müssen Sie doch bedenken, daß ich im
Kampfe gegen die Übermacht so vieler »verständiger und
gesetzter Leute« ganz allein auf mich angewiesen bin. Deshalb bitte ich Sie, uns am Samstag den 4. September die
Ehre Ihres Besuches zu schenken, denn nur durch Sie kann
der Vater ganz gewonnen werden. Wollen Sie mich gefäl-
ligst der gnädigen Frau und den Herrn und Damen in Ronow empfehlen.*

> *In aufrichtiger Hochachtung*
> *Gustav Mahler.*[14]

Gustav Schwarz bringt es fertig, den Vater zu überzeugen, und
man[15] fährt nach Wien, um das Urteil des berühmten Klavierleh-
rers Julius Epstein zur Grundlage für die letztendliche Entscheidung zu machen. Ob Epstein mehr von Mahlers Klavierspiel oder
von seinen bis dahin entstandenen Kompositionen überzeugt
wurde, geht aus den Berichten nicht eindeutig hervor. Kurzum:
Gustav Mahler wird am 10. September 1875 in das Konservatorium
für Musik und darstellende Kunst der Gesellschaft der Musikfreunde in Wien aufgenommen.

Weltstadt Wien: Lehrjahre

Mit der Aufnahme ins Wiener Konservatorium erfüllt sich für den
15jährigen ein Traum.

---

[14] *KB* II, S. 149
[15] Die vorliegende Literatur gibt widersprüchliche Auskunft darüber, wie Mahler
nach Wien gefahren ist (vgl. *KB* II, S. 149).

1812 hatte sich auf Initiative einiger interessierter Laien eine »Gesellschaft der Musikfreunde des österreichischen Kaiserstaates« gegründet, die sich der »Emporbringung der Musik in allen ihren Zweigen« widmen und mithin neben bemerkenswerten musikalischen Aufführungen auch den künstlerischen Nachwuchs fördern wollte. So wurde 1817 ein Konservatorium eröffnet, das ein halbes Jahrhundert später mit Unterstützung des Kaisers und der »Ersten österreichischen Spar-Casse« in ein neues, wesentlich größeres Lehr- und Konzertgebäude am Karlsplatz umziehen konnte. Dieses »Konservatorium der Gesellschaft der Musikfreunde«, seit 1908 die »Staatliche Akademie für Musik und darstellende Kunst«, hat seither eine nahezu unüberschaubare Zahl bedeutender Musiker hervorgebracht und ist bereits Mitte des 19. Jahrhunderts einer der Brennpunkte des österreichischen Musiklebens.

Mahler wird als Studierender mit Hauptfach Klavier in die Klasse des angesehenen Klavierpädagogen Julius Epstein aufgenommen, der sich nicht nur durch seine pianistischen Qualitäten, sondern auch als Herausgeber von drei Serien zweihändiger Klaviermusik im Rahmen der Gesamtausgabe der Schubertschen Werke einen Namen gemacht hatte.

Wie sehr der junge Mahler und einige seiner Kommilitonen, unter ihnen Rudolf Krzyzanowski, von Anfang an die Möglichkeiten der Musik-Metropole Wien zu nutzen gedenken, geht aus einem Gesuch an die »Löbliche Gesellschaft der Philharmoniker in Wien« vom 19. September 1875, also nur gut einer Woche nach Mahlers Aufnahme ins Konservatorium, hervor:

Die Unterzeichneten wenden sich hiermit an die verehrten Mitglieder der philharmonischen Gesellschaft zu Wien mit der ergebenen Bitte, um die Erlaubnis, den Generalproben ihrer Concerte beiwohnen zu dürfen. Ihre Güte und Einsicht werden die Erfüllung dieses Ansuchens gewiß auf's Beste fördern und die Behauptung gelten lassen, daß das Streben des Compositionsschülers sich nur sehr schwer zur selbständigen Leistung erheben kann, wenn demselben die Gelegenheit, der Aufführung musikalischer Meisterwerke beizuwohnen, versagt bleibt. [...]

Die Unterzeichneten hoffen auf gütige Berücksichtigung ihres Bittgesuches, im Hinblick auf die von den verehrten Mitgliedern der philharmonischen Gesellschaft stets bewiesene Theilnahme an Allem, was der weite Kreis des

Der Wiener Opernring

Das von Mahler für die Philosophische Fakultät der Universität Wien
ausgefüllte „Nationale" (Personalbogen)

musikalischen Gebietes umschließt und verharren daher in
Erwartung einer günstigen Entscheidung, hochachtungsvoll
zeichnend

Jos. Pichler

Christian Schröder	*Leopold Windhopp*
B. Baumann	*Carl Zobel*
Heinrich Janoch	*Ludwig Schneider*
Hermann von Zan	*Rudolf Krzyzanowski*
Gustav Mahler	*Rudolf Pichler*
Kitty Haus	*Max Wodniansky*
Ludwig Ernst	*Josephine Weyhs*[16]

Julius Epstein hält von Anfang an seine schützende und helfende Hand über den jungen Mann aus der Provinz, setzt nach Mahlers zweitem Gesuch um Schulgeldbefreiung durch, daß er nur die Hälfte der Summe, nämlich »60 fl. in 10 Raten« zu zahlen hat, und sorgt dafür, daß er ein paar Klavierschüler bekommt, um sich finanziell über Wasser halten zu können. Dennoch ist Mahlers materielle Situation wie die der meisten seiner Freunde alles andere als rosig. Zu den Freunden zählt damals auch der gleichaltrige Hugo Wolf, der ebenfalls 1875 ins Konservatorium aufgenommen worden war und nun eine Zeitlang mit Mahler zusammen wohnt.

In ihrer Armut mieteten sie mit einem dritten, namens Krzyzanowsky, zusammen ein Zimmer und hausten dort ein paar Monate... Mahler gab Stunden. Wolf hatte keine oder wenige. Wenn ihnen das Geld ausging, so kündigte immer einer von ihnen eine Stunde auf. Praktiziert wurde das folgendermaßen: Man läutete an, sagte, man sei gezwungen abzureisen und bäte um das Honorar der schon absolvierten Stunden. So hatte einer immer plötzlich mehr Geld, für alle ein paar Mittagessen. Allerdings, dieser Schüler war dann für immer verloren.[17]

Hugo Wolfs Konservatoriums-Karriere ist bald beendet: bereits im zweiten Jahr erklärt er seinen Austritt, was zu allem Unglück mit einem ihm fälschlicherweise zur Last gelegten Disziplinarvergehen zusammenfällt. Der eigentliche Grund für seinen Unmut mit Folgen ist aber Franz Krenn, sein und Mahlers Kontrapunktlehrer. Krenn muß wohl jenem Typ von Lehrer zugerechnet werden, der

---

[16] zit. nach Christl Schönfeldt, *Gustav Mahler und die Wiener Philharmoniker*, in: *Die philharmonischen Konzerte*, 115. Bestandsjahr, Wien 1956/57, S. 211
[17] *AME*, S. 82

aus dem historischen Gewicht einer Sache ohne Bedenken ihre didaktische Relevanz ableitet. Die Folge ist nur allzu oft Leblosigkeit des Unterrichts, ja sogar blanker Widerwille der Schüler gegen die Sache. Hugo Wolf gewinnt den Eindruck, daß er in Krenns Unterricht mehr vergißt, als er hinzulernt. Mahler scheint ähnliches gespürt und geäußert zu haben. Jedenfalls schreibt er zur gleichen Zeit, also 1876, einen Brief an den Direktor des Konservatoriums, Joseph Hellmesberger d. Ä., Primarius des berühmten Streichquartetts, das seinen Namen trägt: *Meinen übereilten Entschluß bereuend erlaube ich mir Sie zu bitten, den unüberlegten Schritt als ungeschehen zu betrachten und mich in den Verband des Konservatoriums wieder aufzunehmen. Ich werde mich bemühen, diese Gunst durch anhaltenden Fleiß zu verdienen, und sowohl Sie, geehrter Herr Direktor, als auch meine Herren Professoren zufriedenzustellen.*[18]

Das Schreiben des 16jährigen läßt einen der Wesenszüge Mahlers schon zu dieser Zeit ganz deutlich erkennen: rücksichtslos, weil zutiefst von einer Sache überzeugt, seine Meinung zu vertreten, aber ebenso überzeugend scheinbar verspielte Chancen durch *taktisch vorteilhafte Rückzugsmanöver*[19] doch noch zu retten. Man darf sogar davon ausgehen, daß die Kontroverse keinerlei disziplinierende Maßnahmen gegen Mahler zur Folge hatte, denn beim Jahresabschluß-Wettbewerb des Konservatoriums im Juni 1876 wird ihm für den Vortrag des ersten Satzes der a-Moll-Sonate von Schubert ein 1. Preis in Klavier und am 1. Juli für den ersten Satz eines Klavierquartetts der 1. Preis in Komposition zugesprochen, ein erstaunlicher Erfolg für einen zwar sehr begabten, meist aber mehr dem Studentenleben zugeneigten jungen Mann. Robert Fuchs, bekannt als Komponist zahlreicher Orchester-Serenaden und in dieser Zeit Mahlers Lehrer in Harmonielehre, berichtete später gern, daß Mahler zwar selten im Unterricht erschienen sei, aber immer alles gekonnt habe und deshalb von seinen Kommilitonen gern als »neuer Schubert« bewundert worden sei.

So reist er denn nach dem ersten erfolgreichen Jahr in Wien »hochdekoriert« zusammen mit ein paar Freunden vom Konservatorium in die Ferien nach Hause und gibt dort am 12. September 1876 ein Konzert, in dem neben einem *Quartett für Piano, 2 Violinen und Viola* seines Freundes Rudolf Krzyzanowski, dem I. Satz

[18] zit. nach *KB* II, S. 152
[19] *KB* I, S. 34

38

des d-Moll-Violinkonzerts von Vieuxtemps, Schuberts *Wanderer-phantasie,* einer Chopin-Ballade und einem Konzert für zwei Violinen mit Klavierbegleitung von Delphin Alard auch eine *Sonate für Violin und Piano* sowie ein *Quartett für Piano, 2 Violinen und Viola* von Gustav Mahler zu hören sind. Die Rezension im *Mährischen Boten* ist enthusiastisch; den Mahlerschen Werken wird *eine imponierende Gedankenfülle, wie auch eine sehr geschickte Ausführung, welche den genialen Komponisten kennzeichnet,* zugesprochen. Der Rezensent bezieht sich zwar auf ein Quintett und bemerkt, *daß dasselbe den ersten Preis im Konservatorium in Wien errang*[20], der Programmzettel kündigt aber ein Quartett an, und es ist anzunehmen, daß es sich in der Tat um den I. Satz des Klavier-Quartetts handelt, das erst 1974 wiederentdeckt und von Peter Ruzicka herausgegeben worden ist.

Der »Conservatorist Gustav Mahler« mit seinen sechzehn Jahren ist »wer« in Iglau, und spätestens jetzt ist jedermann klar: der wird Pianist, vielleicht sogar Komponist, und wahrscheinlich sieht das auch der Vater so. Aber: er drängt darauf, daß Gustav sich als Externer, d. h. ohne die Anleitung durch die Schule, im Eigenstudium neben seinen Verpflichtungen in Wien auf das Abitur am Iglauer Gymnasium vorbereitet.

Mahler kehrt nach Wien zurück und versucht, beides miteinander zu verbinden, das Musikstudium und die Lektüre lateinischer und griechischer Literatur, dazu Naturwissenschaften und Deutsch. Das Ergebnis am Konservatorium: im Klavier erhält er zwar wieder einen ersten Preis, aber am Kompositions-Wettbewerb darf er nicht teilnehmen, weil er keine Jahresarbeit, sondern nur einen *I^t Teil einer fingierten Arbeit*[21] vorlegt. Schlimmer in Iglau: die Sache mit dem Abitur geht gründlich schief! Das Protokoll der Prüfung vom 14. Juli 1877 hält u. a. fest:

> *Latein: schriftlich nicht genügend*
> *mündlich: Horaz Sat. Bd. I/3 kaum genügend*
> *Griechisch: schriftlich... nicht genügend*
> *Kriton hat der Examinant nach eigenem Geständnis nicht studiert, ebenso Homer nicht genügend*

---

[20] Beide Zitate aus *KB* II, 151; auch der Bericht des Konservatoriums über die Wettbewerbe des Schuljahres 1875/76 weist aus, daß Mahler einen 1. Preis für den ersten Satz zu einem Quintett bekommen habe.

[21] *KB* II, S. 152

Mündl. Prüfung in Deutsch:
Einige Fragen über Hauptbegriffe der Ästhetik – das
Schöne, Erhabene etc. – über die Fabel – das Drama.
(Kandidat gesteht, nicht einmal das vorgeschriebene
Lehrbuch gesehen zu haben.)

ganz ungenügend

Mahler bekommt Gelegenheit, die Prüfung zwei Monate später zu wiederholen. Seinem Klavierlehrer Epstein schreibt er: *Ich bin* [...] *hier in Iglau im Maturitätskonzert um einige Takte zu spät eingefallen, oder vielmehr ich bin einige Tage zu spät angekommen, so daß ich die Matura nicht mehr mitmachen konnte und gezwungen war, sie um zwei Monate zu verschieben.*[22]

Verehrung für Bruckner – Enthusiasmus für Wagner

Im September besteht Mahler die Prüfung und schließt damit jene Zeit seines Lebens ab, von der er später gern sagte: *Meine Jugend auf dem Gymnasium verbracht – nichts gelernt* [...][23] Immerhin: Das Abitur-Zeugnis ermöglicht ihm ein Universitätsstudium. Mit Beginn des Wintersemesters 1877/78 immatrikuliert er sich in der Philosophischen Fakultät der Wiener Universität und belegt Altdeutsche Literaturgeschichte, Mittelhochdeutsche Übungen, Übungen im Bestimmen und Erklären von Kunstwerken sowie Griechische Kunstgeschichte. Mahler äußert sich später etwas amüsiert über diese Studienversuche, die in Wirklichkeit zusammen mit den Freunden im Wienerwald stattfanden. Viel entscheidender ist die Begegnung mit Bruckner, der seit 1875 einen Lehrauftrag an der Universität wahrnahm, aber dennoch niemals Mahlers Lehrer im üblichen Sinne war. Mahler selbst hat diesen Irrtum später richtigzustellen versucht: [...] *dieses on dit dürfte daher stammen, daß ich in jungen Jahren, die ich in Wien zugebracht, mit Bruckner stets zu sehen war und jedenfalls zu seinen extra Verehrern und Propagatoren gehörte*[24]. Dazu war denn auch damals genügend Gelegenheit, und zwar stets in einer Art Frontstellung gegenüber dem etablierten Wiener Publikum unter der Führung Eduard Hanslicks. Die Uraufführung der 3. Sinfonie Bruckners am 16. De-

---

[22] *GMB*, S. 11 (5; Zahl in Klammern gibt Seitenzahl der Neuausgabe wieder)
[23] *GMB*, S. 201 (182)
[24] *KB* II, S. 154

40

zember 1877 gerät zu einem einzigen Debakel. Ein Teil des Publikums verläßt vorzeitig den Saal, was Bruckners Verehrer, unter ihnen Mahler und sein Freund Krzyzanowski, dazu veranlaßt, den verehrten Meister nur um so lautstärker zu feiern. Erstaunlich mutet angesichts der allgemeinen Meinungsmache gegen Bruckner der Entschluß des Verlegers Theodor Rättig an, die Partitur der 3. Sinfonie dennoch zu drucken und gleichzeitig einen vierhändigen Klavierauszug herauszugeben, den Gustav Mahler und Rudolf Krzyzanowski[25] unter der Aufsicht Epsteins arrangieren.

Neben der Verehrung für Bruckner wird in diesen Jahren ein großer Teil der musikalischen Jugend Wiens von einem Wagner-Enthusiasmus sondergleichen erfaßt. Schon 1873 hatte sich ein »Akademischer Wagner-Verein« gebildet, dessen führender Kopf Felix Mottl ist. Wagner selbst kommt im März und Mai 1875 nach Wien, um drei Konzerte zu dirigieren, und im November desselben Jahres überwacht er die Einstudierung des *Tannhäuser* an der Hofoper. Der überschwengliche Ton, den Hugo Wolf im Brief an seinen Vater anschlägt, trifft sicher die Stimmung aller jungen Wagnerianer: *Schon die Ouvertüre war wundervoll, und erst die Oper – ich finde keine Worte dazu, dieselbe zu beschreiben. Ich sag' Ihnen nur, daß ich ein Narr bin. Nach jedem Akt wurde Wagner stürmisch gerufen, und ich applaudierte so, daß mir die Hände wund wurden. Ich schrie nur immer Bravo Wagner, Bravissimo Wagner, u. z. so, daß ich fast heiser geworden bin und die Leute mehr auf mich als auf Richard Wagner schauten...*[26]

Mahlers Berührungspunkte mit Wagner sind in diesen Jahren nicht eindeutig auszumachen. Offenbar ist er aber in erster Linie von Wagners kultur-philosophischen Gedankengängen fasziniert, deren hohe ethische Ansprüche seine eigene Lebensauffassung eine Zeitlang entscheidend mitbestimmen. Wagners Regenerationslehre, die Mahler wahrscheinlich durch die Lektüre von *Religion und Kunst* (1880) kennenlernt, macht ihn zum Vegetarier. Am 1. November 1880 schreibt er an seinen Kommilitonen Emil Freund: *Ich bin seit einem Monat vollkommener Vegetarianer. Die moralische Wirkung dieser Lebensweise ist in Folge dieser freiwilligen Knechtung meines Leibes und der daraus erwachsenen Bedürfnislosigkeit eine immense. Du kannst Dir denken, wie ich davon durchdrungen bin, wenn ich eine Regeneration des Menschenge-*

---

[25] Der Druck trägt allerdings nur den Namen Mahlers.
[26] Frank Walker, *Hugo Wolf. Eine Biographie*. Graz–Wien–Köln 1953

schlechtes davon erwarte. Alles was ich Dir sage, ist: Bekehre Dich
zur naturgemäßen Lebensweise, aber mit zweckmäßiger Nahrung
(Grahambrot) und Du wirst die Früchte gar bald erkennen.[27]

Mahlers Umgang mit gleichgesinnten jungen »Vegetarianern«
hat natürlich weit mehr als nur eine fleischlose Lebensweise zur
Folge. Man trifft sich mit gewisser Regelmäßigkeit bei »Ramhar-
ter« in der Wallnergasse, um vor allem miteinander zu diskutieren
über die Probleme des Tages, historische Gesichtspunkte, über Ri-
chard Wagner und Ibsen, über die revolutionären Dichtungen Shel-
leys[28] *und dessen Vegetarismus, dann wieder über Neurologie,*
Psychiatrie und andere naturwissenschaftliche Themen [...][29]

Jugendfreunde

Bei diesen Zusammenkünften lernt Mahler eine Reihe junger
Leute kennen, deren Denken und Arbeit ihn z. T. sein Leben lang
begleiten; unter ihnen einen damals 30jährigen Arzt, den Soziali-
sten Dr. Victor Adler, den eigentlichen Begründer der österreichischen Sozialdemokratie, und den Dichter Siegfried Lipiner.

Die geistige Lebendigkeit und Weite dieser Jahre hätten sie zu
den unbeschwertesten und glücklichsten in Mahlers Leben werden
lassen können, wenn sie nicht durch Ereignisse, die in mittelbarem
Zusammenhang zueinander stehen, einen traurigen und für Mahler geradezu schicksalhaften Abschluß gefunden hätten.

In dem bereits erwähnten Brief vom 1. November 1880 an Emil
Freund teilt er mit, daß sein Freund Hans Rott wahnsinnig geworden sei. Rott, von Bruckner als einer seiner begabtesten Schüler
für den Organisten-Posten in St. Florian empfohlen[30], hatte sich
mehrfach am Beethoven-Wettbewerb für Komposition beteiligt,
der seit 1876 ausgeschrieben wurde, ohne aber jemals Erfolg zu haben. Mitte September 1880 findet eine Begegnung Rotts mit Johannes Brahms statt, die für den sensiblen und kränkelnden Kon-
servatoriums-Schüler verheerende Folgen hat: Brahms rät ihm, die

[27] *GMB*, S. 14/15 (18)
[28] Percy Bysshe Shelley (1792–1822), englischer Dichter; seine damals bekanntesten
Gedichte waren *Queen Mab*, *Alastor, or the spirit of solitude* und *The revolt of Is-
lam*. Seine Werke, zu denen auch die Dramen *Prometheus unbound* und *The Cenci*
gehören, erschienen zuerst 1844 in Leipzig in deutscher Übersetzung.
[29] Friedrich Eckstein, *Alte unnennbare Tage!*, Wien 1936, S. 105 ff., zit. nach *KB* II,
S. 159
[30] Hans Ferdinand Redlich, *Bruckner and Mahler*, London 1955, S. 115

Musik wegen mangelnden Talents doch lieber ganz aufzugeben[31]. *The blow was too much for Rott's underminded constitution: he went insane and died shortly afterwards.*[32] Den Grund für Brahms' Verhalten sieht Redlich unter Berufung auf den Briefwechsel Brahms – Herzogenberg[33] in seiner Feindseligkeit gegenüber dem Wiener Konservatorium, insbesondere aber gegenüber Bruckner. So wird auch dem jungen Mahler – laut Redlich – seine allseits bekannte Verehrung für Bruckner zum Verhängnis. Er hatte sich bereits 1878 am Beethoven-Wettbewerb beteiligt, und zwar – wie das Protokoll der Sitzung des Preisgerichts ausweist – mit einer Ouvertüre zu einer geplanten und teilweise komponierten Oper mit dem Titel *Die Argonauten*.[34] Mahler geht wie seine beiden Mitbewerber leer aus: 1878 kann sich die Jury nicht entschließen, überhaupt einen Preis zu verleihen.

Kein Preis für das *Klagende Lied*

Drei Jahre später beteiligt Mahler sich erneut, diesmal mit einer Komposition für Soli, Chor und Orchester, an der er seit 1878 gearbeitet hatte; der Titel: *Das klagende Lied*. Vermutlich war Mahler bereits in seinem ersten Konservatoriums-Jahr mit dem »Gedicht« von Martin Greif[35] *Das klagende Lied* bekannt geworden, denn es wurde in einer Veranstaltung des Konservatoriums am 3. Mai 1876 von den Schauspielschülern des Hauses aufgeführt. Dagegen erscheinen die häufig genannten Texte wie *Die Ballade vom Brudermord*, die das Hausmädchen dem kleinen Gustav oft vorgesungen haben soll, oder Grimms *Jorinde und Joringel* als Quellen für *Das klagende Lied* eher unwahrscheinlich; eine Beeinflussung mag möglicherweise auch von Grimms Märchen *Der singende Knochen* herrühren. Und schließlich wird Mahler wohl auch *Das klagende Lied* von Ludwig Bechstein nicht unbekannt gewesen sein. Wo auch immer die Quellen für seine eigene Text-Version liegen mö-

---

[31] vgl. Redlich, a.a.O., S. 116; Redlich verweist überdies auf Dika Newlin, *Bruckner-Mahler-Schoenberg*, New York 1947, S. 210/211

[32] Redlich, a.a.O., S. 116

[33] *Briefwechsel Brahms-Herzogenberg*, Vol. I, Nr. 59, S. 96ff., datiert vom 29. 4. 1879.

[34] vgl. Paul Stefan, *Gustav Mahler. Eine Studie über Persönlichkeit und Werk*, München ²1912, S. 14

[35] Pseudonym des Schriftstellers Friedrich Hermann Frey, geb. am 18. Juni 1839 in Speyer, gest. am 1. April 1911 in Kufstein. Sein *Klagendes Lied* hatte im Gegensatz zu anderen Werken keinen nachhaltigen Erfolg.

gen: er verfaßt einen Text in drei Abschnitten (*Waldmärchen*, *Der Spielmann*, *Hochzeitsstück*), der zwar nicht gerade von hohem literarischem Rang und wohl kaum in der Lage ist – wie Franz Liszt 1883 an Mahler schreibt –, den Erfolg des Stückes zu garantieren. Aber die Diktion deutet nicht nur auf künftige Beschäftigung mit den *Wunderhorn*-Texten hin, sie läßt auch schon etwas erahnen von der Mahlerschen Weltsicht, in der Wundersames mit Makabrem, Tragisches mit Höhnischem sich mischt.

Möglicherweise hat Mahler – wie einige Autoren vermuten – ursprünglich ein Märchenspiel für die Bühne vorgeschwebt; letztendlich aber wird daraus eine Kantate für Sopran-, Alt-, Tenor-Solo, gemischten Chor und Orchester.[36] Aber trotz aller heute erkennbaren frühen Meisterschaft in Instrumentation und Stimmbehandlung hat seine Bewerbung um den Beethoven-Preis keinen Erfolg.

Die Jury, bestehend aus den Herren J. Hellmesberger, Hofopernkapellmeister W. Gericke, J. N. Fuchs, H. Richter, Fr. Krenn, J. Brahms und K. Goldmark[37], spricht den 1. Preis Mahlers Lehrer in Harmonielehre, Robert Fuchs, für ein Klavierkonzert in b-Moll zu. Der zweite und dritte Preis gehen an Victor R. von Herzfeld und H. Fink. *Fate willed it that Brahms and Hanslick should head the jury for the prize of 1881: Mahler's composition was rejected.*[38]

Man darf wohl annehmen, daß Mahler zumindest das Schicksal seines Freundes Rott in unmittelbaren Zusammenhang bringt mit den Umtrieben gegen Bruckner, an denen Brahms möglicherweise am wenigsten beteiligt war; er schreibt in seiner Verzweiflung über Rotts Geisteszustand: *Wer es miterlebt hat, wie eine durchaus edle und tiefe Natur im Kampfe mit der schalsten Gemeinheit zugrunde ging, der kann sich kaum des Schauders erwehren, wenn er an seine eigene arme Haut denkt* [...][39] Noch aus der Distanz von fast zwei Jahrzehnten, als er schon längst zum Hofoperndirektor in Wien avanciert war, sieht er sich durch die Entscheidung von 1881 um die Möglichkeit gebracht, ausschließlich als Komponist leben zu können:

[36] Das Werk wurde mehrfach umgearbeitet und erschien schließlich 1898 in der zweiteiligen Version (das *Waldmärchen* ist eliminiert). Die Uraufführung fand erst am 17. Februar 1901 in Wien statt (vgl. S. 220).

[37] Lt. Redlich, a.a.O., S. 116, war auch Eduard Hanslick Mitglied der Jury, die nach Auskunft von Donald Mitchell ihre Sitzung am 6. Dezember 1880 gehabt haben soll.

[38] Redlich, a.a.O., S. 116/117

[39] *GMB*, S. 14 (17)

Joseph Hellmesberger d. Ä.
Ölgemälde von Wilhelm Vita

Wäre mir von der Konservatoriums-Jury, in der sich auch
Brahms, Goldmark, Hanslick und Richter befanden, damals
der Beethoven-Preis von 600 Gulden für das »Klagende Lied«
zuerkannt worden, hätte mein ganzes Leben eine andere Wen-
dung genommen. Ich arbeitete eben am »Rübezahl«, hätte
nicht nach Laibach gehen müssen und wäre damit vielleicht vor
der ganzen niederträchtigen Opern-Karriere bewahrt gewesen.
[...] Rott verzweifelte und starb bald darauf im Wahnsinn, und
ich ward (und werd' es auch immer bleiben) zum Theater-Höl-
lenleben verdammt.[40]

Vielleicht ahnt Mahler schon im Frühjahr 1880, daß er angesichts
der Stimmung gegen Bruckner und dessen Freunde kaum eine
Chance auf den Beethoven-Preis haben würde; jedenfalls unterschreibt er am 12. Mai 1880 beim Theater-Agenten Gustav Lewy
ein »General-Revers«, demzufolge Lewy sich verpflichtet, gegen
5% der jeweiligen Gage Mahlers für die Dauer von fünf Jahren
seine *sämmtlichen theatralischen Angelegenheiten* wahrzunehmen.
Nach kurzer Zeit besorgt ihm Lewy tatsächlich das erste Engagement am Sommertheater in Hall. Mahler zögert zunächst, aber Julius Epstein, sein künstlerischer Vater und Mentor, rät ihm dringend zu: das »Theater-Höllenleben«, das ihm als Komponist zeitlebens ein Ärgernis bleiben wird, ohne das er doch nicht zu leben
vermöchte, nimmt seinen Lauf. Zwar kehrt Mahler nach Abschluß
der Saison noch einmal nach Wien zurück, seine materielle Situation ändert sich aber um keinen Deut, so daß er sich im Frühjahr
1881 gezwungen sieht, für die Spielzeit 1881/82 auf Vermittlung
Lewys einen Vertrag als Kapellmeister am »Landschaftlichen
Theater« in Laibach anzunehmen.

---

[40] *NBL*, S. 104; das Opernprojekt *Rübezahl* wurde nie realisiert.

Wanderjahre (1881–88)

»Theaterhöllenleben« in Laibach und Olmütz

Laibach (heute jugoslawisch: Ljubljana) ist zu Beginn der achtziger Jahre ein Städtchen mit etwas mehr als 26 000 Einwohnern, von denen etwa 60% Slowenen und circa 40% deutschsprachige Bürger sind. Die »Philharmonische Gesellschaft« der Stadt ist der eigentliche Träger des »Landschaftlichen Theaters des Herzogtums Krain«, dem bei Mahlers Engagement ein Orchester von 18 Mann und ein Chor von 7 Damen und ebensoviel Herren zur Verfügung steht. Der Direktor des Unternehmens, Alexander Mondheim-Schreiner, führt die »Oberregie« und inszeniert insbesondere Operetten und Possen, während seine Gemahlin das Kassenwesen verwaltet. Unter den darstellenden Mitgliedern leistet man sich in der Person von Frau Rosine Wallhof-Bomm sogar eine *singende Mutter in Oper und Operette*[41]. Entgegen lange weitverbreiteter Ansicht scheint das Niveau der Darbietungen am Laibacher Theater besser gewesen zu sein als an den meisten Provinztheatern. Nach neueren Forschungen näherte es sich zumindest von Fall zu Fall *dem Aufführungsniveau bedeutender Musikzentren und war ihnen hie und da sogar gleichwertig*[42]. Jedenfalls können wir der Presse für die Saison 1881/82 nur Lobendes entnehmen. Mahlers Anstrengungen, seine Akribie und Unnachgiebigkeit, nicht zuletzt aber seine Ausstrahlung als Dirigent machen auf Ausführende wie Zuhörer tiefen Eindruck. Schon sein Debüt mit Beethovens *Egmont*-Ouvertüre, die er anläßlich der Eröffnung des krainischen Landtags Ende September 1881 als Introduktion zu Bauernfeinds Lust-

---

[41] B. W. Wessling, a.a.O., S. 78, berichtet: *Einmal mußte Mahler in Ermangelung eines Sängers die »Letzte Rose« vom Pult aus mitpfeifen.* Die Bemerkung bezieht sich offenbar auf eine entsprechende Mitteilung von Paul Stefan in *Die Musik* 10, 1910/11, S. 348. Die Story mutet recht abenteuerlich an, wenn man bedenkt, daß die *Letzte Rose* von der Hauptperson der Oper *Martha*, Lady Harriet Durham alias Martha, vorgetragen wird und nicht von einem Sänger. Es erscheint überdies wenig wahrscheinlich, daß Mahler eine Aufführung der Oper ohne Hauptperson zugelassen hätte.

[42] Dragotin Cvetko, *Gustav Mahlers Saison 1881/1882 in Laibach. Musik des Ostens*, hg. v. Fritz Feldmann, Bd. 5, Kassel 1969, S. 74–83; zit. nach *KB* I, S. 58

Das alte Laibacher Theater

spiel (!) *Bürgerlich und Romantisch* zu dirigieren hat, wird mit Lob bedacht; ebenso die Premiere in der Oper am 3. Oktober, Verdis *Troubadour.* Ein paar Tage später bescheinigt die *Laibacher Zeitung* dem gerade 21jährigen: *Die »Zauberflöte« ist unter Leitung des Kapellmeisters Mahler sorgfältig mit allem Eifer und vielem Fleiß studiert worden* [...][43] Welche Anstrengungen Mahler unternommen haben muß, um eine solche Aufführung zustande zu bringen, läßt sich erahnen, wenn man weiß, daß damals zur Aufführung der *Zauberflöte* ausschließlich Operettenkräfte zur Verfügung standen![44] Dennoch: der Eindruck bei Publikum und Presse ist überwältigend; die *Laibacher Zeitung* hofft, *diese Oper heuer noch einige Male genießen zu können*[45]. Mahlers Reputation wächst schnell. Und so wird er von der »Philharmonischen Gesellschaft« eingeladen, in ihrem 4. Saison-Konzert am 5. März 1882 als Pianist mitzuwirken. Er spielt den Klavier-Part im *Capriccio bril-*

---

[43] zit. nach *KB* II, S. 162
[44] vgl. *KB* II, S. 162/163
[45] *KB* II, S. 162; Mahler dirigiert in dieser Spielzeit außerdem noch *Freischütz, Fledermaus* und *Barbier von Sevilla.*

lant op. 22, arrangiert für Klavier-Quintett, von Mendelssohn Bartholdy, *Jagdlied* und *Vogel als Prophet* aus Schumanns *Waldszenen* sowie die Polonaise As-Dur op. 53 von Chopin und wird als Solist gerühmt, *der über eine brillante Technik verfügt und dieselbe auch richtig anzuwenden versteht*[46]. Der Konzertmeister des Laibacher Orchesters teilt diese Ansicht nicht, er hält Mahler für den besseren Dirigenten: *Als Klavierspieler imponierte er uns nicht...*[47] Es scheint sinnvoll, in diesem für Mahlers künstlerische Entwicklung entscheidenden Stadium einen Blick auf seine persönlichen Entscheidungsspielräume sowie auf Bedingungen und Chancen des Dirigentendaseins damals zu werfen.

So stellt sich beispielsweise die Frage, warum aus keinem einzigen Dokument hervorgeht, daß er je die Absicht gehabt hätte, Pianist zu werden. Andererseits steht ebenso außer Zweifel, daß er während seines Studiums nie vorgehabt hat, Dirigent zu werden. Das seit Jahren fixierte Ziel war ein Leben als Komponist, indes: die Aussichten, seinen Lebensunterhalt mit Komponieren bestreiten zu können, waren durch die unglückselige Entscheidung im Kompositionswettbewerb 1881 fürs erste vereitelt worden. Es hat den Anschein, als habe Julius Epstein Mahlers Lage richtig eingeschätzt, als er ihn drängte, das Engagement in Hall anzunehmen. Warum rät er seinem Schüler nicht zu einer Pianisten-Karriere? Epstein, der Mahler gern im Scherz seinen *lieber »treffenden« als übenden Schüler* nannte, ist offenbar – wenn man den Erinnerungen von Gustav Schwarz, Mahlers Mäzen in Jugendjahren, glauben darf – von Anfang an nicht begeistert gewesen von dessen Art Klavier zu spielen: *...als ich zu Professor Epstein kam, war er gar nicht entzückt, das Klavierspiel Mahlers imponierte ihm nicht*[48]. Das deckt sich bemerkenswert genau mit der zitierten Aussage des Laibacher Konzertmeisters Gerstner und will auf den ersten Blick nicht so recht zu dem Enthusiasmus passen, mit dem sich Fritz Löhr an Mahlers Klavierspiel während eines Aufenthaltes in Perchtoldsdorf im Sommer 1884 erinnert:

Wie wenige heut mehr gibt es, die es wissen, was das bedeutete, damals Mahler am Klavier. Freilich, er sagte, ja vor 5 bis 6 Jahren, da hätte er Klavier spielen können. Ich habe ähnliches von Entmaterialisierung eines menschlich-technischen Vorganges

---

[46] *KB* II, S. 162
[47] zit. nach *KB* II, S. 162
[48] *KB* II, S. 149

nie erlebt, [...] jeder Gedanke an technische Schwierigkeiten war restlos ausgeschaltet, entrückt, entkörpert, leidenschaftlich seelisch hingegeben dem, was aus den Notenköpfen ohne bewußte materielle Berührung in ihn überging [...] Mahler hat bald nach dieser Zeit nicht mehr gerne Klavier gespielt, besonders nicht Klavierwerke, seitdem er ganz in der gleichen Art das Orchester zu meistern gewohnt war. Aber wer ihn in dieser Frühzeit am Klavier im wahrsten Sinne re-produzieren gehört hatte, der verstand ihn, seine Wirkungen und anfänglichen Schicksale als Dirigent. Sowie er selbst als allein ausführendes Organ seines Willens reproduziert hatte, so sollte und mußte es nun das von ihm geleitete Orchester. Bei ihm war die Materie ausgeschaltet gewesen, hier meldete sie sich mit ihren Widerständen.[49]

Das ist der entscheidende Punkt seiner anfänglichen Schwierigkeiten auf dem Theater: noch stehen ihm nicht die Möglichkeiten zur Verfügung, seine eigen-willige Imagination mit Geduld und ohne Reibungsverluste auf eine Vielzahl von Individuen zu übertragen. Re-Produktion ist für ihn ein Produzieren dessen, *was aus den Notenköpfen [...] in ihn überging [...]*. Wiedergabe eines Werkes ist Ergebnis seines imaginatorischen Wollens, gewinnt immer Mahlersche Eigen-Artigkeit. Spätestens mit Mahler sind jene Zeiten vorbei, in denen *der Maestro so hübsch ruhig am Cembalo saß, das Recitativo secco accompagnierte, wo alles wie von selbst ging*[50]. Die Eskalation musikalischer Dimensionen im 19. Jahrhundert, als Formphänomen ebenso wie im räumlich-akustischen Volumen von Orchestern, Opernhäusern und Konzertsälen, verlangt das Funktionieren eines Apparats, in dem – nach einem Wort Kretzschmars – der einzelne Orchestermusiker nur noch *Färberdienste* zu verrichten hat. Solche Veränderungen machen einen neuen Typus von Orchesterleiter erforderlich, von dem man in zunehmendem Maße analytische Fähigkeiten im Umgang mit dem Werk und psychologisches Einfühlungsvermögen in der Begegnung mit Chor und Orchester verlangt. Um so abenteuerlicher will die Tatsache anmuten, daß zu Zeiten eines Hans Richter, Artur Nikisch, Hans von Bülow, Felix Mottl oder Gustav Mahler eine spezifizierte Ausbildung zum Dirigenten an den Konservatorien nicht existiert. Der

[49] *GMB*, S. 474 (409/410)
[50] Moritz Hauptmann, zit. nach *MGG*, Bd. III, Sp. 545

Weg zum Dirigieren führt damals über eine gediegene Instrumentalausbildung und übers Komponieren.

In Laibach hat Mahler Gelegenheit, erste Schritte in dieser Richtung zu unternehmen, und er tut sie künstlerisch wie materiell mit Erfolg. Eine Benefizvorstellung von *Antonio Stradella* von Friedrich von Flotow am 23. März 1882 bringt ihm zusätzliche Einnahmen und beschert dem Theater überdies eine technische Novität, die man bereits eine Woche zuvor ausprobiert hatte: die Aufführung wird per Telephon in die Direktionskanzlei übertragen, ein – wie die *Laibacher Zeitung* vermeldet – gelungener Versuch, denn *es war nicht nur der musikalische Teil superb vernehmbar, sondern auch das gesprochene Wort wurde deutlich gehört*[51].

Mahler wird zum Abschluß der Saison vom Publikum wie von den Künstlern verehrt, er hat sie durch die Ergebnisse seiner Arbeit, sicher weniger durch seine Art, sie zu erreichen, überzeugt. *Als der Benefiziant erschien, ward er von dem ziemlich zahlreich anwesenden Publikum mit lebhaftem Beifalle und vom Orchester mit einem Tusch empfangen, sowie er auch einen großen Lorbeerkranz mit schweren Schleifen erhielt, welche Zeichen der Anerkennung dieser tüchtig geschulte Musiker, der es wirklich ernst nimmt mit seiner schwierigen Aufgabe und der auch die Saison über viele Mühe und Plage hatte, wohl verdiente...*[52]

Über Triest, Ungarn und Iglau kehrt er nach Wien zurück. Vor allem die Freundschaft mit Friedrich (Fritz) Löhr erfährt auf ausgedehnten Spaziergängen eine Vertiefung, die sich später in einem lebenslangen Briefwechsel niederschlägt. Löhr erinnert sich 1923:

Zusammen spazieren gegangen sind wir zu jeder Zeit unseres Zusammenlebens furchtbar viel und mit Leidenschaft. Damals waren die Gelände des Leopolds- und Kahlenberges bis hin zum Hermannskogel, weithin die Waldhügel und Wiesen um die Josefswarte des Parapluiberges oberhalb Perchtoldsdorf, wo ich mit den Meinen in mehreren Jahren von 1882 an den Sommer über wohnte, unser Lustrevier. Orgiastische Hingabe an die Natur, ein inniges Gefallen an den Reizen altösterreichischer Siedelung und ihrer Erinnerungen, das warmgefühlte Einvernehmen unserer Seelen, das war der Inhalt dieser senti-

---

[51] zit. nach *KB* II, S. 163
[52] *Laibacher Zeitung* v. 23. 3. 1882, zit. nach *KB* II, S. 163

menterfüllten Wanderungen, gesprochen wurde nicht allzuviel auf ihnen.[53]

Seinen Lebensunterhalt verdient Mahler wieder mit Klavierstunden, in der Hoffnung, für die nächste Saison erneut ein Engagement zu bekommen, am liebsten natürlich in Laibach, wo er seine erfolgreiche Arbeit fortsetzen könnte. Aber Theaterdirektor Mondheim-Schreiner bekommt einen Mann, der das Dirigieren für die Hälfte von Mahlers Gage erledigt.

Er versucht, sein Opernprojekt *Rübezahl* fortzuführen, ohne aber wirklich die nötige Ruhe zur Arbeit zu finden; das unstete Leben aus der Studentenzeit hat immer noch kein Ende. *Ich bin nun schon 3 Monate in Wien und habe, abgesehen von diversen Hotels, schon die 5. Wohnung. Daß es da mit meiner Arbeit nicht besonders von Statten ging, kannst Du Dir leicht vorstellen; jetzt, da ich in der besten Verfassung wäre, stört mich wieder das Geschrei eines kleinen Kindes, und so werde ich aus einem Ärger in den andern getrieben. Nichtsdestoweniger jedoch hoffe ich, den 1. Akt des Rübezahl fertig zu machen.*[54]

Daraus wird nun freilich nichts, denn wenige Tage nach diesem Brief vermittelt ihm sein Agent Lewy ein neues Engagement. Am Theater in Olmütz, einer mährischen Kleinstadt von etwa 20000 Einwohnern, hat der Direktor gerade seinen Kapellmeister Emil Kaiser infolge permanenter Zerwürfnisse vor die Tür gesetzt und sucht nun händeringend einen Nachfolger, um den Rest der Saison über die Bühne zu bringen.

Mahlers in Laibach aufgekeimte Hoffnung, Theater müsse wohl nicht um jeden Preis ein Höllenleben sein, wird hier auf brutale Weise zunichte gemacht. Von Anfang an hat er es mit einer Presse zu tun, die ihm aus Eingenommenheit für den entlassenen Kapellmeister das Leben schwerzumachen versucht. Vor allem aber bekommt er die unverhohlene Antipathie des Theaterpersonals zu spüren, das nicht nur glaubt, mit Mahler nicht zusammenarbeiten zu können, sondern sich in aller Öffentlichkeit über seine Kauzigkeiten lustig macht. Jaques Manheit, damals Bariton am Olmützer Theater, berichtet in seinen Memoiren, daß Direktor Raul das gesamte Personal bereits vor der Ankunft Mahlers darauf aufmerksam machen zu müssen glaubte, daß man es in Zukunft mit einem

[53] *GMB*, S. 473 (409)
[54] Brief an Anton Krisper vom Jahreswechsel 1882/83, zit. nach *KB* II, S. 164

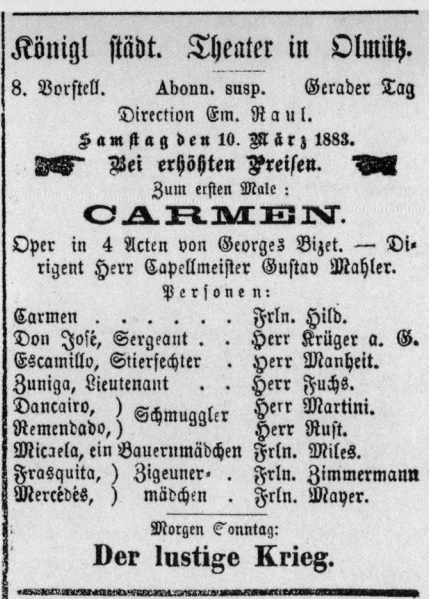

Anzeige im *Mährischen Tagblatt* vom 10. März 1883

Kapellmeister zu tun habe, *dem man Genialität nachrühme, der aber im Rufe eines sehr eigentümlichen Menschen stehe*[55]. Sicher ist die Ankündigung Rauls für den Start des jungen Kapellmeisters wenig glücklich; aber es steht außer Zweifel, daß man Mahlers z. T. merkwürdiges Verhalten ohnehin sehr bald bemerkt hätte, zumindest läßt sich dies aufgrund einer von Jaques Manheit mitgeteilten Episode vermuten, die hier in ihrer ganzen Ausführlichkeit wiedergegeben sei.

Wenige Tage nach seiner Ankunft in Olmütz – wahrscheinlich am 11. Januar 1883 [56] – hat Mahler bereits *Die Hugenotten* von Meyerbeer zu dirigieren. Nach der Vorstellung trifft sich das Theatervölkchen wie üblich im Gasthaus.

[55] Ludwig Karpath, *Aus Gustav Mahlers Wanderjahren*, in: *Montags-Revue*, Wien, 18. 5. 1908, zit. nach *KB* II, S. 165
[56] Arnost Mahler, *Gustav Mahler und seine Heimat*, in: *Die Musikforschung* 1972, S. 439

Man eilte [...] in die Stammkneipe, in die Restauration »Zum Goliath«, wo sich allabendlich die Mitglieder des Theaters, zahlreiche Theaterfreunde, Journalisten und Offiziere versammelten. Vorwurfsvoll blickten mich alle an, als ich mit Mahler – ich war der Einzige, der mit ihm verkehrte – in die Kneipe eintrat. Ich stellte den neuen Kapellmeister jedem Einzelnen vor, denn Mahler war stets weit entfernt davon, sich irgendjemandem selber vorzustellen. Des Spottes der Bier und Wein trinkenden Tischgenossen nicht achtend, bestellte Mahler zunächst eine Flasche Wasser und setzte dann dem Kellner in weitschweifiger Weise auseinander, daß er ihm zwei Portionen bloß in Wasser gekochten Spinats und einige Äpfel bringen möge. Überzeugter Wagnerianer, glaubte er sich vegetarisch nähren zu müssen [...] Mahler schwärmte damals auch für die Wolltheorie des Professors Jaeger. Über all diese Dinge sprach er mit Leidenschaft, geriet mit einem Gymnasialprofessor in einen so heftigen Streit, daß dieser mich zur Seite rief und mir dezidiert erklärte, der Neuankömmling müsse so rasch wie möglich verschwinden, weil es sonst einen Skandal absetze. Unter irgendeinem Vorwand veranlaßte ich nun Mahler, mit mir in das nahegelegene Kaffeehaus zu gehen. Wir spielten Billard. Während ich meine erste Serie absolvierte, tanzte Mahler mit dem Queue um das Brett herum, schwang denselben einmal nach rechts, das anderemal nach links, ganze Kreise in der Luft beschreibend. In mein Spiel vertieft, wurde ich erst später gewahr, daß zahlreiche Offiziere an den Billardtisch herangetreten waren, von denen der eine mir ins Ohr raunte: »Wer ist denn dieser merkwürdige Mensch?« Mir war es unangenehm, daß sich die Herren der Garnison über meinen Spielgenossen belustigten, ich fragte diesen: »Was machen Sie denn für Übungen, lieber Kapellmeister?« »Ja, erwiderte Mahler, spielen Sie nur ruhig weiter, ich habe mir soeben den ganzen ersten Akt der Hugenotten durchdirigiert, Ihre Herren Kollegen sind ja sehr streng mit mir, ich übe mir die Zeichen für die Herrschaften ein.«[57]

Die Leute in Olmütz gewöhnen sich an Mahlers Eigenheiten und stören sich wohl bald schon nicht mehr an seinen merkwürdig hektischen Bewegungen beim Gehen, wenn sie ihm auf dem Wege von seiner Wohnung in der Michaelergasse Nr. 1 ins Theater begegnen.

[57] Karpath, *Wanderjahre*, zit. nach *KB* II, S. 165

Dort liebt man ihn zwar immer noch nicht, aber das Personal begegnet ihm wegen seiner erfolgreichen Aufführungen mit distanziertem Respekt. Mahler studiert in der kurzen Zeit von zwei Monaten fünf neue Opern ein: *Robert der Teufel*, *Die Stumme von Portici*, *Maskenball*, *Joseph und seine Brüder* und *Carmen*! Es ist kaum vorstellbar, mit welchen Widerwärtigkeiten er angesichts so anspruchsvoller Werke zu kämpfen gehabt haben mag. Am 12. Februar 1883 schreibt er an Fritz Löhr: *Ich bin gelähmt wie einer, der vom Himmel gefallen ist. Von dem Moment, da ich die Schwelle des Olmützer Theaters übertrat, war mir zu Mute, wie einem, den des Himmels Strafgericht erwartet [...] Nur das Gefühl, daß ich für meine Meister leide, und doch vielleicht einmal einen Funken ihres Feuers in die Seele dieser armen Menschen werfen kann, stählt meinen Mut – und da gelobe ich mir in manchen bessern Stunden, mit Liebe durchzuhalten – selbst gegen ihren Spott.*[58] Die Schlamperei im Olmützer Theater ist so groß, daß es – nach dem Bericht des *Mährischen Tagblattes* vom 13. März – ein Teil des Chores gar nicht erst für notwendig erachtet, zur *Carmen*-Aufführung zu erscheinen!

Wenigstens ist inzwischen die Presse bereit zuzugestehen, daß ohne Gustav Mahler Oper in Olmütz überhaupt nicht mehr zu machen wäre. Aber das Unternehmen ist ohnehin am Ende; die Stadt ist nicht mehr in der Lage, das Theater zu subventionieren. Direktor Raul entläßt das gesamte Personal lange vor Ende der Spielzeit. Mahler reist am 18. März 1883 von Olmütz ab.

Preußische Disziplin in Kassel

Nach seiner Rückkunft in Wien bittet er Lewy um einen neuen Vertrag; der kann aber vorerst nicht mehr erreichen, als daß Mahler bis Anfang Mai 1883 als Chordirigent einer italienischen stagione-Truppe am Wiener Carl-Theater unterkommt. Inzwischen bemüht sich Lewy weiter und fragt u. a. beim Theater in Kassel an; zugleich bittet er den Dresdner Regisseur Ueberhorst, der Mahler in Olmütz kennengelernt hatte, um eine Empfehlung Mahlers in Kassel, was Ueberhorst am 14. Mai prompt erledigt. Der Kasseler Intendant, Freiherr von und zu Gilsa, ist interessiert, bittet Mahler

[58] *GMB*, S. 19/20 (21/22)

aber vorerst um einen Lebenslauf, den er auch schnellstens schickt und hinzufügt: *Ich kann von mir behaupten, daß ich mit Gewissenhaftigkeit und Fleiß mein Amt verwalten würde.*[59] Um ganz sicher zu gehen, besteht Freiherr von Gilsa aber darauf, daß Mahler in der Woche zwischen dem 22. und 30. Mai 1883 einige Proben seines Könnens ablegt: er dirigiert Rossinis *Tell*-Ouvertüre, leitet einige Chorproben und die Generalprobe zu Marschners *Hans Heiling*. Die Aktennotiz des Theaters vom 31. Mai 1883 hält fest: *Die Probeleistungen fielen sämtlich zur Zufriedenheit des Intendanten aus.*[60] Das Engagement kommt zustande: Mahler unterzeichnet einen Kontrakt, der ihn ab 1. Oktober für drei Jahre, also bis 30. September 1886 mit einem Jahresgehalt von 2100 Mark an das Kasseler Haus bindet, das der Generalintendanz der Königlich Preußischen Schauspiele in Berlin untersteht; von dort wird der Vertrag am 8. Juni mit der Unterschrift des Generalintendanten, Botho von Hülsen, abgesegnet.

Mahlers Tätigkeit als Chordirektor und 2. Kapellmeister wird durch einen Wald von Paragraphen geregelt. Selbstverständlich ist er in allen offiziellen Belangen dem ersten Kapellmeister, Wilhelm Treiber, und dem Ober-Regisseur »subordiniert«; zudem verpflichtet er sich zur *Instrumentierung von Gesangs-Einlagen und anderen musikalischen Arrangements und Kompositionen zu liefern, welche die Intendantur für besondere Gelegenheiten wünschenswert erachtet*[61]. Im übrigen ist ihm jede musikalische Betätigung außerhalb des Theaters untersagt. Mahler gibt sich mit allen Bedingungen zufrieden und reist nach Wien zurück. Im Juli 1883 erfüllt er sich einen lange gehegten Wunsch: er fährt nach Bayreuth, wo in diesem Jahr als einziges Werk *Parsifal* unter der Leitung von Hermann Levi auf dem Programm steht. Richard Wagner, der zutiefst verehrte Meister, war wenige Monate zuvor, noch während Mahlers Olmützer Zeit, am 13. Februar 1883 in Venedig gestorben. Ein persönliches Gespräch, das die Erfüllung seines Traumes gewesen wäre, kann nicht mehr stattfinden. Aber Mahler erlebt die größten Wagner-Interpreten seiner Zeit, die das Werk zu einem unauslöschlichen Eindruck werden lassen. *Schwerlich könnte ich Dir schildern, was es mit mir jetzt ist. Als ich keines Wortes fähig, aus dem Festspielhause hinaustrat, da wußte ich, daß mir*

---

[59] Hans Joachim Schaefer, *Gustav Mahlers Wirken in Kassel*, in: *Musica* 1960, S. 350
[60] ebda.
[61] zit. nach *KB* II, S. 167

*das Größte, Schmerzlichste aufgegangen war, und daß ich es unent-
weiht mit mir durch mein Leben tragen werde*, schreibt er nach seiner Rückkehr aus Bayreuth an Fritz Löhr[62]; gleichzeitig teilt er ihm
mit, daß er sich noch bis zum 10. August in Iglau aufhalten werde.
In Wirklichkeit gibt er noch am 11. August eine »Wohltätigkeits-
Akademie« zusammen mit der Geigerin Mila von Ott und fährt
dann erst nach Kassel, wo er am 21. August 1883 die erste Chorprobe hält.

Damit beginnt trotz aller Klagen, die er vor allem in Briefen an
Fritz Löhr immer wieder äußert, eine der wichtigsten Phasen in
Mahlers Dirigenten-Karriere. Hinsichtlich der Position verschlechtert er sich freilich gegenüber Laibach und Olmütz, wo er ja
weitgehend sein eigener Herr war. Aber das Königlich Preußische
Theater in Kassel kennt keine Schlampereien! Der ehemalige
Hauptmann der preußischen Garde-Feldartillerie, Träger des Eisernen Kreuzes erster und zweiter Klasse, Intendant Freiherr
Adolf von Gilsa, ist absolut unnachgiebig, wenn es sich um die Ein-
haltung der quasi militärischen Theater-Ordnung handelt. Das bü-
rokratische Zuchtgehabe geht so weit, daß »Vergehen« der Thea-
ter-Mitglieder in ein Straf-Verzeichnis eingetragen werden. Mahlers Name findet sich dort bereits einen Monat nach Amtsantritt
gleich zweimal; seine Verfehlungen: zum ersten *die höchst störende
Angewohnheit, bei den Theaterproben und Vorstellungen mit den
Stiefelabsätzen sehr stark aufzutreten*, und zweitens hat er während
der Generalprobe zu *Hans Heiling* einige Damen des Chores zu
schallendem Gelächter veranlaßt; *Frl. Schmid war dabei. Die anderen waren in der Dunkelheit nicht zu erkennen.*[63] Mag sein, daß
sich Mahler über derartige Albernheiten hinwegsetzt; schwerer
wiegt indes das von Anfang an belastete Verhältnis zum ersten Kapellmeister, dem aus Graz stammenden Wilhelm Treiber. Vermutlich spürt Treiber die eminente Begabung seines 2. Kapellmeisters
und setzt alles daran, das klassische Repertoire selbst in Händen zu
behalten. Jedenfalls bleiben für Mahler nur solche Opern, deren
Publikums-Beliebtheit zwar kaum noch zu überbieten ist, die aber
nicht unbedingt den strengen künstlerischen Ansprüchen des jungen Dirigenten standhalten: *Robert der Teufel, Der Rattenfänger
von Hameln, Lucia di Lammermoor, Der Nordstern, Das Glöckchen des Eremiten* u. ä., ab und zu auch mal der *Freischütz* und *Car-*

---

[62] *GMB*, S. 22 (24)
[63] zit. nach Schaefer, a.a.O., S. 353

men, aber nichts von Mozart, nichts von Wagner. – *Die Klassiker hat der Herr Hofkapellmeister gepachtet; er ist der wohlgemuteste ⁴/₄-Schläger, der mir noch vorgekommen ist.*[64] Alles in allem keine sonderlich aussichtsreiche Situation für einen 2. Kapellmeister mit Ambitionen. Dem Agenten gegenüber äußert er sich allerdings merkwürdig zuversichtlich:

> *Ich sende Ihnen wieder einige Rezensionen über meine Direktion des »Glöckchen des Eremiten«. Ich muß hervorheben, daß gerade diese beiden Kritiker sehr streng sind, und mich bei jeder Gelegenheit gegenüber dem I. Kap. Treiber herausstreichen. Überhaupt haben sich die Verhältnisse dahin geändert, daß ich sowohl von der Intendanz, Orchester und Sängern, als auch von der Kritik u. dem Publikum eine dominierende Stellung gegenüber dem Treiber erhalten habe [...] Freilich ist der Kontrakt des Hr. Treiber vor der Hand nicht umzustoßen, so daß er natürlich viel mehr zu dirigieren bekommt als ich. – Aber es ist nicht ganz unmöglich, daß dem genannten Herrn plötzlich etwas Unangenehmes passieren könnte. – Ich mag mich nicht deutlicher aussprechen.*[65]

Der Brief ist undatiert; wenn aber Blaukopfs Vermutung zutreffen sollte, daß er Ende Oktober 1883 geschrieben ist, dann sind das kecke Töne für einen gerade 23jährigen, dazu mit einem mysteriösen Unterton, der wohl dem Profilierungsgebaren eines jungen Kapellmeisters gegenüber seinem Impresario zuzuschreiben ist. Denn seinem Freund Löhr vertraut er ein halbes Jahr später an, daß in Kassel *eine Zeit des fortwährenden, unerträglichsten Kampfes* über ihn hereingebrochen sei, *dessen Ende vorderhand nicht abzusehen ist*[66].

Im Juni 1884 plant das Theater eine Akademie zugunsten der »Allgemeinen Pensions-Anstalt der Genossenschaft deutscher Bühnen-Angehöriger«, bei der Victor von Scheffels *Trompeter von Säckingen*, ein *Sang vom Oberrhein*, aufgeführt werden soll. Die Intendanz holt zu diesem Zwecke eigens über die »Genossenschaft deutscher Bühnenangehöriger« bei v. Scheffel die Genehmigung ein, das Versepos in sogenannten »lebenden Bildern« darstellen zu dürfen. Mahler wird beauftragt, dazu eine Musik zu schrei-

---

[64] *GMB*, S. 24 (25)
[65] zit. nach *KB* II, S. 168/169
[66] *GMB*, S. 27 (29/30)

58

Der Trompeter von Säkkingen
von Josef Victor von Scheffel.
Titelvignette

ben, die sich in sieben »Bilder« gliedert. Innerhalb von zwei Tagen
ist die Komposition fertig; aber Mahler wäre nicht er selbst, wenn
sein kompositorischer Anspruch hinter dem des populären Buches
zurückbliebe. *Wie Du Dir denken kannst*, schreibt er am 22. Juni an
Löhr, *hat es nicht viel mit Scheffelscher Affektiertheit gemein, sondern geht eben weit über den Dichter hinaus.*[67] Mahlers gesamte

---

[67] *GMB*, S. 27/28 (30)

Musik zum *Trompeter von Säckingen* ist verloren gegangen. Allerdings hat er eine Trompeten-Melodie in den zweiten Satz der ebenfalls 1884 begonnenen 1. Sinfonie – den sogenannten Blumine-Satz – übernommen, den ganzen langsamen Satz später aber vor Drucklegung der Sinfonie wieder eliminiert.

Unmittelbar nach der Aufführung des *Trompeter von Säckingen* am 23. Juni 1884 ist die Saison beendet, und Mahler fährt ohne Umwege nach Iglau, wo er sich nur ein paar Tage aufhält, bevor er am 1. Juli in Perchtoldsdorf bei Wien eintrifft, um Fritz Löhr zu besuchen. Löhr selbst hält diese Wochen für *den Höhepunkt eines zweijährigen Verkehrs, dessen Intensität infolge unsrer Lebensläufe sich so nicht mehr wiederholen konnte, der wohl aber den Grund legte für eine fortan unverlierbare Lebensgemeinschaft*[68]. Auch der anschließende gemeinsame Aufenthalt in Iglau ist ihm unvergeßlich: *Hauptsache und unersetzlicher Gewinn ist mir's geblieben, daß ich den Grund und Boden kennen gelernt, auf dem er erwachsen [...] Und Sonntag nachmittags Landpartie dahin, wo im Freien echteste böhmische Musikanten Burschen und Dirnen zum Tanz aufspielten. Ja, das war Tanz, Rhythmus, daß Herz und Sinne einem wie im Rausche bebten.*[69]

Die Ferien sind zu kurz, um vergessen zu machen, was ihn in Kassel wieder erwartet. Auf der Fahrt dorthin bleibt er zwei Tage in Dresden, um sich in der dortigen Hofoper *Così fan tutte* (23. August) und den *Tristan* (24. August) unter der Leitung von Ernst von Schuch anzusehen und offenbar auch Engagementsgespräche zu führen, denn er schreibt danach aus Kassel: *Er* [Schuch] *will einmal nach Cassel kommen, um mich dirigieren zu sehen. Es ist nicht ausgeschlossen, daß ich dennoch in Dresden Platz finde.*[70]

[68] *GMB*, S. 474 (409)
[69] *GMB*, S. 475 (410)
[70] *GMB*, S. 32 (34)

Johanna Richter – *Lieder eines fahrenden Gesellen*

Vorerst ist sein Platz in Kassel, wo er jener Frau wiederbegegnet, die ihm »so rätselhaft wie immer« erscheint und über die die Freunde in den Ferien sicher manches Wort gesprochen haben: Johanna Richter, Koloratursopranistin am Kasseler Theater, die zur gleichen Zeit wie Mahler engagiert worden war. Seine leidenschaftlich-zärtliche, aber letztendlich doch unerwiderte Liebe zu ihr finden ihren quasi autobiographischen Niederschlag in einem Lieder-Zyklus, dessen Text und Komposition höchstwahrscheinlich in den Jahren 1883 bis 1885 entstehen, den *Liedern eines fahrenden Gesellen*. Neujahr 1885 schreibt Mahler an Löhr: *Ich habe einen Zyklus Lieder geschrieben, vorderhand sechs, die alle ihr gewidmet sind. Sie kennt sie nicht. Was können sie ihr anderes sagen, als was sie weiß [...]. Die Lieder sind so zusammengedacht, als ob ein fahrender Gesell, der ein Schicksal gehabt, nun in die Welt hinauszieht, und so vor sich hin wandert.*[71]

Mahlers Liebe zu Johanna Richter scheint sich nach allem, was wir über ihre künstlerischen Talente wissen, wohl eher an ihrem außerordentlich angenehmen Äußeren entzündet zu haben. Von dem wenigen, was über die Beziehung zu dieser Frau bekannt ist, sind wohl am aufschlußreichsten jene Gedichte, die Mahler im Herbst und Winter 1884 für sie schreibt. Hier ein undatiertes Gedicht, das in Tonfall und Stil verblüffend an *Des Knaben Wunderhorn* erinnert:

Ebenso

Es ist ein' holde Königin
gerühmet weit und breit.
Ihr hab' ich mich mit treuem Sinn
zu stummen Dienst geweiht.

Ich dien' ihr nicht um Gut und Geld
der Treue stolz und hehr,
ich dien' ihr nicht um Minnesold,
such' nicht um Ruhm und Ehr.

---

[71] *GMB*, S. 33/34 (35); Mahler spricht zwar von sechs Liedern, es wurden aber nur vier. De La Grange glaubt, daß er die Gedichte *Die Sonne spinnt* und *Die Nacht blickt mild*, die er Natalie Bauer-Lechner später zeigt, nicht vertont hat (a.a.O., S. 471).

Ich möchte nur so unbewußt
sie sehen in der Ferne,
so wie man in der dunklen Nacht
blickt auf zu einem Sterne.

Wie eine Schildwach will ich stehn
ganz still auf ferner Stell',
und seh' ich sie vorüber gehn,
so praesentir ich schnell.

Die unglückliche Liebe, deren Erfüllung offenbar äußere Motive entgegenstanden – wie Blaukopf meint – findet erst mit dem Weggang Mahlers von Kassel ein Ende, der sich aber in der laufenden Spielzeit immer deutlicher abzeichnet.

Mahler sucht jede Chance, entweder wieder eine verantwortungsvolle Position an einem anderen Theater zu bekommen oder aber Adlatus eines der ganz Großen unter den Pultstars seiner Zeit zu werden.

Im Januar 1884 war der überragende Wagner-Dirigent Hans von Bülow mit seiner Meininger Hofkapelle nach Kassel gekommen, um dort am 24. und 25. zu konzertieren. Mahler versucht die Gelegenheit beim Schopfe zu fassen: er begibt sich zum Hotel Schirmer, wo Bülow Quartier bezogen hat; aber er wird vom Portier abgewiesen. Also schreibt er in aller Eile einen Brief an den grenzenlos bewunderten Maestro: *Als ich im gestrigen Konzert das Schönste erfüllt sah, was ich geahnt und gehofft, da war es mir klar: hier ist deine Heimat, – dies ist dein Meister – nun soll deine Irrfahrt enden oder nie! Und nun bin ich da und bitte Sie: Nehmen Sie mich mit – in welcher Form es immer sei – lassen Sie mich Ihren Schüler werden, und wenn ich das Lehrgeld mit Blut bezahlen sollte.* Mahler schildert Bülow seinen Werdegang bis zu seiner jetzigen Position in Kassel. *Ob dies schale Treiben einen Menschen befriedigen kann, der mit aller Sehnsucht und Liebe an die Kunst glaubt und sie auf die unerträglichste Weise aller Orten mißhandelt sieht, werden Sie selbst nur allzugut beurteilen können.*[72]

Bülow reagiert wenig nobel. Er schickt Mahlers Brief umgehend an den 1. Kapellmeister des Kasseler Theaters, Wilhelm Treiber; der wiederum spielt ihn dem Intendanten zu: eine äußerst peinliche Situation für Mahler. Aber Intendant von Gilsa übergeht den

---

[72] zit. nach *KB* II, S. 169

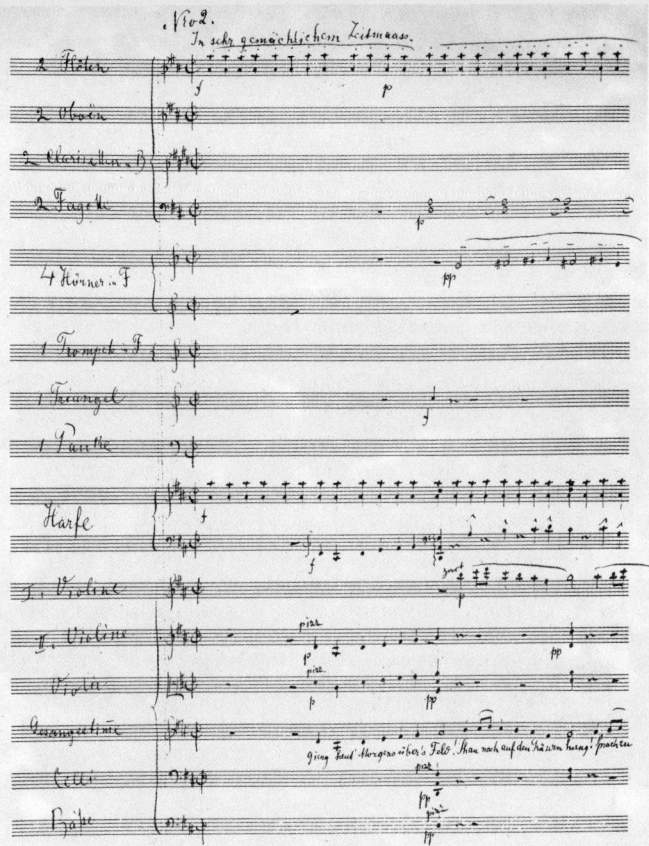

Eine Seite aus dem Autograph der
Lieder eines fahrenden Gesellen

Fall, er übergibt den Brief den Personalakten und schweigt. Bülow selbst schreibt am 28. Januar 1884 einen Brief an Mahler. *Sehr geehrter Herr, es wäre möglich, daß in anderthalb Jahren Ihr Wunsch in Erfüllung gebracht werden könnte, vorausgesetzt, daß ich genü-*

gende Probestücke Ihrer Leistungsfähigkeit als Klavierspieler und als Orchester-, wie Chordirigent erhalten haben würde – wozu ich Ihnen jedoch nicht die Gelegenheit darzubieten vermag – um Sie empfehlen zu können.[73]

Mahlers Aktion hat doppelten Mißerfolg: Die Vorgesetzten und Kollegen kennen nun seine Einstellung zu ihnen und zum Theater; und Schüler von Bülows wird er auch nicht. Die Spannungen am Theater wachsen von Woche zu Woche. Man nimmt ihm alles übel, was möglicherweise aus künstlerischen Gründen notwendig, im Sinne der militärischen Ordnung des Hauses aber nicht statthaft ist. So wird er bestraft, weil er aus eigener Entscheidung heraus bei der Aufführung von Delibes' Oper *Der König hat's gesagt* die Violinen durch einen zusätzlichen Musiker verstärkt. Die Intendanz entscheidet: Mahler hat das Honorar aus eigener Tasche zu bezahlen! Im September kommt es nach der Aufführung der *Lustigen Weiber von Windsor* zu einer weiteren Auseinandersetzung mit dem Intendanten, weil Mahler ohne Absprache mit ihm im II. Akt etwas streicht und im Finale des letzten Aktes von der üblichen Version abweicht. Mahler versucht zwei Tage später, sich mit der Argumentation zu rechtfertigen, *daß es meines Wissens sowohl bei mir, als auch Herrn Kapellmeister Treiber, wie bei allen Dirigenten der Welt, ein immer gepflegter Usus ist, unbefangen, wenn auch mit allem Bewußtsein der Verantwortlichkeit gegenüber der vorgesetzten Behörde, musikalische Veränderungen vorzunehmen...* Der Intendant bleibt unnachgiebig und erinnert ihn daran, *daß für die Ausübung seines Berufes an dem hiesigen Königlichen Hoftheater nicht der andernwärts geltende »Usus« sondern nur und allein die Vorschriften der ihm erteilten Dienstinstructionen und, in eventueller Ergänzung derselben, die von mir getroffen werdenden weiteren Bestimmungen maßgebend sind*[74]. Die private wie berufliche Situation wird unerträglich. Disziplinierung um jeden Preis im Theater und Ausweglosigkeit einer Liebe, für die er das Letzte gegeben hat. *Alles habe ich ihr abgebeten, meinen Stolz und Egoismus von mir geworfen. Sie ist alles, was liebenswert auf dieser Welt ist.*[75] Sein

---

[73] Der Brief v. Bülows wurde erstmals am 23. 9. 1928 durch Alfred Rosé, den Schwager Mahlers, im *Neuen Wiener Journal* veröffentlicht und später im 22. Jahrg. (1929/30) von *Die Musik*, S. 401, übernommen. Der Brief widerlegt die Behauptung Blaukopfs, Mahler sei von Bülow keiner Antwort gewürdigt worden (*KB* I, S. 71).

[74] zit. nach Schaefer, a.a.O., S. 354

[75] *GMB*, S. 34 (35)

Entschluß steht seit geraumer Zeit fest: am 1. April 1885 bittet er um seine Entlassung.

Es ist nicht mit Sicherheit auszumachen, was ihn primär zu diesem Schritt getrieben hat: die Abrechnung mit der Vergangenheit oder vielleicht doch ehrgeizige Karriere-Pläne. Jedenfalls nimmt er bereits im Dezember 1884, also lange vor seinem Entlassungsgesuch Kontakt zu Angelo Neumann auf, der damals noch Direktor des Opernhauses in Bremen ist. Mahler empfiehlt sich als *einen jungen energischen Dirigenten [...], der – ich muß nun wohl, mein eigener Lobredner sein – über Kenntnis und Routine verfügt und auch nicht ohne Fähigkeit ist, einem Kunstwerke und den mitwirkenden Künstlern Feuer und Begeisterung einzuhauchen*[76]. Neumann bittet Mahler, sich erneut bei ihm zu melden, wenn er den Zeitungen entnehme, daß er (Neumann) *in andere Verhältnisse getreten sein sollte.* Tatsächlich melden die Journale bald, daß Angelo Neumann Direktor des Deutschen Theaters in Prag geworden ist, jenes traditions- und ruhmreichen Hauses, in dem u. a. 1787 Mozarts *Don Giovanni* seine Uraufführung erlebte.

Mahler wird vom 1. August 1885 an für die folgende Spielzeit als 1. Kapellmeister nach Prag engagiert. Parallel zur Bewerbung bei Neumann knüpft er aber auch Kontakte nach Leipzig an, denn am 16. März 1885 schreibt er an seinen Agenten Lewy: *Vor allem teile ich Ihnen mit, daß ich von Juli 1886 als Kapellmeister an das Leipziger Stadttheater engagiert bin [...]*[77] Die nächsten Jahre sind also künstlerisch wie materiell gesichert, das deprimierende Dasein in Kassel hat allem Anschein nach ein Ende.

Aber noch hat er vor seinem Abgang eine Aufgabe zu erfüllen, der er sich in den letzten Monaten mit ganzer Kraft widmet. Im Oktober 1884 hatte er – mit Sondergenehmigung des Herrn Intendanten – die Leitung eines gemischten Chores in Hannoversch-Münden übernommen. Dieser Chor sollte, verstärkt durch andere Chöre aus der Umgebung, während des Kasseler Musikfestes vom 29. Juni bis 1. Juli 1885 Mendelssohns Oratorium *Paulus* aufführen. Mahler wurde der Hauptteil der Vorbereitungen sowie die künstlerische Leitung des Festes übertragen, womit bereits neue Konflikte vorprogrammiert sind, weil sich zumindest Kapellmeister Treiber degradiert fühlt. In diesem Konflikt nun sieht sich

---

[76] zit. nach Vladimir Lebl, *Gustav Mahler als Kapellmeister des deutschen Landestheaters in Prag*, in: *Hudebui věda*, Prag 1975, Jg. 12, H. 4, S. 354

[77] ebda., S. 172; wann M. in Leipzig zur Probe dirigierte, ist nicht festzustellen.

Mahler zum ersten Mal einer veröffentlichten antisemitischen Hetze gegenüber. Das *Reichsgeldmonopol – Volksblatt für wirthschaftlich-sociale Neugestaltung* schreibt am 2. Mai 1885: *Damit aller Welt gezeigt werde, daß in Cassel von nationalliberalen Rechtswegen bei solchen Gelegenheiten der Jude die erste Violine zu spielen hat, wurde der derzeitige 2. Dirigent am Königlichen Hoftheater, der Jude Mahler als Hauptdirigent ernannt. Es wurde gar nicht in Betracht gezogen, daß wir in Cassel bessere Dirigenten von höherem Verdienst um unsere Vaterstadt und von weitaus größerer Beliebtheit hatten (z. B. Musikdirektor Brede, Herr Kapellmeister Treiber), nein, Mahler mußte den ersten Platz haben.*[78] Man hatte Treiber zwar die Einstudierung des Instrumentalparts und Brede den Vokalpart angeboten, aber zumindest Treiber und – in Solidarität zu ihm – das Theater-Orchester lehnen eine Mitwirkung ab, so daß man eigens ein Festspiel-Orchester zusammenstellen muß. Fazit des Volksblatts: *Das war denn doch den Rasseneigenthümlichkeiten genügt* [sic!] [...] *Die Deutschen hatten die Arbeit und der Jude die dabei abfallenden Ehren.*[79]

Das Musikfest wird für Mahler in der nicht-rassistischen Presse ein großer Erfolg, und seinem Freund Löhr kann er berichten: *Mir selbst ist bisher alles aufs beste gelungen. Ehren und Liebe habe ich in reichem Maße eingeheimst. Einen großen Brillantring, eine goldene Uhr, Lorbeerkranz – Album etc. etc.*[80] Und der Kritiker des *Casseler Tageblatt und Anzeiger* schreibt: *Herr Mahler ist zweifelsohne ein talentvoller Musiker, der bei seinem rührigen Wesen noch einmal ein sehr tüchtiger Dirigent werden wird.*[81]

Dazu wird ihm bald Gelegenheit gegeben. Generalintendant von Hülsen genehmigt Mahlers Entlassungsgesuch bereits zum 1. Juli 1885, so daß er nach kurzem Aufenthalt in Iglau Mitte des Monats in Prag eintrifft. Er hat wieder Zuversicht gefaßt, zumal ihm hier Aufgaben anvertraut werden, an denen seine Fähigkeiten wachsen können.

---

[78] zit. nach Schaefer, a.a.O., S. 355
[79] ebda.
[80] *GMB*, S. 42 (44)
[81] zit. nach Schaefer, a.a.O., S. 355; der Gesamtchor bestand aus Chören aus Hann.–Münden, Kassel, Marburg und Nordhausen.

Kapellmeister bei Angelo Neumann in Prag

Direktor Neumann und der 1. Kapellmeister Anton Seidl, der kurz nach Beginn der Saison 1885/86 einem Ruf nach New York folgt, übertragen Mahler die Aufführung von Cherubinis *Wasserträger* zu Ehren des 55. Geburtstags des Kaisers am 17. August. Am 6. September dirigiert er bereits *Don Giovanni*, drei Wochen später folgt *Tannhäuser*. Welche Aufgaben gegenüber Kassel! Und trotzdem: er verspürt keinerlei Bitterkeit oder Haß gegenüber seinem früheren Intendanten; ganz im Gegenteil. Zum Jahreswechsel schreibt er an von Gilsa: *Hochverehrter Herr Baron!* [...] *Ich kann nicht umhin, bei dieser Gelegenheit auszusprechen, wie dankbar ich all der Güte und Freundlichkeit gedenke, welche Sie mir im Laufe der Zeit erwiesen, da ich das Glück hatte, unter Ihrer Leitung meinen künstlerischen Idealen nachstreben zu dürfen. – In Ihrer Schule lernte ich, was das allerschwerste ist: zu gehorchen, um befehlen zu können, seine Pflicht getreu zu erfüllen, um dies von Anderen verlangen zu dürfen.*[82]

Am 25. Oktober kommt es endlich zu der von Mahler herbeigesehnten Premiere der *Meistersinger*, die von der Tageszeitung *Bohemia* mit hohem Lob bedacht wird. Es ist nach *Tannhäuser* die zweite Wagner-Oper, die er in Prag einstudiert; am 19. Dezember folgt *Rheingold*, einen Tag später *Walküre* in der durch Neumann erworbenen »Original Bayreuther Ausstattung«. Der Kritiker der *Bohemia* ist hingerissen und glaubt, die *Walküren*-Szene im III. Akt nicht einmal in der Aufführung von 1876 in Bayreuth – also noch zu Lebzeiten Wagners – so gut gehört zu haben! Mahler weiß, welchen Fortschritt er mit dem Engagement nach Prag gemacht hat, und er fühlt sich so wohl, daß er mit dem Gedanken spielt, sich vom bereits vereinbarten Engagement im folgenden Jahr in Leipzig suspendieren zu lassen. Aber seine diesbezüglichen Bitten an den Leipziger Operndirektor Staegemann nützen nichts; der beharrt auf den Abmachungen, so daß Mahlers Zeit in Prag am 15. Juli 1886 beendet ist. Bis dahin dirigiert er ungeheuer viel. Neben *Figaro*, *Lohengrin*, *Orpheus* und *Freischütz* steht er für den ungeliebten *Trompeter von Säckingen* von Nessler allein 26 Mal am Pult! Trotzdem findet er auch Zeit, dann und wann ins »Tschechische Nationaltheater«, die zweite große Bühne Prags, zu gehen,

[82] ebda., S. 355/356

Angelo Neumann,
Direktor des Deutschen Theaters in Prag seit 1885

um dort Werke Glinkas, Dvořáks und vor allem Smetanas, für den er sich später besonders vehement einsetzt, mit großer Begeisterung zu hören.

Seinen vielleicht wichtigsten Prager Erfolg aber hat er als Konzertdirigent. Am 13. Februar 1886 findet ein Gedenkkonzert zu Richard Wagners Todestag statt mit der Aufführung der 9. Sinfonie von Ludwig van Beethoven. Carl Muck, der spätere Nachfolger Mahlers in Prag, leitet das Konzert als Gastdirigent. Die Wiederholung, eine Woche später, soll Mahler dirigieren; aber just in dieser Woche kommt es zwischen ihm und Angelo Neumann zu einem von der Sache her belanglosen Zerwürfnis, das erst zwei Tage vor dem Konzert beigelegt wird. Löhr, der Mahler für drei Tage in Prag besucht und täglich mit ihm zusammen ist, berichtet, daß Mahler die Aufführung mit Ausnahme einer Einzelprobe einiger Streicher ohne Gesamtprobe dirigieren mußte. *Trotzdem gelang es ihm, allein durch die unvergleichlich energisch markierende Art seines Dirigierens, durch die Heftigkeit und gleichsam unerbittliche Festigkeit, mit der er die Mitwirkenden zu seinem Willen verhielt, im*

*Konzerte selbst eine total andere Aufführung zu Stande zu bringen,
als die erste unter Muck gewesen war...*[83] Größtes Erstaunen aber
ruft die Tatsache hervor, daß Mahler alles auswendig dirigiert, damals eine Ungeheuerlichkeit! Der Erfolg scheint ihn angespornt zu
haben: in einem Konzert für bedürftige Juristen am 18. April erregt er wieder das Aufsehen der Presse, als er u. a. Mozarts g-Moll-
Sinfonie und das Scherzo der 3. Sinfonie von Bruckner auswendig
dirigiert.

Im selben Konzert erklingen zum erstenmal drei Lieder Mahlers
mit Klavierbegleitung, nämlich *Frühlingsmorgen*, *Hans und Grete*
und *Ging heut' morgen übers Feld*, von denen das zweite – wie die
Bohemia meldet – *zur Wiederholung verlangt wurde*. Die Lieder,
die später Teil des Zyklus *Lieder und Gesänge* werden, sind wahrscheinlich 1883 in Wien und Iglau entstanden, nachdem Mahler
sein Laibacher Engagement beendet hatte; sie vermitteln noch
eine Unbekümmertheit des Ausdrucks, wie sie Mahler später nie
mehr angestrebt hat.

Rivalität mit Nikisch in Leipzig

Mahlers Wunsch, seinen Vertrag in Prag zu verlängern, hat neben
den dortigen Erfolgen seinen Grund vor allem in der befürchteten
Rivalität zwischen ihm und Arthur Nikisch, der seit 1878 in Leipzig
ist und dort bereits »sein« Publikum hat. Noch im Dezember 1885
hatte Mahler an Löhr geschrieben: *Da es mir hier so »gut geht« und
ich sozusagen die erste Geige spiele*[84], *während ich in Leipzig an Nikisch einen eifersüchtigen und viel vermögenden Rivalen finden
werde, so habe ich alle Hebel in Bewegung gesetzt, um mich von
dort loszumachen.*[85] Und an seinen früheren Vorgesetzten, Intendant von Gilsa, schreibt er zur gleichen Zeit: *Gerne hätte ich meinen Vertrag in Leipzig gelöst, um hier bleiben zu können; doch
wollte Dir. Staegemann absolut darauf nicht eingehen. Und so muß
ich mich denn im nächsten August auf den schweren Gang nach*

---

[83] Friedrich Löhr, *Zwei Jugendbriefe: Von Mahler und über ihn*, in: *Musikblätter des
Anbruch* 2 (1920), S. 305
[84] Mahler war als 2. Kapellmeister engagiert und blieb es auch nach dem Ausscheiden
Seidls. 1. Kapellmeister wurde Ludwig Slansky.
[85] *GMB*, S. 45 (46)

Leipzig machen, wo meiner gewiß der peinlichste Rivalismus mit Nikisch harrt.[86]

Der aus Ungarn gebürtige, sechs Jahre ältere Arthur Nikisch hatte schon mit elf Jahren das Wiener Konservatorium besucht und war zunächst Geiger im Wiener Hofopernorchester, bevor er 1878 als Chordirektor und 2. Kapellmeister nach Leipzig kam; als Max Staegemann 1882 das Leipziger Stadttheater übernimmt, wird Nikisch 1. Kapellmeister. Er ist vom Temperament her geradezu das absolute Gegenteil von Mahler; Tschaikowsky beschreibt ihn in seinen Erinnerungen als einen Dirigenten, der *so wunderbar ruhig, jede überflüssige Bewegung vermeidend, aber dabei so erstaunlich mächtig, energisch und voll Selbstbeherrschung ist,* daß er *ruhig über seinem ihm sklavisch ergebenen Orchester schwebt*[87].

Für Mahler kann diese Rivalität nur bedeuten: sich durchsetzen mit Leistung und mit Geduld, an der es ihm freilich zuweilen arg mangelt. Natürlich hat er genaue Vorstellungen von den Möglichkeiten, sich profilieren zu können. Noch aus Prag hatte er Staegemann gebeten, ihm *als Antrittsleistung die Direktion des »Tannhäuser« zu gewähren. Diese Oper bietet Gelegenheit, mich sowohl als Orchesterdirigent einzuführen, als auch Beherrschung der Gesangsmassen und Aufbau von opernhaften Ensembles zu zeigen*[88].

Mahler debütiert am 3. August mit *Lohengrin* und kann sich zwei Wochen darauf mit *Tannhäuser* dem Leipziger Publikum vorstellen. Aber er will mehr. Anfang November bittet er Staegemann schriftlich und quasi ultimativ, gleichberechtigt neben Nikisch den *Ring des Nibelungen* dirigieren zu dürfen. *Sie wissen auch, daß ich vermöge meiner Fähigkeiten und meiner Art unmöglich in einer Stellung verbleiben könnte, in der ich von Aufgaben dieser Art ausgeschlossen wäre.*

Ich bitte Sie auch, zu bedenken, daß mir sogar aus geschäftlichen Rücksichten diese exzeptionelle Gelegenheit nicht entzogen werden darf, das Vertrauen des Publikums zu gewinnen.[89]

Aber den *Ring* hat Nikisch seit Jahren »gepachtet«, und Staegemann ist offenbar nicht bereit, dies zu ändern, denn er weiß natür-

[86] *KB* II, S. 174; der im gleichen Brief erwähnte *Tristan* ist von Slansky dirigiert worden. Der Mozart-Zyklus kam nicht zustande. Mahler dirigierte *Die Entführung* und *Così fan tutte.*

[87] P. I. Tschaikowsky, *Musikalische Erinnerungen und Feuilletons,* hg. v. Heinrich Stümcke, Berlin o.J., S. 52f. (zit. nach *KB* II, S. 176)

[88] *GMB,* S. 65 (48)

[89] *GMB,* S. 68 (57)

Der Dirigent Arthur Nikisch (1855–1922)

lich nur zu gut, daß er sich damit von heute auf morgen zwei Gegner schaffen würde, die ihm weitaus gefährlicher werden könnten als Mahler: Nikisch und das gesamte Orchester, das sich ohnehin von Mahler malträtiert fühlt und schon deswegen auf der Seite des freundlicheren Nikisch steht.[90] Mahler sieht sich gezwungen, seine Konsequenzen daraus zu ziehen: Ende November bittet er um Entlassung. Aber Staegemann macht nicht mit. Mahler muß seinen vertraglich eingegangenen Verpflichtungen weiter nachkommen.

Inzwischen meldet eine Leipziger Tageszeitung, Mahler habe *einen glänzenden Antrag von Herrn Direktor Pollini an das Stadttheater in Hamburg erhalten.* Mahler selbst teilt Löhr Ende 1886 mit, daß er außerdem ein Angebot an das Karlsruher Hoftheater als Nachfolger Felix Mottls (der aber dann doch dort blieb) und

---

[90] Im Januar 1887 schickt der Orchestervorstand einen Brief an den Rat der Stadt Leipzig, in dem er *um Schutz und Beistand […] gegen die unwürdige Behandlung, die der Herr Kapellmeister Mahler dem Orchester zuteil werden läßt,* bittet. (Zit. nach *KB* II, S. 177)

einen famosen Antrag von Neumann in Prag bekommen habe. Außerdem erfährt er, daß Nikisch eine Anfrage aus Budapest erhalten habe. *Geht er, so trete ich als unumschränkter I. Kapellmeister an seine Stelle. – Bleibt er, so folge ich einem wirklich geradezu glänzenden Rufe als Leiter der Oper nach Hamburg.*[91] Nikisch bleibt, und Mahler – bleibt auch, denn im Januar 1887 wird Nikisch so krank, daß er bis Ende Mai nicht dirigieren kann. Mahler übernimmt das gesamte Repertoire, also auch den *Ring des Nibelungen*. Am 9. Februar dirigiert er zum erstenmal in Vertretung von Nikisch *Die Walküre*. Auf dem 27jährigen lastet viel Verantwortung. *Ich dirigiere beinahe täglich große Oper, und komme buchstäblich kaum aus dem Theater hinaus [...] Durch die letzte Wendung der Dinge bin ich dem Nikisch faktisch in jeder Weise gleichgestellt worden [...] Ich glaube, daß es Nikisch mit mir nicht aushalten, und über kurz oder lang das Weite suchen wird.*[92]

Auf Webers Spuren: *Die drei Pintos*

Trotz solch zuversichtlich-hoffnungsvoller Töne ist nicht zu überhören, daß Mahler sich Anfang 1887 in einer Phase höchster Verunsicherung und innerer Erregung befindet. *Meine Angelegenheiten werden immer undurchdringlicher*, schreibt er an Löhr[93] und meint damit sicher nicht allein die Tatsache, daß er mit dem Gedanken spielt, im Herbst nach Karlsruhe zu gehen oder evtl. sogar einen Antrag als Nachfolger Anton Seidls in New York anzunehmen. Im Januar 1887 vertraut er Löhr an: *Ich bin natürlich durch alles dieses rein außer Kontakt mit »mir« geraten – obwohl ich mir in allem wieder recht treu geblieben und wieder bereits einige »Dummheiten« anzustellen im Begriffe bin.*[94] Seit einiger Zeit verkehrt er im Hause des sächsischen Hauptmanns Carl von Weber, einem Enkel Carl Maria von Webers, dessen Frau es ihm angetan hat. Aber er nimmt alle Kraft zusammen, die Sache nicht zu einem Skandal werden zu lassen, der seine gerade sich abzeichnenden Leipziger Erfolge mit einem Schlage zunichte machen würde. Vielmehr beginnt er, sich für eine Reihe von Skizzen Carl Maria von Webers zu interessieren, die ihm der Enkel übergeben hat. Es handelt sich um

[91] *GMB*, S. 56/57 (60)
[92] *GMB*, S. 60/61 (64)
[93] *GMB*, S. 59 (62)
[94] *GMB*, S. 57 (61)

DIE drei Pintus.

Komische Oper in drei Aufzügen

von

C. M. von WEBER.

Unter Zugrundelegung des gleichnamigen Textbuches von Th. Hell,
der hinterlassenen Entwürfe und ausgewählter Manuscripte des Componisten ausgeführt:

der dramatische Theil

von

C. von WEBER,

der musikalische

von

G. MAHLER.

Klavier-Auszug mit Text M 8,..n.   Partitur M   Klavier-Auszug ohne Text M

Verlag von C. F. KAHNT NACHFOLGER, Leipzig.

Eigenthum für

Russland,   Niederlande,
Mellin & Neldner, Riga.   H. Rahr, Utrecht.
                Amerika,
        Edw. Schuberth & Cº, New York.

Die drei Pintos
Titelseite des Klavierauszuges

Fragmente zu einer Oper mit dem Titel *Die drei Pintos*, deren Vollendung nahezu ein halbes Jahrhundert zuvor bereits Meyerbeer ins Auge gefaßt, schließlich aber doch fallengelassen hatte. Mahler gewinnt nach anfänglichem Zögern[95] Interesse an der Arbeit und befaßt sich während der Sommer-Ferien mit dem vorhandenen Material. Weber hatte bereits die Musik zu zwei Akten skizziert; dies geht aus den Autographen hervor, auf die sich Ludwig Hartmann im Jahre 1905 in Dresden stützen konnte. Nach seinen Angaben handelt es sich um 40 Blätter, die mit insgesamt 1769 Takten Musik beschrieben sind. Zum Vergleich: Die gesamte Oper *Abu Hassan* umfaßt nur 1298 Takte. Diese Tatsachen stehen in offensichtlichem Widerspruch zu Mahlers von Natalie Bauer-Lechner überlieferten Bemerkungen aus dem Jahre 1901. Mahler soll damals gesagt haben: *Ihr würdet euch wundern, zu sehen, wie wenig von Webers eigener Hand da war: nicht viel mehr als einige wundervolle Themen, keine Note der Instrumentation. So hatte ich den weitaus größeren Teil des Werkes zu machen.*[96] Der dritte Akt – so waren Hauptmann von Weber und Direktor Staegemann für den Fall einer Aufführung vorläufig übereingekommen – sollte als rezitiertes Schauspiel aufgeführt werden. Erst, als dagegen von verschiedenen Seiten Bedenken laut wurden, konnte sich Mahler daranmachen, aus teils ungedrucktem, teils in Vergessenheit geratenem Motivmaterial Webers den dritten Akt fertigzustellen. *Der hochtalentvolle Kapellmeister Mahler assimilierte Webers Stil so unglaublich getreu, daß selbst der Weberkenner irre wurde, ob ein Verbindungsglied, das zwei Webersche Stücke zu verbinden hatte, von Weber oder von Mahler sei.*[97]

Am 20. Januar 1888 findet im Stadttheater Leipzig die Premiere der *Drei Pintos* statt, zu der man erlauchte Gäste von nah und fern begrüßen kann: Graf Platen, Generalintendant des Dresdner Hoftheaters; Graf Hochberg, Generalintendant der Berliner Hofbühne; Intendant von Gilsa aus Kassel; die Hofkapellmeister Schuch aus Dresden und Levi aus München; Prof. Wüllner aus Köln, Direktor Pollini aus Hamburg, ja sogar ein Abgesandter der

[95] Max Marschalk bemerkt dazu in *Neue musikalische Rundschau* 1 (1897), Nr. 15, S. 269, *daß ganz zu Anfang Mahler sich gegen den Plan, das Fragment [...] mit Zuhilfenahme anderer Compositionen Webers nothdürftig fertigzustellen, auf das Heftigste sträubte, es vielmehr für besser hielt, die Sache als Fragment aufzuführen.*

[96] *NBL*, S. 169/170

[97] Ludwig Hartmann, *Die drei Pintos von C. M. v. Weber*, in: *Die Musik* 5 (1905/06), S. 305

New Yorker Oper ist unter den Gästen, ebenso wie der Musik-schriftsteller und Kritiker Eduard Hanslick, der eigens aus Wien gekommen ist[98]. Das Interesse an der Mahlerschen Bearbeitung der Vorlage von Webers ist riesengroß, und Eingeweihte wie Richard Strauss sagen dem Werk schon im Vorhinein Erfolg voraus. Strauss hatte Mahler Mitte Oktober 1887 in Leipzig anläßlich der Aufführung seiner f-Moll-Sinfonie (1884) kennengelernt und äußert sich in einem Brief an Hans von Bülow sehr angetan von der Bearbeitung, die ihm Mahler gezeigt hatte: *Mahlers Bearbeitung von Webers 3 Pintos scheint mir ein Meisterstück; von dem ersten Akt, den Mahler mir vorspielte, bin ich ganz entzückt; das ist [...] echtester, liebenswürdigster und genialster Weber!*[99] Hanslick ist da etwas anderer Ansicht: *Gewisse Lieblingsfiguren Webers verwendet Herr Mahler mit guter Wirkung, nur wiederholt er gar zu häufig die raschen Sechzehntelpassagen der Violinen; man hört sie fast die ganze Oper hindurch. Die starke Benützung der Blechinstrumente, zumal der Posaunen, dazu der großen Trommel in einer leichten Spieloper ist schwerlich Weberisch.*[100]

Zweifelsfrei bedeutet die Uraufführung der *Drei Pintos* für Mahler einen bedeutenden Schritt in Richtung auf eine internationale musikalische Reputation sowohl als Dirigent wie auch als Komponist, wenngleich die wenigsten der anwesenden Fachleute wirklich wissen, was alles in dieser Partitur von Mahler stammt. Aber es ist für den Sohn des jüdischen Kaufmannes aus Böhmen auch eine persönliche Genugtuung, mit den bedeutendsten Vertretern des europäischen Musiklebens, ja sogar mit dem König und der Königin von Sachsen bekannt zu werden.

Nach der Uraufführung schreibt er voll Stolz an die Eltern:

Nach dem 2. Akt ließ mich der König hinausholen und unterhielt sich in liebenswürdigster Weise mit mir. Den ganzen Zwischenakt sprach er nur mit mir, dann sollte der Akt angehen, da kam die Königin auf mich zu und sprach mich an. Ich mußte also noch bleiben, und das dauerte vielleicht

---

[98] Die *NZfM* 55 (1888), Nr. 5 vom 1. 2. 1888, S. 54, führt als auswärtige Gäste außer den genannten noch Intendant Freiherr von Bronsart (Weimar), Dr. Neitzel (Köln) und den Wiener Kapellmeister Johann Nepomuk Fuchs von der Hofoper an.

[99] *Briefwechsel Bülow/Strauss*, in: *Richard Strauss Jahrbuch 1954*, Bonn 1953, S. 53 (zit. nach *KB* II, S. 179)

[100] Eduard Hanslick, *Musikalisches und Literarisches*, Berlin 1889, S. 94f.

10 Minuten, während dem das ganze Publikum schon war-
tete. Sie wußte, daß ich aus Iglau sei und erzählte mir, daß
sie sehr oft vorüberfahre, und daß jetzt eine neue Bahn
nach Meseritsch gebaut werde, was ich nicht einmal wußte.
Sie frug mich auch, ob meine Eltern in Iglau lebten, worauf
ich ihr sagte, daß ich Euch das schreiben werde und daß
Ihr Euch darüber sehr freuen werdet. Der König, der
selbstredend musikverständig ist, frug mich nach einzelnen
Nummern, von wem sie wären. Und gerade die, die ihm am
besten gefielen, waren von mir, worüber er und die Anwe-
senden sehr erstaunt waren. Ihr würdet staunen, was für
leutselige Menschen das sind. Es ist leichter mit ihnen zu
verkehren als mit dem Herrn Bürgermeister von Iglau. Wir
plauderten miteinander, als wären wir schon lange Be-
kannte. Daß die Königin auch auf mich zukam, ist eine be-
sondere Ehre, die selbst Aristokraten nur selten passiert, da
gewöhnlich Herren nur vom König, und Damen von der
Königin angesprochen werden. Ich scheine auch persönlich
einen günstigen Eindruck auf sie gemacht zu haben, da sie
auf dem Fest nachher bei General Tsch. noch viel von mir
sprachen. Der König sagte mir auch, daß er sich schon auf
die Aufführung in Dresden freue. Beide Majestäten blieben
bis zum gänzlichen Schluß.[101]

Auf jeden Fall ist das Unternehmen auch ein finanzieller Erfolg.
Mahler teilt den Eltern Ende Januar mit, daß er vom Verleger
C. F. Kahnt in Leipzig 10000 Mark bekommen habe, ohne die Tan-
tiemen für weitere Aufführungen. In den folgenden drei Jahren er-
scheint die Oper auf den Spielplänen vieler Opernhäuser, so in
Prag, Wien und Berlin. Mahler ist zum erstenmal finanziell nicht in
Verlegenheit.

Die 1. Sinfonie

Die Arbeit an den *Drei Pintos* läuft zeitweise parallel mit der Skizzierung und Ausarbeitung seiner 1. Sinfonie, so daß Mahler um die
Jahreswende 1887/88 offenbar seinen Theaterdienst nicht mit der
sonst von ihm gewohnten Sorgfalt versieht. Direktor Staegemann,

[101] Gustav Mahler, *Briefe*, hg. v. Mathias Hansen, Leipzig 1981, S. 98/99

zu dem Mahler ein außerordentlich gutes persönliches Verhältnis gewonnen hat, rügt ihn; Mahler bittet am 5. Januar 1888 um Nachsicht: *Nur noch ein klein wenig Geduld!* [...] *Lassen Sie noch zwei Monate ins Land gehen, und Sie sollen sehen, daß ich wieder »Der Alte« sein werde.*[102] In diesem Frühjahr fiebert er geradezu der Vollendung seines Werkes entgegen, mag aber selbst seinem besten Freund, Fritz Löhr, gegenüber noch nichts Genaues äußern: *Ich empfinde es schwer, daß ich jetzt Dir nichts sagen und schreiben kann! Verzeih mir dieses Schweigen, lieber Freund – Du sollst wohl noch alles erfahren. Jedenfalls magst Du wissen, daß ich schon manches fünfzeilige System beschrieben habe – und nach dieser Richtung alles schön geworden ist – mein Gott, vielleicht nach jeder! Ja! Es ist alles sehr schön und groß!*[103] Als am 9. März 1888 Kaiser Wilhelm I. stirbt, schließt das Theater zehn Tage lang seine Pforten, und Mahler hat Gelegenheit, sich nur seiner Komposition zu widmen. Ende März kann er Löhr endlich mitteilen: *So! Mein Werk ist fertig! Jetzt möchte ich Dich neben meinem Klavier haben und es Dir vorspielen!*[104] Schon nach Vollendung des ersten Satzes hatte er mitten in der Nacht die Familie Weber aufgesucht und ihnen alles am Klavier vorgespielt – bei der Wiedergabe des Streicher-Flageoletts am Anfang brauchte er allerdings Hilfe![105] Mahler ist in dieser Zeit hochgestimmt; er verkehrt in den »besten Kreisen« der Stadt und kann es sich sogar leisten, selbst Gäste einzuladen, weil er inzwischen eine komfortable Wohnung in der Gustav-Adolf-Straße 12 bezogen hat. Und was die Uraufführung der Sinfonie betrifft, sieht er absolut keine Probleme: *Mit der Aufführung habe ich natürlich keine Schwierigkeiten, da ich jetzt eben ein »berühmter« Mann bin.*[106]

---

[102] *GMB*, S. 71 (67); in der Neuausgabe der Briefe heißt es: *Lassen Sie noch zwei Wochen ins Land gehen.* H. Blaukopf schließt daraus, daß Mahler seine Theaterpflichten wegen der *Drei Pintos* vernachlässigt habe.

[103] *GMB*, S. 62/63 (69)

[104] *GMB*, S. 63 (70)

[105] vgl. *NBL*, S. 150

[106] *Brief an die Eltern*, in: Hans Holländer, *Gustav Mahler vollendet eine Oper von Carl Maria von Weber, Vier unbekannte Briefe Mahlers*, in: *Neue Zeitschrift für Musik* 116, 1955, H. 12, S. 130ff. Holländer bemerkt an anderer Stelle: *Artistically, socially, and financially as well, this event marks the culminating point of his career till then.* (H. Holländer, *Gustav Mahler*, in: *The musical Quarterly* 17, 1931, S. 449ff.)

Sorge bereitet ihm die Lage der Familie, daheim in Iglau. Der Vater wird zusehends hinfälliger, auf den Tod krank; die Mutter, seit eh und je leidend, ist nicht mehr in der Lage, den Haushalt zu führen; Schwester Justine – inzwischen 20 Jahre alt – übernimmt die Pflichten der Mutter und hat sich neben den Eltern auch um Otto, Emma und Alois zu kümmern, die ja noch Kinder sind. Gustav kann der Familie wohl finanziell unter die Arme greifen, aber er hat keine Möglichkeit, sie durch seine Anwesenheit zu trösten und zu stärken. Dies um so weniger, als er selbst erkrankt und sich im Sommer 1888 in München einer Darmoperation unterziehen muß.[107] Die Verhältnisse am Leipziger Theater waren in den letzten Monaten für Mahler immer schwieriger geworden, so daß die Trennung nach einem Zerwürfnis mit dem Oberregisseur A. Goldberg reibungslos vor sich geht.[108]

Mahler fährt nach seinem Krankenhausaufenthalt für fünf Tage nach Bayreuth, um dort *Parsifal* und *Die Meistersinger von Nürnberg* zu erleben, und reist dann weiter zu einer dreiwöchigen Kur nach Marienbad.

Aber sein ahasverisches Wesen, seine Neigung zu Pessimismus und Mißtrauen, lassen ihn nicht recht zur Ruhe kommen. Er macht sich Sorgen um die Zukunft, vor allem um ein neues Engagement[109], aber auch um die Uraufführung seiner 1. Sinfonie – so leicht, wie sich das der »berühmte« Mann vorgestellt hatte, ist die Sache offenbar nicht, eine Erfahrung, die er im Gegensatz zu dem fast gleichaltrigen Richard Strauss noch viele Jahre wird machen müssen. In der Tat erweisen sich Verhandlungen, die nicht Mahler, sondern sein Freund Guido Adler, Professor für Musikgeschichte an der Prager Universität, auf eigene Faust führt, als nicht ganz einfach. Adler wendet sich nämlich Anfang Juli 1888 an den Cellisten David Popper in Budapest. Popper ist Professor an der königlichen Musikakademie und hat gute Beziehungen zum Direktor dieses Instituts, zu Ödön von Mihalovich, der seinerseits kraft Amtes ein gewichtiges Wort mitzureden hat, wenn es um die Neubesetzung der seit längerem vakanten Position des Budapester

---

[107] H. F. Redlich, a.a.O., S. 123, äußert die Ansicht, die Konflikte am Theater hätten zu seiner Erkrankung geführt.

[108] Das in Leipzig erscheinende *Musikalische Wochenblatt* teilt mit, daß *Herr v. Fielitz, der neue Capellmeister,* [...] *seinen Vorgänger Hrn. Mahler schnell vergessen gemacht* habe.

[109] vgl. Brief an Max Steinitzer, in: *Musikblätter des Anbruch* 2 (1920), S. 297/298

Operndirektors geht. Der Ausschuß hat bereits mit Nikisch und Mottl verhandelt, aber Nikisch winkt sofort ab. Mottl unterschreibt tatsächlich am 5. Juni 1888 einen Vertrag als Operndirektor, löst ihn aber aus unerfindlichen Gründen wieder am 15. September. Daraufhin entschließt man sich in Budapest, den 28jährigen Gustav Mahler als neuen »Kunstdirektor des königlich ungarischen Opernhauses« zu engagieren. Den Vertrag, der Mahler auf zehn Jahre mit einem jährlichen Einkommen von 10000 Gulden[110] an die Budapester Oper bindet, unterzeichnet seitens des Staates der Staatssekretär Ferenc Beniczky, Regierungskommissar der Staatlichen Theater.

---

[110] Kornél Ábrányi, *Leben und Wirken Ferenc Erkels*, Budapest 1895, spricht davon, daß Mahler 12000 Gulden Jahresgage bezogen habe (S. 175).

Budapest (1888–1891)

Ein 28jähriger als Operndirektor

Das königlich ungarische Opernhaus war 1884 in einen Neubau an der Andrássystraße umgezogen, der mit 1200 Sitzplätzen, einer hydraulischen Bühnen-Maschinerie und einer ausgezeichneten Akustik zu den modernsten in Europa gehört. Seit Januar 1886 wurde es von dem Intendanten Graf István Keglevich geführt, der es fertigbrachte, das Unternehmen innerhalb von zwei Jahren vor allem durch permanente überhöhte Ausgaben für Gastspiele an den Rand des Ruins zu bringen. Keglevich dankt im Dezember 1887 ab. Sein Nachfolger Baron Ferenc von Beniczky versucht, das Haus durch ein relativ einfaches Programm zu sanieren: die Ausgaben müssen gesenkt, das künstlerische Niveau muß gehoben werden. Beniczky verkleinert das Ballett fast um die Hälfte, stützt sich in erster Linie auf die verringerte Anzahl der eigenen Kräfte des Hauses und versucht andererseits, die künstlerische Leitung zu verbessern. In diesem Sinne sind nicht nur die letztlich gescheiterten Verhandlungen mit Nikisch und Mottl, sondern eben auch die Verpflichtung Mahlers zu interpretieren, die als Notlösung sicher mißverstanden wäre.

Mahler hält sich zur Zeit der Verhandlungen mit Budapest in den Monaten August und September 1888 in Prag auf, um dort die *Drei Pintos* einzustudieren und am 18. August die Premiere sowie vier weitere Aufführungen zu dirigieren. Auch hier ist die Kritik wieder überaus positiv: *Den musikalischen Bearbeiter der Oper, Gustav Mahler, beglückwünschen wir aufs herzlichste ob des vorzüglichen Gelingens seiner aufopfernden, mühevollen Arbeit*, schreibt die *Bohemia*; *wir beglückwünschen ihn aber auch als feinsinnigen, energischen Dirigenten für die in jeder Hinsicht höchst gelungene Aufführung des neuen Werkes.*[111] Bis zum Ende des Jahres wird die Oper elfmal wiederholt.

Während des Prager Aufenthaltes nutzt Mahler aber auch die Zeit, am ersten Satz seiner 2. Sinfonie, den er im Februar 1888

---

[111] *Bohemia* v. 19. 8. 1888, zit. nach Arnost Mahler, a.a.O., S. 443

Gustav Mahler im Jahre 1888

noch in Leipzig begonnen hatte, weiterzuarbeiten; die Partitur-Niederschrift trägt das Datum *Prag, 10. September 1888* und den Titel *Todtenfeier*. Infolge der Budapester Verpflichtung bleibt es aber zunächst bei diesem ersten Satz; erst in den Sommermonaten 1893 und 1894, in seiner Hamburger Zeit also, wird die 2. Sinfonie vollendet.

Einstweilen haben ihn andere Dinge zu interessieren, die jeden Gedanken ans Komponieren im Keim ersticken. Mahler wird bei seinem Amtsantritt Ende September 1888 keineswegs mit sonderlicher Sympathie in Budapest empfangen[112]; man mißtraut von seiten der Presse den Fähigkeiten eines 28jährigen Nicht-Ungarn, ungarisches Theater machen zu können und zu wollen, vor allem weil man überzeugt ist, in den bisherigen Kapellmeistern Sándor und Gyula Erkel, Söhnen des Komponisten Ferenc Erkel, die geeigneten Leute zu haben. In erster Linie sind es wohl solche nationalen Bedenken, die eine z. T. unverhohlene Skepsis gegenüber dem neuen Direktor nähren. Er weiß das natürlich und wendet sich deshalb mit programmatischen Erklärungen sowohl an sein zukünftiges Publikum wie auch an seine Mitarbeiter. Noch im September 1888 schreibt er an die Mitglieder der Oper: *Mit Stolz und mit Freude sehe ich um mich eine Künstlerschar versammelt, welche zum Siege zu führen sich kein Heerführer schämen darf. Es muß jeden von uns mit Stolz erfüllen, einem Institute anzugehören, welches der erhabene Beschützer der Künste, Se. Majestät, der König, in so huldreicher und munifizenter Weise fördert, für welches die oberste Vertretung des Reiches immer offene Hände gehabt hat, welches den Mittelpunkt aller künstlerischen Bestrebungen Ungarns und zugleich den Stolz der Nation bildet – bilden sollte.*[113] Und damit auch außerhalb des Hauses kein Zweifel darüber besteht, in welche Richtung der neue Operndirektor die Weichen zu stellen gedenkt, tritt er am 7. Oktober in der Zeitung *Budapesti Hirlap* ganz entschieden für die Magyarisierung, gegen die Gepflogenheit ein, infolge übermäßiger Verpflichtung ausländischer Sänger zwei- oder mehrsprachig zu singen. *Da wäre es natürlicher, also künstlerisch akzeptabler, wenn man die Oper ganz ohne Text sänge; [...] und darum werde ich es für meine erste und schönste Pflicht halten, meine ganze Energie darauf zu verwenden, aus der Oper ein wahrhaft ungarisches nationales Institut zu machen [...]*[114]

Tatsächlich setzt Mahler gleich in der ersten Saison zwei ungarische Werke auf den Spielplan: am 23. Februar 1889 ist Premiere

---

[112] Eine Zeitung bezeichnet ihn als »Operettenkapellmeister«; vgl. Michael Meixner, *Gustav Mahler als Operndirektor in Budapest*, in: *Almanach der Wiener Festwochen 1967*, hg. v. Kurt Blaukopf, Wien 1967, S. 83. M. trifft am 26. September 1888 in Budapest ein und wohnt zunächst im Hotel »Jägerhorn«.

[113] *GMB*, S. 115 (73/74)

[114] zit. nach *KB* II, S. 183

der Oper *Brankovics György* von Ferenc Erkel, und am 16. April geht das Ballett *Uj Romeo* (»Der neue Romeo«) von Eugen Sztojanovitz zum erstenmal über die Bühne. Daneben stehen Opern von Bizet (*Perlenfischer*, 25. 10.), Donizetti (*Regimentstochter*, 30. 10. 88), Kreutzer (*Das Nachtlager von Granada*, 22. 11. 88) und Maillart (*Les Dragon de Villars*, besser bekannt unter dem Titel *Das Glöckchen des Eremiten*, 13. 3. 89), sowie die Ballette *I Quatro Caratteri* von Corradi (22. 11. 88)[115] und *Die Puppenfee* von Josef Bayer (13. 12. 88) auf dem Spielplan. Die bedeutendsten Ereignisse der Saison aber sind die Inszenierungen von *Rheingold* und *Walküre* von Richard Wagner.

Wagner auf Ungarisch!

Es ist kaum vorstellbar, mit welchen Schwierigkeiten Mahler fertig zu werden hat.

Was fand Mahler? Eine greuliche Starwirtschaft, mehrsprachige verlotterte Aufführungen, ausländische Künstler, die den Text nur dem Schein nach innehatten, ein Orchester, dessen äußerste Linke ein Wetterwinkel war, aus dem die bösen Winde bliesen. [...] Dieser kleine, magere, bleiche, junge Mann mit den fahrigen Bewegungen, der immerzu an der Oberlippe und an seinem herabgezogenen gestutzten Schnurrbart herumbiß, oder an den Fingernägeln kaut, bis das Blut hervorquillt, erregt gleich zu Beginn viel Ärgerniß. Einem Tenoristen, der sein kontraktliches Recht verficht, monatlich achtmal die Vorstellung absagen zu dürfen, legte er das Handwerk. [...] Mit Mitgliedern des Orchesters führt er Kämpfe, Paukenschläger und Fagottisten bringen ihn zur Verzweiflung, aber er bezwingt sie alle.[116]

Unbezwingbar erweist er sich auch in dem Gedanken, ungarische Oper zu machen und in nur einer Sprache zu singen, um jedermann den Inhalt verständlich zu machen. Er läßt *Rheingold* und *Walküre* von Dr. Anton Radó ins Ungarische übersetzen. Dazu stehen ihm

---

[115] Offenbar wurden am 22. 11. Kreutzers zweiaktige Oper *Das Nachtlager von Granada* und das Ballett von Corradi gegeben. Mahler dirigiert keine dieser Aufführungen, sondern bereitet ausschließlich die Wagner-Premieren vor.

[116] Jenö Mokacsi, *Gustav Mahler in Budapest*, in: *Moderne Welt*, Wien 1920

vom Beginn seiner Amtszeit am 1. Oktober 1888 bis zur Premiere am 26. und 27. Januar 1889 einschließlich der achtzig (!) aufreibenden Proben, in denen der Text ja bereits vorliegen muß, knapp vier Monate zur Verfügung. Aber anstatt dieses gewaltige Unternehmen mit allen Kräften zu unterstützen, wird ihm die lange und intensive Probenarbeit von seiten des Orchesters als Unvermögen ausgelegt: Mahler probe nur deshalb so viel, weil er – so die Orchestermitglieder – die Stücke erst kennenlernen müsse! Der Operndirektor selbst spricht noch kaum ein Wort ungarisch, so daß er die schwierigen Proben mit Hilfe eines Dolmetschers macht, der nicht nur Mahlers Korrekturen ans Orchester weitergeben, sondern auch seine Konzeption der Gesamt-Inszenierung übermitteln muß. Izor Béldi, einer der Budapester Opernkritiker, schreibt dreißig Jahre später in seinen Erinnerungen über eine dieser *Walküre*-Proben, die ihm noch ganz lebendig im Gedächtnis ist: *Mahler war in seinem Element, er lief immer wieder vom Orchester über die Verbindungstreppe auf die Bühne, spielte den Sängern vor, setzte sodann das Dirigieren fort. Es war dies eine Abendprobe. Vorher hatte er vom frühen Morgen an Klavierproben gehalten.*[117] Mahlers Verständnis des Wagnerschen Gesamtkunstwerks läßt eine Rollenteilung zwischen Dirigent, Regisseur und Bühnenbildner bei der Probenarbeit nicht zu. Graf Albert Apponyi, ungarischer Abgeordneter und von 1906 bis 1910 Kultusminister seines Landes, selbst glühender Verehrer der Wagnerschen Musik, hebt 1897 in einem Empfehlungsschreiben an die Hofopernintendantur in Wien gerade dies als exzeptionelle Leistung Mahlers während seiner Budapester Zeit hervor: *Mahler ist nicht bloß – wie auch andere berühmte Dirigenten, die ich leicht nennen könnte – Orchestermusiker, sondern er beherrscht bei den Werken, die er leitet, mit souveräner Gewalt die Bühne, das Spiel, die Mimik, die Bewegungen der Darsteller und des Chores, sodaß eine von ihm vorbereitete und dirigierte Vorstellung etwas nach jeder Richtung künstlerisch Vollendetes ist. Sein Blick erstreckt sich auf die ganze Regie, auf die Dekorationen, die Maschinerien, die Beleuchtung. Ich habe nie eine so harmonisch-abgerundete Künstlernatur gefunden.*[118] Man darf wohl sicher sein, daß sich Mahler grundsätzlich, und nicht nur im Falle Wagnerscher Werke, um Probleme der Inszenierung im weitesten Sinne gekümmert hat, und dies nicht erst als Operndirektor,

[117] M. Meixner, a.a.O., S. 84
[118] zit. nach *KB* II, S. 184

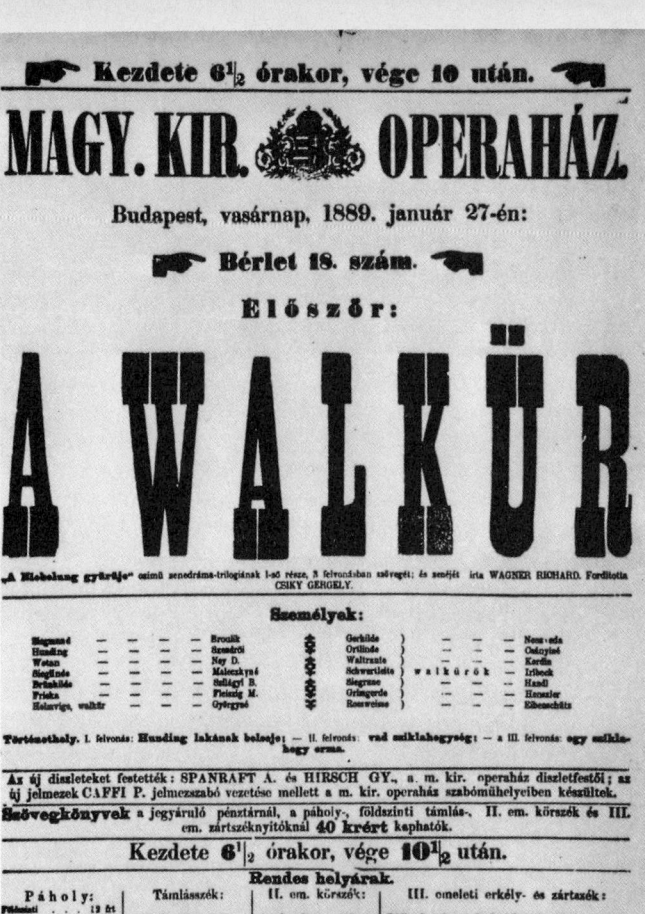

Theaterzettel des Königlich Ungarischen Opernhauses

sondern wohl auch schon früher in untergeordneten Positionen, worauf u. a. der Konflikt zwischen ihm und dem Leipziger Oberregisseur Goldberg im Mai 1888 schließen läßt, der letztendlich zu seinem Entlassungsgesuch führte.

In Budapest redet ihm – zunächst – niemand drein, ganz im Gegenteil: er findet Unterstützung und Anerkennung bei der Leitung des Hauses. Kurz vor den Premieren von *Rheingold* und *Walküre* schreibt er nach Hause: *Die beiden Generalproben haben glänzenden Erfolg gehabt – ganz Pest ist auf – Der Intendant ist ganz glücklich [...] Das war wieder ein großartiger Erfolg!*[119] Und nach gelungener Premiere am 26. und 27. Januar 1889 läßt es sich der Regierungskommissionär Ferenc von Beniczky nicht nehmen, Mahler in einem offenen Brief Dank und Anerkennung abzustatten: *Mit der Aufführung von »Rheingold« und »Walküre« haben Ew. Hochwohlgeboren zwei Punkte Ihres künstlerischen Programms glänzend eingelöst, denn einerseits haben Sie gezeigt, was man mit eisernem Fleiß zu leisten im Stande ist, andererseits aber haben Sie auch bewiesen, daß mit den so oft und so ungerechtfertigt herabgesetzten vaterländischen Kräften auch die schwersten Aufgaben der Kunst gelöst werden können; Sie haben gezeigt, daß die größten Kunstschöpfungen der Gegenwart ohne Hinzutun fremder Kräfte und ausschließlich in ungarischer Sprache aufzuführen ebenfalls möglich ist.*[120]

Die erste Saison als Operndirektor verläuft also überaus erfolgreich, vor allem, weil Mahler im Grunde schon während einer Spielzeit sein Ziel erreicht, ein ungarisches Nationaltheater zu formen, dessen Ensemble die künstlerische Kraft des eigenen Landes repräsentiert. Und auch wirtschaftlich leistet er seinen Beitrag zur Gesundung des Unternehmens: der Jahresbericht 1889 weist ein Einnahme-Plus von ca. 20000 Gulden auf.

Aber all diese Erfolge sind teuer erkauft. *Wenn ich nur schon wieder ein deutsches gesungenes Wort hören könnte! Sie glauben nicht, wie ich die Sehnsucht danach kaum ertrage*, äußert er gegenüber Natalie Bauer-Lechner, der Freundin aus Konservatoriumszeiten. Dazu kommen Heimweh und Sorge um die Familie in Iglau. Der Vater ist todkrank, und Mahler sorgt dafür, daß sein Bruder Otto, der große musikalische Begabung zeigt, im Sommer 1888 zur Schwester Leopoldine nach Wien kommt, damit er dort seine

[119] ebda.
[120] *Pester Lloyd* v. 29. 1. 1889, zit. nach *KB* II, S. 184

musikalische Ausbildung intensivieren kann. Leopoldine, verheiratete Quittner – Alma Mahler glaubt sich später daran erinnern zu können, sie sei *an einen ungeliebten Ehemann verkuppelt*[121] worden –, siecht langsam an einem Gehirntumor dahin. Justine versorgt die Eltern und die unmündigen Geschwister, aber sie ist bald selbst den Anstrengungen kaum noch gewachsen. Am 18. Februar 1889 stirbt der Vater. Mahler scheint nur mit Mühe Zeit gefunden zu haben, an der Beisetzung teilzunehmen, weil er in Budapest mitten in den Vorbereitungen zur Aufführung von Ferenc Erkels Oper *Brankovics György* steckt. Er schließt die Saison am 20. Mai mit einer Aufführung der selten gespielten Oper *Der häusliche Krieg* von Franz Schubert, bei der junge hoffnungsvolle Talente Gelegenheit erhalten, sich zu bewähren. Im Sommer 1889 ist Mahler durch die familiären Probleme und eigene Krankheit so stark belastet, daß er nicht recht zur Ruhe kommt. Anfang Juni geht er zur Operation nach München, danach für drei Wochen zur Erholung nach Marienbad, wo er u. a. mit Intendant Beniczky zusammentrifft. Nach einem kurzen Besuch bei der Mutter in Iglau Anfang August und bei Fritz Löhr in Wien, der sich um Leopoldine und Otto kümmert, kehrt er Ende des Monats nach Budapest zurück.

Die neue Spielzeit 1889/90 beginnt am 15. September sehr erfolgreich mit *Lohengrin*, kurz darauf folgen *Die lustigen Weiber von Windsor*, und Mahler ist wieder vollauf mit den Proben beschäftigt, als ihn aus Wien die Nachricht vom hoffnungslosen Zustand Leopoldines erreicht und in Iglau jederzeit der Tod der Mutter befürchtet wird. In seiner Not bittet er die Frau seines Freundes Fritz Löhr, im Falle des Todes der Mutter seiner Schwester Justine in Iglau zu helfen. *Ich bin mitten in der Arbeit – Sonntag Lohengrin!* [...] *Unter keiner Bedingung kann ich vor Montag hier fort.* Am 27. September stirbt Leopoldine in Wien, die Mutter wenig später am 11. Oktober 1889. Gustav, nun als Ältester der Familie zugleich ihr Ernährer, löst den Haushalt in Iglau auf. Der 22jährige Alois absolviert seine Militärzeit[122] und wird deshalb ebenfalls von Gustav unterstützt. Die übrigen drei sind noch nicht volljährig: der 16jährige Otto, der am Konservatorium in Wien studiert, und die

---

[121] *AME*, S. 16
[122] Dies geht aus einem Brief hervor, den Mahler kurz vor Weihnachten 1889 aus Budapest an den Leipziger Operndirektor Staegemann schreibt; der Brief wurde zum erstenmal von Erich H. Mueller von Asow veröffentlicht in: *Österreichische Musikzeitschrift* 1957, S. 63/64.

14jährige Emma werden bei Fritz Löhr aufgenommen; Mahler zahlt ein monatliches Kostgeld und alle anfallenden Kosten für Kleidung etc. Justine, inzwischen 20 Jahre alt, nimmt er zu sich nach Budapest; sie führt ihm in der neu bezogenen Wohnung am Theresienring Nr. 3 den Haushalt.

In diesen Wochen und Monaten muß er seine Kraft aufteilen auf die Fürsorge für die Geschwister und die Verwirklichung seiner künstlerischen Ziele. Er stellt sich zunächst am 13. Oktober 1889 in einem Kammermusik-Abend als Liederkomponist und am 20. November mit der Uraufführung seiner 1. Sinfonie dem Budapester Publikum vor.

Die drei Lieder werden von der Sopranistin Bianca Bianchi vorgetragen, am Flügel von Mahler begleitet. Die Kritik bescheinigt ihm eine *feinsinnige, echt musikalische Natur, die abseits von bekannten und beliebten Musikern ihre eigenen Wege geht*[123].

Kapellmeistermusik? – Mißerfolg der »Ersten«

Aber noch ahnen Publikum und Presse nicht, was ihnen mit der Uraufführung der 1. Sinfonie, die auf dem Programm noch als *symphonische Dichtung* angekündigt ist, bevorsteht. Hier wird vollends zur Gewißheit, was sich in den Liedern vage angedeutet hatte: Tradierte Maßstäbe verlieren ihre Bedeutung, Proportionen werden neu eingemessen, Vertrautes auseinandergerissen, Heterogenes zusammengefügt.

Ein paar Journalisten hat Mahler wohl vorab über die Charakteristik der einzelnen Sätze instruiert, ein schlüssiges Programm aber gibt er den Hörern nicht an die Hand. Die Sätze tragen fast ausschließlich einfache musikalische Bezeichnungen:

> 1. Teil: Introduktion und Allegro Commodo
> 2. Andante. 3. Scherzo
> 2. Teil: A la pompes funebres
> 5. Molto appasionato

Mahlers Gedanken gehen aus dem hervor, was Kornél Abrányi im *Pester Lloyd* vor der Aufführung schreibt; dort wird u. a. der erste Satz als »Frühlingslaute« umschrieben, der zweite als »Serenade«

---

[123] *Pester Lloyd* v. 14. 11. 1889, zit. nach *KB* II, S. 185; es handelt sich um die Lieder *Frühlingsmorgen*, *Erinnerung* und *Scheiden und Meiden*.

bezeichnet und der vierte als »Jägers Leichengang«, in dem die Illusionen des Helden begraben werden. Dennoch – so heißt es dort – siegt der Held im Finale, weil er seine eigene innere Welt aufbaut, die weder durch das Leben noch durch den Tod zerstört werden kann.

Das mag als Hörhilfe für den interessierten Laien genügen; Publikum und Presse aber sind irritiert.

Jószef Keszler, Feuilletonist der Tageszeitung *Nemzet*, konstatiert zwar die Außergewöhnlichkeit der Sinfonie, knüpft daran aber doch nicht quasi selbstverständlich ein disqualifizierendes Urteil: *Diese symphonische Dichtung ist das Werk eines jungen ungezügelten, nicht zu bezähmenden Talents, das mit Gewalt die aus ihm hervorbrechenden melodischen Motive zurückdrängen muß, das keine Grenzen und Schranken kennt, das den Rahmen aller konventionellen Formen durchbricht und Neues schaffen will [...]*[124] Anders die Reaktion des *Neuen Pester Journals* in einem Beitrag von Victor von Herzfeld, Professor für Theorie an der Budapester Musikakademie: *Es ist selbstverständlich, daß ein moderner Kapellmeister, wie Mahler, mit allen Orchestereffekten vertraut ist, nur zu sehr vertraut; fast kein Satz, der nicht mit Blech, Triangel, Becken und großer Trommel aufgedonnert erschiene; daneben aber auch zarte Mischungen, wie sie nur ein feines Ohr erfindet. Fassen wir alles dies in einen Gesamteindruck zusammen, so können wir nicht anders sagen, als daß Mahler, nicht nur was seine eminente Dirigentenbefähigung anbelangt, sich würdig den Ersten dieses Faches anreiht, sondern ihnen auch dadurch ähnelt, daß er kein Symphoniker ist. [...] wir werden seine erfolgreichen Bemühungen als Operndirektor darum nicht minder dankbar anerkennen und ihn immer wieder mit Vergnügen am Dirigentenpult erblicken, wenn er nicht seine eigenen Kompositionen dirigiert.*[125] Und Kornél Ábrányi hält das Ganze überhaupt für einen grandiosen kompositorischen Irrtum: *Der zweite Teil beginnt mit einer Art von Trauermarsch, doch wissen wir nicht, ob wir diesen »Trauermarsch« ernst nehmen oder als Parodie auffassen sollen. Wir sind geneigt, eher letzteres anzunehmen, weil das Hauptmotiv des Trauermarsches ein bekanntes deutsches Studentenlied (»Bruder Martin, steh' schon auf«) ist, das wir selbst öfters gesungen haben, allerdings nicht bei Begräbnissen, sondern beim fröhlichen Trinken [...] Der zweite Teil ist eine riesige*

---

[124] zit. nach *KB* II, S. 186
[125] ebda.

Verirrung eines genialen Geistes.[126] Mahler erinnert sich später: *In Pest, wo ich sie* [die erste Sinfonie] *zuerst aufführte, wichen mir danach die Freunde scheu aus; keiner wagte, mit mir über die Aufführung und mein Werk zu sprechen, und ich ging wie ein Kranker oder Geächteter umher.*[127]

In Budapest wird mit dem Echo auf die 1. Sinfonie ein Dilemma sichtbar, unter dem Mahler beinahe bis an sein Lebensende zu leiden hat: die Leistung des Komponisten wird verdeckt durch die Genialität des Dirigenten Mahler. Publikum und Presse sind – mit Ausnahmen – weder willens noch in der Lage, die Außergewöhnlichkeit seiner interpretatorischen Maßstäbe auch für seine kompositorischen Konzeptionen gelten zu lassen. Genaue Kenntnis des Orchesters und seiner klanglichen Möglichkeiten wird ihm als Verleitung zur Kapellmeistermusik angelastet. Der Dirigent Mahler wird gegenüber dem Komponisten nach dem »Ja – aber«-Prinzip taxiert; spektakulärer Publikumserfolg, wie ihn etwa zur gleichen Zeit der vier Jahre jüngere Richard Strauss mit der Uraufführung des *Don Juan* in Weimar hat, bleibt Mahler noch lange Zeit versagt.

Die Bekanntschaft zwischen diesen beiden reicht in den Herbst 1887 zurück. Damals hielt sich Strauss anläßlich einer Aufführung seiner f-Moll-Sinfonie (1884) in Leipzig auf (s. S. 75) und wurde – vermutlich durch Max Steinitzer – mit Gustav Mahler bekannt gemacht, der damals an den *Drei Pintos* arbeitete.[128] Während eines zweiten Zusammentreffens, das sehr wahrscheinlich im Sommer 1888 in München stattfindet, scheinen Strauss und Mahler über Möglichkeiten einer Aufführung der 1. Sinfonie in München gesprochen zu haben, denn Mahler bittet Richard Strauss im August des gleichen Jahres in einem Brief aus Prag, *freundlichst Auskunft zu geben, welche Schritte ich zu thun habe, um eine Symphonie von mir in der nächsten Concertsaison in München zur Aufführung zu bringen – und ob überhaupt einige Aussicht dazu vorhanden ist*[129]. Aus der Sache wird nichts; Strauss hat damals als dritter Kapellmeister kaum eine Möglichkeit, etwas für Mahler zu tun. So wurde schließlich Budapest der Ort der Uraufführung.

---

[126] in: *Pesti Hirlap* v. 21. 11. 1889, zit. nach *KB* II, S. 186
[127] *NBL*, S. 152
[128] vgl. *Briefwechsel Bülow/Strauss*, in: *Richard Strauss Jahrbuch 1954*, Bonn 1953, S. 53
[129] *MSB*, S. 13

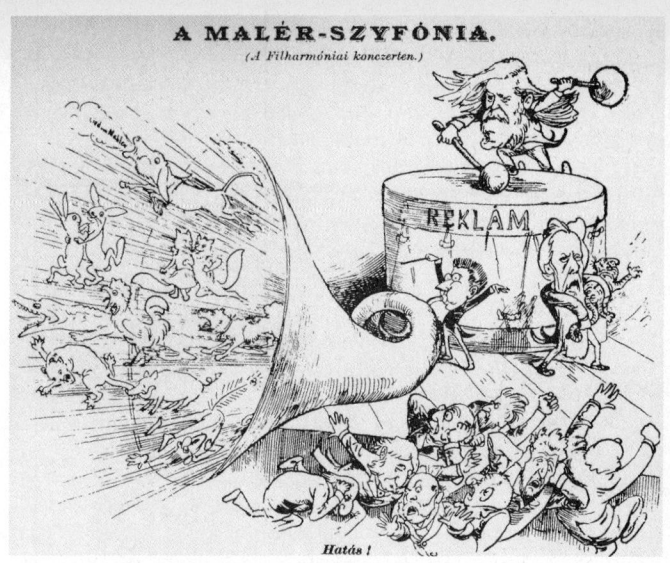

Karikatur auf die Uraufführung von Mahlers 1. Sinfonie
in der Zeitung *Bolond Istók*

Pressekritik an Mahlers Arbeit

Die zweite Budapester Saison bringt Mahler erste massive Kritik
seitens der Presse ein, und zwar nicht nur – wie bereits erwähnt –
als Komponist, sondern auch in seiner Eigenschaft als Operndirektor. Nach einer Inszenierung der *Hugenotten* von Meyerbeer –
Mahler hatte den ganzen V. Akt gestrichen – sieht er sich heftigen
Angriffen des *Pester Lloyd* ausgesetzt, so daß er sich genötigt fühlt,
im gleichen Blatt einige Grundzüge seiner Operndramaturgie dar-
zulegen. Darin macht er u. a. deutlich, daß Striche notwendig
seien, wenn damit die Wahrhaftigkeit des dramatischen Geschehens gefördert werde. Denn – so Mahler – die meisten Opern vor
Richard Wagner seien *mit sehr wenigen Ausnahmen wirklich nur
ein »willkürliches Durcheinander« von Musikstücken, welche durch
das lose, äußerliche Band einer Fabel miteinander verbunden sind,
und von allen Opern sind es bekanntermaßen gerade die Meyerbeer-*

91

*schen und wiederum von diesen gerade die »Hugenotten«, welche
ganz besonders an diesem Mangel leiden*[130].

Es bleibt nicht bei den Angriffen auf seine operndramatischen
Vorstellungen; zwei Monate später, am 30. Januar 1890, wirft ihm
der Feuilletonist von *Zenelap* vor, noch keine einzige ungarische
Oper auf den Spielplan gesetzt zu haben: [...] *kann es das einzige
Ziel des ungarischen Opernhauses sein, fremde Singspiele in ungarischer Sprache aufzuführen?* Man werfe ihm – so die Zeitung – nicht
vor, daß er außer ein paar ungarischen Grußworten, die er auswendig gelernt habe, immer noch nicht Ungarisch sprechen könne.
*Vom ungarischen Publikum zur Rechenschaft gezogen werden Sie
jedoch hinsichtlich ihres Versprechens, ungarische Musik und
Kunst zu fördern.*[131] Die Vorwürfe sind nicht nur ungerechtfertigt,
sie sind zutiefst böswillig, weil auch dem Feuilletonisten von *Zenelap* die Wahrheit nicht verborgen geblieben sein kann, daß Mahler
nämlich bereits in der ersten Saison zwei ungarische Werke aufs
Programm gesetzt hatte und daß in der Saison 1889/90 wenigstens
eine Operette von Merkler mit dem Titel *Franchon szerelme*
(»Franchons Liebe«) gespielt wurde. Möglicherweise tragen aber
die Vorwürfe dazu bei, daß Mahler in der folgenden dritten Saison
1890/91 gleich fünf ungarische Werke als Ur- oder Erstaufführungen auf den Spielplan setzt.[132]

Es scheint, als habe das Budapester Publikum und mit ihm die
Presse Mahlers Bemühungen um ein eigenständiges ungarisches
Theater mißverstanden oder nicht honorieren wollen, weil er ihnen die Stars der internationalen Opernszene genommen hat, um
ihnen dafür einen Theaterstil zu präsentieren, der allein der Wahrhaftigkeit von Inhalt und Darstellung verpflichtet ist.[133]

Mahler macht nach Abschluß der strapaziösen Spielzeit im Mai,
zusammen mit seiner Schwester Justine, um die es gesundheitlich
nicht gut bestellt ist, eine Italien-Reise. Von Budapest aus geht es
über Triest, Venedig und Bologna nach Florenz. *Wir haben eine*

---

[130] *Pester Lloyd* v. 30. 11. 1889, zit. nach *KB* II, S. 187

[131] zit. nach *KB* II, S. 188

[132] vgl. Ferenc Bónis, *Gustav Mahler und Ferenc Erkel. Beiträge zu ihren Beziehungen
zueinander im Spiegel vier unbekannter Briefe von Mahler*, in: *Studia musicologica*
1961, S. 475–485

[133] Zoltan Roman glaubt, Mahlers Schwierigkeiten seit Ende 1889 beruhten wesentlich auf einem Konflikt mit Sandor Erkel (vgl. Zoltan Roman, *The Royal Hunga-
rian Opera under Mahler*, in: *Gustav Mahler Kolloquium 1979*, hg. v. Rudolf
Klein, Kassel 1981, S. 52–64).

herrliche Zeit hinter uns. [...] *Justi blüht ordentlich auf; die Reise schlägt famos an,* schreibt er Mitte Mai an Frau Löhr[134]. Über Genua, Mailand, den Gardasee und Laibach, Mahlers ehemalige Wirkungsstätte, fahren sie nach Hinterbrühl in der Nähe von Wien, wo sie mit den übrigen Geschwistern und der Familie Löhr die Sommermonate 1890 verbringen. Mahler genießt eine Zeit völliger Unbeschwertheit mit ausgedehnten Spaziergängen und angeregter Konversation; ab und zu kommen wohl auch Theaterbeamte aus Budapest, um ihm das Wichtigste zu übermitteln, aber in erster Linie bereitet er sich mit Partiturstudium auf die kommende Spielzeit vor.

Mitte August fährt er zu den ersten Proben für die neue Saison 1890/91 nach Budapest; die Geschwister bleiben noch bis Mitte September mit Familie Löhr in Hinterbrühl und beziehen danach gemeinsam eine Wohnung in der Wiener Breitegasse Nr. 4, wo Justine den Haushalt führt.

Noch in den Ferien war Mahler eine Opern-Partitur in die Hände gekommen, für die er sich sofort hellauf begeistert; er beschließt, sie in Budapest zu spielen. Der ungarische Titel: *Parasztbecsület*, besser bekannt als *Cavalleria rusticana*. Die Oper ist eine absolute Novität. Nicht nur, daß sie erst im Mai desselben Jahres uraufgeführt worden ist und eigentlich noch nicht genügend Feuerproben bestanden hat; sie ist das erste Zeugnis eines neuen Opernstils, der unter dem Begriff »Verismo« eine Art Reaktion vor allem auf den symbolistischen Mystizismus des Wagnerschen Musikdramas darstellt und mit Vorliebe zeitgenössische soziale Probleme, milieustarke Stoffe aufgreift, die nicht selten über den Realismus ihres Sujets hinaus ins Schaurig-Brutale gesteigert erscheinen. Der Opernbesucher hat – wie Max Graf formuliert – *die Wahl* [...] *zwischen einem Tode durch das Messer, einem Tod durch Schwindsucht oder einem Tod durch einen rasenden Eisenbahnzug*[135]. Mahler begibt sich mit dieser Oper Pietro Mascagnis auf schlüpfriges Terrain; aber er vertraut auf seinen Theaterinstinkt und läßt sich zunächst auch nicht irritieren, als er, ungeachtet einer von Brahms später mit höchstem Lob bedachten Inszenierung von Mozarts *Don Giovanni*, mit deren Premiere am 16. September 1890 die neue Spielzeit eröffnet wird, und einer Neuinszenierung von Ferenc Erkels *Bánk Bán*, durch den Kritiker des *Pesti Hirlap* Anfang

---

[134] *GMB*, S. 91 (85)
[135] Max Graf, *Die Wiener Oper*, Wien–Frankfurt/M. 1955, S. 306

November definitiv aufgefordert wird, abzudanken. *Unter seiner Führung ist das künstlerische Niveau unserer Oper nicht gestiegen, sondern wurde entschieden gesenkt [...] Wenn Herr Mahler noch etwas Selbstgefühl besitzt – und wir sind nicht berechtigt, das Gegenteil anzunehmen – dann kann er unter diesen Umständen nichts anderes tun, als auf die Stellung zu verzichten, für die er – wie seine zweijährige Tätigkeit gezeigt hat – nicht die nötige Qualifikation besitzt*, schreibt das Blatt.[136]

Mahler bringt dann dessen ungeachtet am zweiten Weihnachtstag 1890 *Cavalleria rusticana* heraus und erringt der Oper einen internationalen Erfolg, er ebnet ihr die Wege in die Metropolen des Musiktheaters.

Aber er ist nun doch des permanenten Kampfes gegen Ignoranz und Böswilligkeit müde. Aus der Korrespondenz geht hervor, daß er bereits Anfang Oktober 1890 Kontakte zum Direktor des Hamburger Stadttheaters, Hofrat Pollini, knüpft, und Pollini zeigt sich von Anfang an auch überaus interessiert. Im Grunde geht es nur noch um die Höhe der Gage, die Mahler mit 12000 Mark pro Jahr nur unter der Bedingung akzeptieren will, daß Pollini die Steuern, den Pensionszuschlag und andere ortsübliche Abgaben übernimmt. Aber noch ist Mahler in Budapest gebunden, und zwar laut Vertrag bis 1898!

Die internen personellen Verhältnisse am Theater verändern sich rapide: im Oktober 1890 – also zur gleichen Zeit, als Mahler insgeheim mit Pollini verhandelt – geht das Gerücht um, daß Intendant von Beniczky abgelöst werden solle. Tatsächlich wird am 22. Januar 1891 Graf Géza Zichy, ein einarmiger Pianist, Komponist von Opern, Orchester- und Klavierstücken und Sproß einer alten Aristokratenfamilie, offiziell als neuer Intendant bestätigt. Für Mahler wird die Situation damit untragbar; seine Rechte als Operndirektor werden durch die Kompetenzen von Zichys entscheidend eingeschränkt, andere Konflikte, auch persönliche, sind programmiert. Geza von Zichy schreibt 1920 in seinen Memoiren: *Als ich mein Amt antrat, fand ich die Oper in ziemlich heruntergekommenem Zustande. Zwar waren einzelne Vorstellungen, die Mahler dirigierte, vorzüglich, aber im ganzen Personale hatte sich die Disziplin bedenklich gelockert. Mahler war ein viel zu bedeutendes Talent mit viel zu genialem Einschlage, um ein halbwegs guter*

[136] zit. nach *KB* II, S. 188

Direktor sein zu können. [137] Zichys Einschätzung Mahlers aus dem Jahre 1920 ist in der Tat eine andere als knapp dreißig Jahre zuvor, denn es kam bald zu einem persönlichen Zusammenstoß zwischen beiden, in dessen Folge Mahler bei Wiederholung seines »unschicklichen Betragens« sofortige Entlassung angedroht wurde. Zichy versucht, ihn mit allen Mitteln loszuwerden und hat bereits Kontakte zu Mottl nach Wiesbaden angeknüpft; Mottl schickt Mahler den Brief Zichys zu, Mahler bleibt kein anderer Weg: er muß sich von Budapest lösen. In geschickt geführten Verhandlungen erreicht er, daß sein Vertrag am 14. März 1891 mit einer bar zu zahlenden Abfindungssumme von 25 000 Gulden aufgelöst wird. Die ganze Angelegenheit geht so schnell vonstatten, daß Mahler nicht einmal Gelegenheit hat, eine Abschiedsvorstellung zu dirigieren. Er verabschiedet sich vom Budapester Publikum per Zeitungsartikel im *Pester Lloyd* vom 15. März 1891, von jenem Publikum, das – wie er schreibt – *so überaus liebenswürdig meine Bemühungen gewürdigt,* und er verbindet damit zugleich seinen *tiefgefühlten Dank an die hauptstädtische Presse für die vielfache Förderung und Anerkennung, die mein Wirken bei derselben gefunden.* Danach reist er mit einem kurzen Aufenthalt in Wien am 25. März nach Hamburg, wo er bereits zwei Tage später die erste Probe zu *Tannhäuser* leitet, dessen Premiere am Ostersonntag, dem 29. März 1891 stattfindet. Das Budapester Publikum aber hat ihn nicht vergessen; was Presse und Administration fertiggebracht haben, bleibt den Budapestern ein Ärgernis. Sie schenken dem scheidenden Operndirektor einen goldenen Dirigentenstab und eine silberne Vase mit der Aufschrift *Dem genialen Künstler Gustav Mahler von seinen Budapester Verehrern.* Und als sich der Vorhang der Budapester Oper zur ersten *Lohengrin*-Vorstellung der neuen Saison hebt, wollen die Hochrufe auf den abwesenden Mahler nicht enden. Der aber ist längst vom Königlich-ungarischen Hofoperndirektor zum 1. Kapellmeister am Stadttheater in Hamburg »avanciert«!

---

[137] Geza Graf Zichy, *Aus meinem Leben. Erinnerungen und Fragmente*; Bd. 3, Stuttgart 1920, S. 166/167. Mahler selbst schreibt in einem Brief vom 5. April 1895 aus Hamburg (vermutlich an Béla Diosy), daß er *den chauvinistischen Umtrieben weichen mußte.* (*Mahler-Briefe,* Hansen, S. 135)

Hamburg (1891–1897)

Pollinis Erfolgsrezept

Hamburg hatte 1827 nach Entwürfen Carl Friedrich Schinkels an der Dammtorstraße ein Stadttheater bekommen, das nach einem knappen halben Jahrhundert seinen ersten Umbau erfährt. Mit Beendigung der Spielzeit 1872/73 wird das Theater für sechzehn Monate geschlossen und im Herbst 1874 wiedereröffnet.[138]

Das Unternehmen bewegt sich seit Jahren unter verschiedenen Direktoren, die zugleich Pächter des Hauses sind, am Rande des Bankrotts, so daß sich Anfang der siebziger Jahre ein Komitee angesehener und wohlhabender Hamburger Bürger gründet, um einen Subventionsfonds zu schaffen, aus dem das Stadttheater je nach Bedarf unterstützt werden kann. Am 1. September 1871 übernimmt ein neuer Direktor – Bernhard Anton Herrmann, der die Geschicke des Hauses schon einmal von 1862 bis 1866 geleitet hatte – das Theater, aber eine wirtschaftliche Rekreation will nicht gelingen. Die Gründe liegen sicher nicht nur in der technischen Unvollkommenheit des Theaters, und die Zuschauer werden auch nicht allein von unzeitgemäßer Ausstattung oder unbequemen Sitzen abgeschreckt: das Bürgerkomitee muß, wenn eine wirkliche Gesundung des Theaterlebens in Hamburg gelingen soll, eine Reorganisation auf der ganzen Linie – technisch wie künstlerisch – anstreben. Am 30. April 1873 findet mit einer Aufführung des *Lohengrin* die letzte Vorstellung unter Herrmanns Leitung statt.

Zur gleichen Zeit gründet man unter Führung jenes aus zehn Männern bestehenden Komitees, das bereits die vergangenen zwei Jahre finanziell abgesichert hatte, eine Stadttheater-Aktiengesellschaft, die das Haus für 390 000 Mark von dem Besitzer Robert Miles Sloman erwirbt, um es anschließend mit einem Aktienkapital von fast 800 000 Mark zu renovieren. Auch die Kommune, die Bürgerschaft der Hansestadt, übernimmt einen Teil der zu-

---

[138] 1925/26 wurde das Bühnenhaus neu- und der Zuschauerraum umgebaut. 1943 fiel das Theater bis auf das Bühnenhaus dem Krieg zum Opfer und wurde 1953–55 an der gleichen Stelle in modernem Gewande wiederaufgebaut.

künftigen Lasten, indem sie Gas und Wasser kostenfrei liefert und jährlich 15000 Mark zum Pensionsfond des Theaters zuschießt.

Auf Dauer ist der Bestand eines großen Theaters aber nur zu sichern, wenn es in wirtschaftlicher wie künstlerischer Hinsicht – und zwischen beiden Aspekten gibt es unauflösbare Verbindungen – zufriedenstellend geführt wird. Die Stadttheater-Aktiengesellschaft schreibt deshalb bereits im Oktober 1873 die Direktion des Hauses öffentlich aus, und schon einen Monat später fällt die Entscheidung: aus der Fülle der Bewerber scheint dem Hamburger Gremium der 1838 in Köln geborene Bernhard Pohl, der sich Pollini nennt, der geeignete Mann zu sein. Pollini hat sich nach kurzer Karriere als Bariton vor allem als Impresario einer italienischen Theatertruppe, mit der er viele europäische Länder erfolgreich bereist hatte, einen Namen gemacht. Er pachtet das Stadttheater zu einer Jahressumme von 12000 Talern auf zehn Jahre und verpflichtet sich zudem, $2^{1}/_{2}$% der Bruttoeinnahmen an die Aktiengesellschaft abzuführen.

Pollini ist ein Mann mit Gespür für das wirtschaftlich Machbare, d. h. er ahnt Publikumswirksamkeit von Stücken und Künstlern voraus und richtet Spielplan und Besetzung danach ein. *Kunst und Künstler waren für ihn eine Ware, mit der er, natürlich sehr oft zum Nutzen seiner Institute und ihrer Besucher, handelte, eine Ware, die er genau nach dem Grundsatz von Angebot und Nachfrage einschätzte, und deren Marktwert und Kurs er mit merkantiler Gewandtheit in allen seinen klugen Dispositionen genau vom ungeschriebenen Kurszettel der öffentlichen Meinung ablas.*[139]

Pollinis »Rezept« ist so einfach wie erfolgreich: er sichert sich möglichst viele Erstaufführungen mit geeigneten Sängern und veranstaltet serienweise Vorstellungen zu »bemerkenswerthen Daten«. So verzeichnet die Spielplanrückschau auf die Saison 1890/91, an deren Ende Mahler in Hamburg debütiert, u. a. folgende Termine:

22. October –   *Geburtstag I. M. der Deutschen Kaiserin –*
                  bei festlich erleuchtetem Hause – in Ham-
                  burg: Oper Tell; in Altona: Herzog Ernst
25. October –   *Zur Feier des neunzigjährigen Geburts-*
                  tages des Generalfeldmarschalls Grafen
                  von Moltke (gest. 24. April 1891) – bei

---

[139] Heinrich Chevally, *Hundert Jahre Hamburger Stadt-Theater*, Hamburg 1927, S. 36

Bernhard Pollini

> *festlich erleuchtetem Hause – in Hamburg:*
> *Lohengrin; in Altona: Die Quitzows,*
> *hierauf Epilog von Adolf Philipp.*
> *9. November – zur Vorfeier von Schillers Geburtstag – in*
> *Altona bei festlich erleucht. Hause: Wil-*
> *helm Tell*

Und so hält es Pollini mit allen möglichen Anlässen: am 12. September wegen des Deutschen Anwaltstages *Tannhäuser*, am 17. Dezember zu Beethovens Geburtstag an beiden Bühnen *Fidelio*, am 18. Dezember zu Webers Geburtstag in Hamburg *Der Freischütz*, in Altona *Preziosa* mit der Weberschen Musik; am 5. Januar gedenkt Pollini des hundertsten Geburtstages von Franz Grillparzer;

Lessings Geburtstag wird am 2. Januar begangen; zur Feier des Geburtstages Sr. Majestät des Deutschen Kaisers gibt es am 7. Januar *Figaros Hochzeit*, und selbst die Saecularfeier der ersten Hamburger Aufführung dieser Oper ist für Pollini Anlaß genug zu einem »bemerkenswerthen Datum«[140]. Das Hamburger Theaterleben der 90er Jahre wird wie überall in Europa entscheidend geprägt durch den Glanz eines Star-Sänger-Kults, der jeden Opernbesuch zum »Party-Ereignis« der High-Society macht. *Für den »Fidelio«, so die Einschätzung Ferdinand Pfohls, seit 1892 Kritiker der Hamburger Nachrichten und einige Jahre getreuer Streiter für Mahlers Musik, interessierte sich in den 90er Jahren kaum ein Mensch in Hamburg; Aufführungen des »Fidelio«, ja sogar Aufführungen der echt volkstümlichen »Zauberflöte« spielten sich vor nur allzu häufig leerem Haus ab. Nicht einmal Verdis »Aida« konnte es zu einem gefüllten Haus bringen. Mahler war außer sich über diese höchst bedauerlichen Erscheinungen, die ihm als unwiderlegbarer Beweis eines amusischen Publikums, mehr noch als Dokumente menschlicher Dummheit und übelsten Banausentums galten.*[141]

Pollinis Gespür für Publikumswirksamkeit macht ihn dennoch nicht völlig blind für die Notwendigkeit künstlerischer Qualität. Er hat Mahlers Weg schon geraume Zeit aufmerksam verfolgt, kennt seine Erfolge mit den *Drei Pintos* und die jüngste hochgelobte Budapester Inszenierung des *Don Giovanni*. Aber er weiß auch, daß Mahler schwierig sein kann, weil er stets bestrebt ist, Ökonomie des Probens mit einem möglichst hohen Grad an Effektivität zu verbinden; und deshalb kann es dem neuen Kapellmeister nicht gleichgültig sein, daß die Sänger bei mehreren zur gleichen Zeit von Oberregisseur Bittong[142] angesetzten Proben sich den Besuch irgendeiner Probe selbst heraussuchen können. Einen solchen Betrieb kann er nicht tolerieren, dies um so weniger, als seine Arbeitsbelastung die Grenzen des Vertretbaren erreicht. Mahler kommt zwar erst gegen Ende der Spielzeit nach Hamburg, steht aber von den 63 noch verbleibenden Abenden 35mal am Pult; er dirigiert den gesamten *Ring*, einzelne Teile mehrmals, dreimal *Meistersinger*, viermal *Lohengrin*, *Tannhäuser*, *Tristan*[143], *Cavalleria*

---

[140] vgl. Irmgard Scharbeth, *Gustav Mahlers Wirken am Hamburger Stadttheater*, in: *Die Musikforschung* 1969, S. 443–456

[141] Ferdinand Pfohl, *Gustav Mahler. Eindrücke und Erinnerungen aus den Hamburger Jahren*, Hamburg 1973, S. 49

[142] Franz Bittong wird nach Pollinis Tod künstlerischer Leiter des Hauses.

[143] Den *Tristan* dirigiert Mahler am 18. 5. 91 zum ersten Mal in seinem Leben.

rusticana, *Freischütz*, *Zauberflöte* etc. etc. Trotz ausgezeichneten Ensembles braucht er Proben, vor allem zur Korrektur jener 18 Stücke, die er übernimmt; und in diesem Zusammenhang – es handelt sich um eine Probe zu Cherubinis *Wasserträger* – trägt er Pollini seine Beschwerde vor und entlarvt damit zugleich gewisse Schlampereien im Betrieb, die mit Mahlers Auffassung von der notwendigen Durcharbeitung einer musiktheatralischen Szene nicht zu vereinbaren sind. Was er in dieser Hinsicht zu leisten vermag, spüren Publikum und Kritik bereits nach den ersten Aufführungen von *Tannhäuser* und *Siegfried*, die Mahler Ende März 1891 dirigiert. Der sonst eher konservative Kritiker des *Hamburgischen Correspondenten*, Josef Sittard, äußert sich geradezu enthusiastisch: *Herr Mahler ist ein Dirigent, der nicht allein die Noten der Partitur, sondern, was noch mehr ist, auch den Geist des Kunstwerkes absolut beherrscht. [...] Was für einen geistigen und künstlerischen Einfluß ein solcher Dirigent auf das Orchester ausübt, war besonders gestern (»Siegfried«) deutlich zu erkennen, wir glaubten zuweilen einen ganz anderen Instrumentalkörper vor uns zu haben. [...] Zeigt Herr Mahler in der klassischen Oper dieselben Eigenschaften wie in den Wagnerschen Musikdramen, so darf sich unsere Oper glücklich schätzen, einen solch genialen Dirigenten an der Spitze zu haben [...].*[144]

Hans von Bülow

Mahlers vehementer Beginn in Hamburg bleibt auch jenem Manne nicht verborgen, den er Jahre zuvor kniefällig gebeten hatte, sein Schüler werden zu dürfen: Hans von Bülow . Bülow hatte 1886 die von Hermann Wolff gegründeten »Abonnementskonzerte« in Hamburg übernommen und ein Jahr später auch seinen Wohnsitz dorthin verlegt; zugleich wird er Dirigent der Berliner Philharmoniker. Mahler berichtet seinem Freund Fritz Löhr: *Bülow ist hier ansässig und ich besuche jedes seiner Konzerte; es ist komisch, wie er in seiner abstrusen Manier mich bei jeder Gelegenheit in aufsehenerregender Weise coram publico »auszeichnet«. Er kokettiert mit mir (ich sitze in der ersten Reihe) bei jeder schönen Stelle. – Er reicht mir vom Pult die Partituren der unbekannten Werke, damit ich wäh-*

[144] *Hamburgischer Correspondent* vom 1. 4. 1891, zit. nach *KB* II, S. 192/193

rend der Aufführung mitlesen kann. – So wie er meiner ansichtig wird, macht er mir ostentativ eine tiefe Verbeugung! Manchmal spricht er auch vom Podium herab mich an etc. –[145] Das Verhältnis zwischen den beiden bleibt merkwürdig gespalten; die gegenseitige Achtung, die sie sich als Dirigenten entgegenbringen, kann nicht darüber hinwegtäuschen, daß Bülow zeitlebens kein Verständnis für Mahlers Musik entwickelte und wohl auch nicht entwickeln konnte, was Mahler seinerseits als einen feindseligen Akt empfand.

Während der Sommerpause des Hamburger Theaters macht Mahler mit den Brüdern Rudolf und Heinrich Krzyzanowski, Freunden aus Wiener Konservatoriums-Tagen, eine Nordland-Reise, besucht Freunde in München und hört zwischen dem 26. und 30. Juli 1891 *Parsifal* und *Tannhäuser* in Bayreuth. Ins Stadttheater ziehen derweil die Handwerker ein: der Zuschauerraum wird erneut renoviert, bekommt eine Röhrenheizanlage und elektrische Beleuchtung; andere – nach Ansicht der »Deutschen Bühnengenossenschaft« dringend notwendige – Verbesserungen wie eine Vergrößerung der Ankleidezimmer oder die Schaffung eines Gesellschaftszimmers müssen aus finanziellen Gründen vorerst zurückgestellt werden. Am 1. September 1891 wird die neue Saison mit *Fidelio* eröffnet. Die Kritik ist, aufs Ganze gesehen, durchaus zustimmend. Aber es ist interessant, daß wieder einmal die Wahl der Tempi Unwillen erregt. Man wird schnell an die Besprechung einer *Don-Giovanni*-Aufführung von 1885 in Prag erinnert, in der es hieß: *Mit der Wahl einiger Zeitmaße ließe sich vielleicht rechten.*[146] Jetzt schreibt Carl Armbrust im *Hamburger Fremdenblatt*: [...] *Herr Direktor Mahler ist ein Capellmeister von so feinen künstlerischen Intentionen, so reichem Wissen und Können und so reinem Streben, daß man vor ihm den Hut ziehen und auch da ihm Achtung zollen muß, wo man vielleicht nicht ganz seiner Ansicht ist.* Armbrust kritisiert die Tempi. *Diese betreffen zunächst die große Leonoren-Ouvertüre Nr. 3 während der Verwandlung des zweiten Actes und das Tempo des Gefangenen-Chores im ersten Act [...]; im Ganzen [...] war das Zeitmaß in dieser langsamen Bewegung entschieden verfehlt.* In den *Hamburger Nachrich-*

---

[145] *GMB*, S. 97 (95); in der Ausgabe der Briefe aus dem Jahre 1924 ist der Brief auf *Dezember 1891* datiert; lt. Irmgard Scharbeth, a.a.O., S. 450, Fußnote 13, muß das Datum aber auf den 28. November 1891 festgelegt werden.

[146] Arnost Mahler, a.a.O., S. 440

ten wird festgestellt: *seinem Hang, langsame Tempi möglichst zu dehnen, giebt der Dirigent schon in den ersten Adagio-Tacten in der Einleitung zur E-Dur-Ouvertüre allzu reichlich nach, [...] während umgekehrt im ersten Finale das »Leb wohl, Du warmes Sonnenlicht« des Chors wieder durch zu eilfertigen, fröhlichen Vortrag befremdet [...].*[147]

Solche kritischen Anmerkungen können nicht darüber hinwegtäuschen, daß Publikum wie Presse auf der Seite Mahlers stehen, ja, daß man sogar sehr dezidiert die Erfolge des Orchesters hervorhebt. Anläßlich der *Meistersinger*-Aufführung vom 8. September 1891 heißt es in den *Hamburger Nachrichten*: *Dem Orchester sei nächst seinem Dirigenten das erste Wort des Lobes gesagt; seine musikalische Ausdrucksfähigkeit ist seit Jahr und Tag wesentlich gehoben worden, der Gesammtklang hat an Noblesse und sinnlichem Wohllaut gewonnen, das Zusammenspiel an Bestimmtheit und Beweglichkeit, der Vortrag an musikalischer Feinheit und die inneren dramatischen Vorgänge enthüllender Beredtsamkeit.*[148]

Mahler hat in Hamburg unter dem geschäftstüchtigen Pollini relativ freie Hand in der Wahl und Zusammenstellung von Programm und Ensemble, solange sich beides mit den wirtschaftlichen Interessen des Unternehmens vereinbart[149]. Erstaufführungen sind Pollini immer willkommen, sofern sie eine gewisse Publikumsträchtigkeit möglichst schon andernorts bewiesen haben. Mahler setzt als eine von sieben Erstaufführungen der Saison 1891/92 Peter Tschaikowskys *Eugen Onegin* aufs Programm, eine Oper, die sich nach mäßigem Achtungserfolg bei der Uraufführung 1879 allmählich dank der Bewunderung des Zaren größter Beliebtheit erfreut. Die Einstudierung besorgt Mahler mit gewohnter Gewissenhaftigkeit, die Premiere am 19. Januar 1892 soll Tschaikowsky selbst dirigieren; er übernimmt die Generalprobe und kapituliert. Mary Kraus-Weiner, eine der »betroffenen« Sängerinnen berichtet: *In der Generalprobe unter Leitung des Komponisten aber gab es fortgesetzte Entgleisungen. Tschaikowsky gab keine Zeichen. Wir baten Mahler flehentlich einzuspringen. Er tat dies, indem er hinter das Dirigentenpult Tschaikowskys trat und uns die Einsatzzeichen über-*

---

[147] zit. nach Irmgard Scharbeth, a.a.O., S. 448
[148] ebda., S. 449
[149] H. F. Redlich, a.a.O., S. 125/126: *As long as his relations with the wily Pollini remained cordial, he was given a free hand in the choice of operas as well as singers, and could therefore build up a company on long-term planning.*

Stadt-Theater.

(Direction: B. Pollini).

Herr Hofrath **P. v. Tschaikowsky,** der nach Hamburg gereist war, um die Erst-aufführung seiner Oper „**Eugen Onégin"** persönlich zu leiten, fühlt sich etwas unpäßlich und hat daher die Leitung der Vorstellung Herrn Capellmeister **Mahler** übertragen, wird derselben aber beiwohnen.

Hamburg, den 19. Januar 1892.

Die Direction.

mittelte. *Mit Bangen sahen wir der Aufführung entgegen; wir waren auf eine Katastrophe gefaßt. Der Vorhang erhob sich und wer stand am Dirigentenpult? Gustav Mahler!*[150] Tschaikowsky hat – nach eigenem Bekunden – Schwierigkeiten mit dem deutschen Text, vor allem in den Rezitativen. [...] *ungeachtet allen Zuredens lehnte ich das Dirigieren ab, weil ich die Sache umzubringen fürchte. Übrigens ist der hiesige Kapellmeister nicht irgendein Durchschnittsdirigent, sondern ein einfach genialer Mann, der darauf brennt, die erste Aufführung zu dirigieren.*[151] Dem Premieren-Publikum zeigt ein roter Zettel an, daß sich Hofrat P. I. Tschaikowsky *etwas unpäßlich*[152] fühle!

[150] zit. nach *KB* II, S. 194
[151] Tschaikowsky an Wladimir L. Dawydow am 19. 1. 1892, zit. nach *KB* II, Text zum Bild 103
[152] vgl. I. Scharbeth, a.a.O., Fußnote 12

Die Gepflogenheit, am Karfreitag das Theater für Opernvorstellungen zu schließen, gibt Mahler die Möglichkeit, sich erstmals in Hamburg auch als Konzertdirigent vorzustellen. Er bereitet für diesen Tag, den 15. April 1892, ein Konzert mit geistlicher Musik vor: Bruckners *Te Deum* und das *Requiem* von Mozart. Mahler selbst berichtet Bruckner voll Stolz: *An der Aufführung hätten Sie Ihre Freude gehabt* [...]. *»Bruckner« hat nun seinen siegreichen Einzug in Hamburg gehalten.*[153] Das mag ein wenig übereilt geurteilt sein, versteht sich aber aus der uneingeschränkten Begeisterung Mahlers für Anton Bruckner.[154]

Gastspiel in London

Das spektakulärste Ereignis dieser ersten Saison Mahlers in Hamburg steht dem Stadttheater aber noch bevor. Pollini bringt es fertig, mit Sir Augustus Harris, dem Impresario der Londoner Covent Garden Opera, einen Vertrag über ein Gastspiel der Hamburger abzuschließen, und zwar unmittelbar nach dem Ende der Spielzeit, im Juni und Juli 1892. Einem Brief Mahlers ist zu entnehmen, daß Sir Harris offenbar lieber Hans Richter als künstlerischen Leiter der Hamburger stagione-Vorstellungen gesehen hätte, *der* [...] *für das Unternehmen in London ein kolossaler Halt in Folge seiner dortigen Position gewesen wäre*[155]. Vielleicht scheitert das Engagement Richters an der mageren Gage, denn Mahler vermutet in demselben Brief, daß für die meisten Mitwirkenden kaum ein Verdienst herausspringen wird, daß vielmehr die ganze Unternehmung eine Art Versuch sei, die Hamburger Oper auch für die Zukunft zu Gastspielen dieser Art in London zu verpflichten und damit allmählich die Italiener zu verdrängen. Um es vorwegzunehmen-

[153] Anton Bruckner, *Gesammelte Briefe*, Neue Folge, Regensburg 1924, S. 330
[154] Ähnlich äußert sich auch W. Zinne in einem Brief, den er aus Anlaß der Aufführung des *Te Deum* an Bruckner schreibt. *Wie ich aus persönlichem Umgang mit Mahler erfuhr, ist er ein wahrhafter Verehrer Ihrer Werke* [...] *Während Mozarts Requiem (allerdings mit nervöser Hast gegeben) keinen großen Eindruck machte, wirkte Ihr Werk namentlich durch seinen mit hinreißender Gewalt ziehenden Schlußchor unmittelbar zündend.* (*Bruckner-Briefe*, S. 388)
[155] Undatierter Brief an Siegfried Rosenberg, teilweise wiedergegeben in *KB* II, S. 194; Hans Richter gastiert seit 1877 regelmäßig in England; 1879–1897 leitet er die jährlich stattfindenden »Orchestral Festival Concerts«, später »Richter Concerts«; seit 1897 lebt Richter in Manchester.

men: die Sache wird zu einem ungeheueren Erfolg für die Hamburger Oper, vor allem, weil die Engländer Aufführungen des *Ring* von quasi Bayreuther Authentizität erleben, aber zur Dauereinrichtung wird das Gastspiel nicht. Die Unternehmung beginnt unter denkbar größten Schwierigkeiten. Schon der Wagner-Zyklus, den das Hamburger Theater jedes Jahr im Mai zum Abschluß der Saison anbietet, wird für Mahler zu einem geradezu halsbrecherischen Unterfangen. Fast täglich fällt irgendein Ensemble-Mitglied wegen Krankheit aus. Dennoch: Man wagt das Gastspiel mit Unterstützung einiger prominenter Sänger von anderen Bühnen, die Pollini in aller Eile noch verpflichten kann, unter ihnen Karl Grengg und Rosa Sucher, beide von der Kaiserlichen Oper Berlin.

Der Plan für das Londoner Gastspiel 1892 sieht vor, daß die Hamburger jeden Mittwoch eine Vorstellung geben, und zwar am 8. 6. *Siegfried*, 15. 6. *Tristan*, 22. 6. *Rheingold*, 29. 6. *Walküre*, 6. 7. noch einmal *Siegfried*, 13. 7. *Götterdämmerung* und, zum Schluß, am 20. Juli *Fidelio*. Merkwürdig, daß man als erste Vorstellung *Siegfried* gibt, der dann einen Monat später im Gesamtzusammenhang des *Ring* noch einmal gespielt wird. Der Grund – so das *Hamburger Fremdenblatt* vom 17. Mai 1892: Pollini will mit dem berühmten Max Alvary in der Titelpartie gleich in der ersten Vorstellung das Londoner Publikum gewinnen.

Mahler hatte zur Vorbereitung auf das England-Gastspiel angefangen, mit Hilfe seines Freundes Arnold Berliner in Hamburg Englisch zu lernen, und läßt nun keine Gelegenheit aus, sich auch in Briefen im Englischen zu üben[156]. Wenige Tage vor der Premiere von *Siegfried* äußert er sich Berliner gegenüber sehr befriedigt über die Solisten-Besetzung: [...] *I found the circumstances of orchestra here bader than thought and the cast better than hoped* [...]. *Alvary: Siegfried, Grengg: Wotan, Sucher: Brünhilde, Lieban: Mime. This is the most splendid cast I yet heard* [...]. Und wie um den Lehrer zu trösten fügt er hinzu: *I make greater progress in English as you can observe in this letter.*[157] Nach der Premiere bezieht er sogar das Orchester in sein überschwengliches Lob mit ein: *Siegfried – great success I am myself satisfied of the performance. Orchestra: beautiful Singers: excellently – Audience: delighted and*

---

[156] Arnold Berliner war Physiker, hatte einige Jahre in den USA gearbeitet und ist zu Mahlers Hamburger Zeit bei AEG in Hamburg beschäftigt. Die Freundschaft dauert bis zu Mahlers Tod.

[157] *GMB*, S. 125 (99)

much thankfull.[158] Ganz anderer Ansicht ist da einer der zahlreichen Premieren-Gäste, der sich in Ausübung seines Berufes zu diesem Ereignis äußert: George Bernard Shaw. Er zeigt sich vor allem über die Leistung des – vermeintlich deutschen – Orchesters enttäuscht: *The German orchestra is rough; but the men know the work, and are under perfect and willing discipline. In readiness and certainty of execution they are fully equal, if not superior, to the ordinary Covent Garden orchestra. But I cannot say as much for them in the matter of purity and individuality of tone [...]. I think it will not be disputed that the Covent Garden orchestra, if it had half the opportunities of the German one, could handle the score of Siegfried not only with much greater distinction of tone and consequent variety of effect, but also with a more delicate and finished execution of the phrases which make up the mosaic of leading motives [...]*[159]

Ungeachtet solcher Einschränkungen wird das Gastspiel der Hamburger in jeder Weise ein Erfolg und hinterläßt bei den Engländern einen um so tieferen Eindruck, als ihr Opern-Verständnis bis zu diesem Zeitpunkt im wesentlichen von der Tradition italienischen stagione-Betriebs geprägt ist. Mahlers Auffassung von szenischer Durchgestaltung namentlich Wagnerscher Werke setzt auf der Insel neue Maßstäbe, so daß er – sicher ein wenig im Spaß, wenn auch nicht ohne spürbaren Stolz – von sich sagt: *I war halt wieder der Beste.*[160]

Entgegen dem ursprünglichen Plan wird das Gastspiel am 25. Juli mit einer Aufführung des *Tannhäuser* beendet. Damit fin-

---

[158] *GMB*, S. 126 (100); das Orchester bestand bis auf wenige Musiker, die Mahler aus Hamburg mitgebracht hatte, aus Engländern.

[159] George Bernard Shaw, *Music in London 1890–94*, Bd. 2, London 1931, S. 119/120; der Text lautet in deutscher Übersetzung: *Das deutsche Orchester ist grob, aber die Leute verstehen ihr Handwerk und unterliegen einer vollendeten und willig befolgten Disziplin. Was Genauigkeit und Spielsicherheit angeht, sind sie dem üblichen Covent-Garden-Orchester durchaus gleichwertig, wenn nicht überlegen. Aber wenn es zur Frage der klanglichen Sauberkeit und Individualität kommt, kann ich das nicht von ihnen sagen [...] Ich glaube, man kann nicht bestreiten, hätte das Covent-Garden-Orchester nur halb so viel Möglichkeiten wie dieses deutsche, dann könnte es die ›Siegfried‹-Partitur nicht nur mit größerem Klangreichtum und entsprechend farbenreicherer Wirkung wiedergeben, sondern auch mit zarterer und vollendeterer Ausführung der Phrasen, die das Mosaik der Leitmotive bilden [...]* In: George Bernard Shaw, *Musik in London*, übersetzt von Ernst Schoen, hg. von Hans Heinz Stuckenschmidt, Frankfurt/M. o.J., S. 76/77

[160] *GMB*, S. 126; I. Scharbeth, a.a.O., macht mit Recht darauf aufmerksam, daß dieser Brief auf den 14. Juli 1892 datiert werden muß.

det eines der bedeutendsten Ereignisse im Leben des nunmehr 32jährigen Gustav Mahler wie auch für den erfolggewohnten Bernhard Pollini seinen glücklichen Abschluß.

Im Monat August hält sich Mahler in Berchtesgaden auf, wo er mit seiner Schwester Justine und Natalie Bauer-Lechner Urlaub macht und für ein paar Tage auch seinen alten Freund Fritz Löhr trifft. Ende des Monats macht er sich wieder auf den Weg nach Hamburg, erfährt aber bei einem Zwischenaufenthalt in Berlin, daß in Hamburg die Cholera ausgebrochen ist. Das Theater soll erst am 16. September wieder eröffnet werden, und Mahler ist sich nicht schlüssig, ob er weiterreisen soll. Er versucht über Arnold Berliner, der in Hamburg-Uhlenhorst wohnt, zu erfahren, wie die Dinge stehen. Möglicherweise wird ihm durch die Mitteilung der Berliner Tagespresse schlagartig klar, wie ernst die Sache ist: 684 Erkrankungen werden allein an einem einzigen Tag registriert, so daß sich bereits die renommierte Berliner Medizinische Gesellschaft unter Vorsitz des berühmten Prof. Virchow mit dem Hamburger Fall beschäftigt. Das »reicht« dem in solchen Dingen ohnehin überaus ängstlichen Mahler; er kehrt nach Berchtesgaden zurück.

Konflikte mit Pollini

Noch Anfang September glaubt er, Mitte des Monats wieder in Hamburg sein zu können, aber die Furcht vor der schrecklichen Seuche ist doch mächtiger; er überzieht seine Ferienzeit entgegen den Anweisungen Pollinis, nach Hamburg zurückzukehren, und erscheint erst zur Aufführung der *Meistersinger* am 5. Oktober. *Somit war Mahler kontraktbrüchig geworden und sah sich in die Zwangslage versetzt, eine Konventionalstrafe von 12000 Mark an Pollini zu zahlen, die sein Jahresgehalt glatt aufgefressen hätte [...]. Nun, der Konflikt wurde [...] durch freundliche Vermittlung beigelegt. Aber von diesem Tage an haßte und verabscheute Mahler seinen Direktor; und Pollini wiederum verbohrte sich in hämische Feindseligkeit gegen seinen Kapellmeister; ein Widerwille, der im Laufe der nächsten Jahre immer peinlichere Formen annahm.*[161]
Mahler trägt sich mit dem Gedanken, Hamburg zu verlassen.

---

[161] Ferdinand Pfohl, *Mahler und Nikisch*, in: *Jahrhundertfeier des Hamburger Stadttheaters*, Hamburg 1977, S. 82

Auszug aus dem Brief Mahlers an den damaligen Inhaber
des Musikverlags B. Schott's Söhne in Mainz vom
11. oder 12. Februar 1892

Dies geht aus einem Briefwechsel mit dem Verlag B. Schott's
Söhne in Mainz wegen der Drucklegung seiner Klavier-Lieder her-
vor, der im Oktober 1891 beginnt. Die Verhandlungen, in deren
Verlauf sich Mahler als äußerst penibler Partner erweist, sind im
Grunde mit einem Brief vom 11. oder 12. Februar 1892 abgeschlos-
sen, in dem er mitteilt, daß er *in der heurigen Season die Deutsche
Oper im Conventgarden in London* dirigiert; zum Schluß nimmt er
auf die inzwischen im Druck erschienenen Lieder Bezug: *Indem*

ich nochmals herzlich danke und zugleich meine Freude über die reizende äußere Form der Sachen ausdrücke bin ich Ihr ganz ergebener Gustav Mahler. Danach stagniert der Briefverkehr mit dem Hause Schott bis gegen Ende Oktober 1892, also genau bis zu jener Zeit, in der die Querelen mit Pollini beginnen. Am 24. oder 25. Oktober meldet sich Mahler wieder beim damaligen Inhaber des Verlages, Geheimrat Dr. Ludwig Strecker; der Anlaß: Mahler hat erfahren, daß der 1. Kapellmeister des Frankfurter Stadttheaters, Otto Dessoff[162], unter den Folgen eines Schlaganfalles leidet. Mahler schreibt:

> *Ich höre, daß Dessof vom Schlage gerührt, und denke, daß Sie vermöge Ihrer Verbindungen vielleicht an maßgeblicher Stelle bewirken könnten, daß mir ein Antrag für Dessofs Stelle zugeht. Claar[163] stand seinerzeit mit mir, als Dessof längere Zeit hindurch erkrankt war, in Unterhandlungen, welche bloß durch die Reconvaleszenz D.s wieder unterbrochen wurden. – Selbstverständlich müßten die Verhandlungen jetzt geheim geführt werden, damit ich hier in der Lage bliebe, meine Entlassung durchzusetzen, wozu die gegründetsten Aussichten vorhanden sind.*
>
> *Ich möchte Sie um diesen Freundschaftsdienst angehen, da ich die Geheimhaltung bei der Vermittlung durch Agenten gefährdet sehe. Schließlich glaube ich auch, daß niemand dort einflußreicher sein kann als Sie.*

Strecker scheint sich umgehend mit Frankfurt in Verbindung gesetzt zu haben, denn noch im Oktober geht ein Brief Mahlers bei ihm ein, in dem dieser genaue Angaben über seine vertraglichen Bindungen in Hamburg macht und zugleich über Möglichkeiten, dort loszukommen:

> *Verehrter Freund!*
>
> *Nehmen Sie meinen verbindlichsten Dank für Ihre überaus große Liebenswürdigkeit. – Zur Orientierung erlaube ich mir, Ihnen nachfolgende Daten zu übermitteln. Mein hiesiger Vertrag läuft bis Mai 1894 also noch 1 1/2 Jahre. – Wenn*

---

[162] Otto Dessoff, geb. 1835 zu Leipzig, gest. 1892 zu Frankfurt/M., war 1860–75 Hofopernkapellmeister in Wien und Lehrer am dortigen Konservatorium. 1881 wurde er 1. Kapellmeister in Frankfurt/M.

[163] Emil Claar, geb. 1842 zu Lemberg, gest. 1930 zu Frankfurt/M., kam über Leipzig, Weimar, Prag und Berlin 1879 als Intendant nach Frankfurt/M.

*jedoch Pollini nichts von meinen Absichten erfährt, ist es
mir ein Leichtes, auch noch früher von meinem Vertrag loszukommen, da sich Pollini eine ganze Menge Uncorrect-
heiten hat zu Schulden kommen laßen. –*

*Jedenfalls trifft es sich glücklich, daß nichts über's Knie
gebrochen werden muß; daß ich natürlich sehr gerne bereit
bin, die Direktion eines Concertes zu übernehmen, falls ich
hier den hierzu nöthigen Urlaub erhalte, ist selbstverständlich. Mein Verhältnis zu Pollini ist momentan ein sehr ge-
spanntes.*

*Für den Fall, als mir direkte Anträge von Frankfurt spä-
ter einmal gemacht würden, würde ich den völligen Bruch
mit P. leicht herbeiführen können. –*

*Sollte jedoch Dessof sich soweit erholen (was ich ihm von
Herzen wünsche), daß er wenigstens für eine Zeit arbeitsfä-
hig würde, so wäre ja dann die einfachste Lösung der Sache, daß zwischen Frankfurt und mir ein Vertrag von Mai
1894 zu Stande käme, welcher ja im Nothfalle dann von
mir eben schon zu einem früheren Termin angetreten werden könnte.*

*Nochmals meinen herzlichsten Dank für Ihr wahrhaft
freundschaftliches Verhalten mir gegenüber.*

Es wäre reizend, wenn wir uns so örtlich näher rückten.

*Ihr ganz ergebener
Gustav Mahler*

*In den letzten Tagen kamen mir übrigens von einigen Berli-
ner Agenten direkte Anträge für Dessofs Stellung, so daß
ich, ganz irre geführt, mich bewogen fühlte, Claar in einer
Depesche zu ersuchen, falls eine Vacanz vorliegt, und diese
Anträge von ihm ausgegangen, sich mit (mir) direct in Verbindung zu setzen. Sonst setzte ich nichts hinzu.*

Otto Dessoff stirbt am 28. Oktober 1892 in Frankfurt/M.; die Stelle
wäre für Mahler frei. Aber eigenartigerweise läßt der folgende und
zugleich letzte erhaltene Brief an Ludwig Strecker vom 1. oder
2. November 1892 den sonst von Mahler gewohnten Nachdruck
seiner Formulierungen vermissen. Er schreibt u. a.: *Ich bin neugierig, ob ich nunmehr, da die Kapellmeisterfrage in Frankfurt a. M.
eine brennende geworden, einen Ruf dahin erhalten werde!*[164]

[164] alle Autographe im Archiv des Verlagshauses B. Schott's Söhne in Mainz

Bülows Abscheu gegenüber Mahlers Musik
Arbeit an der 2. Sinfonie

Er erhält keinen Antrag und bleibt in Hamburg, wo sich durch die Verschlechterung des Gesundheitszustandes von Bülows eine für Mahler nicht uninteressante Situation ergeben hat. Schon am 12. Dezember 1892 nämlich übernimmt er für Bülow das 5. Abonnementskonzert. Am gleichen Tag singt die Altistin Amalie Joachim in Berlin Mahlers *Humoresken*, d. h. die Lieder *Der Schildwache Nachtlied* und *Verlor'ne Müh'* auf Texte aus *Des Knaben Wunderhorn*, die er zuvor bereits Bülow angeboten hatte; die Joachim wollte sie auch im 2. Abonnementskonzert in Hamburg singen[165]. Aber Bülow lehnt eine Aufführung mit dem Hinweis auf den *eigentümlichen Stil* der Lieder ab! [...] *das ist doch wieder einmal eine recht freundliche Aufmunterung zum fröhlichen Schaffen?*, schreibt Mahler seiner Schwester Justine nach Wien[166]. Die kurze Äußerung verrät etwas von jener Resignation, in die er angesichts der wiederholten z. T. schroffen Zurückweisungen seiner Werke durch Bülow immer wieder gerät, ohne ihn deshalb als Dirigenten geringer zu schätzen. Bülow hatte sich schon Ende 1891 in unglaublich brüskierender Weise geäußert, als Mahler ihm in der Hoffnung auf ein ermunterndes Urteil den späteren ersten Satz der 2. Sinfonie am Klavier vorgespielt hatte, der damals noch den Titel *Totenfeier* trug. Mahler völlig betroffen an Löhr: *Als ich ihm meine Totenfeier vorspielte, geriet er in nervöses Entsetzen und erklärte, daß Tristan gegen mein Stück eine Haydnsche Symphonie ist, und gebärdete sich wie ein Verrückter.*[167] Und seinem Hamburger »Mitstreiter« Josef Bohuslav Foerster gegenüber erzählte Mahler später sogar, Bülow habe gesagt: *Wenn das noch Musik ist, dann verstehe ich überhaupt nichts von Musik.*[168]

Das trifft den Nerv eines nicht nur ehrgeizigen, sondern von seinem Auftrag schon zu dieser Zeit zutiefst durchdrungenen Komponisten wie Mahler empfindlich; aber er ist nicht gelähmt. Um die Jahreswende 1892/93 macht er sich trotz erdrückender Verpflich-

---

[165] Im Brief vom 24. oder 25. Oktober 1892 hatte er Strecker davon Mitteilung gemacht und ihn gleichzeitig eingeladen, nach Hamburg zu kommen.

[166] zit. nach *KB* II, S. 196

[167] *GMB*, S. 97/98 (95)

[168] Josef Bohuslav Foerster, *Der Pilger. Erinnerungen eines Musikers*. Prag 1955, S. 357

tungen im Theater daran, Scherzo und Finale der 1. Sinfonie umzu-
arbeiten[169], nachdem er im Frühjahr 1892 bereits fünf weitere Lieder nach Texten aus *Des Knaben Wunderhorn* komponiert hat, die
er ebenfalls als *Humoresken* bezeichnet.

Mahlers enorme Arbeitsüberlastung in dieser Zeit geht aus einem Brief hervor, den er am 17. Januar 1893 an Ödön von Mihalovich schreibt:

> [...] *Es ist unglaublich, was ich hier zusammendirigiere. Z. B.
> der Komik halber will ich Ihnen mein Repertoire der vorliegen-
> den beiden Wochen schildern:*

Montag 16	*Freund Fritz (Premiere)*
Dienstag (heute)	*Siegfried*
Mittwoch 18	*Freund Fritz*
Freitag 20	*Tristan und Isolde*
Sonntag 22	*Freund Fritz*
Montag 23	*Fidelio*
Dienstag 24	*Zauberflöte*
Mittwoch 25	*Lohengrin*
Donnerstag 26	*Jolanthe (Oper von Tschaikowsky)*
Freitag 27	*Walküre*
Samstag 28	*Freund Fritz*
Montag 30	*Bezähmte Widerspenstige (Oper von Götz)*
Dienstag	*Freund Fritz!*

> *Also alles in allem nur 3 freie Abende...*[170]

Nach Saison-Schluß fährt Mahler über Berlin, wo er mit dem
Konzertveranstalter Hermann Wolff wegen der Bülow-Konzerte
Kontakt aufnimmt, am 17. Juni zunächst nach Wien, hält sich dort
aber nur zwei Tage auf, um nach all den Anstrengungen endlich
den verdienten Urlaub antreten zu können, den er im Sommer
1893 zum erstenmal in Steinbach am Attersee verbringt.

Natalie Bauer-Lechner und Justine hatten im Frühjahr eine
Tour durchs Salzkammergut gemacht und bei dieser Gelegenheit
auch den »Gasthof zum Höllengebirge« entdeckt, der etwas abseits
von Steinbach dem Bruder sicher die notwendige Ruhe zum Arbeiten bieten würde. Sie mieten fünf Zimmer, denn die Geschwister
Emma und Otto fahren auch mit, und ein Fabrikant stellt Mahler

---

[169] Lt. Revisionsbericht zeigt das Manuskript am Ende des Scherzo den Vermerk: *Re-
novatum, 27. Jänner 1893,* das Finale: *umgearbeitet 19. Jänner 1893.*
[170] Gustav Mahler, *Briefe*, Hansen, S. 121

ein Klavier zur Verfügung. Auf der gegenüberliegenden Seeseite, in Nußdorf, verbringen die Freunde Victor Adler und Engelbert Pernerstorfer mit ihren Familien die Ferien, der Kontakt zu ihnen wird von Mahler aber auf ein Mindestmaß eingeschränkt, um intensiv an der 2. Sinfonie arbeiten zu können, die ihn – je weiter die Arbeit fortschreitet – so gefangennimmt, daß sein ansonsten außerordentlich geregelter Tagesablauf zusehends durcheinander gerät; die Geschwister und Freundin Natalie müssen manchmal bis drei Uhr am Nachmittag warten, bis sie mit ihm zu Mittag essen können.

Mahler ist mit seiner Arbeit sehr zufrieden. Außer ein paar *Wunderhorn*-Liedern, nämlich *Des Antonius von Padua Fischpredigt, Das irdische Leben* und *Rheinlegendchen*, gilt seine Konzentration vor allem dem II. und III. Satz der 2. Sinfonie. Aber ihm kommen doch Zweifel an der Legitimation, Werke solcher Art als Sinfonien zu bezeichnen, weil er sich immer klarer darüber wird, daß seine Intentionen mit der tradierten Terminologie eigentlich nicht abgedeckt werden können. *Ich habe schon so darüber nachgedacht,* sagt er im Gespräch mit Natalie, *wie ich meine Symphonien nennen soll, um durch den Titel nur etwas auf den Inhalt hinzuweisen und, mit einem Worte wenigstens, meine Absicht zu kommentieren. Aber mag sie immer »Symphonie« heißen und nichts weiter! Denn Benennungen wie »symphonische Dichtung« oder »symphonisches Gedicht« sind abgebraucht, ohne daß sie etwas Rechtes sagten, und man denkt dabei an Lisztsche Kompositionen, wo, ohne tieferen Zusammenhang, jeder Satz für sich etwas malt. Meine beiden Symphonien erschöpfen den Inhalt meines ganzen Lebens; es ist Erfahrenes und Erlittenes, was ich darin niedergelegt habe, Wahrheit und Dichtung in Tönen.*[171]

Mahler hatte den ersten Satz noch in Leipzig, wahrscheinlich im Februar 1888, skizziert. Nach der Reinschrift, die er im September des gleichen Jahres in Prag machte, hatte er vorübergehend daran gedacht, ihn nicht als Einleitungssatz einer *Symphonie in C-Moll* – wie die ursprüngliche Bezeichnung lautete – zu veröffentlichen, sondern als Sinfonische Dichtung mit dem Titel *Todtenfeier.* Jetzt, im Sommer 1893, wird der Satz wieder Bestandteil einer Sinfonie, deren übrige Teile zunächst weder der Zahl noch der Reihenfolge nach klar konzipiert sind. Am 16. Juli stellt er den Partitur-Entwurf des heutigen dritten Satzes fertig, überschreibt ihn aber mit *2. Satz,*

[171] *NBL*, S. 8

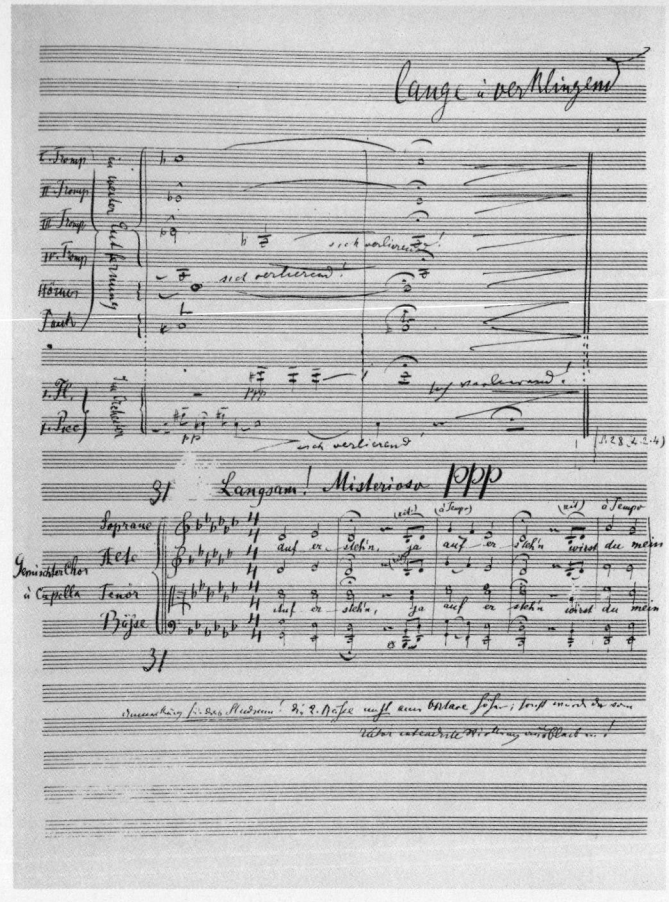

Autographe Seite aus Mahlers 2. Sinfonie, V. Satz

während der zwei Wochen später entstandene Partitur-Entwurf des *Andante* als *4. Satz* bezeichnet ist; als dritten hat er zu dieser Zeit offenbar das *Urlicht* vorgesehen. Die ganze Sache bleibt vorerst unentschieden.

Mahler ist in diesen Wochen seines ersten Steinbach-Aufenthalts wie in einem Trance-Zustand, er ist durch die Arbeit »der

114

Welt abhanden gekommen« und empfindet das eigene Schaffen als eine Art mystischen Prozesses, weil man – wie er sagt – *sich selbst unbewußt, wie durch fremde Eingebung etwas machen muß, von dem man nachher kaum begreift, wie es geworden ist. [...] Aber seltsamer als bei einem ganzen Satz oder Werk tritt diese unbewußte, geheimnisvolle Kraft bei einzelnen Stellen zutage, und gerade bei den allerschwierigsten und bedeutsamsten. Meistens sind es solche, an die ich nicht recht heran will, um die ich mich herumdrücken möchte und die mich doch festhalten und sich schließlich ihren Ausdruck erzwingen.*[172]

Das Glück unbeschwerter Arbeit, das er seit den Leipziger Tagen der *Drei Pintos* zum erstenmal wieder erleben darf, erleichtert ihm den Entschluß, auch die folgenden Sommer in Steinbach zu verbringen, um komponieren zu können. Er gibt einem ortsansässigen Architekten den Auftrag, ihm ein kleines Häuschen am See zu bauen, das nicht größer sein soll, als daß ein Tisch, ein Stuhl und ein Klavier darin Platz haben.

Ende August nach Hamburg zurückgekehrt, setzt er – vermutlich durch die erfolgreiche Arbeit in den Ferien beflügelt – alles daran, sich dem Hamburger Publikum nun auch als Komponist vorzustellen.

Am 27. Oktober 1893 hat er Gelegenheit, in einem sogenannten »Populären Konzert« seine 1. Sinfonie und sechs Orchesterlieder auf *Wunderhorn*-Texte unter seiner Leitung mit dem Laubeschen Orchester im Konzerthaus Ludwig in Hamburg aufzuführen.[173] Er lädt Richard Strauss dazu ein und kann sich die sarkastische Bemerkung nicht verkneifen: *Ich bin nämlich der einzige Dirigent, der sich für meine Compositionen interessiert, und benütze daher schleunigst die erste Gelegenheit, die sich mir darbietet.*[174] Dennoch sieht er sich in einem verhängnisvollen Zwiespalt mit sich selbst: einerseits hat er die Möglichkeit, seine Werke authentisch dem Hamburger Publikum vorzustellen, andererseits fürchtet er, bei erneutem Mißerfolg wieder auf Jahre hinaus als Komponist in der

---

[172] *NBL*, S. 9

[173] Das Laubesche Orchester ist eine Musikervereinigung, die von dem Militärkapellmeister Julius Laube gegründet wurde und aus eigener Tasche unterhalten wird. Das technisch recht leistungsfähige Orchester widmet sich in erster Linie der populären Musik, die im Konzerthaus Ludwig, eingangs der Reeperbahn, einem Publikum vorgespielt wird, das an kleinen Tischen sitzend Bier trinkt und Zigarren raucht!

[174] *MSB*, S. 18

Versenkung zu verschwinden. Er bietet alle Kräfte auf, das Ergebnis so günstig wie möglich zu gestalten und bittet sogar den Kritiker Davidsohn, der ihm geneigt ist, aus Berlin nach Hamburg zu kommen, um ihm mit einer positiven Besprechung unter die Arme zu greifen. Um das Verständnis der 1. Sinfonie zu erleichtern, möchte er ihr einen Titel geben. *Ich beschwöre Sie, schaffen Sie mir einen Namen für die Sinfonie!* wendet er sich an Ferdinand Pfohl. Der rät ihm, sie »Natur-Sinfonie« oder aber so ähnlich zu nennen. Einige Tage später hat Mahler selbst einen Titel gefunden; er nennt sie *Titan*, gibt den Sätzen Überschriften und teilt dem Publikum eine Art Programm mit, mit dessen Hilfe er das Verständnis seiner Musik zu erleichtern hofft:

> I Theil: *»Aus den Tagen der Jugend«, Blumen-, Frucht- und Dornstücke.*
>
> 1. *»Frühling und kein Ende« (Einleitung und Allegro Comodo). Die Einleitung stellt das Erwachen der Natur aus langem Winterschlafe dar.*
> 2. *»Blumine« (Andante)*
> 3. *»Mit vollen Segeln« (Scherzo)*
>
> II Theil: *»Commedia humana«*
>
> 4. *»Gestrandet!« (ein Todtenmarsch in »Callots Manier«). Zur Erklärung dieses Satzes diene Folgendes: Die Äussere Anregung zu diesem Musikstück erhielt der Autor durch das in Österreich allen Kindern wohlbekannte parodistische Bild: »Des Jägers Leichenbegängniss«, aus einem alten Kindermärchenbuch: Die Thiere des Waldes geleiten den Sarg des gestorbenen Jägers zu Grabe; Hasen tragen das Fähnlein, voran eine Kapelle von böhmischen Musikanten, begleitet von musicirenden Katzen, Unken, Krähen etc., und Hirsche, Rehe, Füchse und andere vierbeinige und gefiederte Thiere des Waldes geleiten in possirlichen Stellungen den Zug. An dieser Stelle ist dieses Stück als Ausdruck einer bald ironisch lustigen, bald unheimlich brütenden Stimmung gedacht, auf welche dann sogleich*
> 5. *»Dall' Inferno« (Allegro Furioso) folgt, als der plötzliche Ausbruch der Verzweiflung eines im Tiefsten verwundeten Herzens.*

Der auffallend lange Kommentar zum vierten Satz läßt sehr deutlich Mahlers Absicht erkennen, diesen stilistisch besonders proble-

116

matischen Teil möglichst dem Unverständnis zu entziehen, wie überhaupt die Hinzufügung von Erklärungen der verzweifelte Versuch ist, dem Schicksal, das er mit der Sinfonie in Budapest erleiden mußte, zu entgehen.

Das Publikum reagiert denn auch auf Lieder und »Tondichtung in Sinfonie-Form« mit Enthusiasmus, das *Rheinlegendchen* wird sogar mit lauten *da capo*-Rufen bedacht. Und die Kritik? Allen voran Joseph Sittard vom *Hamburger Correspondent* verlangt, daß derartige Experimente in Zukunft keinen Platz mehr in den Programmen des Konzerthauses haben dürften. Welch eigenartiger Zustand! Das Publikum, sicher auch in Hamburg nicht mit angeborener Begeisterung fürs Ungewohnte ausgestattet und noch weniger vom Konzert-Papst Bülow dazu erzogen, Neues wenigstens zu tolerieren, entscheidet sich für Mahler! Die Kritik aber – von einer Ausnahme abgesehen – bleibt weit hinter der positiven Reaktion der Zuhörer zurück. Nur Ferdinand Pfohl, der Mahler freundschaftlich verbunden ist, bricht für ihn in den *Hamburger Nachrichten*, bei denen er seit November 1892 als Feuilletonist arbeitet, eine Lanze: *In der Symphonie steckt eine Fülle bedeutender Gedanken, fast in jedem Satz blitzt uns Genie entgegen. Mahler ist ein großes Compositionstalent; seine Musik ist in der Erfindung von merkwürdiger, vielleicht nur von einzelnen slavischen Zügen beeinflußter Ursprünglichkeit; seine Instrumentation ist meisterhaft, von schlagender Schärfe der Charakteristik, sein musikalischer Ausdruck im hohen Maße beredt, und dort, wo Situation und Stimmung es verlangen, von dramatischer Leidenschaftlichkeit.*[175]

Der Versuch, endlich den Durchbruch als Komponist zu schaffen, ist ein weiteres Mal gescheitert; er braucht – das wird ihm in diesen Hamburger Jahren immer deutlicher – Mitstreiter; er braucht Dirigenten und Kritiker, die bereit sind, unpopuläre Programme durchzusetzen und seine kompositorischen Intentionen überzeugend zu verdeutlichen. Der Mann, durch dessen Einsatz sich Mahler einen spektakulären Erfolg erhofft, ist dazu zeitlebens nicht bereit. Hans von Bülow verabscheut Mahlers Musik zutiefst, und wenn er sich auch niemals in der Öffentlichkeit geäußert hat, so gilt dem Publikum doch das, was er in seinen Programmen durchsetzt, ebenso als Apodiktum wie das, was er eben nicht spielt. Es ist unbezweifelbar: Bülows Tod am 12. Februar 1894 schafft Mahler die Möglichkeit zu einem Neubeginn als Komponist.

[175] Ferdinand Pfohl, *Gustav Mahler*, S. 65/66

Verstärkte Kontakte zu Richard Strauss

Seit Anfang 1894 verstärkt Mahler in auffälliger Weise seine Brief-
kontakte zu Richard Strauss, der damals 2. Kapellmeister am Hoftheater in Weimar ist. Strauss hatte sich nach einer schweren Lun-
genentzündung im Mai 1892 auf einen längeren Erholungsurlaub
begeben, der ihn bis zum Sommer 1893 u. a. nach Griechenland,
Ägypten und Sizilien führt. Von dieser Reise bringt er seine erste
Oper mit, *Guntram*, und ist nun natürlich darum bemüht, das
Stück so schnell wie möglich in Szene zu setzen; so dreht sich denn
der Briefwechsel in dieser Zeit immer wieder um *Guntram*. Mahlers Angebot, die Oper in Hamburg herauszubringen[176], kommt
Strauss nicht ungelegen, wenngleich bereits ein Uraufführungs-
Angebot aus Karlsruhe vorliegt, das sich aber zerschlägt, und in-
zwischen die Uraufführung in Weimar in Aussicht genommen wor-
den ist, die dann auch tatsächlich am 10. Mai 1894 stattfindet.
Strauss seinerseits setzt sich beim Hoftheater-Intendanten von
Weimar, Herrn von Bronsart, dafür ein, daß Mahlers 1. Sinfonie
bei der 30. Tonkünstlerversammlung des Allgemeinen Deutschen
Musikvereins im Juni 1894 in Weimar aufs Programm gesetzt wird.
Bronsart ist Vorsitzender des Allgemeinen Deutschen Musikvereins, der 1859 von Franz Liszt gegründet worden war, und hat die
Verantwortung für die Programm-Gestaltung des Festes in Wei-
mar.

Trotz Mahlers hartnäckiger Versuche, *Guntram* in Hamburg bei
Pollini durchzusetzen, gehen die beiderseitigen Bemühungen mit
einseitigem Erfolg für Mahler aus: *Guntram* wird nicht angenommen, Mahlers 1. Sinfonie aber wird am 3. Juni 1894 in Weimar unter seiner eigenen Leitung zum erstenmal in ihrer 4sätzigen Form
(ohne den *Blumine*-Satz), aber mit den gleichen programmatischen Hinweisen wie in Hamburg und mit einer Reihe erneuter
Retuschen aufgeführt. Er gibt sich mit dem Erfolg halb zufrieden,
bedauert aber vor allem die *höchst mangelhaften Proben; Orchester infolge eines Fassels Bier nachträglich von Symphonie äußerst*

---

[176] Mahler hatte sich – wie der Brief vom 24. 3. 1894 an Strauss deutlich macht – die
Verhandlungen mit Pollini leichter vorgestellt; aber Pollini, der Uraufführungen
an sich immer gern sieht, lehnt ab. Mahler verspricht, sich weiter für *Guntram* ein-
zusetzen, und führt schließlich im 6. Abonnements-Konzert am 4. 2. 1895 das Vorspiel zum I. Akt auf.

befriedigt...[177] Die Kritik sieht die Sache ein wenig anders. *Die Symphonie erfuhr von einem Theile der Zuhörer Anerkennung,* schreibt der Rezensent der *Neuen Zeitschrift für Musik, von dem anderen Theile eine Ablehnung in nicht mißzuverstehender Form, vom dritten Theile eine Ablehnung durch passives Verhalten. Eine einfache Addition ergiebt, daß die Symphonie hier einen Mißerfolg gehabt hat [...] Ich gehöre zu denen, welche die Composition nicht zu vertheidigen im Stande sind. Schon das Programm – welch ein Durcheinander stellt es dar von realen und transcendentalen Begriffen ohne erkennbaren psychologischen Zusammenhang! [...] Oder ist das Ganze mehr als eine Satyre aufzufassen – etwa auf alle Klassiker, Wagner mit eingeschlossen?*[178]

Die Verwirrung ist groß, die Presse weiß diese Musik nicht einzuordnen, attestiert ihr nichts weniger als Eklektizismus. Mahler fühlt sich gründlich mißverstanden, setzt aber trotz aller Fehlschläge und Teilerfolge seine ganze Energie ein, sein Werk bekanntzumachen. Hamburg scheint nicht der rechte Ort zu sein; dem Kapellmeister Mahler verzeiht man nicht, daß er sich nun auch noch mit dem Komponieren befaßt, und dies um so weniger, als er im Umgang mit den Klassikern bereits wenig Respekt an den Tag gelegt hat.

Felix Weingartner

Mahler hat nämlich inzwischen die Leitung der »Bülow-Konzerte« übernommen und leistet sich schon im ersten Abonnementskonzert am 22. Oktober 1894 einige »Verbesserungen« in Beethovens 7. Sinfonie.[179] Als Gipfel seiner »Bemühungen« aber werden jene Retuschen empfunden, die er der 9. Sinfonie von Beethoven im Konzert vom 11. März 1895 angedeihen läßt; der Hamburger Kritiker Emil Krause erinnert sich:

Die einer Illustration nahekommende Wiedergabe war eine »Mahlerei« im weiten Sinne. Daß die von Mahler gemachten

---

[177] J. B. Foerster teilt mit, daß an dem Zustandekommen der Aufführung neben Strauss auch Hermann Kretzschmar beteiligt gewesen sei. (a.a.O., S. 412)

[178] *NZfM* 61 (1894), S. 278

[179] Mahler dirigiert außerdem Mozarts g-Moll-Sinfonie, KV 550, und mit dem Solisten F. Busoni das Konzertstück von C. M. von Weber sowie Busonis Bearbeitung der *Spanischen Rhapsodie* von Liszt. Außerdem begleitet er Amalie Joachim bei Brahms' Volksliederbearbeitungen am Klavier.

Felix von Weingartner,
Dirigent und Komponist

Zusätze beanstandet wurden, ist begreiflich. Diese, die Posaunen und die Behandlung der im ersten Satze nicht von Beethoven angewandten Instrumente, die Trompeten-Beteiligung an einigen Stellen im Scherzo, die im Scherzo übersprungenen drei Takte, der Wegfall einer wesentlichen Repetition, die banale Betätigung der Piccoloflöte im Scherzo, viele weitere Zusätze zur Verstärkung, z. B. Es-Klarinette usw., dann die Illustrationsmusik bei dem B-Dur Tenorsolo mit Männerchor im Finale (hinter dem Konzertsaal) und vieles mehr, traten in so unkünstlerisch wirkender Weise auf, daß jeder sich von den Willkürlichkeiten der subjektiven Auffassung überzeugen mußte.[180] (vgl. S. 193)

---

[180] Mahler hatte einen Teil des Orchesters hinter den Kulissen – quasi als Fernorchester – postiert.

Unter solchen Umständen wird verständlich, daß die Saison 1894/95 für Mahler die erste und zugleich die letzte ist, in der er für die »Bülow-Konzerte« verantwortlich zeichnet. Sein Nachfolger wird Felix Weingartner, dessen Karriere mit der Mahlers auch in Zukunft in mannigfacher Weise verknüpft bleibt. Weingartner erinnert sich vor allem jener bemerkenswerten Eingriffe in die Partituren, durch die sich Mahler schließlich den Zorn seines Hamburger Publikums zuzog; er schreibt 1929 in seinen Erinnerungen:

Wie sich in seinen Kompositionen Wertvolles mit schwer zu ertragenden Banalitäten vermischt, so schien das Feuer seines Geistes, auch was das Nachschaffen betrifft, durch unverständliche Extravaganzen angefacht. Er sprach mir von seiner Redaktion der D-Dur-Symphonie von Schubert, worin er die herrliche Melodie des Trio im Scherzo mit drei Trompeten verstärkt habe. Er schreckte mich durch die Mitteilung, daß er den marschartigen Satz im Finale der neunten Symphonie Beethovens von einem außerhalb des Saales aufgestellten Orchester, gleichsam als heranziehende Militärmusik spielen lassen wolle. Gegenvorstellungen war er nicht zugänglich, wenn er sich einmal in etwas verrannt hatte.[181]

Mahlers Verhältnis zu Weingartner entwickelt sich in diesen Hamburger Jahren auf eine eigentümliche, von Ferdinand Pfohl dokumentierte und aufschlußreich kommentierte Weise. Weingartner bringt 1895 eine Schrift heraus, die Mahler in höchste Erregung versetzt. *Über das Dirigieren* ist der Titel des Bändchens, und Mahler hat nach Lektüre einiger Passagen nichts Eiligeres zu tun, als in seiner Wut Pfohl aufzusuchen: *Er lief im Zimmer hin und her wie ein gereizter Tiger in einem Käfig. Er vermied es, sich des angebotenen Stuhles zu bedienen, stampfte, schrie: »Haben Sie das Buch Weingartners, dieses Quartaners, dieses Trottels schon gelesen? Ich bitte Sie, reißen Sie ihn herunter, diesen Quartaner!«*[182]

Aber Mahlers Ärger über Weingartner hat nicht nur keine entsprechenden Konsequenzen, ganz im Gegenteil: das Verhältnis

---

[181] Felix Weingartner, *Lebenserinnerungen*, Bd. 2, Zürich 1929, S. 84 f. Um welche Schubert-Sinfonie es sich gehandelt hat, konnte nicht ermittelt werden.

[182] Ferdinand Pfohl, *Gustav Mahler*, S. 40; Pfohls Angabe, Weingartners Buch sei 1896 erschienen, beruht auf einem Irrtum; in Wirklichkeit ist die Broschüre 1895 in Leipzig erschienen, und seine Funktion als Leiter der Bülow-Konzerte begann im Herbst 1895.

bessert sich ständig. Mahler besucht zusammen mit seiner Schwester Justine Weingartners erstes Konzert. Pfohl: *Zu meinem Erstaunen erschien Mahler* [...] *im Konzertsaal, nahm Platz in der ersten Sitzreihe, sprang nach jedem Werk* [...] *von seinem Platz empor und applaudierte mit hoch empor gehobenen Händen zu Felix Weingartner hinauf, sichtbar auffallend dem gesamten Saal.*[183]

Damit noch nicht genug. Mahler war nach der Rückkehr aus den Sommerferien 1895, die er – wie schon in den beiden Jahren zuvor – wieder in Steinbach am Attersee verbracht hatte, in das Haus Bismarckstraße 86 (Hohe Luft) umgezogen, wo er bei nächster Gelegenheit ein Weingartner-Fest veranstaltet, zu dem er die gesamte musikalische Prominenz Hamburgs einlädt. Wenige Tage später steht in den Hamburger Zeitungen zu lesen, daß Gustav Mahler die Oper *Genesius* von Felix Weingartner zur Aufführung im Stadttheater angenommen habe!

Ferdinand Pfohl, der dies alles aus nächster Nähe und mit wachsendem Widerwillen erlebt, distanziert sich allmählich immer mehr von Mahler; der Bruch wird zwei Jahre später endgültig, als Mahler den II. Satz seiner 3. Sinfonie, den Weingartner am 7. Dezember 1897 aufführt, *Dem großen Könner*, *Dem geistvollen Kenner*, *Dem verehrten Gönner* widmet, den er einst als *Quartaner und Trottel* apostrophiert hatte[184].

Ob man nun bereit ist, das Verhalten Mahlers – wie Pfohl es tut – als Charakterlosigkeit zu qualifizieren, auch deshalb, weil es zu einer Aufführung der Weingartnerschen Oper niemals kam – Pfohl glaubt sogar, daß Mahler eine Aufführung »vorsichtig vermied« – oder ob man geneigt ist, solches Gebaren eher der »Normalität« jenes Geschäftes zuzurechnen, das Komponisten zuweilen zu betreiben haben: Mahler setzt in diesen Hamburger Jahren alles daran, sich als Komponist zu profilieren und Widerstände, die daran hindern könnten, auf jede erdenkliche Weise aus dem Weg zu räumen. Sein ganzes Streben ist und bleibt die Loslösung aus der »Tretmühle des Theaters«, das ihn einstweilen allerdings noch fest in seinen Klauen hat. Denn zu allem Überfluß erscheint Kapellmeister Otto Lohse nach den Sommerferien 1895 nicht mehr zum Dienst, weil er sich mit seiner Frau Katharina Klafsky-Lohse, vormals Klafsky-Greve, zu einer Opern-Truppe in die USA abgesetzt

---

[183] Ferdinand Pfohl, *Gustav Mahler*, S. 40
[184] ebda., S. 41

hat. Mahler hat fast täglich zu dirigieren[185]. Und trotzdem findet er immer wieder Zeit, sich um eine Realisierung seiner 2. Sinfonie zu kümmern.

Mahler hatte den Sommeraufenthalt 1894 in Steinbach dazu benutzt, das Finale der 2. Sinfonie, d. h. den kurzen IV. Satz (*Urlicht*) und den V. Satz auszuarbeiten. Der II. und III. Satz hatten bereits ein Jahr zuvor am selben Ort das Licht der Welt erblickt, so daß er sich nach Fertigstellung des Stimmenmaterials Anfang Januar 1895 die Möglichkeit verschafft, die ersten drei Sätze, die am 4. März 1895 in Berlin aufgeführt werden sollen, mit seinem Orchester in Hamburg vorab »durchzugehen«. Die Absicht ist klar: Mahler probiert vor allem die Instrumentation aus, um der Plastizität seiner Gedankengänge ganz sicher sein zu können. J. B. Foerster hat uns die Prozedur als Augenzeuge überliefert: *Mahler erschien mit dem Orchestermitglied Weidich, einem älteren Herrn, der die Aufgabe hatte, die von Mahler während der Probe bezeichneten Abänderungen und Ergänzungen vorzumerken. Unser Zuhörerkreis vernahm zuerst nur kurze Bruchstücke der Musik, denn Mahler unterbrach das Spiel immer wieder durch seine Bemerkungen: »Weidich, das Violoncello unisono mit dem Fagott – die Oboen streichen – Flöten verdoppeln – die Harmonie in die Posaunen.« Weidichs Vormerkbuch war bald vollgeschrieben. Manche Abänderungen und die dynamischen Details wurden gleich an Ort und Stelle in die Partiturstimmen eingetragen, das Übrige wurde in der Pause berichtigt.*[186]

Mahler ist selbst überwältigt von der Wirkung seiner Musik: [...] daß der fundus instructus der Menschheit dadurch vergrößert ist, steht für mich außer Frage. Es klingt alles wie aus einer anderen Welt herüber. Und – ich denke, der Wirkung wird sich niemand entziehen können. – Man wird mit Keulen zu Boden geschlagen und dann auf Engelsfittichen zu den höchsten Höhen gehoben.[187] Im selben Brief

---

[185] vgl. *GMB*, S. 136 (129); in *GMB* ist der Brief mit *1894 oder 1895* datiert. Aufgrund der Bemerkungen über Lohse und »unser Häuschen« läßt sich der Brief auf die Zeit um den 13. September 1895 eingrenzen, da unter diesem Datum die Zeitschrift *Deutsche Bühnengenossenschaft*, Jg. 24, Nr. 37 den Kontraktbruch Lohses und seiner Frau bekanntgibt. Zudem ist »unser Häuschen« höchstwahrscheinlich das Haus in der Bismarckstr. 86 (Hohe Luft), in das Mahler nach dem Sommerurlaub 1895 umgezogen ist (vgl. auch *NBL*, S. 21).

[186] Diese Probeaufführung hat zur Folge, daß – wie der Revisionsbericht ausweist – das Manuskript zahlreiche instrumentatorische Korrekturen von Mahlers Hand aufweist. Das gleiche gilt für die spätere Stichvorlage, in die wiederum Korrekturen Mahlers eingetragen sind.

[187] *GMB*, S. 138

an Berliner vom 31. Januar 1895 teilt er mit, Richard Strauss, seit dem Winter 1894/95 als Nachfolger Bülows Leiter der Philharmonischen Konzerte in Berlin, habe die 2. Sinfonie *mit einigen nichtssagenden Worten »angenommen«*, fügt aber sofort hinzu: *Ich bin aber noch lange nicht überzeugt, daß er sie auch wirklich aufführt*[188]. Die Bemerkung fügt sich nicht recht zu der Frage, die er vier Tage vorher selbst an Strauss gerichtet hatte: *Das Material zu den 3 Sätzen meiner Symphonie ist fertig und bereits gespielt.* [...] *Wohin soll ich dasselbe absenden? Wann ist die erste Probe?* Strauss scheint ihm umgehend geantwortet zu haben, denn schon eine Woche später fragt Mahler zurück, ob die erste Probe *definitiv 18. Feber stattfindet*[189]. Er möchte sie gern selbst leiten, um für Strauss *die Sachen »aus dem Rohen« herauszuarbeiten*; er ist sogar bereit, einen Teil der Kosten für die notwendige Orchesterverstärkung und eine Extraprobe selbst zu übernehmen. Mahler macht die Proben[190], und Strauss überläßt ihm auch die Leitung seines Werkes im Konzert; er selbst dirigiert den Rest des Programms.

Die Publikumsreaktion ist positiv, die offizielle Kritik wieder einmal ablehnend, mit einer Ausnahme: Oskar Eichberg, der für den Berliner *Börsen-Courier* schreibt, glaubt, *daß Mahlers Symphonie* [d. h. die ersten drei Sätze] [...] *ein notwendiges und hervorragendes Werk sei*, [...] *wenn man die innere Notwendigkeit und den Wert eines Kunstwerkes danach beurteile, ob sein Schöpfer etwas Neues zu sagen habe und ob dieses Neue von Gewicht sei*[191].

Das sind neue Töne für den Kritik-Standard der 90er Jahre, daß die Bedeutung eines Werkes nach dem Maßstab der Neuartigkeit ohne Verlust des Gewichts und nicht allein nach dem der historischen Kontinuität gemessen werden kann. Freilich macht Eichberg in seiner Kritik nicht deutlich, woran sich das Gewicht eines Werkes mißt; aber Mahler ist überaus glücklich über die Rezension und

---

[188] Herta Blaukopf vermutet, daß Strauss von Konzertveranstalter Wolff zur Annahme ermuntert worden sei (*MSB*, S. 155/56).

[189] *MSB*, S. 42/43

[190] Mahler ist in dieser Zeit stark überlastet. Neben der Opernarbeit hat er die Leitung der Bülow-Konzerte übernommen. *Dazu fiel gerade in die heißeste Arbeitszeit noch die Aufführung der ersten drei Sätze seiner Zweiten Symphonie in Berlin* [...] *Um die Proben zu seiner Symphonie machen zu können, fuhr er allemal nach der Oper die Nacht hindurch nach Berlin, probte am Morgen mehrere Stunden mit den Philharmonikern und fuhr am Mittag wieder zur Abendvorstellung nach Hamburg zurück.* (*NBL*, S. 53)

[191] zit. nach Foerster, a.a.O., S. 442

bedankt sich dafür, daß er möglicherweise *von diesem Momente an als Komponist auf einige Beachtung in musikalischen Kreisen rechnen darf*[192].

Erfolg der 2. Sinfonie – Anna von Mildenburg

Der eigentliche Durchbruch aber gelingt doch erst mit der Aufführung der ungekürzten 2. Sinfonie am 13. Dezember 1895, wiederum in der Berliner Philharmonie und wieder unter der Leitung des Komponisten. Mahler kümmert sich auch jetzt wieder um alle möglichen organisatorischen Dinge, die ihm für eine angemessene und überzeugende Darstellung seines Werkes unabdingbar erscheinen. Er tritt im September mit dem Konzertveranstalter Wolff in Verbindung, um zu erfahren, ob der Saal tatsächlich schon angemietet ist und welcher Chor den Part im Finale übernimmt. Im Oktober teilt ihm Wolff schließlich mit, daß der Berliner Stern'sche Gesangverein, ein weit über die Grenzen der Stadt hinaus berühmter gemischter Chor, mitwirken wird. Mahler wendet sich umgehend an dessen Dirigenten, Friedrich Gernsheim, der den Chor seit 1890 leitet.[193] Am 18. Oktober schickt er das Chormaterial nach Berlin, so daß Gernsheim ca. fünf Wochen bis zur Aufführung bleiben, eine recht knapp bemessene Zeit angesichts der z. T. immensen Schwierigkeiten der Chorpartie im Finale. Mahler versucht auch jetzt wieder, seiner Freude und Dankbarkeit Ausdruck zu verleihen, indem er Gernsheim verspricht, eine seiner Sinfonien aufzuführen. Daß es letztendlich doch nicht dazu kommt, liegt nicht am mangelnden Willen Mahlers.

Die Aufführung am 13. Dezember, die eigentliche Uraufführung der 2. Sinfonie, wird alles in allem zum ersten wirklichen Erfolg Mahlers als Komponist; zwar gilt dies auch jetzt in erster Linie für die Reaktionen des Publikums, dessen sich nach den Worten

---

[192] *GMB*, S. 153 (120)
[193] Friedrich Gernsheim (geb. 1839 in Worms, gest. 1916 in Berlin) hatte am Leipziger Konservatorium bei Ignaz Moscheles Klavier und bei Moritz Hauptmann Theorie studiert, bevor er zu weiteren Studien nach Paris ging. Nach seiner Rückkehr übernahm er Dirigentenposten in Saarbrücken und Köln, wo u. a. Engelbert Humperdinck sein Schüler war. Auf dem Weg über Rotterdam, wo er sich vor allem für die Werke seines Freundes Brahms einsetzte, kam er 1890 nach Berlin, wo er bis an sein Lebensende blieb. Gernsheim ist auch als Komponist mit einem mehr als hundert Opuszahlen umfassenden Werk, darunter vier Sinfonien, hervorgetreten.

J. B. Foersters *eine tiefe Ergriffenheit* bemächtigte. *Sie äußerte sich zuerst in lautloser Stille, dann erst machte sich die begeisterte Anerkennung Luft [...] Wir verließen den Konzertsaal in der Überzeugung, nun sei ein für das ganze Leben entscheidender Sieg erkämpft worden. Der Name Gustav Mahler war in den allerengsten Kreis jener schaffenden Künstler eingegangen, deren Werke von der weiten Welt mit innigem Interesse und ungeheuchelter Teilnahme aufgenommen werden.*[194]

Aber auch von seiten der Kritik gibt es neben negativen Urteilen der *Allgemeinen Musikzeitung* (Lessmann) und der *Neuen Zeitschrift für Musik* (v. Pirani) doch vereinzelt Zustimmung, ja sogar Begeisterung. In dem Berliner Kritiker und Komponisten Max Marschalk gewinnt Mahler einen neuen Freund und Mitstreiter, mit dem ihn bis Mitte 1897, als Mahler Operndirektor in Wien wird, ein sehr intensiver und aufschlußreicher Briefwechsel verbindet.

Bereits im ersten Brief Mahlers an Marschalk vom 17. Dezember 1895 erwähnt er ein neues Werk, das – wie er sich ausdrückt – *schon beinahe vollendet, im Pulte der Auferstehung harrt*[195]. Gemeint ist die 3. Sinfonie, an der er in den Sommerferien 1895 in Steinbach gearbeitet hatte. Auch jetzt sind ihm zunächst weder Inhalt noch Reihenfolge der einzelnen Sätze klar, und überhaupt hält er es wie schon im Sommer 1893 für unzutreffend, das Ganze, von dem in diesen Monaten die letzten fünf Sätze entstehen, »Sinfonie« zu nennen, *denn in nichts hält sie sich an die herkömmliche Form. Aber Symphonie heißt mir eben: mit allen Mitteln der vorhandenen Technik eine Welt aufbauen*[196].

So wie er Reihenfolge und Benennung der einzelnen Sätze fortwährend ändert, wird er sich auch erst allmählich über den Gesamt-Titel der Sinfonie klar. Was zunächst *Das glückliche Leben. Ein Sommernachtstraum* heißen sollte, ändert er bald – in Übernahme eines Nietzsche-Titels in *Meine fröhliche Wissenschaft*; später wird daraus *Ein Sommermorgentraum* und schließlich 1896 *Pan, eine symphonische Dichtung*. Den fünf Sätzen, die 1895 entstehen – einen sechsten, der mit dem *Wunderhorn*-Lied *Wir genießen die Himmlischen Freuden* identisch ist und hier noch den Titel trägt *Was mir das Kind erzählt*, nimmt er später heraus und macht

[194] J. B. Foerster, a.a.O., S. 446
[195] *GMB*, S. 180 (141)
[196] *NBL*, S. 19

Mahlers Brief an Natalie Bauer-Lechner vom 2. September 1985
mit den Überschriften der ursprünglich sieben Sätze der
3. Sinfonie

ihn zum Finalsatz der 4. Sinfonie – gibt er die Überschriften *Was
mir die Blumen auf der Wiese erzählen*, *Was mir die Tiere im Walde
erzählen*, *Was mir die Nacht erzählt* (nach Nietzsches *Mitternachts-
gedicht* aus *Also sprach Zarathustra*), *Was mir die Morgenglocken
erzählen* und *Was mir die Liebe erzählt*. Die Einleitung dazu soll
heißen *Der Sommer zieht ein*, und er brauche – so sagt er Natalie –
*ein Regimentsorchester zur Erzielung der derben Wirkung von der
Ankunft meines martialischen Gesellen. Es wird wahrhaftig sein,
wie wenn die Burgmusik aufmarschierte. Ein Gesindel treibt sich da
herum, wie man es sonst nicht zu sehen kriegt*. Beifall und Geld
glaubt er – im Scherz – mit dieser neuen Sinfonie zu verdienen, weil
sie voller Humor und Heiterkeit sei, allerdings einer Heiterkeit,
von der er vermutet, daß sie von den Menschen nicht begriffen
werde. Aber noch ist dieses wildwüchsig-elementare Gebilde nicht
heraus, noch hat dieser gigantische Natur-Hymnus nicht das Licht
jener Welt erblickt, deren Widerspiegelung er selbst ist.

Zunächst bietet sich durch finanzielle Unterstützung einiger
Hamburger Freunde die Gelegenheit, im März 1896 wieder ein

Konzert der Berliner Philharmoniker zu arrangieren, in dem erneut eine Uraufführung stattfindet: die Orchesterfassung der *Lieder eines fahrenden Gesellen*. Nach dem Dezember-Konzert hatten sich Mahlers Hamburger Anhänger spontan entschlossen, die erforderlichen Mittel für ein weiteres Konzert, das möglichst bald stattfinden sollte, um die Publikumsgunst nicht erkalten zu lassen, zusammenzubringen, denn die Konzertagentur Wolff ist nicht bereit, das finanzielle Risiko zu tragen. Immerhin belaufen sich die Kosten des Konzerts am Ende auf 5000 Mark; dem stehen – nach der Erinnerung Natalie Bauer-Lechners – an Einnahmen nur 48 Mark gegenüber! Die meisten Karten in der etwa zur Hälfte besetzten Philharmonie waren verschenkt worden. Fabrikant Wilhelm Berkhan und Rechtsanwalt Dr. Hermann Behn aus Hamburg übernehmen den Löwenanteil an den Unkosten, und Behn tut noch ein weiteres: er stellt einen Klavierauszug der 2. Sinfonie her und läßt ihn auf eigene Kosten drucken.

Das Programm des Berliner Konzerts vom 16. März 1896 umfaßt neben den *Liedern eines fahrenden Gesellen* den I. Satz der 2. Sinfonie (*Totenfeier*) sowie die 1. Sinfonie ohne den *Blumine*-Satz. Natalie Bauer-Lechner berichtet, Mahler sei im Januar 1896, als sie ihn in Hamburg besuchte, mit der *Orchesterbearbeitung seiner »Lieder eines fahrenden Gesellen« beschäftigt* gewesen. Sie weist sogar ausdrücklich darauf hin, daß er die *Gesellen-Lieder* erst *zu dieser Aufführung mit Orchesterbegleitung gesetzt habe*[197]. Es ist bis heute eine offene Frage, ob Mahler die *Lieder eines fahrenden Gesellen* ursprünglich als klavierbegleitete Lieder oder in der Orchesterversion komponiert hat. Einige Tatsachen sprechen für die letztere Annahme. Donald Mitchell widmet dieser Problematik eine ausführliche Fußnote, in der er u. a. ein Schreiben von Arnold Rosé, dem Neffen Mahlers, zitiert; darin beschreibt Rosé ein in seinem Besitz befindliches Autograph, das eine Fassung für Singstimme und Klavier darstelle, macht aber zugleich darauf aufmerksam, daß Mahler vermerkt habe: *Clavierauszug zu 2 Händen*, und daß auf der Vorderseite der Titel *Geschichte von einem fahrenden Gesellen in 4 Gesängen für eine tiefe Stimme mit Begleitung des Orchesters von Gustav Mahler* zu finden sei.[198] Dieser Sachverhalt deckt sich fast genau mit einem Blatt, das im Archiv des Verlags-

[197] *NBL*, S. 21 + 30
[198] Donald Mitchell, *Gustav Mahler. The early years*, London 1958, S. 254, Fußnote 10

hauses B. Schott's Söhne in Mainz aufbewahrt wird. Es handelt sich um ein Din-A-4-Blatt, auf dem der Titel *Geschichte von einem »fahrenden Gesellen«, Eine Rhapsodie in 4 Gedichten für eine tiefe Stimme mit Orchester von Gustav Mahler* steht, nebst der Eintragung *Dauer ungefähr 25 Minuten.* Dieses Blatt befindet sich neben einem zweiten, auf dem *Das klagende Lied* angezeigt wird, bei der Briefkorrespondenz zwischen Mahler und Schott, die im Oktober 1891 ihren Anfang nahm. Daher liegt es nahe anzunehmen, daß Mahler außer einer Reihe von Klavier-Liedern sowohl *Das klagende Lied* als auch die *Gesellen-Lieder* in der Orchesterfassung Schott zum Druck angeboten hat, denn er schreibt im ersten Brief vom 14. oder 15. Oktober 1891 an Dr. Strecker: *Seit einer Reihe von Jahren habe ich eine Anzahl eigener Compositionen auf verschiedenen Gebieten gesammelt – unter Anderem: Eine Symphonie – ein großes Märchen für Chor, Orchester und Soli – Eine Symphonische Dichtung, und ungefähr 20 ausgewählte Lieder.*[199]

Wenn es also zutreffen sollte, daß Mahler das zitierte Titelblatt 1891 an Schott geschickt hat, dann könnte es sich bei der Erinnerung Natalie Bauer-Lechners nur um einen Irrtum oder eine Verwechslung handeln, und dann wäre der Meinung Arnold Rosés zuzustimmen, daß es sich bei dem in seinem Besitz befindlichen Autograph um *the first clean original piano reduction of the original orchestral score* handelt[200].

Zurück zum Berliner Konzert, in dem der Bariton Anton Sistermans die *Lieder eines fahrenden Gesellen* singt. Mag sein, daß – wie Foerster glaubt – auch dieses Konzert nicht den ganz großen Erfolg bringt; aber es steht zweifelsfrei fest, daß der Name Mahler seit den beiden Berliner Konzerten im Dezember 1895 und im März 1896 in Musikzeitschriften und Feuilletons zum Begriff geworden ist.

Max Marschalk schickt Mahler den Entwurf einer Studie, die er in der Leipziger Zeitschrift *Die redenden Künste* zu veröffentlichen gedenkt. Den Schwerpunkt des Beitrags bildet eine Interpretation der 1. Sinfonie, mit der sich Mahler im Brief vom 26. März 1896 an Marschalk ganz und gar einverstanden zeigt. *Ihre Auffassung meines Werkes ist so einheitlich und von innen heraus, daß ich eigentlich nichts daran geändert haben möchte.*[201]

---

[199] Mit der »Symphonischen Dichtung« ist vermutlich die Erste Sinfonie gemeint, die bei ihrer Uraufführung in Budapest als solche bezeichnet wurde.
[200] D. Mitchell, a.a.O., S. 254/55
[201] *GMB*, S. 186 (148)

Was hatte Mahler zu einer so außergewöhnlichen Zustimmung zu einer Presse-Kritik bewogen?

Ihr Inhalt ist echte, einzig mögliche Programmusik, schreibt Marschalk über die I. Sinfonie und charakterisiert den ersten Satz mit dem Zitat des Liedes *Ging heut' morgen über's Feld*. Der zweite Satz – so Marschalk – trage das eigentlich persönliche Moment dieser Sinfonie:

[...]

Das Moment, das den Menschen Mahler aus seinen glücklichen Träumen zur herben Wahrheit rief, ihn aus allen herben Himmeln riss und einem Chaos widerstreitender Gefühle überantwortete, ihm Sensationen schuf, die das grosse Gleichgewicht der Seele zu stören drohten, ist vom Komponisten Mahler, den es drängte, musikalisch symphonisch sich auszusprechen, in der künstlerischen Gruppierung des Stoffes zwischen die beiden Mittelsätze verlegt. Der dritte Satz also, der plötzlich mit so anders gefärbten Klängen anhebt, setzt eine Wandelung, eine Irritation der Gefühle voraus, deren Ursache selbst musikalisch zu illustrieren, Mahler mit feinem Takte vermieden hat. Mit den Rhythmen eines Trauermarsches setzt er ein. Vorbei ist es mit der tändelnden Freude an Blumen und Vogelsang, an Tanz und Liebesgekose. Der Schlag traf, die Wunde im Herzen ist tief. Vorerst waltet der thränenlose Schmerz mit Skepsis und Hohn durchsetzt, das dumpfe Vorsichhinstarren trockener Augen und das fast blöde, grelle Auflachen. Unheimlich brütende Schwüle, lähmende Ironie. [...]

Endlich ein erlösender Aufschrei aus der Tiefe des gequälten Gemütes! Mit einem grellen, schneidenden Beckenschlage setzt der vierte Satz ein in dahinstürmendem Allegro furioso. In ihm kämpft die Vergangenheit mit der Zukunft, die Verneinung mit der Bejahung, Verzweiflung mit kühnem Entschlusse. Bedeutungsvoll tauchen Motive besonders aus dem ersten Satze auf. Erinnerung reckt ihre Arme, bleiche Hände suchen den machtvoll Ringenden, vorwärts und aufwärts Strebenden zu fassen und zurückzuziehen in dumpfe Resignation, aber der Wille zur That ist siegreich, mit einem mächtigen, jubelnden »Ja« hat der Schmerzüberwinder, der Himmelsstürmer die lichten Höhen gewonnen, auf denen er im Dienste der Kunst seinen Weg gehen wird. So ist die Symphonie ein einziges grosses Crescendo, ein titaneskes Sichemporrecken!

[…]

Was in dem Künstler gährt, überwunden wird und neu sich bildet, die Eindrücke, die ihm das bewegte Leben unserer Zeit prägt, die rein persönlichen Erlebnisse, Freude, Enttäuschung, Schmerz, Kampf, Sieg, – alles sucht nach Ausdrucksformen, nach einer Aussprache in Tönen.[202]

Mahler bedankt sich bei Marschalk geradezu überschwenglich. *Sie machen mir eine solche Freude durch Ihr Verstehen und »Mitgehen«! Wenn Sie erst noch wüßten, wie notwendig ich, fahrender Gesell, es habe, würden Sie sicherlich in Ihrer Teilnahme für mich und mein Schaffen nicht erlahmen. – Ich bitte Sie, behalten Sie mir Ihr freundwilliges Interesse, und halten Sie es nicht für Eitelkeit, daß ich das von Ihnen fordere. Vielen, vielen Dank!*[203]

Durch das März-Konzert ist Mahler außerdem ein neuer wichtiger Verbündeter zugewachsen: Arthur Nikisch, der auf der Rückreise von Dirigierverpflichtungen in Moskau eigens in Berlin Station gemacht hat. Er verspricht Mahler, wenigstens drei Sätze seiner 2. Sinfonie in der kommenden Wintersaison aufzuführen[204]. Mit Richard Strauss, Arthur Nikisch und Felix Weingartner kann Mahler nun drei einflußreiche Dirigenten seine Freunde nennen, die sich im Laufe der kommenden Jahrzehnte – noch weit über seinen Tod hinaus – immer wieder für ihn einsetzen.

Inzwischen bringt der Beginn der Spielzeit 1895/96 eine deutliche Verschlechterung der Beziehungen Mahlers zu seinem Intendanten. Mahler hat kaum noch Einfluß auf die Auswahl und Zusammensetzung des Repertoires; und nicht nur das, er muß sogar die von Pollini nach primär wirtschaftlichen Erwägungen ausgesuchten Stücke auch noch dirigieren!

Der Konflikt ist stadtbekannt, aber Mahler hat wenig Aussichten, Unterstützung beim vorwiegend konservativen Hamburger Publikum zu finden. Ein Kapellmeister, der Beethoven nach eigenem gusto ummodelt und sich zu allem Überfluß auch noch als Komponist zu profilieren versucht mit einer Musik, die den Fas-

---

[202] *Die redenden Künste*, Leipzig, 3. Jg. 1896/97, Heft 13, S. 371–375
[203] *GMB*, S. 190 (151)
[204] Nikisch entschließt sich dann aber, den II. Satz aus der 3. Sinfonie am 9. 11. 1896 in Berlin uraufzuführen. Mahler berichtet darüber in einem Brief vom 27. 9. 1896 an Marschalk: *Nikisch führt leider nicht das ganze Werk, sondern nur den zweiten Teil (Was mir die Blumen erzählen) auf (den kürzesten des Werkes, er dauert nur neun Minuten). (GMB*, S. 182 [176]; s. dort auch Datierung)

sungswillen einer an Traditionalismen orientierten Konzertge-
meinde arg strapaziert, darf nicht auf Schützenhilfe gegen einen
Direktor hoffen, der seit Jahren erfolgreiches Theater macht und
ein Gespür für erfolgversprechende junge Künstler hat. Pollini
hatte sich in der Befürchtung, sein erster dramatischer Sopran,
Katharina Klafsky, die in dritter Ehe mit Kapellmeister Otto
Lohse verheiratet ist, werde über kurz oder lang stimmlich nicht
mehr zu leisten vermögen, was man von ihr erwartet (die Klafsky
ist zu dieser Zeit vierzig Jahre alt!), im Sommer 1895 mit Rosa Papier, der Wiener Mezzosopranistin, in Verbindung gesetzt. Die Papier, selbst bis 1891 Mitglied der Wiener Hofoper, hatte wegen eines Halsleidens ihre Theaterverpflichtungen aufgegeben, um sich
am Konservatorium um den Nachwuchs kümmern zu können. Sie
empfiehlt Pollini eine ihrer Schülerinnen, der sie eine glänzende
Karriere voraussagt: die 23jährige, in Wien geborene Anna von
Mildenburg. Am 11. September 1895 gibt die Mildenburg bereits
ihr Debut in Hamburg in der Rolle der Brünhilde, die Mahler mit
ihr studiert hat. Natürlich entgeht auch dem ersten Kapellmeister
nicht die eminente dramatische Begabung dieser jungen Frau, die
er bis an die Grenzen ihrer psychischen Möglichkeiten belastet.
Aber er beweist auch Geschick in der Behandlung dieser zarten
jungen Pflanze – oder ist es schon mehr als das pure berufliche Interesse? In den Pausen oder nach der Vorstellung läßt er ihr Zettel
zukommen, auf denen er Vorschläge zur weiteren Verbesserung
ihrer Leistung macht, stärkt aber zugleich auch ihr Selbstvertrauen
und ist rührend darum besorgt, daß sie sich nicht überanstrengt:
Daß der Schluß der Arie nicht nach unserem Plan ausfiel, schreibt
er ihr während oder nach der Premiere der *Aida* am 21. November
1895, in der die Mildenburg zum erstenmal die Titelpartie singt,
*daran trägt nur Schlesinger die Schuld, der die ganze vorhergehende
Arie zu hastig nahm und überhetzte, so daß Sie zu keinem ruhigen
Atem kamen; sonst wäre es Ihnen vortrefflich gelungen. Also machen Sie sich nichts daraus. Ich habe von heute die Gewißheit, daß
Sie es können. [. . .] Also seien Sie sehr froh und schlafen Sie gut! Ich
bin sehr zufrieden mit dem Abend! [. . .] Morgen ruhen Sie sich aus,
und singen Sie keinen Ton!*[205]

Wenige Wochen später gebraucht Mahler in einem Brief aus
Berlin bereits das vertraute »Du« und schildert ihr liebevoll in allen
Einzelheiten seine Erlebnisse im Vorfeld der ersten Gesamtauf-

[205] *GMB*, S. 156/157 (134)

Anna von Mildenburg als Brünnhilde in Wagners *Walküre*

führung der 2. Sinfonie. Nichts unterscheidet Ton und Diktion dieser Briefe von jenen, die er später an seine Frau Alma schreibt. *Daß Du nicht hier sein kannst in diesen Tagen, darüber könnte ich wirklich verzweifeln. Mein liebes, teures Herz, sei Du nur nicht traurig! Es gehört nur eben auch zu den vielen Schmerzen, die wir werden tragen müssen. Ich werde tapfer sein, und es ist mir ein seliges Gefühl, mir zu sagen, was ich jetzt tue, und immer, tue ich auch für Dich.*[206] Dieser Absatz und noch einiges andere fehlt in den von Alma Mahler 1924 herausgegebenen Briefen, aber auch in den *Erinnerungen* Anna von Mildenburgs.

Mit Mahlers unermüdlicher Hilfe beginnt hier in Hamburg eine Karriere, die Anna von Mildenburg schließlich in die Opern-Metropolen der Welt führen wird. Für Mahler selbst aber wird immer deutlicher, daß eine Zusammenarbeit mit Pollini auf lange Sicht nicht möglich sein wird.

Arbeit an der 3. Sinfonie

Noch resigniert Mahler nicht, aber man gewinnt den Eindruck, als sei ihm zu dieser Zeit anderes wichtiger: die Vollendung der 3. Sinfonie und die Pflege der Beziehungen zu einigen ihm sehr gewogenen Journalisten, von deren Wort er sich offenbar mehr erhofft, als ihm der Kampf gegen Theaterintrigen einbringen könnte. So nutzt er die Zeit bis zum Saison-Ende im Mai, dem Berliner Musikschriftsteller Max Marschalk immer wieder Erklärungen zu seinem kompositorischen Schaffen zu geben und ihn nebenbei durch Versprechungen, seine Werke aufzuführen, bei Laune zu halten, obwohl ihm zu dieser Zeit längst klar sein muß, daß er bei Pollini keine Chance mehr hat, irgendwelche Novitäten durchzusetzen.

Im Sommer 1896 geht es wieder nach Steinbach, wo er am 12. Juni eintrifft, und Mahler will sich sofort in die Arbeit an der 3. Sinfonie stürzen, stellt aber geradezu fassungslos fest, daß er die Skizzen zum I. Satz in Hamburg vergessen hat. Dr. Behn, der seine

---

[206] *GMBN*, S. 138; Rätsel bezgl. der Datierung gibt der Brief auf, der in *GMB*, S. 155/156 *ohne Datum. Hamburg 1895* angegeben ist und in der Neuausgabe, S. 143/144, auf den 31. 12. 95 datiert ist. Es ist aber außerordentlich unwahrscheinlich, daß Mahler die Sängerin bittet: *Lassen Sie doch um Gottes willen Ihre imposante Größe wirken*, nachdem er ihr zuvor Liebesbriefe geschickt hat. Man muß wohl eher vermuten, daß der Brief – wie die Mildenburg selbst bemerkt – aus der ganz frühen Zeit ihrer Hamburger Tätigkeit stammt.

Ferien an der Ostsee verbringt, schickt sie ihm nach; wenige Tage später trifft auch das in Wien bestellte Klavier ein, so daß er sich endlich an die Arbeit machen kann, ohne aber seinen quasi obligatorischen Besuch bei Brahms in Bad Ischl darüber zu vergessen. Fast täglich berichtet er Anna von Mildenburg über Fortgang und Inhalt seiner Arbeit. Ebenso wie die Korrespondenz mit Marschalk bilden auch diese Briefe einen unschätzbaren Fundus zum Verständnis der Mahlerschen Gedankengänge während der Komposition der 3. Sinfonie, deren Entstehung von Natalie Bauer-Lechner miterlebt und -erlitten wird. Sie ist – wie jedes Jahr – auch diesmal wieder ein gern gesehener Gast Mahlers und seiner Schwester und bleibt von Mitte Juni bis Anfang August in Steinbach, unternimmt zahlreiche Spaziergänge und Radtouren mit Mahler und notiert vor allem immer wieder, was er über seine Jugendzeit und Jugendkompositionen, über Instrumentation und Dirigieren, und vor allem, was er über seine 3. Sinfonie sagt.

Der Freundin aus Jugendjahren bringt Mahler die ganze Sympathie eines Weggenossen entgegen, der sich ihr in der Sache zutiefst verbunden fühlt; seine Liebe aber gehört Anna von Mildenburg, der er auch aus Steinbach glühende Briefe schreibt: *Hast Du mich noch lieb? Denkst Du mit Sehnsucht an mich? Justi und ich sprechen in Liebe von Dir. [...] Ich hab es vielleicht selbst noch nicht gewußt, wie ewig lieb Du mir bist und wie sehr ich in Deiner Liebe alles finde, was mich glücklich machen kann.* (12. Juni) *In jedem Sinne gehöre ich jetzt schon Dir, so weit es in meiner Macht steht zu schenken, was mein ist. Mein liebes, süßes Annerl, erhelle Deine Augen und denk froh an mich her. Ich küsse Dich innigst, mein einziges, liebes Anni...* (20. Juni) *Gute Nacht, Lieb! Du hast mir aber schon lange keinen Kuß gegeben!? Es ist Dir vielleicht auch gar nicht recht, daß ich Dir einen gebe? – Justament geb ich Dir aber doch einen langen und festen! So! Du Fratz! Jetzt hast Du's!* (1. Juli)[207]

Den Juni über beschäftigen ihn die Skizzen zum ersten Satz der »Dritten«, die teilweise im vergangenen Jahr entstanden waren und nun zu einem formal schlüssigen Ganzen gebracht werden sollen. Natalie Bauer-Lechner berichtet von jenem nahezu atemberaubenden Moment, in dem ihr Mahler am 28. Juni mittags mitteilt, daß es geschafft sei: *Als ich heute mittags von der Geigerei kam,* erinnert sie sich, *lief mir Justi schon entgegen: »Denk dir, Gustav hat die Skizzen zum Ersten Satz vollendet!« Und als ich sprach-*

---

[207] *GMBN*, S. 159–167

*los vor Erstaunen stand, rief Mahler aus seinem Zimmer: »Natalie!
Natalie!« und erzählte mir, wie er zu seiner eigenen, höchsten Überraschung heute den Entwurf [...] plötzlich fertig gehabt habe. [...]
»Wie ist das zugegangen, wie ist es nur möglich?« fragte ich. »Das
weiß ich selbst nicht; die Steine waren ja freilich vorhanden, aber
daß mit eins ein Ganzes daraus wurde, muß ähnlich wie bei einem
Zusammenlegspiel gekommen sein, dessen Zeichnung man lange
vergeblich aus dem Wirrwarr einzelner Würfel herauszubekommen
sucht, bis sich auf einmal, durch die richtige Gruppierung von ein
paar Hauptsteinen, eins ans andere reiht, sich eins aus dem andern
ergibt und: das Bild ist da!«*[208]

Die Ausführung der Skizzen versetzt ihn in einen Zustand visio-
nären Leidens, in dem er sich mit Christus am Ölberg eins fühlt,
dessen Todesangst ihn angesichts der Dimensionen und Wirkungen dieses Satzes überkommt. *Fast muß ich fürchten, daß es auch
den paar Anhängern und Eingeweihten zu viel sein wird, so schwer
ist dieser Satz, so ins unabsehbar Große und mit einer selbst mir unbekannten Polyphonie in die Breite geführt. Wer das nicht im größten Stile erfaßt und erschaut, der steht davor wie ein Zwerg vor einem
Gebirgsriesen, an dem er höchstens Einzelheiten sieht, niemals das
Ganze überblickt.*[209]

Drei Wochen später, am 28. Juli 1896, ist der erste Satz und mit
ihm die gesamte 3. Sinfonie im Particell vollendet. Das fertige Autograph des ersten Satzes widmet er Natalie Bauer-Lechner als *den
Kern eines Baumes [...], der trotzdem aber in voller Lebensgröße
mit allen Zweigen, Blättern und Früchten nun in die Welt hinein
blüht und wächst*[210]

Mahler scheint geahnt zu haben, welche Schwierigkeiten einer
Aufführung dieses Riesenwerkes in sechs Sätzen für Alt-Solo,
Knabenchor, Frauenchor und großes Orchester im Wege stehen
würden, und er sollte sogar Recht behalten mit der Vermutung,
daß nur er imstande sei, diese Sinfonie als erster zu dirigieren: die
Uraufführung findet tatsächlich erst sechs Jahre später, am 9. Juni
1902 beim 38. Tonkünstlerfest in Krefeld unter seiner Leitung
statt! (s. S. 246)

---

[208] *NBL*, S. 41/42; Natalie Bauer-Lechner war Mitglied des berühmten Soldat-Roe-
ger-Streichquartetts. Während ihres Aufenthaltes in Steinbach hatte ihr Mahler
ein Zimmer zum Üben zur Verfügung gestellt.
[209] *NBL*, S. 45
[210] *NBL*, S. 50; vgl. dazu: Dokumente (B. Walter, S. 455f.)

Der wuchtige Beginn der 3. Sinfonie, deren I. Satz
so ins unabsehbar Große und mit einer selbst mir [Mahler] *unbekannten
Polyphonie in die Breite geführt* ist.

Nach getaner Arbeit, die ihn nervlich ungewöhnlich stark beansprucht hat, besucht er mit Natalie Bauer-Lechner Anfang August
seinen Jugendfreund Siegfried Lipiner, einen angesehenen Schriftsteller und überzeugten Nietzsche-Anhänger, der seit 1881 Biblio-
thekar des »Oesterreichischen Reichsrats« in Wien ist und mit seinen literarischen Arbeiten großen Einfluß auf Mahlers philosophische Überzeugungen nimmt. Lipiner, der sich mit seiner Frau in
Berchtesgaden aufhält, und Mahler nutzen den einen Tag ihres
Wiedersehens, um vor allem über Lipiners als Trilogie geplantes,
schließlich aber doch unvollendet gebliebenes Schauspiel *Christus*
zu diskutieren, das nach den Vorstellungen der beiden Freunde sogar fürs Musiktheater vorgesehen war.

Nach der Rückkehr von Berchtesgaden am 6. August fährt Mahler mit Justine für einige Tage nach Bayreuth, wo im Sommer 1896 nur *Der Ring des Nibelungen* auf dem Programm steht. Dies ist Mahlers fünfte und zugleich letzte Reise nach Bayreuth, und sie findet wieder auf Einladung Cosima Wagners statt, die zeitlebens ein ambivalentes Verhältnis zu Mahler hat. Die kürzlich erschienenen Briefe Mahlers an Cosima und der Kommentar von Eduard Reeser beleuchten dieses Verhältnis und seine Voraussetzungen auf eindrucksvolle Weise.

Cosima hatte den jungen Kapellmeister Mahler zum ersten Mal bei einer *Tannhäuser*-Aufführung in Leipzig am 13. November 1887 gesehen und äußert zwei Jahre später dem Münchner Dirigenten Hermann Levi gegenüber, die Vorstellung sei zwar *schlimmer als [...] für möglich gehalten* gewesen, Mahler habe ihr aber *einen nicht ganz unbedeutenden Eindruck* gemacht[211].

Es ist Mahler nie gelungen, in Bayreuth zu dirigieren, wenngleich zu vermuten steht, daß dies bei dem Enthusiasmus, den er dem Werk Richard Wagners seit jungen Jahren entgegenbrachte, einer seiner sehnlichsten Wünsche gewesen sein dürfte. Der geradezu untertänige und daher ungewohnte Ton in den Briefen an Cosima verstärkt diesen Eindruck nachhaltig. Mag sein, daß Cosima Wagner, die seine zunehmende Bedeutung als Dirigent und namentlich als Wagner-Dirigent verfolgt und schätzen lernt, ihre antisemitischen Ressentiments nicht überwinden und daher auch nicht den Entschluß fassen kann, Mahler für Bayreuth zu engagieren.[212] Natürlich ist ihr nicht verborgen geblieben, daß Hamburg bereits in Mahlers erster Saison 1891/92 mit 64 Aufführungen Wagnerscher Werke an der Spitze aller Opernhäuser vor Berlin, Dresden, Leipzig, München und Wien liegt! Das führt immerhin zu der Bitte Cosimas an Mahler, den in Hamburg engagierten Tenor Willy Birrenkoven für die *Parsifal*-Partie bei den Festspielen 1894 vorzubereiten, was Mahler mit Bravour erledigt. Zum Dank dafür darf er zwischen dem 28. Juli und 4. August 1894 – es ist nach 1883, 1889 und 1891 sein vierter Bayreuth-Aufenthalt – Aufführungen

---

[211] *Cosima Wagner – Das zweite Leben. Briefe und Aufzeichnungen 1883–1930*, hg. von Dietrich Mack, München/Zürich 1980, S. 191

[212] vgl. Eduard Reeser, *Gustav Mahler und Cosima Wagner*, in: *UGMB*, S. 212

Cosima Wagner
Gemälde von Franz von Lenbach

von *Parsifal*, *Tannhäuser* und *Lohengrin*[213], die von seinen Kollegen Levi, Strauss und Mottl dirigiert werden, in der Wagnerschen Familienloge verfolgen.

Jetzt, im Sommer 1896, ist er Gast beim vierten Zyklus (9.–12. August) des *Ring*[214], der zum erstenmal von Siegfried Wagner dirigiert wird. Danach fährt Mahler noch einmal für kurze Zeit nach Steinbach zurück, bevor er am 24. August 1896 wieder in Hamburg eintrifft, um mit den Vorbereitungen für die neue Saison zu beginnen, die seine letzte werden sollte.

---

[213] Ludwig Karpath berichtet, die *Lohengrin*-Aufführung habe eine verblüffende Ähnlichkeit mit Mahlers Budapester Inszenierung gehabt, aber Mahler habe, von Karpath darauf angesprochen, gesagt: *Keineswegs möchte ich, daß darüber gesprochen werde, ich bitte Sie dringendst, behalten Sie Ihre Wahrnehmungen, die mich erfreuen, für sich.* (*KBG*, S. 24/25)

[214] De La Grange glaubt, es sei der dritte gewesen (S. 378), was Reeser aber überzeugend widerlegen kann (S. 215).

Das Verhältnis zwischen ihm und seinem Intendanten – seit langem nicht mehr das beste – verschlechtert sich deutlich, nachdem Pollini Mahlers Jugendfreund Rudolf Krzyzanowski als zweiten Kapellmeister engagiert und ihm eine der Mahlerschen Position ebenbürtige Kompetenz eingeräumt hat: Indiz eines unverhohlenen Affronts gegen Mahler, dem Pollini sogar die Leitung von *Tristan* und *Meistersinger* entzieht, um sie Krzyzanowski zu übertragen. Mahler ist tief gekränkt und enttäuscht über das Verhalten seines Freundes, für den er sich in den zurückliegenden Jahren mehrfach eingesetzt hatte. Noch im August 1895 äußert er gegenüber Löhr die Ansicht, daß das Engagement Krzyzanowskis seiner Position nicht schaden könne; vielmehr sei es außerordentlich angenehm – so mutmaßt er –, einen solchen Mitarbeiter zu bekommen. Ein Jahr später – im Herbst 1896 – zeigt er sich geradezu deprimiert. *Ich versichere Dich, es ist ein Kampf, ein rechter, in dem man gar nicht merkt, daß man aus tausend Wunden blutet* [...] *Welch ein Kontrast ist es für mich – eben jetzt, wo ich eine Zeitlang den »Rudolf« (verstehst Du diese Anführungszeichen?) neben mir sehe – Deine Stimme wieder einmal zu sehen* [sic!]*!*, schreibt er an Löhr[215].

Dennoch werden Winter und Frühjahr 1896/97 – wenn man Mahlers Aktivitäten rein quantitativ sichtet – wieder mehr vom Dirigieren als vom Komponieren bestimmt. Sicher sind die Aufführungen des II. Satzes der neuen 3. Sinfonie in Berlin unter Nikisch (9. November 1896) und in Hamburg unter der Leitung von Weingartner (7. Dezember 1896) Ereignisse von eminenter Bedeutung, zumal die Hamburger Aufführung zu einem außerordentlichen Erfolg wird: Weingartner muß nach lang anhaltendem Beifall den Satz sogar wiederholen! Schauplatz wirklich spektakulärer Ereignisse aber ist zu dieser Zeit nicht mehr Hamburg, sondern Wien.

Wien in Sicht!

Die Verhältnisse am k. u. k. Hofoperntheater in Wien stehen Ende 1896 nicht zum besten. Der Direktor des Theaters, Wilhelm Jahn, der die künstlerische Verantwortung für das Haus seit 1881 trägt, ist seit längerem an einem Augenleiden erkrankt, das ihm eine ver-

---

[215] *GMB*, S. 110 (176)

antwortbare Leitung von Opernaufführungen nicht mehr gestattet. Man braucht einen Kapellmeister, der Jahns Dirigierverpflichtungen übernehmen kann, ohne daß dieser seine Verantwortung als künstlerischer (»artistischer«) Direktor aufgeben müßte. Die Situation hat sogar gewisse Unstimmigkeiten in der k. u. k. Hoftheater-Verwaltung zufolge, weil der Erste Obersthofmeister, Rudolf Fürst von und zu Liechtenstein, der dieses Amt als unmittelbarer Stellvertreter des Kaisers seit dem Sommer 1896 innehat, es nicht ungern gesehen hätte, wenn der Generalintendant der k. u. k. Hoftheater, Dr. Josef Freiherr von Bezecny, nicht nur Direktor Jahn in die verdiente Pension geschickt und einen attraktiven Nachfolger eingesetzt, sondern gleichzeitig auch selbst nach 11jähriger Amtszeit demissioniert hätte. Liechtenstein möchte mit seinem Amtsantritt offenbar einen Neubeginn auf der ganzen Linie verbinden.

Operndirektor Jahn tritt die Flucht nach vorn an: er bittet – in der Hoffnung, ein entsprechendes Vertrauensvotum von höchster Stelle zu erhalten – im Januar 1897 um seine Entlassung, die er zu seiner Enttäuschung prompt erhält[216]. Spätestens in diesem Moment ist Mahlers Chance gekommen.

Aus den vorliegenden Quellen geht nicht eindeutig hervor, wann Mahler zum erstenmal seine »Fühler ausgestreckt« haben mag. Der früheste Nachweis einer Kontaktaufnahme mit Wien in Sachen Hofoper findet sich in einem Brief an Fritz Löhr unter dem 29. August 1895, wo er schreibt: *Über Wien habe ich seit meiner Unterredung mit Besetzny nichts erfahren.*[217] Demnach steht zumindest fest, daß eine Unterredung mit dem Generalintendanten bereits Jahre zuvor stattgefunden hat, möglicherweise – wie sich Löhr erinnern zu können glaubt[218] – im Sommer 1894[219]. Ebenso gut aber könnte er seinen Aufenthalt in Wien Anfang Juni 1895, also etwa zwei Monate vor dem oben zitierten Brief an Löhr, genutzt haben, um sich mit Bezecny zu treffen. In ein aktuelles Stadium tritt die Angelegenheit ohnehin erst Ende 1896 ein. Und genau zu diesem Zeitpunkt schickt Mahler seinen ersten »Unterhändler« aus: Siegfried Lipiner, mit dem er kurz zuvor im Sommer noch in

---

[216] vgl. Bernhard Paumgartner, *Erinnerungen.* Salzburg 1969, S. 55

[217] *GMB*, S. 106 (127)

[218] *GMB*, 489 (422)

[219] vgl. *GMB*, S. 101 (116); genauer: 22. oder 23. August 1894, ein Mittwoch oder Donnerstag, auf den die Postkarte vom 19. August aus Steinbach Bezug nimmt.

Berchtesgaden zusammengetroffen war, spricht im November 1896 beim Kanzleidirektor der Generalintendanz, dem allmächtigen Hofrat Dr. Eduard Wlassack, vor, um zunächst mündlich etwaige Bedenken gegen ein mögliches Engagement Mahlers zu zerstreuen. Als ihm dennoch gewisse Vorbehalte gegenüber Mahlers ungezügeltem Temperament zu Ohren kommen, wendet er sich ein paar Tage später schriftlich an Wlassack und erklärt ihm: *Mahler ist eine geniale, also leidenschaftliche Natur, das ist richtig; aber seine Leidenschaft hat mit jener auf Oberflächlichkeit beruhenden rein-momentanen Heftigkeit gar nichts zu tun. Möglichst viel leisten und von den andern möglichst viel geleistet wissen: das will er, und diesen Zweck verfolgt er allerdings mit größter Festigkeit und rastloser Energie [...] Mit dieser Energie verbindet er aber auch die größte Selbstbeherrschung und eine oft unglaubliche Geduld [...]*[220] Der Freund setzt sich vehement und mit charmanter Neigung zur Unwahrheit für ihn ein.

Mahler selbst bewirbt sich am 21. Dezember 1896 mit einem Schreiben an Bezecny offiziell um die Kapellmeisterstelle und setzt am gleichen Tag mit einem Brief an Ödön von Mihalovich bereits die nächste Figur in seinem Wiener Schachspiel in Bewegung; Mihalovich, Direktor der königlichen Musikakademie in Budapest, ist seit Mahlers Direktionszeit dort freundschaftlich mit ihm verbunden, sein Wort hat in Fachkreisen Gewicht. Mahler stellt ihm die Situation so dar: er stehe in der Kapellmeister-Frage in Wien »in erster Linie« zur Diskussion; Bedenken seien freilich zu hören wegen seiner »Verrücktheit« und seines Judentums. Was aber – so Mahler – sein Judentum betreffe, so gebe es keine Bedenken mehr, denn er sei kurz nach seinem Abgang von Budapest zum Katholizismus übergetreten.

Dies ist nun allerdings eine bemerkenswerte Unwahrheit. Und so hat nicht allein die Tatsache der Konversion, sondern vor allem die Frage, warum sie gerade zum Zeitpunkt der Bewerbung um die Wiener Position stattfindet, Zeitgenossen wie Nachgeborenen immer wieder Rätsel aufgegeben; denn die Angabe, die er gegenüber Mihalovich macht, ist wissentlich falsch. Mahler wird laut Taufbuch der Pfarrei St. Ansgar in Hamburg (der sogenannten kleinen Michaeliskirche) am 23. Februar 1897, also genau zwei Monate nach diesem Schreiben an Mihalovich getauft! Natürlich weiß er,

---

[220] zit. nach *KB* II, S. 209

wie wichtig es ist, Katholik zu sein, wenn man k. u. k. Hofoperndirektor werden möchte; das wird ihm nicht erst in dieser Situation
klar. Um die Jahreswende 1894/95 hatte er schon an Löhr geschrieben: *Mein Judentum verwehrt mir, wie die Sachen jetzt in der Welt
stehen, den Eintritt in jedes Hoftheater. – Nicht Wien, nicht Berlin,
nicht Dresden, nicht München steht mir offen. Überall bläst jetzt
derselbe Wind.*[221] Anfang 1896 erteilt Mahler – so berichtet Natalie
Bauer-Lechner – einem Berliner Agenten den Auftrag, sich für ihn
um ein Engagement am Hoftheater in Schwerin zu bemühen. Die
Antwort, die ihn tief deprimiert: man wäre glücklich, ihn dort zu
haben, *wenn er kein Jude wäre.* Er sieht sich in eine Situation ge-
drängt, in der er den entscheidenden Schritt tun muß, der möglicherweise sogar einem lange gehegten Wunsch entspricht. Alma
Mahler beurteilt später die Entscheidung nüchtern und sachgebun-
den: *Bevor er [Hamburg] verließ, ließ er sich taufen, damit seinem
Engagement, das ohnedies durch sein Judentum erschwert war, kein
Hindernis im Wege stehe.*[222]

Anders der langjährige Mitstreiter Mahlers in Hamburg, Ferdinand Pfohl, der nicht zuletzt gerade dieses Ereignisses wegen für
alle Zukunft in eine unüberbrückbare Distanz zu Mahler tritt: *Eine
meiner letzten Begegnungen mit Mahler im Frühjahr 1897 fand vor
dem Hamburger Stadttheater statt, nachdem soeben seine aufsehenerregende Berufung an die Wiener Hofoper bekannt geworden war.
Ich sprach Mahler herzlich Glückwünsche aus und fragte ihn, [...]
daß der streng katholische Kaiser von Österreich grundsätzlich nur
Katholiken an seinen Hof zu ziehen sich zur Pflicht gemacht hatte.
Um als Hofkapellmeister angestellt zu werden, hätte Mahler nun unbedingt in die Zeremonie der Taufe eingewilligt haben müssen. Er
verstand mein Lächeln sehr wohl:* »*Der Rock ist schon gewech-
selt...*« *sagte er mit seltsamem Abadonna-Lächeln in seinem Luzi-
fergesicht [...]. Mahler wechselte eines äußeren Vorteils, eines Nut-
zens wegen, nicht aber unter dem Zwang eines inneren Konflikts, innerer Notwendigkeit sein äußeres Glaubensbekenntnis: Ein Gut,
das wir von Eltern und Vorfahren ererbt haben, das also unvergleichlichen Pietätswert besitzt, den Wert ehrwürdiger Tradition.
Nein, Gustav Mahler war kein Heiliger...!*[223]

---

[221] *GMB*, S. 102 (117)

[222] *AME*, S. 60

[223] F. Pfohl, a.a.O., S. 58; Pfohl spielt mit seiner Bemerkung auf Arnold Schönberg
an, der einen Beitrag in der Zeitschrift *Der Merker* 1912 (3), S. 182/83, mit dem
Satz beginnt: *Gustav Mahler war ein Heiliger.*

Dagegen glaubt Ludwig Karpath, Regierungsrat und Musikreferent des *Neuen Wiener Tagblatts*, daß Mahler in diesen Monaten schwere innere Kämpfe zu bestehen gehabt habe. *So sehr es seiner Neigung entsprach, das Sakrament der Taufe zu empfangen, ebenso empörte er sich gegen den Gedanken, dies aus rein äußerlichen Gründen tun zu müssen [...] Drum wehrte er sich mit allen Kräften gegen die Insinuation, den Weg zum Pfarrer nur des persönlichen Vorteils wegen – wäre es auch nur ein künstlerischer – betreten zu sollen.*[224] Karpath bringt das Ereignis in der Erinnerung aus einer Distanz von 25 Jahren mit der Sängerin Anna von Mildenburg in Verbindung, der zuliebe Mahler diesen Schritt unternommen habe. *Hätte die Liebe zu einem Weibe die letzten Bedenken nicht zerstreut, wer weiß, ob es je zu dem folgenschweren Schritt gekommen wäre,* meint Karpath und glaubt dies u. a. in der (vermeintlichen) Tatsache bestätigt finden zu können, daß die Konversion zu einer Zeit stattgefunden habe, *da Mahler noch keine Ahnung davon hatte, daß er zum Direktor der Wiener Hofoper vorrücken würde. Drum ist es absolut erfunden, daß seine Konversion mit seinem Amtsantritt in Wien zusammenhing*[225].

Was auch immer die lautere Wahrheit sein mag: Mahler selbst macht es seinen Zeitgenossen wie uns nach fast einem Jahrhundert nicht leicht, der Meinung Karpaths zuzustimmen, zumal er ja nicht nur den ihm befreundeten Mihalovich mit falschen Informationen »auf Tour schickt«, sondern sich nicht einmal scheut, den Kanzleidirektor Wlassack, eine ganz entscheidende Figur in der Berufungsmaschinerie, zu täuschen: *Bei den gegenwärtigen Verhältnissen in Wien halte ich es nicht für überflüssig, Ihnen zu erwähnen, daß ich vor geraumer Zeit einem alten Vorhaben gemäß zum Katholizismus übergetreten bin,* schreibt er am 23. Dezember 1896[226].

Und schließlich werden noch zwei Personen in den Berufungs-Mechanismus eingeschaltet, die ihm – jede auf ihre Weise – persönlich verbunden sind. Am 22. Dezember 1896 bedankt er sich bei Rosa Papier, der Lehrerin seiner Verlobten Anna von Mildenburg, für ihren Einsatz in Wien und versichert sie, daß er ihr Vertrauen und ihre Sympathie *schon seit langem aufs herzlichste erwi-*

[224] Ludwig Karpath, *Persönliches von Gustav Mahler*, in: *Der Merker* 1913 (4), S. 252
[225] ebda.
[226] Der Brief wird im Wiener Haus-, Hof- und Staatsarchiv aufbewahrt; hier zit. nach *KB* I, S. 152.

Die Altistin Rosa Papier

dere[227]. Am Tag darauf fragt er bei Karl Goldmark, dessen Oper *Heimchen am Herd* er kurz zuvor am 26. Oktober in Hamburg herausgebracht hatte, an, ob er etwas für ihn tun könne[228]. Eben dieser Goldmark spielt auch eine Rolle in einem Brief, den Graf Albert Apponyi, Mitbegründer der Budapester Musikakademie und Abgeordneter im ungarischen Parlament, am 10. Januar 1897 an

[227] zit. nach *KB* II, S. 209; Rosa Papier war auch durch Natalie Bauer-Lechner auf Mahler aufmerksam gemacht worden.

[228] Karl Goldmark (1830–1915) ist zu dieser Zeit bereits eine unumstrittene Größe im Wiener Musikleben; kurz vor diesen Ereignissen hat er das Ritterkreuz des Leopoldsordens *für seine Tätigkeit auf dem Gebiet der Tonkunst und der Musikliteratur* erhalten (vgl. *MGG*, Bd. 5, Sp. 482).

Intendant Bezecny schreibt. Apponyi bittet den Intendanten, das Urteil von Brahms und Goldmark einzuholen, da beide als Autoritäten des Musiklebens Eindrücke von Mahlers Leistungen empfangen hätten, die man zeitlebens nicht vergesse[229]. Und schließlich machen Apponyi wie auch Ferenc von Benizky, der Mahler seinerzeit nach Budapest verpflichtet hatte, den Wiener Hofopernintendanten darauf aufmerksam, daß Mahler *neben seiner hohen Begabung als Musiker, als Dirigent und Direktor auch ein gesundes Urteil für die geschäftlichen Seiten eines Kunstinstitutes besitzt*[230].

Derweil sitzt Mahler in Hamburg und wird von Zeit zu Zeit von Zweifeln geplagt, ob ihm sein Judentum letztendlich nicht doch den Weg nach Wien versperre[231]. Das Fatale seiner Situation – so äußert er jedenfalls gegenüber Berliner und Marschalk – könnten die Konsequenzen aus der Mitte Januar 1897 erbetenen und auch bestätigten Entlassung aus dem Vertrag mit Pollini sein; er glaubt nämlich wieder einmal, in der kommenden Saison auf der Straße zu sitzen und richtet sich (angeblich) innerlich schon darauf ein, daß er *nächsten Winter in Berlin privatisierend zubringen werde*[232]. In Wirklichkeit schürt er die Esse und bringt sich am 25. Januar erneut bei Ödön von Mihalovich in Erinnerung, indem er – zwischen Resignation und Hoffnung schwankend – seinen Gönner quasi zwischen den Zeilen drängt, noch einmal in Wien »nachzufassen«. Und auch Rosa Papier wird noch einmal ins Rennen geschickt, denn er hat seit geraumer Zeit nichts mehr von ihr gehört, weil Natalie Bauer-Lechner, die die Verbindung hält, sich auf Konzertreise befindet; und gerade Rosa Papier ist für ihn eine Trumpfkarte: *Ich habe mich nun schon gewöhnt, Sie, verehrte Freundin, als meinen guten Stern in Wien zu betrachten...*, schreibt er ihr am 5. Februar und macht sie darauf aufmerksam, daß er im März nach Wien kommen könnte. *Wenn Sie glauben, daß meine persönliche Anwesenheit in Wien meinem Interesse förderlich sein möchte, so würde ich mit größter Leichtigkeit einen Aufenthalt von einigen Tagen dort bewerkstelligen können.*[233]

---

[229] Brahms hatte am 16. Dezember 1890 eine Aufführung des *Don Giovanni* in Budapest unter Mahlers Leitung mit großer Begeisterung gehört.

[230] Freiherr von Benizky am 15. 1. 1897, zit. nach *KB* II, S. 210

[231] vgl. Briefe an Berliner vom 10. 1. 1897 (*GMB*, S. 144 [193]) und an Marschalk vom 14. 1. 1897 (*GMB*, S. 207 [192]).

[232] *GMB*, S. 144 (193)

[233] B. Paumgartner, a.a.O., S. 56/57

Im Zusammenhang mit der Rolle, die Rosa Papier in diesem Ränkespiel einnahm, wird in der Mahler-Literatur immer wieder auch Cosima Wagner ins Gespräch gebracht, die – wie Alma behauptet – Mahler *die Stelle an der Wiener Oper unmöglich machen wollte, weil er Jude war*[234]. De la Grange und Wessling schließen sich offenbar der Meinung Alma Mahlers an, wobei Wessling den letztendlichen Mißerfolg Cosimas auf eine persönliche Feindschaft zwischen ihr und dem Kanzleidirektor Dr. Wlassack zurückführt. Dagegen hält Reeser, der sich auf einen Brief Cosimas vom 2. Juli 1899 an ihre Freundin, Gräfin Marie von Wolkenstein, beruft, die Annahme, Cosima Wagner habe sich in der Berufungsaffäre aus antisemitischer Gesinnung gegen Mahler und für Mottl eingesetzt, für nicht haltbar. In dem erwähnten Brief Cosimas heißt es u. a.: *Ich habe die denkbar besten Beziehungen zu Mahler, und ich bin sehr froh, ihn in Wien zu wissen. Fast in jedem Brief versichert er mir seine Teilnahme für Bayreuth, und er hat sie schon öfter bewährt.*[235] Wie auch immer die Wahrheit lauten mag: beide – Cosima Wagner wie Mahler – sind daran interessiert, die Aufmerksamkeit des anderen wach zu halten. Mahler erreicht sein Ziel nicht; Bayreuth bleibt ihm als Dirigent verschlossen. Cosima dagegen darf sich einer Unzahl außerordentlicher Aufführungen von Werken Richard Wagners an der Wiener Hofoper erfreuen; sie erlebt sogar noch den Triumph, die Oper *Der Bärenhäuter* ihres Sohnes Siegfried von Mahler persönlich einstudiert und am 27. März 1899 dirigiert zu sehen[236].

Mahler bringt mustergültige Inszenierungen Wagnerscher Werke auf die Bühne und studiert so intensiv im Geiste Richard Wagners, daß Cosima immer wieder bedenkenlos auf Kräfte der Wiener Hofoper zurückgreifen kann, wofür sie dem Hofoperndirektor allerdings auch wiederholt ihre Anerkennung zollt: [...] *ich danke Ihnen von Herzen, lieber Herr Direktor*, schreibt sie im November 1899, *dafür daß Sie unsere angestrengten Bemühungen um*

---

[234] *AME*, S. 129

[235] Richard Graf du Moulin Eckart, *Die Herrin von Bayreuth*, Berlin/München 1931, Bd. II, S. 156; zit. nach *UGMB*, S. 218. L. Karpath meint, Eduard Hanslick habe Felix Mottl abgelehnt und damit Freiherr von Beseczny die Entscheidung für Mahler erleichtert (*KBG*, S. 191).

[236] Ganz ohne Cosimas Einsprüche geht allerdings auch diese Aufführung nicht über die Bühne. Sie beschwert sich darüber, daß Mahler zur dramaturgischen Straffung des Werkes Striche vorgenommen hat, ja, sie glaubt sogar, daß *der Semit* [...] *Mahler Siegfried in eine Art Falle gelockt* habe (zit. nach *UGMB*, S. 221).

die Gründung des Styles in der Darstellung unserer Werke dadurch
unterstützen, daß Sie das hier von den Künstlern Erlernte erhalten
und fördern und die Merkmale der Inszenierung bei Ihnen einpflanzen[237]. .

Die persönlichen Kontakte zwischen Mahler und Cosima Wagner brechen ab, nachdem Mahler die beiden Opern *Herzog Wildfang* und *Der Kobold* von Siegfried Wagner ablehnt und auch auf Cosimas Anfrage vom 8. Juni 1905, ob Mahler die neue Oper ihres Sohnes, *Bruder Lustig*, zur Aufführung annehme, negativ reagiert.

Zurück ins Jahr 1897. Mahler bricht am 10. März, also am Tag nach der Berliner Aufführung des II., III. und VI. Satzes der 3. Sinfonie zu einer Konzertreise auf, die ihn zunächst nach Moskau führt. Sein Programm dort: Beethovens 5. Sinfonie, *Siegfried-Idyll* und *Rienzi*-Ouvertüre von Wagner. Die Kritik verschweigt zwar nicht, daß die Orchesterleistung beachtlich gewesen sei, hält dies aber weniger für das *Ergebnis seelischer Regungen des Dirigenten als vielmehr die Konsequenz seiner durchdachten Art, das Werk zu lesen, und einer gewissen Neigung zu Originalität*[238], womit zweifelsfrei jene analysierende Art des Interpretierens gemeint ist, die namentlich bei Mahler immer wieder zu ungewohnten Überspitzungen im Detail führt, zu bis dahin ungehörten dynamischen Differenzierungen und Tempo-Modifikationen, die – verglichen mit dem ruhigen Klangstrom Richterscher Interpretationen – den Anschein des Nervös-Artifiziellen erwecken.

Mahler selbst beklagt sich in einem seiner Briefe an Anna von Mildenburg vor allem über das undisziplinierte Benehmen des Konzertpublikums, das nicht in der Lage sei, wirklich zuzuhören. Die Bemerkung wirft ein ebenso interessantes Licht auf die vielerorts unzulänglichen, ja aus heutiger Sicht unvorstellbaren Verhältnisse in den öffentlichen Konzerten, wie auch auf die Orchester-Gepflogenheiten, von denen er Natalie Bauer-Lechner nach dem Konzert am 24. März in München, der zweiten Station seiner Tournee, berichtet. Er ist – wie schon so oft zuvor – wieder über eine Reihe von Unarten im täglichen Orchesterbetrieb empört, die er mit den Musikern des Kaim-Orchesters allerdings sehr schnell hat abstellen können. *Wenn sie ein Crescendo sehen, werden sie schon forte und accelerieren, beim Diminuendo gleich piano, und ritardieren das Tempo. Die Abstufungen von mezzo-forte, forte, fortis-*

---

[237] zit. nach *UGMB*, S. 222
[238] *Nowosti Dnja*, 21. März 1897

simo, von piano, pianissimo, pianississimo suchst du vergebens. Noch weniger kommen sforzando, fortepiano, Kürzen und Längen zum Ausdruck. Und verlangst du gar, daß sie spielen, was nicht dasteht, wie es beim Begleiten des Sängers in der Oper hundertmal geboten ist, wo sie jedem leisesten Winke des Fingers folgen müssen, da bist du bei jedem Orchester verloren.[239]

Auf dem Weg zur dritten Station seiner Tournee, Budapest, macht er kurzen Zwischenaufenthalt in Wien, um über die Hofopern-Angelegenheit zu verhandeln. Natalie Bauer-Lechner glaubt, sich erinnern zu können, daß Mahler bereits bei dieser Unterredung *mit der ganzen Schneidigkeit und dem Nachdruck seines Wesens binnen zwei Tagen die Sache zu seinen Gunsten* entschieden habe[240]. Das Budapester Konzert beschert ihm einen beachtlichen Erfolg, den man möglicherweise in diesem wichtigen Moment auch in Wien aufmerksam registriert, und die alten Freunde in der ungarischen Metropole setzen alles daran, ihn der Fachwelt als einen der bedeutendsten Dirigenten der Zeit ins Bewußtsein zu rücken. Und in der Tat unterschreibt er nach seiner Rückkehr nach Wien eine Art Vorvertrag mit folgendem Wortlaut:

Ich erkläre, ein Engagement als Kapellmeister am Wiener Hofoperntheater auf ein Jahr ab 1. VI. mit einem Jahresbezug von 5000 fl. (fünftausend Gulden) anzunehmen und bleibe mit dieser Erklärung bis 15. April a. c. im Worte.

Wien, am 4. April 1897

Die Entscheidung fällt wahrscheinlich einen Tag später[241]; jedenfalls meldet die *Wiener Abendpost*, das amtliche Regierungsorgan, am 8. April in lapidarer Kürze: *Für das k. u. k. Hofoperntheater wurde Herr Gustav Mahler als Kapellmeister engagiert.* Mahler – zu dieser Zeit schon wieder in Hamburg – beeilt sich, dem Mann, der entscheidenden Anteil an seinem Engagement hat, Dr. Eduard Wlassack, zu danken und zugleich schon die Weichen für erweiterte Kompetenzen in der Zukunft zu stellen:

[239] *NBL*, S. 211
[240] *NBL*, S. 64; Mahler selbst schreibt am 24. März 1897 aus München an seine Schwester Justi: *Morgen fahre ich ab nach Wien, wo mich Natalie am Bahnhof erwarten wird, und unterdessen ein Programm für Besuche etc. mit der Papier ausgearbeitet haben wird.* (*UGMB*, S. 114)
[241] *GMBN*, S. 210

Ich dachte eben darüber nach, in welche Worte ich die
Empfindungen der Dankbarkeit und Freude fassen könnte,
welche mich in Erinnerung an alles das, was Sie für mich
getan, beseelen. [...] Doppelt freudig muß ich es begrüßen,
daß diese Tage mit all den kleinen und großen Sorgen uns
schnell über die gewöhnlichen Schranken hinaus einander
näher geführt, als dies unter gewöhnlichen Umständen der
Fall hätte sein können. Ich möchte es beinahe als einen
Waffengang ansehen, der uns durch ein gemeinsames Ziel
und einen gemeinsamen Feind vereinigt und zu Waffen-
brüdern gestählt.

Ich fühle, daß wir beide zusammen dort an der Stätte der
kleinlichen Interessen und des laissez aller eine Macht bil-
den können, an der alle Indolenz und Unehrlichkeit schei-
tern müssen. [...] Ich habe seinerzeit ganz ähnliche Verhält-
nisse in Pesth vorgefunden. – Aber es war doch leichter für
mich, da ich mit unumschränkter Machtvollkommenheit
gleich von Uranfang an ausgerüstet war, während ich hier
mich mit aller Vorsicht und der Gebundenheit, welche in
der Natur meiner anfänglichen Position liegt, werde längere
Zeit zu rechnen haben. [...] Es kommt nunmehr alles dar-
auf an, mich künstlerisch in Wien möglichst rasch und vor-
teilhaft einzuführen und dazu scheint mir die Zeit von Rich-
ters Abwesenheit die günstigste zu sein.[242]

Eine Woche später, am 15. April 1897, unterzeichnet der (noch
amtierende) Direktor Wilhelm Jahn den Ein-Jahres-Vertrag, der
noch am gleichen Tag durch die k. u. k. Generalintendanz bestätigt, am 1. Mai von Obersthofmeister Fürst Liechtenstein abgesegnet wird[243] und damit offiziell am 1. Juni in Kraft tritt: Gustav Mahler kehrt in die Heimat zurück.

Mit einer Aufführung des *Fidelio*, der Mahler eine Wiedergabe
der »Eroica« voranstellt, verabschiedet er sich am 24. April 1897
vom Hamburger Publikum. Damit geht für das Stadttheater in
Hamburg eine Ära zu Ende, die zu den glänzendsten seiner Geschichte zählt und untrennbar mit den Namen Mahler und Pollini
verbunden ist.[244] Für Gustav Mahler beginnt eine Zukunft, die

[242] *GMBN*, S. 211/212
[243] vgl. Anmerkungen Fritz Löhr, *GMB*, S. 490 (423); hier Anm. 86.
[244] Bernhard Pollini stirbt am 26. November 1897.

mehr als je zuvor von Imponderabilien geprägt sein wird; eine Epoche, die Theatergeschichte geworden ist, die den Beginn eines neuen Musiktheater-Verständnisses markiert und sinfonische Werke ungeahnter Dimensionen hinterlassen wird; es wird aber auch eine Zeit, die für Mahler selbst den Anfang vom Ende bedeutet, die ihm neben zunehmender Anerkennung als Komponist tiefste Schmähungen bereitet, Kraftakte und Konflikte, die schließlich seine physische wie psychische Kraft übersteigen. Mahler ahnt die Anfeindungen, die auf ihn zukommen, und äußert sich den Freunden gegenüber entsprechend. Aber es klingt doch auch etwas von Kampfeslust mit, wenn er an Löhr schreibt: *Auf einen Tanz muß ich mich gefaßt machen; werde aber versuchen, selbst den Takt dazu anzugeben!*[245]

Er verläßt Hamburg am 25. April 1897, einen Tag nach seiner Abschiedsvorstellung mit *Fidelio*, die ihm einen sensationellen Erfolg beschert, und trifft entgegen seiner Ankündigung in Briefen an Karpath und Löhr bereits am Montag, den 26. April in Wien ein, wo er zunächst im Hotel »Bristol« Quartier bezieht.

[245] *GMB*, S. 113 (216)

Wien (1897–1907)

Der Geist Potemkins

Mahler kehrt zu einem Zeitpunkt nach Wien zurück, in dem sich entscheidende Veränderungen im soziokulturellen Umfeld seines eigenen Tätigkeitsbereichs ankündigen.

Am 3. April 1897 konstituiert sich in der »Vereinigung bildender Künstler Österreichs« jene Gruppe junger Künstler, die unter dem Namen »Sezession« nun auch in Wien dem Jugendstil den Boden bereitet (vgl. S. 237 ff. u. 249 ff.). Johannes Brahms stirbt am selben Tag, und mit ihm geht die Epoche eines romantischen Klassizismus zu Ende. Im selben Monat wird Dr. Karl Lueger, Führer der Christlich-Sozialen Partei, endlich vom Kaiser als Bürgermeister der Stadt bestätigt, nachdem er bereits fünfmal in dieses Amt gewählt worden war. Luegers politische Überzeugungen haben – wie später noch zu zeigen sein wird – auch auf Mahlers Tätigkeit unmittelbaren Einfluß. Vor allem aber ist er Bürgermeister einer Stadt, die in mancherlei Hinsicht im Umbruch begriffen ist.

Wien war durch eine Gemeinde-Reform im Jahre 1890, mit der eine Reihe von Vororten außerhalb des Gürtels wie Döbling, Sievering, Nußdorf, Heiligenstadt, Josefsdorf (Kahlenberg) und andere ins Stadtgebiet eingegliedert wurden, hinter London, Paris und Berlin zur viertgrößten Stadt Europas geworden. Die seitdem, verstärkt aber unter Lueger einsetzende beispiellose Bautätigkeit fordert vor allem im öffentlichen Bereich unter städtebaulich-künstlerischem Aspekt ihren Tribut. Jedes dieser amtlichen oder halbamtlichen Gebäude muß den Prunk eines kaiserlichen Palastes vortäuschen, gewinnt seinen Repräsentations-Charakter allein durch Fassaden-Architektur.

Dem treten junge Künstler wie Adolf Loos mit seinem im Juli 1898 im Sezessions-Organ *Ver sacrum* (»Heiliger Frühling«) erschienenen Aufsatz *Die potemkin'sche Stadt* entschieden entgegen:

[...]

Wenn ich den Ring entlang schlendere, so ist es mir immer, als hätte ein moderner Potemkin die Aufgabe erfüllen wollen, je-

Die Wiener Ringstraße

mandem den Glauben beizubringen, als würde er in eine Stadt von lauter Nobili versetzt. [...] Man wird mir einwenden, daß ich den Wienern falsche Absichten unterschiebe. Die Architekten sind schuld daran, die Architekten hätten nicht so bauen sollen. Ich muß die Baukünstler in Schutz nehmen. Denn jede Stadt hat jene Architekten, die sie verdient. [...] diese Renaissance- und Barockpaläste sind nicht einmal aus dem Material, aus dem sie hergestellt erscheinen. Bald geben sie vor, aus Stein, wie die römischen und toskanischen Paläste, bald aus Stuck, wie die Wiener Barockbauten, gebaut zu sein. Sie sind keines von beiden: ihre ornamentalen Details, ihre Consolen, Fruchtkränze, Cartouchen und Zahnschnitte sind angenagelter Cementguss. [...] Aufgabe des Künstlers wäre es nun gewesen, für das neue Materiale eine neue Formsprache zu finden. Alles andere ist Imitation.

Darauf kam es dem Wiener der letzten Bauepochen auch gar nicht an. Ihn freute es sogar, mit so geringen Mitteln das theuere Material, das als Vorbild diente, nachahmen zu können. Als echter Parvenu glaubte er, dass die anderen den

153

Schwindel nicht merkten. [...] Schämen wir uns doch nicht der Thatsache, Menschen aus dem 19. Jahrhundert zu sein, und nicht solche, die in einem Hause wohnen wollen, das seiner Bauart nach einer früheren Zeit angehört. [...] Über der Wiener Architektur dieses Jahrhunderts schwebte der Geist Potemkins.[246]

Dieser Geist des »als ob«, der Mangel an Sinn für Sachlichkeit, für sinngebende Funktion ist es in erster Linie, der in den Augen von Egon Friedell das Welt- und Lebensverständnis der Menschen der siebziger und achtziger Jahre des vorigen Jahrhunderts kennzeichnet:

Sie waren von einem gierigen Durst nach Realität erfüllt, hatten aber das Malheur, diese mit der Materie zu verwechseln, die nur die hohle und täuschende Emballage der Wirklichkeit ist. Sie lebten daher dauernd in einer armseligen und aufgebauschten Welt aus Holzwolle, Pappendeckel und Seidenpapier. [...] alles ist nur zur Parade da. Wir sehen mit Erstaunen, wie der bestgelegene, wohnlichste und luftigste Raum des Hauses, welcher »gute Stube« genannt wird, überhaupt keinen Wohnzweck hat, sondern nur zum Herzeigen für Fremde vorhanden ist [...]. Dies führt uns zu einem der Hauptzüge des Zeitalters, der Lust am Unechten. Jeder verwendete Stoff will mehr vorstellen, als er ist. Es ist die Ära des allgemeinen und prinzipiellen Materialschwindels. [...] Dient aber ein Requisit einer bestimmten Funktion, so darf diese um keinen Preis in seiner Form zum Ausdruck kommen. Eine prächtige Gutenbergbibel entpuppt sich als Nähnecessaire, ein geschnitzter Wandschrank als Orchestrion; das Buttermesser ist ein türkischer Dolch, der Aschenbecher ein preußischer Helm, der Schirmständer eine Ritterrüstung, das Thermometer eine Pistole. [...] Der Bierkrug ist ein aufklappbarer Mönch, der bei jedem Zug guillotiniert wird, die Stehuhr das lehrreiche Modell einer Schnellzuglokomotive, der Braten wird mittels eines gläsernen Dackels gewürzt, der Salz niest, und der Likör aus einem Miniaturfäßchen gezapft, das ein niedlicher Terrakottaesel trägt. [...] Diese angeblich so realistische Zeit hat nichts mehr geflohen als ihre eigene Gegenwart.[247]

[246] Adolf Loos, *Die potemkinsche Stadt*, in: *Ver sacrum*, Juli 1898, S. 15–17
[247] Egon Friedell, *Kulturgeschichte der Neuzeit*, München 1927–1931, S. 1301–1303

Manches, um nicht zu sagen: zu viel von dieser Fassaden-Ästhetik prägt nicht nur den Wiener Lebensstil dieser Jahrzehnte, es beherrscht auch das Theater. Sänger und Sängerinnen sind nicht Darsteller eines mehr oder minder dramatischen Geschehens, sie stehen meist wie angewurzelt um ihrer selbst willen und zur Präsentation ihrer Stimme auf der Bühne herum; das Orchester übernimmt Klangteppich-Funktionen, anstatt – wie vor allem bei Wagner – seinen Part als Teil des musikdramatischen Profils zu verstehen; Bühnenbilder erscheinen eher als notwendige Übel zur Begrenzung des Bühnenraumes, als daß sie dem Opernbesucher Verständnishilfen wären. Und das Publikum selbst hält sich – von Ausnahmen selbstverständlich abgesehen – ohnehin für den wichtigsten Teil der Aufführung.

Kapellmeister Mahler debütiert mit *Lohengrin*

Mahler hat – will er seinen kunstästhetischen Vorstellungen treu bleiben, woran nicht zu zweifeln ist – wahre Schwerstarbeit zu leisten. Bereits am Sonntagmorgen nach seiner Ankunft hat er die erste dienstliche Unterredung mit Wilhelm Jahn; der bittet ihn, nach Venedig zu fahren, um sich dort im »Teatro la Fenice« am 7. Mai die Uraufführung von Leoncavallos *Bohème* anzusehen.[248] Bei dieser Gelegenheit trifft Mahler seinen alten Intendanten Pollini wieder, der sich ebenfalls wegen der Neuerscheinung in Venedig aufhält. Die beiden schauen sich neben Leoncavallos auch Puccinis *Bohème* an, die im »Teatro San Benedetto« gegeben wird. Mahlers Urteil fällt – wie das der meisten Beobachter, denen im übrigen die Geschichte längst Recht gegeben hat – nicht gerade zu-

---

[248] Um die Entstehung beider Opern teilt Henry-Louis de La Grange, *Mahler*, S. 425, folgende amüsante Anekdote mit: *Violent controversy had raged around the two works in Italy; the whole thing had startet one day when Puccini met Leoncavallo by chance in a café and announced that he was at work with his librettist on a »Bohème«. Leoncavallo had furiously reminded him that he himself had suggested this subject sometime earlier and had decided to work on it only after Puccini had refused to consider it. Puccini denied this hotly and replied, »In that case, there will be two Bohèmes!« The next day the paper Il Secolo announced Leoncavallo's coming opera, and that same evening the Corriere della Sera announced Puccini's. The conflict opposed the two chief Milan publishers, Ricordi and Sanzogno, and Puccini won the first round by finishing his opera well before his rival. His Bohème was presented for the first time in Turin on February 1, 1896, whereas Leoncavallo's was only staged a year later in Venice, which was when Mahler saw it.*

K. K. Hof-  Operntheater.

Dinstag den 11. Mai 1897.

119. Vorstellung im Jahres-Abonnement.

Lohengrin.

Romantische Oper in 3 Akten von Richard Wagner.

Heinrich der Vogler, deutscher König	Hr. Grengg.
Lohengrin	Hr. Winkelmann.
Elsa von Brabant	Fr. Ehrenstein.
Herzog Gottfried, ihr Bruder	Frl. Berger.
Friedrich von Telramund, brabantischer Graf	Hr. Reichmann.
Ortrud, seine Gemalin	Fr. Kaulich.
Der Heerrufer des Königs	Hr. Felix.
	Hr. Schmitt.
Vier brabantische Edle	Hr. Schittenhelm.
	Hr. Frei.
	Hr. Marian.

Sächsische und thüringische Grafen und Edle.
Brabantische Grafen und Edle, Edelfrauen, Edelknaben.
Mannen, Frauen, Knechte.

Ort der Handlung: Antwerpen. — Zeit: Die erste Hälfte des zehnten Jahrhunderts.
Die neue Dekoration im 2. Akt von Anton Brioschi jun., k. k. Hoftheatermaler.
Kostüme nach Zeichnungen von Fr. Gaul.

Kassa-Eröffnung gegen halb 7 Uhr. Anfang 7 Uhr. Ende gegen halb 11 Uhr.

Mittwoch den 12. Die Jüdin.	Samstag den 15. Hans Heiling.
Donnerstag den 13. Das Heimchen am Herd.	Sonntag den 16. Die Afrikanerin.
Freitag den 14. Die lustigen Weiber von Windsor.	

Falls eine angekündigte Vorstellung abgeändert werden sollte, kann von den für dieselbe gelösten Karten auch zur Ersatz-vorstellung Gebrauch gemacht, oder der dafür entrichtete Betrag, jedoch spätestens am Tage der Vorstellung bis halb 7 Uhr Abends (resp. eine halbe Stunde vor dem für Beginn der Vorstellung angesetzten Zeitpunkt) bei sonstigem Verlust des Anspruches an der Kassa zurückverlangt werden.

Preise der Plätze.

Eine Loge Parterre oder I. Galerie	fl. 25.—	Ein Sitz Parterre 2.—4. Reihe	fl. 3.—
Eine Loge II. Galerie	fl. 15.—	Ein Sitz III. Galerie 1. Reihe	fl. 2.75
Eine Loge III. Galerie	fl. 10.—	Ein Sitz III. Galerie 2. Reihe	fl. 2.25
Ein Logensitz Parterre oder I. Galerie	fl. 6.—	Ein Sitz III. Galerie 3.—4. Reihe	fl. 1.25
Ein Logensitz II. Galerie	fl. 4.—	Ein Sitz IV. Galerie 1. Reihe, Mitte	fl. 2.—
Ein Logensitz III. Galerie	fl. 3.—	Ein Sitz IV. Galerie 1. Reihe, Seite	fl. 1.50
Ein Sitz Parquet 4. Reihe	fl. 6.—	Ein Sitz IV. Galerie 2. und 3. Reihe	fl. 1.50
Ein Sitz Parquet 2.—5. Reihe	fl. 4.50	Ein Sitz IV. Galerie 4.—6. Reihe	fl. 1.25
Ein Sitz Parquet 6.—9. Reihe	fl. 4.—	Eintritt in das Parterre (nur Herren gestattet)	fl. 1.—
Ein Sitz Parquet 10.—13. Reihe	fl. 3.50	Eintritt in die III. Galerie	fl. —.80
Ein Sitz Parterre I. Reihe	fl. 3.50	Eintritt in die IV. Galerie	fl. —.60

Zu jeder im Repertoire angekündigten Vorstellung erfolgt Tags vorher bis 1 Uhr Nach-mittag die Ausgabe der Stammsitze; um 2 Uhr Nachmittags (Tags vorher) beginnt der allgemeine Verkauf von Logen und Sitzen.

Programm von Mahlers Debut an der Hofoper

156

gunsten Leoncavallos aus. *Leoncavallo hält mit Puccini keinen Vergleich aus, wenn es auf mich ankäme, so würde ich die »Bohème« von Puccini und nicht von Leoncavallo geben. Ich berichtete dies auch Direktor Jahn, allein dieser erklärte mir, daß er an Leoncavallo bereits gebunden sei,* teilt er Ludwig Karpath mit[249]; an Richard Heuberger schreibt er: *Leoncavallos Musik und Partitur ganz wie der Autor selbst. Hohl, aufgeblasen, aufdringlich, überall Stich ins Gemeine. Instrumentation äußerlich, lärmend und aufdringlich, für mich geradezu widerwärtig. Ein Takt Puccini ist mehr wert als ganz Leoncavallo.*[250] Und seinem Vorgesetzten Jahn gegenüber macht er aus seiner Ablehnung absolut keinen Hehl: *Die Musik ist ohne Originalität und arm an Einfällen, trotz einiger technischer Raffinessen.*[251] Mahler empfiehlt, Puccinis *Bohème* für die Hofoper anzunehmen, aber Jahn hatte bereits aufgrund persönlicher Verbindungen zu Leoncavallo dessen Neuling für die kommende Saison eingeplant. Nach dieser im Grunde also völlig überflüssigen Mission konzentriert sich Mahler ganz auf die Vorbereitung seines Debüts am Dienstag, den 11. Mai 1897. Allerdings hat er kaum hinreichend Gelegenheit, den *Lohengrin*, auf den man sich nach einigem Hin und Her als Antrittsvorstellung geeinigt hat, nach seinen Intentionen zu modifizieren; er muß weitgehend übernehmen, was ein anderer einstudiert hat, wenngleich Natalie Bauer-Lechner in ihren Erinnerungen schreibt: *Nachdem er es* [das *Lohengrin*-Vorspiel] *einmal mit ihnen durchgespielt hatte, setzte er ihnen auseinander, wie er sich die Sache denke, sprach alle Einzelheiten durch und krempelte alles von A bis Z um.*[252] Arnold Rosé, der Konzertmeister des Hofopernorchesters berichtet Karpath nach der Probe, daß *das Personal den neuen Kapellmeister sehr kühl aufnahm.* Mahler selbst ist von der Probe sehr angetan; *er habe noch kein Orchester so befähigt gefunden,* äußert er gegenüber Natalie Bauer-Lechner, *zu lernen und seine musikalischen Intentionen auszuführen.*[253]

Und tatsächlich spürt am Abend jeder der erwartungsvoll gespannten *Lohengrin*-Kenner der Wiener Hofoper, daß sich hier etwas anbahnt, dessen Reichweite und künstlerische Tiefe zu erahnen, aber wohl noch nicht ganz zu fassen ist. *Trotz der Unzuläng-*

[249] *KBG*, S. 54
[250] *UGMB*, S. 221
[251] de La Grange, a.a.O., S. 425
[252] *NBL*, S. 73
[253] ebda.

lichkeiten dieses einmaligen Probierens, bei dem er außer dem Vorspiel nur einiges mit dem Chor durchnehmen und mit den Solisten ein wenig üben konnte, war die Aufführung des gesamten Werkes eine solche, als wäre Mahler wie der heilige Geist-Schöpfer selbst in den »Lohengrin« hineingefahren. Es erhob sich nach dem Vorspiel und nach allen jenen Partien, wo der Unterschied zwischen dem Sonstigen und dem Heutigen am stärksten hervortrat, ein spontaner jubelnder Beifallssturm.[254]

Vor allem die musikalische Jugend Wiens, allen voran die Studierenden des Konservatoriums, zeigen sich von der Wahrhaftigkeit und Intensität der Mahlerschen Interpretation fasziniert; sie empfangen ihn nach der Vorstellung laut jubelnd am Bühneneingang.

Aber was für Mahler bei aller Freude über so viel jugendlichen Enthusiasmus nicht minder wichtig ist: auch die Presse steht ganz auf seiner Seite. Ludwig Speidel, Kritiker des *Fremdenblatt*, begrüßt ihn als einen Vertreter der jüngeren Dirigentenschule, *die, im Gegensatz zu der statuarischen Haltung der älteren Kapellmeister, eine lebhaftere Mimik ausgebildet hat. Diese Jüngeren sprechen mit Armen und Händen, mit Wendungen des ganzen Körpers, wenn es sein muß […] So ist er wohl der richtige Mann für die gegenwärtige Situation […] Herr Mahler wird gewiß als künstlerischer Sauerteig wirken, wenn man ihn überhaupt wirken läßt.*[255] Speidels skeptische Ahnung wird wenige Tage später durch Karl Kraus in der *Breslauer Zeitung* bestätigt, wo er spitzzüngig bemerkt: *Der neue Dirigent soll bereits so effektive Proben seiner Tatkraft abgelegt haben, daß schon fleißig gegen ihn intrigiert wird.*[256]

Mahler selbst ist natürlich mit dem Erfolg seines *Lohengrin*-Debuts außerordentlich zufrieden, denn seine Spekulationen gehen von Anfang an über die Position eines ersten Kapellmeisters hinaus. An Anna von Mildenburg, die wegen ihres Engagements noch in Hamburg hat bleiben müssen, schreibt er am 14. Mai: *Ganz Wien hat mich geradezu mit Enthusiasmus begrüßt! Jetzt kommen nächste Woche Walküre, Siegfried, Figaros Hochzeit und Zauberflöte. Es ist kaum mehr daran zu zweifeln, daß ich in absehbarer Zeit Direktor werde […]*[257]

[254] *NBL*, S. 74
[255] *Fremdenblatt* vom 12. 5. 1897, zit. nach *Gustav Mahler und seine Zeit.* Katalog Wien 1960, hg. v. Franz Hadamowsky, S. 29
[256] zit. nach *KB* II, S. 213
[257] *GMB*, S. 167 (220); die Datierung in *GMB* (17. Mai) ist falsch.

Nur von seiten der christlich-sozialen *Reichspost* wird die einhellig positive Beurteilung Mahlers und das allseits ehrlich gemeinte »Willkommen« getrübt. In ihrer Ausgabe vom 14. April, also einen Monat vor Mahlers Debüt, heißt es u. a.: *In unserer Nummer vom 10. April brachten wir eine Notiz über die Person des neu engagierten Opernkapellmeisters Mahler. Wir hatten damals schon eine kleine Ahnung von dem Ursprung dieses Gefeierten, und deshalb hüteten wir uns, mehr als die nackten Tatsachen über diesen unverfälschten – Juden zu bringen. Daß er in – Budapest von den Blättern gefeiert wurde, bestätigt ja unsere Ahnung. Wir enthalten uns vollständig jedes voreiligen Urteils. Die Judenpresse mag zusehen, ob die Lobhudeleien, mit denen sie jetzt ihren Götzen überkleistert, nicht vom Regen der Wirklichkeit weggeschwemmt werden, sobald der Herr Mahler am Dirigentenpult mauschelt.*[258]

Solche Bemerkungen bleiben – Gott sei Dank – noch die Ausnahme. Die wichtigen Kritiker der Wiener Presse sind sich einig: Mit Mahlers Amtsantritt scheint sich eine Entwicklung anzubahnen, die alle Anzeichen des Bedeutsamen in sich trägt. Richard Heuberger äußert sich in der *Neuen Freien Presse* begeistert über Mahlers Tempi, die er mit denen Richard Wagners gleichstellt, und Robert Hirschfeld, Rezensent der *Wiener Abendpost*, ist fasziniert von Mahlers Fähigkeit, seine Aufmerksamkeit in jedem Moment nahezu allen Details der Aufführung widmen zu können; jede äußere wie innere Bewegung auf der Bühne und im Orchester begleite er mit der ganzen Unerbittlichkeit seiner musikalischen Imagination: *nicht eine einzige Fingerbewegung ist bedeutungslos. Mahler kennt keine Routine*, bescheinigt ihm Max Kalbeck im *Neuen Wiener Tagblatt* und ist der Meinung, daß er dem *Lohengrin* ein völlig neues Gesicht gegeben habe, wenngleich einige Besonderheiten, wie das langsame Tempo des Vorspiels, zunächst verblüffend, aufs Ganze gesehen aber durchaus schlüssig gewesen seien. Und der ungenannte Kritiker der *Neuen musikalischen Presse* verleiht Mahler sogar in Anspielung auf Wagners Gesamtkunstwerk-Begriff die Würde eines »Gesamtdirigenten«, womit das Wesen von Mahlers Theaterverständnis sicher im Kern getroffen ist. Kein Zweifel: sein Einstand in der Metropole europäischen Opernlebens kann als geglückt gelten.

Leider plagt ihn zur gleichen Zeit als Folge einer Angina, die er sich bei einem kurzen Aufenthalt in Dresden anläßlich der Urauf-

---

[258] zit. nach *KB* II, S. 212

führung der Oper *Die Rosenthalerin* von Anton Rücklauf zugezogen hat, ein äußerst schmerzhafter Abszeß im Hals, der am 31. Mai operativ entfernt wird. Noch zwei Tage zuvor hatte er die *Zauberflöte* dirigiert[259], und am 5. Juni steht er bereits für den *Fliegenden Holländer,* einen Tag später für *Lohengrin* am Pult; Schonung kennt er nicht. Aber Mitte Juni ist dann doch die Saison für ihn beendet, denn die Halskrankheit will und will sich nicht bessern. *Ich soll einen vernachlässigten chronischen Rachen- und Nasenkatarrh haben, wie mir der Operateur gesagt […] Im August, wenn ich zurückkomme, werde ich nochmals gründlich operiert,* schreibt er an Anna von Mildenburg. Man rät ihm, in der Bergluft Linderung zu suchen. Steinbach kommt dafür nicht in Frage, weil der neue Pächter des »Gasthof zum Höllengebirge« Mahler den Aufenthalt gründlich verleidet, und so mieten Schwester Justine und die ständige Begleiterin Natalie Bauer-Lechner die »Villa Hohenegg« in Kitzbühel, wo er sich mit den beiden bis Mitte Juli, dem Beginn der Bayreuther Festspiele, die er gern besuchen würde, aufhalten will. Aber es kommt anders: schon wenige Tage nach der Ankunft bricht in Kitzbühel eine Scharlach-Epidemie aus, so daß die ganze Feriengesellschaft gezwungen ist, *wieder ein Häuserl weiter zu gehen. – Sie können sich unser Mißgeschick nun ausmalen,* schreibt er am 18. Juni an Adele Marcus. *Wir ertragen es mit bestem Humor – ganz nach Mahlerischer Manier.*[260] Man mietet sich zunächst für einige Tage im »Habsburger Hof« in Innsbruck ein, bevor es für den Rest des Monats Juni nach Steinach am Brenner geht, wo Mahler sich wirklich gut erholt. Außer Wandern und Schwimmen, seiner Leidenschaft seit frühester Jugend, tut er nichts. *Wenn es zu heiß ist, schlafen oder lesen wir. Dies ist die wahrheitsgetreue Schilderung eines Lebens, das ich mich überhaupt noch nicht erinnere, je geführt zu haben. Wenn sich manchmal Gewissensbisse einstellen, so gebe ich mir schnell die Versicherung, daß ich ein Rekonvaleszent bin […] und fahre fort im dolce far niente,* berichtet er Ende Juni seiner großen Gönnerin Rosa Papier nach Wien.[261] Anfang Juli wechselt er mit seiner Begleitung erneut das Quartier; zunächst in das nahegelegene Gries, wo man es aber wegen des wenig komfortablen

[259] Während einer der Proben zur *Zauberflöte* schickt er die Hälfte des Orchesters nach Hause, weil ihm die Stärke der Besetzung, wie sie bis dahin üblich war, der Mozart-Oper unangemessen erscheint (vgl. *NBL*, S. 77).
[260] *GMB*, S. 241/242 (226)
[261] *KBG*, S. 73

Domizils nur einige Tage aushält, bevor es auf die italienische Alpenseite, ins Ridnautal bei Sterzing (ital. Vipiteno) geht. Ausgedehnte Wanderungen und Fahrradtouren bescheren ihm Naturerlebnisse, wie er sie seit Jahren nicht mehr gehabt hat. Auf einer dieser Touren in die Umgebung entdeckt er in Vahrn, unweit von Brixen (ital. Bressanone), eine Villa, deren mediterranes Ambiente ihn so gefangen nimmt, daß er beschließt, den Rest des Urlaubs dort, in der »Villa Artmann« zu verbringen. Das Haus und die Umgebung bezaubern ihn derart, daß er die Villa bereits für den nächsten Sommer mietet, ohne ahnen zu können, daß dies *einer der trübsten und unproduktivsten Sommer seines ganzen Lebens* werden sollte.[262]

Stellvertretender Direktor

Gänzlich ungetrübt scheint das »dolce far niente« in Tirol allerdings auch nicht gewesen zu sein, denn noch aus Gries am Brenner schreibt er am 2. Juli an Rosa Papier: *Ich wollte übrigens, es »ginge schon wieder an«! Diese Untätigkeit ist mir ganz unerträglich! – Wenn nur endlich einmal klare und definitive Verhältnisse geschaffen wären!*[263] Die Ungewißheit, ob und wann er mit der Direktion des Hofoperntheaters betraut werden wird, plagt ihn sehr. Mitte des Monats hat das Warten dann endlich ein Ende; seine Hoffnungen erfüllen sich zwar noch nicht ganz, aber immerhin betraut ihn Intendant Bezecny am 13. Juli 1897 offiziell in Vertretung Jahns vom 1. August an mit der Leitung des Hauses, was Mahler veranlaßt, Vahrn am Abend des 26. Juli zu verlassen. Nach Ankunft in Wien hat er zunächst eine Unterredung mit Hofrat Wlassack, dem eigentlichen spiritus rector der Berufung Mahlers, bevor er den fast völlig erblindeten Wihelm Jahn in seiner Villa in Trofaiach/ Steiermark aufsucht und schließlich sogar noch einen Abstecher zu Eduard Hanslick nach Bad Ischl unternimmt in der Absicht, ihm für seine Unterstützung in der Berufungsangelegenheit zu danken – leider ohne Erfolg, weil Hanslick an diesem Tag nicht in Ischl ist. Am 30. Juli kehrt er nach Wien zurück, wo für ihn nun die administrative Arbeit eines – noch stellvertretenden – Direktors be-

---

[262] de La Grange, S. 434
[263] *KBG*, S. 75

ginnt. Jahn hat ihm den Spielplan für August mitgegeben, was Mahler aus organisatorischer Sicht zwar recht, aus künstlerischer Verantwortung vor allem wegen der vorgesehenen Wagner-Werke aber nicht so ganz willkommen ist.

Die neue Spielzeit wird am 1. August 1897 mit *Lohengrin* eröffnet; es folgen *Wilhelm Tell* und – ohne eine einzige Probe – die Wiederaufnahme von Gounods *Faust*. Mahler hat neben seiner Direktionstätigkeit fast jeden Abend zu dirigieren, denn Johann Nepomuk Fuchs, der Bruder von Mahlers Theorie-Lehrer am Konservatorium, ist beurlaubt; und Hans Richter, der große Wagner-Dirigent, über dessen Verhältnis zu Mahler später noch zu sprechen sein wird, verbringt die Ferien auf seinem Landsitz in Waibegg bei Hainfeld in Niederösterreich, kann aber wegen Hochwassers nicht rechtzeitig zu Saison-Beginn zurückkehren. Die ganze Last des Hofoperntheater-Betriebs hängt an Mahler. Am 5. oder 6. August trifft Richter dann aber doch in Wien ein, so daß sich nun beide die Vorbereitungen für die nächsten Vorstellungen teilen können. Richter ist sogar damit einverstanden, daß Mahler den *Ring*-Zyklus für Ende August übernimmt. Wenngleich sich die Kompetenz-Rivalität zwischen beiden zu dieser Zeit auf einer erträglichen Höhe zu halten scheint, so wird doch spätestens mit Mahlers Aufführung von *Figaros Hochzeit* am 14. August auch der letzte Zweifel über die Jahn-Nachfolge beseitigt. Mahler überzeugt nicht nur das Personal des Hauses und die Zuhörer, sondern auch den Kritiker-Papst der Wiener Presse, Eduard Hanslick; er ist voll des Lobes über Mahlers Fähigkeit, sich völlig in die dramatischen Intentionen Mozarts zu vertiefen und auf diese Weise die Sänger anhalten zu können, den Text entsprechend zu respektieren und sich selbst damit – was damals absolut keine Selbstverständlichkeit ist – in den Dienst des Werkes zu stellen. Und der Kritiker Max Graf, der den *Figaro* unter Mahlers Leitung bereits Jahre zuvor in Prag gesehen hatte, bescheinigt ihm nun, daß er nicht nur das Orchester, sondern auch seine Nerven unter Kontrolle habe.

Nach dieser spektakulären *Figaro*-Aufführung dirigiert Mahler bis zum *Ring*-Zyklus, Ende des Monats, noch *Der Fliegende Holländer*, *Die lustigen Weiber von Windsor*, Meyerbeers *Der Prophet*, *Der Freischütz* und *Don Giovanni*.

Inzwischen hat er auch eine geeignete Wohnung in der Bartensteingasse Nr. 13 gefunden, nachdem er die erste Zeit in einer möblierten Wohnung in der Universitätsstraße verbracht hatte. Er

162

zieht dort am 11. August mit seinen beiden Schwestern ein, wo ihn zwei Wochen später, mitten in den Vorbereitungen zum *Ring*, Natalie Bauer-Lechner besucht. Sie trifft ihn *in vollster musikalischer und leider auch infernalisch-direktorialer Tätigkeit. Er arbeitet in der Oper von 9 bis 2 und von 6 bis 10 Uhr*, erinnert sie sich. Der *Ring* wird in der letzten August-Woche gegeben, und Mahler ist am Tage der *Rheingold*-Aufführung *wie ein Kind vor der Weihnacht*, wohl auch deshalb, weil das gesamte Werk zum ersten Mal in Wien fast ohne Striche gespielt wird[264]. Außer den *geöffneten Strichen* hat er nichts probieren können, so daß er – wie schon so oft – in der Aufführung alle Kräfte aufbieten muß, um den Sängern auf der Bühne wie dem Orchester seinen interpretatorischen Willen aufzuzwingen. [...] *wie der Takt in jeder Faser seines Körpers, so vibrieren auf seinen Lippen die Töne und Worte, die er fast ununterbrochen den Sängern vorsingt und -spricht. Ja, fast zeichnet er ihnen Mienen und Bewegung durch Wink und Bedeuten* [...][265]

Der Publikums-Erfolg ist groß, wenngleich die Presse gegenüber den vorhergehenden Aufführungen deutlich zurückhaltender reagiert und Richters Interpretation, vor allem von *Rheingold* und *Walküre* höher schätzt, weil sie, wenn auch möglicherweise nicht den Noten, so doch dem Sinn dieser Musik näher komme. Unter den begeisterten Zuhörern ist auch Mahlers Jugend- und Studienfreund Hugo Wolf, der glaubt, *zu hören, was man noch nie gehört und was man schon aufgegeben hatte anders als in der Partitur zu sehen*. Wolf hatte bereits im Mai/Juni 1897 die seit 15 Jahren unterbrochene Freundschaft mit Mahler wieder aufleben lassen. Offenbar hat er damals mit Mahler über eine Aufführung seiner Oper *Der Corregidor* verhandelt, denn Anfang Juni teilt er seiner Mutter mit, daß die Oper bereits in der kommenden Saison 1898/99 von Mahler herausgebracht werde. *Er selbst wird mein Werk einstudieren und dirigieren, was mir um so erwünschter ist, da Mahler, wie kein Anderer, berufen ist, auf meine Intentionen einzugehen.*[266]

Wolf sollte die Aufführung seines *Corregidor* in Wien nicht mehr erleben; fast genau ein Jahr nach seinem Tode fand im Februar 1904 eine wesentlich gekürzte und im März desselben Jahres eine vollständige Aufführung der Oper unter Mahlers Leitung statt, über die später zu berichten sein wird.

[264] In der *Götterdämmerung* mußte er z. B. auf die Nornenszene verzichten, *weil er die nötigen Kräfte dazu noch nicht hatte. (NBL*, S. 86)
[265] *NBL*, S. 84
[266] Ernst Decsey, *Aus Hugo Wolfs letzten Jahren*, in: *Die Musik*

Hugo Wolf

Daß Mahler damals, 1897, doch keine Aufführung des *Corregidor* ins Auge faßte, hat – so Alma Mahler später – seinen Grund in der Komposition selbst gehabt. *Eine Aneinanderreihung von schönen Liedern genügt eben doch nicht für ein dramatisches Werk.* Mahler redet sich mit dem Mangel an geeigneten Sängern heraus, Wolf ist zornig. *Er stürmte die Treppen hinunter über den Ring. Sein Hirn verwirrte sich, er hielt sich für Mahler [...] Er hat seit diesem Moment die volle Klarheit seines Bewußtseins nicht mehr wieder erlangt.*[267] Ob Mahlers Ablehnung des *Corregidor* wirklich zu Wolfs unseligem Zustand führte, bleibt zweifelhaft; an entsprechenden Vorwürfen gegen Mahler hat es jedenfalls nicht gemangelt.

[267] *AME*, S. 84

164

»Gott der südlichen Zonen«

Wenige Tage nach der erfolgreichen *Ring*-Darbietung kehrt Direktor Jahn zwei Wochen früher, als ursprünglich geplant, nach Wien zurück. Mahlers zusehends sich festigende Position bei Personal, Kritik und Publikum legt Jahn wohl nahe, *nach dem Rechten zu sehen*. Bereits am 10. August hatte nämlich Fürst Liechtenstein den Intendanten Bezecny ersucht, Jahns Demission zu erwirken. Am Tage nach dessen Rückkehr findet tatsächlich eine entsprechende Unterredung zwischen ihm und Kanzleirat Dr. Wlassack statt, in deren Verlauf Wlassack mit Vorsicht und Einfühlungsvermögen versucht, Jahn wegen seines angegriffenen Gesundheitszustandes zum Rücktritt zu bewegen.

Inzwischen hatte auch Ludwig Karpath nach einem Gespräch mit Mahler seinen journalistischen Beitrag zur Verabschiedung Jahns geleistet, indem er eine Notiz in die Presse lanciert, derzufolge Jahn wegen seines schweren Augenleidens zurücktreten wolle. Jahn, zunächst absolut unwillig, geht schließlich doch auf Wlassacks Vorschlag ein.

Eigentlich hätte demnach der Nachfolger bereits Anfang September bestellt werden können, aber das Problem einer ehrenwerten Verabschiedung Jahns verzögert die Angelegenheit um einen vollen Monat. Bezecny und Wlassack hatten nämlich dem Kaiser vorgeschlagen, Jahn in den Stand eines Hofrats zu versetzen, was Franz Joseph aber ablehnt. Ihm erscheint eine solche Auszeichnung wohl angemessen für hohe kaiserliche Beamte, nicht aber für einen nach siebzehn erfolgreichen Jahren aus dem Amt scheidenden Operndirektor. Fürst Liechtenstein soll auf Geheiß des Kaisers einen hohen Orden vorschlagen, und so wird Wilhelm Jahn mit Dekret vom 8. 10. 1897 das Komturkreuz des Franz-Joseph-Ordens verliehen. *Gleichzeitig genehmige ich die Ernennung des Kapellmeisters Gustav Mahler zum artistischen Director des Hofopernttheaters unter den beantragten Modalitäten*, heißt es weiter.

Am darauffolgenden Abend, nach einer Vorstellung von *Zar und Zimmermann*, der am 11. September als Neuinszenierung herausgekommen war, kann Mahler seiner langjährigen »Kampfgefährtin« und Freundin Natalie Bauer-Lechner, die ihn vom Theater abholt, stolz verkünden: *Meine Ernennung ist erfolgt!* Die Modalitäten, im kaiserlichen Erlaß vom 8. Oktober geregelt, sind für Mahler außerordentlich günstig, sein Verhandlungsgeschick bemerkenswert: er bekommt jährlich 12000 Gulden Gehalt und, falls

165

er innerhalb der kommenden zehn Jahre aus dem Dienst ausscheidet, 3000 Gulden Pension, die sich nach zehn Dienstjahren auf vier-, nach fünfzehn Jahren auf fünf- und nach zwanzig Dienstjahren auf sechstausend Gulden jährlich erhöht. Er hat also – obwohl ohne offiziellen Vertrag – als vom Kaiser persönlich ernannter Hofoperndirektor Beamtenstatus und ist damit auch für den Fall finanziell abgesichert, daß er sich irgendwann einmal nur noch seinem kompositorischen Schaffen widmen möchte, was in dieser Zeit der äußersten Inanspruchnahme durch administrative Verpflichtungen völlig ausgeschlossen ist. Gerade dies aber mischt der Freude und dem Stolz über das Erreichte einen Wermutstropfen bei. *Du wirst sehen*, äußert er immer wieder Natalie gegenüber, *ich halte diesen greulichen Zustand nicht einmal so lange aus, daß ich die Pension anständigerweise annehmen kann. Am liebsten möchte ich gleich auf und davon gehen. Ja, wenn das ein Absehen hätte; wenn ich in der Art von Bayreuth eine Anzahl (meinetwegen eine zehnfach größere) von Werken tadellos einstudieren und als wahre Festspiele hinstellen könnte, wie freudig würde ich das leisten! Aber bei der Einrichtung unseres Theaters, wo täglich gespielt werden muß, wo ich der ärgsten Verlotterung und tief eingewurzelten Fehlern auf Schritt und Tritt bei dem ganzen Körper, mit dem ich's zu tun habe, begegne, und oft erst im Momente der Aufführung und im ärgsten Kampfe alles umstürzen und neu aufbauen muß; wo ich ein Repertoire habe, welches das Gemeine neben dem Höchsten enthält; wo die Stumpfheit und Beschränktheit von Ausführenden und Aufnehmenden mir meist wie eine Wand entgegensteht: da ist es eine Sisyphusarbeit, die ich leisten soll, die meine besten Kräfte, ja mein Leben aufzehren, aber zu keinem Ziel und Gelingen führen kann! Und daß ich vor tausenderlei Sorgen nie mir selbst angehöre, ist das Ärgste daran.*[268]

In der Unvereinbarkeit des Mahlerschen Kunstethos mit Wiener Lebensstil und Theatergepflogenheiten sind zukünftige Konflikte bereits programmiert. Mahler mag, so meint der Biograph Henri-Louis de La Grange, *Wiener aus Zuneigung und Anpassung gewesen sein, aber er wurde niemals Wiener in seinem Charakter.*[269] Max Graf, der bedeutende Kritiker und einer der intimsten Kenner der Wiener Kulturszene der Jahrhundertwende, resümiert nach beinahe einem halben Jahrhundert im Blick auf Mahlers Ende in

[268] *NBL*, S. 89/90
[269] de La Grange, S. 446

Wien: *In dem Kampf zwischen Wien und Gustav Mahler, zwischen der anmutigen und sinnenfreudigen, aber geistig nicht hochstrebenden, das mittlere Leben geschmackvoll genießenden Stadt und dem dämonischen Musiker mit der gewaltigen geistigen Energie, der inneren Unruhe, dem gespannten Nerv, war Gustav Mahler unterlegen.*[270]

Mit eisernem Besen

Jetzt, im Oktober 1897, ist von all dem scheinbar noch wenig zu spüren. Mahler reiht Erfolg an Erfolg, und dies gerade deshalb, weil er niemanden, zu allerletzt sich selbst, schont, auch nicht das Publikum: er läßt den Zuschauerraum mit Beginn der Vorstellung verdunkeln, verwehrt Zuspätkommenden den Zutritt, vergattert alle Sängerinnen und Sänger, ihre Claque abzuschaffen, und arbeitet mit ihnen sogar die Repertoire-Stücke, als seien es Neuinszenierungen.

> *Er hätte es gar nicht begriffen, wie man es anders anpacken könnte. In ihm war die tiefe Unbekümmertheit, die Unschuld und die unbefangene Weltfremdheit, Theaterweltfremdheit eines von seiner Kunst Besessenen. Er war einer von den Unbedingten [...] Es war der Versuch eines Tollen: in der Welt der Scheinkunst, äußerster Unsachlichkeit, der Selbstsucht, der Eitelkeit und der Lüge und Gesinnungslosigkeit, mit einer Kraft, die unbesiegbar schien, echte Kunst zu leisten, auf Sachlichkeit, Selbstlosigkeit, Hingabe und Wahrheit zu dringen [...]*[271]

Am 4. Oktober, wenige Tage vor seiner offiziellen Ernennung zum Direktor, bringt Mahler Smetanas *Dalibor* in einer Neuinszenierung heraus, die neben enthusiastischer Zustimmung auch Äußerungen eines unverhohlenen Chauvinismus herausfordert. *Sie können es nicht lassen*, schreibt ein »Deutschösterreicher« nach der Aufführung an Mahler, *mit dieser antidynastischen, inferioren tschechischen Nation, die nur Gewaltakte an dem deutschen und an dem österreichischen Staate ausübt, weiter zu fraternisieren. Wie man sich so erniedrigen kann, ist unbegreiflich [...]*[272]

[270] Max Graf, a.a.O., S. 98
[271] Richard Specht, *Das Wiener Operntheater. Von Dingelstedt bis Schalk und Strauss. Erinnerungen aus 50 Jahren.* Wien 1919, S. 38/39
[272] zit. nach *KB* II, S. 216

Wilhelm Jahn, Vorgänger Mahlers als Hofoperndirektor
Schattenriß von Hans Schließmann

Mitte des Monats kommt die *Zauberflöte* in einer teilweise neuen Inszenierung Mahlers auf die Bühne, die einiges Aufsehen, auf jeden Fall mehr Ver- als Bewunderung hervorruft. In dem Bemühen, den Aspekt des Märchenhaften stärker zu betonen, läßt Mahler während der Flötenarie des Tamino alle möglichen Tiere auf der Bühne aufmarschieren: *Da lasse ich zuerst einen Löwen, gefolgt von einem Weibchen, erscheinen, die sich einträchtig nebeneinander niederlegen; dann guckt ein Tiger aus dem Busch und tritt langsam, horchend hervor; Vögel kommen angeflogen, ein Hase hüpft daher, spitzt die Ohren (wie ich das mache, ist mein Geheimnis!) und lauscht. Nun ringelt sich eine riesige Schlange heran und am Ende wälzt ein Krokodil sich aus dem Nil herauf [...] Die Leute werden das hoffentlich verstehen und nicht etwa einen Verstoß gegen den »klassischen« Mozart darin erblicken! Ich bringe ja nichts zum Ausdruck, als was im Text steht, und habe die greuliche Langeweile*

Die Ernennung Mahlers zum Hofoperndirektor

der Inszenierung in Leben verwandelt, erzählt er Natalie[273], und es gibt bei den Proben niemanden im ganzen Theater, der sich herzlicher über diese »Viecherei« freuen könnte als der Herr Direktor, der sich vor Lachen schüttelt. Auch die drei Knaben stehen nicht einfach irgendwo auf der Bühne herum, sondern Mahler läßt sie in einem von Tauben gezogenen Wagen aus der Luft herabschweben. Teile des Textes restauriert er in ihrer Urform, so daß die dramatischen Intentionen Mozarts auf ungewohnte Weise deutlich werden können.

Die Leute verstehen es, und die Kritik äußert sich uneingeschränkt positiv, nur Theodor Helm merkt an, daß *gewisse Details der Inszenierung die Aufmerksamkeit von der Musik ablenken könnten.*

Mahlers Position als Hofoperndirektor ist nach kurzer Zeit bereits derart gefestigt, daß er es sich sogar erlauben kann, einen Wunsch seiner Majestät des Kaisers abzuschlagen. Fürst Liechtenstein hatte ihn nämlich im Auftrag Franz-Josephs ersucht, eine Oper des Grafen Zichy aus Budapest, dessentwegen Mahler vor Jahren das dortige Theater verlassen hatte, zur Aufführung anzunehmen. Mahler lehnt ab mit der Bemerkung, das Werk sei zu schwach. Selbstverständlich sei er bereit, die Oper zu spielen, wenn Seine Majestät dies befehle; allerdings müsse er dann auf dem Theaterzettel vermerken lassen »Auf Allerhöchsten Befehl«. Der Kaiser entscheidet daraufhin kurz und bündig: *Ich befehle nicht. Wenn der Direktor die Oper für unaufführbar hält, so soll es dabei bleiben.*[274]

Mahlers kompromißloses Wesen in Sachen Kunst hat ihm längst eine Position verschafft, die es nahelegt, sein Verhältnis zu der anderen großen Persönlichkeit des Wiener Hofoperntheaters, zu Hans Richter, ein wenig zu beleuchten.

Mahler und Hans Richter

Es scheint sicher, daß Mahler niemals beabsichtigte, Richter durch Intrigen aus dem Hofoperntheater hinauszudrängen. Und trotzdem ist Ludwig Karpath der Ansicht: *Gustav Mahler hat Hans*

[273] *NBL*, S. 91
[274] *KBG*, S. 64

170

Richter verdrängt [...] *freilich in dem Sinn, daß für zwei Künstler, wie Richter und er es waren, in demselben Hause kein Platz vorhanden war.*[275] Richter ist kein Kämpfertyp wie Mahler. Die Idylle der Jahnschen Direktionszeit hatte ihm keinerlei Widerstände entgegengesetzt, von einem Rivalen war weit und breit nichts zu sehen. Aber gegen die Vehemenz des Mahlerschen Auftretens mag er keine Anstrengungen unternehmen. Dabei hatte es noch im April 1897 so ausgesehen, als ob Mahler die zweite Geige spielen werde und sich auch auf diese Rolle einrichte. Damals – kurz nach seiner Verpflichtung an die Hofoper – hatte er u. a. an Richter geschrieben: *Ich werde keine höhere Anerkennung haben, als wenn es mir gelingt, Ihnen zu gefallen. Und wenn mir dies nicht gelänge, so bitte ich Sie um Ihre meisterliche Belehrung* [...] *Ihnen jede Aufgabe abzunehmen, die Ihrer nicht ganz würdig ist oder Ihnen irgendwie lästig erscheint, wird mir eine innere Genugtuung sein!* Richter antwortet am 19. April knapp: *Nur soviel kann ich Ihnen heute schon sagen, daß Sie an mir keinen übelwollenden Kollegen haben werden; ja sogar einen wohlwollenden und entgegenkommenden Kunstgenossen, wenn ich mich überzeugt haben werde, daß Ihre Wirksamkeit für das Kaiserliche Institut ein Gewinn und unserer hohen Kunst fördernd ist.*[276]

Der damals 54jährige Richter ist Statthalter Richard Wagners in Wien und bewahrt das Erbe des Meisters, wie er es von ihm selbst empfangen hat. Wagner hatte ihn 1867 an die Münchner Oper empfohlen, wo er bis 1869 Kapellmeister unter Hans von Bülow ist. Seit 1876 wird er ständiger Dirigent in Bayreuth, nachdem er bereits ein Jahr zuvor Dessoffs Nachfolge als Kapellmeister an der Wiener Hofoper angetreten und die Leitung der Philharmonischen Konzerte übernommen hatte.

Richter kennt keine Schwierigkeiten mit dem Orchester, er ist selbst ein Teil von ihm, seit er als junger Mann im Wiener Hofopernorchester Horn blies, bei der ersten Aufführung des *Siegfried-Idyll* in Triebschen den Tompeten-Part übernahm, bei Streichquartett-Aufführungen im Hause Richard Wagners die Bratsche spielte, oder in der »Neunten« von Beethoven die Pauke bediente. Diese ganz in sich ruhende Orchester-Autorität von Bismarckscher Statur will nichts wissen vom intellektuellen Vergnügen der jungen Dirigenten-Generation am Analytischen, sucht

[275] ebda., S. 68
[276] ebda., S. 66/67

Hans Richter
Lithographie

nichts hinter den Dingen, will keine Subjektivität vermitteln – und tut dies doch, einfach durch die Überzeugungskraft einer naturhaft-einfachen, einer schnörkellos-wahrhaftigen Interpretationskunst, die allein durch ihre innere Stimmigkeit überzeugt. Publikum und Presse stehen einmütig hinter dieser kraftvollen Persönlichkeit, die gleichermaßen in Oper und Konzertsaal fast ein Vierteljahrhundert als nie beargwöhnter Gebieter über die Philharmoniker die Musikszene Wiens beherrscht. Mit Mahlers Erscheinen auf dieser Bühne beginnt Richters Abschied.

Noch vor Beginn der Spielzeit 1898/99, im August, bittet Richter, ihn wegen eines Armleidens vom Operndienst zu beurlauben.[277] Am 23. September 1898 gibt er auch die Leitung der Phil-

---

[277] Richter hatte ein Angebot aus Manchester erhalten, das ihm die fünffache Summe seiner Wiener Bezüge (5000 Gulden/Jahr) garantierte. Mahler bekam 12000 Gulden/Jahr.

harmoniker ab: Richters verdienstvolles Wirken als Chef dieses weltberühmten Orchesters ist nach 23 Jahren beendet. Karpath resümiert nüchtern: *Einen mächtigen Rivalen vor sich, eine in finanzieller Beziehung trostlose Vergangenheit hinter sich, eine fette Pfründe in der Hand, konnte Richter nichts anderes tun, als schleunigst seine Koffer packen und die Herrschaft dem Neuankömmling allein zu überlassen. Dies ist der wahre Grund vom Abgange Hans Richters.*[278]

Ein Teil der Presse ist der Überzeugung, daß man mit Mahler auch hinsichtlich der Spielplangestaltung den besseren Mann gewonnen habe. *Was wir an künstlerischen Taten bisher wahrgenommen, drückt sich in den Namen Wagner, Mozart, Lortzing und Smetana aus, womit gesagt sein soll, daß man unter der neuen Direktion auf sorgfältige und liebevolle Pflege jedes Genres der musikdramatischen Kunst wird rechnen können.*

Auch die vielen Freunde und Verehrer Hans Richters [...] werden bei kühler Erwägung zugeben müssen, daß die gleiche liebevolle Hingabe an Werke von verschiedenstem Wert von Richter nicht zu erwarten gewesen wäre, schreibt die *Arbeiter-Zeitung* am 16. Oktober 1897.[279] Zwei Tage danach bringt Mahler *Siegfried* in einer fast strichlosen Aufführung heraus; *Tristan und Isolde* am 24. Oktober sowie *Die Fledermaus* eine Woche später (in Anwesenheit von Johann Strauß) schließen sich an.

Knapp drei Wochen darauf präsentiert Mahler dem Wiener Publikum erneut eine Novität: *Eugen Onegin* von P. I. Tschaikowsky, mit dem er fünf Jahre zuvor bereits seine Hamburger Hörer bekanntgemacht hatte. An Erstaufführungen, die Mahler auch selbst dirigiert, folgen dann bis zum Ende der Spielzeit 1897/98 noch *Djamileh* (22. Januar 1898), eine heute vergessene Oper von Bizet, die damals immerhin neunzehn Aufführungen erlebt; und am 23. Februar 1898 schließlich Leoncavallos ungeliebte *Bohème*, die nach sechs Aufführungen vom Spielplan verschwindet.[280] Während der Proben kommt es zwischen Leoncavallo und Mahler zum Eklat, weil der Hofoperndirektor, ohne den Komponisten zu konsultieren, Änderungen vorgenommen hat. Seinen Höhepunkt er-

---

[278] *KBG*, S. 70
[279] zit. nach *KB* II, S. 217
[280] Zum Vergleich: Puccinis *Bohème*, die fast sechs Jahre später zum erstenmal an der Hofoper gespielt wird, verzeichnet 61 Aufführungen bis zum Ende der Ära Mahler.

reicht der Konflikt am Tage der Premiere, in der van Dyck, ein international bekannter Tenor, die Rolle des Marcel singen soll, um in der folgenden Aufführung von Andreas Dippel abgelöst zu werden. Van Dyck ist aus unerklärlichen Gründen nicht einverstanden; Mahler macht kurzen Prozeß und setzt Dippel bereits für die Premiere ein. Leoncavallo bleibt sein Leben lang davon überzeugt, daß der Wiener Mißerfolg seiner Oper auf diese von Mahler zu verantwortende Umbesetzung zurückzuführen sei. Er reist verärgert ab und kehrt niemals mehr nach Wien zurück, was wohl am allerwenigsten von Mahler bedauert worden sein mag.

Anna von Mildenburg in Wien

Bereits in dieser ersten Saison, in der Mahler als artistischer Direktor verantwortlich zeichnet, taucht auf den Programmzetteln und in den Feuilleton-Spalten der Wiener Presse der Name Anna von Mildenburgs auf. Mahler hatte ihr am 1. Oktober 1897 eine Einladung für den Dezember zukommen lassen, wo sie die Brünhilde in der *Walküre*, die Ortrud im *Lohengrin* und die Leonore im *Fidelio* singen sollte.

In diesem Zusammenhang mutet es recht verwunderlich an, daß Ludwig Karpath, damals ein enger Vertrauter Mahlers, glaubt, mit Gewißheit sagen zu können, *Mahler hätte weiß Gott was darum gegeben, wenn er die Mildenburg von seinem neuen Wirkungskreis hätte fernhalten können*[281]. Auch seine Behauptung, Mahler habe beim ersten Erscheinen der Mildenburg in seinem Wiener Amtszimmer *zwischen sich und ihr eine unüberbrückbare Mauer aufgerichtet,* hat die Mildenburg selbst später als falsch bezeichnet und zurückgewiesen. Das Verhältnis der beiden zueinander bleibt zumindest für die erste Zeit nach dem Wechsel Mahlers von Hamburg nach Wien undurchsichtig. Ein wenig Licht bringt ein Brief Rosa Papiers vom 24. September an ihre ehemalige Schülerin Anna von Mildenburg in dieses Dunkel. Aus ihm geht hervor, daß die Mildenburg sich durch Mahlers Ablehnung einer Heirat tief gekränkt gefühlt habe. Aber schließlich – so Rosa Papier – sei sie selbst es gewesen, die die ganze Affäre überhaupt erst publik ge-

---

[281] *KBG*, S. 75

macht habe. Sie solle jetzt so vernünftig sein, nicht immer wieder zu behaupten, Mahler habe sie kompromittiert.

Das Gastspiel der Mildenburg wird jedenfalls ein großer Erfolg. Die Kritik ist tief beeindruckt von ihren stimmlichen wie darstellerischen Qualitäten. Mit Datum vom 20. Dezember 1897 erhält sie einen Fünfjahres-Vertrag an die Wiener Hofoper, der am 1. Juni 1898 beginnen soll. Ihre Gage: in den ersten beiden Jahren jeweils 14000 Gulden, im dritten 15000 und in den letzten zwei Jahren je 16000 Gulden. Anna von Mildenburg nimmt das Angebot an und wird Mitglied eines Ensembles, das seinesgleichen auf dem europäischen Kontinent nicht hat. Mahler übernimmt selbstverständlich eine Reihe hervorragender Künstler aus der Jahn-Ära, so Hermann Winkelmann, einen der bedeutendsten Heldentenöre seiner Zeit – er singt unter Mahler in 49 verschiedenen Rollen! –, die Mezzosopranistin Marie Renard, den bedeutenden Wagner-Tenor Ernest van Dyck, Theodor Reichman, den klassischen »Fliegenden Holländer«, und den dramatischen Baß Willi Hesch, dessen Darstellungskunst über die Grenzen Wiens hinaus berühmt ist, verjüngt aber insgesamt das Ensemble, z. T. durch Kräfte, die er aus seiner Hamburger Zeit kennt und schätzt; mit der Mildenburg bekommt auch ihr Hamburger Kollege, der Bariton Leopold Demuth, einen Kontrakt ab. 1. Juni 1898, desgleichen der Heldentenor Erik Schmedes und einen Monat später der lyrische Tenor Franz Naval und die Soubrette Lola Beeth.

Mahler geht es nicht allein um bessere oder jüngere Stimmen, sondern in erster Linie darum, ein Ensemble aufzubauen, das jenseits jedes statuarischen Belcanto-Gehabes in der Lage ist, seine Vorstellungen von Opern-Dramaturgie zu realisieren; Mahler erzieht sie zu singenden Darstellern, deren Aufgabe allein darin besteht, sich den Notwendigkeiten einer sinnvollen Werkinterpretation unter- und einzuordnen.

Nach der denkwürdigen Erstaufführung von Leoncavallos *Bohème* kommt am 29. April 1898 mit *Aida* die letzte Neueinstudierung der Saison heraus, die für Mahler am 6. Juni zu Ende geht, weil er für einen operativen Eingriff die Rudolphinenhaus-Klinik in Dölling aufsuchen muß. Nach einer Woche verläßt er das Krankenhaus wieder und fährt zur Erholung in die bereits im Vorjahr gemietete »Villa Artmann« nach Vahrn in Südtirol. Mit ihm fahren Justine, Natalie Bauer-Lechner und der Konzertmeister des Hofopernorchesters, Arnold Rosé, Justines späterer Ehemann. Schwester Emma hat bereits am 2. Juni 1898 den Bruder Arnolds, den Cellisten Eduard Rosé, geheiratet, mit dem sie kurze Zeit später zu einem Engagement beim Boston Symphony Orchestra in die USA geht.

Mahler verbringt in Vahrn einen Sommer voller physischer und – so steht wohl zu vermuten – auch psychischer Qualen. Es sind nicht allein die Folgen der Operation, die ihm arg zusetzen; es ist sicher auch die immer deutlicher sich abzeichnende Tatsache, daß er nach der Schwester Emma in absehbarer Zeit nun wohl auch Justine, mit der er so lange zusammen gelebt hat, »verlieren« wird. Der Sommer 1898 wird in der Tat zu einem der tristesten in Mahlers Leben, und dies um so mehr, als er infolge der fortwährenden Schmerzen kaum zum Komponieren kommt.[282] Am 2. August kehrt er nach Wien zurück und beginnt mit den Vorbereitungen zur Saison 1898/99, der ersten, die er in alleiniger Verantwortung plant und leitet.

Dirigieraufgaben hält er sich außer einer Aufführung des *Lohengrin* am 15. und des *Tannhäuser* am 25. August zunächst vom Leibe; das Repertoire wird im wesentlichen von Richter und Hellmesberger betreut. Mahler selbst ist mit der Neuinszenierung des ungekürzten *Ring* beschäftigt, dessen Premiere infolge der Ermordung von Kaiserin Elisabeth von Österreich in Genf um zehn Tage auf den 20. September 1898 verschoben werden muß. Seine Erwartungen sind aufgrund der Neu-Engagements von Mildenburgs und Schmedes' besonders hoch, und die strichlose Aufführung des gesamten Zyklus ist bisher nur Bayreuth vorbehalten gewesen. Wie wird das Publikum angesichts solcher »Zumutung« reagieren? Kein Zweifel: Publikum und Presse sind hingerissen! *Abend für Abend total ausverkauftes Haus, andachtsvolle, ja wahre Festspielstimmung der Zuhörer, nach den Aktschlüssen begeisterter Beifall, kulminierend bei dem erhabenen Ausklingen des Ganzen in den Schlußakkorden der »Götterdämmerung«. Den stets von Direktor Mahler persönlich geleiteten Aufführungen merkte man deutlich an, daß jede einzelne von Grund aus neu einstudiert war, manche neugewonnene frische Stimme wurde dabei mit Glück verwendet und namentlich unser hinreißend liebenswürdiger neuer Siegfried, Herr Schmedes, und unsere imposante neue Brünhilde, Frl. v. Milden-*

---

[282] Natalie Bauer-Lechner teilt mit, daß Mahler drei Lieder auf *Wunderhorn*-Texte komponiert habe. Nach Ansicht von de La Grange handelt es sich um das *Lied des Verfolgten im Turm*, *Wo die schönen Trompeten blasen* und wahrscheinlich die Skizze zur *Revelge* (S. 917).

burg, feierten wahre Triumphe, schreibt Theodor Helm im *Pester Lloyd*.[283] Die Begeisterung ist groß, so groß, daß Mahler den gesamten Zyklus zehn Tage später mit unvermindertem Erfolg wiederholt.

Mahler übernimmt die Philharmonischen Konzerte
Antisemitische Hetze

Bereits Ende August hatte Hans Richter – wie schon erwähnt – wegen seines Armleidens um Beurlaubung gebeten, die ihm von Mahler auch prompt gewährt wird, und im September informiert Richter auch die Philharmoniker, daß er für die kommende Saison nicht mehr zur Verfügung steht. Die Ratlosigkeit im Orchester ist groß, denn Richters Entschluß kommt für alle recht überraschend. Trotz einiger warnender Stimmen macht der Orchestervorstand Mahler das Angebot, Leiter der Philharmonischen Konzerte zu werden.[284] Mahler zögert zunächst mit der Zusage in der Sorge, durch die zusätzliche Aufgabe möglicherweise seine Theaterverpflichtungen vernachlässigen zu müssen, übernimmt aber schließlich doch die ehrenvolle Aufgabe, vor allem wohl, weil das Orchester der Philharmonischen Konzerte und das des Hofoperntheaters identisch sind und er somit eine weitere Möglichkeit sieht, den Klangkörper nach seinen Intentionen zu formen.

Aber noch bevor das erste Philharmonische Konzert unter seiner Leitung am 6. November 1898 stattfindet, melden sich seine Widersacher zu Wort. Wie seinerzeit in Kassel sind es auch hier vornehmlich antisemitische Stimmen, die den Feldzug gegen Mahler als den »jüdischen Machthaber von Wien« eröffnen. Angesichts der Eskalation derartigen Treibens im Wien der Jahrhundertwende kann man Natalie Bauer-Lechners Ansicht, es habe sich bei diesem Schmähartikel allein um den *letzten Versuch einer Reihe von Opernmitgliedern* gehandelt, die Mahler haßten, weil sie nicht imstande waren zu geben, was er von ihnen verlangte, nicht teilen. Denn bereits wenige Wochen später zeigt sich der wahre, der politische Hintergrund der Kampagne anläßlich des 5. Philharmoni-

---

[283] zit. nach *KB* II., S. 219
[284] Hier gibt es Diskrepanzen in der Datierung der Offerte: *NBL* nennt den 26. September, de La Grange den 23. September.

Die Wiener Philharmoniker mit Hans Richter vorn in der Bildmitte

schen Konzerts vom 14. Januar 1899. *Den Anfang machte eine Demonstration für Mahler,* erinnert sich Natalie, *hervorgerufen durch den Widerspruch von ein paar Zischern gegen den Applaus, mit dem Mahler diesmal empfangen worden war. Der innere Grund zur Demonstration aber war ein antisemitischer Rummel, der sich neuestens gegen Mahler entladen hatte, weil Bürgermeister Lueger das Konzert, welches die Philharmoniker jährlich für die Armen Wiens gaben, nicht von dem »Juden« Gustav Mahler hatte dirigiert wissen wollen [...]*[285]

Erstaunlich, daß ausgerechnet der Führer der christlich-sozialen Partei im österreichischen Abgeordnetenhaus, Dr. Karl Lueger, jenem Gedankengut so nahe steht, dessen Wurzeln eher in der 1885 gegründeten »Deutschnationalen Partei« des Georg von Schönerer zu suchen sind, die eine offenkundige Wesensverwandtschaft mit der späteren NSDAP Adolf Hitlers aufweist. Berührungspunkt der »Christlich-Sozialen« mit der »alldeutschen Bewegung« von Schönerers ist ein auf dem Hintergrund des Vielvölkerstaates Österreich-Ungarn aufkeimendes Deutschtum-Bewußt-

[285] *NBL*, S. 110/111

sein, das nur als Gegengewicht gegen die allenthalben sich entwikkelnden nationalen Selbstbestimmungsansprüche der Völker der Donaumonarchie zu verstehen ist. Vor allem der Panslawistische Kongreß von 1867 löste in den folgenden Jahrzehnten eine Art pangermanischer Gegenbewegung aus, deren nationale Hysterie ihren übelsten Verfechter in Georg von Schönerer und seiner »Deutschnationalen Partei« fand. Zu Hauptgegnern solcher Germanisierungs-Ideen werden die Juden abgestempelt, zu deren Vernichtung dem Georg von Schönerer und seinen Kumpanen sogar *die Kampfgenossenschaft des Slaven und Romanen jederzeit willkommen sein muß*, wie er in einer Rede vor dem österreichischen Abgeordnetenhaus am 28. April 1887 ausdrücklich feststellt. Weiter heißt es in derselben Rede:

Die Gesetzgebung hat nach unserer Meinung die heilige Pflicht, und die Regierung ist berufen, speciell an der Hand der Statistik die Initiative zu ergreifen und die entsprechenden Vorschläge zur Hintanhaltung der weiteren Verjudung, – nicht nur in wichtigen Ständen – ich nenne da zum Beispiel nur: Professoren, Schriftsteller, Advokaten, Künstler, Aerzte, – sondern auch der Verjudung in weiteren Volkskreisen durch die verkommene semitische Presse, – zu machen, und zwar muß dies bald geschehen, bevor es zu spät wird und bevor das von den Juden, von den semitischen Ausbeutern bedrückte Volk zur Selbsthülfe zu greifen gezwungen ist.[286]

Solche Gedankengänge finden offenbar auch bei Karl Lueger offene Ohren. Wie anders wären sonst jene Bemerkungen zu verstehen, die der um die Stadt Wien verdiente Bürgermeister[287] anläßlich des sogenannten Armen-Konzerts macht?

Das 5. Philharmonische Konzert beschert dem Wiener Publikum eine jener Eigenarten Mahlers, mit denen er bereits in Hamburg seine Schwierigkeiten gehabt hatte: seine Neigung, klassische Werke zu bearbeiten. Zu Beginn des Programms spielt er Beetho-

---

[286] *Judenthum und Deutschthum in der Ostmark.* Rede des Reichsrathsabgeordneten Georg Ritter von Schönerer, gehalten in der Sitzung des Abgeordnetenhauses zu Wien am 28. April 1887; Sonderdruck aus den stenographischen Protokollen des Österreichischen Abgeordnetenhauses; Marburg 1887, S. 61

[287] In der Amtszeit Luegers wurde die Wiener Gemeindeverwaltung reformiert; 1899 wurden die Städtischen Gaswerke eröffnet, die elektrische Straßenbahn eingeführt und ca. 100 Schulen gebaut bzw. modernisiert.

Das Haus der Wiener Gesellschaft der Musikfreunde.
In seinem Großen Saal fanden die Philharmonischen Konzerte statt

vens Streichquartett op. 95 f-Moll in einer Bearbeitung für Streichorchester; dann folgen Schumanns erste Sinfonie und die Ouvertüre *1812* von Tschaikowsky. [...] *gegen Mahlers Aufführung der Quartette durch ein Streichorchester befand sich alle Welt, Kritiker und Hörerschaft, in heller Opposition,* erinnert sich Natalie Bauer-Lechner[288], und dies, obwohl Mahler zuvor bereits Eduard Hanslick auf sein Vorhaben aufmerksam gemacht und versucht hatte, ihn entsprechend einzustimmen: *Sie werden sehen, daß das ganze Philistertum wie ein Mann sich gegen diese Vorführung der Quartette erheben wird, statt daß sie es sich doch, neugierig und froh, gefallen lassen könnten, es einmal auch so anzuhören.*[289] Mahler argumentiert mit den veränderten räumlichen Bedingungen. *Schon das Quartett überhaupt, das ja fürs Zimmer gemacht ist, in den Saal zu übertragen, sei eine gewagte und willkürliche Sache – vollends aber*

[288] *NBL*, S. 111
[289] ebda.

180

bei den gewaltigen Kompositionen der letzten Beethoven-Quartette,
bei denen längst nicht mehr an die vier armseligen Männlein gedacht
sei und die schon der Konzeption nach ganz andere Dimensionen
hätten und ein kleines Streichorchester einfach verlangten.[290] Hanslick, in dessen Augen das Experiment als durchaus gelungen bezeichnet werden kann, bleibt unter seinen Kollegen mit seiner Meinung allein. Helm (*Deutsche Zeitung*) sieht den intimen Charakter des Quartetts zerstört; Kalbeck (*Neues Wiener Tagblatt*): *Anstelle der delikaten Polyphonie von vier guten »Freunden« [...] gab es nur eine Armee, die Rhythmus exerziert.* Und Robert Hirschfeld (*Wiener Abendpost*) bemängelt neben einer gewissen Uniformität im Klang vor allem das Fehlen jedweden Gefühls.

Außer den Philharmonischen Konzerten, die ihn alle zwei bis drei Wochen in Anspruch nehmen[291], gilt Mahlers Sorge natürlich dem Theaterspielplan, der möglichst attraktiv und auf hohem Niveau bleiben soll. So finden im Oktober 1898 Neueinstudierungen von Boieldieus *Weiße Dame* und Webers *Freischütz* sowie die für Wien erste ungekürzte Aufführung von *Tristan und Isolde*, am 9. Dezember die Erstaufführung von Rezniceks *Donna Diana* und schließlich am 17. Januar 1899 die Uraufführung von Karl Goldmarks *Die Kriegsgefangene* statt.

Mahlers Arbeitspensum als Dirigent ist immens. Die Protokolle der Hofoper von Anfang Februar 1899 weisen aus, daß er mit einer Ausnahme jeden Abend am Pult steht:

5. Februar	*Lohengrin*
6. Februar	*Eugen Onegin*
7. Februar	*Die weiße Dame*
8. Februar	*Die Kriegsgefangene*
10. Februar	*Der Apotheker / Die Opernprobe*
11. Februar	*Der Apotheker / Die Opernprobe*

Daß angesichts derartiger Belastungen nicht ans Komponieren zu denken ist, bedarf kaum einer Erwähnung, zumal er sich noch um eine weitere, die letzte Novität der Spielzeit 1898/99 zu kümmern hat, und dies in einer Weise, von der Hanslick später sagt, daß sie wesentlich zum Wiener Erfolg beigetragen habe. Die Rede ist von

[290] *NBL*, S. 107
[291] Im 7. Philharmonischen Konzert vom 26. Februar 1899 dirigiert Mahler neben Werken von Beethoven und Schubert zum erstenmal alle vier Sätze der 6. Sinfonie von Anton Bruckner, allerdings mit Strichen und Retuschen.

der Oper *Der Bärenhäuter* von Richard Wagners Sohn Siegfried, die am 27. März 1899 Premiere hat. Die Proben bringen bereits eine Reihe unerfreulicher Begleiterscheinungen mit sich, die in erster Linie durch Cosima Wagner hervorgerufen werden, weil sie glaubt, Mahler wolle durch Striche, die er zugunsten einer strafferen Dramaturgie machen möchte, den Erfolg ihres Sohnes schmälern. Immerhin bringt es die Oper auf zwanzig Aufführungen, was bei unvollkommener Inszenierung oder sichtbaren Schwächen des Stückes wohl kaum der Fall gewesen wäre.

Mahlers Erfolge als Hofoperndirektor sind am Ende der Spielzeit 1898/99 unbestritten: Abend für Abend ausverkauftes Haus, Aufführungen Wagnerscher Werke von Bayreuth-Niveau und ein finanzieller Aufschwung sondergleichen. Keiner der Vorgesetzten, niemand aus dem begeisterten Publikum wäre auf den Gedanken gekommen, Mahler als Direktor der Hofoper in Frage zu stellen.

Publikumserfolg der »Zweiten« in Wien

Mißgunst und Widerstand in der Presse und bei einem Teil des Orchesters handelt er sich dagegen im Vorfeld der Aufführung seiner 2. Sinfonie im sogenannten Nicolai-Konzert am 9. April 1899 ein. Antisemitische Machenschaften im Orchester vergiften die Atmosphäre, bevor die erste Probe stattfindet. Besonders eifrig betätigen sich zwei Cellisten namens Kretzschmann und Sulzer, die nicht nur das Gerücht verbreiten, die 2. Sinfonie sei bisher überall durchgefallen, sondern auch vor dem Konzert einen Beitrag in die *Deutsche Zeitung* lancieren, in dem Mahler u. a. vorgeworfen wird, er habe Instrumentations-Fehler gemacht, wie sie sich ein Student nach dem ersten Konservatoriums-Jahr nicht leisten dürfe. Mahler zeigt sich verhältnismäßig wenig beeindruckt und versucht, die Kritiker durch seine Musik zu überzeugen: nach allen Erfahrungen ein geradezu abenteuerliches Unternehmen! *In einer Woche mit nicht mehr als vier Proben leistete Mahler das Wunder, sein ungeheures und dem Orchester, das nie etwas von ihm gespielt hatte, bis in die Wurzeln fremdes Werk völlig einzustudieren.*[292] Der große Musikvereinssaal ist bis auf den letzten Platz gefüllt, das Interesse also überraschend groß. Jeder Satz wird – wie damals noch

[292] *NBL*, S. 114

üblich – mit Beifall bedacht, besonders der zweite mit seinen Cello-Kantilenen und das *Urlicht*, das Mahler sogar wiederholt, *aber nicht wegen des Applauses,* wie Natalie bemerkt, *sondern weil er den Dritten, Vierten und Fünften Satz ohne Unterbrechung haben und so wenigstens den Zusammenhang der beiden letzten retten wollte.*[293]

Trotz spürbarer Zurückhaltung eines kleinen Teiles des Publikums vor allem gegenüber dem Finale wird die Aufführung aufs Ganze gesehen zu einem grandiosen Erfolg für den Komponisten Mahler in Wien, ein Erfolg, von dem er träumte, seit er in dieser Stadt *Das klagende Lied* vollendete. *Mahler war von dieser Aufnahme seiner Symphonie doch sehr erfreut und befand sich nachher bei Tisch – wie schon in den Tagen vorher nach den Proben – in jener gehobenen und schwärmend hinreißenden Stimmung, in die ihn vor allem das Wiederaufleben in seinem Werke versetzte.*[294] Die Pressemeinungen sind geteilt; die *Deutsche Zeitung* glaubt, Mahler *mit seiner Claque* habe den Gipfel der Arroganz und der Antikunst erreicht. Richard Heuberger (*Neue freie Presse*) empfindet die Sinfonie als ein *Stück imaginären Theaters.* Das *Andante* ruft bei ihm Erinnerungen an Serenaden von Mahlers Lehrer Robert Fuchs hervor, das Scherzo erwecke Reminiszenzen an Bizet, Wagner und Berlioz, und der ungeheuren Steigerung des Finale fehle jedes harmonische oder kontrapunktische Konzept. Für Ludwig Karpath (*Wiener Tagblatt*) ist dieses Werk, das ihn vom ersten bis zum letzten Ton fasziniert habe, zweifelsfrei eine Sinfonie, die ihre Wurzeln in Beethoven, Schubert und Wagner habe.

Mahler bedankt sich ausdrücklich bei Karpath: *Über Ihr Feuilleton habe ich die größte Freude gehabt. Ich gratuliere Ihnen zu demselben; es würde dem berühmtesten Ihrer Kollegen Ehre machen, so ausgezeichnet ist es dem Inhalt und der Form nach.*[295]

Die Freude über den Erfolg ist nur kurz; der Opernalltag mit all seinen Lasten nimmt Mahlers ganze Kraft wieder in Anspruch. Aber trotzdem scheint ihm die nach langer Zeit erste Wiederberührung mit seinem eigenen Werk endlich wieder den Weg zu sich selbst gewiesen zu haben. Es gelingt ihm, ab und zu Zeit für letzte Korrekturen am *Klagenden Lied* und an der 3. Sinfonie zu finden,

---

[293] *NBL*, S. 115/16
[294] *NBL*, S. 116
[295] *GMB*, S. 252/53 (240); in *GMB* wird fälschlicherweise der 5. April als Datum der Wiener Erstaufführung der 2. Sinfonie genannt.

und er wäre überdies sehr glücklich gewesen, wenn er die Instrumentation mit den Philharmonikern einmal hätte ausprobieren können. Aber der Widerstand im Orchester wächst zusehends, unterstützt von entsprechenden Hetzartikeln in der *Deutschen Zeitung*, die von Mahlers »Tyrannei« und »Brutalität« zu berichten wissen. Dazu kommen im Theater Schwierigkeiten mit der neuen Generalintendanz, die seit Februar 1898 von Freiherr August Plappart von Leenheer geführt wird. Mahler wendet sich am 24. April 1899 in einem 43 Seiten umfassenden Memorandum unmittelbar an den Ersten Obersthofmeister, den Fürsten Liechtenstein, um die seiner Meinung nach unzureichende Unterstützung des Hofoperndirektors seitens der Generalintendanz zur Sprache zu bringen. Mahler geht es über vordergründig organisatorische und technische Aspekte hinaus um künstlerische Glaubwürdigkeit. Er schreibt u. a.:

> *Wenn die h. General-Intendanz die Anschauung der Direktion »nicht teilt und auch keineswegs zugeben kann, daß unsere Dekorationen, die Jahre lang vollkommen entsprochen haben, nun plötzlich für unbrauchbar erklärt werden«, so sieht sich der Direktor, über die momentane Behinderung hinaus, vor eine dauernde Schwierigkeit gestellt. Es handelt sich um Meinungen in künstlerischen Dingen. Mit dem Argument, daß etwas bisher gut genug war, also auch jetzt gut genug sei, läßt sich jede Verbesserung verwehren. Und verbesserungsbedürftig war und ist vieles, was gut genug schien, – in szenischer Hinsicht nicht weniger als in musikalischer. Rein musikalische Erfolge sind ja leider im Theater gar keine Erfolge.*[296]

Angesichts solch banaler Tagesschwierigkeiten wünscht er sich nichts sehnlicher, als so bald wie möglich *aus allem Stadtgetriebe weg in die Einsamkeit und ins Gebirge* zu kommen. Zuvor folgt er allerdings noch einer Einladung Angelo Neumanns, am 3. Juni in Prag Beethovens 9. Sinfonie zu dirigieren. Mit der Aufführung ist Mahler nicht recht zufrieden, ausgenommen den tschechischen Chor, dessen Frauenstimmen ihn begeistern. Die Presse allerdings beschränkt sich darauf, hochgestellte Konzertbesucher zu nennen und das anschließende Bankett zu beschreiben.[297]

---

[296] zit. nach *KB* II, S. 222
[297] Am Tage des Prager Konzerts stirbt in Wien Johann Strauß. Bevor Mahler in Urlaub fährt, nimmt er noch an der Beisetzung teil.

Sommer 1899 in Aussee

Etwa eine Woche nach seiner Rückkehr aus Prag verläßt er zusammen mit Natalie Bauer-Lechner und Justine Wien, um die Ferien in Laussa, einem kleinen Dorf zwischen Losenstein und Steyr in Oberösterreich zu verbringen; aber aus unerfindlichen Gründen ist das Haus mit Ausnahme eines kleinen Appartements für den Hausherrn reserviert: die drei müssen sich um etwas anderes bemühen und können gottlob nach zehn Tagen die Villa Seri in Bad Aussee im Salzkammergut mieten, etwa eine halbe Wegstunde außerhalb des Ortes, wo Mahler jene himmlische Ruhe zu finden hofft, die er so dringend benötigt. Aber zu seinem Entsetzen muß er feststellen, daß man vom Haus aus die Musikkapelle, die jeden Tag mitten im Ort die Kurgäste unterhält, recht gut – zu gut – hören kann. Er ist verzweifelt, weil er doch endlich auch wieder komponieren möchte und dabei seit eh und je nicht die geringste Störung ertragen kann. Schließlich beruhigt er sich und bezieht eine kleine Kammer unter dem Dach, in der er verhältnismäßig ungestört arbeiten kann. Hier entsteht auf einen Wunderhorn-Text die *Revelge*, vielleicht eines der erfolgreichsten Lieder und von Mahler selbst als die bedeutendste unter seinen *Humoresken* bezeichnet, deren Instrumentation er noch im Juni fertigstellt.

Endlich kommt er auch wieder einmal dazu, seine Lieblingsautoren zu lesen: Goethes Korrespondenz mit Schiller und seine Gespräche mit Eckermann; Lipiners *Adam* und *Die Bacchanten* von Euripides. Und immer wieder spielt er mit seinem zukünftigen Schwager Arnold Rosé, der inzwischen ebenfalls eingetroffen ist, Bearbeitungen von Brahms' Klarinettenquintett und seiner Klarinetten-Sonaten. Ausgedehnte Spaziergänge, von denen er besonders glücklich zurückkehrt, wenn ihm keine Menschenseele begegnet, bieten ihm den notwendigen körperlichen Ausgleich. Solche Momente völliger Entspannung geben auch Gelegenheit, über seine eigene Situation als Komponist nachzudenken und im Gespräch mit Natalie, die ihn häufig begleitet, seine Gedanken auszubreiten. Einer dieser Spaziergänge führt auf die »Pfeiferalm«.

Oben saßen wir lange auf der Veranda des Alpenhüttels. Mahler sog den wundervollen Ausblick und mehr noch die tiefe Stille des Ortes ein. Ich weiß nicht, in welchem Zusammenhang er sagte, als er das Schweigen brach: »Die Musik muß immer ein Sehnen enthalten, ein Sehnen über die Dinge dieser Welt hinaus. Schon als Kind war sie mir etwas so Geheimnisvoll-Emportragendes, doch legte ich damals mit meiner Phantasie auch Unbedeutendes hinein, was gar nicht darinnen war.«

Später kam er auf die verhängnisvollen Störungen und Unterbrechungen seiner Produktion zu sprechen: »Mit meinem Komponieren gleiche ich in diesen drei Sommern einem Schwimmer, der ein paar Tempi macht, nur um sich zu überzeugen, daß er überhaupt noch schwimmen könne. Oder es ist das Prüfen, ob eine Quelle nicht gar versiegt sei; die meine tröpfelt ein wenig, aber nicht mehr.«[298]

Immerhin kommt er diesen Sommer doch dazu, letzte Hand an *Das klagende Lied* und die 3. Sinfonie zu legen. Mit Rosé geht er den II. und III. Satz durch, vor allem um mit dem Konzertmeister Striche und Phrasierungen festzulegen; die Sinfonie war bis dahin immer nur teilweise aufgeführt worden, und Mahler hat inzwischen selbst eine gewisse Distanz zu dem vor drei Jahren entstandenen Werk gewonnen. Angesichts der Beurteilung seiner 2. Sinfonie im April des Jahres glaubt er, daß die 3. auf noch größeren Widerstand stoßen wird:

> [...] *was haben sie für bodenlosen Unsinn damals bei ihrer teilweisen Aufführung in Berlin darüber geredet und geschrieben! Nicht an die Oberfläche, nicht an die äußersten Konturen sind sie herangekommen! Das Ganze muß ihnen in lauter Noten ohne inneren und äußeren Zusammenhang auseinandergefallen sein.*
>
> *Und das wundert mich nicht, denn indem ich jetzt die Korrekturen mache, kommt mir selbst alles so merkwürdig vor, daß ich mich voll Staunen erst hineinversetzen muß. Besonders das Scherzo, das Tierstück, ist das Skurrilste und dazu wieder das Tragischeste, was je da war. [...] Dieses Stück ist wirklich, als ob die ganze Natur Fratzen schnitte und die Zunge herausstreckte. Aber es steckt ein so schauerlicher panischer Humor darin, daß einen mehr das Entsetzen als das Lachen dabei überkommt.*
>
> *Wie aus dem wirren Traum das Erwachen – oder vielmehr ein leises Sich-seiner-selbst-bewußt-werden – folgt das Adagio darauf. Ich habe mich immer besonnen, woher ich das Thema*

---

[298] *NBL*, S. 119/120

kenne; heute fällt mir ein, daß es aus einer Komposition meiner Gymnasialzeit ist. [299]

Endlich, schon gegen Ende der Ferien, etwa Mitte Juli, beginnt er, sich während der immer seltener werdenden Spaziergänge Notizen zu machen, ohne aber seiner engsten Umgebung zu verraten, woran er arbeitet. Die »Zaungäste« fangen wieder an, ihm lästig zu werden, neugierige Touristen, die mit dem Fahrrad vorbei kommen und ihn ansprechen [300]; er ist schon soweit, Beethoven um seine Taubheit zu beneiden! Was unter solch widrigen Begleitumständen entsteht, sind die Skizzen zu der heitersten Sinfonie seines Lebens, zur »Vierten«, die er in nur zehn Tagen zu Papier bringt.

Ende Juli fährt er nach Bad Ischl, wo er eine Unterredung mit Fürst Liechtenstein hat, trifft in Salzburg seinen Freund Sigfried Lipiner und kehrt von dort nach Wien zurück. Kaum angekommen, beginnen die alten Trivialitäten: der Tenor Fritz Schrödter weigert sich, den Eisenstein in der *Fledermaus* zu singen, weil die Partie unter seiner Würde sei. Mahler kann ihn davon überzeugen, daß es in der sogenannten klassischen Literatur eine Reihe von Werken gebe, die bei weitem nicht die Qualität der *Fledermaus* erreichten! Schrödter singt.

Die August-Hitze in Wien ist unerträglich; Mahler selbst macht sich für zwei Tage in Richtung Semmering und Hochschneeberg auf und setzt durch, daß die Ferien in Zukunft bis zum 15. August verlängert werden. Er muß Wien noch einmal verlassen, weil er sich in Dresden Rubinsteins *Der Dämon* ansehen will, den er in der kommenden Spielzeit selbst in Wien herauszubringen gedenkt; im Anschluß daran, am 18. August, trifft er sich mit Justine und Natalie in Maiernigg am Wörthersee. Das Dilemma von Laussa und die Unannehmlichkeiten in Bad Aussee haben ihn veranlaßt, sich nach einem längerfristigen, störungsfreien Domizil umzusehen. Justine und Natalie waren bereits von Aussee zum Wörthersee gereist und versuchen schon ein Weilchen, auf Radtouren rund um den See etwas Passendes zu finden. Auf einer dieser Entdeckungsreisen treffen sie zufällig Anna von Mildenburg, die in der Gegend zu Hause

---

[299] *NBL*, S. 118

[300] Er bekommt nicht nur Karten und Briefe von vornehmlich weiblichen Bewunderern, die ein Autogramm oder wenigstens ein Bild von ihm haben möchten; die Kurgäste in Bad Aussee bleiben auf der Straße stehen, flüstern sich zu *Schau mal, Mahler!* oder rufen laut: *Lang lebe Mahler!* Ab und zu seufzt er vor sich hin: *Hoffentlich begaffen sie mich nicht durch ein Opernglas!*

Mahlers Schwestern Justine und Emma

ist, und werden von ihr mit einem Amateur-Architekten bekanntgemacht, der den Damen dringend rät, nichts zu mieten, sondern
zu bauen. *Mahler wurde telegraphisch herbeigerufen*, notiert Natalie. *Wir wohnten drei Tage, von der größten Gastfreundschaft umgeben, auf »Schwarzenfels«. Alles wurde durch und durch beraten,
Baugründe besehen und auf die Ruhe hin geprüft, was keine kleine
Aufgabe und immer wieder mit Enttäuschungen verbunden war, so
daß Mahler schon unverrichteter Dinge abziehen zu müssen
glaubte. Da fand sich aber im letzten Augenblick das Beste: ein ganz
abgeschlossener waldiger Baugrund am See für das Haus und nicht*

weit in der Höhe darüber ein wahrer verwunschener Urwald als welt-
entrückter Platz für Mahlers Häuschen, also das, was in idealer
Weise allen seinen Bedürfnissen entsprechen würde.[301] Im folgenden Monat fährt Mahler dann noch einmal für zwei Tage nach
»Schwarzenfels« an den Wörthersee, unterzeichnet den Kaufvertrag für das Grundstück und bespricht alle Details mit dem Architekten. Außerdem mietet er für den nächsten Sommer die etwa
20 Gehminuten vom Grundstück entfernt gelegene »Villa Antonia«, weil das Haus bis dahin voraussichtlich noch nicht fertig sein
wird.

Optimale Ensemble-Arbeit durch Neu-Engagements

In Wien ist Mahler mit organisatorisch-administrativer wie mit
künstlerischer Arbeit überlastet. Richter hat gebeten, ihn teilweise
von seinen Pflichten in der Oper zu entbinden, um in England dirigieren zu können; Fuchs ist krank, Hellmesberger auf dem Sprung,
das Theater zu verlassen; Chordirektor Luze, ein ansonsten zuver-
lässiger junger Mann, hat ein zu schmales Repertoire. Mahler muß
sich nach jemandem umsehen, der einen Großteil des Spielplans
verantwortlich übernehmen kann. Ferdinand Löwe, der sich bereits als Leiter des Münchner Kaim-Orchesters Verdienste erworben hat, ist ohne Theatererfahrung. Sein Debüt mit *Hänsel und*
Gretel scheint ganz verheißungsvoll, aber in einer *Lohengrin*-Vor-
stellung zeigt sich doch, daß er den spezifischen Anforderungen an
einen Theaterkapellmeister nicht gewachsen ist: er wird in Ehren
mit einer Abfindung von 5000 Gulden und dem Titel »Hofkapellmeister« entlassen.

Mahler unternimmt weitere Versuche mit Gast-Dirigenten: Paul
Prill aus Nürnberg kommt, Josef Göllrich aus Düsseldorf und
schließlich Ludwig Rottenburg vom Theater in Frankfurt/M., den
er im Frühjahr dort kennengelernt hatte, als er im letzten Frankfurter Abonnementskonzert am 8. März 1899 seine 1. Sinfonie dirigierte.[302] Mahler gibt ihm *Tristan* und *Don Giovanni* zu dirigieren,

---

[301] *NBL*, S. 123

[302] Im Gegensatz zum Orchester, das Mahler bei seinem ersten Erscheinen stürmisch
feiert, ist das Publikum – nach Auskunft der *Allgemeinen Zeitung* – bitter enttäuscht. Die *Allgemeine Musikzeitung* bezichtigt ihn sogar der Erfindungslosigkeit
und apostrophiert die 1. Sinfonie als ein hohles, geschwollenes Showstück (vgl. de
La Grange, 503).

ist auch sehr zufrieden mit Rottenburgs solider Leistung, *aber von dem wahren, lebendigen Geist eines Werkes,* so äußert er sich Natalie gegenüber, *wie in heller Klarheit und lebendiger Wahrheit mir die Seele davon voll ist, finde ich auch bei ihm nichts.*[303] Die Sache bleibt vorerst unerledigt; Mahler ist gezwungen, den größten Teil des Repertoires selbst zu übernehmen, denn auch Leo Blech, einen Schüler Humperdincks, engagiert er nicht, weil er den Vorwurf fürchtet, er besetze die Hofoper allmählich mit lauter Juden.[304] Als Fuchs schließlich am 5. Oktober 1899 stirbt, muß die Stelle neu besetzt werden, und Mahler entscheidet sich nach gescheiterten Verhandlungen mit dem jungen Bruno Walter (vgl. S. 229) für Franz Schalk, einen Bruckner-Schüler, den er noch aus der Konservatoriumszeit kennt. Schalk ist drei Jahre jünger als er selbst und seit 1898 neben Richard Strauss Kapellmeister an der Berliner Oper, die er nur ungern verlassen möchte. Er handelt aber in Wien die gleiche Gage wie in Berlin aus, dirigiert im Februar 1900 als Gast und wird ab Mai als 1. Kapellmeister verpflichtet. Mahler hat es inzwischen trotz mancherlei Widerständen verstanden, neben einer Reihe von eher organisatorischen Reformen weitere Engagements einiger der besten Sängerinnen und Sänger seiner Zeit durchzusetzen. Nach Anna von Mildenburg, die bereits in der Saison 98/99 Mitglied geworden war, tritt am 1. August 1899 auch Selma Kurz[305], Koloratursopranistin besonderen Formats, ihr Engagement in Wien an, wo sie bis 1929 bleibt. Daneben gewinnt Mahler die Mezzosopranistin Laura Hilgermann[306], mit der er schon in Prag und Budapest zusammengearbeitet hatte, und schließlich wird Marie Gutheil-Schoder[307] in dieser Saison eine der

---

[303] *NBL*, S. 129

[304] L. Karpath berichtet über ein diesbezügliches Gespräch zwischen Mahler und Humperdinck, in dem Mahler u. a. gesagt haben soll: [...] *mehr als einen Juden verträgt die Wiener Hofoper nicht.* (*KBG*, S. 179)

[305] Selma Kurz, 1877 in Galizien geboren, hatte am Theater in Frankfurt/M. debütiert, wo sie Mahler im März 1898 kennenlernt. Mahler bittet sie, Mitte April 1899 nach Wien zu kommen; er hat für sie die Hauptrolle in Rubinsteins *Dämon* vorgesehen, die aber dann doch von A. v. Mildenburg gesungen wird.

[306] Laura Hilgermann, 1869 in Wien geboren, studierte dort auch und begann 1885 in Prag, als auch Mahler dort war. 1890 engagierte er sie nach Budapest. Später sang L. Hilgermann auf zahlreichen Tourneen mit E. Grieg dessen Lieder und lehrte am Budapester Konservatorium.

[307] Marie Gutheil-Schoder, 1874 in Weimar geboren, wird eine der Hauptstützen des Mahlerschen Theaterstils. Sie debütiert in Wien am 24. 2. 1900 mit *Carmen* und bleibt Mitglied des Ensembles bis 1926.

Hauptstützen und dazu Publikumsliebling des Hofopernensembles. *Das Sängerpersonal hat einen Bestand erreicht,* notiert Natalie Bauer-Lechner, *wie ihn die Oper noch nie besessen. Endlich hat Mahler auch einen eigenen Mezzosopran in der Hilgermann gewonnen, die vortrefflich in sentimentalen und naiven Partien ist. Einen geradezu durchschlagenden Erfolg hatte die Kurz als Mignon, in der er nun ein jugendlich-lyrisches Talent hat, wie er es braucht.*[308]

In Mahlers erster Neuinszenierung der Spielzeit 1899/1900 macht das Wiener Publikum am 23. Oktober Bekanntschaft mit einer 1871 entstandenen Oper des russischen Komponisten und Pianisten Anton Rubinstein mit dem Titel *Der Dämon.* Mahler, der das Werk selbst einstudiert und dirigiert, findet mit dem etwas farblosen Sujet und der eigentlich unopernhaften Musik Rubinsteins keine Resonanz. Die Leistung der Haupt-Protagonisten Mildenburg und Reichmann werden außerordentlich bewundert, die Oper selbst aber von der Kritik als belanglos eingestuft, weil – wie Helm schreibt – Rubinstein nicht in der Lage sei, die Dramatik einzelner Personen zu charakterisieren oder eine Atmosphäre des Bösen herzustellen. Und Hirschfeld charakterisiert Rubinsteins Musik als »orientalischen Bazar musikalischer Attraktionen«, die aber auch nicht eine einzige Situation der Handlung zu verdeutlichen in der Lage sei. Alles in allem: die ganze Sache ist letztendlich unerfreulich – die Oper bringt es auf nur fünf Vorstellungen –, zumal überdies auch noch zwischen Mahler und dem Hauptdarsteller Reichmann eine brieflich ausgetragene Kontroverse über interpretatorische Fragen entsteht: überflüssige Kräftevergeudung am untauglichen Objekt! Immerhin steht für Reichmann die Übernahme seiner Glanzrolle, des Hans Sachs in den *Meistersingern,* auf dem Spiel. Mahler überträgt die Rolle prompt dem zweiten hervorragenden Bariton des Hauses, Leopold Demuth, wahrscheinlich nicht, um Reichmann zu kompromittieren, sondern – wie de La Grange mutmaßt – um niemandem irgendwelche Exklusivrechte auf eine Rolle einzuräumen; außerdem ist ihm daran gelegen, daß der jüngere, seit einem Jahr engagierte Sänger, der die Partie schon in Bayreuth gesungen hat, für den Fall, daß Reichmann einmal ausfallen sollte, einspringen kann.

Nach nur drei Orchester- und Bühnenproben öffnet sich für *Die Meistersinger* am 26. November 1899 der Vorhang; Selma Kurz

[308] *NBL*, S. 123/124

singt die Eva, Fritz Schrödter den David, Hermann Winkelmann den Stolzing. *Vom Vorspiel an, das mit unerhörter Macht und Größe und ebensolcher Zartheit und Innigkeit wie voll Humor erklang, wich die Spannung und Entzückung der Hörer keinen Augenblick.*[309] Für Robert Hirschfeld (*Wiener Abendpost*) hat die *Meistersinger*-Aufführung in Wien Bayreuther Format, und Max Kalbeck ist überzeugt, daß Mahler die Oper so lebendig gemacht habe, wie es Absicht und Wunsch Wagners gewesen sei. Keine Frage: der Hofoperndirektor hat seinen Erfolgen als Dirigent und Regisseur einen weiteren wichtigen hinzufügen können.

Und dennoch: die Widerstände werden immer massiver; geradezu symptomatisch ist der Bericht über die erste Hälfte der Spielzeit 1899/1900 des Wiener Korrespondenten der *Neuen Zeitschrift für Musik,* der mit *F.W* zeichnet. Erster Vorwurf: Mahler bringt zuwenig wirkliche Novitäten, dafür setzt er Wiederholungen älterer Inszenierungen ein, die er mit zwei oder drei neuen Sängern als Neueinstudierung ankündigt. Der zweite Vorwurf hat seinen Ursprung in der Parteinahme für Hans Richter. Mahlers *Meistersinger*-Neuinszenierung ohne Striche sei sozusagen eine Art Revanche für die erfolgreichen *Ring*-Aufführungen durch Richter gewesen. Wie unterschiedlich die Leistungen der beiden Rivalen und ihre Publikumsresonanz beurteilt werden, zeigt die Tatsache, daß der Korrenspondent den demonstrativen Beifall beim Erscheinen Richters als *Spitze gegen Direktor Mahler* gutheißt, die Ovationen, mit denen Mahler zur *Meistersinger*-Vorstellung empfangen wird, aber als *mit der Würde einer Hofbühne nicht vereinbar* bezeichnet. Dritter Vorwurf: Mahler bevorzugt ausländische Komponisten, namentlich slavische, und vernachlässigt die *Opernproducte Jung-Deutschlands*.[310]

Sakrileg an Beethovens »Neunter«!

Empfindliche Kritik trifft ihn auch als Leiter der Philharmonischen Konzerte; viele seiner begeisterten Anhänger können und wollen ihm nicht mehr folgen, als er ihnen am 18. Februar 1900 Beethovens 9. Sinfonie in einer weitaus weniger retuschierten Fassung als

---

[309] *NBL*, S. 128
[310] *NZfM* 65 (1898), S. 8/9 und 19/20; *NZfM* 67 (1900), S. 134/135, 147/148, 159/160, 171/172.

in Hamburg darbietet. *Einige Änderungen in der Instrumentation waren ja auch diesmal zu hören,* erinnert sich Ludwig Karparth, *aber im Grunde genommen war es doch eine normale Aufführung* [...] Um so erstaunlicher die Tatsache, daß sie ein wahres Trommelfeuer der Kritik provoziert. Unter all den Äußerungen der Ablehnung und des Unverständnisses sind die von Richard Heuberger in der *Neuen Freien Presse* noch die wohlwollendsten, für den Fortgang der Angelegenheit aber besonders wichtig, weil Mahler sich in einer Entgegnung drei Tage später vor allem auf Heubergers Bemerkungen bezieht und die Gelegenheit wahrnimmt, Grundsätzliches über seine Auffassung von der Wiedergabe klassischer Werke zu äußern. Heuberger schreibt am 19. Februar 1900 u. a.: *In der Musik werden gerade in unserer Zeit Versuche gemacht, das durchaus verwerfliche System der »Übermalungen« an den Werken unserer Klassiker zur Anwendung zu bringen. – Was uns gestern als »Neunte Symphonie von Beethoven« vorgeführt wurde, ist ein bedauerliches Beispiel für diese Verirrung, für diese Barbarei. Eine ganze Unzahl von Stellen erschien förmlich uminstrumentiert, dadurch dem Klang und somit auch dem Sinn nach geändert, gegen den klar ausgesprochenen Willen Beethovens geändert.* [...] *Wir gehören zu den aufrichtigsten Verehrern Herrn Direktor Mahlers, insoweit es seine bewunderungswürdige Tätigkeit im Theater betrifft, und glauben von dem Verdacht böswilliger Verkennung dieses seltenen Künstlers oder seines Wirkens völlig sicher zu sein; um so mehr möchten wir aber in diesem Falle ein vernehmliches Halt! rufen* [...][311] (vgl. S. 120) Soweit Heuberger, einer der publizistischen Anhänger Mahlers. Gerade die Ehrlichkeit Heubergers veranlaßt Mahler denn auch, den Zuhörern des Wiederholungs-Konzerts am 22. Februar einen Zettel auszuhändigen, auf dem er seine Bearbeitung der 9. Sinfonie zu rechtfertigen sucht.

Zunächst ruft er in Erinnerung, daß Beethoven gerade in jener Zeit, in der er die konzeptionell gewaltigsten Werke schrieb, bereits völlig taub gewesen sei und daher *den unerlässlichen innigen Contact mit der Realität, mit der physisch tönenden Welt* nicht mehr gehabt habe. Zum zweiten seien damals die Blechblasinstrumente aufgrund ihrer mangelhaften Technik noch nicht in der Lage gewesen, bestimmte melodische Passagen zu spielen, wozu sie heute sehr wohl fähig seien und infolgedessen auch herangezogen wer-

---

[311] *KB* II, S. 224

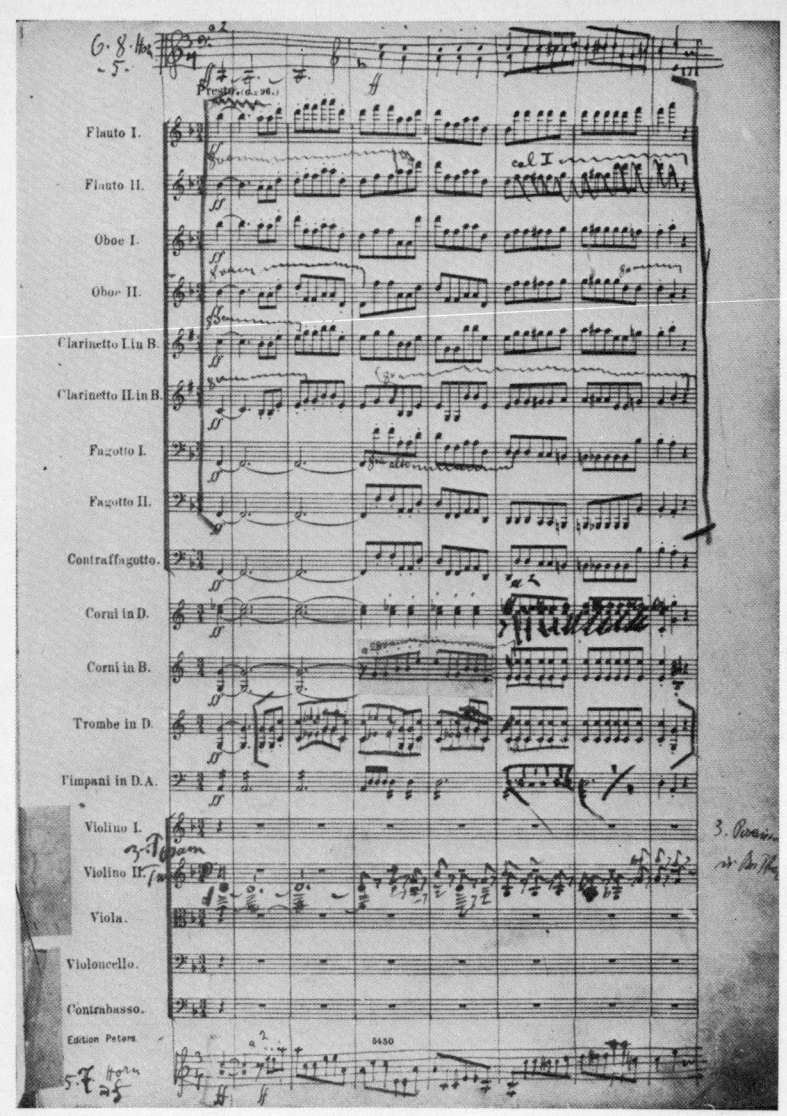

Mahlers Retuschen in Beethovens 9. Sinfonie
Beginn des IV. Satzes

194

den müßten. Bei all seinen Überlegungen beruft er sich namentlich auf Richard Wagner, der *in Wort und That leidenschaftlich bemüht war, den Vortrag Beethoven'scher Werke einer nachgerade unerträglich gewordenen Verwahrlosung zu entreissen* [...] *Von einer Uminstrumentierung, Aenderung, oder gar »Verbesserung« des Beethovenschen Werkes kann natürlich absolut nicht die Rede sein. Es könne vielmehr – so* Mahler – der Nachweis geführt werden, *daß es dem Dirigenten überall nur darum zu thun war,* [...] *den Willen Beethovens bis in's scheinbar Geringfügigste nachzufühlen und in der Ausführung auch nicht das Kleinste von dem, was der Meister gewollt hat, zu opfern, oder in einem verwirrenden Tongewühl untergehen zu lassen.*[312]

Mahler sticht in ein Wespennest, nicht eigentlich, was die Sache selbst angeht; vielmehr fühlt sich z. B. Heuberger dadurch, daß ein Dirigent sich vor einem Konzert zu seinen Interpretationsprinzipien äußert, – gelinde gesagt – irritiert. Vor derartigen *Konzertsatzschriften* – so meint er – müsse gewarnt werden, *sonst erleben wir nächstens eine »Einrede«, vielleicht »replicando« und »duplicando«, »endlich« und »Gegenendlich«.* Er plädiert für nichts weniger als dafür, daß doch, bitte, die Zuständigkeiten im Musikleben fein säuberlich getrennt bleiben: hie jene, die entscheiden, was gespielt wird, dort die anderen, die sagen, wie gespielt (oder komponiert) werden müßte. Aber all das nimmt sich vergleichsweise harmlos aus gegenüber den spöttischen Bemerkungen von Robert Hirschfeld in der Wiener Abendpost vom 13. Februar: *Herr Direktor Mahler hat wieder einmal, – nein, er hat keine Rede gehalten, er hat es niedergeschrieben und an das versammelte Volk verteilen lassen. Nun besitzen wir auch ein Schriftstück von ihm. Der Anfang ist gemacht. Man ahnt – gesammelte Werke* [...] *Mark Twain hat derlei Schriftstücke viel geschickter gemacht. Man erinnert sich an seine Verteidigung wegen eines Artikels in der »Landwirtschaftlichen Zeitung«. Da verteidigt er das, was er gemacht hat, mit dem, was er gemacht hat. Aehnlich Gustav Mahler, nur daß er es im Ernste tut.* Hirschfeld kommt dann auf Beethovens Taubheit zu sprechen und ist der Meinung, daß Beethoven aufgrund dieser Tatsache *eher dikker als dünner instrumentieren wollte. Herr Mahler verneint das*

---

[312] zit. nach dem Faksimile in *KB* II, S. 224; zu Mahlers Hinweis auf R. Wagner vgl. dessen *Bericht über die Aufführung der neunten Symphonie von Beethoven im Jahre 1846 in Dresden*, in: *R. Wagner, Auswahl seiner Schriften*, hg. von H. St. Chamberlain, Leipzig 1910, S. 225 ff.

[...] *Hierauf wird der Nachweis geführt, daß instrumentative Aen-*
derungen von Mahler nicht vorgenommen wurden, daß sie aber –
notwendig und nicht zu vermeiden waren. Herr Mahler ist nicht ver-
pflichtet, die Gesetze der Logik zu kennen, aber er ist ebensowenig
verpflichtet, sie deshalb anzuwenden.[313]

Die Atmosphäre ist gespannt, die Situation für Mahler ganz ähnlich der in Hamburg, wo er sich auch die ersten und zugleich erbit-
tertsten Feinde als Konzertdirigent einhandelte, nicht in der Oper.
Robert Hirschfeld, zunächst einer der entschiedensten Bewunderer Mahlers, wird später zu seinem schärfsten Gegner, was Mahler
zwar bedauert, ihn aber nicht davon abbringt, seinen Weg unbeirrt
fortzusetzen. Hirschfeld jedenfalls schwingt sich zum mächtigen
Wortführer all jener auf, die schon längst oder auch neuerdings davon überzeugt sind, daß Mahler der falsche Mann am wichtigen
Platz sei. Mahler seinerseits versucht, damit zu leben.

Am 14. Januar 1900 präsentiert er sich dem Wiener Publikum erneut als Komponist, diesmal mit Orchesterliedern, und zwar mit
den Liedern Nr. 2 *Ging heut' morgen über's Feld* und Nr. 4 *Die zwei*
blauen Augen von meinem Schatz aus dem Zyklus *Lieder eines fah-*
renden Gesellen sowie den *Wunderhorn*-Liedern *Das irdische Le-*
ben, *Wo die schönen Trompeten blasen* und *Wer hat dies Liedlein*
erdacht.

Ein durchschlagender Erfolg als Komponist ist ihm schon im
April 1899 mit der Aufführung der 2. Sinfonie nicht geglückt, und
auch diesmal bleibt die Resonanz zwiespältig. Erwartungsgemäß
fällt das Urteil der Blätter mit vorwiegend antisemitischem Hintergrund negativ aus. Das *Deutsche Volksblatt* entrüstet sich darüber,
daß Mahlers Lieder beifällig aufgenommen worden seien, während die von Strauss häufig abgelehnt würden. Und Theodor Helm
wirft Mahler in der *Deutschen Zeitung* vor, daß er mit der Regel gebrochen habe, keinen Solisten in den Philharmonischen Konzerten
zu präsentieren, und dies offensichtlich nur, weil es um sein eigenes
Prestige gegangen sei. In der Sache selbst beanstandet er Mahlers
»Fehler in der Diktion« und den Versuch, sich einem naiv-volks-
tümlichen Ton zu nähern. Darin trifft er sich nun allerdings mit
der ganz sicher um Objektivität bemühten Kritik Eduard Hanslicks. Ihm ist eine gewisse Verlegenheit anzumerken, wenn es um
die Klassifizierung der Orchesterlieder geht: *weder Lied noch Arie,*

---

[313] Alle Zitate aus *KBG*, S. 136–138. Hirschfeld unterzeichnet seinen Beitrag mit
King-Fu.

noch dramatische Scene, haben sie von alledem etwas. Sie erinnern der Form nach am ehesten an die Gesänge mit Orchesterbegleitung von Berlioz: »La captive«, »Le chasseur danois«, »Le pâtre breton«. Auch Hanslick macht dann auf eine Diskrepanz aufmerksam, die in ähnlicher Weise schon Helm kritisch angemerkt hatte. *Mahler, als der Modernsten einer,* so schreibt Hanslick, *mochte sich, wie das oft geschieht, gern in das Extrem flüchten, in die Naivetät, die ungebrochene Empfindung, die knappe, ja ungefüge Sprache des älteren Volksliedes. Diese Gedichte mit der schlichten Anspruchslosigkeit früherer Komponisten zu behandeln, widerstrebte aber seiner Natur. Dem volkstümlich gehaltenen Gesang legte er eine üppige Begleitung von geistreicher Beweglichkeit und scharfer Modulation unter und gab sie nicht dem Klavier, sondern dem Orchester [...] Ein Widerspruch, ein Zwiespalt zwischen dem Begriffe »Volkslied« und dieser kunstvollen, überreichen Orchesterbegleitung ist nicht wegzuleugnen.*[314]

Fazit des zweiten Versuchs, in Wien auch als Komponist Anerkennung zu finden: die Mehrheit der Kritiker reagiert mit Unverständnis; Mahlers Anhängerschar rekrutiert sich aus einer relativ kleinen Gruppe Wohlgesonnener, die in Reaktion auf den ästhetischen »common sense« der Jahrhundertwende alle Anzeichen einer gewissen Esoterik trägt, verstärkt und besonders ausgeprägt immer dann, wenn die Hatz gegen Mahler einem neuen Höhepunkt zustrebt. Und seine Gegner lassen in der Tat keine Gelegenheit aus, in der übelsten Weise über ihn herzufallen.

Richters Abschied

Willkommener Anlaß zu erneuten Angriffen gegen Mahler bietet Hans Richters offizielles Gesuch um endgültige Entpflichtung, das er am 28. Februar 1900 an die »Hochlöbliche Direktion d. k. k. Hofoperntheaters in Wien« richtet. Darin begründet er seine Bitte um Enthebung vom Dienst damit, daß er gesundheitlich, vor allem nervlich, nicht mehr in der Lage sei, den Anforderungen des Theaters zu genügen. *Mein ganzes Theaterleben* – so schreibt Richter – *war ein Kampf gegen Unverständnis, unfeine Gesinnung und Unfähigkeit [...] Und hatte ich wirklich eine ungetrübte künstlerische*

---

[314] Eduard Hanslick, *Aus neuer und neuester Zeit*, Berlin 1900, S. 76f.

Freude, so sorgte eine mir feindlich gesinnte Presse in Wien eifrigst dafür, durch Schmähungen und Bosheiten, mir diese seltenen und kurzen Freuden zu vergällen. Dem offiziellen Schreiben ist ein zweites beigefügt, das sich mit der Anrede *Lieber Freund und Kollege!* an Mahler persönlich wendet. In diesem Schreiben werden Richters eigentliche Beweggründe, sich von Wien zu verabschieden, deutlich: er hat den für die Saison 1899/1900 abgeschlossenen Vertrag nur gebraucht, um mit Manchester aus einer sicheren Position heraus verhandeln zu können. *Ich habe den neuen Kontrakt nur unterzeichnet, weil mir sonst der Weg versperrt gewesen wäre, mir eine passende Tätigkeit zu schaffen [...] Ich bitte Sie im Namen der Menschlichkeit, bei der Intendanz dafür zu wirken, daß man mich ruhig ziehen läßt [...]*[315] Dies geschieht denn auch, aber – wie Ludwig Karpath, der alles hautnah miterlebt, festgehalten hat – nicht ohne größte Bedenken Mahlers. *Sachlich bin ich auch dafür,* äußert er gegenüber Karpath, *von meiner Person aus gesehen, habe ich einige Bedenken. Es besteht doch nicht der geringste Zweifel, daß gewisse Kreise mir vorwerfen werden, ich habe Richter hinausgeekelt.* Um dem vorzubeugen, bittet er Karpath, einen Beitrag für die *Wiener Abendpost* zu verfassen, dem unmißverständlich zu entnehmen ist, daß sich die Generalintendanz in *Anbetracht der zwingenden, ja unabweislichen Gründe, die Herr Dr. Richter vorbringt,* genötigt sieht, seinem Entlassungsgesuch zu entsprechen. Reaktion der *Deutschen Zeitung*, des Presse-Organs der christlich-sozialen Partei: *Die Art, wie Richter seine Tätigkeit in Wien verleidet wurde, bildet eines der häßlichsten Kapitel in der Geschichte des musikalischen Wien. Es wäre ganz falsch anzunehmen, daß Mahler ihm entgegengetreten sei; er war im Gegenteil vorsichtig genug, seines Lobes kein Ende zu finden. Dafür arbeiteten seine Helfershelfer und ihre Organe, die jüdischen Zeitungen, um so systematischer [...]*[316] Richters Abgang und das zur gleichen Zeit erfolgte Engagement von Franz Schalk, der ja für den verstorbenen Fuchs als 1. Kapellmeister in die Hofoper eintritt, nimmt das *Deutsche Volksblatt* zum Anlaß, Mahler – wissentlich oder nicht – den unberechtigten Vorwurf zu machen, er habe nun, nachdem zuvor bereits Marie Renard durch die Halbjüdin Selma Kurz ersetzt wor-

[315] *KBG*, S. 158–160
[316] zit. nach *KB* II, S. 225 (*Deutsche Zeitung* vom 3. 3. 1900)

den sei, an der Stelle Richters den Halbjuden Schalk verpflichtet.[317]

Max Graf sieht in den Ereignissen dieser Monate den eigentlichen Ursprung beginnender Feindseligkeiten gegen Mahler. *Der erste Anlaß, welcher das Wiener Musikpublikum in zwei Parteien gespalten hat,* schreibt er in seiner Retrospektive anläßlich der Wiedereröffnung des Wiener Opernhauses im Jahre 1955, *war das Scheiden Hans Richters[…] Als die Absicht Hans Richters, von der Hofoper zu scheiden, bekannt wurde, kam es an jedem Abend, wo Hans Richter am Dirigentenpult erschien, zu großen Demonstrationen für Hans Richter, und die antisemitische Partei benutzte diese Demonstrationen, um ihnen eine Spitze gegen Gustav Mahler zu geben. Der Gegensatz der beiden großen Männer wurde zu einem Gegensatz der Parteien. Eine Mahler-Hetze begann in den Winkeln der antisemitischen Zeitungen und wäre vermutlich auf diese beschränkt geblieben, wenn nicht die Aufführungen der ersten Sinfonien Gustav Mahlers die Zahl der Mahler-Gegner vermehrt hätten.*[318]

Mahler scheint in dieser Zeit zunehmend gereizt; Vergleiche seiner Leistung mit der anderer Persönlichkeiten des Wiener oder internationalen Musiklebens mißversteht er bereits als Herabsetzung. Max Graf, der Mahlers Wirken in Wien außerordentlich hoch schätzt, aber es sich nicht nehmen läßt, auch die Arbeit anderer angemessen zu würdigen, erlaubt sich in seinem Büchlein *Wagner-Probleme und andere Studien*, das in dieser Zeit erscheint, eine Gegenüberstellung Mahler – Richter. Bemerkenswert ist dabei vor allem, daß der 27jährige Max Graf, der damals sicher selbst noch keinen festen Stand im Wiener Kritiker-Milieu hat, zunächst einmal mit dem »Wiener Geist« ins Gericht geht, um damit eine Bresche für Mahler zu schlagen. Grafs Einlassungen sind angesichts des Windes, der Mahler bereits ins Gesicht bläst, außerordentlich mutig. Nirgendwo – so schreibt er – sei die geistige Energie so schwach ausgebildet wie in Wien. *Die sogenannten wienerischen Tugenden sind nichts als schöne und liebenswürdige Verklärungen dieser geistigen Trägheiten. Das einzige Gebiet, auf welchem der Wiener Geist schöpferisch geworden ist – der Wiener Walzer – ist das der musikalisch veredelten Philistergemüthlichkeit. […] Ohne einen*

---

[317] De La Grange bemerkt in einer Fußnote (S. 929): *Diese Feststellung ist falsch. Schalk taucht in keiner der von den Nazi-Größen veröffentlichten Listen von »Nicht-Ariern« auf.* Zur Korrespondenz mit Schalk siehe *UGMB*, S. 162ff.

[318] Max Graf, *Die Wiener Oper*, S. 86/87

kleinen Zusatz von patriarchalischer Biedermännerei und Schwach-
sinnigkeit können sich die Wiener nun einmal ihre Heroen nicht
recht denken [...] Kein Wunder, daß der Wiener Geist sich gegen
Mahler mit den stärksten Krämpfen wehrt. Denn hier sieht er sich ei-
nem guten Europäer gegenüber von einer hohen Elektricität, Span-
nung und Energie der geistigen Kräfte, von einem rücksichtslosen
Fanatismus im Erfassen künstlerischer Aufgaben, von einer außer-
ordentlichen Explosivkraft und Reizbarkeit.[319]

Graf macht seine Sicht des Mahlerschen Könnens an der Interpretation zweier Werke fest: *Tristan und Isolde* und *Figaros Hoch-*
zeit. Jenes – so Graf – *dirigiert Mahler mit einer passionierten und*
ergriffenen Exaltation, die alle Leidenschaften des Werkes aus tief-
stem Grunde aufpeitscht. Dieses mit einer zärtlichen und geistrei-
chen Heiterkeit, die den intimsten Wendungen der Musik den letzten
Glanz der Vollkommenheit gibt. Diese zwei Werke, die man bisher
im Wiener Opernhause nie so vollendet gehört hat, scheinen mir Tie-
fen und Höhen der Natur Mahlers als Grenzen einzuschließen. An
diesen Grenzen explodiert sein Talent am glänzendsten, intensiv-
sten, blendendsten [...][320] An dieser Stelle nun setzt der Vergleich
mit Richter ein, der schließlich zum Bruch der persönlichen Beziehungen zwischen Graf und Mahler führt. Er spricht nämlich von
der sogenannten Mittellage der Begabung, die sich eher an der Interpretation Beethovenscher Sinfonien oder der *Meistersinger*
zeige. *Hier ist Hans Richter, der mehr Roastbeef und weniger Ner-*
ven im Leibe hat, der stärkere Mann. Ich sehe in diesen beiden Män-
nern nicht Gegensätze, sondern Ergänzungen, und zwar die merk-
würdigsten und vollkommensten. Wo die Grenzen Richters enden,
fängt die Begabung Mahlers erst an, und selbst bei der grössten Ver-
ehrung für jenen starken und männlichen Künstler muss ich sagen,
dass er nie weder der innerlichsten Vertiefungen und Ergriffenhei-
ten, wie sie »Tristan und Isolde« zur vollkommenen Reproduction
fordert, noch jener geistreichen Heiterkeit, wie sie ein Werk Mozarts
verlangt, fähig war; dafür aber in mittleren Atmosphären von Kraft
und Energie des Geistes Grandioses leistete.[321]

Diese Zeilen wirken – wie Graf kurz nach Erscheinen des Buches, das er Mahler gewidmet hat, erfährt – wie ein rotes Tuch auf
Mahler. *Wäre ich damals älter gewesen,* schreibt er 1955, *so hätte*

---

[319] Max Graf, *Wagner-Probleme und andere Studien*, Wien 1900, S. 122f.
[320] ebda., S. 125
[321] ebda., S. 125f.

ich die Haltung Gustav Mahlers nicht zu tragisch genommen. Durch reichliche Erfahrung belehrt, weiß ich jetzt, daß ein Künstler nichts will als Lob und selbst das maßloseste, geschmackloseste Lob wie Ambrosia herunterschluckt. Er mag noch so oft erklären, er wolle nur Gerechtigkeit, gerecht erscheint ihm eben nur das maßlose Lob. Das scheint mir heute etwas Selbstverständliches, weil jeder Künstler diese warme Atmosphäre der unbedingten Verehrung zu seinem Schaffen braucht und weil Künstler labile Seelen haben, die stets mit Liebe, Verehrung und selbst mit leerer Schmeichelei gepölzt werden müssen.[322]

Eine Woche nach dem 5. Philharmonischen Konzert, in dem er fünf seiner Orchesterlieder vorgestellt hatte, dirigiert Mahler die einzige Uraufführung der Saison in der Oper *Es war einmal*, des damals 28jährigen Alexander von Zemlinsky[323], einem der führenden Köpfe der jungen Wiener Komponisten-Generation um Arnold Schönberg. Mahler hatte sich von Zemlinsky das Stück vorspielen lassen; sein Eindruck: es ist voll von »Anleihen« und ohne wirkliche Originalität; trotzdem entscheidet er sich zur Annahme der Oper, allerdings nicht, ohne zuvor mit Hilfe Lipiners das Libretto zu ändern und eine etwas verkürzte Version herzustellen, die dann allerdings in einer mustergültigen Wiedergabe über die Bretter geht und zweifelsfrei ein Erfolg wird, wenn auch die Meinung der Kritik wieder nicht ungeteilt ist. Hanslick bescheinigt dem jungen Mann zwar Talent und Klangsinn, hält aber die Musik für zu artistisch und subtil, gemessen an der Einfachheit des Librettos; die Vokalpartien – so meint Hanslick mit einem Hinweis auf das Vorbild Wagner – seien zu sehr deklamatorisch und zu wenig melodiös angelegt. Auch Heuberger lobt das »dramatische Talent« Zemlinskys, vornehmlich seine virtuose Orchester-Behandlung und die Begabung zur Illustration, die aber – und dies vermerkt

---

[322] Graf, *Die Wiener Oper*, S. 90

[323] Alexander von Zemlinsky ist nicht – wie de La Grange noch angibt – am 4. 10. 1872, sondern am 14. 10. 1871 (vgl. *Riemann Musiklexikon*, Erg.-Bd., Personenteil II, Mainz 1975, S. 948) in Wien geboren. Er war wie Mahler Schüler des dortigen Konservatoriums; 1897 gewinnt er mit seiner Oper *Sarema*, deren Text nach neueren Forschungen nicht von Schönberg, sondern von Zemlinskys Vater, Adolf von Zemlinsky, stammt, den Leopold-Preis in München. Ab 1899 wirkt er an verschiedenen Theatern als Kapellmeister, leitet ab 1920 eine Meisterklasse für Komposition an der Deutschen Musikakademie in Prag und ist 1927–30 Kapellmeister an der Berliner Kroll-Oper. Am 15. (nicht 16.) März 1942 stirbt er in den USA, wohin er wegen der Nazi-Herrschaft emigrieren mußte.

er negativ – mehr eine Illustration von Sichtbarem, von Aktionen sei als eine solche von Gefühlen. Nur die antisemitische Presse und leider auch der Wiener Korrespondent der von Robert Schumann begründeten *Neuen Zeitschrift für Musik* schreiben Mahlers Entscheidung für diese Oper seiner vermeintlich antideutschen Haltung zu, mit der er *die Opern der Componisten Deutschlands von den Erstaufführungen an der Wiener Hofoper ausschließt und nach der Annahme der Opern des Böhmen Smetana und der Russen Rubinstein und Tschaikowsky, nun, damit das Slaventhum im Spielplane der Hofoper vollständig vertreten, auch das Werk eines Componisten mit polnischem Namen: Zemlinski, wenngleich ohne Erfolg zur Aufführung gebracht* [...][324]

Presseleuten vom Schlage eines »F. W.« kamen damals und kommen heute eben keinerlei Bedenken, einen Menschen wegen seines Namens zu diffamieren.

Mit der Aufführung von Bizet's *Carmen* am 24. Februar 1900 betritt eine Künstlerin die Bühne des Hofoperntheaters, die bis 1926 eine der führenden künstlerischen Persönlichkeiten dieses Hauses bleiben sollte: Marie Gutheil-Schoder. Mahler bewunderte stets *das Geheimnis der Persönlichkeit* dieser Frau mehr als ihre Stimme. *Sieh diese auf den ersten Blick unscheinbare Frau mit ihrer mäßigen Stimme und der sogar unsympathischen Mittellage,* äußert er einmal gegenüber Natalie, *und jeder Ton ist Seele und in jeder Miene und Bewegung liegt eine Offenbarung des Charakters, den sie darstellen will und den sie aus dem Mittelpunkt heraus begreift und in allen seinen Zügen umschreibt, wie es nur der Genius eines schöpferischen Wesens vermag.*[325]

Daß Mahler mit ihrem Engagement eine außerordentlich glückliche Hand gehabt habe, bescheinigt ihm auch Richard Heuberger nach der *Carmen*-Vorstellung: *Direktor Mahler, selbst ein großes Talent, ein Mann der Leidenschaft, hat eine feine Witterung für Talente und ganz besonders für so leidenschaftliche wie Frau Gutheil. Er hat sich der merkwürdigen Künstlerin versichert und sie früher als es im anfänglichen Plane lag, aus ihrer weimarischen Heimat nach Wien gebracht* [...] *»Carmen«* ist von heute an eine Prachtvorstellung, die sich neben »Figaros Hochzeit« und anderen von Direktor Mahler von Grund aus restaurierten Opern sehen und hören lassen kann* [...][326]

---

[324] *NZfM* 67 (1900), S. 171/172; der Beitrag ist mit *F.W.* gezeichnet.
[325] *NBL*, S. 135
[326] *Neue Freie Presse* vom 27. 5. 1900; zit. nach *KB* II, S. 225

Marie Gutheil-Schoder als Frau Fluth
in Otto Nicolais *Die lustigen Weiber von Windsor*

Wiederbelebung der Freundschaft mit Richard Strauss

Die Saison 1899/1900 läßt eine alte, wenn auch wohl durch Mahlers Wiener Karriere unterbrochene Verbindung wieder aufleben, die sich in zwei Konzertprogrammen niederschlägt: am 19. November 1899 führt Mahler im 2. Abonnements-Konzert neben Beethovens 2. Sinfonie die Tondichtung *Aus Italien* von Richard Strauss auf; am 9. April setzt Strauss in einem Konzert des Wagner-Vereins in Berlin drei Orchesterlieder Mahlers aufs Programm: *Verlor'ne Mühe*, *Wo die schönen Trompeten blasen* und *Rheinlegendchen*.

Knapp zwei Wochen später beginnt dann auch wieder der Briefwechsel zwischen beiden, und zwar mit einem Schreiben von Strauss[327], in dem er Mahler *ein ein- oder zweiaktiges burleskes Ballet* zur Uraufführung anbietet, das er als *Kometentanz, eine astrale Pantomime* bezeichnet. Mahler antwortet ihm Ende April: *Ihr Ballet ist im Voraus angenommen!* Zur Komposition dieses Werkes kommt es aber nie, obwohl Strauss bereits mitgeteilt hatte: *Es wird circa im Herbst 1901 aufführungsreif sein.*[328] Außerdem habe er vor, im nächsten Winter in Paris den II. Satz aus der 3. Sinfonie Mahlers zu spielen, ein Plan, mit dem sich Mahler aber in seinem Antwortschreiben nicht einverstanden erklärt. *Daß ich Sie bitte, einen einzelnen Satz aus einer Symphonie nicht zu machen, werden Sie mir nicht verübeln. Es würde zu sehr misverstanden werden*, schreibt er an Strauss. Aus der Sache wird also nichts, ebensowenig wie aus Mahlers Absicht, Strauss als Dirigenten für seine Sinfonische Dichtung *Ein Heldenleben* op. 40 in einem der Philharmonischen Konzerte der kommenden Saison zu gewinnen.

Engster Kontakt und ein lebhafter Briefwechsel zwischen beiden wird endgültig eingeleitet durch eine persönliche Begegnung, die im Januar 1901 stattfindet. Von ihr wird später noch in anderem Zusammenhang zu berichten sein.

Gegen Ende der Saison wartet die Hofoper dann noch einmal mit zwei Novitäten auf: am 22. März präsentiert Mahler seinem Publikum Tschaikowskys *Jolanthe,* und am 16. Mai geht unter Franz Schalks Leitung *Fedora* von Umberto Giordano über die Bühne. Aber beide Stücke können weder Publikum noch Presse zu Begeisterung hinreißen.

Mit den Philharmonikern in Paris

Für Mahler geht die Saison mit einem Ereignis besonderer Art zu Ende: als Leiter der Philharmoniker fährt er Mitte Juni 1900 mit dem Orchester und dem »Wiener Männergesangverein« zu drei

---

[327] Herta Blaukopf, die Herausgeberin des Briefwechsels, bemerkt zu der Korrespondenzlücke zwischen 1897 und 1900: *Das Fehlen jeglicher Korrespondenz im Zusammenhang mit diesem Konzert beweist, daß nicht nur Briefe von Strauss, sondern auch etliche Briefe von Mahler im Lauf der Jahre verloren gegangen sind.* (*BMS*, S. 164)

[328] *BMS*, S. 52–55

Konzerten nach Paris, wo zur gleichen Zeit die Weltausstellung stattfindet. Mahler sträubt sich zunächst, als ihm der Plan zu Ohren kommt, weil er der Meinung ist, daß für seriöse musikalische Unternehmungen in der Pariser Juni-Hitze und der Hektik einer Weltausstellung eigentlich kein Platz und infolgedessen ein finanzielles Desaster zu befürchten sei. Schließlich gibt er aber dem Drängen der Philharmoniker nach; für sie ist es die erste Auslands-Tournee, der sie natürlich gespannt und wohl auch optimistisch entgegensehen. Zur Finanzierung des Unternehmens tun sich einige reiche Wiener zusammen, die eine Garantie-Summe von 20000 Kronen bereitstellen. Am 14. Juni brechen Chor und Orchester auf[329], in ihrem Gefolge eine Reihe von Sonderberichterstattern der Wiener Zeitungen. Die Publizierung des Ereignisses durch die Pariser Presse ist denkbar dürftig, so daß auch der Publikums-Besuch zu wünschen übrigläßt. Karpath erinnert sich: *Die österreichische Kolonie, zu deren Gunsten die Konzerte angekündigt waren, hatten alle Mühe, zumindest Freikartler in die Konzerte zu bugsieren* [...][330]

Schon die Ankunft in Paris ist so recht nach Mahlers Geschmack: kaum daß er den Zug verlassen hat, strahlt ihm bereits das erste riesengroße Plakat entgegen mit der Ankündigung, die Wiener Philharmoniker spielten *Sous la direction de Mr. Gustav Malheur* [...] Ein Glück, daß er wenigstens gut untergebracht ist, in einem sehr ruhigen, von jedem Lärm abgeschiedenen Appartement der Villa des österreichisch-ungarischen Botschafters Graf Wolkenstein. Von dort unternimmt er in den ersten Tagen ausgedehnte Erkundungsfahrten in die Außenbezirke von Paris, häufig mit dem Konzertmeister des Orchesters, Arnold Rosé, und besucht auch St. Germain und Versailles. Der Unterschied zwischen Paris und Wien kommt ihm vor – wie er an Justine schrieb – wie der zwischen Wien und Iglau!

Das erste Konzert im »Théatre du Chatelet« am 18. Juni ist nur mäßig besucht, aber es erhält durch die Anwesenheit einiger erlauchter Persönlichkeiten, unter ihnen der Komponist Camille

---

[329] Die Angabe Karpaths, die Abfahrt habe am 17. Juni und die Ankunft in Paris am 18. stattgefunden, muß bezweifelt werden, weil das erste Konzert bereits am 18. Juni um 14.30 Uhr stattfindet. Die Wiener Zeitungen vom 15. Juni 1900 melden: *Gestern um 12 Uhr Mittag haben die Wiener Philharmoniker mit einem Separatzug der Westbahn die Reise nach Paris angetreten, wo sie heute Abend um 11 Uhr eintreffen.*

[330] *KBG*, S. 152

Die Weltaustellung 1900 in Paris

Saint-Saëns, der Stahl-Industrielle Krupp, der französische Staatsmann George Clemenceau und der durch den Dreyfus-Prozeß bekannt gewordene Oberst Piquart, einen besonderen Glanz. Der Erfolg der Philharmoniker und ihres Dirigenten ist fulminant. Das Programm: Wagner, *Meistersinger*-Vorspiel; Mozart, g-Moll-Sinfonie KV 550; Weber, *Oberon*-Ouvertüre; Beethoven, *Leonoren*-Ouvertüre Nr. 3 und die 5. Sinfonie.

Die französische Kritik feiert Mahler und sein Orchester enthusiastisch. Catulle Mendés, Freund Debussys und Wagner-Fachmann, schickt einen Bericht an das *Neue Wiener Tagblatt*, in dem es u. a. heißt: *Das Orchester des Herrn Mahler hat uns sofort durch die Augenfälligkeit einer vollendeten Disziplin erobert und durch seine seltene Klangfülle* [...] *Es ist ja sicher, daß seit einiger Zeit eine gewisse Anzahl von Orchesterchefs – darunter kompetenteste und berühmteste – in dem ehrenvollen Eifer, sich vor ihren Kollegen auszuzeichnen, »persönliche« Interpretationen selbst genialer Werke suchen... Aber niemand vermöchte Gustav Mahler zu erreichen mit seiner einfachen Haltung, der reinen Geste, die plötzlich zu einem prächtigen Ungestüm sich verstärkt – und dessen ganze Erscheinung von einem mächtigen nervösen Willen Zeugnis gibt, mit seiner Art, aufzufassen und zu dirigieren* [...] *Herr Mahler hat einen Erfolg davongetragen, der sich bis zum Triumph erhob.*[331]

Interessant, daß auch Pierre Lalo, Sohn des Komponisten Edouard Lalo, seine Besprechung in erster Linie auf den intellektuellen Anteil in Mahlers Interpretation abstellt, allerdings nicht ohne kritische Anmerkung: *Bei uns denkt man über die Partituren der Meister überhaupt nicht nach, bei unseren Nachbarn denkt man zu viel. Man entdeckt in jeder Note eine Absicht; man hebt alles hervor; und man gelangt zu einer übermäßigen Komplizierung der Struktur, man zerstört den Aufbau des Stückes* [...] Ebenso interessant, vielleicht sogar ein wenig überraschend die Bemerkung Lalos, man hätte in Paris gern etwas von dem Komponisten Mahler gehört. *Bedauerlicherweise hat M. Mahler, der einer der bemerkenswertesten Symphoniker deutscher Schule ist, sich nicht entschlossen, bei dieser Gelegenheit eins seiner Werke aufzuführen* [...][332]

Leider gerät das Unternehmen trotz der unbestreitbaren künstlerischen Erfolge in solche finanziellen Schwierigkeiten, daß man kaum noch weiß, wie die Rückreise bezahlt werden soll. Eine ent-

[331] zit. nach *KB* I, S. 185/186
[332] zit. nach *KB* II, S. 227

sprechende Bitte an die Fürstin Metternich, den zufällig in Paris weilenden Wiener Baron Albert Rothschild um Hilfe zu bitten, wird abschlägig beantwortet, so daß Mahler sich entschließt, auf eigene Faust bei Rothschild anzuklopfen. Nach einigem Hin und Her erreicht er tatsächlich, daß der Finanzier 20 000 Franc zur Verfügung stellt, mit deren Hilfe die Heimreise der Philharmoniker am Tag nach ihrem letzten Konzert am 21. Juni sichergestellt ist.

Auch dieses letzte Konzert mit Beethovens »Eroica«, dem Scherzo aus der 4. Sinfonie Bruckners, Karl Goldmarks Ouvertüre *Im Frühling* und der *Tannhäuser*-Ouvertüre von Wagner im riesigen Saal des »Trocadéro« wird zu einem glanzvollen Erfolg.

Mahlers Resümee der gesamten Reise: *Manches hat uns hier enttäuscht, vor allem die Presse, die mit wenigen rühmlichen Ausnahmen für unsere Konzerte keine Zeit hatte oder sich nur oberflächlich mit ihnen beschäftigte [...] Trotzdem kann ich mit Befriedigung feststellen, wir haben hier durchgegriffen und alle, die ernste Musik verstehen und pflegen, sind in ihrem Urteil enthusiastisch [...] Ich habe jetzt die Überzeugung, daß, wenn wir ein zweites Mal und zu gelegenerer Zeit hierher kämen, wir auch in weiteren Kreisen Anklang und Anerkennung fänden.*[333]

Sommer 1900 in Maiernigg – Vollendung der 4. Sinfonie

Fürs erste ist Mahler froh, Paris zu verlassen, um endlich in Ferien gehen zu können, Ferien, in denen er sich zum ersten Mal nach vier Jahren wieder in einem eigens für ihn erbauten »Komponierhäusl« ganz seiner Arbeit widmen zu können hofft. Am 23. Juni 1900 kommt er zusammen mit Arnold Rosé in Maiernigg an[334], wo er bereits im Jahr zuvor die »Villa Antonia« gemietet hatte. Etwa zwanzig Minuten Fußweg entfernt liegt sein Komponierhäuschen, wohin er sich bald zurückzieht, um die Skizzen zur 4. Sinfonie aus dem vergangenen Jahr auszuarbeiten. Aber noch leidet er in der ersten Woche unter den Strapazen der Paris-Tournee, und außerdem hat er offenbar Schwierigkeiten, *nach dem jähen Abbruch am Ende der Ausseer Ferien sich jetzt wieder hineinzuversetzen und die Arbeit im ursprünglichen Flusse fortzuführen* [...], meint Natalie Bauer-

[333] *KBG*, S. 156
[334] *NBL* gibt den 21. Juni als Ankunftstag in Maiernigg an, was angesichts des letzten Pariser Konzerttermins wohl ein Irrtum sein dürfte.

Eine Seite aus dem IV. Satz der 4. Sinfonie (Autograph)

Lechner. So recht kommt er auch nach der ersten Woche noch nicht zur Ruhe, als er etwa so um seinen 40. Geburtstag am 7. Juli herum mit der Ausarbeitung der »Vierten« beginnt. Ihn stört alles und jedes: die Vögel zwitschern zu laut, die Hunde bellen zu unpassender Zeit, eine Drehorgel entnervt ihn, und zu allem Überfluß hört er auch noch die Blaskapelle vom anderen Seeufer! Angesichts der paar Wochen, die ihm zum Arbeiten bleiben, verfällt er zeitweise in geradezu depressive Zustände, weil er ständig befürchtet, die Qualität der Komposition müsse unweigerlich unter solchem Druck leiden. Trotzdem gönnt er sich ab und zu ein paar Tage völliger Entspannung und erholt sich bei ausgedehnten Wanderungen und den geliebten Fahrradtouren. Und wenn er sich dann wieder in sein Häuschen zurückziehen kann, findet er jene wahre Erfüllung seines Lebens, die ihm durch die Theaterarbeit eigentlich immer nur vorenthalten wird. *Hier übertrifft es an Ruhe und Sicherheit und dionysischen Wundern und Entzückungen bei weitem selbst das von ihm so geliebte Steinbacher Wiesen-Häuschen*, schreibt Natalie. *Hier arbeitet er bei allen vier weit offenen Fenstern und atmet so fortwährend die köstlichen Waldeslüfte und -düfte ein [...] So sagte Mahler auch gestern, daß er noch niemals das Glück des Sommers, das Glück seines Schaffens so genossen hätte wie heuer.*[335] Noch während der Arbeit spricht er in ungewohnter Mitteilsamkeit immer wieder über seine Gedanken zur »Vierten«, von ihrem inneren Zusammenhang und dem mit den vorhergehenden drei Sinfonien. Ursprünglich hatte Mahler die »Vierte« als »Humoreske« bezeichnet – wahrscheinlich infolge des an die *Wunderhorn*-Idiomatik angelehnten Inhalts – und plante sechs Sätze mit folgenden Titeln:

Nr. 1   *Die Welt als ewige Jetztzeit*
Nr. 2   *Das irdische Leben*
Nr. 3   *Caritas (Adagio)*
Nr. 4   *Morgenglocken*
Nr. 5   *Die Welt ohne Schwere (Scherzo)*
Nr. 6   *Das himmlische Leben*

Diesen Plan, den er offenbar im Jahr zuvor in Aussee gefaßt hatte, als er noch mit der Ausarbeitung der »Dritten« beschäftigt war, läßt er im Sommer 1900 fallen; die *Morgenglocken* finden ihren Platz als fünfter Satz in der 3. Sinfonie, *Das irdische Leben* wird Teil der Wunderhorn-Lieder mit Orchester, und den geplanten Scherzo-Satz *Die Welt ohne Schwere* übernimmt er in die ein Jahr später begonnene 5. Sinfonie. Ob das in der heute vorliegenden Fassung der Vierten in G-Dur stehende *Adagio* tatsächlich der ur-

[335] *NBL*, S. 140

Mahlers Villa in Maiernigg

sprünglich in B-Dur konzipierte *Caritas*-Satz ist, läßt sich derzeit nicht hinreichend klären.[336]

Vor allem aber wird an der Genese dieser Sinfonie, die bis zu ihrer sogenannten endgültigen Fassung eine Unzahl von Überarbeitungen durch Mahlers Hand erfährt, ein interessantes Phänomen des Mahlerschen Schaffens-Prozesses und -Verständnisses sichtbar: er konzipiert einen sinfonischen Satz meistens ausschließlich bzw. primär als einen in sich stimmigen Organismus (aus diesem Grunde ändert er so gut wie nie etwas an der kompositorischen Substanz, sondern nur an der instrumentalen Einkleidung), dessen Stellung innerhalb eines Sinfonie-Ganzen durchaus nicht von vornherein festgelegt ist. Oft plant er Sätze, arbeitet sie sogar aus, ver-

---

[336] vgl. de La Grange, S. 812

wendet sie aber letztendlich doch nicht in dieser, sondern möglicherweise in einer späteren Sinfonie; immer wieder ändert er die Reihenfolge der Sätze, oder er nimmt sie ganz aus dem ursprünglich geplanten Zusammenhang heraus.

Eine solche Verfahrensweise entbehrt auf den ersten Blick jedweder gewohnten kompositorischen Stringenz, ja, sie läßt sogar den Verdacht der Beliebigkeit aufkommen, einen Verdacht, der sich in der Kritik bis auf den heutigen Tag immer wieder als Vorwurf eingenistet hat. In der Tat eröffnen sich positive Perspektiven wohl auch nur dann, wenn man geneigt ist, dem Mahlerschen Sinfonie-Verständnis als einer permanent zu leistenden Arbeit am Bau jener Welt zu folgen, die ausschließlicher Gegenstand seines kritischen Denkens ist und – als Ergebnis dieses Denkens – ihre Widerspiegelung in seiner Sinfonik findet (vgl. S. 569ff.). Darauf deuten unzweifelhaft auch die ursprünglichen Überschriften zum I. und V. Satz der 4. Sinfonie hin. Unter einem solchen Blickwinkel kann es im Grunde nicht verwundern, daß Mahler die Arbeit an der Sinfonie nach einem Jahr so zügig wieder aufnehmen kann, wenngleich er Natalie Bauer gegenüber selbst sein Erstaunen darüber ausdrückt: *Man weiß,* sagt er zu ihr im Sommer 1900, *daß unser zweites Ich im Schlafe tätig ist, das wächst und wird und hervorbringt, was das wahre Ich vergeblich suchte und wollte. Dafür hat besonders der Schaffende unzählige Beweise. Daß dieses zweite Ich aber über zehn Monate Winterschlafs (mit all den furchtbaren Träumen des Theatergetriebes) an meiner Vierten Symphonie gearbeitet hat, ist unglaublich!*

Denn weiter und fertiger, als ich sie voriges Jahr in Aussee stehen lassen mußte, greife ich sie heuer wieder auf, ohne mich auch nur einen Augenblick bewußt mit ihr befaßt zu haben; vielmehr floh ich sogar den Gedanken daran, so unbefriedigend und schmerzhaft war er mir. Mein eigentliches Ich aber hat sich wahrscheinlich bei diesem Scheinleben, das ich führe, gesagt: »Das alles ist dummes Zeug, davon lasse ich mich nicht berühren«, und hat sich in den letzten Winkel meiner Seele, zu sich selbst und seinem, das ist meinem eigenen höheren Leben geflüchtet.[337]

Das himmlische Leben, der letzte Satz, sei – so sagt er – *die sich ganz verjüngende Spitze von dem Bau dieser Vierten Symphonie. – Was mir hier vorschwebte, war ungemein schwer zu machen. Stell dir das unterschiedene Himmelsblau vor, das schwieriger zu treffen*

[337] *NBL,* S. 141/142

ist als alle wechselnden und kontrastierenden Tinten. Dies ist die Grundstimmung des Ganzen. Nur manchmal verfinstert es sich und wird spukhaft schauerlich: doch nicht der Himmel selbst ist es, der sich trübt, er leuchtet fort in ewigem Blau. Nur uns wird er plötzlich grauenhaft, wie einen am schönsten Tage im lichtübergossenen Wald oft ein panischer Schreck überfällt. Mystisch, verworren und unheimlich, daß euch dabei die Haare zu Berge stehen werden, ist das Scherzo. Doch werdet ihr im Adagio darauf, wo alles sich auflöst, gleich sehen, daß es so bös nicht gemeint war. Von Titeln für die Sinfonie oder einzelne Sätze will er nun nichts mehr wissen. *Ich wüßte mir wohl die schönsten Namen dafür, doch werde ich sie den Trotteln von Richtenden und Hörenden nicht verraten, daß sie sie mir wieder aufs albernste verstehen und verdrehen!*[338]

Am 5. August 1900 notiert Natalie: *Mahler ist mit der Vierten heute fertig geworden – wie immer nicht freudig erregt, sondern tief verstimmt, einen solchen Lebensinhalt zu verlieren.*[339] Inzwischen ist der Kanzleisekretär Wondra in Maiernigg eingetroffen, um mit Mahler Angelegenheiten der kommenden Spielzeit zu besprechen. Mitte des Monats kehrt er nach Wien zurück. *Dieser Sommer war so herrlich für mich,* schreibt er von dort am 18. August an Nina Spiegler, *daß ich mich wahrhaft gerüstet fühle für diesen Winter* [...] *Jetzt kommt es mir allerdings etwas hart an, hier wieder anzupacken; so halb und halb lebe ich immer noch in der Welt meiner IV.*[340]

Aus dieser Welt tastet er sich in den ersten Wochen der neuen Saison behutsam an die Neueinstudierung von Mozarts *Così fan tutte* heran, die er bereits seit einigen Jahren geplant, wegen gewisser Ressentiments seitens bürgerlicher Moralapostel und einer Fülle ungeeigneter Bearbeitungen doch immer wieder zurückgestellt hatte. Am 6. September 1900 hatte er sich in München Hermann Levis Aufführung angesehen und schließlich zur Übernahme seiner »Version« entschlossen, deren Verdienste vor allem darin lagen, ein literarisch vertretbares Niveau der deutschen Übersetzung erreicht zu haben. Mahler tut ein Übriges, indem er die Secco-Rezitative wieder einsetzt und selbst am Cembalo begleitet. Außerdem reduziert er die Orchester-Besetzung auf das heute selbstverständ-

---

[338] *NBL*, S. 143/144
[339] De La Grange zitiert Mahlers Eintragung auf dem Manuskript der 4. Sinfonie, das sich in seinem Besitz befindet, mit *Maiernigg, 6. Aug.* (S. 587)
[340] zit. nach *KB* II, S. 227

liche Maß eines »Mozart-Orchesters«, fügt das Finale des Divertimento KV 287 zu Beginn des zweiten Aktes ein, überbrückt die Szenenwechsel mit Mozartscher Musik und läßt für einen reibungslosen technischen Ablauf eine Drehbühne einbauen.

Die Premiere am 4. Oktober 1900, dem Geburtstag Seiner Majestät, geht mit glänzender Besetzung in Szene: Gutheil-Schoder (Despina), Saville (Fiordiligi), Hilgermann (Dorabella), Naval (Ferrando), Demuth (Guglielmo) und Hesch (Alfonso).

Triumph der »Zweiten« in München – »Fort mit den Programmen!«

Mahler ist selbst ganz hingerissen und ängstlich besorgt, was aus der *Così* werden wird, als er nach der dritten Aufführung nach München fahren muß, um dort am 20. Oktober mit dem Kaim-Orchester seine 2. Sinfonie zu spielen. Schalk übernimmt die weiteren Aufführungen, und tatsächlich erweist sich Mahlers Sorge als berechtigt, denn nach nur sieben Aufführungen muß die Oper abgesetzt werden, sicher nicht wegen mangelder Qualität der Sänger; *Wien war noch nicht in der Lage, »Cosi« zu schätzen*, meint Henry-Louis de La Grange.[341] Zur Aufführung seiner 2. Sinfonie fährt Mahler in Begleitung von Justine und Natalie Bauer-Lechner nach München; der Hugo-Wolf-Verein, kurze Zeit später in »Münchner Gesellschaft für moderne Tonkunst« umbenannt, hat ihn eingeladen. Das Münchner Publikum kennt Mahlers Musik noch nicht, die Erwartungen sind gespannt. Mahler erhofft sich vor allem eine gute Aufführung, aber die Aussicht darauf wird mit zunehmender Probenzahl immer geringer. Der Chor singt mittelmäßig, das Orchester ist in den Streichern zu dünn besetzt.[342] Dessen ungeachtet wird die Münchner Aufführung seiner »Zweiten« zu einem einzigen Triumph für Mahler! Aus fast jeder Zeile der Besprechung von Paula Reber in der *Neuen Zeitschrift für Musik* spricht nahezu grenzenlose Verehrung für Mahler beim Münchner Publikum. Trotz des Beifalls für die vorangehenden Werke (Ouvertüre *Rob Roy* von Berlioz und ein Hymnus für Singstimme und Orchester von R. Strauss) *richtete die Hauptspannung der in ganz außeror-*

---

[341] de La Grange, S. 588
[342] Mahlers Vorstellung ging auf insgesamt 30 Violinen, 18 Celli und 16 Kontrabässe. Das Kaim-Orchester hatte aber beispielsweise nur je 12 Violinen.

*dentlicher Menge Erschienenen sich doch auf Gustav Mahler, und
in beinahe athemloser Erwartung harrte man seiner selbst und seiner
Symphonie Nr. 2 in C moll. Der größte Theil [...] empfing den viel
gehaßten, aber auch ganz gewiß nicht weniger geliebten Wiener Hofoperndirektor mit lauten Beifallsbezeugungen. Gustav Mahler ist
zweifelsohne eine der mit Recht fesselndsten Erscheinungen im musikalischen Leben der Gegenwart [...] Nur fünf Minuten wenn man
ihn dirigieren sieht, so fühlt man schon, wie heilig-ernst es ihm mit
seiner Kunst ist.*[343]

Unter den Gästen einer kleinen Gesellschaft, die sich nach dem
Konzert im Park-Hotel zusammenfindet, ist auch der junge Musikwissenschaftler Ludwig Schiedermair, der gerade dabei ist, in der
Reihe *Moderne Musiker* ein Bändchen über Mahler zu schreiben.
Mahler ist nach dem stürmischen Erfolg seiner Sinfonie ungewöhnlich aufgeräumt und im Verlaufe des angeregten Gesprächs kommt
man auch auf das Thema des Programmbuchs zu sprechen. *Da war
es, als wenn ein Blitz in eine heitere, sonnige Landschaft gefahren.
Mahlers Augen leuchteten mehr denn je, seine Stirne zog sich empor, mit Erregung sprang er vom Tische auf und rief in bewegten
Worten:* »*Fort mit den Programmen, die falsche Vorstellungen erzeugen. Man lasse dem Publikum seine eigenen Gedanken über das
aufgeführte Werk* [...] *Hat ein Komponist den Hörern von selbst die
Empfindungen aufgedrängt, die ihn durchfluteten, dann ist sein Ziel
erreicht. Die Tonsprache ist dann den Worten nahegekommen, hat
aber unendlich mehr, als diese auszudrücken vermögen, kundgege-
ben* [...] *Und Mahler ergriff sein Glas und leerte es mit einem
»Pereat den Programmen«.*[344]

Auch in zwei im Anschluß an das Münchner Konzert an Schiedermair adressierten Briefen kommt Mahler erneut auf die Ver-
stehens-Problematik seiner Musik zu sprechen. Im ersten vom
2. November 1900 gibt er der Hoffnung Ausdruck, sich in seinen
Werken so unmißverständlich ausgedrückt zu haben, *daß man
ohne wörtliche Erläuterung den Empfindungs- und Erlebungs-
gehalt in sich aufnehmen kann, wenn man die inneren Ohren und
Augen dazu mitbringt.*

Mißverstanden fühlt er sich denn auch prompt kurze Zeit später
von Schiedermair selbst, der sich in seiner Monographie u. a. zur

---

[343] *NZfM* 67 (1900), S. 610
[344] Ludwig Schiedermair, *Gustav Mahler*, Leipzig o. J. (1900), S. 13 f., zit. nach *KB* II,
S. 228

1. und 3. Sinfonie auf eine Weise äußert, die Mahler als *ziemlich fehlgegriffen* bezeichnet, so daß es ihm angebracht erscheint, einige korrigierende Bemerkungen zu beiden Werken zu machen, wobei die zur »Ersten« denkbar lapidar, aber kennzeichnend im Sinne des Mahlerschen Welt- und Lebensverständnisses ausfällt: *Die I. hat überhaupt noch niemand kapiert als diejenigen, die mit mir gelebt.*[345] In ähnlicher Weise hatte er sich bereits sieben Jahre zuvor, im Sommer 1893 in Steinbach am Attersee Natalie gegenüber geäußert, als er darauf hinwies, daß seine Sinfonien den Inhalt seines Lebens erschöpften. *Es ist Erfahrenes und Erlittenes, was ich darin niedergelegt habe, Wahrheit und Dichtung in Tönen. Und wenn einer gut zu lesen verstünde, müßte ihm in der Tat mein Leben darin durchsichtig erscheinen.*[346]

Desaster der »Ersten« in Wien –
Bruch mit den Philharmonikern

Angesichts des uneingeschränkten Erfolgs der Sinfonie in München erscheint die Reaktion des Wiener Publikums und der dortigen Presse anläßlich der Aufführung der 1. Sinfonie im 2. Abonnements-Konzert am 18. November 1900 völlig unverständlich. Hier tun sich Probleme auf, deren Ursachen sicher weniger in der Sache selbst als vielmehr in der Atmosphäre zu suchen sind, in der die beiden Konzerte stattfinden. Die Chronisten des Wiener Konzerts wissen zu berichten, daß der Beginn der 1. Sinfonie mit seinem langgehaltenen sehr tiefen und hohen Ton die Abonnenten im Parterre und in den Logen zu nichts anderem als zum Lachen veranlaßten, während vor allem die jüngeren Zuhörer mit höchster Spannung lauschten. Schon die äußeren Umstände, unter denen das Konzert stattfindet, lassen etwas von jener vergifteten Atmosphäre erahnen, für die in erster Linie Wiener antisemitische Kreise wie auch die Stadtverwaltung verantwortlich zeichnen: die Polizei hindert – so die Berichterstattung der *Wiener Allgemeinen Zeitung* vom 20. November – eine Reihe Jugendlicher daran, sich – wie üblich – auf der Bühne hinter dem Orchester niederzulassen, so daß viele junge Anhänger Mahlers den Saal nicht betreten können.

---

[345] zit. nach *KB* II, S. 228
[346] *NBL*, S. 8

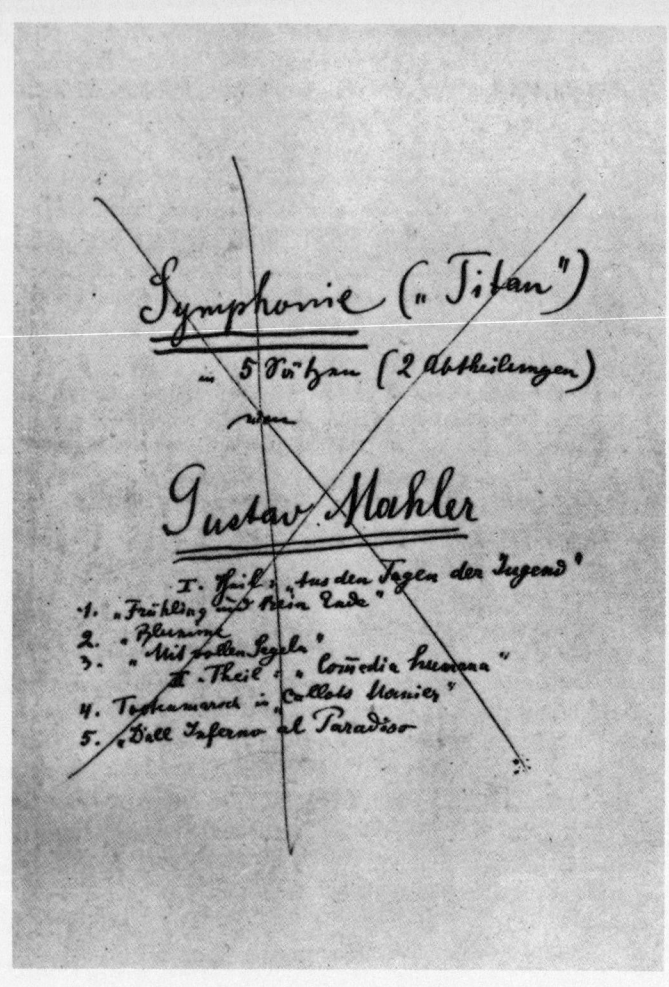

Titelseite der autographen Partitur der 1. Sinfonie

Die Aufführung wird für Mahler und seine Freunde zu einer einzigen Tortur; er läßt sich sogar dazu hinreißen, die Sinfonie so schnell wie möglich hinter sich zu bringen, und zwar in sehr trivialem Sinne: er forciert die meisten Tempi, um der Hölle zu entkommen.

Es gab eine regelrechte Premierenschlacht mit Zischen, Pfeifen, wütendem Geschrei und Prügeleien, einen sogenannten Durchfall. Aber es war schon damals fühlbar, daß die schmutzige Flut der Feindseligkeit nicht einmal so sehr dem für damals wohl problematischen Werke, als vielmehr der Persönlichkeit galt, die sich Gustav Mahler nannte. Nur die jüngste Jugend stand, hingerissen von der Macht dieses ernsten Mannes mit der Brille, inmitten des tobenden Lärms und klatschte und schrie sich vor Jubel die Kehlen heiser.[347]

Die Kritiken sind vernichtend, die Verständnislosigkeit nahezu allgemein. Die häufigsten Vorwürfe: mangelnder Zusammenhang der einzelnen Sätze untereinander, ohrenbetäubende »Explosionen« im Finale, »groteske Kakophonien« und sogar die Vermutung, dies sei alles gar nicht ernst gemeint, sondern eine Parodie auf die Sinfonie-Gattung! *»Einer von uns beiden muß verrückt sein – ich bin es nicht!« Damit endete einer der beiden eigensinnigen Gelehrten den langen Streit,* schreibt der Wiener »Kritikpapst« Eduard Hanslick in der *Neuen Freien Presse. Wahrscheinlich bin ich es, dachte ich mit ehrlicher Bescheidenheit, nachdem ich von dem Schreckensfinale der Mahlerschen D-Dur-Symphonie mich erholt hatte. Als aufrichtiger Verehrer des Directors Mahler, dem die Oper wie das Philharmonische Concert so tief verpflichtet sind, möchte ich nicht eilfertig über seine wunderliche große Symphonie urtheilen. Andererseits schulde ich meinen Lesern Aufrichtigkeit, und so gestehe ich denn betrübt, daß die neue Symphonie zu jener Gattung Musik gehört, die für mich keine ist.*

Die Mißverständnisse – gezielt und gewollt oder aus Unvermögen – sind kaum noch zu übertreffen, und sie werden auch nicht geringer, weder an Gewicht noch an Zahl, als Mahler am 17. Februar 1901, also etwa zwei Monate nach der »Ersten«, in einem außerordentlichen Konzert der Wiener Singakademie sein inzwischen stark umgearbeitetes, jetzt zweiteiliges Jugendwerk *Das kla-*

---

[347] Maria Komorn, *Gustav Mahler und die Jugend. Erlebnisse aus meiner Kindheit*, *Neues Wiener Journal*, 31. August 1930

Der Kritiker Eduard Hanslick

gende Lied (vgl. S. 44) dirigiert. Wieder zeigt sich diese merkwürdige Diskrepanz in der Beurteilung von Publikum und Kritik. Generalprobe und Uraufführung werden zu einem ausgesprochenen
Erfolg, legt man den Beifall der Zuhörer als Maßstab an; Mißerfolg nennt man wohl gemeinhin das, was die Presse in seltener Ein-
helligkeit zu formulieren versucht. Da ist die Rede von *Jugendtor-
heiten* (R. Hirschfeld) und *korybantischem Getöse* (G. Schönaich)
und davon, daß es sich hier wohl eher um *ein geschickt disponiertes
Gemenge gröberer und feinerer akustischer Effekte* handele als um
*einen künstlerisch geformten und beseelten musikalischen Organis-
mus* (M. Kalbeck)[348]; Th. Helm hält *Das klagende Lied* schlicht für
ein eher klägliches!

[348] *KB* II, S. 229

220

Mahlers Ansehen als Komponist ist in Wien zu diesem Zeitpunkt auf dem absoluten Tiefpunkt, seine Reputation bei den Philharmonikern alles andere als glänzend.

Es scheint angesichts der Ereignisse des Jahres 1901 nicht übertrieben, das Desaster um die Wiener Aufführung der 1. Sinfonie als den Anfang vom endgültigen Ende der Beziehungen zu den Philharmonikern zu bezeichnen, die eigentlich niemals echte Beziehungen waren. Ludwig Karpath hat in seinen Erinnerungen eine Reihe von Episoden zwischen Mahler und dem Orchester überliefert, deren erste er mit dem Satz einleitet: *Mit den Philharmonikern vermochte Mahler nicht warm zu werden.* Und dies trotz Mahlers ständig wiederholter Versuche, Zeichen der Verbundenheit zu setzen.

Vergessen ist bald nach der Heimkehr von Paris, daß Mahler es war, der um den Preis einer persönlichen Verschuldung gegenüber Baron Rothschild (die dann aber doch nicht notwendig wurde) die Heimreise ermöglicht hatte. Natürlich hat er den Philharmonikern die Arbeit niemals leicht gemacht, seine unerbittliche Härte ist geradezu sprichwörtlich geworden. Und sicher hat eine Reihe von Aktionen Mahlers Reaktionen des Orchesters provoziert, die nichts weniger als verständlich sind, so daß nach und nach selbst die Gutwilligen auf Distanz gingen. Man darf nämlich die Tatsache nicht übersehen, auf die D. J. Bach in der *Österreichischen Rundschau* von 1907 aufmerksam macht: daß das Verhältnis der Orchestermusiker in ihrer Eigenschaft als »Philharmoniker« zu ihrem Dirigenten ein anderes ist als das in ihrer Hofopern-Funktion. Als »Philharmonisches Orchester«, einer nicht auf höchstinstanzlicher Anordnung, sondern auf dem freien Willen von Musikern beruhenden Orchester-Gründung, engagieren sie ihren Dirigenten selbst und können infolgedessen – so Bach – verlangen, daß *nicht ein Übermaß an Nervosität, und flösse es auch aus den reinsten und edelsten künstlerischen Absichten, ihre eigene Nervosität, die doch allen Künstlern, nicht nur dem Dirigenten, zu eigen ist, fortwährend reize und Mißstimmungen und Konflikte schaffe*[349].

Umgekehrt muß Mahler im Laufe der Jahre, auch im Opernbetrieb, immer wieder Rückzieher machen, die sich ihm als vermeintliche Niederlagen tief ins Bewußtsein einprägen, und sei es nur eine so harmlose Angelegenheit wie die »Frack-Affäre«. Mahler

---

[349] *Österreichische Rundschau* 10 (1907), S. 226

hatte eines Tages angeordnet, daß die Orchester-Mitglieder ab sofort während der Abendvorstellung Frack zu tragen hätten. Der Ukas wird mit Murren befolgt, aber der Widerstand gegen die festliche Kleidung – in anderen großen Häusern längst gang und gäbe – wird immer deutlicher; der Direktor muß seine Anordnung schließlich zurücknehmen.

Überdies ist die rechtsgerichtete Presse unentwegt bemüht, einen Keil in das ohnehin nicht gefestigte Verhältnis der Philharmoniker zu ihrem künstlerischen Leiter zu treiben. Schon in Mahlers erster Konzert-Saison 1899/1900 kommt es zu einem bezeichnenden Zwischenfall, als die Stadtverwaltung unter Dr. Lueger ein Rathauskonzert mit den Philharmonikern veranstaltet, aber anstelle Mahlers den in München tätigen Felix Mottl engagieren will. Das Orchester weigert sich allerdings, unter Mottl zu spielen, weil es damit gegen den in seinen Statuten festgelegten Grundsatz verstoßen würde, niemals einen fremden Dirigenten zu dulden. Die einschlägige Presse interpretiert die Weigerung des Orchesters natürlich als Machenschaft Mahlers: *Inwiefern der Haß des Juden gegen Nichtjüdisches bei Mahlers Vorgehen mitgespielt hat, bleibe unerörtert. Jedenfalls hat er sich durch den Hochdruck, den er auf die ihm unterstehenden Philharmoniker ausübte, kein Ehrenzeichen gesetzt. Daß diese wieder, die in ähnlichen Affären unter Mahler schon manches zu erfahren hatten, ihren Beschluß in seinem Sinne faßten, ist weiter nicht zu verwundern; ein wenig mehr Nackensteife hätte allerdings nicht schaden können.*[350]

Die Atmosphäre ist von Anfang an vergiftet; daran können auch die Sympathie-Bekundungen seiner Anhänger nichts ändern. Mahler ist verbittert und gereizt; und als es schließlich um die Planung der Konzert-Saison 1901/1902 geht, gibt er zu erkennen, daß er nicht mehr als Dirigent der Philharmoniker kandidieren werde, stimmt aber schließlich auf Drängen des Vorstandes einer Wiederwahl doch zu, wenn sie – einstimmig erfolge! Er will die absolute Unterwerfung unter seinen Willen erzwingen, eine – vielleicht einkalkulierte – Unmöglichkeit, wenn man bedenkt, daß selbst der bei den Philharmonikern außerordentlich beliebte Hans Richter niemals einstimmig gewählt wurde.

Es kommt zum Bruch. Mit Ende der Saison 1900/01 ist Mahlers Funktion als Leiter der Wiener Philharmoniker und ihrer Konzerte beendet; sein letztes Dirigat findet allerdings bereits am Nachmit-

---

[350] zit. nach *KBG*, S. 173

tag des 24. Februar 1901 im 6. Abonnements-Konzert statt.[351] Mahler hat seine Gesundheit während des Winters arg strapaziert; er gönnt sich kaum eine Pause. Und auch am 24. Februar läßt er es sich nicht nehmen, nach dem Philharmonischen Konzert am selben Abend noch *Die Zauberflöte* zu dirigieren.

In beiden Aufführungen beobachtet ihn ein junges Mädchen mit großer Anteilnahme: *Er sah aus wie Luzifer: weiß das Gesicht, Kohlen seine Augen. Ich hatte tiefes Mitgefühl mit ihm und sagte zu meiner Umgebung:* »*Das kann dieser Mensch nicht aushalten!*« Die junge Dame ist Alma Schindler, die ein Jahr später Mahlers Frau wird.[352] Sie behält Recht: er übersteht zwar die Vorstellung, zu Hause zeigen sich dann aber bald die Folgen der Überanstrengung; er hat infolge einer starken Hämorrhoidal-Blutung einen so hohen Blutverlust, daß er wahrscheinlich verblutet wäre, wenn nicht Justine, die er viel zu spät verständigt, umgehend einen Arzt gerufen hätte, der seinerseits, als er mit seiner Kunst am Ende ist, einen Chirurgen herbeibittet; die Blutung wird sozusagen im letzten Moment unter Kontrolle gebracht.

Dr. Hohenegg, der Chirurg, rät Mahler dringend, sich eine Woche später operieren zu lassen, obwohl es sich bereits um die dritte Operation dieser Art handelt. Mahler willigt ein und kann sich bald in einem Sanatorium an der Peripherie Wiens von den Strapazen erholen.

Selbst der kaiserliche Hof nimmt Anteil an seinem Schicksal: Seine Majestät bittet Dr. Hohenegg, sein Bestes für den Hofoperndirektor zu tun, und Fürst Montenuovo, der zweite Obersthofmeister, überrascht ihn mit einer Gehaltserhöhung, die der Kaiser aber bereits am 22. Februar, also noch vor Mahlers Krankheit, dekretiert hatte.

Nach zwei Wochen ist er transportfähig, muß sich aber weiterhin schonen. In Begleitung von Justine fährt er am 10. März per Bahn nach Abbazia, dem heutigen Opatija, in Jugoslawien, einem recht komfortablen kleinen Seebad auf der Halbinsel Istrien. Im obersten Stockwerk der »Villa Jeanette« beziehen sie ein 4-Zimmer-

---

[351] Mahler dirigiert Bruckners 5. Sinfonie, hat aber an einigen Stellen gekürzt, was zwar den Unwillen der Bruckner-Anhänger erregt, den geregelten Ablauf des Konzerts aber nicht stört. Das 7. Abonnements-Konzert am 10. 3. 1901 leitet Joseph (»Pepi«) Hellmesberger.

[352] *AME*, S. 23; Alma glaubt irrtümlicherweise, Mahler habe an diesem Abend *Die Meistersinger* dirigiert.

Appartement, in dem sich Mahler sehr wohl fühlt und gut erholt. Jeden Tag arbeitet er ein paar Stunden an der (vorläufig) endgültigen Fassung der 4. Sinfonie und ist außerordentlich gut gelaunt.

Derweil sägen die Hetzblätter Wiens fließig weiter am Stuhl des abwesenden Chefs der Philharmoniker, in deren Kreisen – wie *Die Reichswehr* am 2. April 1901 zu berichten weiß – die Stimmung gegen Mahler immer stärker werde. *Das allzu nervöse Wesen des Dirigenten, dessen Übereifer in der Anordnung von Vorproben, ganz besonders aber seine Schwäche, sich Einflüsterungen seiner »Vertrauensmänner« zugänglich zu zeigen, rauben ihm die Sympathien vieler, die bisher aus Überzeugung oder aus Opportunitätsgründen zu seiner Partei zählten. Es wird eifrig daran gearbeitet, einen neuen Kandidaten für diesen Ehrenposten aufzustellen.*[353]

Justine sorgt in Abbazia dafür, daß alle derartigen Berichte von ihm ferngehalten werden, weil sie ohnehin der Meinung ist, daß er *die philharmonischen Konzerte bestimmt nicht mehr dirigiert, weil er den Anstrengungen einfach nicht gewachsen ist*[354]. Sie sollte recht behalten.

Während Mahlers Rekonvaleszenz in Istrien finden in Wien die beiden letzten Philharmonischen Konzerte statt, am 10. März unter Joseph Hellmesberger und zwei Wochen später unter Franz Schalk. Die Rezensionen werfen ein bezeichnendes Licht auf die gegen Mahler eingenommene Presse und ihre Techniken. Die *Neue Zeitschrift für Musik*: *Das siebente philharmonische Concert bot den Zuhörern eine angenehme Überraschung*, schreibt *F. W. An dem Dirigentenpult stand an Stelle Gustav Mahler's Hofcapellmeister Hellmesberger, da Mahler krankheitshalber beurlaubt wurde. Das Concert [...] schloß mit Beethoven's achter Symphonie, die unter dem Taktstocke Hofcapellmeisters Hellmesbergers einen nicht enden wollenden Beifall und Jubel hervorrief, der es deutlich zeigte, daß die Zuhörerschaft es zu schätzen wußte, einmal Beethoven's Werke so gespielt zu vernehmen, wie der Meister sich deren Vortrag gedacht.*[355] Und dem ganz sicher begabteren Franz Schalk bescheinigt derselbe Kritiker, daß man den Eindruck gehabt habe, *als ob unter seiner Führung die Orchestermitglieder mit besonderer Begeisterung folgen würden, denn eine so schwungvolle, und an*

---

[353] zit. nach *KB* II, S. 229/230
[354] Brief an Karpath, zit. nach *KB* II, S. 230
[355] *NZfM* 68 (1901), S. 332

Präzision keine Wünsche unerfüllt lassende Wiedergabe, vernahmen wir schon lange nicht[356].

Mahler versteht natürlich sehr gut, was hier gegen ihn inszeniert wird. Einerseits erfüllt ihn die Tatsache, daß nach all den negativen Beurteilungen seiner eigenen Arbeit mit dem Orchester ausgerechnet ein Mann wie Joseph Hellmesberger von der Kritik als der Anwalt Beethovens hingestellt wird, mit tiefer Bitterkeit. Zum anderen wird durch die Bemühung der Philharmoniker, unmittelbar nach ihm den Ballettkapellmeister und Konzertmeister des Orchesters zu engagieren, deutlich, daß – wie Jodok Freyenfels meint – die Wiener Philharmoniker *mit der Wahl Hellmesbergers, eines »Künstlers aus ihrer Mitte«, auf ihre eigene künstlerische Persönlichkeit hinzuweisen* beabsichtigen[357].

Die Fronten sind klar, die Konsequenzen unausbleiblich. Mahler ist dem Orchester auch weiterhin verbunden, allein dadurch, daß es sich ja im wesentlichen um das Hofopernorchester handelt, aber er hat nicht mehr die Last der künstlerischen Verantwortung zu tragen, außer in jenen relativ seltenen Fällen, wo er in Zukunft als Gast am Pult der Philharmoniker zu finden sein wird.

Nach seiner Rückkehr aus Abbazia am 6. April 1901 schreibt er einen Brief an das Vorstandskomitee der Philharmoniker, in dem er sein Bedauern zum Ausdruck bringt, infolge seiner angegriffenen Gesundheit und der ohnehin auf ihm lastenden Verantwortung in der Hofoper die Leitung des Orchesters nicht wieder übernehmen zu können. Mit dem Dank an die Orchestermitglieder verbindet er das Versprechen, auch in Zukunft zur Verfügung zu stehen, wenn dies notwendig sei.[358]

Er macht sich umgehend an die Einstudierung der ursprünglichen, ungekürzten, der sogenannten Dresdner Fassung des *Tannhäuser*, die am 11. Mai Premiere hat. Mit dieser Inszenierung, die sich durch eine eminent genaue Durcharbeitung jedes Details auszeichnet, setzt Mahler seine Reform vor allem der Wagner-Auf-

---

[356] *NZfM* 68 (1901), S. 376

[357] Jodok Freyenfels, *Mahler und der »fesche Pepi« – Eine Konfrontation und ihre Elemente*, in: *NZfM* 132 (1971), S. 178 ff.

[358] Der Brief ist bei *AME*, S. 279, wiedergegeben; Alma bemerkt dazu in einer Fußnote: *Diesen Brief hat Mahler an die Philharmoniker erst dann geschrieben, als er erfahren hatte, daß sie seine Krankheit dazu benutzt hatten, um hinter seinem Rükken Josef Hellmesberger, diesen ephemeren Zwerg, zu seinem Nachfolger zu wählen.* Diese Vermutung ist falsch, weil Hellmesberger erst am 28. Mai 1901 gewählt wurde.

führungen mit großem Erfolg fort, wenn auch hier und da Kritik an seinen Tempovorstellungen laut wird, ein Einwand, der ihn im Grunde während seiner gesamten Theaterkarriere begleitet. Auch die Wiederaufnahme von Goldmarks *Königin von Saba* Ende April und eine Neuinszenierung von Flotows *Martha*, deren Premiere unter der Leitung des jungen, von Richard Strauss empfohlenen Kapellmeisters Gustav Brecher am 4. Mai stattfindet[359], sind ausgesprochene Publikumserfolge. Den Abschluß der Saison bildet der *Ring* unter der Leitung von Franz Schalk.

Sommer 1901 in Maiernigg – Rückert-Lieder und Arbeit an der »Fünften«

Nach einem weiteren operativen Eingriff durch Prof. Hohenegg am 4. Juni 1901 tritt Mahler gegen Mitte des Monats seinen Urlaub in Maiernigg am Wörthersee an, diesmal als Eigentümer einer ansehnlichen Villa. *Schon die Lage des Hauses zwischen Wald und See ist ein solcher Zauber an Lieblichkeit,* schreibt Natalie Bauer-Lechner, *daß man es nie gewöhnen kann, sondern es immer aufs neue entzückend empfindet. Zwei herrliche, große Steinterrassen [...] bieten den weitesten Blick über den See, der einem schon durch jedes Fenster lacht, wie auch der Wald mit den hohen Wipfeln seiner Fichten und Erlen überall hereinlugt. Wie eine hohe Warte aber ist Mahlers Balkon vor seinem Dachgeschoß. »Es ist zu schön«, sagt er; »man vergönnt es sich nicht.«*[360]

Trotz der reizvollen Umgebung und einer durch beinahe nichts gestörten Einsamkeit in seinem Komponierhäuschen will sich die rechte Arbeitslust nicht einstellen, oder vielmehr: die Loslösung von der Betriebsamkeit und Hetze des Theaters fällt ihm schwer, er braucht Zeit, wieder ganz in sich hineinhören zu können. Die

---

[359] Strauss hatte Mahler den damals 22jährigen Gustav Brecher in einem Brief vom 28. 1. 1901 empfohlen: *Er ist ein hochtalentierter und gebildeter Mensch, der, wie ich sicher bin, Ihnen gute Dienste leisten wird.* Aber schon im August schreibt Mahler an Strauss: *Brecher ist ein famoser und lieber Kerl, aber für uns gebricht es ihm allzusehr an Routine und Handwerksgeschicklichkeit. Ich werde versuchen, ihn für 1 oder 2 Saisons an irgend ein Stadttheater zu beurlauben.* (*BMS*, S. 57 und 70). Brecher geht am 1. Januar 1902 ans Stadttheater Olmütz, wo Mahler von Januar bis März 1883 selbst als junger Kapellmeister gewesen war. Brecher ging später nach Hamburg, Köln und Frankfurt/M.

[360] *NBL*, S. 159

Beschäftigung mit allerlei Interessantem, zu der ihm während der Theatersaison einfach keine Zeit bleibt, hilft, allmählich den nötigen Abstand zu gewinnen. Wie schon in der Ruhe Abbazias greift er wieder zu den Werken J. S. Bachs, vor allem zu den Kantaten und Motetten, die er besonders eingehend studiert, weil er in ihrer polyphonen Struktur Analogien zu seinem eigenen kompositorischen Denken sieht. Er entdeckt Robert Schumann neu, dessen weniger bekannte Lieder ihm besonders gefallen und am Herzen liegen. Und ihn beschäftigt ein Aufsatz Hermann Kretzschmars[361], der sich mit Aufführungsproblemen alter Musik befaßt; seine Freude über die Entdeckung dieses Aufsatzes ist um so größer, als der Wissenschaftler Kreztschmar zu ganz ähnlichen Auffassungen kommt, zu denen er auch schon selbst quasi intuitiv gefunden hatte.

Zwischen Lesen, Spazierengehen und Kahnfahren macht er sich immer wieder – eine völlig neue Arbeitstechnik für Mahler – Notizen, er sammelt alles, was ihm einfällt, vor allem in der Sorge, daß *der quellende Reichtum an Erfindung vielleicht nachläßt.* Seine beiden Damen, Justine und Natalie, merken lange Zeit gar nicht, daß er mitten in der Konzeption eines neuen Werkes, seiner 5. Sinfonie, steckt. Am 5. August 1901 berichtet er vom dritten Satz, dessen früheste Planungen vom Sommer 1899 in Aussee datieren. Allerdings ist nicht feststellbar, wieweit der Satz damals bereits konkrete Formen angenommen hatte. Wahrscheinlich arbeitet er jetzt Skizzen aus, die im Zusammenhang mit der Arbeit an der »Vierten« im vergangenen Jahr entstanden, dann aber dort keinen Platz gefunden hatten (vgl. S. 211). *Der Satz ist enorm schwer zu arbeiten durch den Aufbau und die große künstlerische Meisterschaft, die er in allen Verhältnissen und Details verlangt. Die scheinbare Wirrnis muß, wie bei einem gotischen Dome, sich in höchster Ordnung und Harmonie auflösen,* bemerkt er gegenüber Natalie. *Wie schwer er mir fällt und nicht enden will in den Hindernissen und Spießigkeiten, die er mir entgegenstellt, kannst du nicht glauben. Es liegt an der Einfachheit seiner Themen, welche sich lediglich auf der Tonika und*

---

[361] Hermann Kretzschmar (1848–1924) zählt zu den seltenen Fällen der Musikgeschichte, in denen sich wissenschaftliche Akribie mit dem Hang zum Laienmusizieren verbindet. Gelegenheit dazu bot ihm vor allem seine Stellung als Universitäts-Musikdirektor in Leipzig. Sein *Führer durch den Konzertsaal* ist u. a. das Ergebnis der Bemühung, in den eigenen Konzerten Erklärungen für seine Hörer bereitzustellen.

der Dominante aufbauen. Das würde sich heute keiner zu machen getrauen. Dadurch ist die Akkordführung so schwer, besonders bei meinem Prinzip, daß sich nicht einmal etwas wiederholen darf, sondern alles aus sich heraus sich weiter entwickeln muß. Die einzelnen Stimmen sind so schwierig zu spielen, daß sie eigentlich lauter Solisten bedürfen. Da sind mir, aus meiner genauesten Orchester- und Instrumentenkenntnis heraus, die kühnsten Passagen und Bewegungen entschlüpft.[362] (vgl. Dokumente S. 519f.)

Neben den Skizzen zur »Fünften« beschäftigen ihn während des Monats Juli Gedichte von Friedrich Rückert; innerhalb von vierzehn Tagen komponiert und instrumentiert er sechs davon, dazu ein Gedicht aus *Des Knaben Wunderhorn*: *Der Tambourgesell*.

In der letzten August-Woche kehrt Mahler nach Wien zurück. Er hat sich hervorragend erholt und geht mit Energie an die Verwirklichung eines Planes, den er schon zu Beginn des Jahres ins Auge gefaßt und – soweit dies in seiner Macht stand – forciert hat. Er möchte die neue Oper von Richard Strauss, *Feuersnot*, zur Uraufführung nach Wien bekommen. Die ersten diesbezüglichen Kontakte zu Strauss hat er bereits Mitte März/Anfang April, noch während seines Aufenthaltes in Abbazia, aufgenommen. Er bittet Strauss, ihm zunächst das Textbuch zu schicken, damit er es – wie bei Uraufführungen in Wien notwendig – der kaiserlichen Zensurbehörde zur Genehmigung vorlegen kann. Die Premiere stellt er Strauss, falls der seine Zustimmung zu Wien als Uraufführungs-Ort gibt, für Mitte November 1901 in Aussicht. Aber die Angelegenheit gestaltet sich erheblich schwieriger als gedacht; die Zensur bemängelt einige Text-Passagen, die der christlich-katholischen Grundhaltung der Monarchie zuwiderlaufen: da gibt es in einer Chorszene gegen Schluß der Oper einen Vers, in dem auf *Klerisei* das nichtssagende *Lirum larum lei* gereimt wird. Der Textzusammenhang offenbart die ganze Gottlosigkeit dieser Stelle: *Deine gottverlassne Sprödigkeit bracht' über uns das finstre Leid. – Da hilft nun kein Psalmieren, noch auch die Klerisei: das Mädlein muß verlieren, Lirum larum lei.* Dieses und noch einiges andere, was sich der Librettist Ernst von Wolzogen, der Berliner Überbrettl-Baron, an zeitkritischen Anspielungen hat einfallen lassen, vergrault die kaiserliche Behörde, und Mahler mutmaßt in einem Brief aus Maiernigg an Strauss: *Ich fürchte, Sie werden sich zu Änderungen verstehen müssen. Jedenfalls muß das »lirum larum«*

---

[362] *NBL*, S. 164/165

geändert werden, und nicht nur im Wortlaut, sondern vielleicht auch noch weitergehend! Mit diesen Mächten ist leider noch immer kein Bund zu flechten.[363]

Etwa fünf Monate braucht die Zensurbehörde, bis entschieden wird: *Feuersnot* darf gespielt werden! Mahler beginnt sofort mit den Proben und kann für den 29. Januar 1902 die Wiener Premiere ankündigen.

Bruno Walter in Wien

Die neue Spielzeit 1901/02 wird mit zwei Neuinszenierungen eröffnet: *Carmen* am 3. September und *Tannhäuser* zwei Tage später. Ende des Monats gibt ein junger Mann sein Debüt am Wiener Hoftheater, um den sich Mahler schon lange bemüht hatte: Bruno Walter, mit bürgerlichem Namen Bruno Schlesinger. Mahler kennt ihn bereits seit seiner Hamburger Zeit, wo Walter von 1894 bis 1896 Korrepetitor und Chordirektor war[364], bevor er über Breslau und Preßburg nach Riga kam. Als Johann Nepomuk Fuchs am 5. Oktober 1899 in Vösslau bei Wien stirbt, braucht Mahler dringend einen fähigen Nachfolger und wendet sich deshalb an Walter: *Ganz diskret! Bitte, unter keinen Umständen etwas von dem Heutigen zu verlauten! – Es ist möglich, daß ich Sie an Stelle von Fuchs an die Hofoper engagiere.*[365]

Bruno Walter hat aber inzwischen Verhandlungen mit der Königlichen Hofoper in Berlin aufgenommen, die Ende November zum Vertrags-Abschluß führen, so daß Walter in Wien absagt, was ihm im Hinblick auf sein Verhältnis zu Mahler größten Kummer bereitet (vgl. Dokumente B. Walter, S. 463). Mahler holt an seiner Stelle Franz Schalk, der im Mai sein Amt als 1. Kapellmeister der Hofoper antritt (vgl. S. 190). Im April verläßt aber auch Hans Richter die Hofoper, so daß sich erneut die Notwendigkeit ergibt, einen weiteren Kapellmeister zu engagieren. Mahler wendet sich im Herbst 1900 wieder an Bruno Walter, um ihn schon auf ein mögliches Engagement aufmerksam zu machen. Kurz bevor er

---

[363] *BMS*, S. 62; Datum: Juni/Juli
[364] vgl. dazu: Bruno Walter, *Gustav Mahler. Ein Porträt.* Berlin/Frankfurt/M. 1957; Neuausgabe als *Taschenbuch zur Musikwissenschaft*, Wilhelmshaven/Locarno/Amsterdam 1981, S. 21 ff.
[365] *GMB*, S. 271 (244); in *GMB* steht anstelle des Namens Fuchs ein X.

im Sommer 1901 in die Ferien geht, beantragt er auf Walters endgültige Zusage hin einen Zwei-Jahres-Vertrag mit 6000 fl. Jahresgehalt. Überglücklich kann er ihm kurz darauf aus Maiernigg mitteilen: *Hurrah! Ihr Engagement ist – vorbehaltlich Ihrer definitiven Entlassung in Berlin – ab 1. Juli genehmigt* [...][366]

Mahler hat endlich – neben Schalk – einen zweiten zuverlässigen Kapellmeister, dem er gern auch anspruchsvollere Aufgaben anvertrauen möchte. Der gerade 25 Jahre alte Bruno Walter debütiert am 27. September 1901 mit *Aida*. Mahler sitzt in der Loge und verfolgt die Aufführung mit großer Begeisterung, anders als die Presse, die in Walters Dirigierstil nichts als die Mahler-Imitation entdeckt: *In der Aidavorstellung des 28. September*, schreibt Max Graf in der Zeitschrift *Die Musik, hat sich ein neuer, junger Kapellmeister, Herr Bruno Walter (aus Berlin), produziert. In den Bewegungen kopiert er Gustav Mahler. Dieselben spitzwinkligen, scharf zufahrenden Bewegungen, dasselbe Winken, derselbe verzückte Blick, dasselbe Heraushestechen der Instrumente, dieselbe nervöse Vielgeschäftigkeit: allein unecht, nachgemacht und posiert. Unter allen diesen affektierten Fexereien ist ein guter Kern verborgen: Bühnen- und Orchesterbeherrschuйg.*[367]

Bruno Walter selbst ist begeistert über die Resonanz, die sein Debüt im Kreise der Mahler-Anhänger findet, äußert sich aber über die Presse-Reaktion sehr indigniert: *Anbei schicke ich Euch einige Rezensionen, sie sind alle in diesem Genre, unerfreulich, unsachlich, dämlich, oder besser gesagt, lächerlich*, schreibt er zwei Tage nach dem großen Ereignis an seine Eltern. *Mahler sagt mir, daß nichts gleichgültiger wäre als was die Presse hier sagt; es ist eine Idiotengesellschaft, blafft auf hündische Weise jedes neue Gesicht an, knurrt dann noch eine Weile und nach einigen Jahren ist man »unser Walter«* [...][368]

Damit sollte es freilich noch etwas Zeit haben. Ludwig Karpath: *Walter* [...] *wurde mit einer gewissen Behutsamkeit in das Repertoire gestellt und hatte im Anfang nicht die besten Tage. Erst allmählich gewann er Geltung, auch hatte ihm Mahler den dienstälteren Schalk vorgezogen. Es dauerte recht lang, bis Walter mit größeren Aufgaben betraut wurde, und zwar nicht aus künstlerischen, son-*

[366] *GMB*, S. 275 (261)
[367] *Die Musik* 1 (1901/02), S. 261; das Datum ist falsch.
[368] Bruno Walter, *Briefe 1894–1962*, Frankfurt/M. 1969, S. 44; vgl. Dokumente (B. Walter, S. 468)

Bruno Walter in der Karikatur
von Hans Böhler

dern aus persönlichen Gründen. Mahler befürchtete immer, daß man ihm vorwerfen könnte, er bevorzugte Walter, weil er sein Rassengenosse sei und dies wollte er absolut vermieden wissen. Als sich aber Walter aus eigener Kraft durchgesetzt hatte, war Mahler nicht mehr in Wien.[369]

Außer der Wiener Erstaufführung von Strauss' *Feuersnot* bringt Mahler an Neuinszenierungen nur noch Otto Nicolais *Lustige Weiber von Windsor* und *Hoffmanns Erzählungen* von Jaques Offenbach heraus. Prompt macht ihm ein Teil der Presse den Vorwurf, das Repertoire verkümmern zu lassen. *Dieser merkwürdige Künstler*, schreibt Max Graf, *arbeitet seit einiger Zeit nicht daran, das Repertoire der Oper mit Werken zu vermehren, welche ihm dauernd zur Zier gereichen, er geht mehr darauf aus, durch künstlerische Dinge zu verblüffen, augenblickliche heftige Wirkungen zu erzielen, wie es seinem ganzen mehr blendenden als erwärmenden Naturell entspricht.*[370] Aber es fehlt auch nicht an positiven Bemerkun-

---

[369] *KBG*, S. 179
[370] *Die Musik* 1 (1901/1902), S. 534/535

gen zu den Aufführungen selbst, deren Inszenierung durch Mahler kaum einen Wunsch offen lasse. Marie Gutheil-Schoder, die in den *Lustigen Weibern* die Partie der Frau Fluth singt, beschreibt in ihren Memoiren auf eindrucksvolle Weise Mahlers Fähigkeiten als Regisseur. *Das Interessante an Mahlers Regie war mir seine Detailarbeit, die geistige Gliederung einer Szene. Ruhe und Pausen liebte er ungemein. Sie waren ihm wichtiger als alles. Denn aus ihnen schuf er das innere Leben, den geistigen Gehalt des Momentes, das Temperament, den Humor.*[371]

Uraufführung der »Vierten« in München

Zwei Wochen nach der Premiere von *Hoffmanns Erzählungen* findet ein Ereignis statt, das für Mahler von weit entscheidenderer Bedeutung ist als alles, was zur gleichen Zeit im Theater vor sich geht: auf den 25. November 1901 ist in München die Uraufführung seiner in den beiden vergangenen Sommern entstandenen 4. Sinfonie festgesetzt. Mahler soll selbst die Premiere dirigieren, danach geht das Kaim-Orchester mit der Sinfonie unter seinem Chefdirigenten Felix Weingartner auf Reisen. Überdies steht Mahler mit R. Strauss in Verbindung wegen einer Aufführung der 3. oder 4. Sinfonie. Strauss hatte ihn bereits im Juni informiert, daß er in einem der Novitäten-Konzerte, die er in der Wintersaison in Berlin mit dem dortigen »Tonkünstler-Orchester« plane, gern Mahlers 3. Sinfonie spielen würde, die ja immer noch nicht vollständig aufgeführt worden ist. Was Strauss in seiner Entscheidung noch zögern läßt, ist die Riesenbesetzung; deshalb liebäugelt er mit der Uraufführung der »Vierten«, aber Mahler teilt ihm umgehend mit, daß er die Uraufführung bereits nach München vergeben habe und läßt deutlich erkennen, daß ihm eine Aufführung der »Dritten« in Berlin sehr viel lieber wäre, vorausgesetzt, seine Vorstellungen werden tatsächlich in jedem Detail realisiert; und genau daran scheitert die Sache letztendlich. Aber Strauss hat die 3. Sinfonie ohnehin – wie er schon am 3. Juli mitteilt – für das 38. Tonkünstlerfest in Krefeld vorgesehen, wo sie im Juni des nächsten Jahres uraufgeführt werden soll, sofern dies nicht zuvor andernorts geschieht. Schließlich einigt man sich für Berlin auf die »Vierte«;

[371] Marie Gutheil-Schoder, *Erlebtes und Erstrebtes*, Wien 1937, S. 52f., zit. nach *KB* II, S. 232

Mahler soll selbst dirigieren, Strauss übernimmt den Rest des Programms: *Les Préludes* von Liszt, drei *Mörike-Lieder* von Friedrich Rösch und die Liebesszene aus *Feuersnot*.

Aber die Uraufführung der 4. Sinfonie findet in München statt, am selben Ort, an dem er im Oktober des vergangenen Jahres den großen Erfolg seiner »Zweiten« hatte miterleben dürfen. Verständlich, daß ihm allein aus diesem Grunde München lieber ist als Berlin, wo ihn das Publikum als Komponisten nicht richtig kennt. In München hat er bereits »sein Publikum«. Außerdem bietet das neue Werk, *das erste, das vielleicht den bestehenden Verhältnissen etwas praktischer entgegenkommt und daher bei vorurteilsfreier und liebevoller Aufnahme unter günstigen Umständen mir den einzigen Lohn bringen kann, den ich mir von meinem Schaffen erwünsche: gehört und verstanden zu werden*[372], seiner Ansicht nach die Chance, ihm zum endgültigen Durchbruch zu verhelfen.

Die Kritik ist, wie schon so häufig, geteilter Meinung. Völlig unmißverständlich äußert sich allerdings der Musikreferent der Zeitschrift *Die Musik*, Theodor Kroyer, später durch die *Publikationen älterer Musik* bekannt gewordener Musikwissenschaftler: *Wer sich einen Fortschritt Mahlers zum Gesünderen, eine Hinkehr zum Urquell aller Kunst, der Natürlichkeit erhofft hatte, der mußte sich enttäuscht zurückziehen. Nichts von Ursprünglichkeit, kein selbständiger Gedanke, kein originelles Fühlen, ja nicht einmal originelle Farben zu den unechten Bildern, – alles Technik, Berechnung und innere Verlogenheit, eine kränkliche abschmeckende Übermusik. Die keimenden Schädlinge der dritten Symphonie, in der sich Mahler noch von seiner besseren Seite zeigt, sind in diesem neuen Werk zu dornigem Unkraut aufgegangen.*[373]

Die Sinfonie wird gleich im Anschluß an die Münchner Uraufführung in Nürnberg, Darmstadt, in Frankfurt/M., Karlsruhe (nur das Finale) und in Stuttgart gespielt. Gottlob bleibt es nicht bei derartigen Exzessen der Presse, wenn auch einige der »Vorgesetzten«, wie Mahler die Kritiker gern nennt, sich entweder hilflos oder unangenehm berührt zeigen. Der Nürnberger Korrespondent der *Musik*, Herr Ph. Hatzel, apostrophiert die »Vierte« schlicht als *Geschmacklosigkeit, die wohl nur dem Wunsch Weingartners entsprang, dass sich Mahler durch Aufführung der Weingartnerschen*

[372] *BMS*, S. 64
[373] *Die Musik* 1 (1901/1902), S. 548

»*Orestie*«[374] *in Wien revanchieren werde.* Nicht ganz so souverän gibt sich K. Grunsky, Kritiker der gleichen Zeitschrift in Stuttgart, fragt aber doch argwöhnend nach den Wirkungen einzelner Passagen. *Sind das skeptische parodistische Anwandlungen oder erstrebt Mahler wirklich einen überkindlichen Ausdruck?* Auch Herr Dr. Otto Waldaestel in Darmstadt findet das neue Werk *merkwürdig*, das Publikum sei *vorwiegend verblüfft* gewesen, der dritte Satz allerdings habe einen *ungetrübten Eindruck* hinterlassen und *wärmere Aufnahme* gefunden.

Was die bisherigen Uraufführungen Mahlerscher Sinfonien – abgesehen von ausgesprochenen Böswilligkeiten – bereits mit bemerkenswerter Konstanz begleitet hatte, bestätigt sich auch im Falle der »Vierten«: Verblüffung und Ratlosigkeit gegenüber einer musikalischen Sprache, deren Grammatik nicht mehr zu »stimmen« scheint, deren Ausdrucksmittel ihren Ursprung jenseits des ästhetisch Vertretbaren haben.

Selbst im weltoffenen Berlin ergeht es Mahler – mit einer Ausnahme – nicht anders als in München, Nürnberg, Stuttgart oder Darmstadt, eher ärger. Natalie Bauer-Lechner erwähnt zwar ausdrücklich die verständnisvolle, ja sogar tief empfundene Aufnahme des Werkes durch Richard Strauss, vergißt aber nicht, mit kaum zu überhörender Bitterkeit die Reaktionen der Berliner Presse anzumerken: *Die gesamte Berliner Kritik* [...] *fiel über Mahler und sein Werk wütend her und begoß ihn mit der Jauche ihres Schimpfes, Spottes und Hohnes* [...][375] Die Ausnahme bildet der Chefredakteur der Zeitschrift *Die Musik*, Bernhard Schuster: *Ich weiß nicht*, schreibt er, *was ich mehr bewundern soll: das hochbedeutsame Werk, das uns einen Blick in musikalisches Neuland gewährte, die unsäglich feinsinnige Direktion Mahlers* [...] *oder die geradezu geniale Instrumentation, die jeden Musiker zu heller Begeisterung hinreißen muß. Jedenfalls bedeutet die Aufführung dieses Werkes den Gipfelpunkt der ersten Hälfte der Berliner Musik-Saison.*[376] Interessant, was angesichts solcher Äußerungen des Chefredakteurs etwa einen Monat später Max Graf, der Wiener Korrespondent derselben Zeitschrift, sonst nicht mit offenen Breitseiten gegen Mahler geizend, über die Wiener Aufführung der 4. Sinfonie

---

[374] Hier wird auf die Oper *Orestes*, eine Trilogie nach Aischylos, op. 30, von Felix Weingartner angespielt, die 1902 in Leipzig uraufgeführt wurde.
[375] *NBL*, S. 179
[376] *Die Musik* 1 (1901/1902), S. 633

am 12. Januar 1902 zu berichten weiß. *Die vierte Symphonie Gustav Mahlers, über welche ich mein Urteil zurückbehalte, da ich Überzeugungen, die in diesen Blättern geäußert wurden, nicht widersprechen will, wurde im letzten philharmonischen Konzert mit liebenswürdigem Beifall abgelehnt.* Was er dann hinzufügt, hat dokumentarischen Wert im Hinblick auf den Tonfall des Wiener Journalismus der Jahrhundertwende gegenüber unerwünschten »Elementen«. *Unser Publikum*, schreibt Graf weiter, *ist zu höflich, um zu zischen, wie es in deutschen Städten bei der Premiere des neuen Werkes Gustav Mahlers zum Teile geschehen sein soll. Es liebt den Künstler, der nach längerer Pause wieder als Konzertdirigent und zwar als einer allerersten Ranges auftrat, und wenn ihm das Werk nicht gefällt, applaudiert es wenigstens dem Künstler. So gab es vielen Applaus, den stärksten vor dem Werke, als Mahler erschien, den schwächsten am Schlusse. Einige Tage darauf wurde die Aufführung in einem Konzerte der Singakademie wiederholt. Angekündigt war ursprünglich die erste (D-Dur-) Symphonie zur Strafe dafür, dass sie vom Publikum und der Kritik bei ihrer ersten Aufführung abgelehnt worden war. Allein, da die vierte Symphonie ebenfalls abgelehnt worden war, trat sie an die Stelle der ersten [...] Auch diesmal wurde das Werk mit herzlichem Beifall abgelehnt. Das heisst das Publikum applaudierte wieder dem Künstler mit aller Wärme. Denn unser Publikum ist wirklich entzückend liebenswürdig.*[377]

Alma Maria Schindler wird Mahlers Frau – Wiens junge Kunstszene

In diesen Monaten lernt Mahler jene junge Dame kennen, von der bereits die Rede war, Alma Maria Schindler, die Tochter des – wie sie selbst in ihren Memoiren schreibt – *bedeutendste*[n] *Landschaftsmaler*[s] *der österreichischen Monarchie.*[378] Sie verbringt

---

[377] ebda., S. 845; Max Graf fand später eine objektivere Position gegenüber Mahler, so daß er sich in seinem 1955 erschienenen Buch *Die Wiener Oper* in der Lage sah, festzustellen: *Die Luft war vergiftet, in der Gustav Mahler arbeiten sollte, in der sein Schaffen gewürdigt werden wollte, in der Urteile sich formen sollten.* Er kommt schließlich zu der Überzeugung, daß das Verständnis der einzelnen Werke *abhängig von der Kenntnis des Gesamtwerkes* sei. (S. 93/94)
[378] Alma Mahler-Werfel, *Mein Leben*, Frankfurt/M. 1960, S. 13

Alma Schindler

ihre Kindheit *wie eine Prinzessin in schönster Natur,* in Schloß »Plankenberg« zwischen Neulengbach und Tulln, das Emil J. Schindler 1884 erworben hatte. Schindler, mit den berühmtesten und einflußreichsten Leuten seiner Zeit bekannt und z. T. freundschaftlich verbunden, stirbt im Sommer 1892. Carl Moll, der *ewige Schüler meines Vaters* – wie Alma ihn nennt –, gewinnt bald nach Schindlers Tod zunehmend Einfluß im Hause und über Almas Mutter, eine gebürtige Hamburgerin, die ihn nach fünf Jahren heiratet. *Er suchte an mir seine Erziehungskünste zu erproben, die aber nichts als Haß in mir weckten, denn er war eben nicht mein Leitstern. Er sah aus wie ein mittelalterlicher holzgeschnitzter heiliger Joseph, war ein Alt-Bilder-Monomane und störte meine Kreise in der aufdringlichsten Weise.*[379] Almas »Kreise« sind in erster Linie bestimmt durch Musik; sie hat nicht nur Klavierunterricht, sondern auch Kontrapunkt und übt sich, wenn auch ohne sonderlichen Erfolg, im Singen. Das Komponieren wird dagegen ihre große Leidenschaft, die sie in ernste Bahnen zu lenken sucht, indem sie bei dem zehn Jahre älteren Alexander von Zemlinsky Kompositions-Unterricht nimmt und bei dieser Gelegenheit ab und zu auch Arnold Schönberg trifft, der nach Almas Aussage Zemlinskys Lieblingsschüler war. Es erscheint nicht unwichtig zu wissen, in welcher geistig-kulturellen Umgebung dieses Mädchen aufwächst und seinen Standort zu finden versucht, um einen Teil jener Bedingungen besser zu begreifen, unter denen sich Mahlers zehn letzte Lebensjahre in künstlerischer und menschlicher Hinsicht abspielen.

Alexander von Zemlinsky ist nur eine und sicher nicht einmal die bedeutendste Figur der kulturellen Szene Wiens um die Jahrhundertwende, zu der Alma schon in jungen Jahren in Beziehung tritt. Max Burckhard, bis 1898 Direktor des Wiener Burgtheaters, und Gustav Klimt, erster Präsident der Wiener Sezession, sind höchstwahrscheinlich die wichtigsten Persönlichkeiten, denen Alma nicht allein künstlerische Impulse zu verdanken hat.

Burckhard wirbt unverhohlen, aber erfolglos um die schöne Siebzehnjährige. *Meine nächste Umgebung war geistlos,* stellt sie in ihren Memoiren fest, *und so mußte ich mir alles selbst entdecken. Max Burckhard war der erste, der sich meines irrlichternden Geistes annahm. Wir waren beide wilde Nietzscheaner – er ein revolutio-*

---

[379] *AML,* S. 20; Carl Moll trat – wie sein Lehrer Schindler – vor allem als Maler von Landschaften und Stadtansichten hervor.

närer Modernist. Aber er gefiel mir als Mann nicht, und seine große
Verliebtheit löste Widerwillen in mir aus. Wir waren immer einer
Meinung, und das langweilte mich auf die Dauer.[380]

Gustav Klimt läßt seine Familie im Stich und reist Alma nach Italien nach; Alma ist in ihrer Verwirrung monatelang dem Selbstmord nahe. Klimt ist der Kopf der Wiener Sezession, einer Gruppe von Malern, Architekten und Bildhauern, die ihre ersten »Katakombensitzungen« im Hause Carl Molls abhält. Hier lernt ihn Alma kennen und lieben. *Er war der begabteste von allen, fünfunddreißigjährig, in der Fülle seiner Kraft, schön in jedem Sinne und schon damals hochberühmt. Seine Schönheit und meine frische Jugend, seine Genialität, meine Talente, unser beider tiefe Lebensmusikalität stimmten uns auf den gleichen Ton. Ich war von einer sträflichen Ahnungslosigkeit in Dingen der Liebe – und er erfühlte und fand mich überall [...] Er hat es viele Jahre später selbst ausgesprochen, daß wir uns ein ganzes Leben gesucht und in Wirklichkeit nie gefunden haben. Er spielte gewohnheitsgemäß mit menschlichem Empfinden. Doch als Mann war er alles das, was ich damals – irrtümlich – suchte.*[381]

Wenig später beabsichtigt sie allen Ernstes, ihren Kompositionslehrer Alexander von Zemlinsky zu heiraten. *Er war ein scheußlicher Gnom*, erinnert sie sich. *Klein, kinnlos, zahnlos, immer nach Kaffeehaus riechend, ungewaschen [...] und doch durch seine geistige Schärfe und Stärke ungeheuer faszinierend [...] Meine Mutter lachte sich halbtot, als ich ihr von meiner Absicht, Zemlinsky zu heiraten, erzählte.*[382]

Sie lernt außer Arnold Schönberg auch Alban Berg und Anton von Webern kennen, ist durch ihren Stiefvater Moll mit den Architekten Joseph Olbrich und Josef Hoffmann, mit dem Maler Kolo Moser und dem Bildhauer Strasser befreundet.

Im November 1901, wahrscheinlich am 6. oder 7., lernt Alma bei einem Empfang im Hause des berühmten Anatomen Emil Zuckerkandl, der durch seine Frau Berta mit dem großen französischen Staatsmann Georges Clemenceau verwandt ist, Gustav Mahler kennen.

Mahler wurde merkwürdigerweise sofort auf mich aufmerksam; nicht allein meines Gesichtes halber, das damals schön zu

[380] *AML*, S. 21
[381] *AML*, S. 26/27
[382] *AML*, S. 29

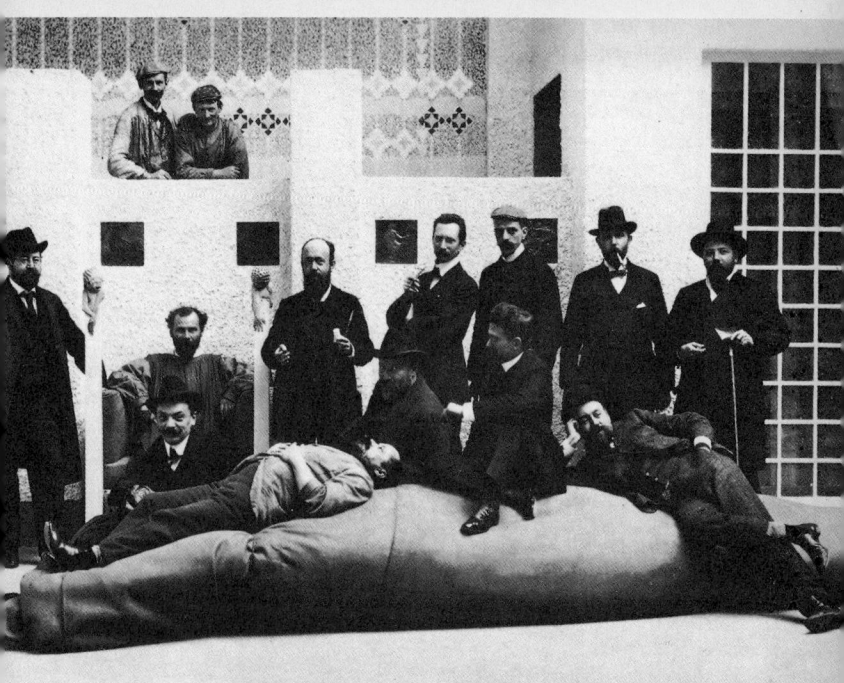

Mitglieder der Sezession im April 1902
Gustav Klimt (im Sessel sitzend), davor Kolo Moser,
rechts liegend Carl Moll

nennen war, sondern meines nervösen, herben Tones wegen.
Er sah mich durch die Brille lang und forschend an. Die letzten
Gäste kamen, und man ging zu Tisch. Klimt und Burckhard
saßen zu meinen Seiten, und wir drei waren ein recht liederli-
ches Kleeblatt und lachten viel. Mahler sah und hörte vom an-
dern Tischende verstohlen erst, dann freimütig herüber und rief
endlich neidisch: »Darf man denn da nicht mitlachen?« Für
seine arme Tischnachbarin hatte er an diesem Abend wenig
Aufmerksamkeit.[383]

---

[383] *AME*, S. 10

Mahler lädt Alma noch am selben Abend zur Generalprobe von *Hoffmanns Erzählungen* am 9. November ein, und sie kann sich zum erstenmal aus nächster Nähe ein Bild von seiner Persönlichkeit, seiner Souveränität als Regisseur und Orchesterleiter machen; Alma ist fasziniert und besucht mit ihrer Mutter in den nächsten Wochen häufiger als gewohnt die Oper. Bei einer dieser Gelegenheiten trifft sie Mahler wieder, der ihr inzwischen ein eigenes Gedicht hatte zukommen lassen. Man vereinbart einen Besuch Mahlers im Hause Moll, denn auch Almas Mutter ist hingerissen vom Hofoperndirektor.[384] *Wir gingen froh auseinander und fühlten beide, daß irgend etwas in unser Leben getreten sei, irgend etwas Großes, Schönes!* Die beiden sehen sich in der nächsten Zeit häufiger; man trifft sich im Hause Moll oder unternimmt gemeinsame Spaziergänge. Auf einem dieser Spaziergänge kann Mahler nicht mehr an sich halten. *Urplötzlich sagte Mahler: »Es ist nicht so einfach, einen Menschen wie mich zu heiraten. Ich bin ganz frei, muß es sein, kann mich nirgends materiell binden. Meine Stellung in der Oper ist von heut auf morgen.« Mir war sehr beklommen zu Mute. Ohne nach meinem Empfinden zu fragen, diktierte er mir seinen Willen, seine Lebensbefehle.[385]*

Am 9. Dezember 1901 bricht Mahler nach Berlin auf, um dort am 16. seine 4. Sinfonie zu dirigieren und danach einer Aufführung seiner »Zweiten« in Dresden beizuwohnen. Er schickt glühende Liebesbriefe aus Berlin und Dresden: *Mein teures, liebes Mädchen!* schreibt er am 12. Dezember.

In einer schrecklichen Hetze zwischen Ankunft und erster Probe schnell innige Grüße und einen Schrei des Herzens nach Dir! Dein lieber Brief vom Sonntag war mein Reisebegleiter. Ich habe ihn studiert, wie das Neue Testament. Er hat mich Vergangenheit und Zukunft gelehrt. [...] Ich kann von jetzt ab nur im Hinblick auf Dich leben, atmen, sein. Ich dirigiere in Berlin selbst mein Werk. O, könntest Du dabei sein! Aber – so nötig es Andern ist, aus meinem Schaffen den Schlüssel zu meinem Sein zu gewinnen – Du, Du, meine Alma, wirst von mir ausgehend, aus der allum-

[384] Einer Einladung für den 23. November ist Mahler vermutlich nicht gefolgt, weil eine entsprechende Eintragung in Almas Tagebuch fehlt. Wahrscheinlich erschien Mahler am 27. November überraschend im Hause Moll (vgl. de La Grange, S. 671).
[385] *AME*, S. 29/30

fassenden Gegenwart heraus, liebeshellsichtig, Alles erfah-
ren, Du – ich, ich – Du sein. [...] *Wie wird es einmal sein,*
wenn Du Alles mit mir – ich mit Dir – teilen wirst, und
wenn dieses heftige, verzehrende Sehnen, das mit so viel
Bangen und Sorgen gemischt ist, befriedet, und wir, auch
getrennt, alles von einander wissen, und unbekümmert uns
lieben, durchdringen können![386]

Das Verhältnis der beiden bleibt der Umgebung natürlich nicht
verborgen, die Reaktionen lassen nicht lange auf sich warten. Justine, jahrelang die einzige Vertraute ihres Bruders und selbst aufs
engste mit Arnold Rosé verbunden, hatte im Grunde immer mit
Argusaugen über Gustavs Damenbekanntschaften gewacht, und
sicher hätte ihr eine Verbindung Mahlers mit Natalie Bauer-Lechner besser gepaßt. Mahler selbst erzählt denn auch zunächst nichts
von seiner Zuneigung zu Alma, weiht Justine aber nach und nach
behutsam in die wahren Verhältnisse ein. *Sie hatte gefühlt,* mutmaßt Alma, *hinter diesem fortwährenden nächtlichen Ausbleiben*
könne nur ein Weib stecken. Aber sie hatte durch eifrigstes Beobach-
ten nicht herausbringen können: »Wer«.[387] Mahler nimmt sie ab
und zu mit zu den Molls, sie lernt den neuen Bekanntenkreis ihres
Bruders kennen und erlebt wohl auch mit, wie andererseits seine
alten Freundschaften und Verbindungen langsam, aber sicher in
die Brüche gehen. Hier treffen aus der Sicht Almas unvereinbare
Welten aufeinander. *Seine Freunde konnten nie die meinen sein,*
stellt sie apodiktisch fest. *Die paar Menschen, die Mahler wie Fuß-*
angeln seit seiner ersten Jugend nach sich zog, waren mir, mußten
mir ewig fremd bleiben. Ein alter Advokat, dumm und aufdringlich,
und nun der Clou – Siegfried Lipiner und sein Kreis.[388] Alma wird in
Mahlers Haus mit Lipiner bekanntgemacht, kann ihn aber von Anfang an nicht ausstehen, weil sie der Meinung ist, daß er wie die anderen auf nichts anderes sinne, als sie, Alma, zu vernichten. *Seit*

---

[386] *AME*, S. 261; dem Brief vom 15. Dezember ist ein Programm zur 2. Sinfonie beige-
geben (S. 267–269).

[387] *AME*, S. 35; Bruno Walter schreibt Ende Dezember 1901 an seine Eltern, Mahler
habe sich verlobt (vgl. Dokumente Bruno Walter, S. 478). Eine offizielle Bekannt-
gabe der Verlobung findet sich am 27. Dezember 1901 im Abendblatt der *Neuen*
Freien Presse und einen Tag später auch im *Fremdenblatt*.

[388] *AME*, S. 37; Almas Aufzählung ist unvollständig; denn aus Mahlers Leben verschwinden nach und nach nahezu alle Freunde – zumindest vorübergehend –, darunter Löhr, die Spieglers und Natalie Bauer-Lechner, nicht so Emil Freund, der
sein Rechtsberater bleibt.

jenem Abend mit den Freunden begann eine wahre Treibjagd gegen mich, die eigentlich erst mit Mahlers Abgang von der Oper in Wien endete, obwohl in den letzten Jahren nur noch Fünkchen aus dem Aschenhaufen des Hasses zuckten. Aber Mahler war schon damals so sehr mit mir verbunden, daß alle Quertreibereien wirkungslos blieben und diese Menschen nur eines erreichten, nämlich seine vollkommene Loslösung von ihnen.[389]

Eigenartigerweise beschränkt sich Almas Abneigung nicht auf den engsten Freundeskreis Mahlers; sie läßt – zumindest in ihren Erinnerungen – auch jene Menschen ihre Antipathie spüren, mit denen er in erster Linie künstlerisch verbunden ist. Ende Januar 1902 kommen Richard Strauss und seine Frau Pauline zur Premiere von *Feuersnot* nach Wien. Alma schildert mit spürbarer Lust am Detail das Verhalten Paulines während und nach der Aufführung, u. a. auch eine Szene zwischen Strauss und seiner Frau, die sich nach Almas Erinnerung in Mahlers Arbeitszimmer abgespielt haben soll. Merkwürdigerweise unterläuft ihr der Fehler, mitzuteilen, Mahler habe die Premiere nicht selbst dirigiert, *weil ihm vor diesem Werk graute* [...]; das Archiv des Hofoperntheaters weiß es besser: Mahler dirigierte sowohl die Premiere als auch noch zwei weitere Aufführungen. Auch Richard Strauss selbst gegenüber empfindet Alma unverhohlene Abneigung:

Strauss selber entpuppte sich an jenem Abend auch in meinen Augen. Während des Essens hatte er keinen anderen Gedanken als »Geld«. Er quälte Mahler ununterbrochen, die Eventual-Tantièmen bei großem und bei mittlerem Erfolg zu berechnen, saß während dieses ganzen Abends mit dem Bleistift in der Hand, steckte ihn auch zeitweise hinter das Ohr, quasi zum Scherz, kurz, benahm sich wie ein Musterkartenagent. Franz Schalk, der Kapellmeister, flüsterte mir zu: »Und das Traurige daran ist, es ist nicht einmal Spaß, sondern sein blutiger Ernst.« – Überall seinen Vorteil erwägend, ist er Börsenspieler, Ausbeuter der Oper, unverblümtester Materialist gewesen und immer noch mehr geworden.[390]

Mahler widerspricht dem Urteil seiner Braut nicht; im Gegenteil: er bestärkt sie in ihrer Ansicht:

[389] *AME*, S. 39
[390] *AME*, S. 40

Die Atmosphäre, die Strauss um sich verbreitet, ist so ernüchternd – man wird sich ordentlich selbst fremd. Wenn das die Früchte sind, die an einem Baum hängen, wie kann man den Baum lieben? Du hast mit Deiner Bemerkung über ihn ins Schwarze getroffen. Nicht wahr, lieber zusammen das Brot der Armut essen und im Lichte wandeln, als sich so verlieren an das Gemeine! Kommen wird die Zeit, da die Menschen die Spreu vom Weizen gesondert erblicken werden – und meine Zeit wird kommen, wenn die seine um ist.[391]

Diese letzte Bemerkung knüpft unmittelbar an das an, was er ein paar Wochen zuvor bereits aus Berlin geschrieben hatte: *Ich habe jetzt mit Strauss in Berlin sehr ernst gesprochen und ihm seine Sackgasse zeigen wollen. Er konnte mir aber leider nicht ganz folgen. Er ist ein sehr lieber Kerl, der in seinem Verhältnis zu mir mich rührt. Und doch kann ich ihm nichts sein – da ich ihn wohl übersehe, aber er von mir nur das Piedestal.*[392]

Auch Anna von Mildenburg bekommt ihren Teil in Almas Erinnerungen ab; die Mildenburg wird dafür verantwortlich gemacht, daß Mahlers Freunde ihr, Alma, anläßlich des Konzerts am 20. Januar 1902, in dem die 4. Sinfonie und *Das klagende Lied* gespielt werden, äußerst reserviert begegnen. Anna von Mildenburg, die im *Klagenden Lied* den Sopran-Part singt, veranstaltet – so Alma – nach dem Konzert eine Ohnmachts-Szene, die von den Freunden als Akt der Aufopferung für Mahler interpretiert wird. Alles – so glaubt jedenfalls Alma – hat sich gegen sie verschworen, zeitweise sogar Mahler selbst, dem man hintertragen hatte, Alma habe während des Konzerts mit dem Präsidenten der Gesellschaft der Musikfreunde kokettiert. Aber sie weiß sich ihrer Haut zu wehren, man hat ihren Willen und ihre Intelligenz unterschätzt.

---

[391] *AME*, S. 280

[392] *AME*, S. 275; der Ansicht von Herta Blaukopf, a.a.O., S. 176, der Brief offenbare einen großen Abstand zu jenem vom Februar 1902, kann nicht zugestimmt werden. Vielmehr bestätigt sich unter Berücksichtigung der ganzen Briefstelle vom 19. Dezember 1901, daß Mahler bereits während des Berliner Aufenthaltes entschiedene künstlerische und wohl auch menschliche Unterschiede zwischen Strauss und sich festgestellt hat. Anders ist Mahlers Bemerkung, seine Zeit komme erst, wenn die von Strauss vorbei sei, nicht zu verstehen, weil er sich offensichtlich schon während der Berliner Unterredung von Strauss nicht richtig verstanden fühlt.

Man glaubte in der Unausgewogenheit meiner zwanzig Jahre
ein willfähriges Instrument zur Erlangung und Befestigung der
eigenen Macht über Mahler in die Hand zu bekommen. Man
beschritt den Weg, mich in seinen Augen zu demütigen, zu de-
nunzieren und ihn von meiner Unreife zu überzeugen, um da-
mit seinen Stolz zu verletzten, doch hatten sie weder mit meiner
nach Unabhängigkeit brennenden Person, noch mit meinem
verletzbaren Stolz gerechnet. Da Mahler aber nichts mehr haß-
te als Kontroversen und Aussprachen, ging er diesen alten
Freunden mehr und mehr aus dem Weg. Sie hatten erreicht,
was sie am allerwenigsten gewollt hatten.[393]

Auch Natalie Bauer-Lechner, Mahlers und Justines Freundin in
guten wie in schlechten Zeiten, verschwindet für immer aus seinem
Leben; ihre Erinnerungen enden mit Notizen zur Wiener Erst-
Aufführung der 4. Sinfonie am 12. Januar 1902.

Am 9. März 1902 findet in der Wiener Karlskirche die Hochzeit
zwischen dem fast 42jährigen Hofoperndirektor Gustav Mahler
und der zwanzig Jahre alten Alma Maria Schindler statt.[394] Einen
Tag später heiraten Arnold Rosé und Justine; Mahler und seine
junge Frau sind aber bereits am Abend zuvor zu ihrer Hochzeits-
reise aufgebrochen, die zugleich Konzertreise ist. Mahler ist eingeladen, in Petersburg drei Konzerte zu dirigieren.

Das dreiwöchige Unternehmen beginnt nicht gerade erfreulich.
Mahler zieht sich auf der langen Fahrt in das noch winterkalte Rußland eine Erkältung mit hohem Fieber zu und kommt halbtot in Petersburg an. Dennoch wird die Reise für die jungen Eheleute zu einem eindrucksvollen Erlebnis; ein Cousin Mahlers, der als Beam-
ter in Petersburg lebt, zeigt ihnen die Stadt mit all ihren winterli-
chen Sehenswürdigkeiten und Reizen, den Palästen und Lokalen.
Mahler dirigiert mit großem Erfolg; die russische Presse ist beeindruckt von der schlichten Dirigierweise Mahlers; ein völlig neues
Phänomen!

Äußerlich übertrifft Mahlers Haltung an Reglosigkeit diejenige
von Nikisch, seine Gesten sind bei aller Exaktheit außerordent-
lich gemäßigt, fast unmerklich. Die Darbietung wird mit gro-
ßer Eindringlichkeit und Anspannung der geistigen Kräfte ge-

---

[393] *AME*, S. 44
[394] Das Trauungsregister der Pfarrei Karl Borromäus in Wien verzeichnet als Hoch-
zeitsdatum: *9. Feber 1902.*

St. Petersburg

leitet, die sich ständig auf einer gewissen Stufe der Intensität halten. [...] Die Darbietung der Dritten Symphonie von Beethoven war wie aus einem Guß. Die Klarheit und Deutlichkeit der Stimmen ist erstaunlich, es ging kein einziger Ton der Partitur verloren. Und dazu kommt die meisterhafte Verteilung von Licht und Schatten beim Herausarbeiten der Details, die Unterordnung der Einzelheiten unter die Grundsätze der Leichtigkeit und Homogenität bei der Entwicklung des Ganzen, das Fehlen jeglicher Affektiertheit.[395]

Nach der Rückkehr übernimmt nun Alma anstelle Justines das Kommando im Haus. Die wirtschaftliche Situation der beiden ist trotz des ansehnlichen Salärs, das Mahler als Hofoperndirektor bezieht, katastrophal. Mahler bringt 50000 Goldkronen Schulden mit in die Ehe; dazu kommen die Verpflichtungen für den Bau der Villa am Wörthersee! Offenbar ist Justine in all den Jahren, auch schon in Hamburg, nicht in der Lage gewesen, das Geld angemes-

---

[395] zit. nach *KB* II, S. 235/236

sen zu verwalten; Alma wirft ihr sogar vor, sie habe es vergeudet. Den beiden Jungvermählten bleibt nichts anderes übrig, als sich in ihrem Hausstand zu bescheiden, auf jeden Luxus zu verzichten und mit Geduld den Schuldenberg abzutragen. Alma fühlt sich geradezu herausgefordert: *Ich war so bescheiden erzogen worden, daß mir das Sparen, ja Pfennigfuchsen der ersten Jahre wenig ausmachte. Im Gegenteil, mein Ehrgeiz war es nun, Mahler schuldenfrei zu machen. Aber er hat gelitten, wenn wir uns so gar nichts leisten konnten – fünf Jahre lang!*[396]

Uraufführung der »Dritten« in Krefeld – Durchbruch zu internationalem Ansehen

Im Juni 1902 findet in Krefeld die 38. Tonkünstler-Versammlung des Allgemeinen Deutschen Musikvereins statt, in deren Rahmen Mahlers 3. Sinfonie uraufgeführt werden soll. Ein Jahr zuvor war Richard Strauss als Nachfolger Oskar von Hases, eines der beiden Chefs des Leipziger Verlagshauses Breitkopf & Härtel, zum Vorsitzenden des Allgemeinen Deutschen Musikvereins gewählt worden und hatte sofort – quasi im Alleingang – beschlossen, daß Mahlers »Dritte«, die bereits 1896 entstanden war, in Krefeld ihre Uraufführung haben sollte.[397] Strauss hält sein Versprechen. Mahler fährt mit seiner schwangeren jungen Frau zunächst nach Köln, wo im Gürzenich-Saal die Proben stattfinden. Er ist außerordentlich zufrieden mit dem Ergebnis; Alma macht sich während der Proben Notizen, die sie nach jedem Satz mit Mahler bespricht. Nachmittags fahren sie aufs Land und leben im übrigen ganz in der gespannten Erwartung der Uraufführung. *In dieser schönen Zeit*, erinnert sich Alma, *sind wir vollkommen zusammengewachsen. Das erste Ertönen eines solchen Gigantenwerkes – wie z. B. der Einsatz der Oboe dort, oder die Dynamik der Streicher da wirke etc., das berieten wir stundenlang während des Fahrens. Oft legte Mahler dann seinen Kopf an meine Schulter und schlief während der Fahrt ein.*[398] Kurz vor dem Konzert am 9. Juni 1902 siedeln sie in die Villa eines reichen Seidenfabrikanten nach Krefeld um, ohne sich dort aber so recht wohl zu fühlen. Alma registriert sehr genau, daß man Mahler

[396] *AME*, S. 50
[397] *BMS*, S. 61 und 63/64
[398] *AME*, S. 54

in dieser Gesellschaft wohl als den berühmten Wiener Hofoperndirektor schätzt und achtet, ihn im übrigen aber als Komponist jener Sorte von Dirigenten zurechnet, die eben ab und zu mal ihrem Hobby frönen. Überhaupt hält man die beiden, vor allem Mahler, dessen Äußeres auf jeden, der ihn nicht kennt, einen eigenartigen Eindruck machen muß, für wahre Exoten. Alma empfindet das Gehabe dieser Leute als außerordentlich provinziell.

Um so bedeutsamer wird die Uraufführung der 3. Sinfonie. Schon die Proben hatten tiefen Eindruck gemacht, der sich am Abend des 9. Juni in der Krefelder Stadthalle zu einem wahren Triumph für Mahler steigert.

> *Nach dem ersten Satz brach ein ungeheurer Jubel aus. Richard Strauss trat ganz vorne an das Podium heran und applaudierte ostentativ so, daß er eigentlich den Erfolg dieses Satzes besiegelte. Und nach jedem Satz schienen die Zuhörer mehr ergriffen, ja nach dem letzten Satz packte ein wahrer Taumel das Publikum, das in seiner ganzen Masse von den Sitzen aufgesprungen war und sich nach vorn drängte.*[399]

Es kann kein Zweifel bestehen: dies ist für Gustav Mahler als Komponist der Durchbruch zu internationalem Renommee; und einen nicht unerheblichen Anteil daran hat Richard Strauss, wenngleich Alma den Eindruck zu erwecken versucht, als habe er sich, unangenehm berührt vom Jubel für Mahler, leise davongeschlichen. Der Bericht des Korrespondenten der Zeitschrift *Die Musik*, Wilhelm Klatte, läßt von dem bleibenden Erfolg Mahlers kaum etwas erahnen. Klattes Beurteilung der »Dritten« macht erneut die Schwierigkeiten offenbar, in denen sich die tradierte Musikkritik damals befindet: Mahlers Musik hinterläßt den Eindruck des Unorganisch-Gewollten, des intelligent Geplanten; sie ist nicht Zeugnis der Tonkunst; Mahler kein Tondichter, bestenfalls Ton-Denker. *Trotz der Hochschätzung,* schreibt Klatte, *die ich für Mahlers bedeutendes Können hege, kann ich aber doch nicht umhin, die erste Abteilung seiner Symphonie rundweg abzulehnen, mögen immerhin eine ganze Zahl interessanter Einzelheiten darin enthalten sein. Das hauptsächlichste Themen-Material dieses endlosen Satzes erscheint mir unoriginell bis zur Banalität. [...] Unmittelbar hat mir diese Musik jedenfalls nichts Poetisches zugetragen; sie erschien mir*

---

[399] *AME*, S. 56

erdacht – schlecht erdacht – und nicht erdichtet.[400] Unter den Zuhörern befindet sich auch jener Mann, der an der Verbreitung Mahlerscher Musik noch zu dessen Lebzeiten so entscheidenden Anteil
hat: Willem Mengelberg, der junge Chefdirigent des Concertgebouw-Orchester Amsterdam, mit dem er bis 1945, dem Jahr seines
Abschieds vom öffentlichen Musikleben, ungezählte bedeutende
Aufführungen der Werke Mahlers in aller Welt macht.

Sommer 1902 in Maiernigg – Vollendung der 5. Sinfonie

Alma und Gustav fahren von Krefeld aus direkt in ihr Kärntner
Domizil, nach Maiernigg, wo im Sommer zuvor bereits die Skizzen
zur 5. Sinfonie entstanden waren. Die beiden entwickeln beim
Ausarbeiten der Entwürfe eine geradezu ideale Teamarbeit: Mahler stellt ein auf die wichtigsten Stimmen beschränktes Partitur-
fragment her und Alma ergänzt den Orchestersatz zur vollständigen Partitur; eine erstaunliche Leistung, dies um so mehr, wenn
man Mahlers Akribie in instrumentatorischen Belangen bedenkt
und zudem von Alma erfährt, daß sie erst bei dieser Gelegenheit
Partitur-Lesen und schreibend zu hören lernt! Mahler ist vollauf
und nahezu ausschließlich mit der Arbeit an der »Fünften« beschäftigt, und trotzdem finden beide immer wieder Zeit, ausgie-
bige Spaziergänge zu machen, zuweilen so exzessiv, daß Alma, die
im November ihr erstes Kind erwartet, um ihre Gesundheit fürchtet. Diese Wochen in Maiernigg sind paradiesisch. Mahlers Tagesablauf ist streng geregelt: Gegen sechs Uhr steht er auf, nimmt aber
sein Frühstück im Komponierhäusl im Wald zu sich: Grahambrot,
Butter und Marmelade, Kaffee, dazu Milch, die auf einem Re-
chaud warm gehalten wird. Danach beginnt er zu arbeiten. Mittags
kommt er herunter und schwimmt meist weit in den See hinaus.
Das Mittagessen ist einfach und leicht verdaulich, ohne Zwiebeln
und Gewürze und völlig fettlos.[401] Nach dem Essen plaudert man
ein wenig und bricht dann zum mehr oder weniger ausgedehnten
Spaziergang auf.

---

[400] *Die Musik* 1 (1901/1902), S. 1764
[401] Alma dazu: *Eigentlich das ganze Leben lang Krankenkost. Burkhard meint, bei
dieser Ernährung müsse ein Mensch magenkrank werden.* (*AME*, S. 62)

Mit der Arbeit geht es gut voran und Mahler ist in ungewöhnlich guter Stimmung. Ende Juli schreibt er an Nina Spiegler[402]: *Du weißt, alle meine Wünsche und Forderungen an das Leben konzentrieren sich darin, ob ich mich zur Arbeit gefördert sehe, oder nicht! Und letzteres ist in reichstem Maße der Fall, wie nur je. Daraus schließe, daß alles in schönster Ordnung ist!*[403] Und etwa vier Wochen später erhält sie eine Ansichtskarte aus Klagenfurt mit der freudigen Mitteilung: *Endlich bin ich fertig!* »Fünfte« ist also auch *da! Bin ganz frisch trotz anhaltender Anstrengung. Jetzt geht es wieder ins Joch!*[404]

Alfred Roller – Einfluß der Sezession

Die Saison 1902/03 bringt in der Theaterarbeit eine entscheidende Wende. Mahlers Bemühungen um eine durchgreifende Reform des musikalischen Theaters, d. h. eines radikalen Umdenkungsprozesses in bezug auf die Funktionen aller an der Darstellung beteiligten Faktoren, finden in einem Künstler ihre Ergänzung, der »von Haus aus« kein Theatermann ist: Alfred Roller, Direktor der Wiener Kunstgewerbeschule und regelmäßiger Gast der Sezessionssitzungen. Angesichts der historisch zu nennenden ersten gemeinsamen Arbeit bei der Neuinszenierung von Wagners *Tristan und Isolde* am 21. Februar 1903 treten die übrigen Premieren der Saison, von denen Mahler *Die Hugenotten* von Meyerbeer, *Pique Dame* von Tschaikowsky und *Euryanthe* von Weber selbst dirigiert, in den Hintergrund. Schon Anfang Oktober war der Versuch, Mozarts *Zaide* in einer Bearbeitung von Robert Hirschfeld wiederzubeleben, fehlgeschlagen. Das Stück (Dirigent: Bruno Walter) muß nach nur drei Aufführungen wegen mangelnden Publikumsinteresses abgesetzt werden.[405] Auch Mahlers Versuch, *Euryanthe* durch Textbearbeitung attraktiver zu machen, bleibt ohne Erfolg. Webers zauberhafte Musik kann die Dürftigkeit des

---

[402] Nina (Anna) Spiegler, in erster Ehe mit Sigfried Lipiner verheiratet, war seit 1891 die Frau des Arztes Dr. Albert Spiegler.

[403] zit. nach *KB* II, S. 237

[404] *GMBN*, S. 277

[405] Alma Mahler berichtet, daß der Bearbeiter der Oper, Robert Hirschfeld, dessen Namen sie nicht nennt, nach der Absetzung der Oper und vergeblichen Versuchen, Mahler zur Wiederaufnahme zu bewegen, von Stund an Mahlers Todfeind gewesen sei und ihn in der Presse verfolgt habe, *wo er nur konnte.* (*AME*, S. 66)

Inhalts und die unmotiviert verworrene Handlung dem Publikum nicht schmackhaft machen, eine Tatsache, die bis auf den heutigen Tag gilt. Für die Beziehung Mahler – Roller ist die *Euryanthe* dennoch interessant: Roller entwirft die Kostüme! Die entscheidende und für die Entwicklung eines neuen Inszenierungsstils wegweisende Zusammenarbeit setzt dagegen erst mit *Tristan* ein.

Alfred Roller, vier Jahre jünger als Mahler, in Brünn geboren, studiert nach dem Willen des Vaters zunächst Jura und Philosophie in Wien, wechselt aber schon nach drei Semestern an die Kunstakademie und belegt dort Akt-Zeichnen, Monument- und Landschaftsmalerei. Nach dem Studium gehört er, wie alle Bildenden Künstler der Stadt, der »Künstlerhaus Genossenschaft« an, tritt aber 1897 der neu gegründeten »Wiener Sezession« bei, einer Vereinigung junger Künstler, deren ästhetische Überzeugungen auf den Widerstand der älteren Kollegen im »Künstlerhaus« stoßen. Kopf der neuen Gruppe ist Gustav Klimt, Maler und Kunsthandwerker, um zwei Jahre jünger als Mahler; zu den Gründungsmitgliedern gehören die Architekten Josef Hoffmann und Joseph Maria Olbrich sowie die Maler Carl Moll, Almas Stiefvater, Josef Engelhart und Wilhelm Bernatzik. Sprachrohr der Bewegung ist die Zeitschrift *Ver sacrum*, deren erstes Heft im Januar 1898 erscheint. Mehr noch als ihr Inhalt ist ihre Aufmachung zum Dokument des Wiener Jugendstils geworden. In dem von Olbrich erbauten Haus der Sezession, das im November 1898 bezogen wird, finden wechselnde Ausstellungen verschiedener Stilrichtungen und natürlich zahllose Sitzungen der eigentlich gar nicht so revolutionären Künstlergruppe statt. Ihr Programm ist denkbar einfach, aber vielleicht gerade deshalb so an- und aufregend: man will sich konsequent allem öffnen, was eingefahrene Denkweisen erneuern, verkrustete Kunstideologien aufbrechen kann. Die Ausstellungen machen ebenso mit Impressionismus und Symbolismus, japanischer Kunst und exotischen Holzschnitten bekannt wie mit den Monumentalplastiken Max Klingers oder den Werken eines Böcklin, Cézanne, Gauguin oder Toulouse-Lautrec. *Der Zeit ihre Kunst – der Kunst ihre Freiheit* ist die Devise der Sezessionisten, für jedermann sichtbar über dem Portal ihres Hauses angebracht.

Rollers Kontakt zur angewandten Kunst beruht ganz wesentlich auf der Berührung mit den Ideen und Vertretern der Sezession, deren Präsident und Herausgeber des *Ver sacrum* er selbst bald wird. Im Mai 1902 findet im Gebäude der Sezession eine Ausstellung von Klingers Beethoven-Denkmal statt, bei deren Eröffnung der Chor

Alfred Roller
Ölgemälde von Walter-Hempel

aus dem Finale von Beethovens 9. Sinfonie mit Bläser-Begleitung unter Mahlers Leitung aufgeführt wird. Wahrscheinlich lernen sich Mahler und Roller bei dieser Gelegenheit kennen, treffen sich in der Folgezeit ab und zu im Hause von Almas Mutter, auf der »Hohen Warte«, und diskutieren immer wieder Probleme der Inszenierung auf der Opernbühne. Roller ist von Wagners *Tristan* fasziniert, aber er verabscheut das übliche Bühnenbild derart, daß er – im Theater sitzend – die Augen schließt, um von der Szene nicht gestört zu werden! Bei einem dieser Treffen fragt Mahler ihn nach seinen Vorstellungen, *und Roller entwickelte so großartige Ideen und Pläne, daß Mahler ihn für den nächsten Tag in die Oper bestellt und mir im Nachhausefahren sagte: »Den engagiere ich mir!«,* erinnert sich Alma.[406] *Ausgangspunkt dieser Zusammenar-*

---

[406] *AME*, S. 71/72

beit, so stellt Kurt Blaukopf fest, [...] *war also nicht etwa bloß irgend eine stilistische Affinität, sondern die beiden Künstlern gemeinsame Intention, die Opernszene aus dem Geist der Partitur zu entwickeln. Nicht die Ähnlichkeit von Isoldes Gewandung mit dem Kostüm weiblicher Gestalten der Secessions-Malerei war für Mahler entscheidend, sondern das Gesamtbild der Bühne und hier vor allem die Behandlung des Lichts durch Roller.*[407] Am 21. Februar 1903 findet die erste gemeinsame Arbeit eine geradezu enthusiastische Zustimmung: Mahlers und Rollers *Tristan* wird zum Synonym für den Beginn einer neuen Epoche in der Geschichte der Opern-Inszenierung.

Rollers entscheidender Anteil an dieser Neuorientierung liegt in der Überwindung des realistischen Bühnenbildes durch Rückbesinnung auf die Urausdrucksmittel jeder Bühnenkunst: Bewegung, Licht, Farbe, Mimik, Tanz. Die Verwandtschaft der Rollerschen Ideen mit denen des Schweizers Adolphe Appia und des Engländers Edward Gordon Craig sind unverkennbar, wenngleich nicht direkt nachweisbar. Dabei bleibt Appia der Bedeutung der Musik im Gesamtzusammenhang der Inszenierung stärker verpflichtet als Craig, dem es in erster Linie um die darstellerische Bewegung geht. Das »wie« der Inszenierung – so Roller – sei niemals Selbstzweck, sei nicht zu trennen von dem, was inszeniert werde. *Jedes Kunstwerk*, schreibt er 1909 in der Zeitschrift *Der Merker*, *trägt das Gesetz seiner Inszenierung in sich.* Funktionalität und Klarheit sind sein Anspruch, denn: *Panoramahorizont, plastische Dekoration, Wandelhorizont, Drehbühne, Schiebebühne, pneumatische Luft, pneumatisches Feuer, elektrisches Licht, diffuse Beleuchtung, chemischer Dampf, Vorhangbühne, rollender Teppich und alle anderen mit so viel Überschwang gepriesenen »bühnentechnischen Errungenschaften der Neuzeit«, die Presse und Publikum je in Aufregung versetzt haben, sind nämlich nichts als Masken und Verschleierungen der alten Kulissenbühne.*[408] Vor allem kennt Roller die Macht des Lichts, seine Kraft, den Dingen Gestalt zu geben, aber auch, sie verzaubern zu können; er nutzt die Symbolträchtigkeit der Farbe, teilt ihr sinnaufdeckende Funktion zu und schafft mit ihr szenische Verwandlungen, deren subtile Sinnfälligkeit dem Publikum wie der Kritik zu völlig neuar-

[407] Kurt Blaukopf, *Mahler und die Secession*, in: *Gustav Mahler Kolloquium 1979*, hg. von Rudolf Klein, Kassel 1981, S. 7–15
[408] *Der Merker* 1909 (1), S. 193–197

tigen Erlebnissen verhilft. Wenngleich Gustav Schönaich anläßlich der Besprechung des *Tristan* die Befürchtung äußert, daß die *dekorativen Leistungen Professor Alfred Rollers* [...] *bei dieser Aufführung die Anteilnahme des Publikums etwas über Gebühr nach seiten des scenischen Bildes* verschoben hätten, so widmet sich derselbe Rezensent in seiner Kritik des gleichen Ereignisses in der *Wiener Allgemeinen Zeitung* mancherlei Detail, an dem er, der anerkannte Wagner-Fachmann, seine helle Freude hat. *Die Szenierung des »Tristan« muß*, so schreibt er, *dem Gegenstand entsprechend, auf weit intimere und subtilere Wirkungen ausgehen. Professor Roller, mit dem Werke Wagners innig vertraut, hat sie mit feinstem künstlerischen Sinne erspürt und verwirklicht. Der Einfall, das Schiff schräg auf die Bühne fahren zu lassen, hat sich als durchaus glücklich erwiesen. Er ermöglichte ein entzückendes Lichterspiel auf dem nunmehr über die Bordwand hinaus dem Zuschauer sichtbaren Meere. Das jeweilige Heben und Senken von Vorhang und Segel ergab äußerst glückliche Farbenkontraste. Das Gesamtkolorit, durch ein reich nuanciertes Orange des beherrschenden Segels bestimmt, befriedigte das Auge, ohne es von den Vorgängen auf der Bühne abzulenken.*[409]

Und Richard Specht gerät mehr als 15 Jahre später noch ins Schwärmen, eingedenk jener Ungeheuerlichkeit, die sich damals im Wiener Hofoperntheater abspielte:

Daß eine Dekoration nicht nur eine malerisch schöne Ergänzung des übrigen, nicht nur ein angemessener Hintergrund für die Aktion, sondern ein Bestandteil der dramatischen Wirkung, daß sie die Dominante einer Stimmung sein, Spannungen auslösen, gleichsam die Essenz der die Szene beherrschenden seelischen Atmosphäre bedeuten könne, hat man erst in den wunderbaren Stunden gelernt, in denen der »Tristan« in Mahlers fiebernd-lechzender, übermenschlich schmerzvoller, verzehrender, furchtbar aufwühlender Interpretation, in dem tragisch-großartigen Liebespaar Mildenburg-Schmedes und in Alfred Rollers Szenenbild zum erstenmal in seiner überwältigenden Menschlichkeit, in seinem Lachen und Weinen, seinen Wonnen und Wunden ganz erschlossen, ganz dem »Theater« entrückt worden ist. Das Liebesreich der Nacht war aufgetan, der »Tag« versunken, alle Hüllen des Wahns abgestreift; zwei

---

[409] zit. nach *KB* II, S. 237

Menschen schritten aus Sinnentrug und Verstrickungen der Ei-
telkeit in das Land ihrer Ursehnsucht und die Musik schien ihre
eigenste Sprache – und dazu empfand das Auge in dem dumpf
zornigen Orange des ersten Akts und den gleichsam schielen-
den grünen Luken des Schiffsraums Isoldens schamvollen
Grimm und das drohende Schicksal, das auf tückischer Lauer
liegt, empfand Frau Minnes Reich in diesem schwül verführeri-
schen Bild einer sternprangenden, blütenduftschweren Som-
mernacht, empfand den feindlichen Tag in dem kalten fahl-
grauen Morgenhimmel, den ein rötlicher Streif gleich dem Wi-
derschein von Tristans verrinnendem Blut randete; und die ge-
malte »traurige Weise« des dritten Aktes, Werden und Verge-
hen im Bilde, sagte das gleiche aus, was die erschütternden
Töne verkündigten und ergänzte es zum Gleichnis. Hier war
der endgültige Sieg eines neuen Opernstils erkämpft worden
und mußte jetzt nur mehr auf die Werke anderer Meister über-
tragen werden. [...] Vom Tristan an war, wenigstens unter sol-
chen, die wußten, um was es hier geht, ein Streit nicht mehr
möglich. Es war der Sieg der Geistigkeit über die bloße Sinn-
lichkeit, des Wesentlichen eines Werks über die zufälligen Äu-
ßerlichkeiten des Theaters. Hier wurden alle Innerlichkeiten
offenbar und wuchsen zur Einheit zusammen. Jedem Werk
wurde sein inneres Gesetz angehorcht und einzig aus ihm her-
aus wurde sein besonderer Stil in der organischen Wiedergabe
der Musik, der Dichtung, der sinnfälligen Aktion und ihrer
malerisch-symbolischen Hintergründe festgestellt, unerbitt-
lich, ohne schmückendes Beiwerk, ohne ablenkende Augenun-
terhaltung, auf die einfachste und stärkste Linie gebracht und
auf das reinste bewahrt.[410]

Die Zusammenarbeit Mahlers mit Roller hat Maßstäbe weit über
die Zeit ihres Wirkens hinaus gesetzt[411], sie hat aber – nach Einschätzung Alma Mahlers – auch zum Ende Mahlers an der Wiener
Hofoper beigetragen.

Letztes spektakuläres Ereignis der Saison 1903/04 ist – etwa einen Monat nach der *Tristan*-Neuinszenierung – die Wiener Erstaufführung der Oper *Louise* von Gustave Charpentier, die als
»Roman musical« am 2. Februar 1900 in der Opéra Comique in Pa-

[410] Richard Specht, *Das Wiener Operntheater*, a.a.O., S. 41/42
[411] vgl. Dokumente Alfred Roller, S. 534ff.

ris ihre Uraufführung gehabt hatte. Mahler hatte im Januar 1903 seiner Frau anvertraut: *Ich habe da eine sehr merkwürdige Oper zugeschickt bekommen. Sie sieht im Klavierauszug nicht sehr vertrauenerweckend aus, aber die Partitur ist glänzend und dramatisch – muß es auch sein! Der Saisonschlager dieses Jahres in Paris!*[412]

Aus heutiger Sicht kann man nur staunen, wie kurz entschlossen damals ein Mann wie Gustav Mahler eine Oper annimmt, von deren Qualität er offenbar überzeugt ist, und in welch kurzer Zeit er die Aufführung vorbereitet. Indes: Charpentier, den Mahler nach Wien eingeladen hat, findet die Inszenierung »unmöglich«. Er übernimmt selbst die Regie und säubert das Szenarium von jedem Verismus. *Eigentlich war er der erste Surrealist,* schreibt Alma in ihren Erinnerungen, *und seine Regiebemerkungen waren deshalb für Mahler und die Regisseure unverständlich. Mahler verschob sofort die Première und überließ Charpentier das Feld. Die ganze Inszenierung war »zu nobel« gewesen! Nun mußte der Verführer unter dem Frack eine rote elektrische Glühbirne haben, wenn er den Frack öffnet, um sein Herz zu zeigen.*[413]

Die Aufführung am 24. März 1903 wird zu einem großen Erfolg für alle Beteiligten, wenngleich die Oper bis zum Ende der Spielzeit nur insgesamt acht Mal auf dem Spielplan steht.

Zunehmende Gastdirigate

Seit 1903 kümmert sich Mahler verstärkt um die Aufführungen eigener Werke. Ende Januar dirigiert er als Gast der Wiesbadener Kurhaus-Konzerte seine 4. Sinfonie: *Wie habe ich fortwährend an Dich dabei gedacht und es so tief bedauert, daß Du wegen den paar elenden Spießen zu Hause geblieben und nun nicht dabei bist,* schreibt er nach den ersten Proben an Alma; – *Du hättest jetzt ein ganz anderes Verhältnis zu meinem Werk, von dem ich gegenwärtig ganz erfüllt bin, nachdem ich schon so lange nicht mehr daran gedacht; ach Gott, wie lange wird es dauern, bis die Menschen, das zu hören imstand sind!*[414]

Die Sorge um das richtige Verstehen seiner Musik, das immer auch wesentlich abhängig ist von einer entsprechenden Darbie-

[412] *AME*, S. 74
[413] *AME*, S. 75
[414] *AME*, S. 283; »Spieße« = Gulden

tung, treibt ihn dazu, Gastspielverträge abzuschließen. Dazu kommt die prekäre finanzielle Situation, in der sich die junge Familie befindet, zu der seit dem 3. November 1902 auch eine Tochter, Maria Anna, gehört, die Mahler über alles liebt. Unbezweifelbar wird in diesen Jahren der Wunsch immer stärker, von den Theaterverpflichtungen entbunden zu werden, um nur noch komponieren zu können; das freilich zieht wieder eine entsprechend rege Reisetätigkeit als Dirigent nach sich, die ihm zutiefst zuwider ist. *Eigentlich möchte ich nur noch meiner musikalischen Produktion leben*, vertraut er 1905 der Frau des Dichters Richard Dehmel, Ida Dehmel an, *und ich fange, ehrlich gesagt, auch schon an, meine Theaterverpflichtungen zu vernachlässigen, aber den Ausfall meiner hohen Direktionsgage muß ich auf andere Art, etwa durch Gastdirigieren zu decken suchen. Ich bin wirklich neugierig, ob ich einmal einen Pfennig aus der Aufführung meiner Werke zu sehen kriege. Das ist also der eine Reisegrund. Der andere ist: die Fünfte Symphonie ist jüngst in Prag und in Berlin dirigiert worden und hat beide Male keine Wirkung gehabt. Da dachte ich: Du mußt doch einmal sehen, ob's an der Symphonie oder am Dirigenten liegt, und nun weiß ich's, denn in Hamburg hat sie doch stark gewirkt.*[415]

Die zunehmenden Erfolge geben ihm recht; er wird immer häufiger als Gastdirigent eigener Werke eingeladen. Am 27. März 1903, also wenige Tage nach der Wiener Erstaufführung der *Louise*, richtet er ein Urlaubsgesuch an die General-Intendanz.

Am 2. und 4. April finden in Lemberg Aufführungen einer meiner Kompositionen statt, welche zu dirigieren ich eingeladen worden bin.

Ich erlaube mir bei Ew. Exzellenz anzufragen, ob ein Anstand dagegen obwaltet, daß ich mich zu diesem Zweck auf fünf Tage und zwar 31.–4. April nach Lemberg begebe.[416]

Dem Ersuchen wird stattgegeben, und Mahler dirigiert in Lemberg (heute: russisch Lwow) in der Ukraine, die damals noch zum ungarisch-österreichischen Kaiserreich gehört, für eine Gage von 1000 Gulden. Neben Beethoven, Berlioz und Wagner steht seine

---

[415] *AME*, S. 119; Mahler spricht hier von den Aufführungen der 5. Sinfonie in Prag am 2. 3. 1905 (Ltg. Leo Blech, der außerdem Webers *Oberon*-Ouvertüre dirigierte und Therese Beer beim Vortrag von Schubert- und Wolf-Liedern sowie altitalienischer Arien am Flügel begleitete) und in Berlin am 20. 2. 1905 (unter A. Nikisch); die Aufführung in Hamburg am 13. 3. 1905 hat Mahler selbst geleitet.

[416] zit. nach *KB* II, S. 237

1. Sinfonie auf dem Programm. Er fühlt sich in Lemberg sehr wohl, besucht die dortige Oper und studiert, wie er das immer gern zu tun pflegt, Land und Leute. *Das Leben hier*, schreibt er an Alma, *zeigt wieder so ein originelles Gesicht. Am possirlichsten sind doch die polnischen Juden, die hier herumlaufen wie anderswo die Hunde. Es ist äußerst unterhaltend, denen zuzuschauen! Mein Gott, mit denen soll also ich verwandt sein?! Wie trottelhaft mir die Racentheorien erscheinen, angesichts solcher Beweise, kann ich Dir gar nicht schildern! ――*[417]

Die Konzerte verlaufen recht erfolgreich, wenngleich das Orchester schließlich doch nicht zu halten vermochte, was es in den ersten Proben zu versprechen schien. Und selbst im fernen Lemberg gelten seine Gedanken einem anderen seiner »Kinder«: *Gestern Abend war ja auch die »Zweite« in Düsseldorf! Wie ist das wohl ausgefallen?* schreibt er mit spürbarer Sorge an Alma.[418] Zumindest mit der Leistung der Ausführenden kann er nach dem Urteil der *Neuen Zeitschrift für Musik* zufrieden sein. *Die Aufführung war ein Wunder von Fleiß und Hingebung von Seiten der Ausführenden wie von Seiten des Dirigenten*, schreibt der Düsseldorfer Korrespondent, meldet der Komposition gegenüber aber zugleich seine Zweifel an: *Daß man bei Aufbietung solcher Massen von Tonwerkzeugen [...] und bei technisch-compositorischer Bildung den Hörer schon eine Weile fesseln kann ist wohl selbstverständlich. Der wirkliche Kunstwert des Werkes ist dadurch jedoch nicht erwiesen.*[419]

Dazu ergibt sich erneut Gelegenheit anläßlich der Aufführung derselben Sinfonie im Rahmen des 39. Tonkünstlerfestes des Allgemeinen Deutschen Musikvereins am 15. Juni 1903 in Basel, die Mahler selbst leitet. Selbstverständlich schaltet er sich in die Vorbereitungen ein, für die Kapellmeister Hermann Suter die Verantwortung übernommen hat. Ein Brief vom 27. Mai 1903 an Suter verrät sehr deutlich, welchen Aspekten der Aufführung Mahlers besondere Aufmerksamkeit gilt.

Bei den Streichern bitte ich die Teilung freundlichst so vorzunehmen, daß bei der Bezeichnung »Hälfte« zuerst die vorderen

[417] *AME*, S. 285
[418] Mahler hatte dem Dirigenten des Düsseldorfer Konzerts, Julius Buths, in einem Brief vom 25. 3. 1903 sehr detaillierte Mitteilungen über seine Vorstellungen von der 2. Sinfonie gemacht (s. S. 258).
[419] *NZfM* 70 (1903), S. 359/360

*Pulte spielen, und später die anderen (Tutti) hinzutreten. Bei
»geteilt« bitte ich, daß rechter und linker Spieler je eine Stimme
übernehmen – mehrfach geteilt, von Spieler zu Spieler – nicht
von Pult zu Pult. Für den »großen Appell« ist im Konzertsaal
die Aufstellung der Blasinstrumente »hinter der Szene« auf verschiedenen Seiten gewöhnlich schwer zu erzielen. [...] Die
Stelle ist sehr schwer im Rhythmus und »Zusammengehen«
und die gewollte Klangwirkung nur nach mehrfachen Versuchen zu erreichen.*[420]

Ganz ähnlich hatte er sich bereits in seinen Instruktionen für die
Düsseldorfer Aufführung der »Zweiten« geäußert; im Brief vom
25. März 1903 an Buths macht er darauf aufmerksam, daß *eine
wohlerwogene Aufstellung der Hörner und Trompeten im »großen
Appell«* äußerst wichtig sei. *Hörner und Paukenisten müssen zusammen und den Trompeten womöglich entgegengestellt – diese
aber wieder voneinander weit entfernt erklingen, Flöte und Baßklarinette im Orchester so sicher und geschult fungieren, daß sie den Dirigenten kaum mehr brauchen, so daß Sie während der ganzen Passage nicht Taktschlagen. – Ich rate, für diese Stelle eine eigene Probe
zu halten; ich halte sie für die schwierigste des ganzen Werkes.*[421]

In Basel findet Mahler alles zu seiner größten Zufriedenheit vorbereitet. Schon die Proben im Baseler Münster, die am 9. Juni beginnen, werden für alle zu einem unvergeßlichen Erlebnis.

Das Tonkünstlerfest vereinigt wieder alles, was in der aktuellen
Musik-Szene der Jahrhundertwende Rang und Namen hat; vor allem aber wird es ein Ereignis, das seinen besonderen Reiz im Vergleich der sogenannten Münchner Schule mit anderen Zeitgenossen findet, ein Vergleich, der nach Meinung des Musikschriftstel-
lers Arthur Seidl nicht gerade zugunsten der Münchner Avantgar-
disten ausfällt. Vielmehr gewinnt er von der Musik des »Münchner
Winkel«, wie er den Kreis um Max von Schillings, Sigmund von
Hausegger und natürlich Richard Strauss nennt, den *Eindruck einer abgezogenen Cliché-Kunst von zweiter und dritter Hand, [...]
eine arge Schablonen-Technik, die man mit dem Ausdrucke Wag-
ner- oder Liszt-Formalismus getrost belegen kann [...] Jedenfalls*,
so fährt Seidl fort, *lagen die ergreifenden Momente wie durchgrei-*

<hr />

[420] zit. nach *KB* II, S. 238; mit dem *großen Appell* ist der letzte, der V. Satz gemeint,
der sich *attacca* an den vorhergehenden *Urlicht*-Satz anschließt.
[421] *GMB*, S. 316/317 (279/280)

fenden Pointen der verflossenen Tonkünstlerversammlung nicht eben bei dieser vielgenannten »Münchner Schule«, sondern im Gegenteile ganz anderswo; und noch gar niemals vordem ist mir so greifbar deutlich vor die Seele getreten, dass die eigentlichen, that-sächlichen Höhepunkte unserer zeitgenössischen Musikentwicke-lung ausser in R. Strauss [...] vor allem in Mahler, Pfitzner und dem ungebärdigen Reger heute sich verkörpern dürften. Eine direkte Gegenüberstellung der »Münchner« mit Mahler offenbart dann allerdings einen unleugbaren Mahler-Enthusiasmus Seidls, der aber dennoch auch objektivierbare Phänomene durchscheinen läßt, die sicher zum terminologischen Repertoire einer stilkritischen Betrachtung Mahlerscher Musik zu zählen sind.

Gustav Mahler! Als großer »Magnetiseur« und raffinierter »In-sceneur« wird er, bei aller Anerkennung für sein enormes Kön-nen, grade von »Münchner Seite« so gerne bezeichnet. Wahr-lich aber, ich wünschte unsren guten »Münchnern« u.s.w. so viel religiöse Inbrunst noch im Herzen für die heil. Kunst, als sie dieser Mahler neben seiner stupenden Meisterschaft ganz zweifellos persönlich in sich trägt, ich wünschte nicht selten der Wagner-Schule und Strauss' u.s.w. Richtung diesen schlicht-einfältigen, unmittelbar zu Herzen gehenden Ausdruck für ein echtestes, wahrhaftiges Gefühl. Wer von »eklektischer« Anor-ganik der beiden Mittelsätze seiner c-moll-Symphonie No. 2 gegenüber dem Ganzen spricht, der übersieht doch wohl, daß in dem »Urlicht«-Texte die Verse 2 und 3: »Der Mensch liegt in größter Not! Der Mensch liegt in größter Pein!« das Programm für den I. Satz nachträglich fein andeuten [...] Und überdies wollte mich ganz nebenbei, bei der grandiosen, direkt einem Berlioz und Liszt an die Seite zu stellenden, Verarbeitung des »Dies irae« im letzten Satze, noch einmal ein »Merk's, Hans Huber!« im Stillen ankommen, dachte ich bei mir doch all' der Variationen auf dieses alte Thema in der neuesten »Helden«-Symphonie aus seiner schreibgewandten Feder. Kurz, dieses hochragende Monumental-Werk allergrößten Stils, von gleich-großer Simplizität wie außerordentlicher Kompliziertheit der Ausdrucksmittel, ward in Basel – unter der wieder einmal mu-stergültig exakten, wahrhaft imponierenden Leitung des Kom-ponisten selbst – zum Erlebnis [...][422]

[422] *Die Musik* 2 (1902/1903), S. 52/53

Während seines Basler Aufenthaltes wird Mahler selbstverständlich über alles, was in der Hofoper vorgeht, auf dem laufenden gehalten; am Anfang der täglich eingehenden Telegramme werden ihm die jeweiligen Tageseinnahmen mitgeteilt (in österreichischen Kronen):

> *8. Juni 1903*
> *Gestern Carmen 5300. Rezensionen Goritz unterwegs. Lauten ungünstig. Soll er Samstag als Telramund angesetzt werden? Hesch Vater gestorben. Zwei Tage Urlaub.*

> *9. Juni 1903*
> *Gestern Siegfried 6100. Brief Wondra geht heute ab. Bitten Entscheidung wegen Goritz. Sonst alles in Ordnung.*

> *10. Juni 1903*
> *Gestern Aida 3600. Alles in Ordnung. Telegramm erhalten.*

> *11. Juni 1903*
> *Gestern Götterdämmerung 6800. Nach Mitteilung Selar will Frau Engelin sich neunzehnten Probesingen vorstellen, bittet jedoch Vergütung der Reisespesen. Soll dies zugesichert werden? Harder empfiehlt Tenoristen Jörn, Berlin, welcher durch Engagement Naval eventuell 1904 dort frei wird.*
> *etc. etc.*[423]

Nach den anstrengenden Basler Tagen geht's nach Maiernigg in die Ferien, in ein Leben, *das mit großer Einförmigkeit und Stille uns umfing*, wie sich Alma erinnert. *Er spielte viel mit dem Kind, das er herumschleppte, in den Arm nahm, um mit ihm zu tanzen und zu singen. So jung war er damals und unbeschwert. Wieder diese Spaziergänge in heißen Wäldern und Büschen. Vollkommenste Ruhe.*[424] Beste Voraussetzungen zum Arbeiten also: noch im Juli 1903 schließt er die Orchestrierung der 5. Sinfonie ab, beginnt mit den Skizzen zur 6. Sinfonie und stellt in diesem Sommer die ersten drei Sätze fertig.

Während der Ferien wird in der Hofoper der Orchesterraum um 50 cm tiefer gelegt und um 12 qm vergrößert. Postwendend sieht sich der Direktor der Presse-Kritik ausgesetzt, die um die Qualität der Akustik fürchtet. In einem Interview mit dem *Illustrierten Extrablatt* vom 9. September 1903 rechtfertigt er den Umbau mit dem

---

[423] zit. nach *KB* II, S. 238
[424] *AME*, S. 78

Hinweis darauf, daß dem Publikum nun der Blick auf die Bühne nicht mehr verstellt sei und daß vor allem das Licht für die Notenpulte und die störenden Bewegungen des Dirigenten dem Auge des Zuschauers in Zukunft verborgen blieben. *Heute sitzen die Musiker im Orchester so, daß die Notenblätter allzu grell beleuchtet werden. Das stört die Zuschauer, deren Blicke unwillkürlich abgelenkt werden, das bringt in die Stimmung des szenischen Bildes einen falschen Ton. Wird das Orchester versenkt, dann rückt der Dirigent näher zu den Musikern, die strahlenförmig um den Kapellmeister zu gruppieren sind, was auch geschehen wird. Die Tieferlegung des Orchesters ist wichtig für die diskrete Tongebung, wichtig für die Zwecke einer diskreten Beleuchtung der Szene.* Allerdings – so ergänzt er – werde das Orchester-Areal beweglich gebaut, um das Orchester bei bestimmten Werken – er wählt als Beispiel Mozarts »*Figaro*« – wie bisher auf Zuschauerhöhe plazieren zu können.

Aus Mahlers Argumentation spricht – und das macht die Umbau-Episode erst interessant und wichtig – erneut sein unablässiges Bemühen um Deutlichkeit und Wahrhaftigkeit der Wiedergabe: alles, aber auch wirklich alles hat einem unverstellten Eindruck vom Kunstwerk zu dienen.

Daß unter diesem Blickwinkel die Bewegungen des dirigierenden Mahler störend wirken, wird mehr als verständlich, wenn man Desceys plastische Beschreibung von Mahlers Dirigiergewohnheiten in diesen Jahren – später wurde er sehr viel ruhiger – liest:

Mahler – ich darf das Wort wohl wagen, denn ich hatte den bestimmten Eindruck davon – instrumentierte das Werk um, während er es leitete, er balancierte das Kräfteverhältnis des Orchesters aus, er improvisierte, d. h. er winkte manchmal zwei ersten Violinpulten ab, um die zweiten hervorzulassen, dann hieß er diese Pulte wieder einsetzen, er dämpfte die Bratschen auf die Hälfte ab, ließ ihre Farbe dann wieder stärker einwirken, kurz, es war ein Musizieren aus den Nerven heraus [...] Sein Körper war von Bewegung ganz durchwühlt, und im Halbdunkel machte er den Eindruck eines mystisch arbeitenden Zwerg-Fabelwesens. Im grellen Schlaglicht des Kapellmeisterpultes erschien sein haarumwirrtes, anziehend häßliches Gesicht gespensterhaft blaß [...][425]

[425] Ernst Decsey, *Stunden mit Mahler*; in: *Die Musik* 10 (1910/1911), S. 149; diese Schilderung steht im Gegensatz zu jener, die der Rezensent der Petersburger Konzerte vom März des vergangenen Jahres gibt (vgl. S. 244f.).

Die Zahnradbahn auf dem Kahlenberg bei Wien

Ende August fährt Mahler allein nach Wien zurück, wohnt aber bis zur Ankunft Almas nicht in der Stadtwohnung, sondern quartiert sich im Hotel auf dem Kahlenberg bei Wien ein, zu dem eine Zahnradbahn hinauffährt, die allerdings um 21 Uhr ihren Betrieb einstellt, so daß er an vier Abenden, an denen er als gewissenhafter Direktor und Mentor seiner Kapellmeister den Vorstellungen im Theater beiwohnt, zum Übernachten bei seinem Freund Pollak in der Stadt logiert.

Mahler hält sich in dieser Spielzeit 1903/04 mit eigenen Dirigaten in Wien zurück wie nie zuvor: er erscheint nur 38 Mal am Pult des Hofoperntheaters. Zum Vergleich: in seiner ersten vollen Saison 1897/98 dirigiert er 111 Mal, in der folgenden 105 Mal, 1899/1900 immerhin noch 97 Mal; seit 1900/01, nimmt die Anzahl seiner Operndirigate beträchtlich ab: 1900/01 nur 53, 1901/02 (krankheitsbedingt) 36 Mal, 1902/03 dirigiert er wiederum 53 Mal und jetzt, 1903/04, nur 38 Mal. Was Wunder, daß die Presse entsprechend reagiert und den Hofoperndirektor an seine Verpflichtungen gegenüber dem eigenen Hause erinnert, anstatt so häufig als Dirigent meist eigener Werke auf Reise zu gehen?

Erste Erfolge in Amsterdam

So ist Mahler kurz nach der Neuinszenierung von Halévys *Jüdin* am 13. Oktober 1903 wieder als Gastdirigent unterwegs. Er leitet am 22., 23. und 25. Oktober zum erstenmal in Amsterdam das berühmte Concertgebouw-Orchester, dessen schon damals weltweit bekannte Qualitäten vor allem der Arbeit seines Chefdirigenten Willem Mengelberg zu danken sind. Mahler wird im Hause Mengelbergs herzlich aufgenommen und hat zwischen den Proben zur »Dritten« Gelegenheit, bei ausgiebigen Stadtbummeln mit seinem Gastgeber diese wunderbare Stadt kennenzulernen. *In vielen Dingen erinnere ich mich an Hamburg,* schreibt er an seine Frau, *nur daß es dort viel großartiger, freier ist. Mengelberg ist sehr nett und sucht mir mit seiner Frau das Leben – beinahe hätte ich gesagt, die Erde – leicht zu machen. Das Dumme sind nur die ewigen Verpflichtungen [...] Heute morgens gieng es weiter in der Probe! Das Orchester war ganz aus dem Häusel über das Werk. Es ist zum Erschießen schön! Ich kann es nicht beschreiben, was ich Alles dabei durchlebe, wenn ich diese Töne wiederhöre.*[426]

Er sucht in Zaandam[427] historisch-musikalische Stätten auf und bedauert immer wieder, daß Alma das alles nicht miterleben kann. *Man begreift,* schreibt er ihr am 22. Oktober, *daß in diesem Land die Maler zu Hause sind! Die farbigen Häuser, Wiesen, Kühe, Windmühlen, Wasser, wohin man schaut, die fliegenden und schwimmenden Möven, die Schiffe und Wälder voller Masten und diese wunderbar verschwimmende Beleuchtung von alledem. Man*

---

[426] *AME*, S. 321

[427] Zaandam, mittlere Kleinstadt nordwestlich von Amsterdam, ist durch ihren Schiffbau berühmt geworden. Peter der Große, Zar von Rußland, erlernte hier das Schiffbauer-Handwerk. Um diese historische Sonderbarkeit rankt sich Albert Lortzings Oper *Zar und Zimmermann.*

könnte wochenlang hier herumbummeln. Dazu diese hochoriginellen Menschen.

Mit der Probenarbeit ist er außerordentlich zufrieden; Mengelberg hat ausgezeichnete Vorarbeit geleistet. *Zweihundert Jungen aus der Schule unter Begleitung ihrer Lehrer (6 Stück) brüllen das Bim-bam und ein famoser Frauenchor von 330 Stimmen! Orchester herrlich! Viel besser als in Crefeld. Die Violinen ebenso schön wie in Wien. Alle Mitwirkenden hören nicht auf zu applaudieren und zu winken. [...] Die musikalische Kultur in diesem Lande ist stupend! Wie die Leute blos zuhören können!*[428] Der Erfolg seiner 3. Sinfonie ist überwältigend, wenngleich sich die Begeisterung – darin stimmt Mahler mit dem Korrespondenten der Zeitschrift *Die Musik*, Hans Augustin, überein – nicht von Anfang an einstellen will. *Zuerst waren die Leute etwas befremdet,* schreibt er an Alma, *aber von Satz zu Satz wurden sie wärmer und als das Alto-Solo eintritt [...] allgemeine Bewegung und Spannung und bis zum Schluß nun der wohlbekannte Verlauf. Nach dem Schlußakkord ein Jubel, der etwas Imponierendes hatte. Alle sagen mir, daß seit Menschengedenken so was nicht da war. Den Strauss, der hier sehr en vogue ist, habe ich um Ellenlänge geschlagen.*[429]

Zwei Tage später dirigiert er mit gleichem Erfolg seine 1. Sinfonie.[430] Mahler wird mit seinem Debut zu eincm der bevorzugten zeitgenössischen Komponisten in Holland, namentlich in Amsterdam, beim Concertgebouw-Orchester und seinem Chefdirigenten Willem Mengelberg.

Guido Adler würdigt anläßlich des großen Mahler-Festes 1920 in Amsterdam die Tat dieser Stadt, indem er an die Hilfe der holländischen Bürger erinnert, die lange vor Mahler bereits einem anderen großen Österreicher, der in seiner Heimat keine Möglichkeit zu einem angemessenen Leben finden konnte, ein ehrenvolles Anerbieten gemacht hatten. Adler erinnert daran, daß es Amsterdam

---

[428] *AME*, S. 322/323; im selben Brief teilt er auch mit, daß er den holländischen Komponisten Alphons Diepenbrock kennengelernt habe, *der sehr eigenartige Kirchenmusik schreibt* [...] Diepenbrock wurde 1862 in Amsterdam geboren und starb dort 1921.

[429] *AME*, S. 325; Augustin hatte in *Die Musik* 3 (1903/04), S. 303, u. a. berichtet: [...] *als sich jedoch die reiche Gedankenwelt des Werkes stets großartiger in leuchtender Schöne entfaltete,* [...] *da kannte das begeisterte Publikum keine Grenzen mehr* [...]

[430] Die übrigen Teile des Programms, Wagners *Tannhäuser*-Ouvertüre, die *Oberon*-Ouvertüre von C. M. v. Weber und Mozarts *Kleine Nachtmusik*, dirigiert Willem Mengelberg.

Fotographie von 1906
In der Mitte Mahler, rechts Willem Mengelberg

war, *dessen kunstsinnige Bürger Mozart noch unmittelbar vor seinem Tode »die Anweisung eines noch höheren jährlichen Betrages
zusicherten, wofür er nur wenige Stücke ausschließend für die Sub-
skribenten komponieren sollte« – eine Tat und Absicht, die unvergänglich in das Buch der Kunst- und Kulturgeschichte eingetragen
ist. Und heute*, so fährt Adler 1920 fort, *ehrt die Stadt das Andenken
eines Meisters, der die Stätte seiner Wirksamkeit, in der er Großes,
Mustergültiges geleistet hatte, verlassen mußte.*[431]

Noch ist es freilich nicht so weit, daß Mahler – sei es nun freiwil-
lig oder unter Zwang – Wien verläßt, aber die Stimmen mehren
sich, die ihm Vernachlässigung seiner Wiener Verpflichtungen
vorwerfen. Er ist in diesen Jahren auf der Suche nach einer »musikalischen Heimat« als Komponist, und das bedeutet für ihn in erster Linie ein Orchester, das seinen Werken mit der notwendigen

---

[431] Guido Adler, *Zum Mahler-Fest in Amsterdam*, in: *Musikblätter des Anbruch* 2
(1920), S. 255

Offenheit, ja, wenn irgend möglich, sogar mit einer gewissen Zuneigung begegnet und bereit ist, auch Ungewohntes mit allem gebotenen Ernst zu realisieren. Und er wünscht sich natürlich ein Publikum, das zuhören kann, unvoreingenommen zuhören kann, eben auch solchen Werken, in denen die Grenzen des Vertrauten überschritten werden.

Probleme mit der Generalintendanz

Vorerst aber beansprucht ihn wieder der Theateralltag, der auch in der Hofoper, die ja eine quasi privat finanzierte Einrichtung des Kaisers ist, mitbestimmt wird von Publikumserfolg und ökonomischer Rentabilität. Die Tatsache, daß Mahler trotz immer massiver werdender Angriffe seine Position in diesen Jahren behaupten kann, führt Kurt Blaukopf u. a. auf seine wirtschaftlichen Erfolge in der Oper zurück.[432] Sogar der eigentliche Widersacher Mahlers in all den Jahren seiner Direktion, August Freiherr Plappart von Leenheer, der bereits kurz nach Mahlers Amtsantritt als Nachfolger Dr. Josef Freiherr von Bezecnys im Februar 1898 Generalintendant der Hoftheater geworden war, gibt sich in der *Neuen Freien Presse* vom 22. Mai 1904 mit dem finanziellen Ertrag der Hofoper und des Burgtheaters zufrieden. *Natürlich*, fügt Plappart an, *ist trotz der glänzenden Einnahmen bei der Oper an einen Profit nicht zu denken; beträgt doch der Tagesetat im Opernhaus rund 10 000 K. In diesem Tagesetat macht die auf die Gagen entfallende Quote allein 6656 K. aus.* [...] *Im Burgtheater hatten wir mit einigen Novitäten großes Glück; in der Oper hat in der letzten Zeit keine einzige Novität eingeschlagen. (Mit einer einzigen Ausnahme von »Hoffmanns Erzählungen«.) Aber das Publikum geht eben auch zu den gewöhnlichen Repertoireopern, und es ist eine Tatsache, daß Besuch und Stimmung in den beiden Hoftheatern heuer besser sind als in irgend einem Jahre vorher.*[433]

Das rosige Licht, das dieses Lob auf die Beziehungen des Generalintendanten zum Hofoperndirektor zu werfen scheint, ist trügerisch. Franz Willnauer widerspricht denn auch der Annahme Blaukopfs, Mahler habe sich in diesen Jahren längst den direkten Zu-

[432] vgl. *KB* I, S. 212
[433] zit. nach *KB* II, S. 240

gang zum Obersthofmeisteramt, dem auch die Generalintendanz unterstellt ist, verschafft und könne so quasi unter Umgehung der Person Plapparts schalten und walten. Vielmehr lassen – so Willnauer – die Dokumente des Haus-, Hof- und Staatsarchivs vermuten, *daß sich hinter der Fassade der Selbständigkeit, die Mahler kraft seines Amtes und durch das Wohlwollen der höchsten Stellen beanspruchen durfte, ein nervenaufreibender Kleinkrieg abspielte, ein unablässiger Kampf um grundlegende Rechte künstlerischer Entscheidungsfreiheit und Handlungsvollmacht. Es ist tief kennzeichnend für das diskret-anonyme System der österreichischen Bürokratie, daß der Hauptgegner Mahlers diesen Kampf aus dem Verborgenen führen konnte und selbst heute noch in der Mahler-Literatur ein Unbekannter ist: Generalintendant August Freiherr Plappart von Leenheer.*[434]

In der Tat dauert es fast ein ganzes Jahr, bis sich der Generalintendant und Mahler über den Wortlaut einer *Dienstes-Instruktion* für den Direktor einigen können, in der dessen Pflichten und Rechte geregelt sind. Es kann nicht bezweifelt werden, daß Plappart versucht, Mahler durch die *Dienstes-Instruktion* an die kurze Leine zu nehmen. Wie wäre sonst der § 7 zu deuten, in dem folgendes festgelegt ist:

Alljährlich und zwar längstens ein Monat nach Beginn der Saison hat der Director, soweit es thunlich ist, ein Arbeitsprogramm für die laufende Saison der General-Intendanz vorzulegen, welche die bereits in Aussicht genommenen Novitäten oder Reprisen zu enthalten hat, bezüglich deren Reihenfolge dem Director die Bestimmung überlassen bleibt.[435]

Der Wortlaut des ersten Satzes ist die Frucht eines Mahlerschen Einspruchs gegen den Plan Plapparts, das Arbeitsprogramm für die jeweils kommende Saison bereits einen Monat vor Ende der laufenden Spielzeit der General-Intendanz zur Genehmigung vorzulegen. Mahler hatte sich zur Wehr gesetzt mit dem Argument, eine verläßliche Planung lasse sich erst erstellen, sobald der Direktor einen hinreichenden Überblick über die personellen Bestände des Theaters habe, ganz abgesehen davon, daß selbst die beste Pla-

[434] Franz Willnauer, *Gustav Mahler und die Wiener Oper*, Wien–München 1979, S. 169
[435] Willnauer, a.a.O., S. 295

nung gegen unvorhersehbare Umstände wie z. B. Erkrankungen machtlos sei.

Die »Geldgebarung« und wirtschaftliche Verwaltung der Hofoper – so regelt es § 14 – untersteht allein der General-Intendanz, d. h., der Finanzhaushalt des Theaters wird ohne Hinzuziehung des Direktors aufgestellt und kontrolliert. Zu diesem Zwecke erstellt die General-Intendanz ein sogenanntes Präliminare, einen Kosten-Voranschlag, der – meist unter Zugrundelegung der Zahlen des Vorjahres plus einer gewissen allgemeinen Kostensteigerungsrate – die tolerierbaren Grenzen der Ausgaben, aber auch die Höhe der zu erwirtschaftenden Einnahmen enthält: verständlich, daß auch hier versucht wird, die Kosten wenigstens in ihren prozentualen Zuwachsraten zu senken und die Erträge zu steigern. *Damit war Operndirektor Mahler als Verwalter der Finanzen seines Hauses ständig unter einem doppelten Druck: zum einen mußte er den Spielplan so attraktiv wie möglich gestalten, um das immer höher angesetzte Einnahme-Soll zu erreichen, zum anderen mußte er – mit Ausstattungen, Gästen, Anschaffungen usw. – so sparsam wirtschaften, daß er die vorgegebenen Ausgaben nicht überschritt. Ein Mehr an Einnahmen gegenüber dem Soll – wie es Mahler z. B. im Kalenderjahr 1904 erzielte – kam also nicht der Ausgabenseite zugute, sondern verringerte nur das »präliminierte« Defizit – auf dem Papier.*[436]

Eine Steigerung der Einnahmen ist aber nur möglich über einen attraktiven Spielplan, aufsehenerregende Inszenierungen, zugkräftige Sänger und – im Falle der Hofoper – möglichst häufige Dirigate des inzwischen international berühmten Direktors.

Ein Blick auf die Bilanzen der Hofoper in den Jahren 1903–1907, also der zweiten Hälfte der Direktionszeit Mahlers, zeigt sehr deutlich, daß seine Bemühungen um wirtschaftliche Effektivität von wechselndem Erfolg begleitet sind. Jahre besonders hoher Defizite wechseln mit solchen, in denen die Präliminar-Überschreitungen relativ gering gehalten, ja sogar leichte Gewinne erzielt werden konnten.[437]

---

[436] Willnauer, a.a.O., S. 204
[437] Willnauer, a.a.O., S. 286; alle Angaben in Kronen. 1 Krone kostet damals 0,86 Mark an der Wiener Börse.

Jahr		Einnahmen	Ausgaben	Defizit	Über-/Unter-schreitung
1903	Präliminare	2758000,–	2970000,–	212000,–	+ 52750,82
	Abschluß	2861974,61	3126725,43	264750,82	
1904	Präliminare	2830100,–	3016500,–	186400,–	– 36943,55
	Abschluß	2891571,65	3041028,10	149456,45	
1905	Präliminare	2911200,–	3081300,–	170100,–	+ 258430,84
	Abschluß	2857493,88	3286024,72	428530,84	
1906	Präliminare	2928800,–	3128800,–	200000,–	+ 9234,71
	Abschluß	2991496,04	3200730,75	209234,71	
1907	Präliminare	3092900,–	3296300,–	203400,–	+ 247333,62
	Abschluß	3020437,54	3471171,16	450733,62	
1908	Präliminare	3093300,–	3321700,–	228400,–	+ 136668,70
	Abschluß	3112406,36	3477475,06	365068,70	

Solche Schwankungen könnten – wie Willnauer annimmt – ihren Grund u. a. in der Anmahnung des Obersthofmeisteramtes haben, Ausgaben in Zukunft genauer und ökonomischer zu kalkulieren. So fordert der Obersthofmeister die General-Intendanz im September 1903 auf, die bis dahin bereits überschrittenen Präliminar-Posten näher zu begründen. Plappart gibt das Papier weiter an Mahler, der Mitte Oktober eine Erklärung an die General-Intendanz schickt, in der er den Hauptgrund für die Überschreitung des Haushaltsplanes auf die außergewöhnlich pompöse Ausstattung der *Aida* schiebt, die am 11. Mai 1903 als Galavorstellung für König Georg von Sachsen gegeben worden war. Allerdings verschweigt er nicht, daß ein Großteil der Kosten auch auf die neuartige Beleuchtungstechnik im *Tristan* zurückzuführen sei.

Das Obersthofmeisteramt gibt sich mit Mahlers Erklärung zwar zufrieden, weist Plappart jedoch an, ihm genauer auf die Finger zu sehen. Prompt stellt sich im kommenden Jahr die Wirkung ein: 1904 wird Mahlers in finanzieller Hinsicht erfolgreichstes Jahr, obwohl ihm gleich mit der ersten Neueinstudierung, Lortzings *Waffenschmied*, der am 4. Januar 1904 Premiere hat, nicht gerade ein großer Wurf gelingt. *Die Zärtlichkeiten und Auffrischungskünste*

*Direktor Mahlers störten Lortzings Werkchen gegenüber mehr als
sonst*, schreibt die Kritik.[438] Die Oper erlebt bis zum Ende des Jahres ganze 7 Aufführungen!

Analysiert man aber die Bilanz von 1904 genauer, so sind es –
freilich neben verminderten Ausgaben – eben doch gerade die Einnahmen, die das gute Gesamtergebnis erklären. Das erscheint um
so rätselhafter, als auch die immer wieder hinausgezögerte Einstudierung der Oper seines Jugendfreundes Hugo Wolf, *Der Corregidor*, nicht zu jenem Erfolg wird, der die Einnahmesteigerung erklären könnte. Ganz im Gegenteil: Wolfs Oper erweist sich als zu
wenig dramatisch, läßt zu sehr den Lyriker durchscheinen, wenngleich Teile der Kritik nach der Premiere am 18. Februar 1904 die
Wirkungslosigkeit des Stückes Mahlers Versuch anlasten, durch
eine Verschiebung der Akteinteilung und unwesentliche Kürzungen am Schluß eine Straffung herbeizuführen. *Völlig verfehlt*,
schreibt der Korrespondent der *Neuen Musikzeitung*, [...] *sind
Versuche, durch Flicken und Zustutzen das äußere Ansehen des Gewandes eines solchen Werkes zu verschönern. Diese echt Wienerische Methode, der Bequemlichkeit und Genußsucht eines nicht
gerne denkenden Publikums zu schmeicheln, befolgte Direktor
Mahler offenbar, als er die Oper in dreiaktiger Fassung aufführte.*
Daß ausgerechnet Mahler beschuldigt wird, der Genußsucht des
Publikums nachzukommen, bereichert die an Merkwürdigkeiten
nicht gerade arme Geschichte der Musikkritik um einen weiteren
fulminanten Scherz. Dennoch: Vorwürfen dieser und ähnlich bestrickender Art begegnet Mahler, indem er von der fünften Vorstellung an Hugo Wolfs Urfassung spielen läßt – erneut ohne Erfolg. *Wie soll sich auch*, schreibt der erwähnte Rezensent der
Neuen Musikzeitung vorwurfsvoll, *das an die Melodieopern der Italiener, an die Sensationsmusik Meyerbeers gewöhnte Ohr des Wiener Opernfreundes, für den der Begriff »Musikalische Moderne«
mit Richard Wagner erschöpft ist, mit einem Schlage in dem vielverschlungenen Gewebe Hugo Wolfscher Polyphonie zurechtfinden?
Durch planmäßige Einreihung moderner musikdramatischer Novitäten leichter zugänglicher Natur, wie etwa d'Alberts »Abreise« oder
Thuilles »Lobetanz«, würden die Wiener bei ihrem feinen musikalischen Instinkt sicherlich allmählich für die jungdeutsche Opernliteratur gewonnen werden.*[439] Sicher kann man Mahler den Vorwurf

---

[438] Gustav Schönaich in: *Die Musik* 3 (1903/1904), S. 216
[439] *Neue Musikzeitung* 25 (1904), S. 285

machen, er habe den Jugendfreund im September 1897 mit der Ablehnung des *Corregidor* unnötigerweise verletzt und in schwere seelische Konflikte gestürzt; in der Beurteilung der Bühnenwirksamkeit aber hat er sich nicht getäuscht, und es bleibt dahingestellt, ob es nicht vielmehr Rücksicht gegenüber dem kranken Freund gewesen ist, die ihn damals zur Ablehnung bewog, um ihm eine Enttäuschung mehr zu ersparen.

Am 3. Mai 1904 kommt unter Mahlers Leitung in einer Übersetzung von Max Kalbeck die deutschsprachige Erstaufführung von Verdis *Falstaff* heraus; Bühnenbilder und Kostüme stammen – wie auch schon beim *Corregidor* – von Alfred Roller. Die Inszenierung gibt der Kritik Anlaß, insbesondere Mahlers Fähigkeiten als Regisseur zu rühmen. *Im »Falstaff« gilt es [...] durch Anleitung der Darsteller alle die feinen charakteristischen Wirkungen zu sichern, an denen diese Partitur so reich ist. Nach diesen Richtungen liegt die stärkste Begabung des Direktors und Dirigenten Mahler.*[440]

Möglicherweise findet sich eine Erklärung für die Steigerung der Einnahmen in der Andeutung, die der Korrespondent der *Neuen Musikzeitung* in seinem Rückblick auf die Spielzeit 1903/04 macht: *Neben der erfolgreichen Erstaufführung von Nedbals Ballett »Der faule Hans« machte Bayers Kinderballett »Die kleine Welt« viel von sich reden.*[441] Dies wäre nicht das einzige Beispiel dafür, daß die musikalische Bedeutung eines Stückes in umgekehrtem Verhältnis zu jener Bedeutung steht, die es für die Finanzlage eines Theaters haben kann!

Ganz sicher trägt auch noch im Jahre 1904 Puccinis *Bohème* zur Sanierung der Hofoper-Finanzen bei; sie hatte am 25. November 1903 unter der Leitung des eigens für das italienische Fach engagierten Francesco Spetrino Premiere gehabt und erlebt bis zu Mahlers Abschied von Wien immerhin 61 Vorstellungen.

Mit Ablauf der Saison 1903/04 fühlt sich auch Ludwig Karpath, der sich selbst *zu den aufrichtigsten Bewunderern Gustav Mahlers* zählt, zu einer Generalabrechnung mit dem Hofoperndirektor herausgefordert. In dem amtlichen Blatt des deutschen Bühnenvereins *Bühne und Welt* nimmt er Mahler als Direktor aufs Korn: *Als schaffender Künstler obenan stehend, als Mensch tausendmal besser als sein Ruf, als Dirigent von bezauberndster Eigenart, ist Gustav Mahler kein guter Operndirektor, oder besser gesagt – er ist es jetzt*

---

[440] Gustav Schönaich in: *Die Musik* 3 (1903/1904), S. 388/389
[441] *Neue Musikzeitung* 25 (1904), S. 303

nicht mehr. [...] *Ein Künstler, der die bedingungslose Anerkennung seiner Autorität so gebieterisch fordert wie Gustav Mahler, dessen Handlungen müssen in hundert Fällen neunzigmal einwandfrei sein. Leider ist gerade das Gegenteil der Fall. Sein größter Fehler ist die Konsequenz in der Inkonsequenz. Was er heute für gut findet, erklärt er morgen für schlecht oder auch umgekehrt.* Karpath wirft Mahler *Respektlosigkeit gegen anerkannt große Meister* vor und führt als Beispiel die Ablehnung der Oper *Götz von Berlichingen* von Karl Goldmark an. Über die Bemängelung permanenter Gastspiele auswärtiger Sänger – mit dieser Kritik steht Karpath nun wirklich nicht allein – und die *fortwährenden Neuerungen, die dem Theater leider nur Schaden und Nachteil bringen* – gemeint ist z. B. die Tieferlegung des Orchesterraums, wodurch der schöne Klang des Orchesters vernichtet werde –, gipfelt seine Kritik in dem Vorwurf der *Dürftigkeit des Spielplans.* Mahler habe ihm gegenüber einmal geäußert, Mozart und Wagner seien die Grundpfeiler des Opernrepertoires, dazu müßten dann die *brauchbaren Reste der großen Oper, die Romantiker, die Spieloper und das Beste der modernen Produktion* kommen. *Ein schönes, beherzigenswertes Programm! Was davon hat Mahler wahr gemacht? Er hat die »Zauberflöte« und »Figaros Hochzeit« auf den Glanz hergerichtet, hat »Così fan tutte« auf der Drehbühne aufgeführt und hat Richard Wagner zu seinem Recht verholfen. Das sind große, unvergängliche Verdienste des Direktors Mahler aus der ersten Zeit. Aber nun warten wir schon die längste Zeit auf die Einlösung der übrigen, selbst ausgestellten Wechsel ganz vergeblich.* Vor allem beschwert sich Karpath über den Mangel an Novitäten. Seit Januar 1902, also innerhalb von zweieinhalb Jahren, sei eine einzige Uraufführung herausgekommen: *Der dot mon* (Der tote Mann) von Josef Forster am 28. Februar 1902. Einige andere Werke neueren Datums wie *Feuersnot* von Strauss, *Pique Dame* von Tschaikowsky oder *Louise* von Charpentier seien andernorts längst gespielt worden, bevor sie die Hofoper erreichten. Puccinis *Bohème* z. B. habe schon seit Jahren im »Theater an der Wien« auf dem Spielplan gestanden, bevor es im vergangenen Winter ins Hofoperntheater gekommen sei. Und Hugo Wolfs Oper *Der Corregidor*, die Karpath als Pseudonovität apostrophiert, *kam zu einer Zeit, da man ihm nur mehr historisches Interesse zuzubilligen vermag.* [...] *Diese wenigen Daten genügen, um auf die Armseligkeit der tatsächlich geleisteten Arbeit hinzuweisen.* Für besonders bedauerlich hält Karpath die Vernachlässigung deutscher Komponisten. *Es ist in unseren Augen viel ehrenvoller, mit des Deutschen Pfitzner »Rose vom Liebesgarten« vielleicht durchzufallen, als mit der »Bohème« die Geldbestände des Theaters zu vermehren.* Aber genau dies sei der Grund dafür, daß Mahler allen Novitäten aus dem Wege gehe. *Eine prachtvoll neu ausgestattete »Aida« bietet selbstverständlich tausendmal größere Gewähr, das Haus zu füllen, als etwa der deutsche Michel, möge dieser nun Siegfried Wagner (»Der Kobold«), Schillings (»Der Pfeifertag«) oder Pfitzner heißen.* Zwar sieht auch Karpath die Notwendigkeit, zwischen wirtschaftlichen und künstlerischen Interessen Kompromisse schließen zu müssen, Mahler habe aber *sein Kunstempfinden längst geopfert, denn er braucht mehr Geld als irgend ein anderer Operndirektor, weil er in seiner Planlosigkeit kostspielige Experimente unternimmt, die in der Regel unglücklich ausfallen.* Trotz allem: Er plädiert entschieden dafür, daß Mahler als Operndirektor bleibt; *auch wenn es gegen alles Erwarten bei den bisher befolgten Prinzipien bliebe, könnte man einem Personenwechsel in der Direktion durchaus nicht das Wort reden. Von allen den Berühmtheiten, die heute die deutsche Opernbühne beherrschen, ist gewiß keiner besser als Gustav Mahler!*[442]

Die Proben zu *Falstaff* Ende April/Anfang Mai kann Alma nicht mehr besuchen: sie erwartet im Juni 1904 ihr zweites Kind. Das ist wohl auch der Grund, warum Mahler bereits Ende Januar allein nach Mannheim fährt, um am 1. Februar 1904 in Heidelberg und einen Tag später in Mannheim seine 3. Sinfonie zu dirigieren. Im Mannheimer Theater besucht er eine Aufführung von Pfitzners *Rose vom Liebesgarten* und sieht sein Urteil über den Komponisten nur bestätigt: *Große Stimmungskraft und sehr interessant im Kolorit. Aber zu gestaltlos und verschwommen.*[443]

Mit dem Fortgang der Proben in Heidelberg und Mannheim ist er sehr zufrieden, das Interesse an beiden Konzerten ist riesig. Mahler sehnt sich zwar danach, möglichst bald wieder in Wien zu sein – die Reisetätigkeit ist ihm zeitlebens ein Greuel geblieben –, sieht aber doch erneut seine und Strauss' Ansicht bestätigt, daß sich der Komponist am besten selbst um sein Werk kümmert. *Ich sehe [...], wie wichtig es ist, daß ich zunächst noch überall dabei bin – es ist zu unsinnig, was die Leute ohne mich mit meinem Werk treiben. Strauß hat ganz recht, daß er überall selbst dirigiert.*[444]

[442] Alle Karpath-Zitate in: *Bühne und Welt* 6 (1903/1904), S. 705–714
[443] *AME*, S. 300
[444] ebda.

In diesem Jahr kümmert er sich in erster Linie um seine »Dritte«. Bereits am 25. Februar 1904 dirigiert er sie mit großem Erfolg in Prag[445], leitet am 23. März 1904 eine Aufführung der »Vierten« in Mainz und fährt sofort weiter nach Köln, wo am 27. März wiederum die »Dritte« auf dem Programm des 11. Gürzenich-Konzerts steht. Fritz Steinbach hat dort alles zum Besten vorbereitet und ist von Mahlers Musik so begeistert, daß er ihn bittet, die 5. Sinfonie in Köln uraufführen zu dürfen, was ihm Mahler auch tatsächlich zusagt. Er scheint selbst ganz angetan zu sein von dem Gedanken: *Er studiert sie den ganzen Sommer mit dem Orchester hier,* schreibt er an Alma, *und ich komme und mache nur die letzten Proben. Am 14. Oktober (oder 15.) soll die Erstaufführung sein, das wäre doch famos! Vielleicht habe ich hier in Köln eine künstlerische Heimath gefunden.*[446]

Der Eindruck, den die Kritik von der Aufführung der »Dritten« vermittelt, läßt diesen Schluß allerdings kaum zu. Paul Hiller (*Die Musik*) vermeldet, die Sinfonie habe *nur in den mittleren Sätzen nennenswerten Beifall* gefunden, *da wesentliche Teile des Werkes unverstanden blieben.* Auch der Rezensent der Aufführung desselben Werkes eine Woche zuvor in München unter der Leitung von Bernhard Stavenhagen bemängelt vor allem die Heterogenität des ersten Satzes: *Der riesenhafte (42 Minuten dauernde) erste Satz ist [...] nicht nur in seinem gedanklichen Material ziemlich gewöhnlich, sondern ermangelt auch, infolge des Strebens des Komponisten nach möglichst markanter Gliederung der Struktur, eines einheitlichen Aufbaus.*[447]

Noch während Mahlers Aufenthaltes in Köln fährt seine Frau mit Maria Anna nach Abbazia, wo sie vor der Niederkunft noch ein wenig Entspannung und Ruhe vom Stadtleben sucht. Mahler kommt nach, kann aber nicht so lange bleiben, wie Alma sich das gewünscht hätte, und überdies nutzt er auch hier die paar Tage, um an der Reinschrift der »Fünften« zu arbeiten, die er im Frühjahr mit den Philharmonikern in einer Leseprobe einmal durchgegangen war. Solche ersten Erfahrungen mit der vorgesehenen Instrumentation sind Mahler ungeheuer wichtig, und gerade mit der

---

[445] In der *Bohemia* vom 27. 2. heißt es u. a.: *Der große Abend ist vorbei. Mahlers »Dritte« hat ihren Einzug in Prag gehalten. Es versteht sich von selbst, daß sie ein glänzend besuchtes Haus und enormen Beifall fand* [...] (zit. nach Arnost Mahler, a.a.O., S. 446)

[446] *AME*, S. 302

[447] Eugen Schmitz in: *Die Musik* 3 (1903/1904), S. 471

»Fünften« hatte er sich in dieser Hinsicht besonders schwer getan. Hier kündigt sich ein neuer Stil an, den man in seiner linearen Durcharbeitung als Abschied vom primär harmonisch gebundenen sinfonischen Klaviersatz bezeichnen darf. Die orchestrale Klangbalance der vielfältig miteinander verschlungenen melodisch-rhythmischen Fäden zwingen ihn der größeren Transparenz wegen immer wieder zu Revisionen der Instrumentation (vgl. S. 228).

Vollendung der »Sechsten« und der *Kindertotenlieder*

Am 15. Juni 1904 wird die zweite Tochter, Anna Justine, geboren. Alma bleibt nach der Niederkunft noch drei Wochen bei ihrer Mutter in Wien, Mahler fährt schon nach Maiernigg voraus. Sein kompositorisches Pensum in diesen Sommer-Monaten ist trotz des Besuchs von Zemlinsky und Roller beträchtlich: noch bevor er das Finale der »Sechsten« komponiert, skizziert er die beiden *Nachtmusiken* der 7. Sinfonie (vgl. S. 311 ff.) und vollendet schließlich mit der Komposition der letzten drei Lieder den Zyklus der *Kindertotenlieder, was ich nicht verstehen konnte,* bemerkt Alma in ihren Erinnerungen. *Ich kann es wohl begreifen, daß man so furchtbare Texte komponiert, wenn man keine Kinder hat, oder wenn man Kinder verloren hat. Schließlich hat auch Friedrich Rückert diese erschütternden Verse nicht phantasiert, sondern nach dem grausamsten Verlust seines Lebens niedergeschrieben. Ich kann es aber nicht verstehen, daß man den Tod von Kindern besingen kann, wenn man sie eine halbe Stunde vorher, heiter und gesund, geherzt und geküßt hat.*

Trotzdem ist dieser Sommer 1904 in Maiernigg der vielleicht schönste, den Gustav und Alma Mahler mit ihren Kindern verbringen.

Mahler war mehr denn je mit uns. Er konnte sich jetzt von den Kindern kaum trennen, mit denen er, mit jedem ganz individuell, sonderbare Beziehungen hatte, wie groteske Geschichten, Späße, Gesichterschneiden. Der älteren erzählte er mit Vorliebe das Märchen von Brentano »Gockel, Hinkel und Gackeleia«. [...] Der Sommer war schön, konfliktlos, glücklich. Am Ende spielte mir Mahler die nun vollendete Sechste Symphonie vor. Ich mußte mich im Hause von allem frei machen, viel Zeit für ihn haben. Wir gingen wieder Arm in Arm in sein Wald-

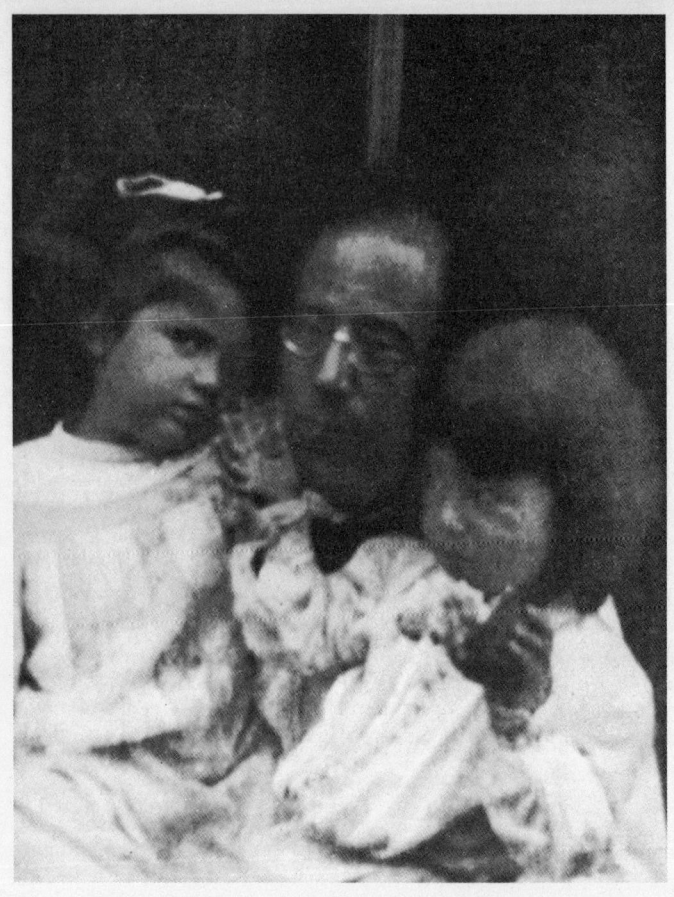

Mahler mit seinen Töchtern Maria Anna und Anna Justine

*häuschen hinauf, wo wir mitten im Walde ohne Störung waren.
All das geschah mit einer großen Feierlichkeit. Nachdem er den
ersten Satz entworfen hatte, war Mahler aus dem Walde herunter gekommen und hatte gesagt: »Ich habe versucht, dich in einem Thema festzuhalten – ob es mir gelungen ist, weiß ich
nicht. Du mußt dirs schon gefallen lassen.«*

6. Sinfonie, I. Satz
Das „Alma-Thema"

Es ist das große, schwungvolle Thema des I. Satzes der Sechsten Symphonie. Im dritten Satz schildert er das arhythmische Spielen der beiden kleinen Kinder, die torkelnd durch den Sand laufen. Schauerlich – diese Kinderstimmen werden immer tragischer, und zum Schluß wimmert ein verlöschendes Stimmchen. Im letzten Satz beschreibt er sich und seinen Untergang oder, wie er später sagte, den seines Helden. »Der Held, der drei Schicksalsschläge bekommt, von denen ihn der dritte fällt, wie einen Baum.« Dies Mahlers Worte.
Kein Werk ist ihm so unmittelbar aus dem Herzen geflossen wie dieses. Wir weinten damals beide. So tief fühlten wir diese Musik und was sie vorahnend verriet. Die Sechste ist sein allerpersönlichstes Werk und ein prophetisches obendrein.[448]

Zu den Spekulationen um die 6. Sinfonie hat Mahler selbst nicht unwesentlich beigetragen, so u. a. in einem Brief an Richard Specht vom Herbst 1904: *Meine VI. wird Rätsel aufgeben, an die sich nur eine Generation heranwagen darf, die meine ersten fünf in sich aufgenommen und verdaut hat.*[449]

Alma interpretiert die Sinfonie als Vision kommenden Unheils: *Er hat sowohl mit den Kindertotenliedern wie auch mit der Sechsten sein Leben »anticipando musiziert«. Auch er bekam drei Schicksalsschläge, und der dritte fällte ihn.*[450]

---

[448] *AME*, S. 91/92
[449] *GMB*, S. 262 (295)
[450] *AME*, S. 92/93; Alma nimmt hier Bezug auf die Hammerschläge im Finale der Sinfonie. Im Autograph der Sinfonie stehen Hammerschläge an fünf Stellen, die erste Druckfassung weist noch drei auf, und in der revidierten zweiten Fassung sind es noch zwei: der letzte ist ebenfalls gestrichen.

Eine Seite aus der autographen 6. Sinfonie
Der erste Hammerschlag im Finale

278

Im Rückgriff auf Almas Sicht hält auch H. F. Redlich die Sinfonie für *ein autobiographisch konzipiertes Werk*, das als *Vorahnung eines großen Künstlers* begriffen werden müsse, *der als Sprecher für die »Erniedrigten und Beleidigten« dieser Welt den fernen Donner der Zukunft in tönenden Symbolen zu deuten weiß.*[451]

Hier scheint doch skeptische Zurückhaltung geboten, denn weder hat Mahler den drei Jahre später eintretenden Tod der ältesten Tochter und sein eigenes Herzleiden vorausahnen können, noch hat er sich jemals zu politischen Entwicklungen geäußert, die letztendlich zur Katastrophe des ersten Weltkrieges führten. Vielmehr nimmt er mit dem Briefhinweis auf die vorangegangenen fünf Sinfonien Bezug auf jene kompositorische Wandlung, die sich bereits mit der zugespitzten Linearität der »Vierten« und mehr noch der »Fünften« ankündigte. In der »Sechsten« wird die Radikalität Mahlerscher Polyphonie vollends manifest: ihr außerordentlicher Dissonanzreichtum hat – so meint Hellmut Kühn mit Recht – *seinen Grund im Aufeinanderprallen der Themen und ihrer Motive. Mahler kombiniert alles mit allem, und so knirscht das emsige Getriebe der Welt in den zahlreichen Dissonanzen. Gerade der Mangel an Glätte, die unbekümmerte, oder besser gesagt: die realistische Kombination des Unvereinbaren macht den Ton dieser Sinfonie unverwechselbar und zeigt die Modernität der Mahlerschen Kontrapunkte gegenüber denjenigen von Richard Strauss.*[452]

Die Akzente der Saison 1904/05 werden durch zwei Uraufführungen und zwei Neuinszenierungen gesetzt, deren Bedeutung in erster Linie in der von Mahler und Roller gemeinsam erarbeiteten inszenatorischen Konzeption liegt. Für Mahler als Komponisten haben in den folgenden Monaten natürlich die Uraufführungen der 5. Sinfonie und der *Kindertotenlieder* allerhöchsten Rang.

Am 7. Oktober 1904 hat *Fidelio* in der Ausstattung Rollers und unter der Leitung Mahlers Premiere.[453] Mahler und Roller arbeiten – wie immer – sehr eng zusammen, d. h. Roller beschränkt sich nicht auf den Entwurf des Bühnenbildes und der Kostüme, sondern greift unmittelbar in die Gestaltung szenischer Abläufe ein. Seine Arbeit am *Fidelio* ist in mindestens einer Szene bis auf den

---

[451] Hans Ferdinand Redlich, Vorwort zur Eulenburg-Taschenpartitur
[452] *Gustav Mahler. Ein Lesebuch mit Bildern*, hg. von Hellmut Kühn und Georg Quander, Zürich 1982, S. 123
[453] Die Premiere war ursprünglich für den 4. Oktober, des Kaisers Geburtstag, geplant, mußte aber wegen Erkrankung der Mildenburg verschoben werden.

6. Sinfonie, I. Satz
Ein Beispiel für das *Aufeinanderprallen der Themen und ihrer Motive*

heutigen Tag für alle Inszenierungen richtungweisend geblieben:
im Auftritt des Gefangenen-Chores. Roller selbst dazu:

> *In der alten Inszenierung hatte sich der Gefangenen-Chor, er-*
> *ster Aufzug, Kerkerhof, so abgespielt, daß aus den Zellen*
> *rechts und links der gesamte Chor auftrat, auf der hell beleuch-*
> *teten Bühne einen Halbkreis bildete und nun loslegte: »Ha,*
> *welche Lust...« Dieser alberne Chor-Auftritt spielte sich wäh-*
> *rend des so erschütternden Orchester-Vorspieles ab und wirkte*
> *auf mich desto verletzender. Als ich Mahler meine Modelle für*
> *die Neuinszenierung vorlegte, schilderte ich ihm, wie ich mir*
> *den Auftritt denke: Die Gefangenen, langsam, einzeln, zu zwei*
> *oder drei aus der Tiefe herauftaumelnd, des Gehens unge-*
> *wohnt, geblendet vom Tageslicht, benommen von der freien*
> *Luft, an der Mauer tastend, erdfarbene, arme, leidende Wür-*
> *mer. Mahler stimmte sofort zu. »Sie dürfen nur nicht verges-*
> *sen, daß ich den Einsatz brauche. [...] Aber ein Doppelquar-*
> *tett kann man nach Ihrer Art immerhin rechtzeitig auf die*
> *Bühne bringen und das genügt mir [...].«*[454]

[454] *KBG*, S. 126

Der Regisseur der Neuinszenierung, August Stoll, meldet Bedenken an aus der Befürchtung heraus, geheiligte Traditionen zu verletzen. Er hält die Kerkerszene für die Glanznummer des Chores in dieser Oper und möchte ihm seinen primadonnenhaften Auftritt nicht nehmen. Selbstverständlich setzt sich Mahler durch, ebenso, wie er unbeirrt in der Verwandlung vor dem letzten Bild die dritte *Leonoren*-Ouvertüre spielen läßt. Hermann Bahr, der Schriftsteller und später der Ehemann der Anna von Mildenburg, mit Mahler über so viele Jahre freundschaftlich verbunden, rühmt gerade die ungeheure Wirkung dieses dramatischen Kunstgriffs der Mahlerschen Inszenierung: *Am schönsten für mich immer im Fidelio, wenn eben Leonore auf den Pizarro anlegt, jetzt draußen die Hörner den Retter verkünden, welche Verkündigung dann in der eingefügten Ouvertüre wiederholt wird, und nun in dieser höchsten, nach Licht lechzenden Stimmung sich endlich der sonnige Tag auftut.*[455]

Natürlich stoßen Mahler und Roller mit ihrer Inszenierung nicht auf einhellige Zustimmung in allen Details. Gustav Schönaich (*Die Musik*) spricht dem *Fidelio mächtige dramatische Momente* nicht ab, ist aber der Ansicht, daß Wagners Aufführungsprinzipien – er denkt offenbar an die des Gesamtkunstwerks – nicht *ohne weiteres auf die Beethoven-Oper zu übertragen sind.* »Fidelio« *ist kein Musikdrama und kann nur Schaden leiden, wenn er einseitig als solches beleuchtet wird.*[456] Egon von Komorzynski macht in der *Neuen Musikzeitung* auf ein Ungleichgewicht, ja sogar den Gegensatz zwischen Rollers Dekorationen und dem Werk aufmerksam, ist aber vor allem über Mahlers *Eingriffe in den musikalischen Teil* empört, die ihm *noch viel gewalttätiger und ungerechtfertigter* erscheinen als die eigentliche Inszenierung. Sein Resümee: *Die* »Neugestaltung« *des* »Fidelio«, *mit der Direktor Mahler sein Publikum überrascht hat, ist von allen Billigdenkenden mit Befremden, ja mit Betrübnis aufgenommen worden.*[457]

Und trotzdem spürt man damals: Die *Fidelio*-Inszenierung von 1904 gehört mit jener des *Tristan* von 1903 zum Besten, was die Wiener Hofoper in der Ära Mahler-Roller zu bieten hat. Darüber kann vor allem aus der Distanz von einem halben Jahrhundert kein Zweifel bestehen; J. B. Foerster schreibt in seinen 1955 in deutscher Übersetzung erschienenen Erinnerungen: *Die Aufführung*

---

[455] Hermann Bahr, *Tagebuch*, Berlin 1909, S. 38; zit. nach *KB* II, S. 242
[456] *Die Musik* 4 (1904/1905), S. 210/211
[457] *Neue Musikzeitung* 26 (1904), S. 85

von Beethovens Fidelio überzeugte auch sonst unbelehrbare Zweifler von Mahlers Genialität und dem Ernst seiner Bestrebungen. Es gab keine einzige Stimme, die damals nicht zugegeben hätte, daß unter der Leitung dieses Künstlers, der seinem eigentlichen Wesen nach ein Denker war, die Hofoper die künstlerisch bedeutungsvollste Epoche in ihrer gesamten bisherigen Entwicklung erlebte.[458]

Uraufführung der »Fünften« und der *Kindertotenlieder*

Am 13. Oktober 1904 trifft Mahler in Köln ein, um dort die letzten Proben zur Uraufführung seiner 5. Sinfonie selbst in die Hand zu nehmen. Er muß wieder allein reisen, weil Alma nach zu plötzlichem Abstillen des zweiten Kindes mit Fieber im Bett liegt. Mahler bittet sie von Köln aus, offenbar in der Annahme, sie habe eine Erkältung: *Thue nur alles – schwitze – sauf Cognac – friß Aspirin – Du kannst von einem Schnupfen in zwei Tagen curirt sein und noch Montag Abends fortfahren und bist Dienstag zum Concert hier! Bitte Dich, Almschili – thue Alles. Das wäre ja gräßlich – ich allein bei meiner Uraufführung. Da kann einen wirklich die Leich' nicht freuen.*[459] Alma wird leider nicht rechtzeitig gesund, und er muß die Uraufführung seiner »Fünften« allein erleben. Des Erfolges beim Kölner Publikum ist er sich aber absolut nicht sicher, obwohl er im März mit der Aufführung der »Dritten« in Köln keine schlechten Erfahrungen gemacht und sogar die Hoffnung geäußert hatte, hier vielleicht *eine künstlerische Heimath* gefunden zu haben. Zur Uraufführung der »Fünften« möchte er durch die Rezension eines ihm bekannten und geneigten Kritikers möglichen Mißverständnissen des Werkes von vornherein vorbeugen. Er schreibt im September 1904 an Dr. Arthur Seidl in München: *Wie die Menschen dort* [Köln] *sind, habe ich noch nicht erprobt. Daß ich aber bei einer solchen Gelegenheit Menschen wie Sie gerne dabei hätte, ist natürlich. Vielleicht habe ich Glück, und es ist Ihnen möglich und es interessiert Sie hinreichend, dabei zu sein. Das würde mir eine große Freude und – ich gestehe es – Beruhigung sein. Köln steht doch ein wenig im Winkel, und gar leicht wird ein Schlagwort ausgegeben, wodurch manchmal für eine längere Epoche die Auffassung eines Werkes besiegelt erscheint. Meine IV. hat lange unter einer von un-*

[458] J. B. Foerster, a.a.O., S. 699
[459] *AME*, S. 317; er wohnt im »Domhotel«.

verständigen Tagschreibern ausgegebenen Parole gelitten. Also –
ich wage es, und lade Sie ein![460]

Ohne Einladung, aus reinem Interesse an seiner Musik, ist – wie
Alma schreibt – eine Reihe von Musikern nach Köln gekommen,
und auch Arnold Berliner und Bruno Walter sind dabei. *Walter*
wird Dir alles erzählen, schreibt er an Alma; Bruno Walter, von
dem sich Mahler wie kaum von einem anderen verstanden fühlt,
erahnt oder erkennt vielleicht schon bei dieser ersten Begegnung
mit der 5. Sinfonie die kompositorische Wandlung Mahlers, die
– wie Walter es ausdrückt – *zu einer Umgestaltung seines Stils* führt,
die in erster Linie durch vertieftes polyphones Denken gekennzeichnet ist. Noch während der Arbeit an der »Fünften«, im Sommer 1901, hatte er gegenüber Natalie Bauer-Lechner geäußert:
Die einzelnen Stimmen sind so schwierig zu spielen, daß sie eigent-
lich lauter Solisten bedürften. Da sind mir aus meiner genauesten
Orchester- und Instrumentenkenntnis heraus, die kühnsten Passa-
gen und Bewegungen entschlüpft.[461] Walter führt solche Wandlung
auf *eine hingebungsvolle Vertiefung in Bach, und namentlich die*
Kunst der Fuge zurück; ist sogar der Meinung, daß *die Steigerung*
seiner Polyphonie [...] *zur Verdeutlichung des komplizierten*
Stimmgewebes alle seine Kunst der Instrumentation in Anspruch genommen habe, – *ja, in der Fünften hatte sie große Mühe gehabt, mit*
der komplizierten Satztechnik Schritt zu halten.[462]

Natürlich kennt Mahler – wie seine Bemerkung beweist – die
technischen Schwierigkeiten, jede einzelne Klippe für das Orchester, zumal er die Sinfonie im Frühjahr schon einmal mit den Philharmonikern probeweise durchgegangen war. Alma, die bei diesem »Test« dabei war, *auf der Galerie verborgen*, wie sie schreibt,
macht ihm hinterher sozusagen Vorwürfe. *Ich, die ich beim Kopie-*
ren alle Melodien gehört hatte, hörte sie nun nicht, da Mahler das
Schlagwerk, die kleine Trommel dauernd so rasen ließ, daß außer
Rhythmus nicht viel zu erkennen war. Ich lief laut weinend nach
Hause. Er kam mir nach. Lange wollte ich nicht reden. Endlich
sagte ich schluchzend: »*Du hast da eine Symphonie für Schlagwerk*
geschrieben!« *Er lachte, holte die Partitur her und strich mit einem*
roten Bleistift fast die ganze kleine Trommel und auch sonst die
Hälfte des Schlagwerks heraus. Er hatte es selbst gefühlt, aber meine

[460] *GMB*, S. 337 (296)
[461] *NBL*, S. 165
[462] *BWM*, S. 81

leidenschaftliche Bitte hatte den Ausschlag gegeben.[463] Aber das sollte nicht die letzte Korrektur sein, und auch bei den Kölner Proben machen sich die Schwierigkeiten dieser Sinfonie immer wieder bemerkbar. *Das Scherzo,* schreibt er an Alma, *ist ein verdammter Satz! Der wird eine lange Leidensgeschichte haben. Die Dirigenten werden ihn fünfzig Jahre lang zu schnell nehmen und einen Unsinn daraus machen, das Publikum – o Himmel – was soll es zu diesem Chaos, das ewig auf's Neue eine Welt gebärt, die im nächsten Moment wieder zu Grunde geht, zu diesen Urweltsklängen, zu diesem sausenden, brüllenden, tosenden Meer, zu diesen tanzenden Sternen, zu diesen verathmenden, schillernden, blitzenden Wellen für ein Gesicht machen? Was hat eine Schafherde zu einem »Brudersphären-Wettgesang« anderes zu sagen, als blöken!? [...] O, könnt ich meine Symphonie fünfzig Jahre nach meinem Tode uraufführen!*[464] Vielleicht trifft Wilhelm Furtwängler – sicher kein herausragender oder typischer Mahler-Dirigent, aber gewiß auch nicht »Volkes Stimme« – den Kern der Sache besonders gut mit einer Bemerkung nach einer Probe des gewaltigen zweiten Satzes, den er als *die erste nihilistische Musik des Abendlandes* bezeichnet. *Diese merkwürdigen Wendungen,* so sagt er, *lassen in einem das Bewußtsein aufkommen, daß alles umsonst ist. Ich wüßte keine andere Musik, die mich so pessimistisch stimmen könnte. Sie entwertet, was einem in dieser öden Welt überhaupt noch wertvoll erscheinen könnte!*[465]

Die Generalprobe am 17. Oktober fällt zu Mahlers größter Zufriedenheit aus; allerdings registriert er ein gewisses Befremden der Zuhörer in den ersten Sätzen, ja sogar *einige Zischer* nach dem Scherzo.

Eine der Schwierigkeiten, denen sich die Zuhörer nicht nur bei der Uraufführung der »Fünften« gegenüber sehen, versucht Bruno Walter in seinem 1936 erschienenen Mahler-Band beim Namen zu nennen, eine Schwierigkeit, die Mahler immer wieder dazu zwingt, Korrekturen und Revisionen vorzunehmen. *Die Instrumentation brachte das komplizierte kontrapunktische Gewebe der Stimmen nicht zur Klarheit,* schreibt Bruno Walter.

Die Uraufführung findet in der Presse denn auch wenig positive Resonanz; dabei fällt nicht einmal die Instrumentation in erster Li-

[463] *AME,* S. 95
[464] *AME,* S. 315/316
[465] zit. nach: B. W. Wessling, a.a.O., S. 227

nie der Ablehnung zum Opfer. Mangelnde Originalität der Erfindung, ja sogar der Vorwurf kompositorischer Unwahrhaftigkeit trifft das neue Werk. *Auch jetzt hatte er* [Mahler] *uns nicht musikalische Gedanken, spontane Eingebungen, als Ergebnisse tiefinnerlicher Empfindungen mitzuteilen,* schreibt Paul Hiller in der *Neuen Zeitschrift für Musik, nein, es war das Bedürfnis des vertrauten Kenners aller bekannten orchestralen Mittel und Techniken, der nach Sensationen lüsternen Mitwelt mit einem erstaunlichen kompositorischen Virtuosenstück aufzuwarten, einen Triumph der »Mache« zu zeitigen. Die »Mache« fühlten wir, der Triumph blieb aus. Das ungefähr 1½ Stunden währende Werk ist betreffs der zu Grunde liegenden Gedanken noch weit unverständlicher, als die III. Symphonie. Selbstverständlich fehlt es ihm, als dem Werke eines Musikers von der sonstigen Bedeutung Mahlers nicht an Stellen von Schönheit, aber sie treten allzu vereinzelt auf und dann meist außer Zusammenhang mit dem übrigen, auf alle musikalische Logik verzichtenden Tongemenge. Das Klarste und Beste ist ein als No. 4 in der 3. Abteilung enthaltenes kleines Adagio. Dass Mahler die raffiniertesten Effekte der Instrumentierung zu Hilfe nimmt, könnte man ihm nicht verdenken, wenn er damit irgendwie Schönes oder auch nur im besseren künstlerischen Sinne Apartes erreicht hätte. Leider benutzt Mahler alle diese Effekte der Instrumentation lediglich zu einer großen Reihe von Absurditäten, und gefällt sich in Bizarrerien tollster Art. Bei dieser Beschaffenheit der Symphonie ist es denn nicht zu verwundern, dass sie mehr befremdend und abstoßend als erfreuend wirkte.*[466] Selbst wohlerwollende, aber nicht minder kritische Stimmen wie die von Karl Wolff in der *Neuen Musikzeitung* finden kein Verständnis für die kompositorische Dramaturgie der »Fünften«. *Daß dem Trauermarsch, womit die Symphonie beginnt und in dem ein schönes Ideal zu Grabe getragen wird, ein in noch tieferes Stimmungsdunkel getauchter Satz folgt, ist ein großer Fehler, nicht nur weil der Kontrast ausbleibt, sondern weil das folgende Scherzo mit seiner leicht gewogenen Ländlermelodik sich darauf, als nicht recht salon- oder symphoniefähig, umso schärfer absetzt.* [...] *Schade, daß Mahler seine phänomenale Kompositionstechnik in dieser Symphonie so oft zu hyperkomplizierten Gestaltungen und harmonisch wie tonlich schlecht klingenden Gebilden gebraucht, und daß ihn die Eigenart zu sehr im Stiche läßt, als daß seiner er-*

[466] *NZfM* 71 (1904), S. 852 (Paul Hiller)

staunlichen Gestaltungskraft auch die Größe und Stileinheit der Ge-
danken entsprechen könnte.[467]

Als die Sinfonie etwa ein knappes halbes Jahr später in Berlin
unter Nikisch aufgeführt wird, ist der Tenor der Kritik der gleiche.
Hugo Leichtentritt in der *Neuen Zeitschrift für Musik*:

> *Was Mahler in seiner neuen Symphonie bot, interessierte nur*
> *wenig, weder durch die Erfindung, noch durch die Orchester-*
> *behandlung. [...] Dass über die ganze Partitur verstreut sich*
> *eine Menge orchestraler Wirkungen von besonderem Raffine-*
> *ment finden, bedarf bei einem Mahlerschen Werk weiter keiner*
> *Versicherung. Indes auch hier sind neue, eigenartige Einfälle*
> *recht spärlich gesät. Meinem Empfinden nach fehlt es der Sym-*
> *phonie an Charakter.*[468]

Mangel an »Charakter«, fehlende Überzeugungskraft eines *wohl*
geistreichen, aber nicht überzeugenden, weil unwahren Komponi-
sten ist das wenig schmeichelhafte Urteil über Mahlers neue Sinfonie; trotzdem fährt er recht gutgelaunt noch am Abend der Uraufführung weiter nach Amsterdam, wo er auf Einladung der Con-
certgebouw-Gesellschaft seine 2. und 4. Sinfonie dirigieren soll.

Mahler ist erneut vom Orchester begeistert und vor allem von
Mengelbergs außergewöhnlicher Programm-Planung für den
23. Oktober. *Denke Dir das Programm des Sonntag*, schreibt er an
Alma;

> *1. Vierte Symphonie von G. Mahler*
>   *Pause*
> *2. Vierte Symphonie von G. Mahler.*
>
> *Wie gefällt Dir das?! Sie haben mein Werk einfach zweimal auf*
> *das Programm gesetzt. – Nach der Pause fängt es noch einmal von*
> *vorne an! Ich bin faktisch neugierig, ob das Publikum das zweite*
> *Mal wärmer sein wird. Ich halte das für das Ei des Columbus bei ei-*
> *nem neuen Werk.*[469]

Natürlich ist er sich der Wirkung beim Publikum nicht sicher,
aber – und das ist ja seit Jahren sein größter Wunsch – im Hinblick
auf das Orchester glaubt er nun ganz bestimmt in Amsterdam *mit*
der Zeit so eine Art musikalisches Inselreich gewonnen zu haben,
eine Hoffnung, die in der Tat nicht enttäuscht werden sollte, ganz

---

[467] *Neue Musikzeitung* 26 (1904/1905), S. 201
[468] *NZfM* 72 (1905), S. 207 (Hugo Leichtentritt)
[469] *AME*, S. 324

Das Concertgebouw in Amsterdam

im Gegensatz zu Köln. *Jetzt wird mir übrigens klar,* schreibt er, *was für ein Schwabenstreich es von mir war, die Uraufführung eines Werkes in Köln zu unternehmen, wo sich das Publikum meiner Dritten gegenüber so kühl verhielt. – Die Haltung des Publikums wirkt immer zurück auf die haltlosen und gänzlich unselbständigen Zeitungsschmierer. Dafür die Umständlichkeiten und Strapazen einer weiten Reise – war doch dumm! Das hätte ich in Wien billiger haben können.* [470]

Die Amsterdamer Unternehmung wird zu einem überwältigenden Erfolg; er entläßt seine ersten vier Sinfonien sozusagen in die Verantwortung anderer Dirigenten und kümmert sich selbst vor allem um das jüngste Werk, seine» Fünfte«. Die »Erste« dirigiert Ferdinand Löwe am 8. November 1904 mit dem »Wiener Konzertverein«, im Frühjahr 1905 steht sie auf dem Programm des Münchner Kaim-Orchesters und der Berliner Philharmoniker, beide

[470] *AME*, S. 327

Male unter der Leitung von Bernhard Stavenhagen; die »Zweite« dirigiert Julius Buths am 12. Juni 1905 auf dem 82. Niederrheinischen Musikfest in Düsseldorf, und Oskar Fried führt sie am 8. November 1905 mit den Berliner Philharmonikern in Anwesenheit Mahlers auf. Am gleichen Tag dirigiert Albert Gorters die »Dritte« im 2. Städtischen Abonnements-Konzert in Straßburg, und bereits zwei Tage zuvor hatte eine Aufführung der »Vierten« unter der Leitung von Richard Wickenhausser in Graz stattgefunden.

Es wäre sicher übertrieben, zu diesem Zeitpunkt von einer Popularität der Mahlerschen Symphonien zu sprechen. Aber das Werk des inzwischen Fünfundvierzigjährigen beginnt, die Dirigenten zu interessieren; sie scheuen sich immer seltener, von Publikum und Presse der Geschmacklosigkeit bezichtigt zu werden. *Er ist als Komponist eine so fest umrissene Erscheinung wie als Dirigent, er hat seine ganz bestimmte Art, sodass man von ihm keine Überraschungen mehr erwartet, wie von dem fast jeglicher Wandlung fähigen Richard Strauss*, schreibt 1906 der Kritiker der *Neuen Zeitschrift für Musik*, Max Hehemann, anläßlich der Uraufführung der 6. Sinfonie.[471]

Kurz nach der denkwürdigen Doppelaufführung der 4. Sinfonie in Amsterdam findet – auch dies ein Indiz für das inzwischen erreichte Interesse – in New York am 6. November 1904 mit der »Vierten« die erste Aufführung eines Mahler-Werkes in den USA statt. Die Aufnahme ist zurückhaltend bis ablehnend. Dem Werk werden *erhabene Schönheiten, Geist und Anmut, aber auch viele Banalitäten* bescheinigt; die Themen, meist Mozartscher oder Haydnscher Art, *erscheinen [...] in einem zu ihrem bescheidenen und einfachen Charakter wenig passenden, modernen Aufputz.*[472]

Mahler betreut selbst in diesem Jahr noch zwei kurz nacheinander stattfindende Aufführungen der »Dritten«, die erste am 28. November in Leipzig, die zweite am 14. Dezember 1904 in einem außerordentlichen Konzert der Gesellschaft der Musikfreunde, die zugleich die Premiere des Werkes in Wien ist.

In Leipzig, wo er von 1886 bis 1888 als Kapellmeister engagiert war, trifft er natürlich alte Bekannte wieder, darunter seinen damaligen Theaterdirektor Staegemann und Arthur Nikisch, zu dem er seinerzeit in einem echten Rivalitätsverhältnis gestanden hatte. Jetzt spielt er ihm seine 5. Sinfonie vor, die Nikisch für Anfang

[471] *NZfM* 73 (1906), S. 512
[472] *Die Musik* 4 (1904/1905), S. 459 (Arthur Laser)

1905 in Berlin aufs Programm gesetzt hat. Er lernt Karl Straube kennen, der seit 1903 Thomasorganist und Leiter des Leipziger Bachvereins ist, dazu – wie Mahler seiner Frau schreibt – *ein enragierter Anhänger von mir* [...]. Und schließlich sucht ihn der Verleger Kahnt auf, um sein Interesse an Mahlers Orchesterliedern anzumelden.

In diesem Zusammenhang taucht zum wiederholten Male in Mahlers Briefen an seine Frau der Name eines Mannes auf, der zu den ganz frühen Apologeten Mahlerscher Musik zu zählen ist. Mahler schreibt aus Leipzig: *Gestern in der ersten Probe kuck ich mich um: wer steht hinten wie ein Adorant: Herr Nodnagel! Zuerst war ich ganz wüthend, nachher aber gerührt! Das ist doch ein Original!*[473]

Ernst Otto Nodnagel, 1870 in Dortmund geboren, in den führenden Lexika jüngerer Zeit nicht mehr zu finden, gehört zu jenem verhältnismäßig kleinen Kreis, der Mahler von Anfang an Gefolgschaft leistet. Nach dem Studium in Heidelberg und Berlin war er von 1899 bis 1903 Musikreferent der *Ostpreußischen Zeitung* in Königsberg und Gesangslehrer am dortigen Konservatorium. Er stirbt 1909 in einer Nervenheilanstalt in Berlin.

Mahler erwähnt seinen Namen zum erstenmal in einem Brief vom 1. Februar 1904 aus Mannheim, wo er seine 3. Sinfonie probt: *Nodnagel tauchte plötzlich auf mit einer Analyse der III.;* und einen Tag später: *Der unvermeidliche Nodnagel hat eine gräßliche Analyse verfaßt und schwärmt wie ein Mädchen.* Auch bei der Uraufführung der »Fünften« in Köln ist Nodnagel wie selbstverständlich dabei; Mahler bemerkt nahezu erleichtert: *Nodnagel war auch da und hat sich sehr famos benommen.* Man gewinnt aus alledem den Eindruck, daß Mahler – und dies ist im Zusammenhang der sehr komplexen Rezeptionsproblematik der Musik Mahlers von entscheidendem Interesse – Nodnagels Analysen, die Mahlers Sinfonien als absolute, programmfreie Musik zu beschreiben suchen, für nicht treffend hält.[474]

---

[473] *AME*, S. 331; der im selben Brief erwähnte Hinrichsen, bei dem Mahler zum Abendessen eingeladen war, ist Henri Hinrichsen (1868–1942), seit 1894 Teilhaber und seit 1900 Alleininhaber des Verlages C. F. Peters in Leipzig, bei dem 1905 die 5. Sinfonie erschien. Der ebenfalls erwähnte Verleger Kahnt bringt außer den *Kindertotenliedern* und den *Sieben Liedern aus letzter Zeit* (beide Leipzig 1905) auch Mahlers 6. Sinfonie (1906) heraus.

[474] vgl. dazu u. a.: Ernst Otto Nodnagel, *Offener Brief an Herrn Dr. Ludwig Schiedermair*; in: *Allgemeine Musikzeitung* 29 (1902), S. 570–527

Die »Dritte« erfährt auch in Leipzig Ablehnung in jenen Teilen, die sich dem Verständnis des Hörers infolge ihres *Nebeneinander von Klangpathos und Klangbanalitäten* verschließen und *mehr Verwunderung als Bewunderung* hervorrufen[475].

Die Frage nach der programmatischen Bindung von Mahlers Musik wird auch in einem Brief angesprochen, den Arnold Schönberg nach der öffentlichen Generalprobe der »Dritten« am 12. Dezember 1904 in Wien an Mahler schreibt und der seiner grundsätzlichen Bedeutung wegen in ganzer Länge wiedergegeben werden soll:

Verehrter Herr Direktor, um dem unerhörten Eindruck, den mir Ihre Symphonie gemacht hat einigermaßen beizukommen, darf ich nicht wie der Musikant zu Musikanten, sondern ich muß wie der Mensch zum Menschen reden. Denn: ich habe Ihre Seele gesehen, nackt, splitternackt. Sie lag vor mir wie eine wilde, geheimnisvolle Landschaft mit ihren grauenerregenden Untiefen und Schluchten und daneben heitere, anmutige Sonnenwiesen, idyllische Ruheplätze. Ich empfand sie wie ein Naturereignis mit seinem Schrecken und Unheil und seinem verklärenden, beruhigenden Regenbogen. Was verschlägt es da, daß, als man mir nachher ihr »Programm« sagte, dieses zu meinen Empfindungen wenig zu passen schien. Kommt es darauf an, ob ich ein guter oder schlechter Zeichendeuter bin der Empfindungen, die ein Erlebnis in mir auslöst? Muß ich richtig verstehen, wo ich erlebt, empfunden habe? Und ich glaube, ich habe Ihre Symphonie empfunden. Ich fühlte das Kämpfen um die Illusionen; ich empfand den Schmerz des Desillusionierten, ich sah böse und gute Kräfte miteinander ringen, ich sah einen Menschen in qualvoller Bewegtheit nach innerer Harmonie sich abmühen; ich spürte einen Menschen, ein Drama, Wahrheit, rücksichtsloseste Wahrheit!

Ich mußte mich austoben, verzeihen Sie, mittlere Empfindungen gibt es nicht bei mir, entweder – oder!

In aller Ergebenheit

Arnold Schönberg[476]

---

[475] *Die Musik* 4 (1904/1905), S. 70 (Artur Smolian)
[476] *AME*, S. 335

Arnold Schönberg
Gemälde von Richard Gerstl

Wenig später, am 29. Januar 1905, haben im Kleinen Musikvereinssaal die *Kindertotenlieder* ihre Uraufführung. Mahler dirigiert die Philharmoniker, Friedrich Weidemann singt. Außerdem stehen Lieder aus *Des Knaben Wunderhorn* mit den Sängern Anton Moser, Friedrich Weidemann, Fritz Schrödter und Erik Schmedes auf dem Programm.

Am Tag zuvor notiert Alma in ihr Tagebuch:

> *Generalprobe von Mahlers eigenem Liederabend. Große Ergriffenheit im Publikum. Es war das erste Mal, daß die Menschen Mahlers Lieder annahmen. Früher war da viel Gegnerschaft und Kritik in der Zeitung sowie auch unter den Hörern gewesen.*[477]

Unter den Zuhörern des Wiederholungskonzerts sitzt auch ein junger Mann, der seit kurzem Kompositionsschüler von Arnold Schönberg ist und bei Guido Adler an der Universität Musikwissenschaft studiert: der 22jährige Anton von Webern. Er hält in seinem Tagebuch fest: *Mahlers »Wunderhorn-Lieder« sind wunderbar. Die Melodik volkstümlich, das zwischen den Zeilen Schwebende genial erfaßt und überzeugend zum Ausdruck gebracht. – Seine Lieder nach Rückert-Texten haben mich weniger befriedigt. Ich fand manches sentimental [...]. Was ich an allen Liedern bewundere, ist der großartige Ausdruck seiner Singstimme, der oft von einer überwältigenden Innigkeit ist. Ich denke da besonders an das vierte der Kindertotenlieder oder »Ich atmet einen linden Duft«! Der Klang seines Orchesters ist durchweg wahr.* Nach dem Konzert sitzt man im »Anna-Hof« zusammen und spricht natürlich auch über kompositorische Probleme miteinander.

> *Man kam auf Kontrapunkt zu sprechen, da Schönberg sagte, Kontrapunkt könnten nur die Deutschen. – Mahler weist auf die alten französischen Komponisten (Rameau usw.) hin und läßt als große Kontrapunktiker der Deutschen nur Bach, Brahms und Wagner gelten.*

Und dann zitiert Webern in seinem Tagebuch einige Sätze Mahlers, die bis in die Diktion hinein von ihm selbst, von Webern, stammen könnten:

[477] *AME*, S. 104; das Konzert gehört zu einer Veranstaltungsreihe der »Vereinigung Schaffender Tonkünstler«, in deren Rahmen u. a. am 25. Januar 1905 die Orchester-Phantasie *Die Seejungfrau* von A. v. Zemlinsky und Schönbergs *Pelléas und Mélisande* aufgeführt werden.

Muster in dieser Sache ist uns die Natur. Wie sich in ihr aus der
Urzelle das ganze All entwickelt hat – über Pflanzen, Tiere und
Menschen bis zu Gott, dem höchsten Wesen –, so sollte sich in
der Musik auch aus einem einzigen Motiv ein größeres Tonge-
bilde entwickeln, aus einem einzigen Motiv, in dem der Keim
zu allem, was einst wird, enthalten ist.[478]

Mahlers Werk auf dem Weg ins Repertoire

Die *Kindertotenlieder* erleben innerhalb eines Jahres bemerkenswert viele Aufführungen, jedesmal mit dem Solisten Friedrich
Weidemann, der sie sowohl beim Grazer Tonkünstlerfest am
1. Juni 1905 unter Mahlers Leitung als auch am 13. November in
Berlin und etwas später in Hamburg, jeweils unter Nikisch,
schließlich am 9. Januar 1906 noch einmal in einem Gürzenich-
Konzert in Köln unter der Leitung von Fritz Steinbach singt. Vor
allem kümmert sich Mahler aber – wie bereits erwähnt – um seine
5. Sinfonie. *Die Fünfte ist ein verfluchtes Werk. Niemand capiert*
sie, schreibt er aus Hamburg, wo er sie am 13. März 1905 im Philharmonischen Konzert dirigiert. Die Kritik zeigt, daß Mahler mit
seiner Einschätzung recht hat. Ferdinand Pfohl, seit Mahlers letzten Monaten in Hamburg distanzierter Beobachter der Entwicklung, schreibt für die *Hamburger Nachrichten*. Seine Vorbehalte
gegen die Person Mahlers werden überdeutlich:

Man erweist Mahler als schaffendem Künstler die Ehren, die
man einem Genie erweist. Ja, ist er denn ein Genie? Eine au-
ßergewöhnliche Erscheinung, ein Künstler von hervorragen-
der Begabung, ohne jeden Zweifel. Aber das, was über die
hohe Begabung und ein bewunderungswürdiges Können hin-
aus als heiliges Merkmal das Genie auszeichnet, nämlich die
große Sittlichkeit, die starke Wahrheit und Notwendigkeit,
finde ich weder in seiner Menschlichkeit, noch auch in seiner
Musik.

Und in direktem Rückgriff auf Mahlers Charakter findet Pfohl
denn auch die Basis für die Beurteilung der 5. Sinfonie:

[478] zit. nach *KB* II, S. 243/244; hier findet sich der gleiche Gedankengang, der Weberns gesamtem kompositorischem Denken zugrunde liegt, u. a. geäußert in seinen 1932 gehaltenen und 1960 unter dem Titel *Der Weg zur Komposition in zwölf*
Tönen bei UE erschienenen Vorträgen, insbesondere Seite 57.

Unter diesen Symphonien scheint mir die fünfte, die wir gestern unter des Komponisten Leitung zu hören bekamen, eine der schwächsten zu sein: sie wächst mehr aus den negativen, als aus den positiven Eigenschaften der Mahlerschen Musikseele heraus. Vor allem: sie trägt überall die Schäbigkeit und Minderwertigkeit ihrer Gedanken mit dem ostentativen Stolz eines Königs zur Schau, der sich erst einmal in Lumpen hüllt, um dann in seinem vollen Ornat mit Szepter und Krone seinen lieben Untertanen umso mehr imponieren zu können. Dieser große Moment vollzieht sich – ein echter, gut vorbereiteter Theatereffekt – im Finale der Symphonie: eine Krone von Glanz und Heiterkeit setzt sich da Mahler auf das Haupt. In der Tat, ein prachtvoller Satz! [...] Händelsche Trompetenchoräle tragen in das glänzende Bild zudem ein festlich feierliches Leuchten hinein, und in dem wundervollen Sonnenschein dieser auch innerlich bewegten, freudig drangvollen, großartig aufgebauten Polyphonie, im Rausch dieser Instrumentation vergessen wir sogar den kärglichen Eklektizismus der Erfindung. Woher Bartel den Most holt, das brauche ich keinem zu sagen, der in der Opernliteratur Bescheid weiß. Gustav Mahler weiß sehr genau Bescheid um sie, er ist ja lange genug Opernkapellmeister gewesen. Mit dem Finale habe ich den erfreulichsten und bedeutsamsten Teil der Mahlerschen Symphonie genannt. Alles andere ist bis auf wenige Lichtblicke öde und unerquicklich, eine schauderhafte und peinliche Musik, in der ein titanisches Wollen mit der Ohnmacht des schöpferischen Vermögens in qualvollem Kampfe liegt.[479]

Wie sehr die Rezension Pfohls durch persönliche Ressentiments belastet ist, wird deutlich, wenn man die nicht minder kritische, aber nach Objektivität suchende Besprechung von Heinrich Chevally liest. Er schreibt u. a.: *Mahler hatte einen kolossalen persönlichen Erfolg und dasselbe Publikum, das es vor knapp zehn Jahren Mahler nach Kräften schwer machte, jubelte dem als Berühmtheit inzwischen staatlich gestempelten Mahler jetzt begeistert zu. [...] Die Symphonie selbst? Der Weg zum Heile der Musik scheint mir das jedenfalls nicht zu sein; aber nach einmaligem Hören möchte ich kein präzises Urteil über sie formulieren.*[480]

[479] Pfohl, a.a.O., S. 72/73
[480] *Die Musik* 4 (1904/1905), S. 138

Gut zwei Monate später dirigiert Mahler die »Fünfte« am zweiten Abend des 1. Elsaß-Lothringischen Musikfestes in Straßburg, am 21. Mai 1905; im selben Konzert leitet Richard Strauss neben Mozarts Violinkonzert G-Dur, KV 216, mit dem Solisten Henri Marteau eine Aufführung seiner *Sinfonia domestica*, die mehr als unbefriedigend ausfällt. Strauss hat – nach Alma Mahlers Ansicht – einfach zu wenig Proben gemacht. *Doch war damals die Suggestion um Strauss schon so groß, daß er nach diesem Chaos doch etwas wie Applaus hatte, vermischt mit einigem Zischen, was übrigens bei der vollendet aufgeführten Fünften Mahlers auch passiert war*, fügt sie in ungewohnt fairer Weise hinzu[481].

Dagegen liest sich der Bericht des Korrespondenten der *Neuen Zeitschrift für Musik*, Stanislaus Schlesinger, geradezu wie eine Verlagswerbung für Mahlers »Fünfte«:

> *Das großartig angelegte Werk weist eine überwältigende Fülle von Schönheiten auf. Bei dem Reichtum der auf den Hörer einströmenden Eindrücke fällt es sicher schwer, zu entscheiden, ob es der grandiose Trauermarsch, der getrost neben den der »Eroica« und der »Götterdämmerung« gestellt werden darf, oder das entzückende »Scherzo« war mit der überaus glücklichen Verwendung des »Ländlers«, oder ob man dem gigantischen Finalsatze den Preis zuerkennen soll. Jedenfalls war das Gesamtresultat eine zündende Wirkung, die sich in tosendem Beifall, Hervorrufen Mahlers und Orchestertusch Luft machte.*[482]

Auch der Beobachter der *Neuen Musikzeitung*, Gustav Altmann, bestätigt, daß das *gar nicht übermäßig schwer verständliche Werk großen Effekt* gemacht habe, ist aber zugleich der Ansicht, daß die »Fünfte« der *Zweiten an Größe der Konzeption bedeutend nachsteht. Ich habe bei all der eminenten Satzkunst und Orchesterverwendung doch mehr den Eindruck von Künstlichkeit als Kunst bei Mahler, denn die Themen stellen sich durchweg als geschickt kompilierte und transformierte Gedanken anderer heraus – von Händel bis Brahms, Bizet und Johann Strauß, mit besonderer Vorliebe für Beethoven, ist so ziemlich die ganze Literatur vertreten. Und der Grundcharakter seiner Thematik [...] ist dabei das spezifisch öster-*

---

[481] *AME*, S. 110/111
[482] *NZfM* 72 (1905), S. 523

reichisch-wienerisch »Gemütliche«, selbst mit einem Stich ins Banale, das durch die dicken Beläge der Blechinstrumentation fast überall durchschimmert. Und dann zitiert Altmann »Volkes Stimme«, die – falls Mahler sie gelesen haben sollte – ihn sicher außerordentlich amüsiert haben wird: »In Mahler steckt eigentlich ein Operettenkomponist«, hörte ich von mehr als einer Seite äußern.[483]

Mahler dirigiert am Abend darauf ein weiteres Konzert, diesmal ausschließlich Werke Beethovens, darunter am Schluß die 9. Sinfonie, deren Wiedergabe Alma als die schönste in ihrem ganzen Leben bezeichnet, während der französische Musikschriftsteller Romain Rolland Mahlers Interpretation als »Freveltat« deklassiert.

Wenige Tage nach dem Straßburger Festival sind Mahler und Strauss, der in Wien kurze Zwischenstation gemacht hatte, auf dem Wege nach Graz, zur 41. Tonkünstlerversammlung des Allgemeinen Deutschen Musikvereins. Über Mahlers Beteiligung an diesem Fest hatten sich die beiden bereits im März 1905 verständigt. Strauss hatte Mahler damals gebeten, dem Organisator des Grazer Programms, Friedrich Rösch, seinen Beitrag anzugeben. Mahlers Antwort ist im Briefwechsel mit Strauss leider nicht erhalten; aus einem Scheiben Mahlers an Strauss, vermutlich Ende April 1905, geht aber hervor, daß er für das Grazer Tonkünstlerfest Lieder angemeldet hat, denn er schreibt: Die Sänger für meine Lieder sind Weidemann, Moser (Baritone) und Sembach (Tenor).[484]

Ursprünglich scheint man im Präsidium des Allgemeinen Deutschen Musikvereins, vermutlich vor allem Strauss selbst, der Meinung gewesen zu sein, in Graz solle Mahlers »Fünfte« aufgeführt werden, was er aber ablehnt, um nicht in Verdacht eigennütziger Bestrebungen zu kommen. Statt dessen läßt er durchblicken, daß ihm für die Aufführung der Kindertotenlieder und einiger Gesänge aus Des Knaben Wunderhorn und auf Rückert-Texte eine eigene Matinee willkommen wäre. Strauss lehnt dies ab: Da ich [...] von einer Reihe unaufgeführter und mit Recht unaufgeführter Kunstgenossen schon vor 2 Jahren der einseitigen Bevorzugung Mahlerscher Compositionen beschuldigt worden bin, möchte ich umsomehr auch nur den Schein einer Parteinahme vermeiden, da ich als Vorsitzen-

---

[483] Neue Musikzeitung 26 (1905), S. 385
[484] BMS, S. 92

der doch eigentlich Pflichten gegen die Gesammtheit der Mitglieder habe und da – was die Hauptsache ist – die von Ihnen gewünschte Sonderstellung diesmal wie mir scheint, keine künstlerische Notwendigkeit ist. [485] Strauss schlägt vor, am Anfang *Die Ideale*, eine Sinfonische Dichtung nach Schiller von Franz Liszt, und nach Mahlers Liedern, die im Mittelpunkt des Konzerts stehen sollen, Wagners *Kaisermarsch* zu spielen. Mahler ist nicht einverstanden, und zwar aus Gründen, die seine Auffassung von der Art der Orchesterlieder deutlich machen und sehr wohl künstlerischer Natur sind; er bezeichnet sie nämlich als *im Kammermusikton gehaltene Gesänge* und wünscht aus diesem Grunde, daß sie nicht – wie vorgesehen – in der riesigen Grazer Industriehalle, sondern in der intimen Atmosphäre eines kleinen Saales aufgeführt werden. Nach einigem Hin und Her wird ein Kompromiß gefunden, dem Mahler zustimmen kann: das Konzert mit seinen Liedern findet im Stephaniesaal statt.

Die Lieder hinterlassen bei Publikum und Presse tiefen Eindruck. *Man schien sich nicht daran satt sehen zu können, wie Mahler dirigierte,* schreibt Ernst Decsey, *mehr noch: nicht daran satt hören zu können, was er dirigierte. Man war fasziniert, vielleicht auch abgestoßen. Jedenfalls stand man vor einer Persönlichkeit, unbezweifelt vor einer artistischen Persönlichkeit.* Decseys Beitrag läßt erkennen, daß die bedeutendsten unter den Musikschriftstellern jener Jahre sehr wohl zu erahnen beginnen, worin Mahlers Bedeutung für die Zukunft liegt. Er schreibt: *Der Mache nach ist jedes der Mahlerschen Lieder ein Phänomen, und kein Orchester, weder das Wagnersche, noch das Lisztsche, oder das Straussche klingt so wie das Kammerorchester Mahlers, dessen Eigenart die quarrenden gestopften Trompeten, die tiefen Holzbläser, die leise gellenden gestopften Hörner, die klirrenden kleinen Trommeln, die stossenden Sforzati, die rhythmischen Rucke, die nervöse Energie u. dgl. mehr sind.* In diesem Zusammenhang gebraucht Decsey jenen Begriff, der bezeichnenderweise später zum Synonym für die Musik Weberns wurde; er nennt Mahlers Lieder *Nervenkunst* und ist sicher, *daß sie in ihrer Art neue Werte schaffe* [486].

Keinen einheitlich positiven Eindruck hat Rudolf Louis. *Mich fesselt Mahler überall da,* schreibt er in der *Neuen Zeitschrift für Musik, wo er sich nur an meinen Verstand und an meine Phantasie*

---

[485] *BMS*, S. 94
[486] *Die Musik* 4 (1904/1905), S. 136/137

Beginn des ersten Liedes der *Kindertotenlieder*

wendet [...] *Aber wo er gefühlvoll wird, wo er an Herz und Gemüt appelliert, die Naivität des Volksliedes zu imitieren versucht und doch niemals über eine seichte Sentimentalität hinaus kommt, da stößt er mich ab, da habe ich den Eindruck des Gemachten und Unechten.*[487] Zu einem ähnlichen Resümee kommt auch Paul Ehlers in der *Neuen Musikzeitung*: *Alles in allem sind es Stücke, die durch ihren absoluten musikalischen Gehalt, wie durch ihre Form fesseln, denen ich selbst aber vorläufig mit dem Herzen noch fremd gegenüberstehe.*[488]

Unbestreitbar bilden die *Kindertotenlieder* die endgültige Abkehr von der Sprache der frühen Orchesterlieder, schlagen sie in Tonfall und zurückgenommener Klangbehandlung den Bogen zum

[487] *NZfM* 72 (1905), S. 542
[488] *Neue Musikzeitung* 26 (1905), S. 422

Lied von der Erde und zur Musik der Zweiten Wiener Schule.[489]
Kurt Blaukopf macht mit Recht darauf aufmerksam, daß gerade
dieser Anspruch der *Kindertotenlieder* immer wieder gegenüber
den in den Vordergrund gerückten biographischen Bezügen, die
vor allem durch Alma Mahlers *Erinnerungen* Gewicht bekamen,
zu kurz gekommen ist.[490]

Pfitzners *Rose vom Liebesgarten*

Die Opernsaison 1904/05 weist mit vier Erstaufführungen eine bemerkenswert hohe Zahl an Novitäten auf, von denen sich aber nur
Hans Pfitzners *Die Rose vom Liebesgarten* länger auf dem Programm halten kann. *Das war ich* von Leo Blech, *Die Abreise* von
Eugen d'Albert und *Lakmé* von Leo Delibes verschwinden bald
wieder vom Spielplan.

Die Geschichte der Wiener Inszenierung der *Rose vom Liebesgarten* stellt nicht nur einen bedeutenden Beitrag Mahlers für die
Hofoper dar, sondern wirft auch ein kennzeichnendes Licht auf
den Menschen und Operndramatiker Pfitzner.

Anfang 1901 bietet – wie den Akten des Haus-, Hof- und Staatsarchivs in Wien zu entnehmen ist – Pfitzner seine neue Oper dem
Direktor des Hofoperntheaters an in der Hoffnung, mit einer Uraufführung an diesem renommierten Hause den Durchbruch zu
schaffen. Mahler möchte das Stück tatsächlich genauer kennenlernen und bittet die Generalintendanz, den damals 31jährigen Pfitzner, der Kompositionslehrer am Sternschen Konservatorium in
Berlin ist, auf Kosten der Hofoper zum Vorspielen einzuladen:

Hohe Generalintendanz der k. k. Hoftheater!

*Ein begabter Componist, Herr Hans Pfitzner, [...] hat eine
zweite Oper vollendet und will die erste Aufführung derselben dem Hofoperntheater überlassen.*

*Die Direction möchte den Autor veranlassen, das Werk
hier persönlich vorzuspielen, um die Entscheidung darnach
treffen zu können. Da Herr Pfitzner jedoch die Mittel der
Herreise nicht aus Eigenem bestreiten kann, so wird die*

---

[489] vgl. dazu: Martin Zenck, *Entwurf einer Soziologie der musikalischen Rezeption*,
in: *Die Musikforschung* 1980, S. 274/275
[490] vgl. *AME*, S. 91/92; am 5. Juli 1907 stirbt die älteste Tochter, Maria Anna, im Alter
von noch nicht fünf Jahren in Maiernigg.

Bitte gestellt, demselben eine Reisekostenvergütung von
200 Kronen zusichern zu dürfen.

> *Wien, am 20. Februar 1901*
> *Hochachtungsvoll ergebenst*
> *Die k. u. k. Direction des Kk*
> *Hofoperntheaters*
> *Mahler*[491]

Die Generalintendanz stimmt zu, aber die Angelegenheit muß
verschoben werden, weil Mahler in der Nacht vom 24. zum 25. Februar 1901 so schwer erkrankt, daß er für einige Wochen arbeitsunfähig wird (vgl. S. 223). Pfitzner wird davon unterrichtet und gebeten, sich *etwa gegen Ende März* wieder zu melden, was er mit einem Brief vom 23. März 1901 tut. Er schreibt u. a.: *Wenn Ihre Dis-*
positionen es gestatten, mich in nächster Woche, oder in der ersten
Aprilwoche in Wien zu empfangen, so wäre mir dies aus vielen
Gründen äußerst erwünscht [...][492]

Mahler fährt zur Rekonvaleszenz nach Abbazia und vermerkt
auf Pfitzners Brief: *Wieder vorlegen.* Aber Pfitzner läßt nicht lok-
ker; er schreibt nach Abbazia und bittet Mahler, ihm dort seine
Oper vorspielen zu dürfen. *Sie sollen es sehr bequem haben,*
schreibt er; *ich spiele Ihnen das ganze Werk von A bis Z – oder, so-*
viel Sie davon hören wollen – vor, und Sie lesen in der Partitur, die
ich mithabe, nach. Wenn wir nur ein Zimmer mit gutem Klavier al-
lein haben, für einige Stunden. Jedenfalls bitte ich Sie dringend, ver-
ehrter Herr Mahler, mir gleich irgend eine bestimmte Antwort zu-
kommen zu lassen.[493]

Das Treffen in Abbazia kommt nicht zustande, aber Pfitzner
wird von Mahler nach seiner Rückkehr in Wien empfangen. Pfitzner berichtet selbst über die Begegnung: *Ich saß bei ihm am*
Schreibtisch in dem Empfangsraum der Wiener Hofoper. Er hatte
vorher den Text gelesen und fragte mich: »Wo haben Sie den Text
her?« Das klang wie: »Wo haben Sie die Uhr her?« Jedenfalls wußte
ich woran ich war, denn eine Verteidigung der Dichtung konnte ich
nicht unternehmen, das hätte zu nichts geführt und es war auch nicht
die Gelegenheit dazu. Er lud mich aber ein, im Nebenzimmer aus
der Partitur ihm von der Musik eine Probe zu geben. Die fiel günsti-

[491] zit. nach Clemens Höslinger, *Hans Pfitzner und die Wiener Hofoper*, in: *Musik-*
erziehung 24 (1970/1971), S. 69ff.
[492] Höslinger, a.a.O., S. 70
[493] Höslinger, a.a.O., S. 71

ger aus und er sagte mir einige zustimmende Attribute, nur meinte er, daß der Musik eine gewisse Weichheit anhafte, die vom Text her-rühre. Er hielt mich offenbar für gänzlich urteilslos, einem dargebo-tenen literarischen Erzeugnis gegenüber und jeder Kritik unfähig
[...][494]

Mahler lehnte eine Uraufführung ab. *Die Rose vom Liebesgar-ten* hat am 9. November 1901 in Elberfeld (heute Wuppertal) Pre-miere. Aber Pfitzners Ziel bleibt eine Aufführung in Wien unter Mahlers Leitung; und er findet zwei einflußreiche Verbündete für sein Vorhaben! Genau drei Monate nach Mahlers Hochzeit mit Alma findet am 9. Juni 1902 in Krefeld die 38. Tonkünstler-Versammlung des Allgemeinen Deutschen Musikvereins statt (s. S. 246 ff.), bei der neben Mahlers »Dritter« u. a. auch Hans Pfitzners Ballade *Herr Oluf* für Bariton und Orchester, op. 12, aus dem Jahre 1891 aufgeführt wird. Er sucht Mahler in dem hochherr-schaftlichen Hause eines Krefelder Seidenfabrikanten auf und er-innert sich später noch sehr genau *des freundlichen, verheißungs-vollen Lächelns, mit dem Mahler der schwebenden Rose-Frage eine gute Lösung versprach*, vergißt aber nicht hinzuzusetzen: *Alma Mahler und Bruno Walter hatten gute Vorarbeit geleistet.*[495]

In der Tat verdankt er diesen unermüdlichen, einflußreichen Apologeten seiner Musik letztendlich die Aufführung der Oper in Wien, wenngleich die Motivation der beiden unterschiedlich gewe-sen sein mag. Nach eigener Darstellung sieht Alma in der Unter-stützung des Pfitznerschen Wunsches eher einen Akt menschlicher Barmherzigkeit. Sie erinnert sich an die Begegnung in Krefeld:

Eine dünne, hohe Stimme begann eindringlich auf Mahler ein-zusprechen. Das Gespräch mußte mich interessieren. Schreck-lich! Wie arm, wie entwürdigend war das, was ich hier hörte. Da bat ein Künstler, und daß er einer war, das hörte ich aus den ersten Worten, flehentlichst um Aufführung seines Werkes, »Die Rose vom Liebesgarten«. Und Mahler lehnte ab. Kühl, ruhig, kurz. Seine eigene Jugend mußte er vergessen haben: »Keine Sänger – das Textbuch zu schlecht – der ganze Symbol-gehalt unverständlich, zu lang, viel zu lang –« Dazwischen bebte die bittende Stimme: »Ein Versuch – letzte Möglichkeit – der einzige Künstler, der ihn verstehen könne, Mahler – sonst

[494] Hans Pfitzner, *Reden, Schriften, Briefe*, Berlin/Neuwied 1955, S. 282
[495] Pfitzner, a.a.O., S. 284

*Verzweiflung!« Beide Stimmen erhoben sich und entfernten
sich zur Tür. Es hielt mich nicht länger, ich sprang auf, [...]
eilte auf Pfitzner zu und drückte ihm in höchstem Einverständnis die Hand. Nie werde ich den Blick vergessen, den er mir
gab. Dann ging er.*[496]

Ganz unbezweifelbar trägt Almas bis zur Penetranz wiederholter
Versuch, Mahler die Musik der *Rose* schmackhaft zu machen, indem sie – wie zufällig – immer wieder den Klavierauszug auf dem
Flügel stehen läßt und daraus spielt, nicht unerheblich zu seiner
Entscheidung bei, die Oper doch zur Aufführung anzunehmen.
Den künstlerischen Beitrag zu Mahlers Entschluß liefert sicher
eher Bruno Walter, der Pfitzner aus gemeinsamer Berliner Hof-
opernzeit (1900/01) persönlich kennt und als Komponisten hoch
schätzt. Vor allem aber weiß er, wie er Mahler zu nehmen hat.

*Mahler hat eine erstaunliche Antipathie (Idiosynkrasie möchte
man es nennen) gegen Deine ganze Art,* schreibt er am 6. März 1902
an Pfitzner, *und wir sind der Rose wegen schon sehr ernstlich anein-
andergeraten; Du mußt nicht glauben, daß er sie en passant behandelt. Im Gegenteil – er hat sich immer wieder damit beschäftigt.
Trotz seiner heftigen Abneigung habe ich noch Hoffnung, eine Aufführung hier zu ermöglichen; gerade weil es Mahler ist, von dem es
abhängt. Wer ihn kennt (und liebt) wie ich, weiß, daß jede Motion
bei ihm eine Explosion ist; und es ist nicht ausgeschlossen, daß,
wenn ich in einem hierfür günstigen Augenblick Gelegenheit finde
ihm etwas aus der Rose zu zeigen, dessen Schönheit ihm einleuchtet,
er plötzlich mit derselben Heftigkeit auf eine Aufführung dringt, mit
der er sie jetzt ablehnt.*[497]

Vorerst bleibt Mahlers Einschätzung unverändert, auch noch
Anfang Februar 1904, als er in Mannheim Gelegenheit hat, eine
Aufführung der *Rose* zu erleben. Als *Gallert und Urschleim* bezeichnet er in einem Brief an Alma Pfitzners Musik; *immer zum
Leben drängend, aber in der Entwicklung gehemmt. Die Schöpfung
gedeiht höchstens bis zu den Weichthieren. Wirbelthiere können
nicht entstehen. Man möchte ausrufen wie der Kalchas in der schönen Helena: »Blumen, nichts als Blumen«. Das Publikum brachte
den besten Willen mit, erlahmte aber in der Stickluft dieses stocken-
den Nebels und dieser mysticierenden Atmosphäre.*[498]

[496] *AME*, S. 57
[497] *BWB*, S. 57
[498] *AME*, S. 300

Um so überraschender kommt wenige Monate später Mahlers Entschluß, die Oper nun doch anzunehmen. Bruno Walter hat während der langen Zeit des Wartens immer wieder versucht, seinem Freund Pfitzner Mut zu machen; er hat sogar gegen Ende der Spielzeit bereits mit Roller über Bühnenbild-Details gesprochen – wahrscheinlich aber noch ohne Wissen oder Auftrag Mahlers, der nach Almas Bekunden erst während der Ferien von ihr endgültig überredet wird. Jedenfalls schreibt Walter an Pfitzner am 26. August 1904: *Über die Rose bist Du wohl jetzt ruhig? Verträge sind fest geschlossen.* Und am 25. September eröffnet er ihm: *Das Material der Rose ist bereits ausgeteilt, aber vor dem 4ten Oktober können die Proben nicht beginnen, da Mildenburg, Förster-Lauterer, Schmedes, Weidemann in der am 4ten Oktober stattfindenden Neuaufführung des Fidelio auch die Hauptrollen haben, wie in der Rose.* Die Proben beginnen nicht erst – wie Alma meint – Ende März 1905, sondern werden nach den Unterlagen des Haus-, Hof- und Staatsarchivs noch im Oktober 1904 aufgenommen.[499] Aber die Premiere verzögert sich immer wieder wegen der Bühnenausstattung. *Roller, der wirklich ein sehr bedeutender, phantasievoller Maler ist, wird es herrlich ausstatten,* schreibt Bruno Walter im September an Pfitzner, *aber – aber – ich fürchte, daß das noch Zeit in Anspruch nehmen wird; ich bitte Dich, mach' Dich auf Januar gefaßt mit der Première. Es ist möglich, daß sie im Dezember ist, aber ich bezweifle es; Roller wird nicht früher fertig werden. Roller, Mildenburg und Schmedes sind schon kolossal eingenommen für das Werk; Mahler nicht zu vergessen, der für das Musikalische daran Feuer und Flamme ist.*[500] Der Januar-Termin kann wegen Ausstattungs-Schwierigkeiten nicht gehalten werden; die Premiere wird laut Postkarte Walters an Pfitzner vom 30. Januar 1905 *nunmehr endgültig auf den 22ten März festgelegt*[501]. Schließlich findet die Wiener Premiere der *Rose vom Liebesgarten* am 6. April 1905 statt. Anfang März lädt Mahler den Komponisten ein, *den letzten Proben des Werkes beizuwohnen und dieselben zu leiten;* und er fügt hinzu: *Es ist mir übrigens ein Vergnügen, Ihnen mitzuteilen, daß ich von Probe zu Probe immer tiefer in die hohe Schönheit Ihres Werkes eindringe, so, daß ich an-*

---

[499] Höslinger, a.a.O., S. 72, beruft sich auf die Akten des Wiener Haus-, Hof- und Staatsarchiv Oper, Zl. 309/1905 und 369/1905.
[500] *BWB*, S. 74/75
[501] *BWB*, S. 79

fange, mich mit Ihrem Text auszusöhnen.[502] Etwa um den 20. März herum kommt Pfitzner nach Wien, wo er einige Tage vor der *Rose*-Premiere zusammen mit einem Cellisten namens Buxbaum seine Cello-Sonate op. 1 aufführt und ansonsten natürlich an den Proben zur *Rose* teilnimmt. Zu Pfitzners großem Erstaunen gerät die Zusammenarbeit mit Mahler viel besser als gedacht. *Man kann sich denken, schreibt er in seinen Erinnerungen, daß ich Mahler gegenüber in entschieden verprügeltem Zustand erschien und mir dachte, daß der gewaltige Operndirigent, der noch dazu im Renommée eines herrschsüchtigen und unliebenswürdigen Tyrannen stand, meine Wünsche alle als Unverschämtheit zurückweisen würde. Wer ermißt meine überraschte Erleichterung, als sich Mahler umgekehrt als ein bis in die letzten Feinheiten meinen Wünschen zugänglicher Künstler zeigte.*[503]

Die Wiener Erstaufführung der *Rose vom Liebesgarten* wird zu einem unbestreitbaren Erfolg bei Publikum und Presse; Pfitzner wird mehr als 10 Mal hervorgerufen und erhält durchweg positive Kritiken für seine Komposition, während das Textbuch des in England lebenden James Grun zum Stein des Anstoßes wird. *Dieses bedarf [...] einigen Studiums, denn die Handlung ist kompliziert und setzt sich aus einem Gemisch von Motiven zusammen, zu welchem Werke wie Faust, Zauberflöte, Versunkene Glocke und Parsifal einige Ideen beisteuerten. Die Diktion des Textes ist vollkommen wagnerisch. Um so erstaunlicher und verdienstvoller ist es daher, daß Pfitzner in seiner Musik sich von der musikalischen Ausdrucksweise des Bayreuther Meisters zu emanzipieren verstand,* bemerkt Karl Maria Klob. *Die Eigenart der Musik in der »Rose« liegt weniger in glanzvoller Schönheit, als vielmehr in einer seltsamen Orchestration und dem großartigen Erfassen der Situationen. Im Ganzen ist das Werk hochpoetisch und all der romantische Zauber, der uns in unseren Kindertagen aus einem herrlichen Märchenbuch entgegenduftete, er ersteht hier [...]. Mit der Vorführung von Pfitzners »Rose vom Liebesgarten« hat Mahler den Fehlgriff, den er mit der Wahl der »Lakme« vollführte, glänzend wieder gut gemacht.*[504]

---

[502] zit. nach Höslinger, a.a.O., S. 72; die Richtigkeit der Datierung des Briefes auf den 20. 2. 1905 muß allerdings angezweifelt werden, weil Mahler u. a. an Pfitzner schreibt: *In der nächsten Woche bis Montag 13. d. M. bin ich in Hamburg, Hotel Streit* [...]; Mahler hält sich zu dieser Zeit wegen einer Aufführung der 5. Sinfonie in Hamburg auf (vgl. *AME*, S. 336).

[503] Pfitzner, a.a.O., S. 285

[504] Karl Maria Kolb, *Kritische Gänge*, Teil I: *Musik und Oper*, Ulm 1909, S. 149

Die Oper wird während Mahlers Direktionszeit siebzehnmal wiederholt – die achte Vorstellung am 17. Mai dirigiert Pfitzner selbst – und bringt dem Komponisten auch finanziell einen beachtlichen Erfolg. Die Wochen der *Rose vom Liebesgarten* in Wien werden zu einem Höhepunkt in dem an Enttäuschungen wahrlich nicht armen Leben Hans Pfitzners. Diese Zeit – davon ist der 80jährige kurz vor seinem Tode überzeugt – wird *im Leben der Wiener Hofoper stets einen Glanz bedeuten* [...] *und in meinem Leben ein Licht.*[505]

Am 6. Juni 1905 setzt Mahler in der Wiener Hofoper eigens für die Gäste des Grazer Tonkünstlerfestes *Die Rose vom Liebesgarten* aufs Programm und studiert aus gleichem Anlaß für nur eine einzige Aufführung Richard Strauss' *Feuersnot* neu. Strauss kann an der Vorstellung nicht wie vorgesehen teilnehmen, weil er bereits vorzeitig aus Graz abreisen muß, da sein Vater in München gestorben ist. Aber er bedankt sich in einem Brief vom 18. August 1905 bei Mahler für die – wie er gehört habe – herrliche Wiedergabe der Oper und nimmt Bezug auf ein neues Bühnenwerk, um dessen Uraufführung sich Mahler seit geraumer Zeit bemüht.

Strauss' *Salome* wird von der Wiener Zensur abgelehnt!

Strauss hatte Mahler bereits beim Straßburger Musikfest im Mai des Jahres Teile seiner neuen Oper *Salome* nach Oscar Wilde aus dem Manuskript vorgespielt[506], nachdem Mahler einige Zeit zuvor Bedenken gegen das Sujet angemeldet hatte. *Mahler fand* – wie Alma festhält – *tausend Gründe dagegen, zuerst ethischer Natur, nicht zuletzt die wahrscheinliche Unaufführbarkeit in katholischen Ländern.* In Straßburg aber schiebt Mahler alle Bedenken beiseite; sein Eindruck von diesem neuen Stück ist so überwältigend, daß er sofort den Plan faßt, die Oper in Wien uraufzuführen. Indes: vor den Erfolg haben die k. u. k. Götter die Zensur gesetzt! Mahlers ursprüngliche Befürchtung erweist sich tatsächlich als berechtigt, wenngleich er glaubt, die Aufführung doch irgendwie durchsetzen zu können. In einem Brief vom 19. August 1905 aus Maiernigg bit-

---

[505] Pfitzner, a.a.O., S. 285
[506] Strauss beendet die *Salome* am 20. Juni 1905, wie einem Brief an seine Mutter vom 21. Juni 1905 zu entnehmen ist (*Richard Strauss, Briefe an die Eltern*, hg. v. Willi Schuh, Zürich 1954, S. 303).

tet er Strauss, ihm so schnell wie möglich das Textbuch zuzuschik-
ken, *damit ich es bei Zeiten der Censur unterbreiten und eventuell
noch rechtzeitig zu raufen anfangen kann.* Er bekommt das Textbuch, reicht es bei der Zensurbehörde ein und erhält am 20. September folgenden Bescheid:

> *In Erledigung des Berichtes vom 31. August l. J. Z. 927 wird
> der k. und k. Direktion eröffnet, daß die Zensurbehörde aus
> religiösen und sittlichen Gründen sich gegen die Zulassung des
> Textbuches der Oper »Salome« Musik von Richard Strauss
> ausgesprochen hat und die Generalintendanz sohin nicht in der
> Lage ist, die Zustimmung zur Aufführung dieses Bühnenwer-
> kes am Hofoperntheater zu erteilen.*
> *Das Textbuch folgt in der Anlage zurück.*
> *Wien, am 20. September 1905*[507]

Zunächst scheint Mahler wohl beabsichtigt zu haben, Strauss von
der Entscheidung unverzüglich in Kenntnis zu setzen, schickt aber
ein entsprechend abgefaßtes Schreiben vom 22. September dann
doch nicht ab, sondern telegrafiert – wie aus den Akten des Haus-,
Hof- und Staatsarchivs hervorgeht – an Strauss, er möge ihm zwei
oder drei Klavierauszüge der Oper zuschicken, weil er mit dem
Studium der Hauptstimmen beginnen wolle! Strauss erfährt aber
doch von der Ablehnung durch die Wiener Zensur; Mahler versucht daraufhin, ihn zu bewegen, mit der Volksoper, die inzwischen ebenfalls ihr Interesse an der *Salome* bekundet hat, aber
nicht der kaiserlichen Zensur unterliegt, Scheinverhandlungen zu
führen, damit er seiner vorgesetzten Behörde gegenüber ein
Druckmittel in der Hand habe. Derweil sind längst auch von Seiten
der Dresdner Hofoper Vorbereitungen getroffen, die *Salome* dort
aufzuführen, was Mahler wiederum besonders hilfreich sein
würde, weil es sich in Dresden ebenfalls um einen katholischen Hof
handelt und mit einer Genehmigung von dort ein Präzedenzfall geschaffen wäre.

Mahler begeistert sich von Tag zu Tag mehr für die neue Oper.

> *[...] ich kann nicht umhin, Ihnen von dem hinreißenden
> Eindruck zu sprechen, den mir Ihr Werk bei der neuerli-
> chen Lesung macht! Das ist Ihr Höhepunkt bis jetzt! Ja, ich
> behaupte, daß sich nichts damit vergleichen [läßt], was so-*

---

[507] zit. nach *KB* II, S. 245

Salome von
Gustav Klimt

*gar Sie bis jetzt gemacht haben. – Sie wissen – ich mache
keine Redensarten. Ihnen gegenüber noch weniger, als gegen Andere. – Aber dießmal habe ich das Bedürfniß, Ihnen
das zu sagen. Da sitzt jede Note! Was ich schon lange gewußt habe: Sie sind der berufene Dramatiker! Ich gestehe,
daß Sie mir durch Ihre Musik das »Wildesche« Werk erst
verständlich gemacht haben.*[508]

Ende Oktober scheinen plötzlich alle Bedenken der Wiener Zensur verflogen zu sein. *Also endlich kann ich Ihnen Erfreuliches berichten,* schreibt Mahler an Strauss. *Die Schwierigkeiten sind beho-
ben! Ihre Salome ist gestattet! Ich komme eben vom Censor. Er wird
mir binnen 8 Tagen das Textbuch zurückstellen, in dem er alle jene
Stellen anstreichen wird, die er im Ausdruck ein wenig modifiziert
wünscht. Ich habe sein Versprechen, daß im Wesentlichen nichts geändert werden muß.*[509] Aber schon eine Woche später ist der Traum
wieder zu Ende, diesmal endgültig, wie sich zeigen sollte. Am
31. Oktober 1905 erklärt der Zensor, Hof- und Ministerialrat
Dr. Emil Jettel von Ettenach, u. a.: *Der erste Anstand ergibt sich,
wie ich bereits neulich bei unserer Unterredung hervorhob, aus der
wiederholten ausdrücklichen oder andeutungsweisen Erwähnung
Christi im Texte. [...] Eine fernere Schwierigkeit liegt darin, daß
Johannes der Täufer auf die Bühne gebracht wird. [...] Aber auch
abgesehen von diesen mehr textuellen Bedenken kann ich über das
Abstoßende des ganzen Sujets nicht hinaus und kann nur wiederho-
len: die Darstellung von Vorgängen, die in das Gebiet der Sexualpa-
thologie gehören, eignet sich nicht für unsere Hofbühne.*[510]
Damit ist für den Kaiserlichen Hof die *Salome*-Affäre beendet.
Aber Mahler gibt seinen Plan offensichtlich immer noch nicht auf.
Wahrscheinlich spricht er auch mit Strauss erneut darüber, als er
zur Aufführung seiner 2. Sinfonie am 8. November 1905, die von
Oscar Fried dirigiert wird, nach Berlin fährt und Strauss in Charlot-
tenburg aufsucht.[511] Jedenfalls zeigen zwei Briefe, vermutlich von
Mitte Dezember, daß er den Gedanken einer *Salome*-Aufführung

[508] *BMS*, S. 106
[509] *BMS*, S. 107/108
[510] zit. nach *KB* II, S. 246
[511] vgl. *AME*, S. 349; Mahler erwähnt in diesem Brief auch die Instrumentationslehre
von R. Strauss: *Übrigens schenkte er mir seine neueste Veröffentlichung (eine Berlioz'sche Instrumentationslehre mit neuem »Kren« dazu von ihm), welche aber für
Dich sehr interessant sein wird, und woraus Du sehr viel lernen wirst.*

am Hofoperntheater weiter verfolgt. *Lieber Freund!* [...] *Ihre Sache steht gut!* [...] *Der Censor ist bereits umgestimmt, und bereitet nicht das geringste Hindernis.* Aber höher hinauf ist noch eine Barriere zu nehmen. [...] *Aber ich versichere Sie, im Herbst haben wir die Salome!* Und kurz darauf schreibt er: *Hinter Salome bin ich her so oft ich nur irgend einen Zipfel erwischen kann. Ich bringe es durch, verlassen Sie sich drauf. Aber Sie müssen Geduld haben. Wie die Situation ist, werde ich kaum vor Herbst 1906 dazu kommen.*[512] Inzwischen wird die Oper am 9. Dezember 1905 in Dresden unter der Leitung von Ernst von Schuch uraufgeführt, ohne daß dies – wie Mahler insgeheim gehofft hatte – einen positiven Einfluß auf die Entscheidung der Zensur in Wien hätte. Die Wiener bekommen *Salome* zum erstenmal am 25. Mai 1907 als Gastspiel der Breslauer Bühne im Volkstheater zu sehen, wo die Oper, mit einer einzigen Unterbrechung am Fronleichnamstage, an dem alle Theater geschlossen bleiben, fast einen Monat lang täglich vor ausverkauftem Haus gespielt wird. *Ob wir »Salome« in Wien jemals durch einheimische Kräfte vorgeführt erhalten,* schreibt Theodor Helm zwei Jahre nach den Zensur-Querelen Mahlers etwas wehmütig, *ist noch immer sehr fraglich; auf die Dauer dürfte man sich schon – schanden halber – um nicht gar so »rückständig« zu erscheinen, der Erfüllung dieser künstlerischen Pflicht nicht entziehen können, wofür allerdings noch eher Aussicht in der Volksoper, als in der Hofoper.*[513] Die erste Aufführung der *Salome* in der Wiener Staatsoper findet am 14. Oktober 1918 statt!

Es gehört zu den bittersten Erfahrungen Mahlers aus seiner Wiener Zeit, daß der international renommierte Hofoperndirektor und Komponist in dem Moment, wo er das vielleicht wichtigste musikdramatische Werk der Jahrhundertwende herausbringen will, von einer kaiserlichen Behörde mit dem Hinweis auf sexualpathologische Vorgänge in der *Salome* diszipliniert wird. Und dies angesichts permanenter Presse-Attacken, die ihm unterstellen, er gehe aus Opportunitätsgründen gegenüber dem Hofe der zeitgenössischen Musik aus dem Wege.

Stets beklagen die Zeitungen in ihren jährlich stattfindenden Rückblicken das Fehlen von Novitäten aufs Neue. Karl Maria Klob knüpft in seiner Rückschau auf die Saison 1904/05 an die äs-

---

[512] *BMS*, S. 113; Herta Blaukopf vermutet, daß es sich bei der »Barriere« um eine Erzherzogin gehandelt habe (S. 114 und 187).
[513] *Musikalisches Wochenblatt* 38 (1907), S. 598

thetische Position Eduard Hanslicks an, der am 6. August 1904 in Baden bei Wien gestorben ist, und stellt fest: *Wohl gibt es in Wien noch immer Musikkritiker, die im Fahrwasser Hanslicks segeln [...] Die gegenwärtigen Kritiker der in Wien meistgelesenen Organe (Dr. Korngold in der »Neuen Freien Presse« und L. Karpath im »Neuen Wiener Tagblatt«) sind bestrebt, bei aller Wahrung der Grundsätze der Schönheit, doch auch dem beachtenswerten Neuen Gerechtigkeit widerfahren zu lassen.* Und mit Blick auf die Hofoper stellt er fest: *An diesem Institute sieht es wohl mit Erstaufführungen am wenigsten erfreulich aus. Vor allen bleiben sie der Zahl nach weit hinter jenen an anderen deutschen Hoftheatern zurück, ferner fehlen die Uraufführungen gänzlich.*[514] Unumstrittener Spitzenreiter des Repertoires bleibt Richard Wagner, dem 74 Abende der Saison gewidmet waren. *74mal Wagner – 7mal Meyerbeer: wer hätte das vor einem halben Jahrhundert, zur Zeit des krassesten Meyerbeer-Kultus wohl vorausgeahnt?!* bemerkt Helm in einer Fußnote. Interessant ist aber vor allem sein Hinweis auf das Fehlen von Werken Glucks. *Der erhabene Meister des »Orpheus« und der beiden »Iphigenien« zählt in Wien noch weit mehr Verehrer, als Direktor Mahler zu glauben scheint, ja letzterer könnte es sogar ganz gut mit einem vollständigen Gluck-Zyklus wagen, wie ihn Direktor Neumann vor einigen Jahren mit allen Ehren in Prag durchführte.*

Helms Hinweis gewinnt insofern Bedeutung, als Mahler nämlich nicht nur seinen alten Plan wieder aufgreift, einen Mozart-Zyklus herauszubringen[515], sondern noch in seiner letzten Saison 1906/07 damit beginnt, das klassische Repertoire durch Gluck zu vervollständigen, indem er zusammen mit Roller im März 1907 die *Iphigenie in Aulis* neuinszeniert.

Deutliche Kritik äußert Helm an Mahlers Personal-Politik: Zuviele Gäste kosten zuviel Geld! Den siebzehn Gastspielen der vergangenen Saison stehen 1904/05 sechsundzwanzig an 89 Abenden gegenüber. Falls einer dieser Gäste tatsächlich am Hofoperntheater engagiert wird, sei immer noch offen – so Helm –, wie lange er

---

[514] Klob, a.a.O., S. 146

[515] Bereits im Jahre 1900 teilt die *Neue Musikzeitung* im Zusammenhang mit der Inbetriebnahme der neuen Drehbühne mit, Mahler beabsichtige, *im Laufe der Saison sämtliche dem Spielplan angehörende Opern Mozarts neu einzustudieren und deren Vorführung derart umzugestalten, daß alles in jenem Rokoko sich abspielt, in dem diese Opern gedacht sind.* (*Neue Musikzeitung* 21 [1900], S. 232). Aus diesem Vorhaben sollte aber bis 1905 nichts werden.

bleibe, *so daß sich das solistische Personal des Theaters faktisch von Jahr zu Jahr ändert.* Als noch gravierender empfindet Helm den seiner Meinung nach in letzter Zeit zu verzeichnenden Niveau-Verlust der Aufführungen, *besonders wenn für Mahler andere Kapellmeister dirigierten.* Sein Rückblick gipfelt in dem Stoßseufzer *Was kann der Mann alles, wenn er nur will, wenn er ganz bei der Sache, für etwas begeistert ist! Das zeigen ja stets die Musteraufführungen seiner eigenen stark problematischen grossen Werke [...].*[516] Darin steckt natürlich Kritik an Mahlers reger Reisetätigkeit im Interesse eigener Werke, ein Vorwurf, der schließlich entscheidend zu seiner Demission beitragen sollte.

Überdies schließt das Jahr 1905 mit dem schlechtesten Geschäftsergebnis der gesamten Direktionszeit Mahlers ab. Es kann nicht bezweifelt werden, daß er deswegen von Fürst Montenuovo als dem Vertreter der obersten Finanzbehörde der Theaterbetriebe zur Rede gestellt worden ist. Der Grund für das wirtschaftliche Debakel ist sicher in erster Linie in der mangelnden Resonanz des Wiener Publikums auf die Novitäten-Angebote zu suchen, von denen nur Pfitzners *Rose vom Liebesgarten* als erfolgreich anzusehen ist.

Die »Siebte« »in einem Furor«

Über den Sommer 1905 ist nur verhältnismäßig wenig bekannt. Alma ist mit den Kindern und ihrer Mutter, Anna Moll, schon nach Maiernigg vorausgefahren; Mahler hat nach dem Grazer Musikfest noch einige dienstliche Verpflichtungen zum Saisonabschluß und bereitet außerdem eine Festvorstellung aus Anlaß des Besuchs des persischen Schah vor, bevor er endlich selbst in die Ferien fahren kann. Alma notiert über den Sommer nur wenige Sätze: *Im Sommer 1905 hatte Mahler die VII. Symphonie in einem Furor niedergeschrieben. Mitte des Sommers 1904 hatte er bereits die »Bauskizzen«, wie er sie nannte, entworfen.*[517]

Gemeint sind die beiden *Nachtmusiken* der Siebten, die er noch vor Vollendung des letzten Satzes der Sechsten fixiert hatte. Jetzt entstehen die drei übrigen Sätze, der erste, dritte und fünfte, kurz

---

[516] alle Helm-Zitate in: *Musikalisches Wochenblatt* 36 (1905), S. 606–608
[517] *AME*, S. 115; am 15. August teilt er Guido Adler bereits mit, daß die »Siebente« fertig sei.

nachdem er mit der Instrumentation des Finales der »Sechsten« fertig geworden war. Die 7. Sinfonie muß also, wenn schon nicht in bruchloser Fortsetzung der »Sechsten«, so doch in geistiger Nachbarschaft und zeitlicher Überschneidung der kompositorischen Arbeit gesehen werden. Sie bildet den Endpunkt der mittleren sinfonischen Schaffensperiode, in der Mahler auf das gesungene Wort völlig verzichtet, dafür aber die kompositorische Textur so verdichtet, daß diese drei Sinfonien, vornehmlich die 6. und 7., in der Herbheit ihrer Sprache und der Unerbittlichkeit der linearen Formulierungen zum Vorbild und Anknüpfungspunkt für die Zweite Wiener Schule wurden.

Auf die innere, die – wie er es nennt – psychische Verwandtschaft dieser Trias weist Hans Ferdinand Redlich bereits 1920 hin:

> *Die V., VI. und VII. Sinfonie sind miteinander aufs engste verwandt. Und zwar ist diese Verwandtschaft keineswegs eine ethisch-metaphysische, wie die der ersten vier Sinfonien, sondern eine psychische. Besonders manifestiert sich dies zwischen der VI. und VII. Die enge Verbindung äußert sich sowohl thematisch (der pessimistische Dur-Moll-Akkord, der von außen her in den Komplex hineingellt), als auch instrumental-symbolisch (die alpenhafte Landschaftsfixierung durch Herdenglocken). Unter diesen drei Werken wäre vielleicht die V. als Vorspiel, in dem alle Töne angeschlagen werden (die Tragik der VI. im ersten und zweiten Satz, die Heiterkeit des fünften Satzes der VII. im Finale), aufzufassen. Dann würde sich das zentrale Erlebnis im letzten Satz der VI. und im ersten Satz der VII. Sinfonie abspielen, der dumpfe, quälend-glühende Beginn der VII. mit dem Jammerschrei des Tenor-Horns – de profundis – den trostlosen, sich aufbäumenden Jammer über das schreckliche Dunkel, in welchem die VI. ausklingt, bedeuten.*[518]

Mahlers eigenes Mitteilungsbedürfnis zur Entstehung der 7. Sinfonie ist ungewöhnlich karg. Merkwürdigerweise existiert aus diesem Sommer briefliche Korrespondenz nur mit Richard Strauss; von ihr war z. T. schon die Rede im Zusammenhang mit den *Salome*-Verhandlungen. Am 18. August teilt Mahler ihm mit: *Meine 7. ist fertig.* Kurz darauf kehrt er nach Wien zurück, genauer gesagt, er

---

[518] Hans Ferdinand Redlich, *Die Welt der V., VI. und VII. Sinfonie Mahlers*, in: *Blätter des Anbruch* 2 (1920), Nr. 7/8, S. 265

Der *dumpfe, quälend-glühende Beginn der VII.* [Sinfonie] *mit dem Jammerschrei des Tenorhorns*

quartiert sich im »Edlacherhof« ein und unternimmt von dort ausgedehnte Spaziergänge, sofern er nicht zur Erledigung seiner Dienstgeschäfte nach Wien hinein fahren muß. Zu seiner Lektüre gehört in diesen Tagen – wie er Alma schreibt – u. a. die *Vorschule der Aesthetik* von Gustav Theodor Fechner, die ihm *höchst interessant* erscheint.[519]

Mozart-Zyklus in der Hofoper

Der Spielplan für die neue Saison 1905/06 ist von zwei Gesichtspunkten wesentlich mitbestimmt. Zum einen begeht die musikali-

---

[519] vgl. auch Dokumente, S. 440

sche Welt 1906 die 150. Wiederkehr von Mozarts Geburtstag, und zum andern sieht sich Mahler infolge des miserablen Einspiel-Ergebnisses der ersten Jahreshälfte gezwungen, publikumswirksame Stücke aufs Programm zu setzen. So bleibt die Wiener Erstaufführung von Ermanno Wolf-Ferraris *Die neugierigen Frauen* am 4. Oktober 1905 die einzige Neuaufnahme einer zeitgenössischen Oper. Dagegen planen Mahler und Roller einen Mozart-Zyklus, der sich auf die gesamte Spielzeit verteilen und fünf Bühnenwerke des Salzburger Meisters umfassen soll: *Così fan tutte*, *Don Giovanni*, *Die Entführung aus dem Serail*, *Die Hochzeit des Figaro* und *Die Zauberflöte*. Die Reihe der Festaufführungen beginnt am 24. November 1905 mit *Così fan tutte*. Mahler, der die Rezitative selbst am Cembalo begleitet, erntet selbst von einem sonst so distanziert urteilenden Kritiker wie Gustav Schönaich uneingeschränkten Beifall. *Als Mozartdirigent tut es Mahler bekanntlich nicht leicht einer zuvor. Ein unfehlbares Tempogefühl, feinfühligste Delikatesse in der Anwendung der Dynamik und der melodischen Linienführung lassen ihn die ganze Zauberkunst der Mozartschen Klänge hervorlocken.*[520]

Weniger einhellig positiv äußert sich die Presse gegenüber der zweiten großen Neuinszenierung, dem *Don Giovanni*, der am 21. Dezember 1905 zum erstenmal für Wien mit dem italienischen Titel in Szene geht. Die Kritik entzündet sich weniger an Mahlers musikalischer Interpretation als vielmehr an Rollers epochemachendem Bühnenbild. Alma erinnert sich: *Der »Don Giovanni« mit den »Roller-Türmen«. Diese Türme begrenzten die Szene auf beiden Seiten und blieben während aller Akte stehen. Sie hatten jedoch in jedem Aufzug unterschiedliche Funktionen. Mal waren sie Eckpfeiler des Komturhauses, mal waren sie Grabmäler, und vorher trugen sie den Balkon Elviras oder waren in das Schloßgemäuer Don Giovannis mit einbezogen. Jedenfalls waren diese »Roller-Türme« Gegenstand vielseitiger Erörterungen und Dispute in den internationalen Gazetten.*[521] Gustav Schönaich sieht mit den Rollerschen Türmen in erster Linie eine dramaturgische Funktion erfüllt: durch die in nicht mehr als 20–30 Sekunden stattfindende Verwandlung *läßt sich über den auseinanderfallenden Bau des Da Ponte'schen Dramma giocoso leichter hinwegkommen*[522].

[520] *Die Musik* 5 (1905/1906), S. 431
[521] zit. nach Wessling, a.a.O., S. 194
[522] *Die Musik* 5 (1905/1906), S. 121

Den spektakulären Höhepunkt dieser Saison bildet ohne Zweifel der *Figaro*, dessen Neuinszenierung Bernhard Scharlitt als *die gelungenste und gewissermaßen als das Paradigma der Mahlerschen Inszenierungsart* bezeichnet[523].

Mahler hatte bereits für die Neu-Übersetzung des *Don Giovanni* den Musikschriftsteller und Feuilletonisten Max Kalbeck gewonnen, dem er nun auch die textliche Überarbeitung des *Figaro* anvertraut. Im Herbst 1905 schreibt er an Kalbeck:

Ich habe das Ganze mir durchgearbeitet und akzeptiere mit Freuden Ihre wahrhaft inspirierte, ganz köstliche Übersetzung. Nur einige wenige Nummern möchte ich in der alten, gewohnten Fassung behalten. Erstens solche, die durch ihre Popularität sich das Bürgerrecht erworben haben (wie wir es ja auch mit dem Don Juan gehalten haben) und ferner manche Einzelheiten, die mir in der alten Fassung zwar nicht so poetisch, aber drastischer erscheinen, was für einen Lustspieltext sehr ins Gewicht fällt. Auch die Rezitative habe ich gründlich durchgefeilt. – Die endgültige Fassung wird natürlich wieder erst in den Proben entstehen.[524]

Der Brief wirft ein bezeichnendes Licht auf Mahlers Arbeitsweise. Zum einen kümmert er sich, obwohl eigens ein kompetenter Schriftsteller für die Text-Neufassung engagiert ist, selbst um Details sprachlicher Formulierungen, was ihm von Kalbeck in einem Brief vom April 1906, nach der erfolgreichen Premiere, anerkennend bescheinigt wird: *Von Ihnen ging der Gedanke aus, das Libretto Da Pontes dem Lustspiele des Beaumarchais zu nähern, und Sie haben selbst mit Hand angelegt, um diesen Gedanken ausführen zu helfen [...]*[525]

Zum andern läßt der Brief etwas erahnen von Mahlers Arbeit während der Proben. Alfred Roller konnte ihn viele Jahre hindurch bei der Arbeit beobachten:

Als Vollblut-Theatermensch war Mahler in Bühnenfragen Improvisator. [...] Bei jeder neuen Inszenierungsarbeit erfand er gleichsam die Sprache der Bühne von neuem, war er, aus seiner ungeheuren Kraft verschwenderisch schöpfend, jung, unter-

---

[523] ebda., S. 274
[524] *GMB*, S. 298/299 (301/302)
[525] zit. nach *KB* II, S. 247

Max Kalbeck

*nehmungslustig, und kühn wie am ersten Tage. Er verspottete
das bequeme Schema und verabscheute den Ariadnefaden der
Routine. In solchem Zusammenhange fiel einmal das immer
wieder und immer falsch zitierte Wort von der Tradition. »Was
Ihr Theaterleute Eure Tradition nennt, das ist Eure Bequemlichkeit und Schlamperei!« So lautete das Wort, nicht einfach:
»Tradition ist Schlamperei«.*

*Mahler nahm eben das Gesetz seiner Arbeit jedesmal ganz
aus dem behandelten Werk. Das verstanden die meisten nicht.
Und daß sie einem Gesetz gehorchen mußten, das ihnen unverständlich blieb, das erbitterte so viele.*[526]

---

[526] Alfred Roller, *Mahler und die Inszenierung*, in: *Musikblätter des Anbruch* 2
(1920), S. 273; vgl. Dokumente Roller, S. 547

Besonderes Aufsehen dieser Kalbeck-Roller-Mahler-Kooperation des *Figaro* erregt eine von Mahler hinzukomponierte Ergänzung der Gerichtsszene im III. Akt. Julius Korngold, führender Wiener Kritiker, teilt in der *Neuen Freien Presse* nicht nur Mahlers Entscheidung für die von Mozart komponierten Rezitative statt gesprochener Dialoge; er tritt auch entschieden für Mahlers Versuch ein, die in ihren Handlungsbeziehungen etwas obskure Gerichtsszene der Da-Ponte-Fassung durch einige hinzukomponierte Rezitativ-Takte zu verdeutlichen: [...] *die ganze Prozeßgeschichte der Marzelline bleibt im Dunkeln. Hier hat Mahler den dramaturgischen Eingriff gewagt, über den Kopf Da Pontes hinweg auf Beaumarchais zurückzugehen. Eine Handvoll Worte genügte, um das Erscheinen von Figaros Elternpaar im Schlosse zu begründen. Für Marzellinens Prozeß gegen Figaro bedurfte es mehr: er wird jetzt auf der Szene verhandelt, was Da Ponte ganz fremd ist.* Korngold kommt zu dem Schluß: *Nirgends scheint im neuen »Figaro« des Hofoperntheaters Mozarts Charakteristik verschoben. Es zeigt sich vielmehr, wie wunderbar fest die Charaktere der Oper in der Musik verankert sind.*[527]

Die Bilanz der Spielzeit 1905/06, die Bernhard Scharlitt *trotz der verschwindend geringen Anzahl von Novitäten* [...] *als eine der ergiebigsten* verzeichnet[528], fällt im wirtschaftlichen Bereich unvergleichlich günstiger aus als die vorhergehende. Mit einem Überschuß von rund 62000 Kronen gegenüber den geplanten Einnahmen kann Mahler sein Image beim Obersthofmeisteramt wieder aufpolieren. Und auch der künstlerische Erfolg des Mozart-Zyklus kann kaum in Zweifel gezogen werden, obwohl Ludwig Karpath auch hier Bedenken anzumelden hat, die sich allerdings in erster Linie an die Adresse Rollers richten. Karpath hält Rollers Türme für nichts mehr als einen Scheinversuch, die sogenannte Shakespearebühne zu reformieren. *Roller wollte diese seine mehr als zweifelhafte Erfindung auch bei anderen Werken anwenden, mußte jedoch davon abkommen, weil das Publikum davon nichts wissen wollte. Leider steht Mahler, der ja in letzter Instanz doch für alles verantwortlich ist, vollständig im Banne des Herrn Roller, der über Gebühr im Vordergrund steht. [...] Den Hauptnachteil seiner Tätigkeit erblicke ich in dem Umstande, daß er, nur um malerische Wir-*

---

[527] zit. nach Götz Kende, *Gustav Mahlers Wiener »Figaro«*, in: *Österreichische Musikzeitschrift* 26 (1971), S. 296/297
[528] *Die Musik* 5 (1905/1906), S. 274/275

kungen zu erzielen, sich an dem Geiste unserer Großen [...] ver-
sündigt.[529]

Von Theodor Helm ist erneut der Vorwurf zu hören, Mahler
habe zu wenig neue Stücke auf die Bühne gebracht. Die abgelau-
fene Spielzeit sei *die in bezug auf Vorführungen von wirklichen*
Neuheiten bescheidenste seit vielen Jahren gewesen.[530] Natürlich
kann es auch Theodor Helm nicht verborgen geblieben sein, wie
sehr sich Mahler um die *Salome* bemühte! Immerhin findet er trotz
der Bemerkung, der Mozart-Zyklus sei ein »Behelf« gewesen,
Worte des Lobes über die Aufführungen, vor allem darüber, daß
auf diese Weise insgesamt 45 Mozart-Abende in der Hofoper zu-
standegekommen seien, mehr als viermal so viel wie in der vergangenen Saison. Und dann kommt Helm auf den Hauptpunkt seiner
Kritik: er gibt seinem Bedauern Ausdruck, *daß auf unserer Hof-*
bühne die Aufführungen, insbesondere der grossen Wagner'schen
Musikdramen im Gegensatz zu ihrer quantitativ so eifrig geblie-
nen Pflege, qualitativ nicht mehr auf der künstlerischen Höhe ste-
hen, wie in den ersten Jahren des Mahler'schen Regime. Selbst in
Chor und Orchester sei *teilweise eine gewisse Verwahrlosung einge-*
treten, für die er auch gleich die Begründung parat hat. *Es ist näm-*
lich eine Eigenheit von Mahler, dass er jede neue Aufgabe mit wah-
rer Lust und Liebe ergreift und in seiner Art glänzend durchführt,
um sie aber dann, wenn er an ihr das Interesse verloren, fallen zu las-
sen, worauf dann – besonders wenn er die Leitung anderen Dirigen-
ten überläßt – häufig der frühere, alte Schlendrian eintritt.[531]

Gastdirigate und neue Presse-Attacken

Die Stoßrichtung der Helm'schen Vorwürfe ist klar: die Qualität
der Aufführungen läßt spürbar nach, weil sich Mahler nicht mehr
genügend um die Hofoper kümmert. Dies allerdings sind Anschuldigungen, die nicht allein auf der persönlichen Antipathie eines
einzelnen Kritikers beruhen, sondern auch von anderer Seite erhoben werden; denn es bleibt dem aufmerksamen Beobachter natürlich nicht verborgen, daß Mahler auch in dieser Saison wieder etliche Wochen in eigener Sache unterwegs ist. Schon Anfang Novem-

---

[529] *Bühne und Welt* 8 (1905/1906), S. 793–801
[530] *Musikalisches Wochenblatt* 37 (1906), S. 527
[531] ebda., S. 578/579

ber 1905 war er zur Aufführung seiner 2. Sinfonie unter der Leitung von Oscar Fried nach Berlin gefahren, um die Proben zu überwachen und natürlich einige Freunde und Bekannte zu treffen, so u. a. Gerhart Hauptmann, den Alma und Gustav Mahler bereits seit dem Frühjahr 1904 kennen und schätzen. Mit Strauss bespricht er – wie bereits erwähnt – *Salome*-Angelegenheiten und vermutlich auch die Planung des nächsten Tonkünstlerfestes in Essen, bei dem Mahlers 7. Sinfonie uraufgeführt werden soll.

Über Leipzig, wo er sich wahrscheinlich wegen Gesprächen mit seinem Verleger C. F. Kahnt bezüglich der Drucklegung der 6. Sinfonie am 9. November aufhält, kehrt er einen Tag später nach Wien zurück, um der Festaufführung des *Fidelio* am 20. November und der Neuinszenierung von Mozarts *Così fan tutte* am 24. November 1905 letzten Schliff zu geben. Ende November trifft Mahler in Triest ein, um dort seine 5. Sinfonie zu dirigieren, die bereits knapp eine Woche danach auch auf dem Programm des 1. Außerordentlichen Konzerts der Gesellschaft der Musikfreunde in Wien steht, ebenfalls unter seiner Leitung. Danach geht es zum letzten Gastdirigat des Jahres nach Breslau zur Aufführung der 5. Sinfonie am 20. Dezember, die zu einem eindrucksvollen Erfolg für den Dirigenten Mahler, dem man eine *imponierende Ruhe* bescheinigt, wie auch für den Komponisten wird. *Großzügige Motive, wenn auch mitunter recht bekannt klingend (wie im Scherzo und Finale), unerschöpflich reiche Ausgestaltung in der Durcharbeitung, ungewöhnliche Erfindungsstärke in der oft weitausholenden Steigerung und eine durch vorwiegend diatonische Linienführung männlich-kräftig wirkende Thematik sind die Hauptvorzüge dieses Werkes*, bemerkt der Korrespondent der *Neuen Zeitschrift für Musik*, F. Kaatz.[532]

Am Tag nach dem Breslauer Konzert hat der *Don Giovanni* in der Neuinszenierung Rollers Premiere; Mahler dirigiert. Wahrscheinlich begünstigt durch einen Konflikt Mahlers mit dem Bariton Demuth[533], setzt um die Jahreswende erneut eine Kampagne gegen ihn ein, über die der Schriftsteller Hermann Bahr in seinem Tagebuch unter dem 14. Januar 1906 notiert:

---

[532] *NZfM* 73 (1906), S. 122

[533] Demuth hatte die Titelpartie in der Generalprobe gesungen, wurde danach aber durch Weidemann ersetzt, worauf Demuth sein Entlassungsgesuch einreichte. Er blieb bis 1910 Mitglied der Hofoper.

Und es wird wieder gegen Mahler gehetzt, gehetzt, gehetzt!
Warum hassen sie ihn so? Ja warum hassen sie Klimt so? Je-
den, der versucht, sich treu zu sein. Das vertragen sie nicht.
»Eigensinnig« und »eigenwillig«, schon die Worte tadeln. Sie
vertragen nicht, daß einer versucht, frei zu sein. Und wünschen
es sich doch alle selbst. Wagen es nur nicht. Und schämen sich
bei sich, daß sie so feig sind. Und rächen dann ihr böses Gewis-
sen an den Tapferen.[534]

Nach der Premiere der *Entführung* am 29. Januar 1906 verbringen
Mahler und seine Frau ein paar Ferientage auf dem Semmering. *Es*
lag hoher Schnee, erinnert sich Alma, *wir fuhren Schlitten, tranken*
Grog und sangen unentwegt das letzte Quartett aus der Entfüh-
rung.[535] Es hat den Anschein, als habe Mahler zu dieser Zeit bereits die Kraft gefunden, sich über Presse-Kampagnen wie die erwähnte hinwegzusetzen. Anfang März geht er wieder auf Tournee,
zunächst nach Antwerpen, von dort nach Amsterdam. In Antwerpen ist er von der Gesellschaft »Nouveaux Concerts« eingeladen
und dirigiert neben seiner 5. Sinfonie Webers *Freischütz*-Ouver-
türe und Schuberts *Wanderer-Fantasie* in Liszts Bearbeitung für
Klavier und Orchester. Seine Gastgeber sind *sehr gemütliche, rei-*
che, aber einfache Leute. Mit seiner Unterkunft ist er – ausnahms-
weise – außerordentlich zufrieden. Aber: *Die Kehrseite von Ant-*
werpen ist leider das Orchester! Zum Davonlaufen! Es wird eine
Höllenmusik werden. Gerne würde ich ohne Bad schmutzig herum-
laufen, wenn die Musikanten etwas reiner spielen wollten.[536] Zum
Konzert kommen eigens die französischen Freunde Clemenceau
und Piquart aus Paris. Mahler selbst schreibt ein paar Tage nach
dem Konzert aus Amsterdam: *In Antwerpen hatte ich entschiede-*
nen »Succès«. Kritiken großartig. Dies ist zumindest der deutsch-
sprachigen Presse nicht zu entnehmen, die sich, *namentlich nach*
der eigenartigen Auffassung der Freischützouvertüre, für den Dirigenten Mahler begeistern, für den Komponisten aber *nur teilweise*
Interesse gewinnen kann.[537] – Ganz anders die Reaktion der Kritik
auf die Aufführung der 5. Sinfonie am 3. Februar 1906 in Boston
unter der Leitung von Wilhelm Gericke, dem Mahler zuvor in drei

---

[534] zit. nach *KB* II., S. 247
[535] *AME*, S. 123
[536] *AME*, S. 357
[537] *Die Musik* 5 (1905/1906), S. 67

Briefen seine Wünsche bezüglich erneuter Retuschen mitgeteilt hatte.[538] Georg Schwarz, Bostoner Feuilletonist für *Die Musik*, nennt die Aufführung *das große Ereignis der Saison.* [...] *Für mich war sie die erfreulichste Bekanntschaft, die ich seit Jahren gemacht habe. Wie da alles singt und leuchtet und blüht! Das ist Schubert redivivus. Es war das erstemal, daß ein Mahlersches Werk in Boston gespielt wurde, und die Aufführung war über alles Lob erhaben.* [...] *Die Symphonie mußte auf Verlangen im nächsten Konzert wiederholt werden.*[539]

Von Antwerpen fährt Mahler nach Amsterdam, wo er in Willem Mengelberg und Alfons Diepenbrock zwei treue Anhänger und persönliche Freunde wiedertrifft. Amsterdam wird überhaupt immer deutlicher zum Mittelpunkt der Mahler-Pflege in Europa. Mengelberg hat die 5. Sinfonie, die *Kindertotenlieder* und *Das klagende Lied* zu Mahlers vollster Zufriedenheit vorbereitet. *Das Orchester ist prachtvoll und für mich riesig eingenommen*, schreibt er an seine Frau. *Diesmal ist es ein Plaisir und keine Arbeit. Gestern kam eine Abordnung zu mir, mich bitten, in einem der Concerte auch die anderen Nummern zu dirigieren (in dem ersten macht es Mengelberg). Sie wollten so gerne auch einmal Beethoven oder Wagner von mir lernen. Ist das nicht reizend?* Und im nächsten Brief: *Das Orchester herrlich vorbereitet und eine Aufführung, wie sie in Wien nicht besser war. Der Chor (im Klagenden Lied) sehr fein studirt und wolgeschult. Mengelberg ist ein famoser Kerl! Der Einzige, dem ich mit voller Beruhigung ein Werk von mir anvertrauen möchte. Die Symphonie ist bereits für nächste Woche in Haag, Rotterdam, Haarlem, Utrecht und Arnheim angesetzt, wo Mengelberg mit dem hiesigen Orchester concertiert.* Mahler fühlt sich in Amsterdam ausgesprochen wohl und lobt immer aufs neue die holländischen Musiker, allen voran Willem Mengelberg: *Hier in Amsterdam habe ich bereits eine tapfere Gemeinde – besonders*

---

[538] Wilhelm Gericke (1845–1925), Schüler von Otto Dessoff, war zunächst Kapellmeister der Wiener Hofoper gewesen, wurde 1880–1884 Dirigent der »Gesellschaftskonzerte«, bevor er 1884–1889 zum erstenmal nach Boston ging. 1890–1895 ist er wieder künstlerischer Leiter der »Gesellschaftskonzerte« in Wien, bevor er 1898–1906 erneut die Leitung des Bostoner Sinfonie-Orchesters übernimmt. Mahlers Briefwechsel mit Gericke ist wiedergegeben in einem Beitrag von Elsa Bienefeld unter dem Titel *Drei Briefe an Wilhelm Gericke* in: *Neues Wiener Journal* vom 11. 4. 1926, S. 13 f.

[539] *Die Musik* 5 (1905/1906), S. 334

die jungen Leute sind enragirt. [...] Und, was das Wichtigste ist, Mengelberg hält mich ständig am Repertoire.[540]

Mitte Mai 1906 unternimmt er mit seiner Frau eine Art Dienstreise: sie besuchen auf Einladung des Bürgermeisters die österreichische Erstaufführung der *Salome* in Graz und treffen bei dieser Gelegenheit natürlich auch Richard Strauss.[541] Alma Mahler hat das Treffen in aller Ausführlichkeit, mit spürbarer Freude an mancherlei Detail und z. T. spitzzüngigen Kommentaren festgehalten. Besonderen Eindruck hinterlassen bei ihr offenbar Strauss' vorwurfsvolle Bemerkungen, Mahler *nähme alles, z. B. die Oper – diesen Stall – zu schwer, er solle sich schonen. Niemand gäbe ihm etwas dafür, wenn er sich aufgerieben hätte. Ein solcher Saustall, der nicht einmal die »Salome« aufführen wolle – nein, es stände nicht dafür.*[542] Strauss arbeitet schon seit langem auf eine Unabhängigkeit vom Opernbetrieb hin, um für das Komponieren frei zu sein. In einem Brief an seinen Vater vom Dezember 1902 heißt es u. a.: *Nun will ich doch endlich mal mich mehr dem Komponieren widmen und nicht bis zu meinem sechzigsten Jahre zehn Monate lang jährlich Opern dirigieren.*[543]

In diesem Interesse treffen sich Strauss und Mahler durchaus; aber Richard Strauss hat im Gegensatz zu Mahler seit geraumer Zeit entsprechende Weichen gestellt, entweder, indem er versucht, bereits vorhandene Institutionen wie den Allgemeinen Deutschen Musikverein (ADMV) besser im Interesse der Komponisten zu nutzen, oder neue Einrichtungen ins Leben zu rufen, die vor allem unter urheberrechtlichem Aspekt intensiver als bisher für die Autoren einzutreten imstande sind.

Im Juni 1901 hatte er gegen den bisherigen Präsidenten des ADMV, Oskar von Hase, einen der beiden Chefs des Leipziger Verlagshauses Breitkopf & Härtel, kandidiert und gewonnen (vgl.

---

[540] *AME*, S. 360/361; Konzerttermine: 12. März Rotterdam, 14. März Den Haag, 20. März Haarlem, 19. März Arnheim; ein Konzert in Utrecht ist nicht nachgewiesen; Mengelberg gibt aber noch drei Konzerte am 21. und 22. März und am 1. April in Amsterdam.

[541] *Als Treppenwitz der Musikgeschichte*, schreibt Erich Alban Berg, *mag vermerkt werden, daß sich unter den Premierengästen auch der von der Wiener Kunstakademie abgewiesene Adolf Hitler befindet, dem die oberösterreichischen Verwandten diese Kunstfahrt finanziert hatten* [...] (In: *Alban Berg, Leben und Werk in Daten und Bildern*, hg. von Erich Alban Berg, Frankfurt/M. 1976, S. 18)

[542] *AME*, S. 124

[543] *R. Strauss, Briefe an die Eltern*, a.a.O., S. 266

322

S. 246). Damit war die Macht der Verleger in diesem bedeutenden Gremium des deutschen Musiklebens gebrochen, und Strauss nutzt seitdem die Chance, bei den alljährlich vom ADMV veranstalteten Tonkünstler-Versammlungen zeitgenössische Musik durchzusetzen.[544] Dazu dient ihm auch das neugegründete Berliner Tonkünstler-Orchester, dessen Leiter er im selben Jahr geworden war. Zahlreiche Konzerte dieses ausgezeichneten Orchesters machen das Publikum im In- und Ausland mit sogenannten Novitäten bekannt, zu denen Strauss durchaus nicht nur seine eigenen Werke zählt; auch Mahler profitiert von Anfang an von Strauss' ehrlichem und ehrenwerten Bemühen, möglichst alle wichtigen zeitgenössischen Werke zu präsentieren. Bereits in einem der ersten Novitäten-Konzerte des Berliner Tonkünstler-Orchesters am 16. Dezember 1901 setzt Strauss Mahlers erst wenige Wochen zuvor uraufgeführte 4.Sinfonie aufs Programm (vgl. S. 240). 1903 tut Strauss einen weiteren Schritt im Sinne verstärkter Einflußnahme der Komponisten auf das öffentliche Musikleben. Nachdem schon zwei Jahre zuvor nicht ohne das unermüdliche Eintreten von Richard Strauss und Friedrich Rösch, einem Berliner Komponisten und Juristen, das Urheberrecht im heutigen Sinne gesetzlich geregelt worden war, setzen nun beide die volle Rechtsfähigkeit der seit 1898 bestehenden »Genossenschaft deutscher Tonsetzer«, deren Präsident Richard Strauss wird, und ein halbes Jahr später die Gründung der »Anstalt für musikalische Aufführungsrechte« (AFMA), vergleichbar der heutigen GEMA, durch. Damit ist die bis dahin vergleichsweise unumschränkte Macht der Verleger in Strauss' Sinne reguliert, was endgültig eine längst fällige Annäherung der Autoren-Position an die ihrer »Verwerter« bedeutet. An den Ergebnissen dieses Prozesses partizipiert auch Gustav Mahler, dem Strauss bereits 1900 geraten hatte, die Wiener »Gesellschaft der Autoren, Komponisten und Musikverleger« (AKM) zu verlassen, weil nach seinem Dafürhalten die Verleger dort den Ton angeben. Mahler tritt jedenfalls Ende 1903 aus der AKM aus und wird Mitglied der »Genossenschaft deutscher Tonsetzer«.[545]

---

[544] Das publizistische Sprachrohr des ADMV ist die in Leipzig erscheinende *Neue Zeitschrift für Musik*. Daneben darf die Berliner *Allgemeine Musik-Zeitung*, die von Otto Lessmann, dem einzigen wiedergewählten Mitglied des ehemaligen Vorstands des ADMV, herausgegeben wird, als zweites wichtiges Organ der Meinungsbildung im Sinne des ADMV gelten.

[545] vgl. *BMS*, S. 179

Unbestreitbar setzt seit dieser Zeit die Phase immer stärkerer Verbreitung der Mahlerschen Werke ein, an der freilich Mahler selbst – wie Richard Strauss – durch eine zunehmende Zahl von Gastdirigaten tatkräftig mitwirkt.

Wir wissen aus mancherlei Äußerungen Mahlers, daß ihn die Last der Theaterverpflichtungen ebenso drückt wie Strauss, und dennoch – so meint Herta Blaukopf – ist Mahler *bis vor kurzem dieser geliebten und gehaßten Institution mit Leib und Seele verfallen gewesen. [...] Wenn er gerade in der letzten Zeit die Wiener Oper distanziert betrachtete, so waren drei Gründe dafür maßgebend: die Erkenntnis, daß es unmöglich war, ein Repertoiretheater täglich auf dem höchsten Standard zu halten; das Verbot der »Salome«; die immer häufiger werdenden Einladungen zu Konzertreisen, bei denen er eigene Werke dirigierte. In dieser Situation und fast genau ein Jahr vor seinem Rücktritt müssen ihm die Vorhaltungen von Strauss, wie immer sie gelautet haben mögen, zu denken gegeben haben.*[546]

Uraufführung der »Sechsten«

Beide sehen sich schon bald danach beim 42. Tonkünstlerfest in Essen wieder, wo Mahler am 27. Mai die Uraufführung seiner 6., der sogenannten tragischen Sinfonie dirigiert. Er trifft bereits eine Woche zuvor dort ein, d. h. er hält sich zwischen Graz und Essen nicht mehr als höchstens drei Tage in Wien auf, fährt aber zunächst ohne seine Frau weiter, die wegen der beiden Kinder und ihrer geschwächten Gesundheit erst später nachkommt; die Proben mit dem gut vorbereiteten Orchester gestalten sich außerordentlich anstrengend; vor allem aber nehmen ihn seine »Nachbereitungen« voll in Anspruch. *Das war gestern eine Tour,* schreibt er seiner Frau am 22. Mai; *5 Stunden probirt, 7 Stunden Stimmen corrigirt. [...] Bis jetzt habe ich die ersten 3 Sätze durchprobirt. Heute komme ich zum letzten Satz.*[547] Er arbeitet Tag und Nacht an der bereits gedruckten Partitur, macht Retuschen, überlegt, ob er nicht besser den zweiten und dritten Satz in der Reihenfolge vertauschen sollte (was er nach der Uraufführung auf Anraten von Freunden tatsächlich tut, dann aber doch wieder verwirft), fragt immer wieder die Proben-Besucher nach ihren Eindrücken und kümmert sich um

[546] *BMS*, S. 191
[547] *AME*, S. 362

324

jede technische Einzelheit im Orchester. An den abschließenden Proben nimmt Alma dann teil. Die Eindrücke dieser Tage sind ihr noch Jahrzehnte später sehr lebendig in Erinnerung. *Die letzten Proben! Der Schlußsatz dieses Werkes mit den drei großen Schicksalsschlägen! Kein Werk ist ihm beim ersten Hören so nahe gegangen. Nach der Generalprobe ging Mahler im Künstlerzimmer auf und ab, schluchzend, händeringend, seiner nicht mächtig. [...] Strauß kam plötzlich laut polternd bei der Tür herein. Spürte nichts. »Mahler, Sie müssen irgend eine Trauerouvertüre oder so was Ähnliches morgen vor der Sechsten dirigieren – der hiesige Bürgermeister ist gestorben. Es ist so üblich – na, was habt ihr denn? Was ist denn los? Na –« Und er ging geräuschvoll und herzkalt hinaus und ließ uns erstarrt zurück.*[548] Für einige Zeit scheint das Verhältnis der beiden großen, so verschieden gearteten Komponisten getrübt zu sein, weniger wohl wegen des von Alma geschilderten Vorfalls, als eher durch eine Bemerkung von Strauss zum letzten Satz der »Sechsten«, die von Klaus Pringsheim, einem Korrepetitor der Wiener Hofoper, der sich wegen der Uraufführung ebenfalls in Essen aufhält, überliefert ist. *Nach der Probe sagte Richard Strauss in seiner selbstverständlich-legèren Art, der Satz sei »überinstrumentiert« – der Strauss der »Salome«-Partitur. (Es war ein großes Jahr deutscher Musik, das uns »Salome« und Mahlers Sechste brachte.) Überinstrumentiert? Das Wort gab Mahler viel zu denken. (Weil Strauss es gesprochen hatte.) Er kam oft darauf zurück, sprach viel über sein Verhältnis zu Strauss [...].*[549]

Mahlers »Sechste«, der Alma stets einen hohen autobiographischen Stellenwert beigemessen hat (vgl. S. 276ff.), stößt von Anfang an auf große Verständnisschwierigkeiten und blieb bis in die Gegenwart jene Sinfonie Mahlers, der Konzertveranstalter wie Dirigenten mit einer gewissen Reserviertheit begegnen. Mißverständnisse und Feindseligkeiten begleiten bereits ihre Geburt, obwohl Richard Specht mit einem 48 Seiten umfassenden thematischen Führer zu informieren sucht. Das bekannte Schauspiel wiederholt sich erneut: während das Werk beim Publikum *einen jubelnden und dauernden Beifall* weckt, hält der Kritiker der Zeitschrift *Die Musik*, Gustav Altmann, Mahlers neue Sinfonie für

[548] *AME*, S. 127
[549] Klaus Pringsheim, *Zur Uraufführung von Mahlers Sechster Symphonie*, in: *Musikblätter des Anbruch* 2 (1920), S. 497; Pringsheim ging 1918 nach Berlin, in den 30er Jahren nach Tokio.

Herrgott, daß ich die Hupe vergessen habe!
Jetzt kann ich noch eine Symphonie schreiben.
Karikatur zur Wiener Aufführung
der 6. Sinfonie am 4. Januar 1907

Kilometermusik! Ernst Otto Nodnagel weist auf diese merkwürdige Diskrepanz in seiner als Vor-Information zur Uraufführung gedachten Analyse hin, die er am 23. Mai 1906, also vier Tage vor dem Essener Konzert in der *Neuen Zeitschrift für Musik* veröffentlicht. *Bei keinem unserer hervorragenden Tondichter*, stellt Nodnagel fest, *herrschte in der Beurteilung von allem Anfang an ein solch unlösbarer schroffer Widerspruch zwischen dem Publikum und der sogenannten Kritik, wie bei Gustav Mahler, dem bereits 1895 das Berliner Publikum nach seiner Zweiten Symphonie in C moll viertelstündige stürmische Ovationen darbrachte unter jubelnden Zurufen und begeistertem Tücherschwenken, während die Presse anderen Tages nicht allein den sensationellen Erfolg des Tondichters unterschlug, sondern den Meister, der seine Hörer aufs Tiefste erschüttert hatte, wie einen unfähigen Stümper behandelte. Dieselbe Vereinigung von Gewissenlosigkeit, Begriffsstutzigkeit,*

Unwissenheit und bösem Willen heftete sich ein Jahrzehnt hindurch an Mahlers Fersen. Wo seine Kunst in einem seiner Monumental-Werke vor einem unbefangenen Publikum erschien, hinterliess sie tiefe Eindrücke, aber die Presse bot fast allerorten das nämliche Schauspiel der Unfähigkeit, einer bedeutsamen Erscheinung gerecht zu werden.[550] Gustav Altmann jedenfalls sieht nach der Uraufführung der »Sechsten« keine Möglichkeit, Mahler auf seinem kompositorischen Weg weiter zu folgen. Seine Bewunderung sei, nachdem er vier *der Mahlerschen Riesenwerke* gehört habe, *gradatim, gleich dem inneren Wert dieser Werke, gesunken* [...] *Was er zu sagen hat, ist im Grunde genommen immer dasselbe, wie er es aber sagt, das wird immer unausstehlicher. Er kennt nur noch die Blechsprache; er redet nicht mehr mit uns – er brüllt und tobt uns an, und verwundert fragt man: Wozu der Lärm?* Eine Analyse der Mahlerschen Themen ergebe – so Altmann in seiner Besprechung –, *daß sie entweder völlig nichtssagend oder aber aus Elementen fremder Autoren zusammengesetzt sind, mit Umbiegung einiger Töne, geschickter Verschmelzung und Unkenntlichmachung, Umrhythmisierung usw. – aber ihr Kern ist das Nachempfundene: Kapellmeistermusik.*[551] Kritisch, wenn auch nicht annähernd so verletzend wie Altmann, geht auch Max Heckmann mit Mahler ins Gericht. Er widmet ebenfalls einen guten Teil seiner Betrachtungen der Themengestaltung. *Der Komponist bringt Themen, die dem Volksmund entlehnt sind, bei ihm jedoch einen energievollen, pathetisch gereckten, also spezifisch Mahlerschen Zug bekommen.* [...] *Seiner thematischen Erfindung – dem meiner Ansicht nach zu dem Klangbild Gesuchten – hat noch niemand eine ursprüngliche Eigenschaft nachgerühmt; erst durch die Art, wie Mahler sie zurechtrückt und ausspinnt, bekommt sie sein Gesicht.* [...] *Bei diesem allen jedoch fehlt mir das eine – ich mag mich täuschen und andere mögen anders denken – das Empfinden, es sei aus dem Herzen entsprungen, was da in Tönen vorgeht.* Heckmann macht wenigstens den Versuch, Mahler auf seine Weise gerecht zu werden. *Wäre diese Kunst nicht so furchtbar ehrlich und ernst, hätte sie nicht ihre innere Tragik, es würden nicht so viele Köpfe mit dem Rätsel Gustav Mahler sich mühen.*[552] Hatte das begeisterte Publikum der Essener Uraufführung im Gegensatz zur professionellen Kritik mehr von jenen Dimensio-

[550] *NZfM* 73 (1906), S. 465
[551] *Die Musik* 5 (1905/1906), S. 49
[552] *NZfM* 73 (1906), S. 512

nen der »Sechsten« verstanden, die Willem Mengelberg beschwört? *Vor dem Finale der Sechsten packt mich jedesmal ein Grausen. Ich habe das Gefühl, meiner eigenen Zersetzung beizuwohnen. Es gibt nichts Ungeheuerlicheres als dieses genialische Zupacken, als diese musikalischen Fieberkurven, mit denen man jedes Krematorium dekorieren müßte. So verläuft die Tragödie des Menschen der Neuzeit. So, so, so und nicht anders! Mahler hat keinen Spuk komponiert; er war Visionär! Gnade dem Menschengeschlecht Gott, wenn eintrifft, was er gesehen und erlitten hat.*[553]

Maiernigg 1906: Die »Achte« – *Figaro* in Salzburg

Am 8. Juni dirigiert Mahler in Wien noch eine *Figaro*-Aufführung und fährt anschließend mit der Familie in die Sommerferien. *In Maiernigg gab es wieder die vierzehn Tage Anfangslähmung,* schreibt Alma, *die ihn fast in jedem Jahr alle Schrecken der Unproduktivität fühlen ließen.* Die Reinpartitur der »Siebten«, die im vergangenen Jahr hier fertiggestellt worden war, hatte er in den Wintermonaten, meist vormittags, geschrieben. Die Arbeit an der 8. Sinfonie findet nun in außerordentlicher Intensität statt. Über den Zeitpunkt, in dem Mahler den Plan zur Komposition des Werkes faßte, wissen wir nichts außer den Andeutungen, die er Richard Specht gegenüber im Sommer 1906 in Salzburg macht. Demnach scheint ihn seit geraumer Zeit die Schlußszene von Goethes *Faust* interessiert zu haben. *Diese Anachoretenszene und den Schluß mit der Mater gloriosa zu komponieren, und anders als alle anderen, die das so süßlich und schwach getan haben, war schon lange meine Sehnsucht; aber ich habe jetzt gar nicht mehr daran gedacht. Da fiel mir zufällig neulich ein altes Buch in die Hände und ich schlage den Hymnus »Veni creator spiritus« auf – und wie mit einem Schlage steht das Ganze vor mir: nicht nur das erste Thema, sondern der ganze erste Satz, und als Antwort darauf konnte ich gar nichts Schöneres finden, als die Goetheschen Worte in der Anachoretenszene!*[554] Die kompositorische Arbeit beginnt – wie aus einem Brief an Fritz Löhr vom 21. Juni hervorgeht – mit dem Hymnus. Mahler ist sich des Inhalts und der Betonungsverhältnisse des lateinischen Textes nicht ganz sicher:

[553] zit. nach *Mahler-Zyklus 1985/86 des Hessischen Rundfunks*, hg. v. Bernd Loebe
[554] *Tagespost*, Nr. 150, 14. Juni 1914

Es eilt sehr!

Lieber Fritz!

1. *Übersetze mir folgendes:*

    Qui paraclitus diceris
    Donum Dei altissimi,
    Fons vivus ignis caritas
    et spiritalis unctio.

2. *Wie betont man (respektive skandiert man) paraclitus diceris?*

3. *Übersetze mir folgendes:*

    hostem repellas longius
    pacemque dones protinus
    ductore sic te praevio
    vitemus omne noxium.

4. *Das Ganze ist aus »Veni creator spiritus«. Gibt es eine schöne (am Ende gar gereimte) Übersetzung davon?*

Bitte sofort per Eilbrief absenden! Sonst kommt es zu spät.

Ich brauche es als creator und creatur!

Herzlichst

Dein

Gustav

Ernst Decsey und Alma Mahler überliefern, daß Mahler während der Arbeit am Hymnus erneut Zweifel an der Korrektheit des Textes kommen, den er – wie er in einem weiteren Brief vom 16. Juli an Löhr schreibt – einem alten »Kirchenschmöker« entnommen hat. Sein Hilferuf an Löhr:

> *Dieser verfluchte Kirchenschmöker, aus dem ich den Text des Veni creator entnahm, scheint mir nicht ganz einwand-frei. – Bitte, sende mir mal einen authentischen Text der Hymne, wie sie Franziskus gedichtet.*
>
> > *Infirma nostri corporis*
> > *Virtute firmans perpeti?*
>
> *Ist perpeti richtig? Wie ist die Übersetzung?*
>
> > *Per te sciamus da Patrem*
> > *noscamus atque filium.*
>
> *Ist das richtig? Was ist das für eine Syntax?*[555]

---

[555] *GMB*, S. 290–292 (308–310); Fritz Löhr weist in seinen Anmerkungen bereits darauf hin, daß der Text des *Veni creator* nicht von Franziskus stammt, sondern Hrabanus Maurus zugeschrieben wird. Das *Römische Gradualbuch* von 1907 enthält zwei Textfassungen des *Veni creator*; in der älteren ist der von Mahler angeführte Text der 2. Strophe zu finden.

Friedrich Löhr (1859–1924)

Fritz Löhr hilft dem Freund, wofür sich Mahler mit einem Kärtchen vom Lago di Misurina, wo er zwischendurch zwei kurze Erholungstage verbringt, bedankt. Die Arbeit muß in atemberaubendem Tempo vor sich gegangen sein, denn in einem Brief, den Willem Mengelberg am 18. August 1906 erhält, teilt Mahler mit, daß die »Achte« vollendet sei. Wie aus dem erwähnten Gespräch mit Richard Specht hervorgeht, handelt es sich um die Fertigstellung der Skizzen zur gesamten Sinfonie, an denen er nach seiner Rückkehr aus Salzburg weiter arbeiten will. Auf Anweisung des Kaisers gastiert dort nämlich das gesamte Ensemble der Wiener Inszenierung im Rahmen des 7. Musikfestes der Internationalen Stiftung Mozarteum mit zwei Aufführungen am 18. und 20. August 1906. Die beiden Vorstellungen werden zum Höhepunkt des ganzen Festes. Julius Korngold erinnert sich: *»Figaro« in Salzburg: eine unauslöschliche Erinnerung steigt auf. Eines Fest-»Figaro« wegen war*

Gustav Mahler 1906 in die Mozart-Stadt gekommen. Visionen einer
neuen Symphonie bedrängten ihn; aber er kam glücklichen Vorge-
fühls voll, fast übermütig. [...] *»Figaro« wurde in Salzburg der Ide-*
al-»Figaro«: in der bezaubernden Grazie im leichten, beschwingten
Halbton-Parlando, in der unvergleichlichen Abtönung der Ensem-
bles. Niemand, der diese Aufführung erlebt hat, kann sie je verges-
sen.[556] Der Beobachter der *Neuen Musikzeitung*, Julius Waldt,
schreibt: *Den Höhepunkt der Festlichkeiten bildete* [...] *die an des*
Kaisers Geburtstag (18. August) im Stadttheater veranstaltete Auf-
führung von Figaros Hochzeit in der Jubiläumsbearbeitung der
Wiener Hofoper unter Leitung Mahlers, der die Seccorezitative
selbst am Spinett begleitete. Das gab einen vollendeten Erfolg, einen
unbestrittenen Sieg. [...] *Das Publikum, in dem gar manche Stimme*
gegen den »ver-rollerten« und »sezessionistischen« Figaro laut ge-
worden war – war überwältigt und konnte sich nicht genug tun in
brausenden Ovationen für Mahler und seine Künstlerschar.[557]

Edgar Istel, der damals 26jährige Musikwissenschaftler und
Korrespondent der *Neuen Zeitschrift für Musik*, schreibt den glänzenden Erfolg des *Wiener Figaro* in erster Linie der Persönlichkeit
des Hofoperndirektors zu:

Was dieser eminente Dirigent mit jener Aufführung zu Wege
brachte, lässt sich kaum beschreiben. An der Spitze seines glän-
zenden Orchesters leitete er eine Wiedergabe des entzückenden
Werkes, wie sie vollendeter kaum noch gedacht werden kann.
Da hatte man nicht mehr das Gefühl von Einzelleistungen,
sondern jeder Einzelne der Mitwirkenden schmiegte sich im
Geiste des Ganzen in vollendeter Weise an. Namentlich in den
Finali, in denen der unsterbliche Meister seiner göttlichen
Laune so recht die Zügel schießen läßt, herrschte eine so wun-
derbare Abtönung der Stimmgruppen, die sich wachsend ablö-
sen, dass des herrlichsten Geniessens kein Ende war.

Einschränkungen macht er allerdings bei der deutschen Textfassung, die *eine merkwürdig gemischte Übersetzung* sei, weil Mahler
sowohl Kalbecks neue Übertragung als auch Teile der alten Version verwendet habe. *Nicht zu entschuldigen ist freilich die Art, in*
der Mahler durch Einfügung neuer Seccorezitative die Gerichts-
szene verbesserte, schließt Istel seine Rezension.[558]

[556] zit. nach *AME*, S. 130/131
[557] *Neue Musikzeitung* 27 (1906), S. 507
[558] *NZfM* 73 (1906), S. 688

Während dieser Salzburger Tage ist Mahler auffallend häufig mit Strauss zusammen, der mit der Komposition des Elektra-Stoffes in der Hofmannsthal-Bearbeitung begonnen hatte. Die Briefe an Alma beleuchten vor allem die menschlichen Beziehungen und künstlerischen Differenzen zwischen diesen beiden Exponenten der Moderne. Strauss ermuntert Mahler offenbar, ebenfalls eine Oper zu schreiben. Näheres über diese Gespräche ist leider nicht bekannt, allerdings ist einem der Briefe zu entnehmen, daß sich Mahler solchen Gedanken gegenüber reserviert bis ablehnend verhielt, denn er bemerkt ein wenig spitz: *Ich glaube, es würde ihm [Strauss] sehr wenig imponieren, zu erfahren, mit was für veraltetem Kram ich mich im Sommer beschäftige. O selig, o selig, modern zu sein.*[559]

Mahler trifft in Salzburg viele Bekannte. Schon bei seiner Ankunft empfangen ihn Roller und seine Frau Milewa sowie der Regisseur Stoll von der Hofoper; Richard Specht, der Musikschriftsteller und Kritiker, trifft in Salzburg ein, und Max von Schillings, stellvertretender Vorsitzender des Deutschen Musikvereins, stattet ihm einen Besuch ab. Vor allem aber sucht Richard Strauss die Nähe Mahlers, wann immer sich eine Gelegenheit bietet. Die Gespräche festigen, soweit sie sich nicht nur um Honorarfragen und Tantiemen drehen, Mahlers Ansicht über Strauss entscheidend. *Strauss ist [...] sehr lieb,* schreibt er an Alma, *wie immer, wenn er allein mit mir ist. Sein Wesen aber wird mir immer fremd bleiben. Diese Denk- und Empfindungsart ist von der meinen weltenweit entfernt.*[560]

Wie sollte wohl auch der Komponist der Wildeschen *Salome* und der *Elektra* des »Modernisten« Hofmannsthal Zugang finden zu jenen Bereichen, die sich Mahler mit dem *Veni creator spiritus* des Hrabanus Maurus erschließen?

Mahler kehrt nach dem glänzend verlaufenen Gastspiel, das er alles in allem doch als unangenehme Unterbrechung seiner Arbeit an der 8. Sinfonie empfindet, nach Maiernigg zurück. Er arbeitet – wie Alma schreibt – *wie im Fieber,* denn in Wirklichkeit hatte er auch in Salzburg nicht aufgehört, an jener Sinfonie weiterzuarbeiten, über die er an Mengelberg geschrieben hatte: *Es ist das Größte, was ich bis jetzt gemacht. Und so eigenartig in Inhalt und Form, daß sich darüber gar nicht schreiben läßt. – Denken Sie sich,*

[559] *AME*, S. 364
[560] *AME*, S. 367

*daß das Universum zu tönen und zu klingen beginnt. Es sind nicht
mehr menschliche Stimmen, sondern Planeten und Sonnen, welche
kreisen.*[561]

Mahler beschäftigt sich nach drei reinen Instrumentalsinfonien
in der »Achten« wieder mit dem Wort, und er tut es in der für ihn
typischen Weise: mit einer erstaunlichen Naivität gegenüber dem
Gewicht der Dichtung.

Was den Beginn der Arbeit an der 8. Sinfonie betrifft, so bleiben
eine Reihe von Fragen wohl solange offen, bis die Skizzen einer
eingehenden Untersuchung unterzogen sein werden. Aber sowohl
die zitierten Briefe an Löhr als auch ein Bericht von Ernst Decsey
lassen vermuten, daß die Komposition des ersten Teils zumindest
zeitweise ohne den genauen Wortlaut des Hymnus stattfindet. *Als
der Hymnus ankam, merkte er nun zu seiner grenzenlosen Überraschung, daß die Worte sich genau mit der Musik decken [...]: Jedes
der neuen Worte paßte zwanglos in das Ganze.*[562]

Als »Antwort« auf den ersten Satz – so Mahler gegenüber Richard Specht – habe er *gar nichts Schöneres finden* [können], *als die
Goetheschen Worte in der Anachoretenszene.*[563] Rudolf Stephan ist
denn auch der Ansicht, daß der Komponist sich erst zur Verwendung dieses Textes entschlossen habe, nachdem er den ersten Teil
festgelegt und in weiten Teilen komponiert gehabt habe. *Die musikalischen Vorstellungen waren also schon weitgehend differenziert
und vollständig, als der Text als zusätzlicher Stoff gewählt wurde*[564],
was schon 1916 Guido Adler veranlaßte, von einer *Begleitung von
Worten zu seiner Musik* zu sprechen[565]. Mahler verfährt mit dem
Goethe-Text ähnlich, wie er es zuvor mit den *Wunderhorn*-
Gedichten getan hatte: er kürzt, erweitert und stellt um, was nicht
verwunderlich ist, wenn man sich vor Augen hält, daß er sogar
diese Dichtung für eine Art Rohstoff hält. In einem Brief vom Juni
1909 aus Toblach schreibt er an seine Frau, die sich mit dem *Faust*
beschäftigt (vgl. S. 380): [...] *wie seine Schaffung ein ganzes langes*

---

[561] *GMB*, S. 332 (311/312); das Datum des Poststempels in *GMB*, *Maiernigg am Wörthersee, 18. August 1906*, kann nicht richtig sein, da Mahler an diesem Tag den *Figaro* in Salzburg dirigiert. Der 18. August 1906 ist vielmehr der Ankunftstag des
Briefes in Amsterdam.

[562] Ernst Decsey, *Die Musik*, Jg. 10, Heft 18, S. 353f.

[563] wiedergegeben in: *Tagespost*, 14. Juni 1914

[564] Rudolf Stephan, *Zu Mahlers Komposition der Schlußszene von Goethes Faust*,
in: *Gustav Mahler*, hg. von Hellmut Kühn und Georg Quander, Zürich 1982,
S. 136ff.

[565] Guido Adler, *Gustav Mahler*, Wien 1916, S. 50

Leben umfaßt, so sind auch die Bausteine, aus denen er sich zusammensetzt, recht ungleich und oft bloßes Material geblieben. Das macht, daß man dem Werk auf verschiedene Art von verschiedenen Stellen beikommen muß.[566]

Indes hat weniger die vergleichsweise »respektlose« kompositorische Inangriffnahme des Goethe-Textes die Beobachter immer wieder zu unterschiedlichen Stellungnahmen veranlaßt als vielmehr die insgesamt hypertrophe Positivität der »Achten«.

Paul Bekker sieht in der Vereinigung des Mahlerschen Weltbildes mit seiner messianischen Menschenliebe den Impetus zu der *formalen als auch der ideellen Konzeption in der Achten.*[567] Und Bruno Walter glaubt, daß *der Gottsucher [...] in vorgerückten Jahren, von höherer Lebensstufe aus, die Gewißheit* [bestätigt], *die er als junger Mensch im Herzensaufschwung der Zweiten errungen hatte. [...] Kein Werk Mahlers ist so vom Geist feurigen Jasagens erfüllt wie dieses [...].*[568] Gerade dieser affirmative Aspekt der »Achten« aber dünkt Th. W. Adorno verdächtig: *Mahler war ein schlechter Jasager.* Adorno sieht in dieser *symbolischen Riesenschwarte*, die er als mißglücktes Hauptwerk apostrophiert, den Versuch einer *objektiv unmöglichen Wiederbelebung des kultischen* und zitiert Hans Pfitzners auf den ersten Satz *Veni creator spiritus* bezogenen Witz: *Wenn er aber nun nicht kommt [...]! Die Achte ist angesteckt von dem Wahn, erhabene Gegenstände, jener Hymnus Veni Creator Spiritus, die Schlußszene des Faust, bürgten für die Erhabenheit des Gehalts,* denn: *Daß der Gehalt durch Negation besser bewahrt werden kann als durch Demonstration, dafür steht sonst Mahlers eigene Musik [...] exemplarisch ein.*[569]

Sollte Erhabenheit impliziert sein, so steht dafür wohl in erster Linie der riesige Chor, und insofern wäre die »Achte« mit Recht als Sinfonie-Kantate zu bezeichnen, wäre da nicht die merkwürdige Behandlung der Solostimmen, die vor allem in den Ensemble-Sätzen des zweiten Teils einen – wie es ein Zeitgenosse ausdrückt – *wagnerisch zu nennenden Ton,* [...] *fast etwas opernhaftes* in die Komposition hineinbringt.[570]

[566] *AME*, S. 436

[567] Paul Bekker, *Gustav Mahlers Sinfonien*, Berlin 1921, S. 271

[568] Bruno Walter, *Gustav Mahler*, Wilhelmshaven 1981, S. 93

[569] Theodor W. Adorno, *Mahler. Eine musikalische Physiognomik*, Frankfurt/M. 1960, S. 182

[570] Ernst Isler, *Gustav Mahlers achte Sinfonie*, in: *Schweizerische Musikzeitung* 50 (1910), Nr. 26, 24. 9. 1910

Die letzte Wiener Saison

Mahler kehrt Anfang September 1906 nach Wien zurück – am 5. September dirigiert er *Tristan und Isolde* –, quartiert sich aber, um nicht allein in der Stadtwohnung leben zu müssen, in Dornbach im Hause einer alten Dame namens Conrat ein, mit der Alma seit ihren Kindheitstagen freundschaftlich verbunden ist. Soweit seine Dienstgeschäfte es zulassen, macht er ausgedehnte Spaziergänge, liest mit großem Interesse Goethes Biographie und bereitet sich auf eine Reihe von Konzerten vor, für die er von Mengelberg retuschierte Partituren erbittet, die er bei seinem letzten Aufenthalt in Amsterdam liegengelassen hat.

Die Saison 1906/07 macht das Wiener Publikum mit drei Novitäten bekannt; zwei davon, *Der polnische Jude* von Camille Erlanger und *Samson und Dalila* von Camille Saint-Saëns, werden von Bruno Walter betreut, die dritte, *Flauto solo* von Eugen d'Albert, dirigiert Franz Schalk. Mahler selbst konzentriert sich in seiner letzten Spielzeit am Hofoperntheater auf vier Neuinszenierungen bzw. Neueinstudierungen, von denen die erste, *Der Widerspenstigen Zähmung* von Hermann Goetz, am 3. November 1906 Premiere hat. Zuvor aber wird die Wiener Musikwelt mit einem Ereignis von geradezu sensationellem Charakter konfrontiert: am 6. Oktober 1906 singt der inzwischen weltberühmte Enrico Caruso zum erstenmal in Wien. Das Interesse an diesem Wiener Debut liegt allerdings bemerkenswerterweise mehr bei Carusos Manager Conried, dem Direktor der »Metropolitan Opera Company«, als bei Mahler. Conried hatte ihm sogar angeboten, Caruso in der europäischen Musikmetropole unentgeltlich singen zu lassen. Nach einigem Hin und Her wegen Besetzungs- und Terminschwierigkeiten kommt es schließlich zu Carusos Gastspiel mit *Rigoletto*. Er trifft am 3. Oktober in Wien ein und fügt sich – wie Beobachter überrascht feststellen – völlig widerstandslos in das Regie-Konzept der Hofoper ein. Die Aufführung am 6. Oktober 1906 unter der Leitung von Francesco Spetrino wird zu einem triumphalen Erfolg des gefeierten Tenors.

Zwei Tage nach Carusos Wiener Gastspiel findet in Berlin die erste Wiederaufführung der 6. Sinfonie mit den Philharmonikern unter der Leitung von Oscar Fried in Mahlers Anwesenheit statt – vier Monate nach der Essener Uraufführung. *In enthusiastischen Beifall brachen die jungen Damen aus, die den komplizierten Aufbau natürlich verstanden hatten*, bemerkt E. E. Taubert in seiner

Kritik; *besonnene Männer schüttelten bedächtig ihr graues Haupt.*[571]

Am 20. Oktober verläßt er Wien erneut, um in Breslau seine 3. Sinfonie und einige Lieder mit dem Bariton Weidmann und dem Breslauer Orchesterverein aufzuführen. Zur Sicherheit nimmt er – wie schon mehrfach zuvor – den ersten Trompeter, Hornisten und Posaunisten vom Hofopernorchester mit; den Frauenchor stellt die Breslauer Singakademie, der Knabenchor kommt vom dortigen Magdalenengymnasium.

Die Leistung des Dirigenten Mahler findet erneut uneinge-schränkte Anerkennung bei der Kritik; weniger die des Kompo-nisten.

Man ließ ihn im ersten Teile der Symphonie als musikalischen Strategen gelten, der sich auf Entwicklung und Steigerung mu-sikalischer Gedanken meisterhaft versteht, nahm aber Anstoss an den zahlreichen unschön wirkenden Kontrasten und den verschiedenen »Zitaten« aus bekannten Liedern, von denen nicht festzustellen ist, ob sie bewußt oder unbewußt in die sym-phonische Entwicklung hineingezogen werden. Mit Beifall und Zischen wurde der erste Teil verabschiedet. Besser gefielen die Nummern 2, 3 und 6 der »zweiten Abteilung« des Werkes, die sich wahrscheinlich als selbständige, klangvolle Orchester-stücke bald das Konzertrepertoire erobern werden.[572]

Nach der Rückkehr aus Breslau muß sich Mahler um die Neuinsze-nierung von Hermann Goetz' *Der Widerspenstigen Zähmung* küm-mern, die aber nach ihrer Premiere am 3. November 1906 mit nur acht weiteren Aufführungen keinen sonderlichen Erfolg verbu-chen kann.

Am 6. November finden wir Mahler bereits in München, von wo er in bester Laune an Alma schreibt: *Im besten Wolsein eingetrof-fen – dann munter ins Hotel geloffen, gebadet und Kaffee gesoffen. Poetisch ist mein heut'ges Kabel, wie man in München nur capabel, denn Kunst erfüllt hier Mann und Wabel. Man fühlt sich hier bei-nahe griechisch, darüber freue ich mich viechisch Gustav.*[573]

Mahler ist zur Aufführung seiner 6. Sinfonie am 8. November 1906 in das kunstsinnnige München gekommen, begegnet aber

[571] *Die Musik* 6 (1906/1907), S. 182/183
[572] ebda., S. 251
[573] *AME*, S. 367

schon bald wieder jenen Schwierigkeiten, von denen er bereits in einem Brief aus dem Jahre 1904 an Richard Specht gesprochen hatte: *Meine VI. wird Rätsel aufgeben, an die sich nur eine Generation heranwagen darf, die meine ersten fünf in sich aufgenommen und verdaut hat.*[574]

Man drängt ihn auch jetzt wieder, programmatische Erklärungen zum besseren Verständnis abzugeben, was er aber strikt ablehnt: prompt sieht sich die Kritik erneut unüberwindbaren Rezeptionsproblemen gegenüber. Die *stets wieder bewiesene eminente Kunst der Instrumentation und der kontrapunktischen Arbeit* wird zwar nicht in Zweifel gezogen. *Aber andererseits stehen Mahlers Riesenformen und Riesenmittel dennoch entfernt in keinem Verhältnis zu dem Inhalt, den er ihnen zu geben vermag und der weit kleiner ist, als seine Einkleidung glauben machen möchte; [...] und endlich muss die Symphonie als absolute Musik, als die der Komponist sie angesehen wissen will, aufs bestimmteste abgelehnt werden.*[575]

Der Beginn des Jahres 1907 ist wiederum durch rege Reisetätigkeiten des Hofoperndirektors gekennzeichnet. Zunächst aber gibt Mahler der Wiener wie der überregionalen Presse erneut Anlaß, sich über seine kompositorischen Fähigkeiten auszulassen, und dies an einem Werk, das bis zu diesem Zeitpunkt stets nur zwiespältige Reaktionen provoziert hat; er dirigiert am 4. Januar 1907 in einem außerordentlichen Konzert des Wiener Konzertvereins, einem sogenannten Novitätenkonzert, seine 6. Sinfonie.

Unter den zahlreichen kritischen Besprechungen sind zwei von besonderem Interesse; die eine, weil sie ein neues Licht auf Mahlers musikalische Idiomatik wirft, die andere dadurch, daß sie in ihrer hemmungslosen Polemik mehr ihre eigene Hilflosigkeit entlarvt, als daß sie ein ernst zu nehmender Beitrag zur Diskussion um Mahlers Musik wäre.

Julius Korngold bringt mit der direkten Bezugnahme auf die Kunst der Wiener Sezessionisten eine neue Perspektive in die Diskussion.

Es gibt einen Maler in Wien, dem Mahler mit seinem kontrapunktischen und instrumentalen Liniengewirr, mit seinen Herausforderungen an den Philister zu vergleichen wäre: Klimt. Aber Klimt hat nicht das Pathos, nicht die treibende Energie, nicht das schmerzhaft die Nerven aufwühlende. Noch in der

[574] *GMB*, S. 262 (295)
[575] *Die Musik* 6 (1906/1907), S. 326 (Eduard Wahl)

Erinnerung schreckt man vor dem letzten Satz der Symphonie
zurück, der, ein gewaltiges architektonisches Gebilde, zugleich
die äusserste Übertreibung von Mahlers Stil darstellt. Die Sech-
ste Symphonie steht zweifellos in der Erfindung zurück hinter
den früheren, aber sie scheint uns noch in einem wesentlichen
Punkte eine Stärke Mahlers zu verleugnen. Sie betont das
»Thematische«, stellt das »Melodische« zurück. Es charakteri-
siert sonst die Erscheinung Mahlers, dass er, oft in einer fast
naiven Weise, der instinktiven Sehnsucht der Zeit nach dem
Melodischen Ausdruck gibt. Er befruchtet sich allerdings an
der volkstümlichen Weise, wie sie sich heute mehr in den Stras-
sen der Grosstadt als auf den Bergen und in den Wäldern bildet
[...] Der äussere Erfolg des Werkes war ein äusserst lebhafter,
und selbst der monströse Schlussatz drückte nicht auf die Stim-
mung. Der öffentliche Epilog freilich – doch sprechen wir nicht
von Politik.[576]

Politik gegen Mahler versucht jener Mann zu machen, der nach
Ansicht Paul Stefans als Zentralfigur der Mahler-Hetze in Wien zu
gelten hat, Robert Hirschfeld; er schreibt am 10. Januar 1907 in der
Wiener Abendpost über die »Sechste«: *Wäre er* [Mahler] *im Stande,*
tragische Gefühle durch die Macht der Töne auszudrücken, so
wollte er gern auf den Hammer und dessen Schicksalsschläge ver-
zichten. Ihm mangelt aber die innere, wahre schöpferische Kraft. So
greift er denn in der Tragischen Symphonie auf dem höchsten
Punkte der Erregung zum Hammer. Er kann nicht anders. Versa-
gen die Töne, so fällt ein Schlag. Das ist ganz natürlich. Redner, de-
nen im entscheidenden Moment die Worte fehlen, schlagen mit der
Faust auf den Tisch [...]
Derartiges publizistisches Machwerk disqualifiziert sich selbst
und berührt Mahler weniger als jene Presse-Meldungen, die von
Amtsmüdigkeit und Demissionsabsichten reden und dies mit seinem Wunsch in Verbindung bringen, nur noch als Komponist leben zu können. Denn kaum, daß er um den 10. Januar herum Wien
wieder verläßt, um in Berlin, Frankfurt/M. und Linz zu dirigieren,
meldet die Wiener *Montags-Revue*, Mahler wolle sich als Dirigent
völlig zurückziehen, um ganz dem Komponieren leben zu können.
Schlimmer noch: [...] *die Zeitungen schrieben nicht, daß Mahler*
gehen wolle, sondern gehen müsse, schreibt Ludwig Karpath am

[576] ebda., S. 327

338

7. Februar 1907 in der *Münchner Allgemeinen Zeitung* und fügt hinzu: *Ich bin in der Lage authentisch festzustellen, daß weder das eine noch das andere wahr ist. Der Komponist Mahler wollte schon zurücktreten, ehe er Direktor war, dieser wieder vermag sich dem Komponisten nicht opfern, weil er materiell nicht so unabhängig ist, um auf eine ansehnliche Gage verzichten zu können. Und daß Mahler gehen müßte, davon kann nicht die Rede sein, so lange ihn sein gegenwärtiger Vorgesetzter Fürst Montenuovo halten mag [...]*[577]

Als Karpath dies veröffentlicht, ist Mahler von seiner Dirigiertournee bereits nach Wien zurückgekehrt. Was er von unterwegs, aus Berlin und Frankfurt/M., an seine Frau schreibt, ist in zweifacher Hinsicht von Interesse, denn zum einen beleuchten seine Bemerkungen erneut sein ambivalentes Verhältnis zu Richard Strauss und andererseits wird aus ihnen seine Haltung gegenüber den Berichten der Wiener Presse in Sachen Demission erkennbar.

In den Tagen vor dem Berliner Konzert am 14. Januar, in dem er seine »Dritte« dirigiert, ist er mehrfach mit Pauline und Richard Strauss zusammen. Abgesehen davon, daß er zeitlebens niemals einen Hehl aus seiner Abneigung gegen Pauline Strauss-de Ahna gemacht hat, verraten die Briefe doch auch sehr deutlich, daß Mahler durch Richard Strauss' menschliches Verhalten – um es gelinde auszudrücken – irritiert ist. *Ich sage Dir nur, daß ich einen wahren Ekel vor der »Ahna« bekommen habe, und (der Richard) wie er so zerstreut und conventionell die Sonne seiner Gnade zwischen mir und Blech vertheilt und daß die respectvolle und freundschaftliche Fürsorge, die ich ihm in solchen Fällen zu Theil werden lasse, ohne jeden Widerhall, ja wahrscheinlich, ohne überhaupt bemerkt zu werden, an ihm verpufft. – Ich bin nun ganz irre an mir und der Welt, wenn ich so was immer wieder auf's Neue erlebe! Sind denn die Menschen aus einem andern Stoff als ich? Donnerwetter, man möchte sich da rein in das Dickicht zurückziehen und überhaupt nichts mehr von der Welt wissen.*

Man darf schon vermuten, daß Mahler von dieser Begegnung zutiefst enttäuscht ist, denn in der Tat begegnen die beiden Großen der Jahrhundertwende den Dingen der Welt in so unterschiedlicher Weise, daß sie in diesem Punkt wohl kaum eine gemeinsame Sprache finden können. Aber sicher erwartet Mahler darüberhinaus von Strauss ein Zeichen wirklicher Freundschaft, menschlicher

---

[577] zit. nach *KB* II, S. 250

Verbundenheit, ja vielleicht sogar Anerkennung, ein Interesse an seiner Arbeit, das Strauss entweder nicht hat oder aber nicht zeigen möchte. Wie dankbar Mahler ein solches Signal registriert, zeigt seine geradezu rührende Reaktion auf eine Begegnung am nächsten Tag, von der wir nicht einmal wissen, was die beiden gesprochen haben. *Übrigens*, schreibt er an Alma, *traf ich Strauß vor der Vorstellung im Opernhause – der war wieder (allein) sehr lieb und bestand darauf, nachher mit mir zusammen zu sein.* Mahler schaut sich während seines Berliner Aufenthaltes die *Salome*, um die er in Wien so lange vergebens gekämpft hatte, gleich zweimal an, am 9. Januar unter der Leitung von Leo Blech und am 12. Januar mit Strauss selbst am Pult.

Schon nach der ersten Vorstellung ist er von der Oper aufs neue begeistert. *Es ist ein ganz geniales, sehr starkes Werk, das entschieden zu dem Bedeutendsten gehört, was unsere Zeit hervorgebracht! Es arbeitet und lebt da unter einer Menge Schutt ein Vulcan, ein unterirdisches Feuer – nicht ein bloßes Feuerwerk! Mit der ganzen Persönlichkeit Straußens verhält es sich wol ebenso! Daher ist so schwer bei ihm Spreu vom Weizen zu scheiden. Aber ich habe einen Riesenrespect vor der ganzen Erscheinung gewonnen und auf's Neue befestigt. Ich freue mich riesig darüber!*[578]

Enttäuscht zeigt sich Mahler allerdings erneut, als Strauss, obwohl schriftlich in aller Form entschuldigt, nicht zur Aufführung der »Dritten« erscheint, über deren Aufnahme beim Publikum er außerordentlich zufrieden ist. Aber die Presse! Er ist bereits in Frankfurt/M., als er Alma mitteilt: *In der Früh las ich nämlich auf dem Bahnhof den Börsencourier, der mir kurz und bündig alles Talent abspricht. Sogar instrumentieren könne ich nicht.*[579]

Nicht ganz so rigoros verfährt E. E. Taubert, der Berliner Korrespondent der Zeitschrift *Die Musik*, mit dem Werk; trotzdem läßt seine Wertung der »Dritten« nichts an Deutlichkeit zu wünschen übrig. *In seiner Melodik ist er banal, oft geradezu kindlich; auch in der Harmonik, die meist tonal bleibt, erscheint mir Mahler recht einfach. Auf mich wirkt diese Symphonie deprimierend, denn als sicherstes Anzeichen der Dekadenz steht die Verwendung des ungeheuren Klangmaterials zu dem doch dürftigen Gedankeninhalt in einem schreienden Mißverhältnis.*[580]

[578] *AME*, S. 374–377
[579] *AME*, S. 380
[580] *Die Musik* 6 (1906/1907), S. 189

Richard Strauss im Jahre 1903

Mahlers Reaktionen auf derartige Einlassungen der Kritik werden in diesen Jahren immer distanzierter; seine Bemerkungen erwecken sogar den Eindruck, als seien ihm negative Presse-Äußerungen inzwischen gleichgültig. *Ich denke ziemlich wurschtig über die ganze Geschichte*, schreibt er an Alma. Und auch die Demissionsgerüchte in Wien betrachtet er mit einer gewissen Gelassenheit, zu der sicher nicht zuletzt auch die vielen Gespräche mit Richard Strauss ihre Wirkung getan haben. *Es geht jetzt nicht sehr lieblich über mich in der Welt los*, schreibt er noch aus Frankfurt/M. an seine Frau. *Wie ein gehetztes Wild, hinter dem die Hunde her sind. Ich gehöre aber Gott sei Dank nicht zu denen, die am Wege sterben, und diese Püffe, die ich jetzt überall aushalten muß (die Berliner Kritik ist auch beinahe einstimmig »verachtend«) haben nur die Wirkung einer Massage. Ich bürste meinen Anzug aus, wenn man ihn mit Koth bespritzt. »Allen Gewalten zum Trotz sich erhalten«! Wie fein ist es, daß wir 50000 Spiesse und eine Pension von jährlich 5000 liegen haben. Und jetzt heißt es noch schnell ordentlich gespart.*[581]

Angesichts der Turbulenzen in Wien läßt er den Plan fallen, auf Einladung Mengelbergs im Anschluß an das Frankfurter Konzert seine 6. Sinfonie in Amsterdam zu dirigieren. Noch aus Maiernigg hatte er Mengelberg am 18. August 1906 zugesagt, nach Amsterdam zu kommen. *Mir tut es schrecklich leid*, schreibt er nun aus Frankfurt/M. an den Freund in Holland. *Es ist mir schon eine liebe Gewohnheit, jedes Jahr mit Ihnen einige Tage zu verbringen, und es wird mir heuer sehr fehlen. Aber Montag muß ich in Wien sein (auf höheren Befehl). – Es ist daher wohl am besten, heuer nicht auf mich zu zählen. Sie wissen ja, wie ich mich bei Ihnen nicht nur persönlich, sondern auch künstlerisch wohl aufgehoben fühle, und so wäre es wohl das Richtigste, Sie machten meine VI. heuer ohne mich.*[582]

Er fährt also nicht nach Amsterdam, macht aber auf der Fahrt nach Wien noch kurz in Linz Station, wo er am 20. Januar seine 1. Sinfonie dirigiert.

Daß die Wiener Zeitungen in Mahlers Abwesenheit wieder einmal über seine Demissionierung spekulieren, ist weder verwunderlich noch aus der Luft gegriffen. Einer von Franz Willnauer nicht näher bezeichneten Quelle zufolge hat Mahler bereits 1906 in ei-

[581] *AME*, S. 382
[582] *GMB*, S. 335 (318)

nem Gespräch geäußert: *Ich scheide im nächsten Jahr von der Hof-oper, denn ich bin im Laufe der Zeit zur Überzeugung gelangt, daß die »ständige Opernbühne« eine unseren modernen Kunstprinzi-pien geradezu widersprechende Einrichtung bedeutet.* Mahler führt im weiteren Verlauf des Gesprächs seine Bedenken gegen ein Re-pertoiretheater ins Feld, das versucht, von Zeit zu Zeit eine Art »Musteraufführungen« zu machen, denen gegenüber die übrigen Aufführungen notwendigerweise zu wünschen übrig lassen müß-ten. Er äußert deshalb einen Gedanken, dessen Verwirklichung er aber *für Wien auf lange Zeit hinaus noch »Zukunftsmusik«* nennt: [...] *eine moderne Musikbühne in Wien – Wagner- und Mozartthea-ter nebeneinander – etwa auf dem Kahlenberg erbaut, mit kurzer Spielzeit während der Sommermonate, mithin also kein »Konkur-renzunternehmen« der Hofoper gegenüber.* Und bezugnehmend auf seine Person schließt er: *Übrigens, alles überlebt sich mit der Zeit, so auch ich und meine Leistungen als Operndirektor. Ich bin für Wien nichts »Neues« mehr. So will ich denn zu einem Zeitpunkt scheiden, wo ich erwarten darf, daß die Wiener das, was ich geleistet, noch in späteren Tagen zu schätzen wissen werden.*[583]

Mahler ist der ständigen Querelen mit dem Opernpersonal, der Rechtfertigungszwänge gegenüber Publikum und Presse und des permanenten Schielens auf eine ausgeglichene Bilanz überdrüssig, zumal – und dies läßt ihn letztendlich völlig resignieren – eine kleri-kalistische Zensur die Chance verbaut, mit einem so wichtigen und publikumswirksamen Stück wie der *Salome* nicht nur bestes zeitge-nössisches Operntheater zu präsentieren, sondern nebenbei auch noch den Finanzhaushalt in Ordnung zu bringen. [...] *der artisti-sche Direktor*, schreibt Dr. Bach in der Januar/März-Ausgabe der *Österreichischen Rundschau*, *ist selbst in künstlerischen Dingen nicht frei und ungehemmt. Mahler mag ein Tyrann sein, ein eigen-williger Mensch. Doch nichts ist schlimmer, als diesen Überdruß an Energie gerade dort zu unterbinden, wo er künstlerischen Zwecken nutzbar gemacht werden könnte. [...] Wenn es wahr ist, daß Mahler es endlich satt bekommen hat, sich wegen jeder Kleinigkeit, wegen eines Balletts von unbeschreiblicher und unfaßbarer Albernheit, ebenso wie wegen eines die eigene Bedeutung ein wenig überschät-zenden Bühnenmitgliedes oder selbst wegen administrativer Unge-schicklichkeiten herumzuschlagen, wen nimmt das ernstlich wun-*

---

[583] zit. nach Willnauer, a.a.O., S. 250/251

der? Jetzt wirft man ihm auch finanziellen Mißerfolg vor. Wer die Verantwortung zu tragen hat, soll auch die Machtvollkommenheiten erhalten. Macht man den Direktor künstlerisch von den Kassenrapporten abhängig, so überlasse man ihm auch die administrative Führung.[584]

Vorerst geht die Arbeit weiter. Am 4. Februar 1907 bringt Mahler in einer Neuinszenierung zusammen mit Roller die *Walküre* heraus und sechs Wochen später, am 18. März – ebenfalls mit Roller –, seine letzte Neueinstudierung an der Wiener Hofoper, *Iphigenie in Aulis* von Christoph Willibald Gluck. In der Zeit unmittelbar vor der *Iphigenien*-Premiere findet jene Unterredung Mahlers mit Fürst Montenuovo statt, in der nach Almas Ansicht die eigentliche Entscheidung über sein weiteres Schicksal in Wien fällt. *Mahler hatte die Gewohnheit, in sein großes Hauptrepertoirebuch auch sein eigenes Programm einzutragen. Und er schrieb in die Rubrik »Nach Ostern« ganz harmlos: Rom drei Konzerte. Der Urlaub aber galt nur für die Osterzeit, und Mahler wollte, von Rom aus, um einen kurzen Nachurlaub (für das dritte Konzert) einkommen. Dieses Hauptbuch aber wanderte, von böswilligen Beamten des Sekretariats getragen, direkt zum Fürsten, und dieser zitierte Mahler zu sich. Er fing damit an, Mahler vorzurechnen, daß bei allen Urlauben, die er nehme, die Kassenrapporte sich verschlechterten, wofür Mahler augenblicklich den Gegenbeweis erbringen konnte. Aber das Gespräch spitzte sich so zu, daß beide übereinkamen, sich Mahlers Demission zu überlegen.*[585]

Auch Ludwig Karpath neigt der Auffassung zu, daß Mahlers Reisetätigkeit den eigentlichen Ausschlag für die Demissionierung gegeben habe, und kommt in diesem Zusammenhang auf die von Mahler selbst geforderte allgemeine Präsenzpflicht zu sprechen. *Als Mahler Direktor der Wiener Hofoper wurde, der er um ein weniges mehr denn zehn Jahre angehörte, proklamierte er, daß er keinem Mitglied einen längeren Urlaub gewähre, so wie er auch selber keinen Urlaub für sich in Anspruch nehme. [...] Selbst eine Absenz für einen Wiener Konzertabend wurde nur in besonderen Ausnahmefällen bewilligt, Mahler befolgte streng das Prinzip, daß jeder und jederzeit dem Theater zur Verfügung stehen müsse.* Mahlers Unerbittlichkeit in dieser Hinsicht war nicht nur den Hofopernmitglie-

[584] *Österreichische Rundschau* 10 (1907), S. 229
[585] *AME*, S. 148/149

dern bekannt; die Stuttgarter *Neue Musikzeitung* meldet 1898: *Der Leiter der Wiener Hofoper Mahler ist ein strenger Herr. Wie dem Berliner Tageblatt gemeldet wird, ordnete er jüngst an, daß jedes Mitglied der Oper auch an Tagen, wo es unbeschäftigt ist, irgendeinen Ausflug, selbst wenn dieser bloß die Nachmittagsstunden beansprucht, nur nach Tags vorher eingeholtem Urlaub unternehmen dürfe.* [...] *Auf Nichtbefolgung dieses Befehles sind strenge Strafen gesetzt.*[586] Genau dies aber – so Karpath – wird Mahler letztendlich selbst zum Verhängnis.

Es war für Jahre hinaus ein dauernder Zustand, der wahrscheinlich kaum eine Lockerung erfahren hätte, wäre Mahler in der zweiten Hälfte seiner Dienstzeit nicht selber öfter auf Reisen gegangen. Je mehr seine Kompositionen im Ausland aufgeführt wurden, desto öfter verließ er Wien, um diese Aufführungen vorzubereiten und zu dirigieren [...] *Selbstverständlich, wie dies in Wien immer der Fall ist, erfuhren die Zeitungen von diesen Dingen und es wurde die Frage aufgeworfen, warum es dem Direktor erlaubt sein soll, zum Zwecke seines persönlichen Vorteils von Wien abwesend zu sein, während den Mitgliedern der Oper Urlaube verweigert werden.* [...] *Es nimmt sich fast wie eine Groteske aus, daß letzten Endes die Urlaubsfrage den Anstoß zu Mahlers Demission bildete. Mehreren Opernmitgliedern gelang es auf Hintertreppen, dem Obersthofmeister beizubringen, daß es unstatthaft sei, Wasser zu predigen und selber Wein zu trinken.*[587]

Alma erinnert sich, daß Mahler während der Rom-Tournee, zu der sie am 19. März, also einen Tag nach der Premiere der *Iphigenie*, aufbrechen, nervös und gereizt gewesen sei. *Mag sein*, schreibt sie, *daß der Abschied von der Oper, der bevorstand, ihm näher ging, als er es zeigen wollte* [...].[588]

Derweil verstärken sich die Angriffe gegen ihn, namentlich von seiten der rechtsorientierten, nationalistischen Presse. Am 3. April 1907 schreibt die *Deutsche Zeitung* u. a.: *Direktor Mahler, der sich ein Rieseneinkommen sichergestellt hat, das in Anbetracht seiner schädlichen Tätigkeit geradezu als exorbitant bezeichnet werden muß, »reist in Symphonien« eigener Marke, und in der Hofoper geht*

[586] *Neue Musikzeitung* 19 (1898), S. 112
[587] *KBG*, S. 181/182
[588] *AME*, S. 151

AN DIE GEEHRTEN MITGLIEDER DER HOFOPER!

Die Stunde ist gekommen, die unserer gemeinsamen Tätigkeit eine Grenze setzt. Ich scheide von der Werkstatt, die mir lieb geworden, und sage Ihnen hiemit Lebewol.

Statt eines Ganzen, Abgeschlossenen, wie ich geträumt, hinterlasse ich Stückwerk, Unvollendetes: wie es dem Menschen bestimmt ist.

Es ist nicht meine Sache, ein Urteil darüber abzugeben, was mein Wirken denjenigen geworden ist, denen es gewidmet war. Doch darf ich in solchem Augenblick von mir sagen: Ich habe es redlich gemeint, mein Ziel hochgesteckt. Nicht immer konnten meine Bemühungen von Erfolg gekrönt sein. „Dem Widerstand der Materie" — „der Tücke des Objekts" ist Niemand so überantwortet wie der ausübende Künstler. Aber immer habe ich mein Ganzes darangesetzt, meine Person der Sache, meine Neigungen der Pflicht untergeordnet. Ich habe mich nicht geschont und durfte daher auch von den Anderen die Anspannung aller Kräfte fordern.

Im Gedränge des Kampfes, in der Hitze des Augenblicks blieben Ihnen und mir nicht Wunden, nicht Irrungen erspart. Aber war ein Werk gelungen, eine Aufgabe gelöst, so vergaßen wir alle Not und Mühe, fühlten uns reich belohnt — auch ohne äußere Zeichen des Erfolges. Wir alle sind weiter gekommen und mit uns das Institut, dem unsere Bestrebungen galten.

Haben Sie nun herzlichsten Dank, die mich in meiner schwierigen, oft nicht dankbaren Aufgabe gefördert, die mitgeholfen, mitgestritten haben. Nehmen Sie meine aufrichtigsten Wünsche für Ihren ferneren Lebensweg und für das Gedeihen des Hofoperntheaters, dessen Schicksale ich auch weiterhin mit regster Anteilnahme begleiten werde.

WIEN, am 7. Dezember 1907.

GUSTAV MAHLER.

Mahlers Abschiedsschreiben an die Mitglieder der Hofoper

einstweilen alles drunter und drüber. [...] *Herr Mahler wandert, Lorbeeren und noch mehr Geld einheimsend, in Italien herum – wir werden gelegentlich zusammenstellen, wie viele Monate Urlaub er heuer schon für seine Privatgeschäfte in Anspruch nahm – und schert sich nicht im geringsten, wie sein Stellvertreter in Wien einstweilen mit der Hofoper fertig wird [...]*[589]

[589] zit. nach *KB* II, S. 252

Nach der Rückkehr aus Rom, im April 1907, erbittet Mahler seine Entlassung. *Nun kam die große Überraschung,* erinnert sich Karpath; *Fürst Montenuovo willigte in das Entlassungsgesuch.* [...] *Wohl unternahm Fürst Montenuovo bald darauf wieder einen Versöhnungsversuch, er wollte Mahler denn doch behalten, allein dieser war zu stolz, um das einmal genehmigte Demissionsgesuch zurückzuziehen. Vielleicht wäre es anders gekommen, hätte sich Mahlers Schicksal nicht in anderer Weise erfüllt.*[590]

Karpath spielt hier auf jene unglückseligen Ereignisse des Jahres 1907 an, die Mahlers Entschluß, von der Hofoper Abschied zu nehmen, endgültig machen.

Der schicksalsschwere Sommer 1907

Zunächst muß sich Alma nach der Rückkehr aus Rom einer Operation mit anschließendem mehrwöchigen Sanatoriums-Aufenthalt unterziehen. Während dieser Zeit häufen sich die Meldungen der Wiener Zeitungen über Mahlers Demissionsabsichten. Das *Illustrierte Wiener Extrablatt* weiß am 17. Mai 1907 zu berichten, daß Mahler *einer hervorragenden Persönlichkeit gegenüber* geäußert habe, *kommenden Herbst seine Stellung an der Hofoper zu verlassen.*

Am 22. Mai meldet die *Neue Freie Presse* Gerüchte, *daß Direktor Mahler aus seinem Wirkungskreise scheiden werde*; diesbezügliche Gespräche mit Fürst Montenuovo hätten bereits stattgefunden. Und schließlich verbreitet das *Neue Wiener Journal* am 23. Mai die Nachricht: *Der Rücktritt Gustav Mahlers* [...] *darf bereits als Tatsache angesehen werden.* Zur Begründung heißt es: *Die Verhältnisse an dem Institut ließen eine künstlerische Krise erwarten, zu deren Bewältigung Herr Mahler sich nicht mehr gewachsen fühlt.*

Am 23. Juni fährt dann die ganze Familie in die Ferien nach Maiernigg, wo die Katastrophe der letzten Jahre ihren Anfang nimmt.

Auf dem Lande zeigten sich schon am dritten Tag bedrohliche Symptome bei dem älteren Kinde, schreibt Alma in ihren Erinnerungen. *Es war Scharlachdiphterie, und das Kind von Anfang an*

---

[590] *KBG,* S. 182

verloren. Vierzehn Tage Bangigkeit – Verfall – Erstickungsgefahr.
Entsetzliche Zeit! Die Natur half mit: Gewitter, rote Himmel. Mah-
ler liebte dieses Kind dermaßen, daß er sich mehr und mehr in sein
Zimmer verkroch, von diesem geliebten Kinde im Innern Abschied
nehmend. In der letzten Nacht, in der der Kehlkopfschnitt gemacht
wurde, stand die ganze Zeit hindurch der Diener vor Mahlers
Schlafzimmertür, damit er, falls er durch den Lärm geweckt würde,
beruhigt und wieder in sein Schlafzimmer zurückgebracht werde.
Und so schlief er die ganze Nacht. Diese furchtbare Nacht, in der
meine Engländerin und ich einen Operationstisch richteten und das
arme, arme Kind einschläferten. Ich rannte während der Operation
am Strand entlang, laut schreiend, von niemandem gehört. Es war
fünf Uhr früh (der Arzt hatte mir das Zimmer verboten), da kam
meine Engländerin und sagte: »Es ist vorbei.« Und ich sah dieses
herrliche Kind mit großen Augen liegen und röcheln, und so litten
wir alle noch einen Tag – bis es aus war.[591]

Maria Anna, die älteste Tochter von Alma und Gustav Mahler,
stirbt am 12. Juli 1907 im Alter von noch nicht ganz fünf Jahren.
Der Tod des Kindes stürzt beide in tiefe Depressionen. Almas an-
gegriffene Gesundheit macht eine Konsultation des Landarztes
Dr. Blumenthal dringend notwendig, der auch Gustav Mahler
untersucht und quasi beiläufig feststellt, daß sein Herz nicht in
Ordnung sei. Mahler fährt am 17. Juli nach Wien, um sich von
Prof. Kovacs untersuchen zu lassen. Die Diagnose: Doppelseitiger
angeborener Herzklappenfehler.

Alma und Gustav Mahler beschließen, Maiernigg und die Villa,
mit der so viele schöne, aber auch bittere Erinnerungen verbunden
sind, so schnell wie möglich zu verlassen. Sie siedeln für den Rest
des Sommers nach Schluderbach im Pustertal über, wo sie sich nur
ganz allmählich von den schrecklichen Erlebnissen zu erholen beginnen. Mahler fängt an, mit der Uhr in der Hand das Gehen neu
zu lernen. Immer wieder bleibt er stehen, um sein Herz nicht zu
überanstrengen. Von Bergsteigen oder Radfahren keine Spur! Nur
ein paar Gedichte aus dem Zyklus *Die chinesische Nachtigall* beschäftigen ihn; er macht sogar erste Entwürfe zu ihrer Vertonung
(vgl. S. 368).

[591] *AME*, S. 153/154

Verhandlungen mit New York

Bereits Anfang Juni hatten ihn die Wiener Ereignisse des Frühjahrs dazu bewogen, mit dem Manager der New Yorker Metropolitan Opera, Heinrich Conried, einem gebürtigen Österreicher und ehemaligen Burgtheater-Schauspieler, über Konditionen für ein Engagement in den USA zu verhandeln. Conried beabsichtigt, Mahler ganzjährig an das New Yorker Haus zu binden, läßt sich dann aber doch auf Mahlers Wunsch ein, nicht mehr als drei Monate im Jahr, und zwar vom 15. Januar bis 15. April, zur Verfügung stehen zu müssen, um vor allem Mozart und Wagner in der Oper sowie etwa sechs Konzerte zu dirigieren.

Am selben Tag, an dem er dies seiner Frau von Berlin aus mitteilt, erscheint im *Neuen Wiener Tagblatt* vom 5. Juni 1907 ein Interview, in dem sich Mahler zu Rücktrittsabsichten und Anschuldigungen gegen ihn äußert. Nach den Aufzeichnungen Ludwig Karpaths ist dieses Interview, das auf Bitten Karpaths zustandekam, bei einem Spaziergang auf der Ringstraße geführt worden. Mahler äußert sich darin zunächst zu einigen Falschmeldungen, wie z. B. zu jener, er sei entlassen worden. *Ich bin überhaupt nicht gestürzt worden, ich gehe aus eigenem Antriebe, weil ich meine völlige Unabhängigkeit erreichen will. Und dann, und dies in erster Reihe, weil ich zu der Erkenntnis gekommen bin, daß die Opernbühne an sich eine Institution ist, der für die Dauer nicht beizukommen ist.* Wenn überhaupt noch Leistung im Opernbereich möglich sei, so meint Mahler, dann in Wien, weil hier die Bedingungen für gedeihliches Wirken noch größer seien als andernorts. Trotzdem erreiche man auch unter solchen Umständen irgendwann einen toten Punkt, der durch nichts zu überwinden sei. *Womit das alles zusammenhängt, vermag ich natürlich in kurzen Worten nicht anzugeben. Aber schon ein einziges Motiv genügt: zum Beispiel die Unfruchtbarkeit der Opernproduktion unserer Tage.* Wieweit dies als Replik auf die permanent vorgebrachten Vorwürfe gedacht ist, er bringe zu wenig zeitgenössische Oper auf die Bühne, kann nicht deutlich ausgemacht werden. Desgleichen wehrt er sich gegen die Behauptung, das Defizit der Hofoper sei stark angewachsen. *Wollen Sie bedenken, daß das Präliminare immer nach den Einnahmen der letztverflossenen Saison aufgestellt wird. Die Einnahmen der Hofoper nun hatten sich von Jahr zu Jahr erhöht, woraus sich von selbst ergibt, daß sich das Präliminare der letzten Saison gegen dasjenige meiner ersten Saison enorm gesteigert hat. Bloß von diesem unvergleichlich*

Heinrich Conried

erhöhten Präliminarsatze aus betrachtet, hat sich vor zwei Jahren ein Defizit von ungefähr fünfzigtausend Kronen ergeben, das aber längst hereingebracht worden ist. Was seine persönliche wirtschaftliche Situation betrifft, so weist er darauf hin, daß er vom kommenden Jahr an eine höhere Pension hätte beziehen können. *Ich bin allerdings um einige Monate früher um meine Pensionierung eingekommen, als ich ursprünglich im Sinne hatte, aber daran sind lediglich Familienverhältnisse schuld – Frau und Kinder waren in der letzten Zeit schwer krank – und gewiß nichts anderes.* Im Hinblick auf seine Zukunftspläne versichert er: *Eine feste Stellung werde ich nicht mehr annehmen, aber meine Dirigentenlaufbahn, sei es im Theater, sei es im Konzert, gänzlich aufzugeben, fällt mir nicht im entferntesten ein.*[592]

Am 18. Juni 1907 ist der Vertrag mit Conried perfekt; derweil hat sich der Obersthofmeister darum bemüht, einen Nachfolger für seinen ausscheidenden Direktor zu gewinnen. Dies gelingt end-

[592] *KBG*, S. 184–187; auszugsweise bei *KB* II, S. 252/253 wiedergegeben

lich, nachdem einige Kandidaten, unter ihnen Felix Mottl, abgesagt hatten. Am 10. August 1907 teilt Montenuovo Mahler mit: *Erst gestern N. M. erhielt ich die definitive und off. Mitteilung, daß die preuß. General Intendantur Weingartner freihält und zugleich ein Schreiben von ihm, wonach er sich verpflichtet, das Institut am 1. Januar 1908 zu übernehmen.* Das gleiche Schreiben enthält auch den endgültigen Bescheid über Mahlers Pensionsregelung. *Zugleich bin ich in der angenehmen Lage,* schreibt Montenuovo, *Ihnen mitteilen zu können, daß ich Ihre 3 Wünsche bei S. Majestät durchgesetzt habe und daß S. M. Ag. gestattet haben, daß Ihnen nach Übergabe der Geschäfte am 1. 1. 1908*

   I. Statt Ihrer kontraktmäßigen Pension eine solche in der Höhe von K 14000 bemessen werde

  II. Daß Ihnen eine einmalige Abfertigung in der Höhe von K 20000 ausgezahlt werde und daß schließlich

 III. Ihrer Frau Gemahlin nach Ihrem Tode ein Pensionsrecht wie der Witwe eines Hofrates (Sie rangierten bloß als Reg. Rat) nach den Normen des Hof-Pensions Statutes zuerkannt werde.[593]

Die endgültige Enthebung Mahlers von seinem Posten geschieht auf Antrag Montenuovos mit kaiserlichem Dekret vom 5. Oktober 1907. Seine Dienstgeschäfte beabsichtigt er in Absprache mit dem Obersthofmeister bis zum Ende des Jahres weiter zu führen, dirigiert aber nur noch selten, so u. a. zur Überraschung der Theaterbesucher eine Vorstellung des *Don Giovanni* am 12. September und zum letzten Mal am 15. Oktober den *Fidelio.*

Unmittelbar danach fährt er zu Gastdirigaten, zunächst nach Petersburg, wo er am 26. Oktober im großen Saal des dortigen Konservatoriums dirigiert. Danach macht er einen Abstecher nach Helsinki und ist am 9. November wieder in Petersburg, um dort eine Aufführung seiner 5. Sinfonie zu leiten. In Helsinki, damals noch Helsingfors, hört Mahler zum erstenmal einige Stücke von Jean Sibelius, den er bei dieser Gelegenheit auch persönlich kennenlernt. Sein Urteil über Sibelius' Musik, das er seiner Frau im Brief vom 2. November mitteilt, ist wenig schmeichelhaft: *In dem einen* [Stück] *hörte ich ganz gewöhnlichen Kitsch durch diese gewissen »nordischen« Harmonisationsmanieren als nationale Sauce angerichtet.*[594]

[593] *AME*, S. 407/408
[594] *AME*, S. 397

Sibelius' Beurteilung der Musik Mahlers nimmt sich demgegenüber direkt schmeichelhaft aus, trotz unübersehbarer Gegensätze der künstlerischen Natur, wie Sibelius unmißverständlich feststellt: *Wenn wir auf das Wesen der Symphonie zu sprechen kamen, pflegte ich zu betonen, daß ich Strenge und Stil der Symphonie bewundere und die tiefe Logik, die zwischen alle Motive ein inneres Band knüpft. [...] Mahler vertrat eine völlig gegensätzliche Meinung: »Nein, die Symphonie muß sein wie die Welt. Sie muß alles umfassen.«*[595]

Mahler kehrt aus Petersburg zurück, ohne den Erfolg gehabt zu haben, den er sich wünschte. Die dortige Presse spricht von Mangel an Selbständigkeit der musikalischen Ideen und bescheinigt ihm, daß er im Vergleich zu Bruckner und Richard Strauss erheblich weniger Talent besitze. *Obwohl er Kakophonien nicht scheut, bietet er weder die pikante Waghalsigkeit von Strauss noch die lyrische Aufrichtigkeit und das ernste Pathos von Bruckner; was bleibt, ist dessen Schwerfälligkeit und Sperrigkeit und die hysterische Unruhe des ersteren.*[596]

Mahlers ursprüngliche Absicht, die Stellung in Wien bis zum Jahresende zu halten, wird von der Möglichkeit einer günstigen Schiffspassage am 12. Dezember durchkreuzt. Er ersucht deshalb bei der General-Intendanz unter dem Hinweis darauf, daß er mit seinem Nachfolger Weingartner alle Repertoire-Fragen bis zum Ende des Jahres besprochen habe, um vorzeitige Entbindung von seinen Verpflichtungen. Seinem Gesuch wird stattgegeben.

Bevor er am 9. Dezember 1907 Wien verläßt, verabschiedet er sich im ersten außerordentlichen Gesellschafts-Konzert am 24. November mit seiner 2. Sinfonie vom Wiener Publikum. Die Rezension in der *Neuen Freien Presse* am Tag danach liest sich wie die späte Erkenntnis vom Verlust eines unwiederbringlichen Gutes. *Vor einer dichtgedrängten erwartungsvollen Hörerschaft, in der unsere besten musikalischen Kreise vertreten waren, ist gestern Gustav Mahlers C-moll-Symphonie aufgeführt worden. [...] Die Aufführung gestaltete sich zu einem großen, echten Erfolg, man kann von einem wahren Triumph des Komponisten sprechen. Der reizende As-Dur-Satz, von den Philharmonikern entzückend gespielt, entfesselte einen Beifall, der sich gar nicht legen wollte – trotz wiederholten Dankes des Komponisten wie des ganzen Orchesters.*

---

[595] zit. nach *KB* II, S. 254
[596] ebda.

GESELLSCHAFT MUSIKFREUNDE
IN WIEN

Sonntag, den 24. November 1907, mittags halb 1 Uhr
=== im großen Musikvereins-Saale ===

I. AUSSERORDENTL. GESELLSCHAFTS-KONZERT.

○ ○ ○ ○ ○

Zur Aufführung gelangt:

GUSTAV MAHLER

ZWEITE · SINFONIE (C-MOLL)
== für Soli, Chor, Orchester und Orgel. ==

1. Satz: ALLEGRO MAESTOSO. (Mit durchaus ernstem und feierlichem Ausdruck.)
2. Satz: ANDANTE CON MOTO.
3. Satz: SCHERZO. (In ruhig fließender Bewegung.)
4. Satz: „URLICHT" aus: „Des Knaben Wunderhorn".
5. Satz: FINALE.

MITWIRKENDE:

Frau ELISE ELIZZA, k. k. Hof-Opernsängerin.
Fräulein GERTRUD FÖRSTEL, k. k. Hof-Opernsängerin.
Fräulein HERMINE KITTEL, k. k. Hof-Opernsängerin.
Fräulein BELLA PAALEN, k. k. Hof-Opernsängerin.
Herr RUDOLF DITTRICH, k. k. Hoforganist.
Der SINGVEREIN DER GESELLSCHAFT DER MUSIK-FREUNDE.
Das K. K. HOF - OPERNORCHESTER.

DIRIGENT: DER KOMPONIST.

Preis dieses Programmes 20 Heller.

Buchdruckerei: Wien, I., Dorotheergasse 7.

Man schien eine Wiederholung erzwingen zu wollen. Vollends kam es nach dem grandiosen Schlußsatz zu stürmischen Kundgebungen...[597] Zu einer Kundgebung des Dankes und der Liebe wird Mahlers Abschied von Wien, zu dem sich rund 200 Menschen auf dem Westbahnhof einfinden. *Schönberg und Zemlinsky hatten ihre Schüler und die Freunde Mahlers auf dem Bahnhofperron versammelt,* erinnert sich Alma. *Man hatte ihnen einen heimlichen Eingang auf den Perron verschafft. Sie standen, als wir ankamen, alle schon da, die Hände voll Blumen, die Augen voll Tränen, stiegen in unser Coupé, bekränzten es, die Sitze, den Boden, alles. Wir fuhren langsam aus der Halle, ohne Bedauern, ohne Sehnsucht. Zu schwer waren wir getroffen, wollten nur weg, nur in die Ferne. Wir waren sogar fast glücklich, je mehr wir uns von Wien entfernten. Wir sehnten uns nicht einmal nach unserem Kinde, das wir bei meiner Mutter gelassen hatten. Wir wußten: keine Sorgfalt und Liebe kann das Entsetzliche fernhalten. Man ist nirgends gefeit. Wir waren weißgeglüht. So glaubten wir. Aber eines waren wir trotz alledem beide: voll Zukunft!!*[598]

---

[597] zit. nach *KB* II, S. 255
[598] *AME*, S. 160

Amerika (1908–1911)

Kraftakt ohne Tatkraft

Die Zukunft, in die Gustav und Alma Mahler von Cherbourg aus aufbrechen, wird nicht jene sein – das sollte sich bald herausstellen –, die sich Mahler ein Leben lang erträumt hatte: Theater mit Festspielniveau zu machen und Konzerte zu dirigieren, deren Programme zu allerletzt von kommerziellen Gesichtspunkten geleitet sein sollten.

Rosig hatte er seine Zukunft auch von Wien aus nicht gesehen, aber er hielt es nach Abwägung aller Vor- und Nachteile doch für vertretbar, sich *drei Monate im Jahre unbehaglich zu fühlen* – wie er es im Juli 1907 in einem Brief an Arnold Berliner ausdrückt – und dafür in vier Jahren 300 000 Kronen zu verdienen.

Am 21. Dezember 1907 trifft Mahler mit der *Kaiserin Augusta Victoria* in New York ein. Die Presse hatte sein Erscheinen längst gemeldet und natürlich nicht versäumt, dem New Yorker Publikum einen Dirigenten anzukündigen, der mit geradezu übernatürlichen Kräften im Bunde sei. *Er ist ein kleiner Mann,* hatte die Sopranistin Olive Fremdstad in einem Interview mit der *New York Times* gesagt, *aber seine Kraft ist ungeheuer, er hypnotisiert seine Musiker und Sänger* [...].[599] Und Walter Rothwell, der Korrespondent der *New York Mail,* hatte seine Leser bereits am 23. September 1907 wissen lassen: *Wo alle anderen aufhören, fängt er an* [...] *Er hat viele Eigenarten, die man nicht erklären kann. Ich habe unzählige Male erlebt, daß Orchestermitglieder wie gelähmt ihre Instrumente aus der Hand gelegt haben und nicht mehr imstande waren, auch nur einen Ton zu spielen, weil sie in seine Augen gesehen hatten. Sie sagten: »Ich kann nicht spielen, solange Sie mich anschauen.«*[600]

Mahler bezieht ein Appartement im 11. Stock des Hotel »Majestic« in der 72. Straße, wo er noch am selben Abend von einem Re-

---

[599] *New York Times,* 9. 12. 1907; zit. nach *KB* II, S. 257
[600] zit. nach Michael Kennedy, *Mahler,* London, 1974, S. 57; vgl. dazu: Dokumente (*Erinnerungen an Mahler*), S. 558 ff.

Hotel Majestic, New York

porter der *New York Times* zu einen Interview aufgesucht wird. Er läßt ihn wissen, daß er seinem Engagement mit Freude entgegensehe und fügt hinzu: *Ich bin mit der von Mr. Conried geplanten Spielzeit vollkommen einverstanden und hoffe, daß ich in künstlerischer Hinsicht einen Beitrag leisten kann.*[601]

Am 23. Dezember 1907 leitet er bereits die erste Probe zu *Tristan und Isolde* im »Metropolitan Opera House«. Tags darauf meldet die *Times*, Mahler habe seine Arbeit in New York *mit einem Kraftakt* begonnen. *Nach wenigen Takten des Vorspiels zu Tristan und Isolde unterbrach er das Orchester und sagte: »Alle anderen Proben in diesem Theater müssen eingestellt werden. Ich kann mein Orchester nicht hören.«*

---

[601] zit. nach *KB* II, S. 257

Unverzüglich hörte die Chorprobe auf, die im Foyer vor sich ging. Andere Dirigenten an der Metropolitan haben schon vorher dasselbe zu erreichen versucht, aber mit geringerem Erfolg.[602]

Die Anekdote könnte den Eindruck erwecken, als gehe Mahler an seinem neuen Wirkungsort mit der Vehemenz der frühen Wiener Jahre zu Werke. Dem ist nicht so. Wohl würden die Verhältnisse an der »Met« derartige Anstrengungen eigentlich erforderlich machen, aber Mahler ist nicht mehr bereit, seine Energie zu verschleudern. *Aber wäre ich jung und hätte die Tatkraft, die ich in Wien zehn Jahre lang verschwendet habe,* schreibt er an seinen Freund Paul Hammerschlag in Wien, *so ließe sich hier vielleicht ein Zustand schaffen, der uns in Wien als Ideal vorgeschwebt hat: das Ausschalten eines jeden kommerziellen Motivs. So fair sind die hier maßgebenden Faktoren und so unbegrenzt die Mittel, über die sie verfügen.*[603]

Überdies lassen ihn die Erinnerungen an die Ereignisse des vergangenen Sommers nicht los. *Mahler lag halbe Tage lang im Bett, um sich zu schonen, der Name des Kindes durfte nicht ausgesprochen werden [...],* erinnert sich Alma. *Damals waren Mahler und ich uns vorübergehend fremd, das Leid hatte uns einander entfremdet. Er verargte mir, ohne es zu wissen, den Tod des Kindes. Außerdem wußte er jetzt, daß er selbst krank war, und alles andere verlor für ihn an Gegenwart. Er war nervös, auffahrend, gereizt, und dieser Winter war sehr traurig für mich – sicherlich für uns beide. Der traurigste Abend aber war der Weihnachtsabend, der erste ohne die Kinder und in der Fremde.*[604]

Am Neujahrstag 1908 stellt sich Mahler dem New Yorker Publikum vor; er dirigiert *Tristan und Isolde* mit Olive Fremdstad, die ihr Isolde-Debut gibt, und Heinrich Knote als Tristan. *Sein Gepräge erhielt der Abend durch das Debut der Fremdstad als Isolde und durch das erste Auftreten des berühmten Wiener Dirigenten Gustav Mahler vor einem amerikanischen Publikum; ihnen beiden muß der ungeheure Erfolg zugeschrieben werden [...],* schreibt *The World* am nächsten Tag.[605] Der Rezensent der *Sun* vergleicht den Erfolg Mahlers mit dem Ereignis eines Caruso-Abends, und auch die *New York Times* ist der Ansicht, daß Mahler genau der Mann

---

[602] *New York Times*, 24. 12. 1907; zit. nach *KB* II, S. 257/258
[603] *GMB*, S. 405 (330)
[604] *AME*, S. 163/164
[605] *The World*, 2. 1. 1908; der Rezensent ist Reginald de Koven; zit. nach *KB* II, S. 258

Metropolitan Opera House.

Lessee CONRIED METROPOLITAN OPERA CO.

GRAND OPERA
SEASON 1907-1908
Under the Direction of MR. HEINRICH CONRIED.

WEDNESDAY EVENING, JANUARY 1, 1908,
at 7.45 o'clock

Tristan und Isolde

MUSIC-DRAMA IN THREE ACTS

BOOK and **MUSIC** by **RICHARD WAGNER**

(IN GERMAN.)

ISOLDE . . . . MMES. FREMSTAD
BRANGAENE . . . . HOMER

TRISTAN . . . . MM. KNOTE
KURWENAL . . . . VAN ROOY
KÖNIG MARKE . . . . BLASS
MELOT . . . . MÜHLMANN

CONTINUED ON NEXT PAGE.

Erste Programmseite von Mahlers New Yorker Debut

ist, *der den New Yorker Musikliebhabern interessante Erlebnisse vermitteln* werde. *Er vermittelt*, so die *Times*, *den unmißverständlichen Eindruck eines Mannes von zwingender Autorität und Einsicht.*[606] Alma registriert diese *Tristan*-Vorstellung sogar als eine der schönsten, die sie je erlebt habe, und der Korrespondent der deutschen Zeitschrift *Die Musik*, Henry T. Finck, der beiläufig bemerkt, daß das Werk »stark gekürzt« gewesen sei, spricht von einem Triumph Mahlers, der sich am 23. Januar mit einer Aufführung des *Don Giovanni* unvermindert wiederholt. Während Mahlers Position sich festigt, ist Conrieds Stern im Sinken. Er leidet nicht nur seit längerem an der damals so genannten Schwindsucht, sondern trägt auch die Hauptschuld am wirtschaftlichen Niedergang des Unternehmens, das sich zudem seit November 1907 der Konkurrenz des von Oscar Hammerstein ins Leben gerufenen »Manhattan Opera House« zu erwehren hat. Conrieds Tage als Chef der »Met« waren im Grunde schon gezählt, als er im Juni 1907 mit Mahler in Berlin wegen des New Yorker Engagements verhandelte, das für ihn – Conried – so eine Art letzte Rettung werden sollte. Mitte Januar 1908 führt schließlich der Hauptfinanzier des Hauses, Otto H. Kahn, Verhandlungen mit dem Direktor der Mailänder »Scala«, Giulio Gatti-Casazza, um ihn zu einem Wechsel nach Amerika zu bewegen, denn die Situation an der »Metropolitan Opera« war unhaltbar geworden.

Mahler trägt sich mit dem Gedanken, Alfred Roller nach New York zu holen, um wenigstens im künstlerischen Bereich das Notwendige für einen Erfolg des Hauses zu tun. *Die Verhältnisse an dem Institute sind infolge der absoluten Unfähigkeit und Schwindelhaftigkeit der jahrelangen geschäftlichen und künstlerischen Machthaber der Bühne (Direktoren, Regisseure, Dekorateure usw.), die beinahe ausschließlich sich aus Eingewanderten zusammensetzen, desolate*, schreibt er am 20. Januar 1908 an Roller. *Conried hat schon lange hier abgewirtschaftet. – Er ist unmöglich geworden – hauptsächlich weil er unfair und ungeschickt vorgegangen ist. – Die Direktion (nämlich das Millionenkomitee) hat ihm gekündigt.*[607] Schon Anfang Januar hatte die *World* berichtet: *Derzeit wird es als höchst wahrscheinlich angesehen, daß Gustav Mahler an die Stelle Heinrich Conrieds treten wird, wenn dieser mit Ende der gegenwärtigen Spielzeit ausscheidet. Noch vor einer Woche, genauer, bis zu*

---

[606] *New York Times*, 5. 1. 1908; zit. nach *KB* II, S. 258
[607] *GMB*, S. 429/430 (324/325)

dem Tag, an dem er zum ersten Mal auftrat, wurde Mahler kaum als ernster Anwärter auf diese Stellung betrachtet. [...] Aber er hat die ihm vorausgeeilten Berichte über seine Methoden – die ihn als Musikdespoten kennzeichnen, der seine Erfolge durch rüdeste Manieren erzielt – so vollständig Lügen gestraft, daß er heute in einem Ansehen steht, um das sich viele andere vergeblich bemüht haben.[608]

Mahler lehnt das Angebot ab. Die Wiener Erlebnisse sind noch zu frisch, als daß er sich selbst überreden könnte, erneut eine derartige Verpflichtung einzugehen. Und so fest bin ich in dieser meiner Meinung, schreibt er am 4. Februar 1908 an Josef Reitler, den Direktor des Neuen Wiener Konservatoriums und seit 1907 auch Kritiker für die Neue Freie Presse, daß mich selbst die unglaublichen Verlockungen, die mir New York zu bieten hat – unbegrenzte Mittel und einen Gehalt, der in Wien märchenhaft berühren würde (300000 Kronen für 6 Monate nebst einigen Nebensporteln) – nicht wankend machen konnten.[609]

Mahler und Toscanini?

Inzwischen beginnen die Verhältnisse an der »Met« sich zu klären. Mitte Januar macht Kahn dem Italiener Gatti-Casazza offiziell das Angebot, neuer Direktor zu werden. Ich antwortete zustimmend, schreibt Gatti-Casazza in seinen Erinnerungen, Mr. Kahn telegraphierte mir unverzüglich, daß ich an der Spitze des Instituts stehen und sämtliche Befugnisse haben solle. Er fragte auch, ob Toscanini eine Schwierigkeit darin sehen würde, zusammen mit Mahler an der Metropolitan zu wirken.

Ich befragte Toscanini und er sagte folgendes: Natürlich sehe ich keinerlei Schwierigkeiten darin. An der Metropolitan ist Platz für mehrere Dirigenten, und ich bin sehr glücklich, auf einen Künstler von Mahlers Rang zu treffen. Ich schätze Mahler sehr hoch und pflege einen solchen Kollegen irgendeiner Mittelmäßigkeit bei weitem vorzuziehen.[610]

Mahler ist von den Plänen der New Yorker Geldgeber informiert, denn am 20. Januar schreibt er an Roller: Zunächst haben

[608] The World, 5. 1. 1908, zit. nach KB II, S. 258/259
[609] GMB, S. 425 (328)
[610] Giulio Gatti-Casazza, Memories of the Opera, New York 1941, S. 147f.; zit. nach KB II, S. 259/260

die Herren den Plan, den gegenwärtigen Manager der Scala zum Manager der Metropolitan-Opera zu machen und für die italienische Oper den sehr gerühmten Kapellmeister Toscanini zu berufen und mir sozusagen die deutsche Oper zu übergeben. – Doch ist dies alles Zukunftsmusik. Ich für meinen Teil muß erst sehen, wie mir das alles anschlägt.[611]

Mahler sollte sich täuschen. Toscanini, dessen Engagement für die Saison 1908/09 zur Debatte steht, beabsichtigt keineswegs, sich auf die italienische Oper zu beschränken, sondern beansprucht, bis zum Eintreffen Mahlers den *Tristan* zu übernehmen. Mahler hat alle Mühe, solches Ansinnen durch die Direktion zurückweisen zu lassen. Er schreibt – im Herbst von Europa aus – einen ausführlichen Brief an Andreas Dippel, den kaufmännischen Direktor der Met, in dem er darauf hinweist, daß er diejenigen Werke, die er in New York einstudiert und dirigiert hat, in Absprache mit der Direktion auch in der kommenden Saison behalten werde. *Wenn ich nun neuerdings – mit Rücksicht auf die Wünsche meines Collegen –,* so heißt es in dem Brief, *Alles in das Belieben des neuen Direktors gestellt habe, so habe ich ausdrücklich mir den Tristan vorbehalten. – An den Tristan habe ich in der vorigen Saison ganz besondere Mühe verwendet und kann wol behaupten, daß die Gestalt, in der das Werk jetzt in New York erscheint, mein geistiges Eigenthum ist. Wenn Toscanini [...] nunmehr vor meinem Eintritt den Tristan übernähme, so würde selbstverständlich dem Werke ein ganz neuer Stempel aufgedrückt werden und ich gänzlich außer Stande sein, das Werk im Verlaufe der Saison zu übernehmen. Ich muß daher dringendst bitten, dieses Werk meiner Direktion vorzubehalten und es demgemäß erst nach dem 17. Dezember aufs Repertoire zu setzen.*[612]

Auch die Presse beobachtet die Entwicklung – wenngleich aus anderer Perspektive – mit Skepsis. Paul Masorp fürchtet im Zusammenhang mit Toscaninis Verpflichtung in die USA um die Vorrangstellung der europäischen Opernhäuser. *Unsere Blicke wenden sich der Szene zu, vor der der Rüstige, Tatenfrohe demnächst sein Lebensschiff verankern will: sie haften am »Metropolitan-Theater« in New York. Dort erwartet Gustav Mahler den Kollegen. Sofern diese zwei Hartschädel miteinander innere Fühlung gewän-*

[611] *GMB*, S. 430 (325)
[612] *AME*, S. 431; Toscanini eröffnet die Saison 1908/1909 am 9. November 1908 mit *Aida*; die erste *Tristan*-Vorstellung am 23. Dezember dirigiert Mahler.

nen und sich vertrügen, hätten wir fortan noch mehr Veranlassung, auf unserer Hut zu sein. Eine sinnlose Anhäufung von Stars, wie sie der Opernkrämer Conried zu Markte brachte, verdroß uns wohl insoweit, als dadurch die Tenoristengagen zu schwindelnder Höhe emporschnellten. Doch eine Beeinträchtigung unseres Primates in der Kunstpflege hatten wir von derartigen Spekulantenmanövern nicht zu befürchten. Anders läge es, wenn die beiden erfolgreichsten, sachlich rücksichtslosesten Bühnenorganisatoren der Gegenwart sich zu einem gemeinsamem Tun vereinigten.[613] Masorps Sorgen sollten sich bald als gegenstandslos erweisen.

Mahler kündigt zunächst seinen Vierjahres-Vertrag, der an die Person Conrieds gebunden ist, am 29. Februar 1908, nimmt die Kündigung aber noch vor der Rückkehr nach Europa wieder zurück und verhandelt mit der neuen Direktion erfolgreich über eine Weiterführung seiner Tätigkeit. Damit ist klar: in der kommenden Saison 1908/09 werden die beiden »Hartschädel« Mahler und Toscanini um ihre Position an der »Met« kämpfen müssen.

Bis zum Ende der laufenden Spielzeit bringt Mahler noch drei weitere Werke heraus: Walküre, Siegfried und Fidelio; daneben absolviert er mit dem Ensemble der »Met« Ende Januar/Anfang Februar 1908 ein Gastspiel in Philadelphia und vom 8. bis 11. April in Boston.

Plan eines Mahler-Orchesters

Mit dem Erfolg der Fidelio-Inszenierung, deren Bühnenbild sich eng an die Wiener Ausstattung Alfred Rollers anlehnt, tritt zugleich eine kaum vorhersehbare Wende seiner USA-Tätigkeit ein, die im übrigen auch maßgeblich dazu beiträgt, daß er trotz Toscanini seine Arbeit an der »Met« fortsetzt. Der Fidelio hat mächtig eingeschlagen und meine Chancen mit einem Schlage ganz verändert, schreibt er im März an seine Schwiegermutter Anna Moll. Ich steuere oder vielmehr »es« steuert jetzt drauf los, mir ein Mahler-Orchester lediglich zu meinem eigenen Zweck zu bilden und damit nicht nur viel Geld zu verdienen, sondern auch ein wenig mir selbst genug zu tun. Es kommt jetzt nur ganz darauf an, wie sich die New Yorker zu meinem Schaffen verhalten werden. – Da sie ganz vorur-

Bühnenbild zu *Fidelio,* I. Akt, 2. Bild

teilslos sind, so erhoffe ich mir hier einen fruchtbaren Boden für
meine Werke und damit eine geistige Heimat, die ich mir trotz aller
Sensation in Europa nicht erringen könnte.[614]

Seit einiger Zeit steht Mahler mit der New York Symphony Society, die von dem deutschstämmigen Dirigenten Walter Damrosch, den Mahler 1895 in Hamburg nach einer *Meistersinger*-Auf-
führung kennengelernt hatte, geleitet wird, in Verhandlungen wegen einiger Konzerte noch in der laufenden Saison, ein Projekt,
das allem Anschein nach schon vor Mahlers Ankunft in New York
ins Auge gefaßt worden war; jedenfalls läßt eine entsprechende
Bemerkung der *New York Times* vom 6. Oktober 1907 dies vermuten. Aber Mahler ist durch seinen Kontrakt mit der Met daran ge-
hindert, in den USA als Konzertdirigent aufzutreten. Er verhandelt daher mit Damrosch um Konzerte in der folgenden Saison, für
die er dann bei seiner Vertragsverlängerung entsprechende Klau-

[614] *GMB*, S. 393 (337)

seln erwirken könnte. Man wird sich noch im März 1908 einig, daß Mahler vor Beginn der neuen Saison an der Met, die am 7. Januar 1909 beginnt, drei Konzerte mit der »Symphony Society« dirigiert. Am nächsten Tag hört sich Mahler das Orchester bei einem Beethoven-Konzert unter Damrosch in der »Academy of Music« in Philadelphia an und gibt anschließend seiner Freude darüber Ausdruck, *daß ihm ein so gutes Orchester zur Verfügung stehen werde.*[615] Zwei Tage später – so Damrosch in seinen Aufzeichnungen – *erhielt Mahler (wie ich später erfuhr) von einem Damenkomitee eine Einladung, eine Reihe von Konzerten zu dirigieren.* Er verhandelt also, ohne Damrosch davon in Kenntnis zu setzen, zur gleichen Zeit um ein anderes Konzert-Engagement für die nächste Saison.

Die Schwierigkeit mit der Met wird insofern ausgeräumt, als er sich bereit erklärt, für den Fall, daß er Konzerte dirigiert, auf 3000 Dollar Gage zu verzichten. *Ich muß also nun erst sehen, wo ich das wieder hereinbringe,* schreibt er am 31. März 1908 an Damrosch. Gelegenheit dazu bietet ihm das »Damenkomitee«, eine Gruppe gesellschaftlich einflußreicher New Yorker Damen, an ihrer Spitze Mrs. Sheldon, die Frau des Bankiers und republikanischen Politikers George R. Sheldon. Sie faßt den Plan, das bereits seit 66 Jahren existierende Orchester der Philharmonischen Gesellschaft zu reorganisieren und ihm zu einer Qualität zu verhelfen, die der des Bostoner Orchesters vergleichbar sein soll. Die Philharmoniker hatten im Laufe der Zeit viele ihrer besten Leute an das »Metropolitan Opera House« verloren und damit allmählich Niveau eingebüßt. Hinzu kommt, daß der amtierende Dirigent des Orchesters, Wassily Safonoff, zwar der russischen Musik in seinen Konzerten viel Platz einräumt, ansonsten aber – wie die Presse vermerkt – langweilige Programme macht. Und auch die New York Symphony Society hat nicht allzu viel zu bieten, weil ihr Leiter Walter Damrosch kein so guter Dirigent wie Safonoff[616] ist, obschon er – wie die Kritik einräumt – bessere Programme vorzuweisen hat.

Die Millionärsgattinnen der New York Philharmonic Society besinnen sich also auf ihre Chance, die allein darin liegt, dem Orchester eine gesunde wirtschaftliche Basis, d. h. den Mitgliedern Garantien für einen full-time-job zu geben und das künstlerische Niveau zu heben, indem man einen ständigen Dirigenten mit unbe-

[615] Memorandum der Verhandlungen von W. Damrosch, zit. nach *UGMB*, S. 37
[616] *Die Musik* 7 (1907/1908), S. 382

zweifelbarer Kompetenz engagiert. Beides kostet Geld, viel Geld, das von dem wohlhabenden Komitee aber zusammengebracht wird. Mahler ist ihr Mann. Mitte April 1908 vereinbart er mit dem Komitee drei Konzerte im Frühjahr des nächsten Jahres, in denen er sich als zukünftiger Chef der Philharmoniker vorstellen soll. *Für diesen Plan ist Mrs. George Sheldon verantwortlich, die bereits zahlreiche Freunde für dieses Vorhaben interessiert hat*, schreibt die *New York Times* am 19. April 1908. *Sie hatte die ganze Idee ausgearbeitet, ehe irgendeine Ankündigung gemacht wurde.* »*Mr. Mahlers Einfluß im Metropolitan Opera House hat sich in diesem Winter stark fühlbar gemacht*«, erklärte Mrs. Sheldon gestern abend, »*und wir müssen Mr. Conried dafür danken, daß er ihn herüberbrachte. Es wäre schade, wenn er während seiner Anwesenheit keine Gelegenheit hätte, mit einem eigenen Orchester rein instrumentale Musik zu dirigieren [...].*«[617]

Erste Rückkehr nach Europa
»Dunkel ist das Leben, ist der Tod«

Am 23. April 1908 – eine Woche nach der Saisonabschluß-Vorstellung mit *Siegfried* – verläßt Gustav Mahler nach einer alles in allem – wie die *Musik* resümiert – nicht so bedeutenden Saison an der Met den nordamerikanischen Kontinent. Sein Gesundheitszustand hat sich nach Almas Aussagen sichtlich verschlechtert. Nach der Ankunft in Cuxhaven fahren beide zunächst für ein paar Tage nach Hamburg; anschließend dirigiert Mahler am 8. Mai 1908 in Wiesbaden seine 1. Sinfonie, Mendelssohns *Hebriden*-Ouvertüre und die 3. *Leonoren*-Ouvertüre von Beethoven, und danach geht es endgültig nach Wien. Alma und ihre Mutter, Anna Moll, machen sich sofort auf die Suche nach einem neuen geeigneten Feriendomizil, das sie schließlich im Pustertal finden. Gustav und Alma Mahler hatten die Gegend bereits im vergangenen Sommer kennengelernt, als sie, um den Erinnerungen an den Tod des Kindes zu entfliehen, Maiernigg verlassen und sich in Neuschluderbach, heute Carbonin, in der Nähe von Toblach (Dobbiaco) niedergelassen hatten. Ihre Spaziergänge führen sie damals vermutlich auch in die Gegend von Alt-Schluderbach, in die Umgebung

---

[617] zit. nach *KB* II, S. 261; näheres dazu S. 234

des Trenker-Hofes. *Offenbar bei einem Spaziergang dürfte Gustav Mahler auf die landschaftlich reizende Lage unseres Hauses aufmerksam geworden sein* [...], schreibt Marianne Trenker, eine Adoptivtochter der Familie Trenker, die als Kind noch mit der damals vierjährigen Anna Mahler gespielt hat, in ihren Erinnerungen von 1938. Alma glaubt sich dagegen erinnern zu können, daß sie *im Mai, im hohen Schnee* zusammen mit ihrer Mutter jedes Haus abfuhr, bis sie endlich etwas Geeignetes fanden.

Etwa Mitte Juni 1908[618] zieht die ganze Familie in die erste Etage des Trenker-Hofes in Alt-Schluderbach ein. *Ein großes Bauernhaus außerhalb des Ortes, elf Zimmer, zwei Veranden, zwei Badezimmer, allerdings etwas primitiv, aber herrlich gelegen*, beschreibt Alma jenes Haus, in dem sie mit Gustav Mahler die letzten drei Sommer seines Lebens verbringen sollte[619]. Mahler, der seit eh und je zur Hypochondrie neigt, wird sich in diesen Monaten zum erstenmal wirklich klar über das ganze Ausmaß der notwendigen Umstellung auf eine neue Lebensweise. Zwei Briefe aus dieser Zeit an Bruno Walter, der ihm immer mehr zum Vertrauten wird, offenbaren seinen geradezu verzweifelten Zustand. *Diesmal habe ich nicht nur den Ort, sondern auch meine ganze Lebensweise zu verändern*, schreibt er etwa Anfang Juli. *Sie können sich vorstellen, wie schwer mir letzteres wird. Ich hatte mich seit vielen Jahren an stete und kräftige Bewegung gewöhnt. Auf Bergen und in Wäldern herumzustreifen und in einer Art keckem Raub meine Entwürfe davonzutragen. An den Schreibtisch trat ich nur wie ein Bauer in die Scheune, um meine Skizzen in Form zu bringen. Sogar geistige Indispositionen sind nach einem tüchtigen Marsch (hauptsächlich bergan) gewichen. – Nun soll ich jede Anstrengung meiden, mich beständig kontrollieren, nicht viel gehen. Zugleich fühle ich in dieser Einsamkeit, wo ich nach innen aufmerksam bin, alles deutlicher, was in meinem Physischen nicht in Ordnung ist. Vielleicht sehe ich sogar zu schwarz – aber ich fühle mich, seitdem ich am Land bin, schlechter als in der Stadt, wo auch die Zerstreuung über manches hinwegtäuschte.*

---

[618] Der genaue Termin ist nicht bekannt; aber Bruno Walter schreibt in einem Brief vom Samstag, den 6. 6. 1908, an Arthur Schnitzler: *Leider kann ich Ihnen nicht einmal persönlich meinen Dank aussprechen, da wir schon am nächsten Mittwoch Wien verlassen und ich bis dahin durch Dirigieren und die unvermeidlichen Besorgungen, Mahlers Anwesenheit, etc. unablässig in Athem gehalten bin.* (*BWM*, S. 99)

[619] *AME*, S. 174.

Bruno Walter scheint ihm geraten zu haben, eine Nordland-Reise zu machen, um sich ein wenig zu erholen; außerdem hat er Mahler wohl – wie er selbst vermutet – das Buch *Diätetik der Seele* von Ernst von Feuchtersleben zur Lektüre empfohlen. Beides erscheint Mahler ungeeignet, seine Krise zu überwinden. Er will sich nicht zerstreuen, er möchte zu sich selbst finden. Und dies, so schreibt er am 18. Juli aus Alt-Schluderbach an Walter, *könnte ich nur hier in der Einsamkeit.* [...] *Sollte ich wieder zu meinem Selbst den Weg finden, so muß ich mich den Schrecknissen der Einsamkeit überliefern. Aber im Grunde genommen spreche ich doch nur in Rätseln, denn was in mir vorging und vorgeht, wissen Sie nicht; keinesfalls aber ist es jene hypochondrische Furcht vor dem Tode, wie Sie vermuten. Daß ich sterben muß, habe ich schon vorher auch gewußt. – Aber ohne daß ich Ihnen hier etwas zu erklären oder zu schildern versuche, wofür es vielleicht überhaupt keine Worte gibt, will ich Ihnen nur sagen, daß ich einfach mit einem Schlage alles an Klarheit und Beruhigung verloren habe, was ich mir je errungen; und daß ich vis-à-vis de rien stand und nun am Ende eines Lebens als Anfänger wieder gehen und stehen lernen muß.* Mahler ist niemals ein Schreibtisch-Komponist gewesen. *Ich brauche für meine innere Bewegung die äußere*, schreibt er im selben Brief und trifft damit zugleich den Kern seines Problems in diesem Sommer 1908, das er als *die größte Kalamität, die mich getroffen*, bezeichnet.[620]

Auf diesem Hintergrund wird auch Almas Bemerkung verständlich, Mahler habe sich in diesem Sommer mit der Arbeit am *Lied von der Erde* und den Skizzen zur 9. Sinfonie abgeplagt. Was ihm stets zur schönsten Erholung von der Theaterarbeit geworden war, gerät nun durch die Angst vor körperlicher Bewegung zur puren Qual. Natürlich nutzt er die herrliche Umgebung des Trenker-Hofes zur Entspannung; aber aus Wanderungen werden nun Spaziergänge. *Er blieb fortwährend stehen, wenn wir einen Spaziergang machten, und zählte die Pulsschläge*, schreibt Alma. *Oft am Tage bat er mich, die Herztöne zu hören, ob sie rein klängen, erregt seien oder ruhig.* [...] *Darum hatte ich ihn immer beschworen, die übermäßigen Radtouren, Bergbesteigungen, sowie das von ihm leiden-*

---

[620] alle Brief-Zitate: *GMB*, S. 408/412 (341–344). Ernst Freiherr von Feuchtersleben (1806–1849), Arzt, Dichter und Philosoph, wurde 1845 Dekan der medizinischen Fakultät der Universität Wien. Von seinen Gedichten ist noch heute als »Volkslied« bekannt *Es ist bestimmt in Gottes Rat*. Seine Schrift *Zur Diätetik der Seele* (Wien 1838; 45. Auflage 1883) ist in weitesten Bevölkerungskreisen bekannt gewesen.

schaftlich betriebene Unter-Wasser-Schwimmen zu unterlassen.
Nun geschah nichts mehr dergleichen, im Gegenteil: Mahler hatte
nun einen Schrittzähler in der Tasche, er zählte Schritte und Puls-
schläge und sein Leben war eine Tortur für ihn geworden.[621]

Er liest in diesen Wochen wie fast immer in den Ferien Goethes
Gespräche mit Eckermann[622] und versenkt sich in die Verse einer
Nachdichtung chinesischer Lyrik von Hans Bethge: *Die chinesi-*
sche Flöte. In ihr findet er die Spiegelung eigener Befindlichkeiten,
hier vernimmt er einen Widerhall seiner Fragen nach dem Leben,
seiner Suche nach der Ruhe für sein *einsam Herz*:

> *Du, mein Freund,*
> *mir war auf dieser Welt das Glück nicht hold!*
> *Wohin ich geh'?*
> *Ich geh', ich wandre in die Berge.*
> 5 *Ich suche Ruhe,*
> *Ruhe für mein einsam Herz!*
> *Ich wandle nach der Heimat, meiner Stätte!*
> *Ich werde niemals in die Ferne schweifen.*
> *Still ist mein Herz und harret seiner Stunde!*
> 10 *Die liebe Erde allüberall blüht auf im Lenz*
> *und grünt aufs neu!*
> *Allüberall und ewig,*
> *ewig blauen licht die Fernen,*
> *ewig, ewig,*
> 15 *ewig, ewig,*
> *ewig, ewig,*
> *ewig!*[623]

Ist das noch der Gustav Mahler des *Veni creator spiritus*? *Ist es*
wirklich derselbe Mensch, der »in Harmonie mit dem Unendlichen«
den Bau der Achten errichtet hatte, den wir nun im »Trinklied vom
Jammer der Erde« wiederfinden? Der einsam im Herbst zur trauten
Ruhestätte schleicht, nach Erquickung lechzend, fragt Bruno Walter in Anspielung auf die sechs Lieder des Zyklus. *Der mit freundli-*

[621] *AME*, S. 179
[622] vgl. *GMB*, S. 244 (347); er verweist dort auf S. 2–5 im 2. Band der Diederichs-Aus-
gabe, Jena 1908.
[623] Die Zeilen 9–17 dieses letzten Abschnitts des Liedes *Abschied* sind von Mahler
hinzugefügt.

Mahlers Arbeitshütte in Alt-Schluderbach

chem Altersblick auf die Jugend, mit sanfter Rührung auf die Schön-
heit schaut? Der in der Trunkenheit Vergessen des sinnlosen irdi-
schen Daseins sucht und schließlich in Schwermut Abschied nimmt?
[...] Es ist kaum derselbe Mensch und Komponist. Alle Werke bis
dahin waren aus dem Gefühl des Lebens entstanden [...]. Die Erde
ist im Entschwinden, eine andere Luft weht herein, ein anderes Licht
leuchtet darüber [...][624]

Alma hatte die tiefgreifende Veränderung in Mahlers Wesen
schon in den ersten Wochen in New York verspürt: *Die Welt der*
wahrnehmbaren Dinge spielte keine Rolle mehr für ihn, hingegen
war es jetzt die Welt der Gedankendinge, die ihn voll und ganz bean-
spruchte. Er wurde noch sensibler, als er es je gewesen war. Die Sen-
sibilität deckte sogar seine Erregungszustände zu. Er war eben
schon woanders [...].[625] Mahler ist mit dem *Lied von der Erde*, wie
er den Zyklus schließlich nennt, bereits in einer anderen Welt, d. h.
auch in einer anderen Welt des Komponierens. *Das Lied von der*
Erde wird – mit den Worten Hellmut Kühns – zum *Torbogen des*
Spätwerks[626] und damit zugleich auch zu jenem Werk, das nach
Ansicht Arnold Schönbergs *am weitesten in die Zukunft ragt.* Die
auffallend freie Behandlung von Rhythmik und Metrik, das eigenartige Verhältnis von Stimme und Orchester und die Reduzierung
der Instrumentalbesetzung – ähnliches hatte sich ja bereits in den
Kindertotenliedern angekündigt – weisen bereits auf die zurückge-
nommenen Bacchanterieen der Bergschen Altenberg-Lieder oder
Schönbergs *Buch der hängenden Gärten* ebenso hin wie auf die
Askese Webernscher Vokalkompositionen.

Am 21. August ist die Klavierfassung des gesamten Werkes fertig; den Partitur-Entwurf des ersten Satzes hatte er schon eine Woche zuvor beendet.

Bis zu seiner Abreise nach Prag, Anfang September, beschäftigen ihn erste Entwürfe zu einer neuen, der 9. Sinfonie, vor der er
sich in seiner Neigung zu Zahlen-Mystizismus so sehr gefürchtet
hatte: Beethoven, Schubert, Dvořák und Bruckner waren an dieser Schwelle gescheitert, und nun glaubt Mahler, daß ihm das gleiche Schicksal beschieden sein könnte. Aber: Seine eigentliche
»Neunte« ist *Das Lied von der Erde*: ein wahrhaft gelungener
Trick, dem Schicksal ein Schnippchen zu schlagen!

---

[624] *BWM*, S. 93/94
[625] Wessling, a.a.O., S. 255/256
[626] *Gustav Mahler, Ein Lesebuch*, hg. von Hellmut Kühn und Georg Quander, S. 162

Auf seiner Reise nach Prag legt Mahler am 5. September in Wien einen kurzen Zwischenaufenthalt ein, um alte Freunde zu treffen, unter ihnen Bruno Walter, dem er kurz zuvor die Beendigung der neuen Komposition angezeigt hatte: [...] *ich glaube, daß es wohl das Persönlichste ist, was ich bis jetzt gemacht habe.*[627]

Am 6. September kommt er in Prag an und bezieht ein Zimmer im Hotel »Blauer Stern«, in dem er sich – wieder einmal – durch seine Nachbarn gestört fühlt. Auch die Stadt selbst erscheint ihm »unausstehlich lärmend«, offenbar infolge der vielen Fremden, die zu Kongressen und Feierlichkeiten anläßlich des Regierungsjubiläums von Kaiser Franz-Joseph nach Prag gekommen sind. Im Rahmen dieses Jubiläums finden auch zehn Orchesterkonzerte statt; im letzten Konzert am 19. September 1908 dirigiert Mahler die Uraufführung seiner »Siebten«. Er macht mehr als zwanzig Proben in zwei Wochen und ist Tag für Tag mit Korrekturen in Partitur und Stimmen beschäftigt. Alma, die erst zu den letzten Proben nach Prag kommt, glaubt, Mahler sei damals *zerfetzt von Zweifeln* gewesen, nicht, was die Komposition an sich, sondern was die Instrumentation betrifft. *Seit der Fünften Symphonie war er dauernd mit sich unzufrieden; die Fünfte wurde fast für jede Aufführung uminstrumentiert, die Sechste, Siebente immer wieder vorgenommen. Es war eine Wende. Erst bei der Achten war er seiner wieder sicher, und im »Lied von der Erde«, das ja posthum ist, – ich kann mir nicht vorstellen, daß er da auch nur eine Note geändert hätte, so ökonomisch ist er darin vorgegangen.*[628]

Otto Klemperer, von 1907 bis 1910 auf Mahlers Empfehlung Kapellmeister am Deutschen Theater in Prag, erinnert sich an Proben und Korrekturarbeiten damals sehr genau: *Jeden Tag nach der Probe nahm er das ganze Orchestermaterial mit nach Hause, verbesserte, feilte, retuschierte. Wir anwesenden jungen Musiker, Bruno Walter, Bodanzky, von Keußler und ich, wollten ihm gerne helfen. Er duldete es nicht und machte alles allein.*[629]

[627] *GMB*, S. 413 (347/348)
[628] *AME*, S. 180
[629] Otto Klemperer, *Erinnerungen an Gustav Mahler*, Zürich 1960, S. 10; Klemperers Aussage widerspricht der von Alma Mahler, die sich erinnern zu können glaubt: [...] *alle halfen Mahler, Korrekturen in die Partitur und die Stimmen zu übertragen...* (*AME*, S. 180)

Die Schwierigkeiten bei den Proben sind enorm. Er macht zunächst eine Reihe von »Specialproben« mit verschiedenen Orchestergruppen, bevor er am 11. September die erste Gesamtprobe hat. Noch am Tag zuvor schreibt er an Alma: *Ich muß Stimmen collationiren, und darüber nachdenken, wie man aus einem Wurstkessel eine Pauke, aus einer rostigen Gießkanne eine Trompete, aus einer Heurigenschänke ein Concertlokal machen kann.*[630]

Trotzdem: Er ist mit der ersten Gesamtprobe sehr zufrieden; das Orchester sei – so schreibt er – *sehr gut und willig*, und die Freundlichkeiten, die ihm von allen Seiten entgegengebracht werden, lassen ihm sicher manches erträglicher erscheinen.

Die Reaktionen auf das neue Werk sind – wie könnte es anders sein – erneut geteilt. Zdeněk Nejedly, der tschechische Kritiker der Tageszeitung *Den*, sieht allein in der Tatsache, daß Mahler die neue Sinfonie in Prag uraufgeführt habe, ein Kunstereignis, *dessen Bedeutung das bloße Eintagsinteresse bei weitem überschreitet. Es geht direkt um eine künstlerische, historische Tatsache. [...] Darin lag eben die große Bedeutung von Mahlers Konzert, daß Mahler zum ersten Male bei uns, mit uns und für uns aufführen ließ [...]*, schreibt der Tscheche voll Stolz.[631]

Der Prager Korrespondent der *Musik*, Dr. Ernst Rychnovsky, spricht sogar von einem *widerspruchslosen Sieg des Komponisten. Die Uraufführung einer Symphonie von Gustav Mahler*, so Rychnovsky, *darf immer als ein Ereignis gelten, das die Aufmerksamkeit weitester musikalischer Kreise erweckt. War man es ja bisher gewöhnt, die Uraufführungen Mahlerscher Symphonien als Tage des Kampfes anzusehen, Tage, an denen der Parteien Gunst und Haß in elementarer Form sich Luft machte und der Widerstreit ästhetischer Meinungen oft in bedenklicher Weise zum Ausdruck kam. Die Uraufführung der siebenten Symphonie, die in der Konzerthalle der Jubiläumsausstellung stattfand, zeigte ein wesentlich anderes Gesicht. Sie endete mit einem widerspruchslosen Sieg des Komponisten.*

Aber auch diesmal stellt sich dem Kritiker die Frage nach der programmatischen Bindung.

Mahler will in seiner siebenten Symphonie wieder nur als der absolute Musiker gelten, der nichts anderes will, als Stimmun-

[630] *AME*, S. 414
[631] *Den* vom 22. 9. 1908, zit. nach *KB* II. S. 262

gen Ausdruck zu geben, auf Reize von außen zu reagieren.
Aber es fällt schwer, einer Musik wie der des ersten oder dritten
Satzes kein Programm unterzuschieben. Denn wie energisch
auch Mahler die Unterlegung eines Programmes ablehnen
mag, auf die Dauer kann man es nicht entbehren und ertappt
sich als Hörer mehr als einmal bei dem Versuch, sich selbst ein
Programm zu konstruieren, um in Stimmung, Tempo, Tonart
und Rhythmus grundverschiedene, unmittelbar nebeneinan-
derstehende Episoden geistig einander näher zu bringen.[632]

Dennoch erscheint Rychnovsky die »Siebte« auch ohne ein Programm formal so geschlossen wie keine der früheren Sinfonien. In
Almas Augen erringt die Sinfonie in Prag nicht mehr als einen
»Achtungserfolg«, aber Mahler selbst scheint wohl doch der Ansicht zu sein, daß das Werk wirklich erfolgreich ist, denn er entschließt sich, die Sinfonie auch in München aufs Programm zu setzen. Noch im Juli 1908 hatte er in einem Brief an den Konzertagen-
ten Gutmann seine Programm-Entscheidung für München vom
Erfolg der Siebten abhängig gemacht. *Was das Programm anbe-*
trifft, so kann ich mich noch nicht entscheiden. Falls die VII. ein-
schlägt, so bin ich gerne bereit, diese aufs Programmm zu setzen.
Als »Ersatz« schlägt er seine »Fünfte« vor unter der Bedingung,
daß er mindestens fünf Proben hat; sollte dies nicht der Fall sein,
würde er mit drei Proben ein klassisches Programm dirigieren!
Die Entscheidung fällt zugunsten der »Siebten«, aber nicht,
ohne auch die scheinbar nebensächlichsten Details für die Aufführung am 27. Oktober 1908 mit Gutmann abzusprechen. Neben der
genauen Orchester-Besetzung teilt er ihm seine Wünsche bezüglich des Proben-Plans mit:

Die ersten beiden Proben möchte ich geteilt, und zwar:
Streicher, Harfen, Mandoline und Guitarre, Bläser und
Schlagwerk. Hierauf kämen fünf Gesamtproben. – Von die-
sen Gesamtproben kann ich täglich nur eine halten. – Die
obigen Spezialproben könnten eventuell je zwei an einem
Tage stattfinden. – Am Tage des Konzerts bitte ich keine
Probe zu machen, da die Symphonie für die Bläser sehr an-
strengend ist und dieselben ausruhen müssen. – Ich werde
daher Dienstag, den 20., in München sein und zur Verfü-

[632] *Die Musik* 8 (1908/1909), S. 126/127

gung stehen. Vorausgesetzt, daß jeden Tag, also auch Sonn-
tags, probiert werden kann. Sonst müßte ich einen Tag frü-
her kommen, was mir aber sehr fatal wäre. Bitte, bestätigen
Sie mir dies alles, damit ich darüber beruhigt bin. [...]
    N. B. 1. Trompete, 1. Horn und Pauker müssen ganz
vorzüglich sein. – Der Pauker muß sehr gute Maschinen-
Pedalpauken haben. Bitte, reservieren Sie in einem
angenehmen, ruhigen Hotel für mich ein besonders ruhiges
Appartement.[633]

Mahler ist mit dem Orchester, das sich kurz zuvor von seinem Begründer Kaim getrennt hat und sich jetzt »Tonkünstler-Orchester«
nennt, außerordentlich zufrieden. Vor allem aber sagt ihm München derart zu, daß er mit dem Gedanken spielt, dort seinen ständigen Wohnsitz zu nehmen. *Was meinst Du dazu?* fragt er Alma. *Um*
3000 Mark kann man hier ein Schloß mit einem Park bekommen
und das Leben ist faktisch um die Hälfte billiger als in Wien. Mit un-
serem Einkommen lebt man hier wie ein Fürst. Mitten in Europa –
nach allen Seiten die wundervollsten Verbindungen.[634]

Zum zweiten Mal in den USA

Vorerst sind solche Pläne natürlich nicht zu realisieren, denn sein
Vertrag ruft ihn nach New York zurück. Er trifft sich mit seiner
Frau in Hamburg, wo er vor der Abreise das 3. Philharmonische
Konzert dirigiert.[635]

    Mitte November geht es von Cuxhaven aus mit einem Schiff der
»Hamburg-Amerika-Linie« über Cherbourg zum zweiten Aufenthalt nach New York. Diesmal fährt auch die vierjährige Anna
mit[636], zu deren Betreuung Alma eigens eine alte Engländerin
engagiert hat, die dem armen Kind – wie Alma sich ausdrückt –
immer japanischen Stoizismus verordnete.

    Nach der Ankunft in New York am 21. November 1908 zieht
Mahler mit seiner Familie nicht wieder ins »Majestic«, sondern

---

[633] *GMB*, S. 373/374 (349)
[634] *AME*, S. 416
[635] vgl. *Die Musik* 8 (1908/1909), S. 313
[636] Alma schreibt irrtümlicherweise: *Wir hatten unser dreijähriges Kind das erste Mal*
    mit [...] (*AME*, S. 182); Anna war am 15. 6. 1908 vier Jahre alt geworden.

mietet ein Apartment im Hotel »Savoy« in der Fifth Avenue, wo auch die meisten Sänger der »Met« wohnen.

Bereits eine Woche später bestreitet er als Gast der »New York Symphony Society« das erste von drei Konzerten mit diesem neben den Philharmonikern zweiten großen Orchester New Yorks (vgl. S. 364), Werke von Schumann, Beethoven, Smetana und Wagner stehen auf dem Programm, mit dem sich Mahler am 29. November 1908 in Amerika zum erstenmal als Konzertdirigent vorstellt. Der Erfolg ist mäßig, vor allem, weil das Orchester offenbar nicht an konsequentes Arbeiten gewöhnt ist: zur ersten Probe waren wenig mehr als die Hälfte der einhundertfünfzehn Musiker erschienen; die verabredeten Interpretationsdetails werden im Konzert ignoriert. *Trotz alledem,* schreibt die *World, spielte gestern das Orchester weit besser als gewöhnlich, mit viel mehr Präzision, Wohlklang, Farbe und Zusammengehörigkeitsgefühl.* [637]

Erstaunlich, daß sich Mahler angesichts des begrenzten Leistungswillens der New York Symphony Society entschließt, im zweiten Konzert dieser Reihe am 8. Dezember 1908 seine 2. Sinfonie für die USA erstaufzuführen. Der Erfolg ist dünn; weniger, soweit es die Leistung des Orchesters betrifft, als vielmehr durchs Komponierte selbst. Auch im Land der unbegrenzten Möglichkeiten tun sich die Menschen schwer mit der musikalischen Sprache eines Gustav Mahler. Die *New York Daily Tribune* mutmaßt zwar, daß die Beifallskundgebungen *weit über bloße Höflichkeit hinausgingen,* ja, daß das Publikum sogar *sein Interesse und Vergnügen an dieser neuen Musik und ihrem Schöpfer zum Ausdruck brachte.* Aber der Tenor der Kritik entspricht eher der Meinung der *Sun,* die feststellt, Mahler bediene sich in seiner Sinfonie *eines Aufwandes an Kräften [...], deren Streben nach grenzenlosem Ausdruck nur auf eine gigantische Anstrengung hinausläuft und sonst nichts.* Allerdings – so heißt es dort einschränkend – gelte dies nur für bestimmte Passagen, durch die *die Komposition in ihrer Gesamtheit den Eindruck absoluter Meisterschaft nicht erreicht. Denn sie ist in der Tat ein Werk von glänzender Einfallskraft, immer interessant, größtenteils schön und oft begeisternd.* [638] Daß Mahler mit seinen »Damrosch«-Konzerten *viel Enthusiasmus erregt* habe, bestätigt auch der New Yorker Korrespondent der *Musik* und trifft im Hin-

[637] zit. nach *KB* II, S. 263
[638] *New York Daily Tribune* vom 9. 12. 1908 und *The Sun* vom 9. 12. 1908; beide zit. nach *KB* II, S. 263

blick auf die »Zweite« sogar die Feststellung: *Man fand sie großartig, was die Mittel anbelangt*, schränkt aber zugleich ein: [...] *die großen Gedanken aber fehlen.*[639]

Nach dem dritten Konzert am 13. Dezember 1908, in dem er u. a. Beethovens 5. Sinfonie dirigiert, löst Mahler seine Verbindung zur New York Symphony Society und konzentriert sich auf seine Aufgaben an der Metropolitan Opera, wo er zum erstenmal in dieser Saison am 23. Dezember 1908 zur Aufführung des *Tristan* am Pult erscheint, nachdem sein Kollege Toscanini die Spielzeit bereits am 9. November mit *Aida* eröffnet hatte. Während er *Tristan* in seiner eigenen Inszenierung vom vergangenen Winter wieder aufnimmt, bringt er am 13. Januar 1909 Mozarts *Figaro* in einer Neueinstudierung heraus, in der Emma Eanes die Gräfin, Marcella Sembrich die Susanne und die damals 29jährige Geraldine Farrar, von der Mahler nach Aussagen Almas außerordentlich viel hielt, den Cherubino singt; Adam Didur ist der Figaro, Antonio Scotti der Graf. Die *Times* ist begeistert und hebt vor allem anderen die Ensemble-Leistung hervor: *Die Aufführung war eine der köstlichsten und glänzendsten, deren man sich erinnern kann. Und zwar nicht so sehr durch die Brillanz einzelner Sänger – obwohl es auch in dieser Hinsicht viel Erfreuliches gab – als vor allem durch die vollendete Ensembleleistung, die Lebendigkeit und Fröhlichkeit, die jede Szene durchpulste, und durch die dramatische Wahrhaftigkeit, mit der die Absichten des Komponisten verwirklicht waren.*[640]

Mahler wird Chef der New Yorker Philharmoniker

Die einhellige Zustimmung zu Mahlers Leistung hat zur Folge, daß die Verantwortlichen der New York Philharmonic Society sich nun mit Nachdruck darum bemühen, ihr Orchester neu zu organisieren und ihm vor allem eine solide finanzielle Basis zu geben. Am 16. Februar 1909 meldet die *Sun*: *Mrs. George R. Sheldon ist es gelungen, den für die Rettung der Philharmonic Society notwendigen Garantiefonds aufzubringen.* Ein Garanten-Komitee, dem die wohlhabendsten New Yorker Bürger angehören, garantiert der Philharmonic Society für die kommenden drei Jahre die Deckung

---

[639] *Die Musik* 8 (1908/1909), S. 125
[640] *New York Times* vom 14. 1. 1909, zit. nach *KB* II., S. 263

New York 1908

jedweden Defizits. Die Orchestermitglieder werden in Form eines Gehalts entlohnt und verzichten damit auf die bisher üblichen Gewinnanteile sowie auf die Mitsprache in geschäftlichen Belangen. Das Orchester soll *unter der ausschließlichen und uneingeschränkten Leitung eines fähigen Dirigenten* stehen, dem auch die Erweiterung und Veränderung der Mitgliedschaft im Orchester untersteht, *soweit das Garanten-Komitee damit einverstanden ist* [...].[641] Als erster Dirigent des neuen Orchesters wird Gustav Mahler für den Zeitraum von zwei Jahren engagiert.

Die neuorganisierte Gesellschaft ist ungeduldig; man vereinbart mit Mahler noch in der laufenden Saison zwei Konzerttermine, die als »Einführungs-Konzerte« für die nächste Winter-Saison gedacht sind. Mahler begnügt sich mit Routine-Programmen, um nicht jetzt schon allzu große Risiken einzugehen. Am 31. März dirigiert er Schumanns *Manfred*-Ouvertüre, das *Siegfried-Idyll* und die *Tannhäuser*-Ouvertüre von Wagner sowie Beethovens 7. Sinfonie.

---

[641] zit. nach *KB* II, S. 264

377

Am 6. April steht neben Beethovens *Egmont*-Ouvertüre seine 9. Sinfonie auf dem Programm. Die Kritik weiß um die Schwierigkeiten des augenblicklichen, noch nicht neu aufgebauten Orchesters. *Es wäre irreführend, von diesem Konzert darauf zu schließen, was wir von Mr. Mahler künftig erwarten können*, schreibt die *Sun* am 1. April. *Denn das Orchester des kommenden Winters wird zweifellos nicht dasselbe sein, das wir während der letzten drei Jahre gehört haben. [...] Einige Musiker werden ausscheiden. [...] Und unter den verbleibenden Streichern wird bestimmt eine Neuordnung der Pulte stattfinden. Mr. Mahler wird vielleicht auch die seit langem verlorenen Holzbläser wiederentdecken. Der Himmel helfe ihm dabei, denn die Philharmoniker brauchen sie dringendst [...].*[642]

Bevor Mahler Amerika wieder verläßt, beauftragt ihn das Garanten-Komitee, für die nächste Saison einen Konzertmeister und einen ersten Flötisten in Europa zu engagieren und *die notwendigen Pauken für die Verwendung im Orchester zu bestellen.*[643] Nach einer glänzenden Aufführung von Smetanas *Die Verkaufte Braut*, die am 19. Februar 1909 zum ersten Mal in den USA in deutscher Sprache gespielt wird, schreibt er an Roller: *[...] scheide heuer endgültig vom Theater und übernehme vom nächsten Jahre ab ein Konzertunternehmen.*[644] Mahler bindet sich also erneut an eine Institution, die ihn letztendlich erheblich stärker in Anspruch nehmen wird, als er ursprünglich glaubt. Anfang 1909 hatte er Bruno Walter gegenüber bereits die Andeutung gemacht, daß *das permanente Orchester wirklich zusammenzukommen* scheine und gleichzeitig angefragt: *Wüßten Sie mir für diesen Fall einen jungen Musiker von wirklicher Dirigentenbegabung und sonstiger musikalischer Routine, der zu mir als »assistent conductor« ginge?*

Dies wäre nämlich doch die Bedingung, unter der ich mich noch für ein Jahr verdingen würde. Ich muß jemanden haben, der meine Proben vorarbeitet und auch ab und zu ein Konzert für mich übernimmt.[645]

Jetzt, wenige Wochen später, ist keine Rede mehr von einem Assistenten. Mahler geht vielmehr die Verpflichtung ein, neben den bisher üblichen Donnerstag-Abend- und Freitag-Nachmittag-

[642] *The Sun* vom 1. 4. 1909, zit. nach *KB* II, S. 264
[643] Protokoll der Sitzung des Garanten-Komitees vom 7. 4. 1909, zit. nach *KB* II, S. 264
[644] *GMB*, S. 439 (354)
[645] *GMB*, S. 415 (351)

Konzerten der Philharmoniker zusätzlich Sonntags-Konzerte, einen Beethoven-Zyklus und einen sogenannten Historischen Zyklus, insgesamt 46 Konzerte in 23 Wochen zu dirigieren.

Zweifelsfrei hat ihm die Situation an der »Met«, die unzulänglichen Inszenierungen und die Vehemenz, mit der sich Toscanini zu etablieren sucht, die Entscheidung erleichtert, dem Theater endgültig Ade zu sagen. Dennoch will die Notiz Almas, [...] *wir reisen, einen neuen, gar nicht anstrengenden Kontrakt in der Tasche, ab*, angesichts der angeschlagenen Gesundheit Mahlers reichlich unrealistisch erscheinen. Denn auch Alma, und vor allem sie, weiß, was außer musikalischen Verpflichtungen an gesellschaftlichen Nebenereignissen auch im nächsten Winter auf beide zukommen würde. Die Frage, warum Mahler dennoch – in Kenntnis seiner gesundheitlichen Situation – eine derartige Strapaze auf sich nimmt, obwohl er von seinen Wiener Pensions-Bezügen gut hätte leben können, beantwortet Alma in einem Rundfunk-Interview von 1962 mit zwei Argumenten:

Mahler war ungeheuerlichen innerlichen Spannungen ausgesetzt. So brauchte er einfach ein Gegengewicht. Hier die Schöpfungsaktivität, dort die Praxis. Das war lebenswichtig für ihn. Wie oft verfluchte er den Theaterbetrieb! Und doch war er nach ihm süchtig. Ohne praktische musikalische Tätigkeit hätte ich mir Mahler nie vorstellen können. [...] Außerdem: Mahler wußte ganz genau, wie es mit seiner Gesundheit bestellt war. Er war in Sorge um mein Schicksal. Er wollte uns, seine Familie abgesichert wissen. In den Staaten konnte er genügend Geld verdienen – für eine Zukunft, von der er wußte, daß er an ihr nicht mehr teilhaben würde.[646]

Ende April 1909 verläßt Mahler mit seiner Familie New York. Noch bevor er in seine österreichische Heimat zurückkehrt, fährt er nach Paris, um dem Bildhauer Auguste Rodin Modell zu sitzen; Carl Moll hat bei ihm heimlich eine Büste Mahlers bestellt. *Sophie Clemenceau aber mußte es so einrichten*, schreibt Alma, *als ob Rodin den Wunsch ausgesprochen hätte, Mahler modellieren zu wollen, weil ihn sein Kopf so interessiere. Mahler glaubte es – mit etwas Mißtrauen –, aber er sagte zu, was er unter anderen Umständen niemals getan hätte, und es begannen die wunderbarsten Sitzungen.*[647]

[646] Wessling, a.a.O., S. 256
[647] *AME*, S. 187

Die Arbeit bei Rodin und das Wiedersehen mit alten Bekannten machen den Pariser Aufenthalt zu einer wahren Erholung, deren Mahler und seine Frau allerdings auch dringend bedürfen. Alma ist in diesen Tagen hochgradig nervös, so daß ihr nach der Rückkehr ins geliebte Wien ein Kuraufenthalt im norditalienischen Levico, etwa 20 km östlich von Trient, verordnet wird. Mahler fährt am 8. Juni 1909 nach Toblach, Alma und Anna reisen weiter nach Levico, wo sie versucht, mit den immer häufiger wiederkehrenden Zuständen von Depression und innerer Leere fertig zu werden. *Tiefmelancholisch saß ich nächtelang auf meinem Balkon, sah weinend auf die lustige, hellgekleidete Menge, deren Lachen mir weh tat, sehnte mich zum Verrücktwerden nach irgend etwas, nach Liebe, nach Leben, nach einem Fenster, heraus aus dieser eiskalten Gletscheratmosphäre.*[648]

In solchen Bemerkungen kündigen sich – scheint es – Vorahnungen jener tiefgreifenden Entfremdung zwischen den Eheleuten an, die im Sommer 1910 offen zu Tage treten sollte.

Sommer 1909 in Toblach – Die »Neunte«

Mahler versucht derweil, in Alt-Schluderbach wieder Ruhe zum Arbeiten zu finden, kann sich aber infolge des anhaltend schlechten Wetters noch nicht entschließen, sein Komponierhäuschen aufzusuchen, so daß ihm hinreichend Zeit bleibt, mit Alma über literarische Probleme, vornehmlich über die Deutung der Schlußszene aus Goethes *Faust* zu korrespondieren!

Almas Briefe machen ihn aber offenbar doch so besorgt, daß er sie schließlich in Levico aufsucht; aber das Wiedersehen endet in einem kleinen Fiasko, das einer gewissen Tragikomik nicht entbehrt. Alma: *Ich fuhr ihm nach Trient entgegen, er stieg aus dem Coupé aus, und ich erkannte ihn nicht. Der Friseur in Toblach hatte ihn vor der Abfahrt, wo er sich besonders schön machen lassen wollte, vollkommen glatt geschoren. Er hatte Zeitung gelesen und es nicht gemerkt. Er war unkenntlich häßlich, wie ein Bagnosträfling [...] Ich konnte mich nicht gewöhnen und mein Fremdheitsgefühl nicht überwinden, so fuhr er nach zwei Tagen betrübt wieder weg.*[649]

In Alt-Schluderbach will auch nicht die rechte Ruhe einkehren;

[648] *AME*, S. 191
[649] *AME*, S. 191/192

immer wieder besuchen ihn Freunde, und das Leben im Trenker-Hof ist so turbulent, daß er nicht umhin kann, wenigstens Alma ab und zu sein Leid zu klagen. [...] *das Haus und der Platz ist zu wonnig*, schreibt er nach Levico, – *bis auf den Lärm, der mich ohne Unterlaß geniert. Entweder flüstern die Bauern, daß die Fenster klirren oder sie gehen auf den Fußspitzen, daß das Haus wackelt. Die beiden munteren Stammhalter zwitschern den ganzen Tag [...] Der Hund läßt mich auch wieder fühlen daß ich »ein Mensch unter Menschen bin« und bellt täglich von Anbruch der Dämmerung bis in die süßen Träume der Bauernjageln hinein. Ich komme alle Viertelstunden auf und gedenke der sanft Schnarchenden. – Hol es der Teufel: Wie schön wäre die Welt, wenn man zwei Joch umzäunt hätte und mittendrin allein wäre.*[650]

Seine Bemühungen um einen neuen Konzertmeister für die New Yorker Philharmoniker gestalten sich schwierig; die außerordentlich strengen Bestimmungen der 1895 gegründeten amerikanischen Musikergewerkschaft (American Federation of Musicians) lassen einen »Import« ausländischer Musiker nicht ohne weiteres zu. Trotzdem gelingt es Mahler, auch diese Hürde zu nehmen. Aus einer beachtlichen Zahl von Bewerbern wählt er Theodore Spiering aus, der sich auf Anraten des Wiener Violinvirtuosen Fritz Kreisler beworben hatte. Spiering, gebürtiger Amerikaner und Mitglied der Chicagoer Musikerunion, ist damals Lehrer am Sternschen Konservatorium in Berlin. Mahler hatte ihn noch während seines Wien-Aufenthaltes im Juni zum Probespiel eingeladen, das er zusammen mit seinem Schwager Arnold Rosé begutachtet, und engagiert Spiering auf der Stelle. Von Toblach aus verabredet er mit seinem neuen Konzertmeister dann auch die Programme der ersten beiden New Yorker Konzerte in der kommenden Saison: im ersten will er Beethovens Ouvertüre *Die Weihe des Hauses* und die »Eroica«, Liszts *Mazeppa* und den *Till Eulenspiegel* von Strauss spielen; das zweite soll ein »historisches« Konzert mit Musik des Barock sein, und er bittet Spiering, bei dieser Gelegenheit *doch das Bachsche Violinkonzert zu spielen.*[651]

Neben solchen administrativen Arbeiten als Chef der New Yorker Philharmoniker beschäftigt ihn in diesem Sommer 1909 in erster Linie seine 9. Sinfonie, die er im vergangenen Jahr begonnen hatte. Im August berichtet er Bruno Walter: *Ich war sehr fleißig*

---

[650] *AME*, S. 440
[651] Bach, Violinkonzert in E-Dur

und lege eben letzte Hand an eine neue Symphonie. [...] Das Werk selbst (soweit ich es kenne, denn ich habe bis jetzt nur blind darauf losgeschrieben und kenne jetzt – wo ich den letzten Satz eben zu instrumentieren beginne – den ersten nicht mehr) ist eine sehr günstige Bereicherung meiner kleinen Familie. Es ist da etwas gesagt, was ich seit längerer Zeit auf den Lippen habe – vielleicht (als Ganzes) am ehesten der IV. an die Seite zu stellen. (Doch ganz anders.) Die Partitur ist bei der wahnsinnigen Eile recht schleuderhaft und für fremde Augen wohl ganz unleserlich. Und so möchte ich es sehnlichst wünschen, daß es mir heuer im Winter gegönnt sein möge, eine Reinpartitur herzustellen.[652]

Zweifelsfrei darf Mahlers »Neunte« als Abschieds-Sinfonie verstanden werden, und dies nicht nur in einem vordergründig biographischen Sinne, sondern – wie Monika Tibbe und Peter Andraschke nachgewiesen haben[653] – in ihrem kompositorischen Verweischarakter, namentlich des letzten Satzes.

Im Gegensatz zu Bruno Walters Ansicht, die »Neunte« spiegele zwar die gleiche Stimmung wie das *Lied von der Erde*, einen musikalischen Zusammenhang mit diesem gebe es aber nicht, wird durch die erwähnten Arbeiten deutlich, daß hier nachweisbare Rückbezüge auf die Thematik von Tod und Abschied aus vorangegangenen Werken Mahlers kompositorisch gestaltet sind.

So weist Andraschke mit Recht darauf hin, daß die Takte 88 ff. des letzten Satzes der »Neunten« *in Ausdruck, Klang und Motivik an den »Abschied« des »Liedes von der Erde«* erinnern.[654]

Noch deutlicher sind Verweise auf Passagen aus dem vierten der *Kindertotenlieder: Oft denk' ich, sie sind nur ausgegangen!*, vornehmlich auf die Schlußwendungen einzelner Strophen.

[652] *GMB*, S. 416/417 (368)
[653] Tibbe, Monika, *Über die Verwendung von Liedern und Liedelementen in instrumentalen Symphoniesätzen Gustav Mahlers*, München 1971
Andraschke, Peter, *Gustav Mahlers IX. Symphonie. Kompositionsprozeß und Analyse*, Wiesbaden 1976
[654] P. Andraschke, a.a.O., S. 47

Kindertotenlieder, Nr. 4, T. 41–43

9. Sinfonie, Finale, T. 110/111, Vl. II

384

schön ___ auf je - nen Höhn!

Ganz sicher erschöpft sich der Abschieds-Gestus dieser Musik nicht im Rückgriff auf die musikalische Substanz der eigenen kompositorischen Vergangenheit, sondern meint zugleich auch den *Gang zu jenen Höh'n*, in denen sich für Mahler – in bewußter oder unbewußter Anlehnung an Fechners Transzendental-Lehre – die höchste Daseinsstufe realisiert.

In einem Brief an seine Frau hatte er 1903 geschrieben (vgl. Dokumente S. 440): *Merkwürdig, wie Fechner Rückertisch empfindet und schaut; es sind zwei sehr verwandte Menschen und eine Seite meines Wesens ist der 3. im Bunde.*[655]

Was Rückert in der Zeile *Der Tag ist schön auf jenen Höh'n* ausdrückt, ist lyrische Verdichtung dessen, was Fechner im *Büchlein vom Leben nach dem Tode* mit den Worten des Philosophen sagt: [...] *im Augenblick des Todes, wo eine ewige Nacht das Auge seines Körpers überzieht, wird es zu tagen beginnen in seinem Geiste. Da wird der Mittelpunkt des innern Menschen zu einer Sonne entbrennen, welche alles Geistige in ihm durchleuchten und zugleich als inneres Auge durchschauen wird mit überirdischer Klarheit.*[656]

Die vielleicht am tiefsten empfundene Interpretation des I. Satzes der 9. Sinfonie als eines Werkes persönlichster Prägung – Mahler selbst weist in dem oben zitierten Brief darauf hin, daß hier etwas gesagt sei, *was ich seit längerer Zeit auf den Lippen habe* – sind jene Bemerkungen, die Alban Berg 1912 in einem Brief an seine Frau macht, und die zugleich Bergs Verständnis als an einen biographischen Rückbezug geknüpftes ausweisen:

Ich habe wieder einmal die IX. Mahler-Symphonie durchgespielt. Der erste Satz ist das Allerherrlichste, was Mahler geschrieben hat. Es ist der Ausdruck unerhörter Liebe zu dieser Erde, die Sehnsucht, in Frieden auf ihr zu leben, sie, die Natur, noch auszugenießen bis in ihre tiefsten Tiefen – bevor der Tod kommt. Denn er kommt unaufhaltsam. Dieser ganze Satz ist auf Todesahnung gestellt. Immer wieder meldet sie sich. Alles Irdisch-Verträumte gipfelte darin (daher die immer wie neue Aufwallungen ausbrechenden Steigerungen nach den zartesten Stellen), am stärksten natürlich bei der ungeheuren Stelle, wo die Todesahnung Gewißheit

[655] *AME*, S. 288
[656] Gustav Theodor Fechner, *Das Büchlein vom Leben nach dem Tode*, Leipzig 1836, S. 42

wird, wo mitten hinein in die tiefste, schmerzvollste Lebens-
lust »mit höchster Gewalt« der Tod sich anmeldet. Dazu
das schauerliche Bratschen- und Geigensolo und diese ritter-
lichen Klänge: der Tod in der Rüstung! Dagegen gibt's kein
Auflehnen mehr! – Es kommt mir wie Resignation vor, was
jetzt noch vor sich geht. Immer mit dem Gedanken an das
»Jenseits«, das einem in der Stelle »misterioso« (Seite 44/45)
gleichsam wie in ganz dünner Luft – noch über den Bergen
– ja, wie im luftverdünnten Raum (Äther) erscheint. Und
wieder, zum letzten Mal, wendet sich Mahler der Erde zu –
nicht mehr den Kämpfen und Taten, die er gleichsam (wie
schon im »Lied von der Erde«, mit den chromatischen mor-
dendo-Läufen nach abwärts) von sich abstreift, sondern
ganz und nurmehr der Natur. Was und wie lang ihm die
Erde noch ihre Schätze bietet, will er genießen! Er will, fern
von allem Ungemach, in freier, dünner Luft des Semme-
rings, sich ein Heim schaffen, um die Luft, diese reinste Er-
denluft zu trinken, mit immer tieferen Atemzügen – immer
tieferen Zügen

daß sich das Herz, dieses herrlichste Herz, das je unter
Menschen geschlagen hat, sich weitet – immer mehr sich
weitet – bevor es hier zu schlagen aufhören muß.[657]

In die gleiche Interpretations-Richtung weisen die Eintragungen,
die Willem Mengelberg in seine Dirigierpartitur der 9. Sinfonie geschrieben hat. Wieweit sie authentisch sind, möglicherweise direkt
auf Bemerkungen Mahlers zurückgehen – die beiden sehen sich
kurz nach Beendigung der Sinfonie, als Mahler im September 1909
seine »Siebte« in Amsterdam und Den Haag dirigiert (vgl. S. 391) –
ist nicht belegbar, aber im Grunde auch unerheblich, da Mengelberg als intimer Kenner der Mahlerschen Seele einer der glaubwür-
digsten Interpreten seiner Musik ist. Auch Mengelberg weist inter-
essanterweise auf den Zusammenhang mit dem *Lied von der Erde*
hin:

[657] Berg, Alban, *Briefe an seine Frau*, München/Wien 1965, S. 238 f. Die zitierte Sei-
tenangabe bezieht sich auf den Part.-Entwurf; das Notenbeispiel gibt die Horn-
Stelle in T. 443/444 des I. Satzes wieder.

Das Lied von der Erde
Eine Seite aus dem Particell

Lied v. d. Erde ist: Abschied vom »Freund«! (vom Men-
schen!!)
9te Symphonie ist: Abschied von allen die Er liebte
– u. von der Welt
– ! u. von Seiner Kunst, seinem Leben, seiner Musik
– I Satz Abschied von »Seinen Lieben« (Seiner Frau u. Kind –
  Wehmut! (tiefste)
– II Satz »Totentanz« (»Du mußt in's Grab' hinein!«) Indem
  Du lebst, vergehst Du Grimmiger Humor
– III Satz Galgenhumor –! Arbeit, Schaffen, alles vergebliches
  Bemühen, dem Tode zu entrinnen!! trio –: ein verschrobenes
  Ideal (Urmotiv)
– IV Satz Mahlers Lebenslied
  Mahlers Seele singt ihren Abschied! Er singt sein ganzes In-
  neres Seine Seele singt – singt – zum letzten Abschied: ›Leb
  wohl‹! Sein Leben, so voll und reich – ist jetzt bald beendigt!
  Er fühlt u. singt sein: »Lebe wohl, Mein Saitenspiel«[658]

Bevor Mahler mit seiner Familie das Sommer-Domizil in Alt-
Schluderbach verläßt, meldet sich noch einmal Besuch an: Richard
Strauss möchte – wie er am 21. August aus Garmisch schreibt –
neun Tage eine Automobiltour durch die Dolomiten machen und
bei der Gelegenheit Mahler am 26. oder 27. August im Pustertal be-
suchen.

Leider ist außer den sehr breit angelegten Bemerkungen Almas
zum Benehmen von Pauline Strauss nichts bekannt, was die Gespräche der beiden Großen der Jahrhundertwende beleuchten
könnte. *Glücklich, daß er wieder arbeiten konnte,* bemerkt Alma
über Mahlers damalige Situation, *und, wie er fühlte, besser denn je,*
war seine Stimmung wunderbar. Störend unterbrochen nur einmal
durch den Besuch von Richard Strauß und Gattin.[659] Daß Mahler
selbst die Sache wohl etwas anders gesehen hat, geht aus einem
Brief an Strauss von Ende September hervor, in dem er bedauert,
daß unsere »Entrevue« so kurz gedauert, beinahe wie zwischen
Potentaten.[660]

Kurz nach Strauss' Besuch fährt Mahler mit der Familie nach
Wien, wo sich Alma und Tochter Anna einer Mandeloperation un-

---

[658] zit. nach Andraschke, a.a.O., S. 81
[659] *AME*, S. 192
[660] *BMS*, S. 126

terziehen müssen. Zur gleichen Zeit wird auch die Wohnung in der Auenbruggergasse 2 endgültig aufgegeben, so daß Mahler gern die Einladung des befreundeten Industriellen Fritz Redlich annimmt, den Rest der Ferien in seiner Villa im mährischen Göding (Hodonin) zu verbringen.

Aus Mahlers Gödinger Briefen an seine Frau spricht ein völlig verändertes Gefühl für Arbeit und Erholung, eine Erfahrung, die all die vergangenen Komponierhäusl-Jahre als Ruin seiner Gesundheit erscheinen läßt. *Bei geöffneten Fenstern sitzen können und arbeiten und dabei die Luft, die Bäume, die Blumen zu athmen – das ist eine Wonne, die ich in meinem Leben noch nicht kennengelernt habe. Jetzt sehe ich erst, wie verkehrt mein Leben im Sommer ist. [...] Der Mensch braucht Sonne und Wärme. – Mir schaudert jetzt bei dem Gedanken an meine verschiedenen Komponierhäuschen; obwohl ich dort die schönsten Stunden meines Lebens verbracht, so habe ich sie wahrscheinlich mit meiner Gesundheit bezahlen müssen.*[661]

Nach diesen Erfahrungen steht für ihn fest: ein solches Haus, und zwar in ruhiger Umgebung, muß er haben! Carl Moll verspricht, sich darum zu kümmern. In Göding stört ihn zwar zuweilen der Lärm der nahegelegenen Redlichschen Zuckerfabrik, aber er findet trotzdem genügend Muße, letzte Hand an das *Lied von der Erde* zu legen. Seine Uraufführung sollte er dennoch nicht mehr erleben.

Die beiden letzten Septemberwochen hält er sich wieder in Wien auf, bevor er am 26. September 1909 nach Holland fährt, um am 2. Oktober in Den Haag und am 3. und 7. Oktober in Amsterdam seine 7. Sinfonie zu dirigieren, deren Aufführung Mengelberg wieder so mustergültig vorbereitet hat, *daß Mahler diese schwere Symphonie fast ohne Probe machen konnte*, wie sich Alma erinnert. Trotz der zurückhaltenden Aufnahme des Werkes in Den Haag bedauert der Korrespondent der *Musik*, *daß man uns nicht, wie in Amsterdam, durch eine Wiederholung Gelegenheit geboten hat, unsere ersten Eindrücke zu verstärken; eine einzige Aufführung genügt nicht, den Wert dieses Werkes völlig zu schätzen.*[662]

---

[661] *AME*, S. 444
[662] *Die Musik* 9 (1909/1910), S. 318

Mahler 1909

Dritter Aufenthalt in New York

Nach kurzem Aufenthalt in Paris bricht Mahler am 12. Oktober 1909 mit der »Kaiser Wilhelm« von Bremerhaven aus zur dritten Saison in der Neuen Welt auf. Mit ihm reisen neben seiner Frau und dem Töchterchen auch Fritz Kreisler und Theodore Spiering. Mahler ist ganz auf seine Tätigkeit als Konzertdirigent eingestellt, so daß er – wie man seinen Äußerungen gegenüber der Presse bei der Ankunft in New York am 19. Oktober entnehmen kann – sich kaum in der Lage sieht, auch noch Opern zu dirigieren. Die Metropolitan Company hat ihn allerdings für die kommende Spielzeit noch als einen ihrer Dirigenten angekündigt; aber Mahler übernimmt in Wirklichkeit nur eine einzige Aufführung in der »Met« – natürlich mit ausdrücklicher Genehmigung seines neuen Arbeitgebers!

Er beginnt sofort mit der Orchesterarbeit. Es gilt, ein völlig neues Ensemble zu formen, einen Klangkörper, der nur noch entfernt etwas mit der guten alten Philharmonic Society zu tun hat. Der einzige Weg, *der perfekte Ergebnisse garantiert*, sei – so Mahler gegenüber der *New York Daily Tribune* – *die beständige Übung.* [...] *Wir werden regelmäßig und häufig proben und uns bemühen, die klassischen und die besten modernen Werke auf eine Weise darzubieten, wie man sie von einem Orchester ersten Ranges erwarten darf.*[663]

Mahler organisiert das Orchester auch in seiner inneren Struktur um. Die Holzbläsergruppe wird verstärkt; dagegen verringert er die Anzahl der Streicher in dem 95-Mann-Orchester, verbessert aber gleichzeitig die Proportionen, indem er z. B. die Anzahl der Kontrabässe von 14 auf 8 reduziert.

Das erste Konzert der »neuen« New Yorker Philharmoniker unter Mahlers Leitung findet am 4. November 1909 statt und wird von der Presse fairerweise zurückhaltend beurteilt. Die *World* gibt zu bedenken, daß *auch ein erstrangiges Symphonieorchester nicht in einer Serie von neun Proben geschaffen werden kann, nicht einmal unter solch einem Meister wie Mahler* [...].[664]

Mit besonderer Spannung erwartet man in New York die Reihe der »Historischen Konzerte«, in denen die musikalische Entwicklung von der Bach-Zeit bis zur Gegenwart dargestellt werden soll.

---

[663] *New York Daily Tribune* vom 24. 10. 1909, zit. nach *KB* II, S. 266
[664] *The World* vom 5. 11. 1909, zit. nach *KB* II, S. 266

In der ersten Veranstaltung dieser Art, am 10. November 1909, macht Mahler sein Publikum mit Werken von Bach, Händel, Rameau, Grétry und Haydn bekannt. Er hat eigens ein Arrangement Bachscher Suiten-Sätze hergestellt: Ouvertüre, Rondeau und Badinerie aus der zweiten (BWV 1067), Air und Gavotte I und II aus der dritten Suite (BWV 1068) hat er zu einer neuen zusammengefaßt und instrumentatorisch bearbeitet. Er dirigiert – mit Ausnahme der Haydn-Sinfonie – von einem eigens präparierten Spinett aus, kann aber das Publikum mit seinem Versuch, alte Musik »mundgerecht« zu servieren, nicht sonderlich begeistern.

Anders die Reaktion auf das erste der fünf geplanten Konzerte des Beethoven-Zyklus, in dem alle Sinfonien, mit Ausnahme der ersten, und sieben der elf Ouvertüren aufgeführt werden sollen; die *Times* am 20. November 1909: *Das Spiel des Orchesters ist besser geworden. Sein Klang hat an Fülle, Geschmeidigkeit, Tonschönheit und auch an Homogenität gewonnen [...]*.[665] Eine erstaunliche Leistung innerhalb von zwei Wochen! Mahler erntet die ersten Früchte seiner disziplinierten Arbeit, die ihm nach eigener Aussage in einem Brief vom 18. Dezember 1909 an Bruno Walter doch mehr abverlangt, als es die Bemerkung Almas, seine Arbeit in New York sei *ein Kinderspiel gegen seine Pflichten in Wien*, vermuten läßt. Er entschuldigt sich in dem Brief an Walter für sein langes Schweigen, das keinen anderen Grund habe, *als eine ungeheure Arbeitslast (sie hat mich an die Wiener Zeit erinnert), die mir nur vier Dinge erlaubt hat: Dirigieren, Notenschreiben, Essen und Schlafen. Ich sehe nachgeradezu, daß ich unverbesserlich bin. Leute unserer Art können nicht anders, als das, was sie tun, gründlich zu tun. Und das heißt, wie ich geradezu sehe, sich überarbeiten.*[666]

Solche Nachrichten klingen alarmierend; was Wunder, daß sich die Freunde in Europa ängstliche Gedanken um seine Zukunft machen. Guido Adler artikuliert solche Bedenken in freundschaftlicher Sorge besonders deutlich. Mahler hatte ihm im November oder Dezember 1909 geschrieben:

Hier geht es recht americanisch trubelhaft zu. Ich habe täglich Proben und Concerte. Muß mit meiner Kraft sehr haushalten, und gehe gewöhnlich nach der Probe in's Bett, wo ich mein Mittagmahl (man nennt den abscheulichen Fraß

---

[665] zit. nach *KB* II, 267
[666] *GMB*, S. 417 ff. (371 ff.)

*Lunch) einnehme. – Wenn ich diese 2 Jahre noch glimpflich
überstehe – dann, hoffentlich, darf ich mich auch einmal
zum Genießen und vielleicht auch zum Schaffen »con
amore« hinsetzen.*[667]

Adler scheint recht heftig reagiert zu haben, denn: obwohl sein
Brief nicht erhalten ist, läßt Mahlers Antwort eindeutige Rückschlüsse zu. Er versucht, Adlers Bedenken zu zerstreuen, ganz im
Sinne dessen, was Alma später in dem bereits erwähnten Interview
äußert.

*Mein letzter Brief scheint von Dir arg mißverstanden wor-
den zu sein. Ich erfahre dies aus einer Menge von Briefen,
die ich seit einigen Tagen aus Wien bekomme, und aus denen hervorgeht, daß höchst unrichtige und (ich gestehe es)
auch kränkende Interpretationen daran geknüpft worden
sind. [...] Glaubst Du wirklich, daß ein an Tätigkeit ge-
wöhnter Mensch wie ich sich andauernd als »Pensionär«
wohlfühlen könnte?*

*Ich brauche eine praktische Betätigung meiner musikali-
schen Fähigkeiten unbedingt als Gegengewicht gegen die ungeheuren inneren Ereignisse beim Schaffen: und gerade die
Leitung eines Konzertorchesters war lebenslang mein
Wunsch. [...] Ferner: Ich brauche einen gewissen Luxus,
eine Behaglichkeit der Lebensführung, die mir meine Pension [...] nicht hätte erlauben können.*

Dann kommt Mahler auf einen Punkt in Adlers Brief zu sprechen,
der ihn offenbar besonders getroffen hat:

*[...] Und nun im engsten Zusammenhange mit diesem Um-
stande komme ich auf meine Frau zu sprechen, der Du mit
Deinen Ansichten und Äußerungen ein großes Unrecht zu-
gefügt hast. Du kannst mir es aufs Wort glauben, daß sie
nichts anderes im Auge hat als mein Wohl. [...] Wann hast
Du bei ihr Verschwendungssucht oder Egoismus bemerkt?
Glaubst Du wirklich, daß sie in der letzten Zeit, in der Du
mit ihr nicht mehr zusammengekommen bist, sich so urplötzlich verändert hat? [...] Nochmal versichere ich Dich,
daß mir meine Frau nicht nur ein tapferer, an allem Geisti-*

---

[667] Zum erstenmal veröffentlicht in: Edward R.Reilly, *Gustav Mahler und Guido
Adler. Zur Geschichte einer Freundschaft.* Wien 1978, S. 54/55

gen teilnehmender treuer Genosse, sondern auch (eine sel-
tene Verbindung) ein kluger, besonnener Hausverwalter ist,
die mir trotz aller Behaglichkeit der leiblichen Existenz spa-
ren hilft, und der ich in eigentlichem Sinne Wohlstand und
Ordnung verdanke.[668]

Trotz aller Bedenken der Freunde geht die Arbeit mit dem Orchester unvermindert weiter; natürlich ist er mit der Leistung noch
nicht zufrieden. Doch wann wäre Gustav Mahler jemals ganz zufrieden gewesen? Seine hohen Maßstäbe lassen ihn oft genug unge-
recht urteilen. *Mein Orchester hier ist das richtige amerikanische*
Orchester. Talentlos und phlegmatisch, beklagt er sich bei Bruno
Walter. Seine Arbeitsweise ruft denn auch anfangs Reaktionen des
Orchesters hervor, die Spiering als *etwas bockbeinig* apostrophiert.

Unsere Proben waren stets interessant, aber auch anstrengend.
Es wurde keine bestimmte Zeitdauer innegehalten. Selten über-
schritten sie die von der »Union« festgesetzte Zeit von 3 1/2 Stun-
den. Manchmal genügten schon anderthalb – sogar fünfviertel
Stunden. Mahler arbeitete beständig mit Anspannung aller
Kräfte. Jede Minute zählte. Pausen gab es nicht. Rein durchge-
spielt wurde fast nie. Ein beständiges Ringen mit der Materie,
bis sie überwunden war. Das Orchester, zuerst etwas bockbei-
nig – eben diese anspannende Art nicht gewohnt – fügte sich
recht bald und bewunderte den Mann, der es zugleich so
schroff behandelte und zu so ungeahnten Höhen mit emporrei-
ßen konnte.[669]

Wie angekündigt, setzt sich Mahler in Amerika auch für die zeitgenössischen europäischen Komponisten ein, darunter vor allem für
Richard Strauss und Claude Debussy, aber auch für Pfitzner, Busoni und Rachmaninow.[670] Seine eigene Musik nimmt dagegen einen vergleichsweise bescheidenen Raum in den New Yorker Konzerten ein. Am 16. Dezember 1909 führt er mit mäßigem Erfolg

[668] *GMB*, S. 461–463 (374–376)
[669] Theodore Spiering, *Zwei Jahre mit Gustav Mahler in New York*, in: *Vossische Zei-*
tung, Berlin, 21. 5. 1911; zit. nach *KB* II, S. 267
[670] Almas Behauptung, Mahler habe in New York alle Bruckner-Sinfonien aufgeführt, bezeichnet M. Kennedy als »nonsens« (62), weil die »Vierte« nachweislich
die einzige gewesen sei, die Mahler in den USA dirigiert habe. Diese Angabe
deckt sich auch mit der von Irving Kolodin, *Mahler in America*, in: *Saturday Re-*
view, 16. 7. 1960, S. 45.

seine 1. Sinfonie auf, und auch die *Kindertotenlieder* mit Ludwig Wüllner als Solist, die Mahler den New Yorkern am 26. Januar 1910 in der Carnegie-Hall und zwei Tage später in Brooklyn vorstellt, stoßen nicht gerade auf begeistertes Verständnis. Die Presse vermerkt in erster Linie den *persönlichen Ton* der Lieder. *Sie sind mit Gram von so schmerzhafter Aufrichtigkeit befrachtet, daß man auf autobiographische Bedeutung schließen muß*, schreibt die *New York Daily Tribune.* Und der Kritiker der *New York Times* reiht sie ein in jene *Sorte von Orchesterliedern, die von modernen Komponisten mit besonderem Interesse gepflegt wird und aus der sie beinahe ein neues Genre machen. Sie sind mehr als nur Lieder und reicher ausgearbeitet, und jene von Mahler wirken tatsächlich in der Art kleiner Dramen oder dramatischer Miniaturszenen [...].*[671]

Noch einmal erscheint Mahler in dieser Saison als Gast am Pult der Metropolitan Opera, wo man ihm vier Aufführungen von Tschaikowskys *Pique Dame* mit Leo Slezak in der Rolle des Hermann und Emmy Destinn als Lisa angeboten hat. Mahler nimmt an, weil er eine attraktive Gage erhält; künstlerisch ist die Sache völlig unbefriedigend. Slezak erinnert sich an einen Gustav Mahler, der während der Proben Ende Februar – die Premiere findet am 5., die letzte Vorstellung am 21. März statt – nur noch ein Schatten seiner selbst ist:

> *Nach Jahren traf ich ihn wieder in New York. Ein müder, kranker Mann. Wir hatten Pique Dame-Uraufführung für Amerika, am Metropolitan Opernhaus. Bei den Proben meist er und ich allein. Die anderen kamen gar nicht. Selten bekam er ein Ensemble zusammen. Resigniert saß er da mit mir, ein anderer. Mit Wehmut suchte ich den Feuergeist von einst. – Er war milde und traurig geworden.*[672]

Der aussichtslose Kampf gegen Ignoranz und Gleichgültigkeit hat Gustav Mahler zermürbt. Darüber können ihm auch die Erfolge als Konzertdirigent nicht hinweghelfen, und auch nicht das New Yorker Publikum, das er für »immer ernst und aufmerksam« hält: eine Reverenz, die durch Berichte von Zeitgenossen nicht unbedingt gestützt wird. Der Berliner Musikschriftsteller Ernst Jokl, der einige Zeit in New York gelebt und Mahler zuweilen in die

---

[671] *New York Daily Tribune* vom 27. 1. 1910 und *New York Times* vom 27. 1. 1910, beide zit. nach *KB* II, S. 268
[672] Leo Slezak, *Meine sämtlichen Werke*, Berlin 1922, S. 256

Konzerte begleitet hat, vermittelt einen beklemmenden Eindruck von Mahlers Dasein in Amerika:

Für jeden, der mit Mahlers künstlerischer und persönlicher Eigenart einigermaßen vertraut war, der zugleich New-York kennt und vom künstlerischen Standpunkte bewertet – sofern eine solche Wertsetzung überhaupt am Platze ist – hat die Zusammenstellung, nein, Antithese: Mahler und Amerika etwas schmerzlich Aufreizendes. Daß dieser große Mensch und Künstler, dessen ganzes Wesen auf Wärme, Teilnahme und Wiederklang eingestellt war, zu Amerika verurteilt war, ist tragisch im höchsten Sinne, doppelt tragisch durch die Art, wie Mahler dieses Schicksal empfand und trug. Ich entsinne mich, wie er zu mir sagte: »Nach Amerika geht man, wenn man mit dem Theater fertig ist, wie ich.« [...] In Wien hatte er Opern »herausgebracht« – man nehme das Wort getrost in seinem banalsten und wörtlichsten Sinne, das hier mehr besagt, als eine ästhetisch-kritische Abhandlung – in New York »dirigiert« er eine Oper (es war in der Spielzeit 1909/10 »Pique Dame« von Tschaikowsky). Daß es eine ausgezeichnete Vorstellung war, ist überflüssig zu bemerken, aber was konnte eine Vorstellung für diesen Erzieher und Verkünder sein? Ein Personal, das er nur dieses einzige Mal und nur für diese Aufgabe in die Hände bekam, ein an andere Dirigenten gewöhntes Orchester, das seine bieder ausgeschlagenen Viertel verlangte, ein Publikum, dem das Theater nicht inneres Bedürfnis, sondern gesellschaftliche Angelegenheit war – und da hineingestellt Gustav Mahler! [...] Ist es zu glauben, daß ein italienischer Musiker von Rang und Namen zu mir sagte: »Was wollen Sie mit Ihrem Mahler? Der kann ja nicht dirigieren!« Was konnte man angesichts dieses grauenvollen Unverständnisses vom Orchester und Publikum verlangen? [...] Von Wien sprach er selten und ungern, trotzdem glaubte ich den Eindruck zu haben, daß er mit Wien und der Wiener Hofoper noch lange nicht fertig war; er sagte einmal: »Ich dirigiere keine Opern mehr – absolut nicht.« – »Außer vielleicht noch in Wien«, fügte er leise und fast verschämt hinzu. Daß er sich in New York nicht wohl fühlte, ist selbstverständlich, daß er aber für die Eigenart der Riesenstadt, für den zwingenden Rhythmus des amerikanischen Lebens Verständnis hatte, ist außer Zweifel. [...] Seine Sehnsucht war, sich in einen stillen Erdenwinkel zurückzuziehen und zu kom-

ponieren und vielleicht ab und zu bei einem besonderen An-
lasse zu dirigieren. Er war wirklich des »Treibens«, des ameri-
kanischen »Betriebes« müde.[673]

Zum »Betrieb« dieser Wintersaison 1909/10 gehören auch ungezählte Einladungen und Treffs der New Yorker High Society, von
denen Alma Mahler in aller Ausführlichkeit berichtet. Ob es sich
darum handelt, Marcella Sembrich, die gefeierte Koloratursopranistin, mit einem Gala-Konzert und anschließendem Dinner in den
Festsälen des Plaza-Hotels gebührend zu verabschieden; ob man
einer Einladung der Familie Roosevelt nach Osterbay folgt (Alma
bemerkt beiläufig: *Die Hall, die Zimmer, alles atmete Kultiviertheit*
und Vornehmheit. Wir waren sofort daheim.); ob es sich nach einem Dinner beim Bankier Otto H. Kahn um die Teilnahme an einer Séance bei Eusapia Palladino dreht; ob man, anstatt der Einladung von Mrs. Havemeyer zu ihren Musiknachmittagen mit
Haydn- und Brahms-Quartetten zu folgen, die im selben Hause,
einem Feenpalast (Alma), untergebrachte Galerie (*acht Rem-*
brandts, viele Goyas etc.) besucht, ob man eine Einladung des ständig haschischrauchenden Louis Tiffany annimmt oder mit dem
Musikverleger Schirmer eine Opiumhölle im New Yorker Chine-
senviertel aufsucht: *Mahler tat mit, wo es ihm Spaß machte, und es*
machte ihm mehr Freude, als man annehmen konnte. Er ließ nie ein
Dinner aus [...], erinnert sich Alma.[674]

Vorbereitung der Uraufführung der »Achten« aus der Ferne

Noch bevor man Ende März zur Rückkehr nach Europa rüstet,
sorgt sich Mahler um die Vorbereitungen zu der geplanten Uraufführung seiner 8. Sinfonie in München. Anfang Februar hatte er
bereits den korrigierten Klavier-Auszug an die Universal-Edition
zurückgeschickt mit der Bitte, die Korrekturen auch in die Partitur
zu übertragen, so daß die Herstellung des Aufführungsmaterials
unverzüglich beginnen konnte. Mahlers größte Sorge gilt aber den
eigentlich musikalischen Vorbereitungen der Aufführung, vor al-

[673] Ernst Jokl, *Gustav Mahler in Amerika*, in: *Musikblätter des Anbruch* 2 (1920),
S. 289–291; bis zum März fanden entgegen Jokls Annahme vier Vorstellungen
statt.
[674] *AME*, S. 196/197

lem der Besetzung der Solisten-Partien und der Leistungsfähigkeit des Riesen-Chores. Kurz vor der Abreise aus den USA wendet er sich deswegen an Bruno Walter, der ihm offenbar der einzige Garant für eine sorgsame Organisation der Vorbereitungen zu sein scheint. Zur gleichen Zeit schlägt er sich mit dem Konzert-Unternehmer Emil Gutmann herum, der das Ereignis ohne Mahlers Wissen und Zustimmung als *Aufführung der Symphonie der Tausend* angekündigt hat. Mahler äußert stärkste Bedenken gegen die geplante Münchner Aufführung wegen mangelnder Vorbereitungen. Er hatte verlangt, daß die Chöre bereits im Januar 1910 mit dem Studium ihres Parts zu beginnen hätten, weil ihnen sonst wegen der bevorstehenden Sommerferien nicht genügend Zeit zur Verfügung stehe. *Jetzt kommt ein Brief,* schreibt Mahler im Februar verärgert an Gutmann, *in dem mir angezeigt wird, daß Ochs sich bereit erklärt hat, daß er persönlich die Chöre einstudieren will. Der Singverein in Wien studiert bereits. – Auf der nächsten Seite bitten Sie mich, bei der Universal-Edition zu urgieren, daß sie den Klavierauszug endlich fertigstellen, damit das Studium beginnen kann. – Nach einigen Tagen kommt ein Telegramm, daß der Riedelverein in Leipzig den neuen Chor übernommen hat. – Sie werden begreifen, daß ich nun ein wenig konfus bin. [...] Mein lieber Herr Gutmann – ich kann von hier aus nichts beurteilen. – Ich halte es für ausgeschlossen, daß die Chöre fertig werden! Und ich rate Ihnen dringend und freundschaftlichst, suchen Sie nach einem plausiblen Vorwand, die Aufführung abzusagen (eventuell, wenn Sie wollen, ein anderes meiner Werke dafür anzusetzen). – Denn sonst erleben Sie es im letzten oder vorletzten Moment, daß wir absagen müssen; und was nicht nur Sie, sondern auch ich dadurch für einen Klaps erleiden, können Sie sich selbst sagen.*[675] Dank des Einsatzes von Bruno Walter in Wien, der die Solisten-Partien einstudiert, Franz Schalk, der mit dem Singverein den Chorpart übernommen hat, und Georg Göhler, dem Leiter des Riedel-Chores in Leipzig, können schließlich Mahlers Bedenken zerstreut werden.

[...] *Also ich willige ein; jedoch muß es mir ermöglicht werden, am 2. September in Wien und am 3. September in Leipzig noch*

---

[675] *GMB*, S. 377/378 (378/379); Siegfried Ochs ist Leiter und Gründer des Philharmonischen Chores in Berlin; Ochs steht mit seinem Chor bei der Uraufführung nicht zur Verfügung. Vgl. dazu den Briefwechsel mit Gutmann (*UGMB*, S. 74–84) und mit Schalk, ebda., S. 168–170

einmal mit dem betreffenden Chor eine ordentliche Probe zu
halten. Ich würde dann in der Nacht des 2. September nach
Leipzig, und am 3. September nach München reisen, wäre
dann am 4. Sept. an Ort und Stelle, um für den 5. noch alles in
Ordnung zu bringen.

Die I. Gesamtprobe am 10. September also Samstag um
9 Uhr. Ich fürchte daß der Vormittag mit Aufstellung vergehen
wird. – Jedenfalls müssen wir diese Sache im Verlaufe der Vor-
hergehenden Tage so ordnen, daß möglichst jedem Sänger sein
Sitz angewiesen werden kann. [...] Last not least – daß die
Orchesterstimmen nicht abhanden kommen. Es gibt keine
mehr, da das Werk erst nach der Aufführung gedruckt wird.

Was heißt: die Halle wird nach Ihren Wünschen ein bischen
hergerichtet!!?[676]

Am 5. April 1910 verläßt Mahler zum vorletzten Mal Amerika und
trifft etwa eine Woche später in Paris ein, wo er am 17. April seine
2. Sinfonie im »Theatre du Châtelet« dirigiert. Die kurze Zeit der
Vorbereitungen bringt ein Wiedersehen mit einer Reihe alter Bekannter, aber auch erste Begegnungen mit führenden zeitgenössischen Komponisten Frankreichs. Gabriel Pierné hatte sich persönlich für Mahlers »Zweite« eingesetzt und gibt ihm zu Ehren einen
abendlichen Empfang, zu dem auch Claude Debussy, Paul Dukas,
Gabriel Fauré und Alfred Bruneau geladen sind. Aber Mahler
fühlt sich nach Aussagen Almas in dieser Gesellschaft nicht recht
wohl; *und er fühlte richtig,* fügt sie hinzu. *Die Aufführung kam. Es*
war eine Matinée. Ich saß mit Clemenceaus und meiner Mutter, die
uns nach Paris entgegengekommen war. [...] Plötzlich sah ich mit-
ten im zweiten Satz von Mahlers Zweiter Symphonie, wie Debussy,
Dukas und Pierné sich erhoben und weggingen. Dies war deutlich
genug. Sie äußerten nachher, es sei ihnen zu Schubertisch gewesen;
auch dieser aber sei ihnen fremd, zu wienerisch, zu slawisch.

Der Erfolg beim Publikum konnte Mahler nicht über die Bitternis
hinweghelfen, von den bedeutendsten französischen Komponisten
dermaßen mißverstanden, ja mißachtet worden zu sein.[677]

---

[676] *Gustav Mahler, Briefe,* hg. von M.Hansen, a.a.O., S. 371/372; im selben Brief vom
13. Juli 1910 aus Toblach an Gutmann nimmt er auch Stellung zu Gerüchten, er
wolle wieder an die Hofoper zurückkehren (vgl. Biographie, S. 414): *Die Notizen*
über Wien sind zu dumm. – Ich habe übrigens von den Münchner Neuesten Nach-
richten keinerlei Anfrage erhalten und daher auch nicht eine Antwort darauf erteilt.
[677] *AME,* S. 213

Da mag es mehr als ein dürftiger Trost für Mahler gewesen sein, daß Alfredo Casella, ein Schüler Gabriel Faurés, sich vorbehaltlos für seine Musik einsetzt. *Was a priori in jedem Werk Mahlers verblüfft*, schreibt Casella etwa zwei Wochen vor dem Pariser Konzert, *ist abgesehen von der absoluten Freiheit der Form [...] Reichtum und Vielfalt des Einfalls. Man kann sich tatsächlich nichts Unähnlicheres vorstellen als die verschiedenen Teile, aus denen sich jedwede der Symphonien zusammensetzt. Ständige Abwechslung, verschwenderische Phantasie: das sind die ersten Eindrücke, die diese seltsame Musik auslöst, in der eine Eisenhand die scheinbar unversöhnlichsten melodischen, rhythmischen und harmonischen Elemente zur Harmonie vereint und verschmilzt. [...] Ein weiteres Kennzeichen von Mahlers Kunst, das man unmittelbar merkt und das gewiß nicht weniger fesselnd wirkt, ist die lautere Güte dieser Musik. Durch sie kann Mahler die geheimsten Fasern unseres Herzens erreichen und nähert sich oft Beethoven, an den er auch durch seine Keuschheit erinnert; denn es scheint, daß dieser Mann alle menschlichen Gefühle ausdrücken kann mit Ausnahme der Geschlechtsliebe, von der man vergeblich eine Spur in seinem Werk suchen würde.*[678]

Von Paris fahren Alma und Gustav Mahler nach Rom; er soll dort drei von der Konzertdirektion Norbert Salter organisierte Konzerte dirigieren. Das Unternehmen endet in einem Fiasko, weil Mahler auf Anraten Mengelbergs zu streng mit dem Orchester verfährt. Mit Mühe und Not können zwei Konzerte stattfinden, danach reist Mahler mit seiner Frau zunächst nach Wien, um nach der anstrengenden New Yorker Saison endlich die verdienten Ferien genießen zu können.

Alma geht auf Anraten der Ärzte zu einer Kur nach Tobelbad bei Graz, Mahler fährt in den Trenker-Hof nach Alt-Schluderbach, wo ihn außer den Vorbereitungen zur Münchner Uraufführung der 8. Sinfonie Skizzen zu einer neuen, der 10. Sinfonie, beschäftigen.[679]

---

[678] Alfredo Casella, *Gustav Mahler et sa deuxième symphonie*, S. I. M., *Revue musicale mensuelle* 6 (1910), S. 240f., zit. nach *KB* II, S. 270

[679] Zur Entstehung des Werkes liegen unterschiedliche Angaben vor. *KB* I vermutet: *Seine Neunte Symphonie vollendete er während des Sommers 1909. Die Zehnte wurde begonnen.* (S. 270) Im Vorwort der GA von Erwin Ratz heißt es: *[...] bei der im Sommer 1910 begonnenen X. Symphonie [...]*

Sommer 1910: Ehekrise – Arbeit an der »Zehnten«

Aber die Arbeit wird überschattet von der schwersten Krise in der achtjährigen Ehe, einer Krise, deren Wurzeln – vertraut man Almas Notizen vom Sommer 1909 – weit zurückreichen. Auslösendes Moment für die Katastrophe des Sommers 1910 ist eine Begegnung Alma Mahlers mit dem jungen Architekten Walter Gropius während ihres Kuraufenthaltes in Tobelbad.[680] Der ahnungslose Mahler, der nach Almas Rückkehr nach Toblach von Gropius einen Brief erhält, in dem er Mahler bittet, Alma freizugeben, ist zutiefst getroffen. *Was jetzt kam,* schreibt Alma in ihren Erinnerungen, *ist unsagbar! Endlich durfte ich alles aussprechen: Wie ich mich jahrelang nach seiner Liebe gesehnt hatte und wie er, in seinem ungeheuren Missionsgefühl, mich einfach übersehen hatte. Er fühlte zum ersten Mal in seinem Leben, daß es auch so etwas wie eine innere Verpflichtung gegen den Menschen gibt, dem man sich nun einmal verbunden hat. Er fühlte plötzlich Schuld.* Alma spürt zwar, daß sie *Mahler nie verlassen könne,* aber: *In Wahrheit hatte meine grenzenlose Liebe nach und nach ihre Stärke und Wärme verloren. Mir, die ich außer dem meinen kein Frauenschicksal beobachtet hatte und unerhört naiv war, mir war es bei den stürmischen Werbungen des jungen X... wie Schuppen von den Augen gefallen. Ich wußte plötzlich, daß meine Ehe – keine Ehe –, mein eigenes Leben vollkommen unausgefüllt sei. Aber diese Wahrheit verhehlte ich nun Mahler, und wenn er sie auch wußte (ebenso gut wie ich), so spielten wir – aus Schonung für ihn – beide diese Komödie bis ans Ende.*

Mahler will eine Entscheidung. Er holt Gropius, der Alma heimlich nach Toblach gefolgt ist, in den Trenker-Hof nach Alt-Schluderbach und wartet – in der Bibel lesend – auf das Ergebnis der Aussprache zwischen Gropius und Alma. Wir wissen nichts über dieses Gespräch, aber wir kennen das Ergebnis und das Motiv, das Alma zum Bleiben veranlaßt. *War ich oft in den letzten Jahren verzweifelt gewesen über mein verfließendes Leben,* schreibt sie, *so hätte ich mir doch ein Leben ohne Mahler nie und nimmer vorstellen können. Am wenigsten mit einem andern Manne. Ich hatte wohl manchmal daran gedacht, fortzugehen, allein, irgendwohin, neu*

---

[680] Alma Mahler bezeichnet ihren jungen Verehrer als »Künstler X«. In ihrem 1960 erschienenen Buch *Mein Leben* sagt sie über Gropius: *Ich hatte mich in den Jahren 1910 und 1911 sehr mit ihm befreundet.* (S. 72) Gropius ist damals 27 Jahre alt, sie selbst dreißig.

anzufangen, aber immer ohne Wunsch nach irgendeinem Menschen. Mahler war und blieb mir der Zentralpunkt meines Daseins. Er aber war im Innersten aufgewühlt. Damals schrieb er alle jene Ausrufe und Worte an mich in die Partiturskizze der zehnten Symphonie.[681]

Diese Skizzen und Entwürfe zu studieren, die er sich in den letzten Sommermonaten seines Lebens in der Ahnung des nahenden Todes und dem bedrückenden Wissen um die Entfremdung seiner Frau in der Abgeschiedenheit des Schluderbacher Komponierhäuschens förmlich abgerungen hat, ist ein Erlebnis von unvergleichlicher Qualität. Mag sein, daß Richard Specht, Arnold Schönberg und Bruno Walter Recht hatten mit ihrer Forderung, dieses letzte Vermächtnis Mahlerschen Denkens und Fühlens *in Siegeln, die wohl zu entziffern, aber von keinem mehr zu sprechendem Ausdruck zu lösen* seien (Specht), ruhen zu lassen. Dennoch muß man Alma Mahler dankbar sein, daß sie sich 1923 entschloß, die vorhandenen Skizzen und Entwürfe der Öffentlichkeit in Faksimile-Form zugänglich zu machen. Denn erst jetzt konnte zur Überraschung der Fachwelt festgestellt werden, daß Mahler im Sommer 1910 tatsächlich das gesamte Material für die fünfsätzig konzipierte Sinfonie fixiert und z. T. in unterschiedlichen Stufen formaler und instrumentatorischer Ausarbeitung hinterlassen hatte. Richard Specht erinnert sich denn auch 1925 in der 17. Auflage seiner Biographie, erfahren zu haben, daß Mahler in den letzten Wochen seines Lebens in New York zuweilen *von einer in der Skizze ganz fertiggestellten Arbeit gesprochen habe*.

Am weitesten kommt er in diesen Toblacher Wochen 1910 mit der Arbeit am I. Satz, einem *Adagio*, das er als Partitur-Entwurf fertigstellt, in dem allerdings noch keine Pausen eingetragen sind, um bei einem weiteren Arbeitsgang die Möglichkeit von Ergänzungen zu haben. Dazu kam es, wie wir wissen, nicht mehr, so daß dieses *Adagio* heute als Einzelsatz in der von Mahler hinterlassenen Form aufgeführt wird, der sich auch die von Erwin Ratz betreute Veröffentlichung im Rahmen einer Kritischen Gesamtausgabe durch die Internationale Gustav Mahler Gesellschaft in Wien anschließt. Dieser Satz ist denn wohl auch der einzige, der in der Planung der Reihenfolge der einzelnen Sätze von vornherein als

[681] *AME*, S. 218; an A. Roller schreibt er, er befinde sich *in komplizierten Verhältnissen, die es mir nicht erlauben, auch nur über die nächste Stunde zu verfügen.* (*GMB*, S. 443/444 (394/395)

erster vorgesehen war. Über die Stellung der übrigen Sätze scheint sich Mahler dagegen bis zu seiner Abreise nach München nicht vollständig klar geworden zu sein; am meisten zu schaffen macht ihm in dieser Hinsicht der später mit Blaustift als *IV* bezeichnete Satz, der zuvor als *Finale*, auch als *1. Scherzo (1. Satz)* und schließlich als *2. Satz* eingeordnet war. In der letzten, der »Blaustift-Fassung«, ist er als *2. Scherzo* an vierter Stelle festgelegt und weist durch eine Reihe von verbalen Eintragungen auf dem Deckblatt und am Ende des Satzes offenkundige Bezüge zu jener Krise auf, die er in den letzten Jahren, ganz besonders aber in diesem Sommer durchlebt:

> *Der Teufel tanzt es mit mir*
> *Wahnsinn, fass mich an, Verfluchten!*
> *vernichte mich*
> *dass ich vergesse, dass ich bin!*
> *dass ich aufhöre, zu sein*
> *das ich ver*

Der Satz endet mit einem Schlag der *vollständig gedämpften Trommel*. Alma sieht darin eine Reminiszenz an ein Erlebnis, das sie und Mahler 1908 in New York hatten. Die beiden werden damals in ihrem Hotel auf den Lärm einer Menschenmenge am Central-Park aufmerksam: die Leute warten auf einen Leichenzug, in dem ein Feuerwehrmann zu Grabe getragen wird, der bei einem Brand umgekommen ist:

Der Zug steht, Der Obmann tritt vor, hält eine kurze Ansprache, wir ahnen im 11. Stock mehr als wir hören, daß gesprochen wird. Kurze Pause, dann ein Schlag auf die verdeckte Trommel. Lautloses Stillstehen – dann Weitergehen. Ende. Diese seltsame Totenfeier preßte uns die Tränen aus den Augen. Ich sah ängstlich zu Mahlers Fenster hin, aber da hing auch er weit hinaus, und sein Gesicht war tränenüberströmt. Die Szene hatte einen solchen Eindruck auf ihn gemacht, daß er diesen kurzen Trommelschlag in der Zehnten Symphonie verwendet hat.[682]

Mahler schreibt im Particell des IV. Satzes, auf den sich Alma hier bezieht, hinter den Schlußstrich (vgl. Faksimile S. 406):

[682] *AME*, S. 170

Du allein weisst, was es bedeutet.
Ach! Ach! Ach!
Leb' wol mein Saitenspiel!
Leb wol
Leb wol
Leb wol
Ach wol
Ach Ach.

Und am Ende des Finalsatzes der »Zehnten« liest man zwischen den Notensystemen:

für dich leben!
für dich sterben!
Almschi!

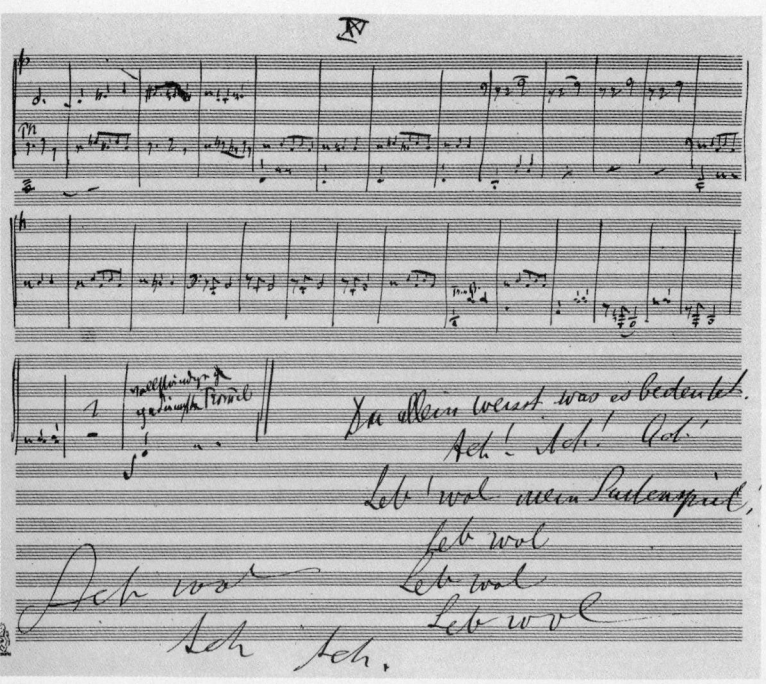

Ende des IV. Satzes der 10. Sinfonie (Autograph)

In der Verzweiflung und Angst dieser Sommermonate 1910 legt er Alma heimlich Zettel auf den Nachttisch, bevor er in aller Frühe sein Komponierhäuschen aufsucht:

> *Mein Lebensathem! Ich habe die Pantöffelchen tausendmal abgeküßt und bin in Sehnsucht an Deiner Thüre gestanden. Du hast Dich meiner erbarmt, Du Herrliche, aber mich haben die Dämonen wieder gestraft, weil ich wieder an mich und nicht an Dich, Du Theuere, gedacht habe. Ich kann nicht weg von Deiner Thüre und möchte so lange davor stehen, bis ich Deines Lebens und Athmens süßen Laut empfunden. – Aber ich soll es ja! Meine Fürstin hat mich hinunter verbannt. Sei gesegnet, Du Geliebte – was mir von Dir beschieden ist – Jeder Herzschlag ist für Dich.*[683]

In einem Akt spontanen Liebesbeweises spielt er Almas vor Jahren komponierte Lieder und versucht so, ein wenig von dem wieder gutzumachen, was er der jungen, nicht unbegabten Schülerin Zemlinskys an solider Selbsteinschätzung glaubte vermitteln zu müssen, indem er ihr das Komponieren ausredete. *Meine armen vergessenen Lieder,* schreibt Alma in ihren Erinnerungen. *Der Sarg mit diesen Geschöpfen war eine Mappe, die ich immer im Frühjahr an unseren Sommerort und im Herbst wieder nach Wien mitgeschleppt hatte: ich war mit dieser Sache niemals fertig geworden. Nun kam ich sehr beschämt und etwas geärgert ins Zimmer, aber Mahler kam mir mit einer solchen Freude entgegen, daß ich nicht zu Worte kommen konnte. »Was habe ich getan? Diese Lieder sind gut. Einfach ausgezeichnet! Ich verlange, daß du sie überarbeitest, und wir werden sie herausgeben. Ich ruhe jetzt nicht eher, als bis du wieder zu arbeiten anfängst. Gott, war ich damals eng!«*
Und er spielte sie wieder und wieder. Ich mußte mich sofort hinsetzen und daran arbeiten, wo es fehlte, nach zehnjähriger Pause![684]

Im August entschließt sich Mahler, Sigmund Freud im holländischen Leyden aufzusuchen, um bei ihm Hilfe zu finden. Von unterwegs schickt er seiner Frau Telegramme und Gedichte. Am 25. August telegrafiert er auf der Hinreise noch aus Innsbruck, wo er vermutlich etwas Aufenthalt hat: *Alle guten und bösen Mächte begleiten mich; über allen thront die Siegerin. Gute Nacht, mein Saitenspiel. Ich fühle nur Glück und Sehnsucht.*

[683] *AME*, S. 463
[684] *AME*, S. 219/220

Jeden Tag dieser kurzen Reise läßt er Alma ein Lebens- und Liebeszeichen zukommen. Am 26. August trifft er in Leyden ein und offenbart sich Freud auf einem ausgedehnten Spaziergang durch die Stadt. *Sein Besuch erschien ihm notwendig,* schreibt Freud in einem Brief von 1935, *weil seine Frau sich damals gegen die Abwendung seiner Libido von ihr auflehnte.*[685] Alma dazu in ihren Erinnerungen: *Er schilderte Freud seine sonderbaren Zustände und Sorgen, und Freud schien ihn wirklich beruhigt zu haben. Freud hatte ihm nach seiner Beichte die heftigsten Vorwürfe gemacht: »Wie kann man in einem solchen Zustand ein junges Weib an sich ketten?« so fragte er.*[686]

Freuds *Darlegungen* – so Alma – *beruhigten Mahler.* Das mag wohl richtig sein, soweit es seine Eifersuchtsgefühle betrifft; das Bedürfnis, geliebt zu werden, scheint nach wie vor unerfüllt. Jedenfalls kann man diesen Eindruck gewinnen, wenn man die Briefe liest, die er in der kurzen Zeit der Trennung Anfang September 1910 aus München schreibt, wo er sich wegen der Proben zur Uraufführung der 8. Sinfonie aufhält. Noch auf der Fahrt hat er wieder von Innsbruck aus ein Telegramm und einen Expreßbrief nach Toblach aufgegeben, und am nächsten Morgen schreibt er Alma gleich nach dem Frühstück:

Es war immer latent in mir, dieser Hang zu Dir – Freud hat ganz recht – Du warst mir immer das Licht und der Centralpunkt! Freilich, das innere Licht, welches mir über Alles aufgegangen und das selige Bewußtsein – durch keine Hemmungen mehr getrübt – steigert alle meine Empfindungen ins Unendliche. Aber welche Qual und welcher Schmerz, daß Du es nicht

[685] Brief Freuds an Theodor Reik vom 4. 1. 1935, zit. nach *KB* II, S. 272. Die holländischen Freunde Mahlers waren von seinem Besuch in Holland nicht unterrichtet (vgl. Eduard Reeser, *Gustav Mahler und Holland*, Briefe, Wien 1980, S. 33).

[686] *AME*, S. 218/219. Dazu M. Kennedy: *At this point, Alma says, Mahler realized his own guilt [...] Not only were her sexual needs unfulfilled, she was starved of fun too [...] If she means us to believe that he was intermittently impotent, then her book suggests she feared that his physical powers would be restored every time his old flame Anna von Mildenburg visited them. Wehreas Alma, by her own admission was highly sexed, it is likely that Mahler was one of those men for whom intellectual creative work, in his case composing and conducting, reduces and sublimates sexual drive [...] No doubt the crisis of 1908, when he became obsessed with the need to conserve his physical energies, effected him sexually. Perhaps by 1910 he was impotent or so disinclined for intercourse that Alma was ripe for the attentions of Gropius.* (S. 72)

mehr erwidern kannst. Aber so wahr als Liebe wieder Liebe er-
wecken muß, und Treue wieder Treue finden wird, solange
Eros Herrscher unter den Menschen und Göttern sein wird, so
wahr will ich mir wieder alles zurückerobern, das Herz, das
einst mein war, und das doch nur mit dem meinen vereint zu
Gott und der Seligkeit finden kann.[687]

Und am Tag darauf:

Glaube mir, ich bin krank vor Liebe! [...] Almschili, wenn
Du damals von mir weggegangen wärst, so wäre ich einfach
ausgelöscht, wie eine Fackel ohne Luft. Wann kommst Du
denn – mein Herz? Und wie geht es Euch Allen? Bitte,
schreib doch auch immer darüber etwas. Weißt Du – ich
bin ja hauptsächlich Gymnasiast – aber ein Rest von Fami-
lienvater und Ehemann oder wie Du das Zeug nennen
willst, ist doch in mir noch geblieben, und das will wissen,
wie es meiner Liebsten und meinen Lieben leiblich ergeht!
Das Wichtigste muß voranstehen und die ersten drei Seiten
dauern: daß Du mich liebst, meine innig Geliebte![688]

Uraufführung der »Achten«

Alma kommt am 9. September zu den letzten Proben zu Mahlers
8. Sinfonie nach München, bei denen sich auch eine Reihe von
Freunden und Mahler-Anhängern einfindet. Überhaupt hat das
Ganze etwas von – wie Mahler es gern zu nennen pflegt – *Barnum-*
& Baily-Atmosphäre – wie in dem berühmten amerikanischen Zir-
kus! Die Uraufführung der 8. Sinfonie und schon ihre Vorbereitungen werden zum Spektakel von europäischen Dimensionen. Bereits am 28. April, also schon ein knappes halbes Jahr zuvor, hatte
das *Musikalische Wochenblatt* von *einem Musiker, der Gelegenheit*
hatte, Einblick in den soeben fertiggestellten Klavierauszug zu neh-
men, berichtet und eine *Darstellung der inhaltlichen Momente die-*
ser Symphonie verbreitet. Darin wird u. a. festgestellt, daß der erste Teil im wesentlichen ein *gigantischer Choral* sei, *der immerhin*
noch die übliche Oratorienform wahrt, während der zweite Teil mit

[687] *AME*, S. 466
[688] *AME*, S. 469/470

dem Goethe-Text die überlieferten Konzertformen sprenge und *eigentlich gleichbedeutend mit einem dramatischen Werk ohne szenischen Apparat* sei. Bei aller Divergenz beider Teile würde es – so der unbekannte Musiker – sicher nicht schwerfallen, eine bewußte Beziehung *unter einem philosophischen Gesichtspunkt herzustellen*, was aber nicht im Sinne des Komponisten sei, *dessen kombinierte Weltanschauung*[?], *so gewiß sie seinen musikalischen Ausdruck beeinflußt, doch nicht identisch mit seiner Musik* sei. *Auch dieses gigantische Werk*, so heißt es in der Mitteilung unter der Rubrik *Kreuz und Quer*, *verdankt aber seine unerhörten Dimensionen vor allem einer unerschöpflichen Freude am Musizieren.*[689]

Am 17. August war bereits in den in Berlin erscheinenden *Signalen für die musikalische Welt* der detaillierte Probenplan vom 5. bis 11. September veröffentlicht worden; und das *Neue Wiener Journal* gibt am 10. September einen Zwischenbericht vom Stand der Proben:

Das Riesenpodium, das noch weiter nach vorn hinausgeschoben wurde, um dem aus tausend Mitwirkenden bestehenden Musikkörper Raum zu schaffen, ist bereits von zahlreichen Orchestermusikern besetzt. [...] Bald ist das Orchester vollzählig versammelt und bietet in seiner ungewohnten Masse einen imposanten Eindruck. Auch sehen wir manche Instrumente, die nicht allzu oft in dieser Zusammensetzung beobachtet werden können, manchmal überhaupt nur ganz selten zur Verwendung kommen, so etwa eine Celesta (Glockenspiel in der Art eines Harmoniums), eine Baßklarinette, ein Kontrafagott neben einer Baßtuba. Auch die übrigen Instrumente sind in der Anzahl erheblich verstärkt. So sind hier 24 erste und 20 zweite Violinen, 16 Bratschen, 14 Celli, 12 Contrabässe, 4 Mandolinen und 4 Harfen. Dazu das mächtige Aufgebot der Bläser, unter ihnen acht Trompeten und sieben Posaunen. [...] Nun öffnen sich die beiden Seitentüren auf der Höhe des Hintergrundes und die 350 Kinder des Singchores gruppieren sich zu einer lieblich anzusehenden lebendigen Masse. [...] Alles ist bereit. Mit hastigen Schritten schreitet die kleine, gedrungene Gestalt Gustav Mahlers durch die engen Reihen bis zu seinem Pulte, vor dem ein bequemer Lehnstuhl steht. Gustav Mahler steht lächelnd da, sieht sich im weiten Saale langsam um. Über seinen

[689] *Musikalisches Wochenblatt* 41 (1910), S. 44

Mahler bei der Probe zur 8. Sinfonie

Zügen liegt Heiterkeit, die die große innige Freude anmerken läßt, die ihm das Neuschaffen seines in Schaffensnot abgerungenen Werkes gibt. Behaglich läßt er sich auf seinen Lehnstuhl nieder, dann hält er die hohlen Hände vor den Mund und ruft den Kindern oben ein lustiges »Guten Morgen« zu, das mit hellen Stimmen lustig erwidert wird. Die Gesichtszüge Mahlers, die eben noch so sonnig und heiter schienen, nehmen nun einen ernsten Charakter an. Fast starr blickt der Dirigent nun auf seine Partitur und dann auf die Musiker ringsum. Der Taktstock klopft und schon fliegen die ersten Töne durch den Raum [...].[690]

Sogar die Chronik der Stadt München hält die Ereignisse am Tage der Uraufführung, dem 12. September 1910, fest:

Vor der Halle im Foyer ging es lebhaft zu. Eine ungeheure Menschenmasse flankierte beide Seiten des Eingangs und

[690] zit. nach *KB* II, S. 273

411

*stelle den Besuchern Spalier. Von Zeit zu Zeit ging lebhafte
Bewegung durch die harrenden Massen, so als die königlichen
Hoheiten Prinzessin Gisela von Bayern und Prinz Ludwig Ferdinand erschienen, als Persönlichkeiten der künstlerischen
Welt auftauchten wie einzelne der mitwirkenden Künstler, Gustav Mahler selbst, Hermann Bahr und seine Gattin, Kammer-
sängerin Bahr-Mildenburg, Richard Strauss, Kammersänge-
rin Lilli Lehmann, Kammersänger Schmedes.*[691]

Die Atmosphäre unterscheidet sich durch nichts vom Rummel eu-
ropäischer Festspielstädte heutigen Zuschnitts: *So sehr ich mich
geärgert habe,* schreibt ein Zeitgenosse, *Mahlers trefflichen seriö-
sen Namen in jedem Trambahnwagen Freifahrten ausführen zu sehen, an Plakatsäulen im Bereiche des kleinsten Köters prangend betrachten zu müssen, im Fenster eines jeden der vielen Buchläden immer wieder »Mahler« photo- und lithographiert zu erblicken und
mich nur wunderte, daß sich das Münchner musikbeglückende Rei-
se- und Konzertbureau das Parsevalluftschiff als fliegende Riesen-
Mahler-Reklame hat entgehen lassen, so belehrte mich dann die Uraufführung der »Achten« von Mahler und das Werk selbst umso er-
freulicher, daß ihr Schöpfer mit dem Klimbim vor dessen Erklingen
nichts gemein haben konnte* [...]. Von überall her sind Freunde und
Bewunderer gekommen: Thomas Mann, Stefan Zweig, Willem
Mengelberg, Arnold Schönberg, Anton Webern, Alfredo Casella,
Siegfried Wagner, Max Reinhardt und Arnold Berliner – alle zu
nennen, wäre unmöglich. *Die Spannung der ganzen Stadt München
und aller Fremden, die zu dieser Aufführung gekommen waren, war
ungeheuer. Schon die Generalprobe,* erinnert sich Alma, *hatte alle
in Verzückung versetzt. Aber bei der Aufführung überstieg dies alle
Grenzen. Bei Mahlers Erscheinen auf dem Podium erhob sich das
ganze Publikum von den Sitzen. Lautloses Schweigen. Es war die
ergreifendste Huldigung, die je einem Künstler bereitet wurde.*[692]
Bruno Walter, der einen beträchtlichen Teil der Vorarbeiten geleistet hatte und Mahlers Werk wie kaum ein anderer kannte, hat eine
eindringliche Schilderung der Uraufführung hinterlassen:

*Alle Mitwirkenden befanden sich in feierlicher Gehobenheit,
am meisten vielleicht die Kinder, deren Herzen ihm von An-*

---

[691] *Chronik der Stadt München*, handschriftlich, 1910, Bd. 2, Stadtarchiv München
2312f.; zit. nach *KB* II, S. 274
[692] *AME*, S. 225

fang an gehörten. Welch ein Augenblick, als er, von den Tausenden der Zuhörer in der riesenhaften Ausstellungshalle begrüßt, vor den tausend Mitwirkenden seinen Platz einnahm – auf einem Höhepunkt seines Lebens stehend und schon vom Schicksal zur baldigen Abberufung gezeichnet –, als sein Werk nun den creator spiritus anrief, aus dessen Feuer es in ihm entstanden war, als von allen Lippen der Sehnsuchtsruf seines Lebens ertönte: accende lumen sensibus, infunde amorem cordibus! Als der letzte Ton der Aufführung verklungen war und der Sturm der Begeisterung zu ihm drang, stieg Mahler die Stufen des Podiums empor, auf dessen Höhe der Chor der Kinder postiert war, die ihm entgegenjauchzten, und drückte alle ihm hingestreckten Hände, ihre Reihe entlangschreitend. Der Liebesgruß der jungen Generation hatte ihn mit Hoffnung für die Zukunft seines Schaffens erfüllt und innigst erfreut. Manche Anzeichen körperlicher Schwäche hatten die Besorgnis der Freunde während der Proben erregt. In der Aufführung selbst schien er auf der Höhe seiner Macht – die Seelenerhebung gab dem müden Herzen noch einmal die alte Kraft zurück.[693]

Die Uraufführung der 8. Sinfonie ist Gegenstand der Feuilletons fast aller inländischen und führender ausländischer Zeitungen und Fachzeitschriften. An der Außergewöhnlichkeit des Ereignisses besteht nirgendwo ein Zweifel; Schwierigkeiten stellen sich immer dann ein, wenn es um die ästhetische Wertung, um die Einordnung in historische Kategorien geht.

So zweifelt der Rezensent der *Musik*, Eduard Wahl – und mit ihm eine Reihe von Kollegen –, an dem Sinn der Gattungsbezeichnung »Sinfonie«. *Die neueste Schöpfung Mahlers* [...] *ist in ihrem ersten Teil eine Kantate, im zweiten desgleichen, da jedoch mit teils oratorien-, teils recht opernhaften Zügen. Warum denn ein reines Vokalwerk nun auf einmal und ohne allen Grund – auch die verwendete Technik rechtfertigt dies nicht – Symphonie nennen?* Zweifel hegt Wahl auch daran, ob dem *Veni creator spiritus* des Hrabanus Maurus *heute noch eine sonderliche Kraft zur Inspiration innewohnt* [...]. *Jedenfalls*, so der Münchner Rezensent, *haben Mahler seine Bitten beim Schöpfer Geist in diesem Falle nicht allzuviel genutzt*, womit er soviel sagen möchte, als daß ihn jedenfalls die Symphonie *nicht zu einem begeisterten Mahlerianer bekehrt* habe.

[693] *BWM*, S. 51/52

Wenngleich er den zweiten Teil für gelungen hält, sieht er doch keinen rechten Sinn darin, ihn mit dem ersten zusammenzustellen. *Der Zusammenhang ist möglicherweise darin zu suchen*, so mutmaßt der Kritiker aus dem Bayrischen, *daß der zweite Satz eine Art realen Beispiels darstellt für die Nützlichkeit der Anrufung des creator spiritus [...]*. Etwas seriöser wird seine Betrachtung, wenn er sich bemüht, musikalische Sachverhalte zu beurteilen. Er wirft Mahler mangelnden Tiefgang vor. *Mahlers Weise wird dem Tiefsinn Goethescher Alterspoesie durchaus nicht überall gerecht, und seine Textbehandlung wird dem Freunde Hugo Wolfscher Goethelieder allerlei Schmerzen bereiten. Was schlimmer ist: die Erfindung läßt den Komponisten einige Male so sehr im Stich, daß er Banalitäten und Trivialitäten bösester Sorte schrieb; mit dem schönen, doch allzu bequemen Worte »volkstümlich« kann und darf man derartiges absolut nicht rechtfertigen und entschuldigen, denn es hat mit echter Volkstümlichkeit ganz und gar nichts zu tun, sondern nur mit arger Erfindungsarmut.* Letztlich läßt es sich Wahl aber dann doch nicht nehmen, *Mahler seinen Platz und Rang unter den ersten Namen heutiger Komponisten* zuzuweisen; seine Betrachtung gipfelt in der Feststellung: *Ihn dirigieren zu sehen, ist ein Genuß für sich.*[694]

Unter den zahlreichen prominenten Gästen der Uraufführung ist auch, wie bereits erwähnt, Thomas Mann, der sich in Bad Tölz aufhält und gerade seinen Roman *Königliche Hoheit* fertiggestellt hat. *Wie tief ich Ihnen für die Eindrücke vom 12. September verschuldet bin*, schreibt er an Mahler, *war ich am Abend im Hotel nicht fähig Ihnen zu sagen. Es Ihnen wenigstens anzudeuten, ist mir ein starkes Bedürfnis, und so bitte ich Sie, das beifolgende Buch – mein jüngstes – gütigst von mir annehmen zu wollen.*

Als Gegengabe für das, was ich von Ihnen empfangen, ist es freilich schlecht geeignet und muß federleicht wiegen in der Hand des Mannes, in dem sich, wie ich zu erkennen glaube, der ernsteste und heiligste künstlerische Wille unserer Zeit verkörpert.[695]

Schon vor seinem Münchner Aufenthalt schwirren Gerüchte durch die musikalische Welt, nach denen Mahler beabsichtigte, als Nachfolger Weingartners, der inzwischen auch keinen leichten Stand mehr in Wien hat, an die Hofoper zurückzukehren.

---

[694] *Die Musik* 10 (1910/1911), S. 53. Zu der Fülle der widerstreitenden Meinungen vgl. Robert Holtzmann, *Mahlers Achte Symphonie und die Kritik*, in: *Neue Musikzeitung* 32 (1911), S. 169 ff.

[695] *AME*, S. 473/474

Plakat der Uraufführung der 8. Sinfonie

Die Stuttgarter *Neue Musikzeitung* zitiert ein Interview der *Münchner Neuesten Nachrichten: Mahler erklärte, daß alle derartigen Nachrichten vollständig erfunden seien. Er stehe in keinerlei Unterhandlungen wegen der Stellung eines Wiener Operndirektors, und würde sich auch darüberhinaus für alle Zukunft nicht mehr in eine dauernde Stellung als Opernleiter begeben,* heißt es in einer Zusammenfassung des Interviews in der *Neuen Musikzeitung. Seine Theaterkarriere sei für immer als beendigt anzusehen.*[696]

Damit sind die Verhältnisse zumindest für die Öffentlichkeit zunächst geklärt. Mahler hängt nach wie vor an Wien; seine seit Jahren gehegten Pläne, sich irgendwo an einem ruhigen Plätzchen nur noch seiner kompositorischen Arbeit widmen zu können, treten nun tatsächlich nach der Rückkehr aus München in ein konkretes Stadium. Er wohnt mit seiner Familie bis zur Überfahrt in die USA im neuen, 1906 von Josef Hoffmann erbauten Hause Moll auf der Hohen Warte in Wien. Seine wiederholten Hals- und Mandelentzündungen, unter denen er erst jüngst in München wieder zu leiden gehabt hatte, zwingen ihn, endlich etwas zu unternehmen, was seine Anfälligkeit ein für allemal beseitigen würde. Aber vor einem »tieferen Eingriff«, d. h. einer Mandeloperation, hat er zu große Angst, so daß die Mandeln Mitte September nur kauterisiert werden. Mahler erholt sich nach dem Eingriff gut, macht mit seinem alten Freund Fritz Löhr ausgedehnte Spaziergänge, von der Hohen Warte aus über den Hungerberg nach Grinzing und in die nähere Umgebung, empfängt Bekannte und Freunde, unter ihnen Arnold Schönberg und Alexander von Zemlinsky, und er schaut sich zusammen mit Carl Moll nach einem geeigneten Grundstück in der Nähe Wiens um. Der Gedanke, sich doch in der Umgebung Wiens niederzulassen, gewinnt allmählich immer deutlichere Konturen. Bereits im Januar 1910 hatte Mahler noch aus New York an Roller geschrieben: *Mit Genugtuung sehe ich die Distanz, die ich hier noch zurückzulegen habe, immer kleiner werden, und wenn Gott es will, so hoffe ich ungefähr in einem Jahre zu einer menschlichen Existenz zu gelangen. Irgendwo zu Hause zu sein und da leben und arbeiten (nicht mehr vegetieren und arbeiten) zu dürfen, und hoffentlich so nahe meinen wenigen Freunden, daß ich sie von Zeit zu Zeit sehen kann. Trotzdem wir, ich und Alma, jede Woche einen neuen Sport haben bezüglich unserer Zukunft – Paris, Flo-*

---

[696] *Neue Musikzeitung* 31 (1910), S. 504

*renz, Capri, Schweiz, Schwarzwald – dehnen Sie diese Liste nach
Ihren geographischen Kenntnissen aus – so denke ich, daß wir in absehbarer Zeit irgendwo in der Nähe von Wien, wo die Sonne scheint
und schöne Trauben wachsen, anlangen und nicht mehr weggehen
werden.*[697]

Gerüchte um Mahlers New Yorker Zukunft

Daß Mahler New York nach der Saison 1910/11 verlassen würde,
war ausgemachte Sache; aber die Presse hatte bereits Anfang April
1910 Meldungen verbreitet, Mahler habe Schwierigkeiten mit dem
Komitee und der Orchestergewerkschaft und kehre New York bereits im Mai 1910 den Rücken. In den *Signalen aus der musikalischen Welt* ist zu lesen:

> *Wenn es sich bestätigt, daß Gustav Mahler schon mit dieser Sai-
> son seine Stellung als Leiter der New Yorker Philharmonie nie-
> derzulegen gedenkt, müssen sich neuerdings böse Dinge ereig-
> net haben, denn Mahlers Kontrakt läuft noch ein weiteres Jahr.
> Daß er mit den New Yorker Damen, die sich um die finanzielle
> Reorganisation der Philharmonie bemüht hatten, allerlei
> kleine oder auch größere Mißhelligkeiten gehabt hat, läßt sich
> schon denken, aber zum Brechen oder Auflösen des Kontrak-
> tes wäre es wohl nicht gekommen, wenn sich nicht Differenzen
> mit der »Musical Protective Union« ereignet hätten. Diese Ver-
> einigung amerikanischer Orchestermusiker hat schon oft die
> Grenzen überschritten, innerhalb deren ein Zusammenhalten
> der Musiker ohne Schädigung der Kunst möglich ist.*[698]

Ende August 1910 meldet die *Neue Musikzeitung*:

> *Gustav Mahler wird im nächsten Winter zum letztenmal als
> Dirigent ständiger Konzerte nach New York gehen. Eine ihm
> angebotene Vertragsverlängerung hat er ausgeschlagen. Aller-
> dings hat er sich bis jetzt verpflichtet, nicht weniger als 65 Kon-
> zerte in den Vereinigten Staaten zu dirigieren. [...] Seine*

---

[697] *GMB*, S. 443 (377)
[698] zit. nach: *Neue Musikzeitung* 31 (1910), S. 283

Honorare werden eine Gesamtsumme von etwa 140000 Mk. ergeben.[699]

Die Suche nach einem geeigneten Grundstück in der Nähe Wiens ist erfolgreich. Man entscheidet sich für eine »Landwirtschaft« in Breitenstein am Semmering, ca. 80 km südlich Wien, bestehend aus einer Bauparzelle und Grundparzellen mit Wiese, Wald, Acker, Weide und Garten zu einem Gesamtpreis von 40000 Kronen.[700]

Zum letzten Mal New York

Den Kaufvertrag kann Mahler selbst nicht mehr unterzeichnen[701], weil er bereits am 18. Oktober mit der »Kaiser Wilhelm II.« von Bremen aus zum letzten New Yorker Aufenthalt aufbricht. Alma steigt – von Paris kommend – in Cherbourg zu. Die Überfahrt ist für beide noch einmal eine letzte Erholung vor einer anstrengenden Saison. Alma Mahler in ihren Erinnerungen:

Ich habe Mahler auf dieser Reise zweimal photographiert. Es sind die letzten Aufnahmen von ihm. Seit dem vergangenen Sommer wendete er viel Sorgfalt auf seine äußere Erscheinung. Modische Westen, schöne Anzüge, schöne Schuhe. Sein Gesicht war ja so schön! Sein Körper elastisch und ebenmäßig – er hatte es leicht, gut auszusehen.

Er pflegte jetzt zu sagen: »Man muß nicht unter den Tisch spucken, um Beethoven zu sein!«[702]

Mahler nimmt sofort nach der Ankunft in New York die Probenarbeit auf, denn das erste Konzert der neuen Saison, der neunundsechzigsten seit Bestehen der »Philharmonic Society of New York«, findet bereits am Dienstag, den 1. November 1910 in der

---

[699] *Neue Musikzeitung* 31 (1910), S. 465. Die Summe von 140000 Mk wird deutlicher, wenn man z. B. zum Vergleich heranzieht, was Mahler in einem Brief vom Oktober 1908 aus München an Alma schreibt: *Um 3000 Mk kann man hier ein Schloß mit einem Park bekommen* [...] (*AME*, S. 416) Unter heutigen Verhältnissen würde Mahler zu den Millionären zählen.

[700] Das entspricht nach Kaufkraft heute einer Summe von ca. 300000 bis 350000 DM.

[701] Der Kaufvertrag wird am 3. 11. 1910 von Dr. Emil Freund unterzeichnet.

[702] *AME*, S. 228

Carnegie Hall statt.[703] Er bleibt seinem Grundsatz treu, seine Programme *mehr oder weniger gleichmäßig zwischen klassischen und modernen Richtungen* aufzuteilen, wie er es gegen Ende der vergangenen Saison in einem Gespräch mit der *Times* angekündigt hatte. Am 1. November und in der Wiederholung am Freitag, den 4. November bekommt das New Yorker Publikum zu Beginn erneut Mahlers Bach-Arrangement zu hören, danach Ballett-Musik aus Mozarts *Idomeneo* und Deutsche Tänze, Schuberts »große« C-Dur-Sinfonie und zum Schluß Richard Strauss' *Also sprach Zarathustra.*

Die Presse ist nicht gerade begeistert, sie reagiert z. T. sogar ausgesprochen ungehalten, nicht so sehr in Bezug auf Mahlers Leistung als Dirigent, obwohl auch da gewisse Einschränkungen gemacht werden, weil man *zum Beispiel fast unablässige und mitunter sehr weitreichende Modifikationen des Tempos, der Akzentuierung und des Rhythmus, ja sogar des Orchesterkolorits* bemerkt zu haben glaubt (*New York Times*); weit ungehaltener ist man über die Wahl des Schlußstückes dieses – wie die *New York Daily Tribune* meint – ohnehin viel zu langen Konzerts: *Das Konzert [...] endete nach mehr als zwei Stunden Musik, was beträchtlich zu viel war, insbesondere da die müden Zuhörer mit den kakophonischen Schlußtakten von Richard Strauss' »Also sprach Zarathustra« nach Hause gehen mußten, die das Ohr heimsuchten und den ästhetischen Sinn und Geschmack beleidigten.*[704] Mahler läßt sich durch derartige Äußerungen nicht davon abbringen, sein Konzept einer Mischung von Alt und Neu weiter zu verfolgen. Neben Beethoven, Mozart, Wagner, Mendelssohn, Schubert, Bach und Händel setzt er in den beiden Spielzeiten, in denen er Chefdirigent der New Yorker Philharmoniker ist, immer wieder auch zeitgenössische Musik, etwa von Busoni, Debussy, Elgar, Enescu, McDowell, Pfitzner, Rachmaninow und Strauss, aufs Programm (vgl. das Konzertprogramm S. 420).

---

[703] Alma Mahler irrt, wenn sie in ihren Erinnerungen schreibt: *Am 15. wurde abgefahren und am 25. November kam man in New York an*. (*AME*, S. 228) Am 25. 11. dirigiert Mahler bereits die Freitags-Wiederholung des 4. Konzerts der Saison. Klaus Schultz entdeckte im Sommer 1979 in einem New Yorker Antiquariat einen Programmzettel, der ausweist, daß Mahler während der Überfahrt am 24. Oktober 1910 als Pianist bei einem Wohltätigkeitskonzert zugunsten der Witwen und Waisen von Seeleuten mitgewirkt hat. (In: Programmbuch der 32. Berliner Festwochen 1982, *Berliner Philharmonisches Orchester*, 30. 9. 1982)

[704] *New York Daily Tribune* vom 2. 11. 1910, zit. nach *KB* II, S. 275

The Philharmonic Society

of New York

1910... SIXTY-NINTH SEASON ...1911

Gustav Mahler ... Conductor

MANAGEMENT   LOUDON CHARLTON

Carnegie Hall

TUESDAY NIGHT, FEBRUARY 21

AT EIGHT-FIFTEEN

FRIDAY AFTERNOON, FEBRUARY 24

AT TWO-THIRTY

Soloist
ERNESTO CONSOLO

Pianist

Programme

1. **SINIGAGLIA** - Overture, "Le baruffe Chiozzotte, op. 32
2. **MENDELSSOHN** - Symphony No. 4, "Italian", op. 90
   - I Allegro vivace
   - II Andante con moto
   - III Con moto moderato
   - IV Saltarello: Presto

INTERMISSION

3. **MARTUCCI** - Concerto in B-flat minor, op. 66
   - I Allegro giusto
   - II Larghetto
   - III Allegro con spirito

4. **BUSONI** - - - - - "Berceuse élégiaque"

5. **BOSSI** "Intermezzi Goldoniani", for string orchestra, op. 127
   - I Preludio e Minuetto: Preludio, Allegro con fuoco; Minuetto, Con grazia; with Trio, Poco piu mosso
   - II Gagliardo: Vivace
   - III Coprifuoco: Blandamente
   - IV Minuetto e Musetta: Minuetto, con moto; Musetta, alquanto meno mosso
   - V Serenatina: Allegretto tranquillo
   - VI Burlesca: Con molte brio

The Steinway Piano is the Official Piano of the Philharmonic Society

Mit seinen eigenen Kompositionen ist Mahler äußerst zurückhaltend. In der Saison 1910/11 setzt er am 22. bzw. 25. November *Rheinlegendchen* aus den *Wunderhorn*-Liedern und *Ging heut morgen übers Feld* aus den *Liedern eines fahrenden Gesellen* aufs Programm, und am 17. und 20. Januar 1911 präsentiert er seine 4. Sinfonie, die bereits 1904 in New York aufgeführt worden war. Die Beurteilung durch die Presse ist wieder einmal zwiespältig; die einen halten die »Vierte« für *das interessanteste und persönlichste*, was Mahler gemacht hat (*Times*), die anderen sehen in ihr *ein Rätsel*, ein Werk, das *der Programmusik zuzuzählen ist* (*Daily Tribune*): von einem überzeugenden Erfolg kann jedenfalls auch hier und diesmal keine Rede sein, und auch seine Position als Dirigent der Philharmoniker wird zusehends geschwächt.

Probleme mit Orchester und Damenkomitee

Im Orchester selbst mehren sich Stimmen der Kritik gegenüber Mahler, ja sogar der offenen Ablehnung. Das Klima ist vergiftet durch einen II. Violinisten namens T. E. Johner (Alma Mahler nennt ihn Jonas), der sich Mahlers Vertrauen im Grunde nur erschlichen hat, um ihm die Stimmung im Orchester hinterbringen zu können. [...] *nun kam Mahler täglich verärgert mittags nach Hause, denn Jonas begleitete ihn jetzt immer und überall wie sein Schatten. Mahler machte ihn zum Inspektor des Orchesters und die Wut der Mitglieder, die die Zusammenhänge ahnten, zeigte sich an ihrem immer unfreundlicheren und unfreudigeren Betragen gegen Mahler.* [...] *Mahler wurde ausfallend gegen das Orchester, gereizt und unduldsam. Verschiedene Mitglieder beschwerten sich bei Komiteedamen. Mahler hatte offenbar die Allmacht der amerikanischen Frauenkomitees und der privaten Geldgeber unterschätzt, obwohl Alma ihn nach eigenem Bekunden schon frühzeitig darauf aufmerksam gemacht hatte. Aber Mahler hatte gelacht und gemeint, es sei ihm ganz recht, wenn andere für ihn das Programm machten, dann habe er noch weniger zu tun. Aber dies sollte sich bitter rächen.* [705]

Freilich ist unbestritten, daß kulturelle Privatinitiativen damals wie heute ihre unschätzbare Bedeutung haben; fragwürdig wird die Sache dort, wo durch Geld künstlerische Kompetenzen verzerrt

---

[705] *AME*, S. 231

oder soziale Rechte beschnitten werden. Nicht von ungefähr stellt gerade im November 1910 die *New York World* einen Vergleich der New Yorker Philharmoniker mit der Qualität des »Boston Symphony Orchestra« an, das damals allgemein als das beste des amerikanischen Kontinents gilt. Die *World* ist der Meinung, daß es möglich sein müsse, – *sogar bei den bestehenden Gewerkschaftsvorschriften – das jetzige Personal des Philharmonic Orchestra zu verbessern. Das Garanten-Komitee ist bestimmt reich genug, dieses wünschenswerte Ziel zu erreichen, falls es sich dabei bloß um Geld handelt.*[706] Das klingt allerdings verdächtig danach, als schwebe der *World* auch in diesen Belangen das Vorbild des Bostoner Orchesters vor, dessen Mitgliedern es bei Androhung der Entlassung verboten war, sich in einer Musikergewerkschaft zu organisieren, eine Tatsache, die allein auf die privatwirtschaftliche Basis des Orchesters zurückzuführen ist. 1881 hatte ein Mr. Higginson den Klangkörper aus eigenen finanziellen Mitteln ins Leben gerufen und ist auch um die Jahrhundertwende noch unumschränkter Herrscher über das Orchester und seine Mitglieder. 1904 berichtet der New Yorker Korrespondent der *Musik*, Arthur Laser, daß Mr. Higginson erst kürzlich noch gedroht habe, das Orchester aufzulösen, *falls es seinen Mitgliedern einfallen sollte, sich dem Allgemeinen Musikerverbande (Union) anzuschließen.*[707] Die Union hatte u. a. geregelte Arbeitszeiten für Musiker durchgesetzt, an die sich auch die berühmtesten Dirigenten zu halten hatten: eine Probe z. B. durfte nicht länger als dreieinhalb Stunden dauern.

Mahler mutet seinen Orchesterleuten selten mehr als die erlaubte Zeit zu; häufig kommt er sogar – wahrscheinlich eingedenk der Tatsache, daß die längsten Proben nicht die besten sein müssen – mit eineinhalb bis zu zwei Stunden aus, weil er sich und dem Orchester keine Minute Leerlauf gönnt. Natürlich scheut er auch nicht ein hartes Wort, das im einen oder anderen Falle ganz sicher zu Ungerechtigkeiten führt.

In der Winter-Saison 1910/11 ist die Arbeitsatmosphäre – u. a. durch die »Ohrenbläserei« Johners – so vergiftet, daß Mahler im Februar vom Garanten-Komitee zum Rapport bestellt wird, nachdem man ihm kurz zuvor bereits ein Programm-Komitee vor die Nase gesetzt hat, das – wie es im Sitzungs-Protokoll vom 1. Februar 1911 heißt – *die Auswahl der in den verschiedenen Konzerten der*

---

[706] *The World* vom 14. 11. 1910, zit. nach *KB* II, S. 275
[707] *Die Musik* 4 (1904/1905), S. 249

Society zu spielenden Musik überwachen soll! Bereits Anfang Januar 1911 hatte das Garanten-Komitee in einem privaten Rechtsstreit um die Erhöhung von Mahlers Gage infolge der zwanzig zusätzlichen Konzerte der Saison 1910/11 eine Schlappe erlitten; das Komitee wurde von einem Schiedsrichter verurteilt, eine Summe von 3000 Dollar (Mahler hatte ursprünglich 5000 Dollar verlangt) für die Mehrleistung zu zahlen. Nun sind die Damen der Querelen überdrüssig und beauftragen den Manager Loudon Charlton, mit Franz Kneisel über eine Mahler-Nachfolge zu verhandeln. Kneisel ist ehemaliger Konzertmeister des Bostoner Orchesters und Primarius des nach ihm benannten Streichquartetts; seit 1905 ist er als Violinprofessor am »Institute of musical art« in New York tätig. Charlton bietet ihm einen Ein-Jahres-Vertrag an, aber Kneisel lehnt dankend ab und bittet um Verständnis dafür, daß er unter solchen Bedingungen seine bisherige erfolgreiche Arbeit nicht aufgeben möchte. Das Komitee ermächtigt Charlton, am 4. Januar 1911 *sich bei Herrn Mahler inoffiziell darüber zu erkundigen, ob er die Position eines Dirigenten in der nächsten Saison annehmen könne und zu welchen Bedingungen.*[708] Im Brief Mahlers vom 27. Januar 1911 an William Ritter liest sich die Angelegenheit dann so: *Wie die Würfel hier zu fallen scheinen, werde ich wol zunächst in der nächsten Saison mein eigener Nachfolger sein. – Die Leute hier machen es mir wirklich durch ihre Liebe und Willigkeit unmöglich, sie im Stiche zu laßen. – Und so bin ich denn halb entschloßen im nächsten Winter wieder herzukommen.*[709] Seine gesundheitliche Verfassung läßt ihm schließlich keine andere Wahl, als weitere Amerika-Pläne endgültig aufzugeben.

Krankheit

Noch vor Weihnachten, nach Konzerten in mehreren nordamerikanischen Städten, darunter Springfield (Illinois) und Buffalo, von wo aus er am 9. Dezember mit seiner Frau einen Abstecher an die Niagara-Fälle macht, hatte ihn wieder eine Angina befallen, die

---

[708] Protokoll der Sitzung des Garanten-Komitees vom 4. 1. 1911, zit. nach *KB* II, S. 277
[709] *UGMB*, S. 153; W. Ritter berichtete für einige französische Zeitungen und war mit Mahler seit den Proben zur Münchner Aufführung der 6. Sinfonie (1906) persönlich bekannt.

aber bald wieder abklingt, so daß die Familie wenigstens das Fest im 9. Stock des Savoy-Hotels in Ruhe und Beschaulichkeit begehen kann. Mahler, der sonst nichts für weihnachtliche Traditionen übrig hat, läßt es sich diesmal nicht nehmen, das Zimmer selbst zu schmücken und seiner Frau mit einem *Bon zum Ankauf eines Solitärs im Werthe von über 1000 Dollar* eine besondere Freude zu bereiten. Mit Töchterchen »Gucki« tollt er im Schnee des nahegelegenen Central-Park herum, arbeitet an der Partitur-Reinschrift der 9. Sinfonie und stellt eine »Neufassung« der »Fünften« her. Georg Göhler, Dirigent des Leipziger Riedel-Chores und seit 1909 auch künstlerischer Leiter der Orchesterkonzerte der neugegründeten »Musikalischen Gesellschaft«, hatte Mahler während seines Leipziger Aufenthaltes wegen der Chorproben zur »Achten« im Juni 1910 gefragt, ob es sinnvoll sei, die 5. Sinfonie in Leipzig herauszubringen. Aber Mahler hatte es damals abgelehnt, die »Fünfte« in der alten Fassung überhaupt noch einmal aufzuführen, so daß er sich jetzt im Winter 1910/11 daran macht, das Werk völlig umzuinstrumentieren. *Es ist mir unfaßbar*, schreibt er am 8. Februar 1911 an Göhler, nachdem er mit der Neufassung fertig ist, *wie ich damals wieder so völlig anfängerhaft irren konnte. (Offenbar hatte mich die in den ersten vier Symphonien erworbene Routine hier völlig im Stich gelassen – da ein ganz neuer Stil eine neue Technik verlangte.)*[710] Keine zwei Wochen nach diesem Brief, am 20. Februar, stellt sich erneut eine Angina mit hohem Fieber ein. Er hat am nächsten Tag zu dirigieren und bittet deshalb Dr. Fraenkel um Hilfe. *Fraenkel warnte*, erinnert sich Alma, *aber Mahler behauptete, so oft mit Fieber dirigiert zu haben, daß der Arzt nachgeben mußte. Wir fuhren, er sorgfältig eingehüllt, zur Carnegie Hall. Mahler dirigierte.*[711] *[…] In der Pause fühlte er sich sehr matt, hatte Kopfschmerzen, überwand sich aber und dirigierte das Konzert zu Ende. Das letzte Konzert! Wir fuhren wieder mit allen Vorsichtsmaßregeln nach Hause und Fraenkel mit, der ihn sofort untersuchte. […] Er bekam Aspirin, und am nächsten Morgen schien es besser, ja in wenigen Tagen war die Angina weg. Aber das Fieber war zurückgekehrt. Erst leise, dann immer stärker werdend, in zackigen*

---

[710] *GMB*, S. 469 (403/404). Die erste Aufführung der Neufassung von 1910/1911 findet im 3. Abonnements-Konzert der Leipziger Musikalischen Gesellschaft unter Leitung von Georg Göhler im Januar 1914 statt.

[711] Lt. M. Kennedy, a.a.O., S. 62, ist es das 40. Konzert der Saison; Gabriel Engel, *Gustav Mahler. Song-Symphonist*, New York 1932, S. 120, zählt das 47.

Kurven. Nach acht Tagen war sich Fraenkel über die Natur dieser Krankheit im klaren.[712]

Fraenkel will ganz sicher gehen und bittet einen Spezialisten, Dr. Emanuel Libman, Mahler zu untersuchen. *Offensichtlich hatte Dr. Fraenkel den Verdacht, daß Mahlers anhaltendes Fieber und seine körperliche Schwäche auf eine subakute bakterielle Endokarditis zurückzuführen seien.* [...] *Libman war damals die größte Kapazität auf dem Gebiet dieser Krankheit.* [...] *Libman fand die klinische Bestätigung der Diagnose in folgenden Symptomen: ein deutliches systolisch-präsystolisches Geräusch, eine Anamnese ständig erhöhter Temperatur, tastbare Milz, charakteristische, punktförmige Blutungen in der Bindehaut der Augen und in der Haut und leichte Trommelschlegelfingerbildung. Libman läßt eine Blutkultur anlegen. Nach einer vier- oder fünftägigen Inkubationszeit im Krankenhauslabor zeigten die Petrikulturen zahlreiche Bakterienkolonien und in allen Bouillongefäßen fanden sich Reinkulturen desselben Organismus, der im folgenden als streptococus viridans identifiziert wurde. Da dies lange vor der Zeit der Antibiotika war, wurde das Schicksal Mahlers durch das bakteriologische Ergebnis besiegelt.*[713]

Rettungsversuch in Paris

Mahler wird, immer wieder vom Fieber geschüttelt, von Tag zu Tag schwächer. Seine Frau füttert ihn und verbringt die Nächte angezogen neben seinem Bett, um jederzeit Hilfe holen zu können. Man behandelt ihn mit Kollargol-Einläufen – ohne Erfolg. Die New Yorker Ärzte sehen die letzte Chance in einer Behandlung durch Prof. Chantemesse, den berühmten Bakteriologen des Pariser Pasteur-Instituts. Alma bittet ihre Mutter, Anna Moll, nach New York, und beide begleiten den todkranken Mahler auf seiner letzten Fahrt über den Atlantik. *Die Kabinen waren voll mit Geschenken und Blumen von Freunden und Fremden. Meine Mutter*

---

[712] *AME*, S. 236/237; die Wiederholung des Konzerts am 24. Februar dirigiert Theodore Spiering, der auch den Rest der Konzerte übernimmt.

[713] George Baehr, Brief vom 17. 11. 1970, veröffentlicht in: Nicolas P. Christy, M. D., Beverly M. Christy, Barry G. Wood, M. D., *Gustav Mahler and his Illness, Transactions of the American Clinical & Climatological Association*, Bd. 82, S. 211 f., zit. nach *KB* II, S. 278

Letzte Aufnahme von Gustav Mahler

und ich teilten uns wieder in die Pflege, berichtet Alma. *Mahler ließ keinen fremden Menschen an sich heran, und wir taten alles für ihn in trauriger Bereitschaft. Da seine Leiden hauptsächlich darin bestanden, daß er einmal Untertemperatur, dann wieder hohes Fieber hatte, das er selbst, ohne Mittel, durch starkes Schwitzen aus dem Körper trieb, so mußten unsere Kabinen einmal überheizt, dann wieder eiskalt sein. [...] An Bord stand er fast täglich auf, und wir führten oder trugen ihn vielmehr auf das Sonnendeck, wo der Kapitän ein großes Stück für Mahler hatte abgrenzen lassen, ungesehen von allen übrigen Passagieren. Wir zogen ihn an und aus, hoben ihn, gaben ihm alle Speisen zart in den Mund, er brauchte selbst keine Bewegung zu machen.*[714]

Mahler wird am 16. April spät abends von Cherbourg aus im Zug nach Paris transportiert, wo man ihn mit der ganzen Familie im Hotel »Élysée« unterbringt. Für kurze Zeit setzt sogar eine unerklärliche Besserung ein, die aber bald ebenso abrupt durch einen neuerlichen Kollaps beendet wird, der die Ärzte zwingt, ihn schleunigst ins Sanatorium Dr. Défaut in der Nähe des Bois de Bologne zu verlegen. Aber alle Behandlungsversuche von Prof. Chantemesse und Dr. Défaut sind erfolglos. Die Wiener *Neue Freie Presse* hat eigens einen Mitarbeiter nach Paris geschickt, um sich vor Ort vom Zustand Mahlers zu überzeugen. *Ich hatte Gelegenheit,* berichtet er am 22. April 1911, *Mahler zu sehen, als man ihn ins Sanatorium brachte. Er sieht nicht schlecht aus. Seine lebhaften Gesten, seine feurigen Augen bestätigen die Mitteilung seiner Umgebung, daß Mahler durch das lange Fieber nichts von seiner Geistesfrische, seiner bewunderungswürdigen Willenskraft und seiner Lebensenergie eingebüßt hat. [...] Mahler legt Wert darauf, daß man in der Welt wisse, daß keineswegs Überarbeitung in Amerika seine Gesundheit erschüttert hätte.*[715]

Tod in Wien

Nach weiteren drei Wochen vergeblichen Wartens und Hoffens auf Besserung entschließt sich Alma in ihrer Not, den Wiener Blutspezialisten Prof. Chvostek nach Paris kommen zu lassen. Chvostek entscheidet angesichts der trostlosen Lage ohne Umschweife:

---

[714] *AME*, S. 243
[715] *Neue Freie Presse* vom 22. 4. 1911, zit. nach *KB* II, S. 279

Mahler wird sofort nach Wien gebracht. [...] *eine solche Freude habe ich noch nie an einem Menschen gesehen*, schreibt Alma. *Mahler rief immer wieder: »Der süße Mensch, der süße Chvostek! Wann ist es Abend? Wann können wir reisen?« Und es schien wieder, als bessere die ungeheure Freude den ganzen Zustand. Er konnte die Zeit nicht erwarten.*[716] Am Nachmittag des 11. Mai wird Mahler im Orient-Expreß nach Wien transportiert; auf den Stationen unterwegs erscheinen immer wieder Journalisten am Zug, um sich nach seinem Befinden zu erkundigen. Nach der Ankunft in Wien wird er direkt ins Sanatorium Löw, IX. Bezirk, Mariannengasse 20, eingeliefert; sein Zustand verschlechtert sich stündlich. Alma:

Hundertmal rief er in diesen letzten Tagen: »Mein Almschi!« Und immer wieder »Mein Almschi!« mit einer Stimme, einem Ton, wie er es nie gesagt hatte und wie ich es nie mehr gehört habe. [...] Die kleine Gucki kam an sein Bett. Er umarmte sie und sagte: »Bleib mir brav, mein Kind!«

Wußte er, wußte er nicht –? Es war nicht zu erkennen, er lag, stöhnte. Große Geschwulst am Knie. Dann am Bein. Radiumsäcke wurden aufgelegt. Und die Geschwulst sog sich sofort auf. Am nächsten Abend wurde er umgebettet. Zwei Wärter hielten den ganz nackten Körper dieses zu Tode abgemagerten Menschen. [...] Es kam der Sauerstoffapparat, weil Atembeschwerden eingetreten waren, Urämie und – das Ende! Chvostek wurde gerufen. Mit irren Augen lag Mahler da, seine Finger dirigierten auf der Bettdecke. Sein Mund lächelte und er sagte zweimal: »Mozartl!« Seine Augen wurden riesenhaft groß. Chvostek, den ich gebeten hatte, ihm eine Dosis Morphium zu geben, damit er nichts fühlen solle, begann laut zu sprechen. Ich umklammerte seine Hände: »Sprechen Sie leiser, er könnte Sie hören!« – »Ah, er hört nichts mehr!« [...] Der Todeskampf begann. Man schaffte mich ins Nebenzimmer. Das Röcheln dauerte mehrere Stunden.[717]

Am 18. Mai 1911, kurz nach 23.00 Uhr, stirbt Gustav Mahler. Er wird auf dem Grinzinger Friedhof in dem Grab beigesetzt, in dem bereits seine älteste Tochter Maria Anna ruht.[718]

[716] *AME*, S. 249
[717] *AME*, S. 251
[718] Lt. Gabriel Engel, a.a.O., S. 121, hatte Mahler gewünscht, daß zu seiner Beisetzung weder ein Wort gesprochen noch ein Ton gesungen werden sollte.

Aus dem Nachruf im *Merker*:

Gustav Mahler ist tot. Nur wer es weiss, was sein grosses Leben bedeutete, kann es ermessen, was mit ihm dahinging. Ein Mensch von einziger Art ist fort; einer, der immer in Flammen stand, der in Ekstase sich selbst zu verbrennen schien, einer, dessen blosses Dasein all denen, die ihn liebten, Besitz, Erkenntnis, Beispiel und geistige Zuflucht war. Und denen, die jetzt weinendes Auges und trauernden Herzens zurückbleiben, ist es, als wär' es plötzlich finster geworden.[719]

---

[719] *Der Merker* 2 (1911), S. 656

Dokumente

Alma Mahler

Die hier getroffene Auswahl aus den Briefen Gustav Mahlers an seine Frau Alma, geb. Schindler, beschränkt sich auf jene relativ seltenen Bemerkungen, in denen Kondensate Mahlerschen Denkens in und über Musik und seiner Auseinandersetzung mit der Welt ihren Niederschlag finden. Dabei wird bewußt in Kauf genommen, daß sich die zitierten Stellen aus dem biographisch-aktuellen Kontext lösen.

Die Brief-Korrespondenz setzt am 28. November 1901 ein. Alma besucht in dieser ersten Zeit der Bekanntschaft mit Mahler häufig die von ihm dirigierten Aufführungen in der Hofoper.

Mahler an Alma Schindler

5. December 1901

Liebste Freundin

Hoffentlich hatten Sie gestern an Hoffmann[1] einige Freude – obwohl von ihm in diesem Werk so ziemlich »der Spiritus weg und nur das Phlegma ist geblieben!« – Die Schoder[2] hat Manches von unserem lieben Dichter an die Oberfläche gezogen [...]
   Wenn Sie wissen wollen, was da alles verloren gegangen, so lesen Sie die Novelle »Rath Krespel« von Hoffmann. Die Schoder war rührend und hat fest mit mir an einem Strang gezogen. Aber – im feinsten hat auch sie ein wenig im Stich gelassen; dazu wurde sie durch ihre Tendenz zum Realismus verführt. Die Antonia stirbt eben nicht an der Schwindsucht, die sie durch das vermaledeite und auf der Bühne so beliebte Hüsteln markierte, sondern das dämonische Prinzip der Kunst, welches den Menschen, der von ihm besessen wird, stets zum Aufgeben der eigenen Persönlichkeit zwingt und welches in diesem Fall ein zur Vergeistigung besonders beanlagtes Wesen bis zur Entkörperlichung durchdringt, entführt sie dem Leben.
   [...] Wenn Sie sich ein wenig liebevoll mit Hoffmanns Werken beschäftigen wollten, so werden Ihnen ganz neue

---

[1] *Hoffmanns Erzählungen* von Jacques Offenbach
[2] Marie Gutheil-Schoder, gefeierte Mezzosopranistin, die von 1900 bis 1927 Mitglied der Wiener Hof- bzw. Staatsoper war.

Lichter aufgehen über die eigentümlichen Beziehungen un-
serer ewig geheimnisvollen und nicht zu enträtselnden, aber
oft wie in einem Blitz unser Inneres durchleuchtenden Mu-
sik zur Realität. Und Sie werden es fühlen, daß die einzige
wahre Realität auf Erden unser Gemüt ist – daß alle Wirk-
lichkeit für den, der dies erfaßt hat, nur ein Schema, ein
nichtiger Schatten ist. – Und zwar bitte ich Sie, dies nicht
für einen »poetischen« Vergleich zu halten; sondern eine
Erkenntnis, welche auch vor dem nüchternen Blick des Ver-
standes ihre unwiderrufliche Geltung behalten wird.[3]

Wenige Tage später fährt Mahler nach Berlin, um dort am 16. Dezember 1901 seine 4. Sinfonie zu dirigieren.[4]

Mahler an Alma Schindler

14. Dec. 1901

Liebste!

Morgen beginnen die großen Proben. Wie wäre es, wenn
Du dabei wärest! Dabei ertappe ich mich jetzt (überhaupt in
der letzten Zeit, seit meine Gedanken an Dich geknüpft
sind) auf einem ganz kommunen für Leute meiner Art bei-
nahe unwürdigen Ehrgeiz!

Ich möchte jetzt Erfolge, Anerkennung und wie alle diese
bedeutungslosen und im wahren Sinne des Wortes nichts sa-
genden Dinge heißen, erringen! Ich möchte Dir Ehre ma-
chen! Mißverstehe das nicht, wenn ich so vom Ehrgeiz
rede! Ich habe seit jeher Ehrgeiz gehabt, aber ich habe nicht
nach der Ehre gegeizt, die mir meine Nachbarn, Zeitgenos-
sen geben können. Aber von Meinesgleichen verstanden, ge-
würdigt zu werden, selbst wenn ich dergleichen im Leben
nicht finden sollte (und in der Tat sind sie ja nur außer Zeit
und Raum zu suchen), darnach habe ich immer gerungen;
und es soll auch von nun an mein höchstes Lebensziel sein!
Dazu mußt Du mir beistehen, meine Geliebte! Und weißt
Du, um sich diesen Lohn zu gewinnen, diesen Ehrenkranz,
muß man auf den Beifall der Menge, ja selbst auf der Gu-
ten, Hohen (die eben auch manchmal nicht mitkönnen) ver-

---

[3] *AME,* S. 256/257
[4] vgl. Biographie, S. 234

zichten. Wie gerne habe ich bis jetzt die Backenstreiche der
Philister, auch Hohn, Haß der Unmündigen ertragen. Ja,
leider ist es mir nur zu sehr bewußt, daß das bißchen Re-
spekt, das ich mir erworben, vielleicht nur einem Mißver-
ständnis, jedenfalls nur dem dumpfen Ahnen eines Höheren
aber Unzugänglichen zuzuschreiben ist. – Ich rede natürlich
nicht von meiner Tätigkeit als »Director« oder Kapellmei
ster; dies sind schließlich im höchsten Sinne Fähigkeiten
und Verdienst doch nur untergeordneter Art. –[5]

Einen Tag danach legt er dem Brief an Alma ein Programm der
2. Sinfonie bei.

[Berlin, 15. Dec. 1901]

Programm zur 2. Symphonie von Gustav Mahler

Wir stehen am Sarge eines geliebten Menschen. Sein Leben,
Kämpfen, Leiden und Wollen zieht noch einmal, zum letzten
Mal an unserem geistigen Auge vorüber. Und nun in diesem
ernsten und im Tiefsten erschütternden Augenblicke, wo wir al-
les Verwirrende und Herabziehende des Alltags wie eine Decke
abstreifen, greift eine furchtbar ernste Stimme an unser Herz,
die wir im betäubenden Treiben des Tages stets überhören: Was
nun?
   Was ist dieses Leben – und dieser Tod?
   Giebt es für uns eine Fortdauer?
   Ist dies Alles nur ein wüster Traum, oder hat dieses Leben
und dieser Tod einen Sinn?
   Und diese Frage müssen wir beantworten, wenn wir weiter
leben sollen –
   Die nächsten drei Sätze sind als Intermezzi gedacht.

2. Satz Andante

Ein seliger Augenblick aus dem Leben dieses theueren Toten
und eine wehmütige Erinnerung an seine Jugend und verlorene
Unschuld.

---

[5] *AME*, S. 262/263

3. Satz Scherzo

Der Geist des Unglaubens, der Verneinung hat sich seiner bemächtigt, er blickt in das Gewühl der Erscheinungen und verliert mit dem reinen Kindersinn den festen Halt, den allein die Liebe gibt; er verzweifelt an sich und Gott. Die Welt und das Leben wird ihm zum wirren Spuk; der Ekel vor allem Sein und Werden packt ihn mit eiserner Faust und jagt ihn bis zum Aufschrei der Verzweiflung.

4. Satz Urlicht (Altsolo)

Die rührende Stimme des naiven Glaubens tönt an unser Ohr. »Ich bin von Gott, und will wieder zu Gott! der liebe Gott wird mir ein Lichtchen geben, wird leuchten mir bis in das ewig selig Leben!«

5. Satz

Wir stehen wieder vor allen furchtbaren Fragen – und der Stimmung am Ende dessl. Satzes.

Es ertönt die Stimme des Rufers: Das Ende alles Lebendigen ist gekommen – das jüngste Gericht kündigt sich an, und der ganze Schrecken des Tages aller Tage ist hereingebrochen.

Die Erde bebt, die Gräber springen auf, die Toten erheben sich und schreiten in endlosem Zug daher. Die Großen und die Kleinen dieser Erde – die Könige und die Bettler, die Gerechten und die Gottlosen – alle wollen dahin – der Ruf nach Erbarmen und Gnade tönt schrecklich an unser Ohr. Immer furchtbarer schreit es daher – alle Sinne vergehen uns, alles Bewußtsein schwindet uns beim Herannahen des ewigen Geistes. Der »Große Appell« ertönt – die Trompeten der Apokalypse rufen; mitten in der grauenvollen Stille glauben wir eine ferne, ferne Nachtigall zu vernehmen, wie einen letzten zitternden Nachhall des Erdenlebens! Leise erklingt ein Chor der Heiligen und Himmlischen: »Auferstehen, ja auferstehen wirst Du.« Da erscheint die Herrlichkeit Gottes! Ein wundervolles, mildes Licht durchdringt uns bis an das Herz – alles ist still und selig! Und siehe da: Es ist kein Gericht – Es ist kein Sünder, kein Gerechter, kein Großer – und kein Kleiner – es ist nicht Strafe und nicht Lohn!

*Ein allmächtiges Liebesgefühl durchleuchtet uns mit seligem
Wissen und Sein.*[6]

Mahler an Alma Schindler

Berlin, 16. Dec. 1901

[...] *Daß Du jetzt auf Hölderlin geraten bist, ist höchst
merkwürdig! Weißt Du, daß der ein Lieblingsdichter und
-Mensch von mir ist? Er gehört ja zu den ganz Großen,
Liebste!* [...][7]

Montag früh, 17. Dec. 1901

*Liebstes Almschi, schütte das Kind nicht mit dem Bad aus –
wenn ein Werk von mir endlich einmal verstanden werden
sollte, (nachdem ich anderthalb Dezennien schon den
Kampf mit Seichtigkeit und Unverständnis führe und alles
Ungemach, ja Jammer des Pfadfinders gekostet habe) und
vornehmlich in Wien, wo die Leute doch eine instinctive
Anschauung meiner Persönlichkeit besitzen, so darf Dich
dies ebensowenig anfechten, oder mit Mißtrauen gegen mein
Werk erfüllen, wie Unverständnis oder Mißwollen. – Die
Hauptsache ist, daß man eben die Meinung der Mitwelt
nicht zu seinem Leitstern macht, und daß man im Leben
wie Schaffen seinen Weg unbeirrt geht und sich weder durch
Mißerfolge herabziehen noch durch Beifall lenken läßt. –
Es scheint mir nämlich, daß jetzt anfängt etwas von der
Saat aufzugehen, die ich gestreut habe,* [...][8]

Dresden, 19. Dec. 1901

[...] *Hier geht heute die II. los. Mein Almschi! Die Justi
hat Dir nicht gesagt, daß dieses Programm*[9] *nur für einen
oberflächlicheren und unbehülflichen Menschen (Du weißt
ja, wen) verfaßt ist, und nur manches Äußerliche – reine
Oberfläche der Sache gibt – wie schließlich jedes Programm
zu einem musikalischen Kunstwerk. Nur gar erst dieses*

---

[6] *AME*, S. 267–269
[7] *AME*, S. 270/271
[8] *AME*, S. 272
[9] das Programm zur 2. Sinfonie, das er ihr einige Tage zuvor geschickt hatte

Werk, das so einheitlich geschlossen und verbunden ist, und
das man ebenso wenig erklären kann wie die Welt. – Ich
bin nämlich überzeugt, wenn Gott aufgefordert würde, sein
Programm zur »Welt«, die er geschaffen, zu geben, könnte
er es ebensowenig. – Höchstens gäbe es dann so eine »Of-
fenbarung«, die vom Wesen Gottes und des Lebens so viel
weiß, wie mein Elaborat von meiner C-moll. Ja, geradezu
führt dies – wie alle Offenbarungs-Religionen – zum direc-
ten Mißverständnis, Unverständnis, zur Verplattung, Ver-
gröberung und schließlich zur Entstellung bis zur Unkennt-
lichkeit des Werkes und vornehmlich seines Schöpfers. – Ich
habe jetzt mit Strauß in Berlin sehr ernst gesprochen und
ihm seine Sackgasse zeigen wollen. Er konnte mir aber lei-
der nicht ganz folgen. Er ist ein sehr lieber Kerl; der in sei-
nem Verhältnis zu mir mich rührt. Und doch kann ich ihm
nichts sein – da ich ihn wohl übersehe, aber er von mir nur
das Piedestal. [...]
   Wie tief bedauere ich, daß Du nicht bei meiner C-moll
anwesend sein kannst. Das läßt sich am Klavier nicht annä-
hernd wiedergeben. Und doch wäre es so nötig, daß Du sie
kennst – denn meine IV. wird Dir ganz fremd sein. – Die
ist wieder ganz Humor – »naiv« etc.; weißt Du, das an mei-
nem Wesen, was Du noch am Wenigsten aufnehmen kannst
– und was jedenfalls in alle Zukunft nur die Wenigsten er-
fassen werden. [...][10]

Semmering, Februar 1902

[...] Die Atmosphäre, die Strauß um sich verbreitet, ist so
ernüchternd – man wird sich ordentlich selbst fremd. Wenn
das die Früchte sind, die an einem Baum hängen, wie kann
man den Baum lieben? Du hast mit Deiner Bemerkung
über ihn ins Schwarze getroffen. Nicht wahr, lieber zusam-
men das Brot der Armut essen und im Lichte wandeln, als
sich so verlieren an das Gemeine! Kommen wird die Zeit,
da die Menschen, die Spreu vom Weizen gesondert erblik-
ken werden – und meine Zeit wird kommen, wenn die seine
um ist. [...]

---

[10] *AME*, S. 275/276

Deine Bemerkung vorgestern Abends: »Du beteiligtest Dich gar nicht am Gespräch«, wirst Du Dir jetzt selbst beantworten. – Was hätte ich auf diese Kaffeehausredensarten zu erwidern, in einem so gesteigerten Moment wie die einer solchen Aufführung, die schließlich auch meine productive Kraft auslöst und die einen frei machen sollte vom Alltag, nicht aber mitten in den Dreck hineinführen sollte, wie ein Gespräch über Tantièmen und Kapitalien (stets die Träume der St. Phantasie, beinahe unzertrennlich von seinen Begeisterungen).[11]

In der Zwischenzeit hatte Mahler am 9. März 1902 Alma Schindler geheiratet.

An Alma.

Wiesbaden, 21. Januar 1903

Du hättest jetzt ein ganz anderes Verhältnis zu meinem Werk[12]*, von dem ich gegenwärtig ganz erfüllt bin, nachdem ich schon so lange nicht mehr daran gedacht; ach Gott, wie lange wird es dauern, bis die Menschen, das zu hören imstand sind! – Ich möchte am liebsten davonlaufen! Und doch steckt so ein Behagen, so eine Lust am Bleiben in dem Werk! Und eine Fülle von Liebe! Im Adagio habe ich Dich ordentlich gesehen, wie Du Deine blauen Augerln auf mich richtest, mit dem lieben Ausdruck, den sie haben, wenn Du mich lieb hast, und überzeugt bist, daß ich Dich ebenso lieb habe.*

[...] Heute in Frankfurt, bevor ich zur Bahn ging, bummelte ich so ein Stündchen in den Straßen. – Alle Menschen, alle Läden, alle Häuser sehen gleich aus – alles hat diesen so riesig vertrauenerweckenden, ordentlichen, niederdrückend gleichmäßigen Charakter. – An einem Laden blieb ich stehen; der hatte die verheißungsvolle Aufschrift: Verkauf von Kunstgegenständen. Ich mußte ordentlich in mich hineinlachen (ein bißchen auch mich ekeln). Das ist das Rechte! Ich wüßte nicht, wie man das besser ausdrücken könnte, was diese Philister in den Theatern, Concertsä-

[11] *AME*, S. 280/281
[12] 4. Sinfonie

439

*len, Gallerien suchen. – Ha! Was werden sie zu meinem
Kunstgegenstand sagen, den ich ihnen übermorgen, Freitag,
versetzen werde. Brrr! Wenn doch nur dieser Kelch schon
an mir vorübergegangen wäre!*[13]

Lemberg, Ende März/Anfang April 1903

*Um 10 Uhr war die Probe. – Als ich das Podium bestieg,
brachte mir das Orchester einen Tusch mit Pauken und
Trompeten – Du kannst Dir das Gesicht denken, das ich
dazu gemacht habe: wie die Katz' wenn's donnert. Hierauf
spielte ich meine I. mit dem Orchester, das sich vortrefflich
benahm und offenbar wohl vorbereitet war. Einige Male ist
es mir schon kalt über den Rücken gelaufen. Donnerwetter,
wo haben die Menschen ihre Ohren und ihre Herzen, daß
sie das nicht capieren! [...]*[14]

Lemberg, 2. April 1903

Liebste!

*Ich führe hier ein zwischen äußerster Contemplation und ir-
dischestem Tumult (auf den Proben unter primitivsten Verhältnissen) getheiltes Leben. – Dazwischen lese ich nun mit
höchster Theilnahme Zend-Avesta*[15]*, was mir Altgekanntes,
Selbstgeschautes, und Erlebtes wie ein theueres, vertrautes
Gesicht vor die Seele bringt.*

*Merkwürdig, wie Fechner Rückertisch empfindet und
schaut; es sind zwei sehr verwandte Menschen und eine
Seite meines Wesens ist der 3. im Bunde. Wie Wenige wissen was von den Beiden!*[16] (vgl. Biographie S. 387)

Maiernigg, 23. Juni 1904

*[...] den ganzen Tag im Briefwechsel Wagner-Wesendonck
gelesen und mich wahrhaft erbaut an diesem Einblick in ein*

---

[13] *AME*, S. 283/284
[14] *AME*, S. 285
[15] Gustav Theodor Fechner, *Zend-Avesta oder Über die Dinge des Himmels und des
Jenseits. Vom Standpunkt der Naturbetrachtung.* 3 Bde., Hamburg/Leipzig 1851
(2/1901)
[16] *AME*, S. 288

wichtiges, vielleicht das wichtigste Stück Leben dieses einzi-
gen und theueren großen Mannes. Nun wollte ich in Wald
und Feld. Aber da brach ein Gewitter mit Hagel los, das bis
in die Nacht hinein gedauert und alle Vorsätze zunichte ge-
macht hat. Nun wurde abwechselnd Klavier gespielt –
Brahms Kammermusik – leider doch manchmal recht sterile
Musikmacherei, und wenn ich nicht plötzlich auf ein reizen-
des Sextett in B-dur[17] *gestoßen wäre, hätte ich an Brahms*
verzweifelt, wie an mir in diesen Tagen. Dann wieder
Wagner-Briefwechsel, der in dieser Nachbarschaft noch dä-
monisch über alles Irdische hinauswuchs. Zuweilen Tolstoi-
Beichte; furchtbar trist und barbarisch selbstzerfleischend,
schiefe Fragestellung und infolgedessen grenzenlose Verwü-
stung aller errungenen Herzens- und Geistesgüte.[18]

Maiernigg, (ohne Datum) 1904

[...] Ich habe jetzt so ziemlich den ganzen Brahms durch-
genommen. Na, da muß ich schon sagen, ein winziges
Männchen ist es schon mit einer etwas schmalen Brust.
Herrgott, wenn einen daneben so ein Sturmwind aus der
Lunge Richard Wagners angeweht hat! Wie muß der
Brahms mit seiner Armut haushalten, um auszukommen!
Womit ich ihm aber nicht etwa nahe treten will. Womit es
aber da am meisten hapert, darüber wirst Du staunen, wenn
ich Dir es sage – das sind seine sogenannten »Durchführun-
gen«! Mit seinen oft schönen Themen weiß er in den selten-
sten Fällen etwas anzufangen. Das haben überhaupt nur
Beethoven und Wagner gekonnt.

Also gehab' Dich und die Putzerln wol. So jetzt geht es
an Bach (bei zwei Kerzen) ich muß mich nach Brahms ein
bischen auspusten. [...][19]

Maiernigg, (ohne Datum) 1904

[...] Nachdem ich den ganzen Brahms durchhabe, bin ich
wieder zu Bruckner übergegangen. Sonderbare Mittelmaß-

---

[17] Johannes Brahms, Sextett Nr. 1 B-Dur für 2 Violinen, 2 Violen, 2 Violoncelli,
   op. 18 (1860)
[18] *AME*, S. 304/305
[19] *AME*, S. 308

Menschen. Der Eine war zu lang »im Löffel«, der Andere
muß erst hinein. Jetzt halte ich bei Beethoven. Es giebt nur
den und Richard – und sonst Nichts![20]

Maiernigg, Mitte Juli 1904

[...] Deinen sehr lieben Brief habe ich noch eben vor mei-
ner Abreise[21] *bekommen und mich innig gefreut an Deinem*
Ausdeuten und Mitleben in den wunderbaren Blättern.[22]
Die Analogien mit dem eigenen Leben, die sich aus solchen
Mittheilungen stets ergeben, immer nach irgend einer Rich-
tung – sind eben der hohe Reiz einer solchen Lektüre. Man
ist einerseits im Stande mit verständnisvoller Theilnahme
den Ausführungen zu folgen, andererseits genießt man die
wundervolle Genugthuung, in diesen hohen Regionen
schicksalsverwandte Leidensgenossen zu finden. Es wird
Dir immer so gehen, welchen Lebenslauf Du auch auf-
schlägst. Da findet sich eben außer Zeit und Raum eine
auserlesene Gesellschaft von Einsamen zusammen, die dann
umso intensiver miteinander leben. Und wenn Du nichts an-
deres findest als ein schlechtes Conterfei, so suchst Du doch
in den verwischten Zügen nach jenem Blick, den Du so gut
verstehst und mit dem nur Solche schauen.[23]

Maiernigg, (ohne Datum) 1904

Mein Geliebtes!

Deine lieben Zeilen waren eine rechte Erfrischung für mich.
Jetzt bist Du auf dem rechten Wege, wie ich merke. Wenn
wir längere Zeit allein sind, so gelangen wir zu einer Ein-
heit mit uns und der Natur, die allerdings eine bequemere
Umgebung ist als die gewohnten Menschen. Dann werden
wir positiv (statt wie sonst in der Negation stecken zu blei-

---

[20] *AME*, S. 309; »im Löffel«: Alma schreibt in einer Fußnote: *Ibsens »Peer Gynt«.*
Mit dem Löffel ist höchstwahrscheinlich die Schmelzkelle des Knopfgießers im
V. Akt gemeint, mit der Fehlprägungen oder abgewetzte Geldstücke oder Knöpfe
wieder eingeschmolzen und umgegossen wurden.
[21] Mahler fährt am nächsten Tag in die Dolomiten, um von Toblach aus über Schluderbach nach Misurina zu wandern.
[22] die Wagner-Wesendonck-Briefe
[23] *AME*, S. 309/310

ben) und schließlich produktiv. Dies ist der gewöhnliche Weg; dieser führt uns von uns, das Alleinsein zu uns selbst, und von uns zu Gott ist nur ein Schritt. Von dieser Stimmung bist Du voll und ich freue mich riesig darüber; denn ich habe nie gezweifelt, daß das in Dir steckt.

Wie kleinlich kommt uns da unser gewöhnliches Leben vor, das ganz in Negation und »Kritik« stecken bleibt. – Siehst Du, mit Deiner Lektüre ist es geradeso: Shakespeare ist das Positive, Productive; Ibsen bloß die Analytik, die Negation, das Unfruchtbare. Jetzt wirst Du mich begreifen, der ich mir die positive, productive Stimmung in das verwirrende Alltagsleben hinüberzuretten trachte und daher Manches oft aus der Vogelperspektive sehe. – Laß Dich nur nicht beirren, wenn wieder die Negation Dich packt und Dir den Ausblick für eine Weile raubt. Glaube dann nur nicht, daß das Positive nicht da ist, oder nicht das Wesentliche ist. – Denke immer nur: die Sonne hat sich hinter den Wolken versteckt und es ist augenblicklich dunkel, kühl, unfreundlich. Aber sie kommt wieder heraus!

[…]

P. S. Von Brahms habe ich noch ein zweites Clavierquartett, das in C-moll[24], das wir voriges Jahr hier vierhändig gespielt haben, gefunden; die ersten beiden Sätze wundervoll. Bis jetzt mit dem G-moll [op. 25] das Einzige, zu dem ich ganz Ja sagen kann. Schade, daß sich die letzten beiden Sätze so verflachen.

Tolstoi lasse ich eine Weile, von dem muß man sich ausruhen; ich rede nur vom Schriftsteller und Propheten. Seine Novellen und Romane, das ist was anderes![25]

Köln, 16. Oktober 1904

[…] Das Scherzo[26] ist ein verdammter Satz! Der wird eine lange Leidensgeschichte haben! Die Dirigenten werden ihn fünfzig Jahre lang zu schnell nehmen und einen Unsinn daraus machen, das Publikum – o Himmel – was soll es zu

---

[24] Johannes Brahms, Quartett Nr. 3 c-Moll für Klavier, Violine, Viola, Violoncello, op. 60 (1875)

[25] *AME*, S. 311/312

[26] 5. Sinfonie. Mahler hält sich in Köln zur Vorbereitung der Uraufführung der 5. Sinfonie auf, die am 18. Oktober 1904 dort stattfindet (vgl. Biographie, S. 282ff.).

*diesem Chaos, das ewig auf's Neue eine Welt gebärt, die im
nächsten Moment wieder zu Grunde geht, zu diesen Urweltsklängen, zu diesem sausenden, brüllenden, tosenden
Meer, zu diesen tanzenden Sternen, zu diesen verathmenden, schillernden, blitzenden Wellen für ein Gesicht machen? Was hat eine Schafherde zu einem »Brudersphären-
Wettgesang« anderes zu sagen, als blöken!?*[27]

Mahlers Briefe an Alma drehen sich in den folgenden Jahren in erster Linie um Orchester und Solisten, mit denen er auf seinen ausgedehnten Gastdirigenten-Reisen zu tun hat, um Reaktionen des
Publikums und der Presse auf seine Werke und oft genug auch um
das Ambiente der Hotels, in denen er sich gerade aufhält. Einen
recht breiten Raum nehmen auch Berichte von diversen Treffen
mit Richard Strauss ein (vgl. entsprechende Abschnitte in der Biographie, S. 322 ff.), von dessen *Salome* Mahler außerordentlich beeindruckt ist.

Eine der in dieser Hinsicht seltenen Ausnahmen in der Briefkorrespondenz dieser Jahre mit Alma ist ein Brief vom 10. September
1908 aus Prag, in dem er sich im Zusammenhang mit den Proben
zur Uraufführung der 7. Sinfonie äußert:

[...] *Ein verzweifelter Trompeter hat Bodanowitsch*[28] *gefragt:
»Jetzt möcht ich nur wissen, was da dran schön sein soll, wenn
einer die Trompeten fortwährend in den höchsten Tönen gestopft bis zum hohen Cis hinauf blasen soll.« Diese Äußerung
hat mich sofort auf das Innere des Menschen gewiesen, der
auch sein eigenes Jammerleben, das sich in den höchsten Tönen gestopft herumquälen muß, nicht begreifen kann, und
nicht einsehen, wozu dies Alles da ist, und wie dieses Gekreisch
in der allgemeinen Weltensymphonie in den großen Akkord
einstimmen soll. –*

   *Bodanowitsch antwortete dem Unglücklichen ganz logisch:
Warten Sie es doch nur ab! Das können Sie doch jetzt noch
nicht verstehen und übersehen. Wenn das andere dazukommt,
(ich habe nämlich Bläser extra probirt – wie in diesem Jammer-
thal, wo uns die beruhigenden und beseligenden Violinen und
die tiefen Streichinstrumente, die den Grund und den Anker al-*

---

[27] *AME*, S. 315/316
[28] Bodanowitsch hatte vermutlich die Proben mit dem Orchester vorbereitet.

ler Instrumente bilden, noch fehlen), werden Sie schon sehen, wozu Sie da sind. –[29]

Erst in den Briefen der letzten Jahre finden sich wieder einige Zeugnisse Mahlerschen Denkens, so u. a. zu Goethes *Faust*, dessen Schlußszene ihn im 2. Teil der 8. Sinfonie beschäftigt.

An Alma

Toblach, Juni 1909

Mein Almscherl!

Das war ein lieber Brief heute (noch dazu der zweite im Tag). Ein geistiges Zentrum gewinnen; Das ist eben nötig. Von da aus schauen alle Dinge anders aus! Und daß Du Dir gerade Goethe[30] *ausgesucht hast, läßt in Dein Inneres blicken; daß Du kerzengerade in die Höhe gewachsen – so wie außen, auch innen. –*

Deine Deutung der letzten Verse ist famos, und bin überzeugt, besser als die der Herren Commentatoren (die ich zwar nicht kenne, aber von denen ich weiß, daß sie sich bald seit einem Jahrhundert die Zähne daran ausbeißen.) Nun, mit den Deutungen eines Kunstwerkes hat es seine eigene Bewandtnis, das Rationale daran (d. h. das vom Verstand Aufzulösende) ist fast immer das nicht Wesentliche und eigentlich ein Schleier, der die Gestalt verhüllt. Soweit aber eine Seele einen Leib braucht, – es ist ja gar nichts dagegen zu sagen – muß der Künstler seine Mittel zur Darstellung aus der rationalen Welt herausgreifen. Dort, wo er selbst noch nicht zur Klarheit, oder eigentlich zur Ganzheit durchgedrungen, wird das Rationale das künstlerisch Unbewußte überwuchern und zur Ausdeutung übermäßig auffordern – der Faust ist nun allerdings ein rechtes Gemisch von Alledem – und, wie seine Schaffung ein ganzes, langes Leben umfaßt, so sind nun auch die Bausteine, aus denen er sich zusammensetzt, recht ungleich und oft bloßes Material geblieben. Das macht, daß man dem Werk auf verschiedene Art und von verschiedenen Seiten beikommen muß. – Aber

[29] *AME*, S. 414/415
[30] Alma liest z. Zt. Goethes *Faust* (vgl. Biographie, S. 380).

die Hauptsache ist doch das künstlerische Gebilde, das sich in dürren Worten nicht ausdeuten läßt. Die Wahrheit ist für Jeden – und für Jeden zu verschiedenen Epochen verschieden – anders geartet; so wie es mit den Symphonien Beethovens ist, die auch für Jeden und zu jeder Zeit immer wieder etwas anderes und Neues sind. Soll ich Dir nun sagen, in welchem Stadium sich gegenwärtig meine »Rationalität« diesen Schlußversen gegenüber befindet, so will ich es also versuchen – ob es gehen wird, weiß ich nicht! Also: diese vier Zeilen nehme ich in engster Verknüpfung mit dem Vorangegangenen – als direkte Fortsetzung der letzten Zeilen einerseits – und andererseits als Spitze der ungeheueren Pyramide des ganzen Werkes, welches uns eine Welt in Gestalten, Situationen, Entwicklungen vorgeführt hat. Alle deuten, zuerst ganz schattenhaft, und von Scene zu Scene (besonders im zweiten Teil, wo der Autor selbst dazu herangereift war) immer selbstbewußter auf dieses Eine, nicht Auszudrückende, kaum Geahnte, aber innigst Empfundene!

Alles ist nur ein Gleichnis, für Etwas, dessen Gestaltung nur ein unzulänglicher Ausdruck für das sein kann, was hier gefordert ist. Es läßt sich eben Vergängliches wohl beschreiben; aber, was wir fühlen, ahnen, aber nie erreichen werden (also was hier ein Ereignis werden kann) eben das hinter allen Erscheinungen dauernd Unvergängliche ist unbeschreiblich. Das, was uns mit mystischer Gewalt hinanzieht, was jede Creatur, vielleicht sogar die Steine, mit unbedingter Sicherheit als das Centrum ihres Seins empfindet, was Goethe hier – wieder in einem Gleichnis – das Ewig-Weibliche nennt – nämlich das Ruhende, das Ziel – im Gegensatze zu dem ewigen Sehnen, Streben, sich Hinbewegen zu diesem Ziel – also dem Ewig-Männlichen! – Du hast ganz recht, es als die Liebesgewalt zu charakterisieren. Es gibt unendlich viele Vorstellungen, Namen dafür. (Denke nur, wie es das Kind, das Tier, wie es ein niederer oder ein hoher Mensch lebt und webt). Goethe selbst bringt hier, je weiter gegen den Schluß, immer deutlicher eine unendliche Stufenleiter dieser Gleichnisse zur Darstellung: das leidenschaftliche Suchen Faust's nach Helena – immer weiter in der Walpurgisnacht, vom Homunculus – dem noch Ungewordenen – über die mannigfaltigen Entelechieen niederer und höherer Ordnung, immer bewußter und reiner darge-

*stellt und ausgesprochen, bis zur mater gloriosa – dies ist
die Personifikation des Ewig-Weiblichen! Also direkt mit
Anknüpfung an die Schlußscene spricht Goethe persönlich
seinen Hörer an und sagt:*

*»Alles Vergängliche (was ich Euch da an den beiden
Abenden vorgeführt habe) – sind lauter Gleichnisse; natürlich in ihrer irdischen Erscheinung unzulänglich – dort
aber, befreit von dem Leibe der irdischen Unzulänglichkeit
wird es sich ereignen und wir brauchen dann keine Um-
schreibung mehr, keinen Vergleich – Gleichnisse – dafür;
dort ist eben getan, was ich hier zu beschreiben versuchte,
was aber doch nur unbeschreiblich ist und zwar: was? Ich
kann es Euch wieder nur im Gleichnis sagen: Das Ewig-
Weibliche hat uns hinangezogen – Wir sind da – Wir ruhen
– Wir besitzen, was wir auf Erden nur ersehnen, erstreben
könnten. Der Christ nennt dies die »ewige Seligkeit« und
ich mußte mich dieser schönen und zureichenden mytholo-
gischen Vorstellung als Mittel für meine Darstellung bedienen – der adäquatesten, die dieser Epoche der Menschheit
zugänglich ist.«*

*Hoffentlich habe ich mich deutlich ausgedrückt. Bei sol-
chen unendlich zarten, und, wie gesagt, unrationalen Dingen liegt immer die Gefahr eines Wortgewächses nahe.
Drum haben alle Commentare etwas so Zuwideres. Für
heute schließe ich.*

Tausend Grüße von

Deinem Gustav[31]

Toblach, 27. Juni 1909

Mein Almscherl!

*Gestern kam Dein lieber Brief erst Nachmittag (ich hole mir
die zweite Post immer selbst), ich war schon recht besorgt.*

*Deine Stimmungen (diesmal von einem Traum hervorge-
rufen) sind mir sehr verständlich, denn ich selbst mache sie
tausendmal durch; letzteres setzt Dich vielleicht in Erstaunen, aber es mag Dir zugleich als Trost dienen, ja sogar
Dich selbst erst Dir verständlich machen. Der Mensch –*

---

[31] *AME*, S. 436–438

und alle Wesen wahrscheinlich – sind unaufhörlich pro-
ductiv.

Auf allen Stufen geschieht dies unzertrennlich vom Wesen
des Lebens: wenn die Productionskraft versiegt, so stirbt die
»Entelechie« d. h., sie muß einen neuen Leib erhalten. Auf
jener Stufe, auf der sich höhere Menschen befinden, wird
die Production (die in Form von Reproduction den Meisten
natürlich ist) von einem Akt des Selbstbewußtseins begleitet;
und dadurch einerseits gesteigert, andererseits als Forderung
an das sittliche Wesen aufgestellt. Dies ist dann eben die
Quelle aller Beunruhigung solcher Menschen. Abgesehen
von den kurzen Momenten im Leben des Genies, wo diese
Forderungen sich erfüllen, sind es die langen, unausgefüll-
ten Strecken des Daseins, die dem Bewußtsein solche Prü-
fungen und unerfüllbare Sehnsuchten auferlegen. Und eben
dieses unaufhörliche und wahrhaft schmerzvolle Streben
verleiht dem Leben dieser Wenigen das Gepräge. – Nun
wirst Du vielleicht schon ahnen oder wissen, was ich von
den »Werken« des Menschen halte. Sie sind das wahrhaft
Flüchtige und Sterbliche; aber was der Mensch aus sich
selbst macht – was er durch rastloses Streben und Leben
wird, das ist das Dauernde.[32]

München, Juni 1910

Mein Almscherl!

Im Plato bist Du nun richtig auf den springenden Punkt ge-
raten. In den Reden des Sokrates spricht Plato seine eigene
Weltanschauung aus, die als mißverstandene »platonische
Liebe« sich durch die Jahrhunderte bis zu den untersten In-
tellekten geschwungen hat. Das Wesentliche daran ist eben
die Goethische Anschauung, daß alles Lieben ein Zeugen,
Schaffen ist; daß es eben ein physisches und ein geistiges
Zeugen giebt, das eben der Ausfluß dieses »Eros« ist. In
der Schlußszene des Faust hast Du es ja in einer symboli-
schen Darstellung. Zuerst gefällt einem am Symposion der
Schwung der Darstellung und das dramatische Feuer der
»Erzählung«. So erinnere ich mich, daß in meinen Buben-

[32] *AME*, S. 441

jahren mir hauptsächlich die Szene gefallen hat, wo Alki-
biades hereinstürmt, weinbekränzt und jugendtoll – und
später als entzückender Gegensatz und Ausklang des Gan-
zen, wie Sokrates, noch allein aufrecht unter den bezecht
dahingesunkenen Genossen, sich besonnen erhebt und auf
den Marktplatz geht, zu philosophieren. Erst später gewinnt
man einen Gefallen an den verschiedenen Darlegungen und
ganz zum Schluß entdeckt man erst, wo das Alles in wol-
durchdachter Steigerung hinzielt: zu den wundervollen Aus-
einandersetzungen zwischen Diotima und Sokrates, die den
Kern der platonischen Welt, Aus- und Überblick wieder-
geben. In allen Schriften Platos ist Sokrates das Gefäß, in
dem der Wein Platos ausgegossen ist. Was muß das für ein
Mensch gewesen sein, der in einem solchen Schüler eine sol-
che unversiegbare Erinnerung und Liebe ausgelöst hat. Der
Vergleich zwischen ihm und Christus liegt sehr nahe und ist
zu allen Zeiten unwillkürlich gezogen worden. – Die Ge-
gensätze sind durch das Milieu und die Zeit bedingt. Dort
das Licht der höchsten Kultur und Jünger und Berichterstat-
ter intellectuellster Gattung; hier das Dunkel einer kindli-
chen und naiven Zeit und Kinder als Gefäß für die wunder-
vollste Lebensweisheit, welche das Ergebnis eines Naturells
und unmittelbaren und intensiven Anschauens und Erfas-
sens der Dinge ist. Eros in beiden Fällen als Schöpfer der
Welt! Für heute, mein Lieb, nur tausend Grüße und
schreib!

Dein
Gustav[33]

Bruno Walter

Richard Specht, einer der besten Kenner der Mahlerschen Seele,
glaubt nicht, daß irgendjemand Mahler wirklich gekannt habe. *Ich*
glaube aber auch nicht, daß er einen anderen ganz gekannt hat. Er
konnte jahrelang mit Menschen verkehren, ihnen Freundschaft und
Hilfsbereitschaft erweisen und wußte dabei gar nichts von ihren ei-
gentlichen Lebensverhältnissen, von ihren Sorgen und Hoffnungen.

---

[33] *AME*, S. 456/457

Bruno Walter

[...] *Anders stand es freilich mit Männern, die ihm zu jeder Zeit geistig viel bedeutet haben oder bei denen er waches und bereites Verstehen seines Wesens und seines Schaffens gefunden hatte, in Tagen, in denen noch alles rings um ihn stumm blieb oder gar, betroffen von der maßlosen Heftigkeit seiner Tonsprache, furchtsam zurückwich. Spricht man von den ersten, so ist der Name Siegfried Lipiner zu nennen; Bruno Walter [...] ist ihm der Werteste unter denen der zweiten Art geworden.*[34]

Bruno Schlesinger – so sein bürgerlicher Name – begegnet Gustav Mahler als Achtzehnjähriger 1894 in Hamburg, wo Mahler seit 1891 musikalischer Leiter des Stadttheaters am Dammtor ist.

Aus der Tiefe der Erinnerung rufe ich zuerst das Bild Gustav Mahlers herauf, wie er mir, dem Achtzehnjährigen, erschien. Ein Schrei der Entrüstung war im Juni 1894 durch die musikalische Presse gegangen als Widerhall der Aufführung der Er-

---

[34] Richard Specht, *Gustav Mahler*, Berlin 1913, hier zitiert nach 13.–16. Auflage, Berlin 1922, S. 29–31

sten Symphonie, damals Titan genannt, beim Tonkünstlerfest des »Allgemeinen Deutschen Musikvereins« in Weimar. Nach den Kritiken zu urteilen, hatte das Werk Ursache zu gerechter Empörung gegeben durch Sterilität, Trivialität und Häufung von Maßlosigkeiten; […] ich wünschte mir sehnlichst, den maßlosen Mann und sein maßloses Werk zu kennen. Und nun brachte mich einige Monate später eine Empfehlung an den Theaterdirektor Pollini als Korrepetitor an die Hamburger Oper, deren Erster Kapellmeister derselbe Gustav Mahler war, von dessen Werk ich so Spannendes gelesen hatte. Und da stand er nun in Person in der Theaterkanzlei, als ich von meinem Antrittsbesuch bei Pollini heraustrat: bleich, mager, klein von Gestalt, länglichen Gesichts, die steile Stirn von tiefschwarzem Haar umrahmt, bedeutende Augen hinter Brillengläsern, Furchen des Leides und des Humors im Antlitz, das, während er mit einem anderen sprach, den erstaunlichsten Wechsel des Ausdrucks zeigte, eine gerade so interessante, dämonische, einschüchternde Inkarnation des Kapellmeisters Kreisler, wie sie sich der jugendliche Leser E. Th. A. Hoffmannscher Phantasien nur vorstellen konnte; er fragte mich freundlich-gütig nach meinen musikalischen Fähigkeiten und Kenntnissen – was ich zu seiner sichtlichen Befriedigung mit einer Mischung von Schüchternheit und Selbstgefühl erwiderte – und ließ mich in einer Art Betäubung und Erschütterung zurück. Denn meine bisherigen im bürgerlichen Milieu entstandenen Erfahrungen hatten mich gelehrt, daß man dem Genie nur in Büchern und Noten, im Genuß der Musik und des Schauspiels, in den Kunstschätzen der Museen begegnen könne, daß der lebende Mensch aber mehr oder weniger alltäglich und das reale Leben nüchtern sei. Und nun war mir, als sei ein höheres Reich vor mir aufgetan – Mahler erschien mir in Antlitz und Gebaren als Genie und Dämon: das Leben selbst war plötzlich romantisch geworden, und durch nichts wüßte ich die elementare Wirkung der Mahlerschen Persönlichkeit besser zu kennzeichnen als durch die unwiderstehliche Gewalt, mit der sein Eintritt in die Sphäre eines jungen Musikers in kurzer Zeit eine völlige Wandlung des Lebensgefühls in diesem bewirkte.[35]

---

[35] *BWM*, S. 17/18

Walter wird zunächst Chordirektor und Korrepetitor, steigt aber, nachdem der zweite Kapellmeister, Otto Lohse, Ende der Saison nach Amerika geht, zum »richtigen« Kapellmeister auf.

[...] *es verstand sich aber von selbst, daß ich mich für die Mahlerschen Einstudierungen auch weiterhin als Korrepetitor betätigte. Die Sorge der Sänger, der Forderung Mahlers nach äußerster rhythmischer Korrektheit und nach Gehorsam gegen die dynamischen und anderen Vorschriften Genüge zu tun, teilte sich mir mit und veranlaßte mich zu geschärfter Aufmerksamkeit und Genauigkeit in meinen Proben, und das war von unschätzbarem Vorteil für mich; denn von Natur aus neigte ich dazu, das Gefühl im Musizieren, die Dramatik und Poesie im Vortrag, die Ausschöpfung des geistigen Gehalts im Wort der musikalischen Präzision überzuordnen, die strenge Genauigkeit zugunsten der seelischen Lebendigkeit zu vernachlässigen. Wenn ich aber für Mahlers »Rheingold«-Aufführung mit Loge oder Fricka Soloproben hielt, so bemühte ich mich nun heiß, die Verbindung von lebendigstem Ausdruck mit jener peinlichen Korrektheit zu erreichen, die Mahler von den Sängern verlangte. Welche langen Irrwege hätte ich bei meiner bedenklichen Neigung zur »Gefühlsschwelgerei« gehen müssen, wenn ich nicht durch Mahlers Forderung und Beispiel gelernt hätte, wie infolge der idealen Deklamation im Wagnerschen Werk gerade die rhythmische Genauigkeit zum besten Helfer des dramatischen Audrucks wird, und wie überhaupt die Einordnung des Seelischen in strenge musikalische Fesseln einem konzentrierten und kraftvollen Gefühlsausdruck nur zugute kommen kann! Das »rubato«, das heißt die Lockerung der Genauigkeit in Tempoführung und Rhythmus zugunsten gefühlsbedingter Dehnungen und Beschleunigungen wurde zum Gegenstand eingehender Unterhaltung; Mahler war auch in der italienischen Opernmusik, für welche er ein ausgiebigeres rubato als wichtiges Stilelement anerkannte, gegen die Übertreibungen desselben, wie sie oft deutsche Musiker und Sänger für richtig hielten. Er gab das beste Beispiel für ein beherrschtes, der Sängerwillkür entzogenes, ganz von Feuer und Leidenschaft diktiertes rubato der melodischen Linie in einer unvergeßlichen Aufführung der »Traviata«.*
[...] Aus der impulsiv ausbrechenden Art Mahlers erklärt sich vielleicht die Erregung, die ich bei fast allen Menschen, die

mit ihm zu tun hatten, einschließlich der ihm Nächsten, besonders natürlich bei Sängern und Orchestermusikern, im Verkehr
mit ihm beobachten konnte. Er verbreitete um sich eine Atmosphäre der Hochspannung – bei den Besseren mit inniger Verehrung für ihn verbunden –, aus welcher die von seinen Intentionen erfüllten, von seinem Feuer durchglühten Aufführungen
entstanden, die der Hamburger Oper den Vorrang im deutschen Musikleben verschafften. Haß und Erbitterung auf der
Seite mancher schwächer Begabten oder Anmaßenden, die sich
von dem Unerbittlichen mißhandelt fühlten, gab es auch – aber
wollend oder widerstrebend fügten sich alle seinem Willen.
[…]
  Das Gegenstück zu so restloser Konzentration mußte natürlich eine entsprechende Zerstreutheit in allem bilden, was außerhalb des momentanen Interessenkreises lag, und zahlreich
waren die komischen Vorkommnisse infolge seiner Zerstreutheit. Als charakteristisches Beispiel möchte ich anführen, daß
ihn eines Tages der Regisseur während einer Bühnenprobe mit
Orchester bat, sich ein wenig zu gedulden, da ein Bühnenvor-
hang wichtiger Verbesserungen bedürfe. Mahler verfiel nach
anfänglicher Ungeduld in Gedanken, während der Regisseur
sich oben abmühte, und war durch wiederholte Zurufe, alles
sei fertig, er möge doch weiterdirigieren, nicht zu erwecken;
plötzlich durch die allgemeine Stille und Erwartung aufgestört,
blickte er sich verwirrt um, klopfte mit dem Taktstock aufs Pult
und rief: »Zahlen!« In das schallende Gelächter von allen Seiten stimmte er schließlich herzlich ein. […]
  Als er sich allmählich von meinem leidenschaftlichen Interesse für sein Schaffen überzeugt hatte, begann er Freude daran
zu haben, mich am Klavier damit vertraut zu machen. Noch
klingt mir der grotesk-drollige Ton im Ohr, mit dem er mir
»Des Antonius von Padua Fischpredigt« vorsang, der Über-
mut in »Um schlimme Kinder artig zu machen« und »Selbstgefühl«, Leidenschaft und Schmerz in den »Liedern eines fahrenden Gesellen«, noch fühle ich die Erschütterung bis ins Inner-
ste, als ich endlich durch ihn die ersehnte »Erste Symphonie«
kennenlernte. Immer mehr trat sein Schaffen in den Vordergrund unserer Beziehungen und Gespräche, und im Studium
seiner Werke, in den Unterhaltungen über sie, über die Bücher,
die er las, die Dichter, die Philosophen, die er liebte, im immer
tieferen Einblick in seine Seele weitete sich mir der Anfangsein-

*druck von Mahler als einer fanatisch-dämonischen Natur aus
der E. Th. A. Hoffmannschen Sphäre zu einem richtigeren,
umfassenderen, aber freilich viel schwerer verständlichen Bilde
seines Wesens: über die erstaunliche seelische Spannweite dieser Natur, ihre inneren Gegensätze, die dunklen Gewalten, mit
denen er rang, die Sehnsucht, die das Leitmotiv seines Lebens
und Schaffens war.*[36]

*[...] Mahler bedurfte immer mehr eines befreienden großen
Erlebnisses, einer bedeutenden künstlerischen Tat, die ihm
Bahn zu brechen geeignet war. So faßte er den Entschluß, mit
dem Berliner philharmonischen Orchester und dem Sternschen
Gesangverein seine »Zweite Symphonie« in Berlin aufzuführen. Der 13. Dezember 1895, an dem zum erstenmal das ganze
Werk erklang – die ersten drei Sätze waren schon am Anfang
des Jahres aufgeführt worden –, ist ein entscheidender Tag für
den Komponisten Mahler gewesen. Das Werk, von dem er
selbst einmal schreibt: »Man wird mit Keulen zu Boden geschlagen und dann auf Engelsfittichen zu den höchsten Höhen
gehoben«, wirkte überwältigend in einer meiner Erinnerung
nach herrlichen Aufführung. Noch jetzt fühle ich die atemlose
Spannung, mit der man nach dem Weltuntergang im letzten
Satz dem geheimnisvollen Singen des Vogels beim »Großen
Appell« lauschte, und die allgemeine tiefe Ergriffenheit beim
Einsatz des Chores »Auferstehn, ja auferstehn«. Gewiß gab es
auch damals Gegnerschaft, Verkennung, Verkleinerung, Ver-
höhnung. Aber doch war der Eindruck von der Größe und
Originalität des Werkes, von der Gewalt des Mahlerschen We-
sens so tief, daß man von diesem Tag an seinen Aufstieg als
Komponist datieren kann.*[37]

An die Eltern.

Hamburg, d. 6. IV. 1896

*[...] Mahler hat mir zu Ostern die Partituren von der Mat-
thäuspassion, der Johannespassion und dem Weihnachtsora-
torium von Bach geschenkt, deren Besitz mir sehr große
Freude macht. Ich übe jetzt wieder Klavier und studiere
eine der letzten Beethoven'schen Sonaten. Daneben mache*

[36] *BWM*, S. 21–25
[37] *BWM*, S. 27

ich im Italienischen gute Fortschritte, so daß wir unsere
Lektionen in dieser Sprache abhalten. Ihr seht, ich bin also
ziemlich fleißig auch privatim thätig, und kann sagen, daß
ich, ohne meinem körperlichen Wohlsein nahe zu treten,
keine Stunde ungenützt vorübergehen lasse. Es wird Dich,
lieber Onkel, interessieren, daß ich ein Werk des berühmten
polnischen Dichters Mickiewicz gelesen habe, eine giganti-
sche Schöpfung, »Die Totenfeier«; Du kennst es vielleicht,
oder hast davon gehört; ich werde Dir in Berlin davon er-
zählen. [...][38]

Seit 1893 verbringt Mahler die Sommermonate in Steinbach am
Attersee (Salzkammergut), wo er 1896 an der 3. Sinfonie arbeitet.

Mahler an Bruno Walter.

Steinbach am Attersee, 2. Juli 1896

Lieber Freund! Nur in kurzem will ich Ihre Grüße erwidern
und Sie einladen, ungefähr am 16ten Juli bei uns schon ein-
zutreffen, wenn Sie nicht aus mir unbekannten Gründen
eine andere Einteilung Ihrer Ferien vorgenommen haben. –
Daß ich nicht faul war, dürften Ihnen meine Schwestern
schon geschrieben haben, und ich hoffe, daß ich in wenigen
Wochen schon die ganze III. zu einem fröhlichen Ende ge-
bracht haben werde. – Ich bin schon an der Partitur, nach-
dem die erste Skizzierung schon ziemlich übersichtlich aus-
gefallen ist. – Ich glaube, die Herren Rezensenten engagier-
ter und nicht engagierter Art werden wieder einige Anwand-
lungen von Drehkrankheit bekommen, dagegen werden
Freunde eines gesunden Spaßes die Spaziergänge, die ich
ihnen da bereite, sehr amüsant finden. Das Ganze ist leider
wieder von dem schon so übel beleumundeten Geiste meines
Humors angekränkelt, »und findet sich auch oft Gelegen-
heit, meiner Neigung zu wüstem Lärm nachzugehen«.
Manchmal spielen die Musikanten auch, »ohne einer auf
den anderen die geringste Rücksicht zu nehmen und es zeigt

---

[38] *BWB*, S. 18; es ist wahrscheinlich, daß Bruno Walter durch Mahler auf die Lektüre
der *Totenfeier* hingewiesen worden war. Die deutsche Übersetzung hatte Sigfried
Lipiner besorgt. Mahler hatte den I. Satz der 2. Sinfonie ursprünglich als Symphonische Dichtung mit dem Titel *Todtenfeier* komponiert.

sich da meine ganze wüste und brutale Natur in ihrer nackten Gestalt«. Daß es bei mir nicht ohne Trivialitäten abge-
hen kann, ist zur Genüge bekannt. Diesmal übersteigt es
allerdings alle erlaubten Grenzen. »Man glaubt manchmal,
sich in einer Schänke oder in einem Stall zu befinden.« –
Also kommen Sie nur recht bald und wappnen Sie sich
rechtzeitig! Sie werden Ihren vielleicht in Berlin etwas gerei-
nigten Geschmack sich wieder gewaltig verderben. Schönste
Grüße an Sie und Ihre Familie und auf baldiges Wiedersehen!

Ihr alter

Gustav Mahler[39]

An einem herrlichen Julitage kam ich mit dem Dampfer an;
Mahler erwartete mich am Landungssteg und schleppte trotz
meinem Protest meinen Koffer eigenhändig den Steg hinunter,
bis er ihm von einem dienstbaren Geist abgenommen wurde.
Als mein Blick auf unserem Wege nach seinem Haus auf das
Höllengebirge fiel, dessen starre Felswände den Hintergrund
der sonst so anmutigen Landschaft bilden, sagte Mahler: »Sie
brauchen gar nicht mehr hinzusehen – das habe ich schon alles
wegkomponiert«; und er sprach sofort vom Aufbau des ersten
Satzes, dessen Einleitung in der Skizze den Titel trug »Was mir
das Felsgebirg erzählt«. Meine Ungeduld, die »Dritte« kennenzulernen, mußte ich freilich noch zügeln. Er war nicht dazu zu
bewegen, auch nur eine Note eines Werkes vorzuspielen oder
zu zeigen, das nicht ganz vollendet war, und hierbei blieb es für
alle Zeiten. Sonst aber fand ich Mahler in Steinbach so aufge-
schlossen, wie ich ihn noch nie gesehen hatte. Hier in der Natur, ungestört von Opernsorgen, nur von seinem Schaffen und
Denken erfüllt, war er ungehemmt er selbst und der volle
Reichtum seines Wesens strömte seiner Umgebung zu.

Auf der Wiese zwischen dem See und dem Gasthaus, in welchem er Wohnung genommen, hatte er vier Wände mit Dach
errichten lassen, die ein Zimmer umschlossen. In diesem von
Efeu dicht bewachsenen »Komponierhäuschen«, dessen Mobi-
liar Klavier, Tisch, Sessel und Sofa bildeten, dessen Tür beim
Öffnen unzählige Käfer aus dem Efeu auf den Eintretenden

[39] *GMB*, S. 220/221 (167/168)

*herabschüttelte, verbrachte er seine Vormittage, um dort unge-
stört durch die Geräusche des Hauses und der vorbeiführenden
Straße zu arbeiten. Um sechs Uhr früh ging er hinüber, gegen
sieben Uhr wurde ihm schweigend das Frühstück hingesetzt,
und erst das mittägige Aufgehen der Tür bedeutete, daß er wieder ins Leben zurückkehrte. Programmgemäß sollte das um
zwölf Uhr geschehen; es kam aber vor, daß die hungrigen
Hausgenossen und die um ihre gefährdeten Speisen besorgte
Köchin erst um drei Uhr vom Warten erlöst wurden. Doch
blieb er nicht die ganze Zeit in seinem Komponierhäuschen – er
wanderte auf der Wiese umher, lief auch oft hügelauf und
machte größere Spaziergänge, kehrte aber jedesmal wieder zurück, um »die Ernte in die Scheune zu bringen«. Höchst angeregt kam er dann zum gemeinsamen Mittagessen herauf, das
unter lebhaften Gesprächen verlief. [...] Am Nachmittag gab
es gemeinsame Spaziergänge, oder es wurde musiziert; am
Abend plauderte man oder las, und häufig unterbrach Mahler
die allgemeine Stille, um aus seinem Buch etwas vorzulesen,
das ihm mitteilenswert erschien. Nach meiner Erinnerung war
es die Freude am Don Quixote des Cervantes, die er sich nicht
allein gönnte, und es ist mir lebhaft erinnerlich, wie er vor Lachen nicht weiterlesen konnte, als er zu dem Angriff auf die
Windmühlen kam. So unbändig er aber über Taten und Reden
von Herr und Diener auch lachte, so überwog doch die Rührung über den Idealismus und die Reinheit des Don Quixote jedes andere Gefühl bei ihm, und er erklärte, daß er im Grunde,
trotz allen Amüsements, das Buch stets mit Erschütterung aus
der Hand lege. [...] Hunde, Katzen, Vögel, die Tiere des Waldes ergötzten ihn und erregten zugleich seinen ernstesten Anteil. Er bemühte sich, beobachtend in ihr Wesen einzudringen,
und antwortete im Walde dem Hüpfen oder Laut eines Vogels,
dem Sprung eines Eichhörnchens mit einem unwillkürlichen
Ausruf der Freude und Sympathie. [...]*

*Unser Sommer in Steinbach verging in ruhigem Gleichmaß,
das eine Grundbedingung für Mahlers Schaffen war; denn das
eigentliche Komponieren mußte in den Ferien vollendet werden, wollte er mit der fertigen Partiturskizze in die Stadt zurückkehren. Die definitive Instrumentation und ihre letzte Aus-
feilung konnte dem Winter vorbehalten bleiben, Inspiration
und Schaffensprozeß waren dagegen mit Mahlers Dirigenten-
tätigkeit unvereinbar. Gegen Ende des Sommers kam endlich*

*der Tag, an dem mir Mahler die beendete Dritte vorspielen
konnte. Aus unseren Unterhaltungen, die von der Nachwir-
kung seiner vormittägigen Ekstasen erfüllt gewesen waren,
kannte ich die geistige Atmosphäre der Symphonie lange vor
ihrem musikalischen Inhalt. Trotzdem war es für mich als Musiker ein ungeahntes, ein umstürzendes Erlebnis, das Werk
selbst durch ihn am Klavier kennenzulernen. Die Gewalt und
Neuheit der Tonsprache betäubten mich förmlich – auch über-
wältigte mich, in seinem Spiel die schöpferische Glut und die
Erhebung zu fühlen, aus denen das Werk entstanden war. Jetzt
erst und erst durch diese Musik glaubte ich ihn erkannt zu haben; sein ganzes Wesen schien mir eine geheimnisvolle Natur-
verbundenheit zu atmen; wie tief, wie elementar sie war, hatte
ich immer nur ahnen können und erfuhr es nun unmittelbar aus
der Tonsprache seines symphonischen Weltentraums. Wäre er
ein »Naturliebhaber« im gewohnten Sinne des Wortes, dachte
ich, etwa ein Gartenfreund, ein Freund der Tiere, seine Musik
wäre »zivilisierter« ausgefallen. Aber was ich immer unbewußt
gefühlt hatte – seine dionysische Naturerfülltheit –, sprach hier
als musikalischer Urlaut aus letzten Wesenstiefen. Ich glaubte
ihn durch und durch zu sehen: wie in ihm die starre Gewalt des
Felsgebirges wuchtete, in ihm die zarte Blume lebte, wie er in
dunklen Urtiefen den Tieren des Waldes nachfühlte, deren Lust
und Lebhaftigkeit, deren Scheu und Drolligkeit, deren Grausamkeit und Wildheit den dritten Satz inspiriert hatten – ich sah
ihn und ich sah Pan in ihm. Zugleich aber fühlte ich in ihm
auch den sehnsüchtigen Menschen, der mit seiner Ahnung über
die Grenzen des irdisch Zeitlichen hinausdringt, und von dem
mir die letzten drei Sätze Kunde gaben. So fiel Licht von ihm
auf sein Werk und strahlte von dem Werk auf ihn zurück.*[40]

Im Herbst 1896 geht Bruno Walter an das Stadttheater in Breslau,
wo er sich aber nicht wohl fühlt.[41]

[40] *BWM*, S. 30–33
[41] vgl. auch *BWT*, S. 124–132

Mahler an Bruno Walter.

Ohne Datum. Hamburg, Herbst 1896

Lieber Freund!

Nur Mut, und aushalten um jeden Preis! Ich erinnere mich, daß es mir seinerzeit in Prag ebenso gegangen ist (fragen Sie mal Elmblad) und nachher kam alles anders! Vergessen Sie nicht, daß ich schließlich auch noch da bin. Die Hauptsache ist, daß Sie endlich einmal auch zum Dirigieren kommen, und das wird wohl doch geschehen.

Herzlichst

Ihr eiligster

Mahler[42]

Ohne Datum. Hamburg, etwa Oktober 1896

Mein lieber Walter!

Nur wenige Zeilen in Eile: Nur Mut und Kopf oben! Aus allem ersehe ich nur, daß X[43] dort einen Anhang und »Verwandtschaft« hat, weshalb sich Löwe mit ihm verhalten will – was ich übrigens ohnehin schon wußte und Löwe selbst mir heuer im Sommer andeutete. Ferner, daß Sie X sehr unangenehm sind und er Sie gerne hinausekeln möchte. – Nun werden Sie ihm aber nicht den Gefallen tun, und rüstig aushalten. Lassen Sie sich nicht aus der Contenance bringen – seien Sie lustig und freundlich mit jedermann. Sie haben ja Ihren Marschallsstab im Tornister – ob heut oder morgen, ist einerlei. Wenn es zu bunt wird, dann schreiben Sie mir; vielleicht kann ich dann etwas bei Y bewirken. Aber nur nicht das Pulver zu früh verschießen. Außerdem haben Sie doch an mir einen Rückhalt: ich lasse Sie nicht im Stich! Also Kopf oben, lieber Walter.

Herzliche Grüße

Ihr

Mahler[44]

---

[42] *GMB*, S. 221 (181)
[43] *X* ist der erste Kapellmeister Weintraub.
[44] *GMB*, S. 221/222 (174)

Walter löst sein Engagement in Breslau, ohne eine neue Verpflichtung in Aussicht zu haben. Mahler rät ihm, zunächst sein Militärjahr abzuleisten und bietet Walter an, ihn während dieser Zeit finanziell zu unterstützen.

Mahler an Bruno Walter.

> Ohne Datum. Hamburg, etwa Frühjahr 1897

Lieber Freund!

In aller Eile! Also abgemacht: Ich werde Ihnen die verlangten 1200 Mk. zur Verfügung stellen, und zwar am besten so, daß ich Ihnen von einem gegebenen Datum an durch 12 Monate an jedem Ersten 100 Mk. übersenden werde. Ich bitte Sie nur, sparen Sie tüchtig, damit Sie damit auskommen. Ich fürchte, daß mit dieser Summe die äußerste Grenze meiner Leistungsfähigkeit erreicht ist. Es ist am besten so, und lassen Sie sich gleich assentieren! Schreiben Sie bald wieder.[45]

Herzlichst

> *Ihr*

> > *Mahler*[46]

Bruno Walter muß das großzügige Angebot Mahlers nicht in Anspruch nehmen, weil er überraschend ein Engagement als 1. Kapellmeister an dem kleinen Theater in Preßburg bekommt. Mahler ist inzwischen an die Wiener Hofoper berufen worden, wo ihn Walter im Sommer 1897 besucht.

Es war für mich ein herrliches Erlebnis, ihn, den ich in allen möglichen Phasen des zwanglosen sommerlichen Lebens am Attersee im Gedächtnis trug, als Herrscher des glanzvollsten Operntheaters wiederzufinden – aus dem kleinen Preßburger Theater, an dem ich als »erster Kapellmeister« wirkte, mit seinen bescheidensten künstlerischen Mitteln, Anfängern auf der Bühne und schlichtem Publikum im Zuschauerraum, in die Pracht der Wiener Hofoper zu treten, im Orchesterraum die

[45] Mahler bezieht damals in Hamburg ein Jahresgehalt von 12000 Mark. Die Gesamt-Summe an Bruno Walter würde also ein Monatsgehalt betragen.
[46] *GMB*, S. 224/225 (198)

Philharmoniker, auf der Bühne neben den Vertretern des alten Ruhmes neue, von Mahler entdeckte Talente, eine festliche Hörerschaft im herrlichen Hause und Mahler am Pult. So genoß ich die unvergeßlichen Aufführungen von »Dalibor«, »Djamileh«, »Onegin«, dem »Fliegenden Holländer« usw. unter Mahlers Leitung, und das große Beispiel schützte mich vor der Gewöhnung an die Unzulänglichkeiten im eigenen Arbeitsgebiet. Meine Besuche in Wien verschafften mir aber nicht nur die künstlerischen Eindrücke, sondern auch neuerliches Zusammensein mit Mahler, Aufnahme in seinen Wiener Freundeskreis und den Genuß der von ihm ausgehenden geistigen Anregungen, die ich während des Jahres in Breslau so schmerzlich entbehrt hatte.[47]

Im Herbst 1898 geht Bruno Walter nach Riga, wohin ihn Mahler bereits im Frühjahr 1897 empfohlen hatte, und hat dort seine ersten wirklich großen Erfolge zu verzeichnen. In dieser für Walter äußerst wichtigen Phase seiner Dirigenten-Entwicklung meldet sich Mahler aus Wien.

Mahler an Bruno Walter.

Ohne Datum. Wien, 28. Oktober 1898[48]

Lieber Freund!

Über mein Heutiges wahren Sie strengste Diskretion!
  X. und Y. gehen![49]
  Hiemit frage ich Sie, ob Sie meinem Ruf an die Wiener Hofoper Folge leisten können und wollen. Ich würde Ihnen in diesem Falle einen Vertrag senden, der mit Ablauf Ihrer Verpflichtungen in Riga beginnt; und wir würden dann sehen, Sie ehestens in Riga loszubekommen. – Am liebsten wäre es mir, Sie könnten im nächsten Herbst bei uns eintreten, von welchem Tage ab Sie frei sind!
Mit herzlichsten Grüßen

Ihr

Mahler[50]

---

[47] *BWM*, S. 34
[48] Die Datierung des Briefes muß wohl korrigiert werden, da Bruno Walters Antwort bereits spätestens vom 23. Oktober 1898 stammt (vgl. den nächsten Brief).
[49] *X.* und *Y.*: Fuchs und Richter
[50] *GMB*, S. 268 (237/238)

Bruno Walter an seine Eltern.

Riga, d. 23. X. 1898

Meine Lieben!

Aus einliegendem Brief könnt Ihr ersehen, in welchen Gegenden meine Gedanken jetzt weilen. Die Situation dort ist ja durch Richters und Fuchs' Gehen so verändert, daß ich an Mahler einen Brief folgenden Inhalts geschrieben habe: »Anfang nächsten Herbstes wäre es zu früh; erstens käme ich hier nicht los, zweitens brauche ich auch noch ein Jahr zum völligen Ausreifen; je länger er mein Engagement hinausschieben würde, desto sicherer könnte er meines Erfolges in Wien sein; ich bäte ihn nur, wenn er mich engagierte, mich offen als Ersatz für Richter einzuführen; man käme mir zwar mit den größten Ansprüchen entgegen, aber die fürchte ich nicht; ich fürchtete nur ein sogenanntes sukzessives Einführen, weil man da im Anfang gar nicht wüßte, was ich nun eigentlich da sollte, und mich vielleicht so als eine Art Prüfling betrachtete, was mir meine Stellung anfangs sehr erschweren würde.[51]

Mahler an Bruno Walter.

Ohne Datum. Wien, Herbst 1898

Mein lieber Walter!

Was ist denn das für eine Gewundenheit in Ihrem Brief? Wenn ich Ihnen einen Antrag stelle, so weiß ich doch, was ich tue. Ich brauche einen Adjutanten, der hier seinen Marschallstab im Tornister trägt. (Ich dirigiere jetzt alles und bin schon hin davon.) – Wessen Nachfolger Sie sind, was geht es Sie an, was geht es das Publikum an? Außerdem werden Sie weder in zwei noch in zehn Jahren fertig sein. Wenn man was Rechtes ist, ist man immer ein Lernender. Wo Sie derzeit mehr lernen können als bei mir, werden Sie selbst nicht sagen können. Also greifen Sie keck zu und überlassen Sie das andere mir und Ihrem eigenen Streben. Sehr wichtig wäre es mir, Sie vor 1900 zu bekommen, denn bis dahin bin ich tot, wenn das so weiter geht. Also äußern

---

[51] *BWB*, S. 29

Sie sich nochmals und umgehend – ohne Ausflüchte! Sie bekommen in der ersten Zeit 5000 fl.

Herzlichst Ihr

Mahler[52]

Bruno Walter an seine Eltern.

Riga, d. 18. XI. 1898

Meine Lieben!

[...] Die Zukunftspläne und Aussichten haben sich inzwischen geändert: zwischen Mahler und mir ist durch mein Zaudern und Bedenken eine kleine Verstimmung (d. h. seinerseits) entstanden; ich warte seit acht Tagen auf seinen endgültigen Bescheid, werde aber morgen telegraphieren, denn ich kann aus folgenden Gründen nicht länger warten: München ist vorläufig durch Stavenhagen, Berlin durch Strauss besetzt. Dresden will mich als ersten Kapellmeister neben Schuch engagieren, da Hagen dort weggeht; ehe ich aber neben Schuch stehe, bin ich tausendmal lieber neben Mahler, wenn ich auch als Künstler den Schuch weit mehr überrage, als mich Mahler überragt, aber Schuch hat das unbedingte Vertrauen der Dresdener [...]. Nun hat mir Mannheim einen Antrag gemacht auf drei Jahre, in dem ich mich im ersten Jahre auf 5500, im zweiten auf 5800, und im dritten auf 6000 Mk stehe. [...] In Mannheim sechstausend Mark ist so viel, wie in Wien die 5000 Gulden, die mir Mahler zahlen wollte. Ich werde nun morgen Mahler um endlichen Bescheid telegraphisch ersuchen.[53]

Riga, d. 9. XII. 1898

Meine Lieben!

[...] Nach Mannheim schreibe ich ab; die Gage ist mir zu klein; ich denke doch wohl, daß ich mich mit Mahler einige und nach Wien gehe. Sollte ich mich unglücklich dort fühlen, ist ja Mahler mir Freund genug, um mich fortzulassen und von dort aus werde ich sicher, da ich mich doch, wie

[52] *GMB*, S. 269 (238)
[53] *BWB*, S. 30/31

ich hoffe, mit Ehren dort einführen und behaupten werde,
dann etwas Vernünftiges bekommen.[54]

Riga, d. 5. I. 1899

Meine Lieben!

[...] Ihr könnt Euch denken, daß ich auch nicht direkt auf-
geheitert worden bin, durch das stillschweigende Kontrahie-
ren Mahler-Gille[55]*; das bedeutet ganz unzweifelhaft einen*
vollständigen Bruch zwischen Mahler und mir. Er hat mir
auf meinen zwölfseitigen Brief von Anfang Dezember, in
dem ich noch einmal versuchte, jedes Mißverständnis aufs
freundlichste aufzuklären, in dem ich ihm schrieb »ich
komme zu Ihnen wie, wann und als was Sie mich wollen«,
nicht einmal geantwortet, sondern den Gille engagiert. Ich
bin ganz auseinander mit ihm. Sprecht mit Niemandem dar-
über; ich werde nie darüber wegkommen, er wird mir im-
mer derselbe bleiben, aber sehen werde ich ihn nicht mehr,
und hören wird er von mir ebenfalls nichts mehr, darauf
kann er sich verlassen. [...][56]

Ohne Datum. Wien 1899

Lieber Walter!

Sie haben mein Schweigen gänzlich mißdeutet. – Welch fau-
ler Briefschreiber ich bin, wissen Sie ja – jetzt aber ist jede
Zeile für mich ein Opfer! Also – ich habe Ihnen längst ver-
geben, wenn etwas zu vergeben war. Ich erinnere mich
nicht einmal daran. – In Ihrer Sache war hier nichts mehr
zu tun, weil eine neue Wendung eingetreten war. Also –
Schwamm über alles und wir bleiben die alten! Sie hätten
mir schon einmal Nachricht geben können, da ich ja gar
nicht wußte, wo Sie steckten! Holen Sie nach, lieber Walter,

---

[54] *BWB*, S. 32
[55] Karl Gille (1861–1917) ist damals als Mahlers Nachfolger erster Kapellmeister am
Hamburger Stadttheater, wo er bis 1906 bleibt. Danach geht er an die Wiener
Volksoper und im Jahre 1910 ans Hoftheater in Hannover. Das »Kontrahieren
Mahler-Gille« führt nicht zu einem Engagement Gilles.
[56] *BWB*, S. 33

und machen Sie sich nichts aus meiner Kürze! Das muß
wohl so bleiben, solange ich Direktor bin.

Herzlichst in Eile

Ihr

Mahler[57]

Ende 1899 nimmt Bruno Walter ein Angebot aus Berlin an, mit Beginn der Saison 1900/1901 Kapellmeister am Hoftheater zu werden, wo die Stelle von Franz Schalk frei geworden ist, den Mahler nach Wien engagiert hat. Walter berichtet Mahler von seinem Entschluß. Mahler antwortet:

Ohne Datum. Wien, etwa Herbst 1899

Lieber Walter!

*Nehmen Sie jetzt alles so gut als möglich hin! Es muß eben
so sein – und wird darum auch gut sein! An unseren Beziehungen ändert sich gar nichts. Sehen Sie zu, daß Sie hinauf-
kommen. – Die »chaotischen Stimmungen« sind Ihrem Alter und Ihrer Stufe ganz entsprechend und beunruhigen
mich gar nicht. Außerdem ist es kein Unglück, in so jungen
Jahren Berliner Hofkapellmeister zu werden.*

Herzlichst

Ihr alter

Mahler[58]

An Johanna Schlesinger.

Friedenau, d. 15. VI. 1900

Mein liebes Muttchen!

*[...] Ich war am Montag in Wien und habe mich mit Mah-
ler ganz ausgesprochen. Mahler hält mir Richter's Stellung
mit 6000 Gulden Anfangsgehalt bis Schluß der ersten Saison
offen, so daß ich in jedem Moment eintreten könnte. So bin
ich jedenfalls nicht auf Berlin angewiesen, und will man mir
hier Unannehmlichkeiten bereiten, so packe ich einfach
meine Koffer und gehe nach Wien. [...]*[59]

[57] *GMB*, S. 270 (239)
[58] *GMB*, S. 270/271 (249)
[59] *BWB*, S. 40/41

Ohne Datum, Wien, Ende 1900

Lieber Freund!

Ich werde hier meine Entscheidung früher treffen müssen, als ich gedacht; sonst käme ich zwischen zwei Stühlen – eigentlich einem Fauteuil und einem Stuhl (der Fauteuil wären Sie!) – auf die Erde zu sitzen. Bitte, sagen Sie mir umgehend, was Sie von unserem Projekt halten, und bis wann Sie mir ein Resultat mitteilen können.

Herzlichst in Eile Ihr

Mahler

Die IV. ist angekommen.[60]

Die hierauf einsetzende Korrespondenz, in der es offenbar um die kaiserliche Genehmigung des Entlassungsgesuchs von Bruno Walter in Berlin gegangen ist, konnte bisher nicht aufgefunden werden.

Ohne Datum. Wahrscheinlich Wien, Juni 1901

Lieber Freund!

Also famos! Ich fahre heute abend an den Wörthersee, habe aber alles dahin vorbereitet, daß auf Ihre endgültige Zusage hin Ihnen ab 1. Juli ein 2jähriger Vertrag mit 6000 fl. Jahresgehalt zugesendet wird. (Die kurze Dauer deshalb, damit Ihre Bezüge bei einer Erneuerung erhöht werden können.) Über alles andere korrespondieren wir miteinander. Briefe treffen Adresse:

Maiernigg am Wörthersee
via Klagenfurt.

Vielleicht suchen Sie mich dort im August auf.
Eines ist durchaus wichtig. Ihr Engagement darf vor Ihrem Eintreffen in Wien nicht bekannt werden. Ich habe dafür die triftigsten Gründe. Auch in Berlin nicht! – Es wird am besten sein, Sie führen sich in Wien mit einer Novität ein! Ich habe für den Anfang Hoffmanns Erzählungen und Bohème von Puccini vor. Ich hoffe, Sie werden nunmehr

---

[60] *GMB*, S. 271/272 (253); lt. *GMBN* muß der Brief auf Herbst 1900 datiert werden.

im Hafen einlaufen. In aller Eile vor der Abreise die herz-
lichsten Grüße von

Ihrem

Mahler

Das Theater beginnt am 18. August. Sie können sich also
ordentlich vorher ausruhen.[61]

Ohne Datum, Maiernigg am Wörthersee,
wahrscheinlich Anfang Juli 1901[62]

Lieber Freund!

Nur um Ihnen alle Beruhigung zu geben und zugleich mei-
ner Freude über die glückliche Lösung der Angelegenheit
Ausdruck zu geben – mitten in »gewöhnlicher« Ferialarbeit
– diese Grüße. Mein Sekretär schreibt alles Nähere. Sowie
Sie die kaiserliche Bestätigung in Händen haben, telegra-
phieren Sie mir. Dann folgt alles Definitive. – Bitte noch zu
jedermann um strengste Diskretion! Im Interesse Ihrer Wie-
ner Zukunft. Es wäre gut, wenn wir im August vor Beginn
der Saison zusammentreffen. Noch eine Frage: wie klingt es
im Krollsaale? Strauß will dort meine III. machen! Orche-
ster auf der Bühne! Geht das?

Herzlichst in Eile

Ihr Mahler[63]

Ohne Datum. Maiernigg, Sommer 1901

Lieber Freund!

Hurrah! Ihr Engagement ist – vorbehaltlich Ihrer definitiven
Entlassung in Berlin – ab 1. Juli genehmigt, und Sie bezie-
hen daher schon in diesem Monat Ihren Gehalt. Um so
eher können Sie also etwas Ordentliches für Ihre Erholung
tun. – Na, nun haben Sie unbeschränkten Urlaub bis zum

---

[61] *GMB*, S. 273/274 (259)
[62] Der Brief bezieht sich auf eine Anfrage von Richard Strauss wegen einer Aufführung der 3. Sinfonie. Dieser Strauss'sche Brief ist datiert vom 3. Juli 1901 (*BMS*,
S. 63).
[63] *GMB*, S. 274/275 (262)

Eintreffen der kaiserlichen Genehmigung und wenn es bis
in den Herbst dauerte. Schreiben Sie bald.

Ihr

Mahler[64]

Ohne Datum. Maiernigg, August 1901

Lieber Freund!

Für alle Fälle will ich Ihnen nur sagen, daß Sie ja recht ru-
hig bleiben sollen, so lange Sie es brauchen; Sie verlieren ja
hier nichts mehr und ich will einen gesunden und gar nicht
nervösen Walter. – Seien Sie nach keiner Richtung unruhig!

Herzlichst

Ihr sehr eiliger

Mahler[65]

Bruno Walter debütiert am Hofoperntheater in Wien am 27. September 1901 mit Verdis *Aida.*

Bruno Walter an seine Eltern.

Wien, d. 29. IX. 1901

[...] *Um Euch nun das Wichtigste zuerst zu erzählen: die*
Aida ist sehr ausgezeichnet gewesen; Mahler und sein gan-
zer Kreis mit ihm beglückwünschten mich mit großer Herz-
lichkeit; Mahler fand, ich wäre »ein ganzer Kerl gewor-
den«. [...] *Anbei schicke ich Euch einige Rezensionen, sie*
sind alle in diesem Genre, unerfreulich, unsachlich, däm-
lich, oder besser gesagt, lächerlich. Mahler sagt mir, daß
nichts gleichgültiger wäre als was die Presse hier sagt; es ist
eine Idiotengesellschaft, blafft auf hündische Weise jedes
neue Gesicht an, knurrt dann noch eine Weile und nach ei-
nigen Jahren ist man »unser Walter«; mich rührt auch das
Verhalten der Presse wenig, Mahlers Zufriedenheit, das
Einverständnis der Sänger und – etwas höchst wichtiges –
das famose Verhalten des Orchesters genügen mir völlig.
Speziell das letztere ist sehr bedeutend für mich, der phil-

---

[64] *GMB*, S. 275 (261/262)
[65] *GMB*, S. 275/276 (266)

468

harmonischen Konzerte wegen. Mahler hat die fernere Lei-
tung abgelehnt. Schalk lieben sie zu wenig; faute de mieux
haben sie Hellmesberger, einen Schuhmachermeister ersten
Ranges, genommen. Ihr könnt Euch denken, daß ich also
stark hoffe für's nächste Jahr. [...] Bei Mahlers waren
wir neulich zum Abendbrot. Lipiner, Frau Bauer und
Dr. Freund waren zugegen. Mahler ist von rührender Herz-
lichkeit zu mir, ganz der alte, nur durch die Jahre ein wenig
milder und ruhiger geworden; als Künstler – wir haben den
Tristan von ihm gehört – ein unerreichbares Ideal. Von an-
tiker Größe und Einfachheit im Wesen. Auch Else ist ganz
hingerissen von ihm. Lipiner, der zu Mahler gekommen
war mit dem festen Vorsatz, wie er sagte, das Maul zu hal-
ten, war, wie immer, hinreißend im Gespräche; er sprach
mit wahrer Weisheit und Tiefe über Goethe und den Vten
Akt des Faust II – ich habe ihn wieder als eine ungewöhnli-
che, hinreißende Natur bewundert. Sie nahmen uns alle mit
großer Herzlichkeit hier auf. – Hier kann ich etwas lernen;
und darauf kommt es mir an.[66]

An Joseph Schlesinger.

Wien, d. 20. XI. 1901

[...] Zu dirigieren habe ich sehr viel [...]. Mahler hatte bis-
her, wenn er irgend eine Aufführung neu einstudiert hatte,
die unerhörte Großartigkeit derselben sofort vergehen sehen
müssen, wenn er es infolge seiner Überbürdetheit an Schalk
oder Hellmesberger abgab. Meine Aufgabe ist es nunmehr,
diese Vorstellungen auf gleicher Höhe zu erhalten; eine
schwere und würdige Aufgabe. [...]
Unerhört sind die politischen Verhältnisse, meinem Emp-
finden nach unhaltbar, die Verfassung wackelt und wer
weiß, wie bald wir hier die heftigsten und einschneidendsten
Änderungen erleben. Der Antisemitismus ist, wenigstens auf
dem Papier, ungeheuer. Es giebt Zeitungen, in denen nichts
steht als: »Jüdische Gauner«, »Juden-Gemeinheit«, »wieder
eine jüdische Schweinerei«, u.s.w., und unter diesen Über-
schriften dann die infamsten Schimpfereien; von diesen Zei-

---

[66] *BWM*, S. 44/45; Else: Bruno Walter hatte am 2. Mai 1910 in Berlin die jugendlich-
dramatische Sängerin Else Korneck geheiratet.

*tungen macht Ihr Euch keinen Begriff. Wenn es nicht um
die 5 Kreuzer schade wäre, die man dem Gesindel schenkt,
möchte ich Euch Spaßes halber solche Zeitung mal schik-
ken.*[67]

In seinen 1947 erschienenen Erinnerungen *Thema und Variationen*
erhellt Bruno Walter ein wenig den politischen Hintergrund:

*Lueger war Bürgermeister von Wien, und mit ihm war der An-
tisemitismus zu einer Macht im öffentlichen Leben Wiens geworden. Ein anderer, noch mächtigerer Antisemitismus breitete sich vom Sudetenland her aus, vertreten durch die Vorläu-
fer des Nazismus Iro, Schönerer und Wolf, die bereits die
christliche Zeitrechnung abschaffen und ihren Kalender mit
der Schlacht im Teutoburger Wald beginnen wollten. Im
Reichsrat kam es zu tätlichen Zusammenstößen, das Verhältnis
zwischen Deutschen und Tschechen verschlechterte sich in
Böhmen, die Beziehungen zwischen den beiden Reichshälften
Ungarn und Österreich wie zwischen den Nationalitäten in
Österreich selbst und zwischen Christlichsozialen und Sozial-
demokraten verschärften sich, am Balkan kollidierten die
österreichisch-ungarischen mit den russischen Interessen, und
wenn ich morgens die Zeitungsberichte über die Sitzungen im
österreichischen Reichsrat und im ungarischen Parlament,
über die Unruhen in Prag, die revolutionäre Stimmung in Rußland, über die Marokkokrise und den »Panthersprung von
Agadir« las, so hatte ich das Gefühl, wieder einmal meinen täglichen Becher voll Gift zu mir genommen zu haben – leider
ohne dadurch immun geworden zu sein.*[68]

Mahlers Theaterpolitik ist in den Augen vieler Wiener Kritiker,
aber auch des Publikums nicht immer unumstritten. Bruno Walter
ist auch in dieser Hinsicht ein wertvoller Augenzeuge, der sein großes Vorbild, den genialen Dirigenten und Orchestererzieher, aus
nächster Nähe beobachtet.

[...] *Als ich meine Wiener Kapellmeisterstellung antrat, war
Mahler schon seit vier Jahren an der Hofoper tätig; trotzdem
ging noch jedesmal seinem Eintritt in den Orchesterraum die*

---

[67] *BWB*, S. 42/43
[68] *BWT*, S. 180/181

Spannung voraus, mit der man einer Sensation entgegensieht. Das Haus verstummte, wenn er eiligen harten Schrittes dem Pult zustrebte. Regte sich wieder ein Flüstern oder schlich ein Verspäteter sich noch verlegen herein, so drehte sich Mahler um, und Todesstille lagerte über der eingeschüchterten Menge. Er begann, und alles war in seinem Bann; vor dem dritten Akt empfing ihn stets ein Beifallssturm, der ihm das Wiederanfangen schwer machte. So blieb es während der ganzen Zeit seiner Direktion; wie er mit dem ersten Erscheinen am Pult der Oper Wien erobert hatte, so behielt er die Herrschaft über die Seelen der Hörer bis zur letzten Vorstellung, und keine Feindschaft gegen den Operndirektor, kein Kampf gegen den Komponisten konnte den Dirigenten aus dem Sattel heben. Seine Popularität in der von Theater und Musik besessenen Stadt war denn auch außerordentlich. Wenn er über die Straße ging, den Hut in der Hand, an der Lippe oder inneren Wange nagend, drehten sich selbst die Fiaker nach ihm um und flüsterten sich gespannt und scheu zu: »Der Mahler!« Aber Popularität ist nicht gleichbedeutend mit Beliebtheit, und beliebt, ein »Wiener Liebling« etwa, war er gewiß nicht; dazu war er den Gemütlichen zu ungemütlich. Der sonderbar unverbindliche, konzessionslose, heftige Mann übte eine einschüchternde Faszination in der Öffentlichkeit wie im privaten Kreis auf das phäakische Vorkriegs-Wien aus. [...] Seine Schroffheiten ergaben beliebten »Kaffeehaustratsch«, seine kaustisch-schlagfertigen Bemerkungen machten die Runde. Er hatte eine besondere Gabe eindringlicher Formulierung; als ich in seiner Gegenwart einem Tristan die Veränderung in Haltung und Ausdruck erklärte, die der Liebestrank hervorzubringen hat, ihn darauf hinwies, daß sich die Beherrschtheit und Zurückhaltung nun gänzlich lösen müsse und die Wandlung sich bis in die Tongebung zu erstrecken habe, unterbrach mich Mahler mit den Worten: »Also, lieber S., vergessen Sie nicht, vor dem Trank sind Sie Bariton, nach dem Trank Tenor.« [...] Eine gewisse Trübung der Stimmung rief aber wieder seine Personalpolitik hervor. Es gelang ihm, bedeutende junge Künstler zu gewinnen; aber als er aus ihnen die Träger seiner ruhmreichen Aufführungen machte, bedeutete jedes Überstrahlen der alten durch neu aufsteigende Gestirne Kränkung und Verstimmung, die manchmal auch weitere Kreise zog. [...] Mahlers Repertoirebildung sowie seine Auswahl an Novitäten und Neustudierungen zeigen

im schönsten Verhältnis die Pflege des Anerkannten, das Her-
vorsuchen des zu Unrecht Vernachlässigten, die Liebe zum
Neuen; und die volle Breite seiner Natur wird kenntlich im Ge-
samtbild der von ihm zu blühendem Leben erweckten Opern
aller Arten und Stile von Gluck und Mozart bis zu Pfitzner und
Charpentier. Sein Spielplan wirkte deshalb so reich, weil er
auch Werke enthielt und behielt, die sich noch nie besonderer
Publikumsgunst erfreut hatten und deren hohen Wert erst seine
gestaltungsmächtige Hand enthüllt hatte, wie zum Beispiel
Boieldieus Weiße Dame, Goetz' Der Widerspenstigen Zäh-
mung, Halevys Die Jüdin u. a. m. Bot also sein Repertoire
keine Gründe zur Unzufriedenheit, so begann die letztere da
ihre Stimme zu erheben, wo sein Ernst sich neuen Problemen
zuwandte. Was heute in Mahlers Arbeit als bahnbrechend er-
kannt und anerkannt ist, war damals Versuch und bewirkte
Aufregung und Kampf. [...] Mit Ausnahme der allerletzten
Zeit in Wien habe ich ihn während seiner ganzen Direktions-
jahre nur frisch, inspiriert und mit Energie geladen gekannt.
Dabei begann sein Arbeitstag meist schon früh zu Hause, wo
ihn die Instrumentation seines letzten Werkes ein bis zwei Stun-
den am Schreibtisch festhielt. Dann ging er zu Fuß in die Oper,
erledigte Korrespondenz und Operngeschäfte bis zum Beginn
der Proben. Mittags gingen wir oft zusammen fort, und ich be-
gleitete ihn, gewöhnlich mit einem Umweg über den Stadtpark,
bis zu seiner Wohnung in der Auenbruggerstraße. Es gab auch
gelegentlich eine nachmittägige Zusammenkunft im Kaffee-
haus und unendlich anregende Abende bei ihm zu Hause oder
im Freundeskreis. Unvergeßlich die Abende im Gasthaus nach
seinen großen Premieren, an denen er sich über das aufgeführte
Werk nun nach gelöster Aufgabe gern noch einmal zusammen-
fassend in Worten erging. Sein Gespräch, anregend und ange-
regt wie je, speiste sich stets aus der wogenden Fülle seines
Denkens und Fühlens. Trotzdem glaube ich mich zu erinnern,
daß es in Wien – gemäß der stärkeren Verstrickung in die For-
derungen des Tages, wie sie Stellung und Verantwortung des
Operndirektors mit sich brachten – im ganzen weniger ins
Ferne oder ins Transzendentale schweifte, daß das »Weltliche«
einen größeren Anteil daran hatte. Und doch zeigten gerade
seine Äußerungen zu den Fragen des Tages immer die Distanz
und Überlegenheit des Künstlers, der nicht in der Welt, sondern
in der Kunst und in sich zu Hause war und seine Einsamkeit mit

sich trug. Auch tauchten die metaphysischen Fragen oft plötz-
lich und unvermittelt wieder in seinem Herzen und seinem Ge-
spräch auf – dieser Basso ostinato seines inneren Lebens
konnte wohl übertönt, aber nicht unterbrochen werden. Jede
Berührung mit seinem Schaffen, sei es durch seine Morgenar-
beit am Schreibtisch, sei es durch Aufführungen seiner Werke
in Wien oder auswärts, lenkte seinen Blick wieder fort von der
Fülle der Tagesgeschäfte auf das eigene Herz.[69]

Wie hoch Mahler in dieser Zeit bereits Bruno Walters Verständnis
seiner Musik einschätzt, macht die Tatsache deutlich, daß er Walter die Beantwortung einer Frage des Münchner Musikwissen-
schaftlers Dr. Ludwig Schiedermair anvertraut. Schiedermair beabsichtigt, eine Reihe von Beiträgen über Mahler in der Zeitschrift
Die Musik zu veröffentlichen.

Bruno Walter an Ludwig Schiedermair.

Wien, d. 6. XII. 1901

Sehr geehrter Herr Doktor!

[...] Gerade bei einem Rückblick über Mahlers bisheriges
Schaffen – ein solcher ist doch Ihre Arbeit – dürfte am ehe-
sten am Platz sein, seine künstlerischen Prinzipien zu ver-
künden, und um so notwendiger erscheint es mir, mit der
Farbe herauszugehen, als man geneigt ist, die Mahler'schen
Werke mit dem Maß zu messen, das man an die neueren
Programm-Symphonieen zu legen pflegt. Dieses mißver-
ständliche Hineinrechnen in eine fremde Kategorie ist inso-
fern höchst schädlich, als es für die Werke ein endlos lan-
ges, zeitraubendes Hindernis bilden kann, sich den Herzen
der Menschen zu nähern. Ihr endlicher Sieg ist sicher, aber
die Zeit bis dahin zu verkürzen, erscheint mir so wichtig,
daß man alles versuchen muß, Mißverständnisse aufzuklä-
ren und durch Darlegung der inneren Gesetze des Mahler'-
schen Schaffens freiere Bahn zu machen. [...] Da wir ja
beide derselben Sache dienen, auf die es hier einzig an-
kommt, so hoffe ich auf ein freundschaftliches Anhören
meiner Worte rechnen zu können: die Themen aus den

---

[69] *BWM*, S. 36–44

Mahlerschen Symphonieen, die Sie in Ihrer Brochure[70] citiert haben, waren zum Teil ausgezeichnet, zum Teil nicht so glücklich gewählt; das ist ja auch ganz natürlich, denn hierzu hätte ein langes Vertrautsein mit den intimsten Geheimnissen der Werke gehört. Darf ich Sie deshalb freundlichst bitten, das Thematikon, das Sie in Ihrer jetzigen Aufsatzreihe bringen werden, vielleicht vor dem Abdruck an Mahler zu senden? Für schnellste Retournierung werde ich Sorge tragen. Ich freue mich herzlich auf Ihre Ausführungen, und begrüße Sie, leider unbekannter Weise, herzlichst in vorzüglicher Hochachtung,

als Ihr sehr ergebener

Bruno Walter
Hofopernkapellmeister in Wien[71]

Bruno Walter an Ludwig Schiedermair[72].

Wien, d. 6. XII. 1901

[*Sehr geehrter Herr!*

Sehr gern bin ich bereit, Ihrem Wunsche nach Aufklärung über den Grundgedanken der IVten Symphonie Gustav Mahler's zu entsprechen; nur möchte ich vorher das Verhältnis dieses Grundgedankens zum Werke bei Mahler in einigen Worten zu deuten versuchen.] Es wird von so vielen Seiten der Ruf nach einem Programm erhoben, daß es wichtig erscheint, Mahler's Stellung zu dieser Frage zu präzisieren. Um es gleich herauszusagen: Mahler perhorresziert aufs energischste jedes Programm; muß man denn wirklich, so fragt er, ein Programm haben, um einen Satz mit erstem Thema, zweitem Thema, Durchführung und Reprise zu verstehen? Oder ein Scherzo mit Trio? Oder ein Andante mit Variationen? Die Konstruktion der drei ersten Sätze der IVten ist eine so völlig diesem Schema entsprechende, daß der Ruf nach einem Programm höchstens durch den

[70] Gemeint ist die in der Reihe *Moderne Musiker* erschienene Broschüre *Gustav Mahler. Eine biographisch-kritische Würdigung*, Leipzig 1901.

[71] *BWB*, S. 46–48

[72] Der Brief erschien in: *Die Musik* 1 (1901/1902), 2. Januar-Heft 1902, S. 696–698. Die Kürzungen Schiedermairs sind hier durch [] gekennzeichnet.

Wunsch gerechtfertigt erscheinen könnte, das Verhältnis des vokalen, vierten Satzes zu den vorhergehenden zu ergründen; und diesem Wunsch wird durch den Text des letzten Satzes schon zur Genüge entsprochen. Aber man ist eben heut gewöhnt, bei komplizierter erscheinenden musikalischen Gebilden durch ein Programm über alle Intentionen des Autors aufgeklärt zu werden, und kommt deshalb nicht darauf, daß, auch heutzutage noch, die Musik selbst Kern und Schale zugleich sein kann; das ist aber bei Mahler durchaus der Fall. Er hat allerdings die Ausdrucksmittel der Musik aufs höchste potenziert, ihr Reich wirklich erweitert, sein unerhört reiches und kompliziertes Empfindungsleben schuf sich seine eigene Sprache in der Musik, in der er nun aber, wie alle absoluten Musiker, nur Dinge sagt, die nie mit Worten klar zu bezeichnen wären, da sie einer Sphäre entstammen, die nichts mit Zeit und Raum, der Form der einzelnen Erscheinungen, zu thun hat. [Wenn auch die Gesetze der musikalischen Progression mit denen der Progression der realen Lebensvorgänge Verwandtschaft zeigen (insofern nämlich beiden die Wurzel gemeinsam ist), so läßt sich die Musik als Symbol der Letzteren nur betrachten, wenn es sich um eine Darstellung des Typischen, Ewigen solch' eines Lebensvorgangs handelt; sie hat aber für die zahllosen Erscheinungsformen solch' eines Typischen keine besonderen Laute, sondern muß diese spezialisierende Schilderung den anderen Künsten überlassen; denn – ihr Reich ist den »Müttern« um eine Stufe näher als das der anderen Künste. Gerade] diese Verschiedenheit der symbolischen Fähigkeiten der Künste bietet ja die Möglichkeit ihrer Verbindung, indem das Allgemeine der musikalischen Schilderung, durch gleichzeitige poetische oder mimische Darstellung auf den speziellen Vorgang angewandt, zu größerer Bestimmtheit gelangt, während wiederum die, durch das Wort oder die Mimik ausgedrückte Empfindung den Urgrund ihres Wesens durch die Musik in bewundernswürdiger Deutlichkeit enthüllen läßt. [Das Tiefste, Unaussprechlichste, das, wenn wir es in Worte kleiden wollten, bestenfalls als eine schlechte Übersetzung anmuten muß, findet in der Musik seinen gänzlich vollkommenen Dolmetsch,] dagegen ist, wie schon erwähnt, die Musik nie im Stande, das was durch Worte genau zu bezeichnen ist, mit derselben

Deutlichkeit zu schildern, spielt also in der Programmmusik eine doppelt klägliche Rolle, da sie erstens ihr eigenes, höheres Reich, das des ursprünglichen Empfindungslebens [(das keine andere Sprache hat)] verläßt, und nun in der fremden Sphäre (der der einzelnen Vorgänge) unverständlich, oder bestenfalls, halbverständlich stammelt. Um den Gegensatz zwischen der Programmmusik, in der die Musik zu einer so trivialen Existenz herabgewürdigt wird und der Mahler'schen Musik (wie überhaupt der absoluten Musik) zu kennzeichnen, möchte ich versuchen, die Entstehung der IVten Symphonie (die durchaus der Genesis seiner früheren Werke analog ist) kurz zu schildern: Mahler, der vor Jahren das Lied »Das himmlische Leben« komponiert hatte, fühlte sich, durch die ergötzliche kindliche Darstellung dieses himmlischen Lebens angeregt, in solch' eine, überaus heitere, ferne, sonderbare Sphäre hineinversetzt, und das Thematische, das ihm aus dieser ganz eigenen Empfindungswelt entstand, verarbeitete er symphonisch. Da dies freilich eine eigene Welt war, in der er lebte, [deren Luft wohl noch nie ein Anderer geathmet hatte,] so bot auch ihr musikalischer Niederschlag viel des Neuen und Überraschenden. Es lag ihm hier, wie überall fern, bestimmte Vorgänge oder Gedanken zu schildern; die dieser Sphäre entstammenden Themen wurden ihrer Eigenart gemäß symphonisch durchgeführt und führten natürlich zu ebenso eigenartigen Kombinationen. Durch kein Programm würde man zum Verständnis dieses Werkes oder einer andern Mahler'schen Symphonie gelangen; es ist absolute Musik und unlitterarisch von Anfang bis Ende, eine viersätzige Symphonie, organisch in jedem Satz, und dem, der Sinn für einen subtilen Humor hat, durchaus zugänglich.

Immerhin kann einem schnelleren Verständnis solcher Werke folgendes förderlich sein: Es besteht die Möglichkeit, die Region, aus der so scharf umrissene musikalische Äußerungen kommen, durch ein passendes Bild anzudeuten; dies ist so zu erklären, daß der durch die Musik dargestellte innere Zustand zugleich auch zu zahllosen Lebensvorgängen in Beziehungen stehen kann, (Schiller, z. B., konstatiert an sich eine musikalische Gemütsstimmung vor der poetischen Idee) von denen jeder einzelne mehr oder weniger fern anzudeuten geeignet ist, was von der Musik in unerreichbarer

476

Deutlichkeit geschildert wird. [Um ein Beispiel anzuführen: der Inhalt des dritten Satzes der Iten Symphonie, die Mahler ursprünglich Titan genannt hatte, könnte uns erstens als dem Bilde des Roquairol aus dem Jean Paul'schen Roman verwandt erscheinen; bezeichnet war der Satz außerdem früher als »Trauermarsch in Callot's Manier« (der tote Jäger, der von den in den skurrilsten Stellungen musizierenden Tieren sehr lustig zu Grabe geleitet wird); die ihm zu Grunde liegende Stimmung ist die eines von der Verzweiflung eisern umkrallten Herzens; es ist ein wildes Vorsichhinstarren, grelles Auflachen, plötzliches Verstummen, ein wilder Hohn über alles, was ist. Und wie viele Bilder könnten wir noch finden, die dem Wesen dieses Satzes entsprächen und alle nicht minder zutreffend wären; und doch ist dieser Satz nicht komponiert worden, um eines dieser Bilder musikalisch zu schildern, bedarf auch zu seiner Wirkung keines derselben, sondern das allen diesen Bildern Gemeinsame ist die Grundstimmung des Satzes, die durch Worte nur ungenügend anzudeuten, durch die Musik zu vollkommener Deutlichkeit gelangt ist.] Sie sehen, daß jemand, der das Wesen der Musik so begriffen hat – als Gleichnis des tiefsten Wesens der Dinge, und deshalb ungeeignet, dessen einzelne Erscheinungen wiederzugeben – niemals Musik zu einem Programm schreiben kann. Dagegen wird er im Stande sein, eine ganze Anzahl von Bildern zu nennen, deren Wesen mit dem seines Werkes verwandt ist. Unter diesem, etwas ausführlich geratenen, Vorbehalt, teile ich Ihnen nun mit, daß die drei ersten Sätze der IVten Symphonie ein himmlisches Leben schildern könnten: man könnte sich im ersten Satz den Menschen denken, der es kennen lernt; es waltet darin eine unerhörte Heiterkeit, eine unirdische Freude, die ebenso oft anzieht wie befremdet, ein erstaunliches Licht und eine erstaunliche Lust, der freilich auch menschliche und rührende Laute nicht fehlen. – Der zweite Satz könnte die Bezeichnung finden: Freund Hein spielt zum Tanz auf; der Tod streicht recht absonderlich die Fiedel und geigt uns in den Himmel hinauf. [Ich bemerke nochmals, daß dies nur eine der vielen möglichen Bezeichnungen ist.] »Sankt Ursula selbst dazu lacht« könnte der dritte Satz genannt werden, die ernsteste der Heiligen lacht, so heiter ist diese Sphäre, d. h. sie lächelt nur, und zwar lä-

chelt sie so, erzählte mir Mahler, wie die Monumente der
alten Ritter oder Prälaten, die man beim Durchschreiten al-
ter Kirchen mit über der Brust gefalteten Händen sieht, und
die das kaum bemerkbare, friedenvolle Lächeln des zu ru-
higer Seligkeit hinübergeschlummerten Menschenkindes ha-
ben; feierliche selige Ruhe, ernste, milde Heiterkeit ist der
Charakter dieses Satzes, dem auch tief schmerzliche Kontra-
ste – wenn Sie so wollen, als Reminiszenzen des Erdenle-
bens –, sowie eine Steigerung der Heiterkeit ins Lebhafte
nicht fehlen. – Wenn der Mensch nun verwundert fragt, was
das alles bedeutet, so antwortet ihm ein Kind mit dem vier-
ten, letzten Satze: Das ist das himmlische Leben.
   [Mit der Bitte, diese durch die Form eines Briefes arg be-
schränkten, und für einen solchen doch schon zu breit gera-
tenen Ausführungen freundlich aufzunehmen, in vorzügli-
cher Hochachtung

Ihr sehr ergebener   *Bruno Walter]*[73]

Im Dezember 1901 verlobt sich Mahler mit Alma Schindler, der
Tochter des Wiener Landschaftsmalers Emil Jakob Schindler
(1842–1892).

Bruno Walter an seine Eltern.

Wien, d. 30. XII. 1901

Na, Kinder, was sagt Ihr zu Mahler's Verlobung? Das ist
eine Überraschung, was? Justi's Verlobung mit unserem
Konzertmeister Rosé ist eine alte Geschichte; beide aber hät-
ten auf die Vereinigung verzichtet, wenn Mahler sich nicht
auch verlobt hätte; Justi hätte ihren Bruder sonst nicht allein
gelassen. Er hat alle mit seiner Verlobung überrascht; selbst
Lipiners und Spieglers haben es durch die Zeitungen erfah-
ren; auch wir natürlich. Sogar Justi erfuhr es erst zwei Tage
vorher zufällig dadurch, daß sie mit ihm auf der Straße sei-
nem künftigen Schwiegervater begegnete und von Mahler,
nachdem sie ihm ihre Verwunderung über seine Intimität
mit diesem Herrn ausgedrückt hatte, die Antwort erhielt:
»Na, ich will Dir nur sagen, ich habe mich nämlich mit sei-

---

[73] *BWB*, S. 46–52

*ner Tochter verlobt.« Seine Braut, Alma Schindler, Tochter
des berühmten verstorbenen Landschafts-Malers Schindler
(ihre Mutter heiratete in zweiter Ehe den Maler Moll, der
Schwiegervater ist also ein Stiefvater), ist 22 Jahre alt, groß
und schlank und eine blendende Schönheit, das schönste
Mädchen Wiens; aus sehr guter Familie und sehr reich. –
Wir aber, seine Freunde, sind sehr besorgt wegen dieser Sache; er ist 41 Jahre und sie 22, sie eine gefeierte Schönheit,
gewöhnt an ein glänzendes gesellschaftliches Leben, er so
weltfern und einsamkeitliebend; und so könnte man noch
eine Menge von Bedenken anführen; er selbst fühlt sich als
Bräutigam sehr unbehaglich und geniert, ist wütend wenn
man ihm gratuliert. [...] Mich empfing er mit den Worten:
»Was sagen Sie, die Zeitungen haben mich verlobt! Das
heißt, es ist wahr, ich habe mich wirklich verlobt; aber
bitte, gratulieren Sie mir nicht, oder – gratulieren Sie mir
ganz rasch, so – nun reden wir nicht mehr darüber.« Ein
drolliger Bräutigam, was? Aber die Liebe soll sehr groß
sein. Die Hochzeit ist für Ende März geplant; Justi heiratet
in vier Wochen; die zwei haben ja auch lange genug gewar-
tet, sie passen prachtvoll zusammen; sie ist Euch ja bekannt, u. ich kann nur hinzufügen, daß er ein seltener
Mensch, ein wundervoller Künstler u. ein liebevoller u. vor-
nehmer Charakter ist. [...]
    Der schöne Privatverkehr mit Mahlers leidet durch seine
Verlobung vorläufig sehr; und das ist das traurigste daran.
Er steckt in einem fort draußen – die Familie der Braut
wohnt nämlich in einem Vorort.*[74]

Der Briefverkehr Bruno Walters erstreckt sich von etwa 1902 bis
Ende 1905 fast ausnahmslos auf die Korrespondenz mit Hans Pfitzner und berührt die Schwierigkeiten um eine Aufführung der *Rose
vom Liebesgarten* in Wien sowie des Streichquartetts op. 13, das
Pfitzner an Walter geschickt hatte in der Hoffnung, eine Uraufführung zu bekommen.

[74] *BWB*, S. 52–54

Bruno Walter an Hans Pfitzner.

Wien, d. 20. XII. 1902

Mein lieber Freund!

*Verzeih! Die Antwort [...] hat sehr auf sich warten lassen.
Ich wollte Dir aber erst schreiben, nachdem ich Mahler und
Rosé mit dem Quartett bekannt gemacht hatte; das mußte
aber bis vorgestern, Donnerstag, verschoben werden, weil
Rosé bis dahin zu sehr engagiert war. Also Donnerstag
nachmittag spielte ich Mahler, seiner Frau und Rosé das
Quartett vor. Mahler ist aufs höchste entzückt, konnte sich
nicht genug thun in Ausdrücken der Freude: das Adagio
fand er am bedeutendsten (wie auch ich jetzt das tiefste Verhältnis zu diesem Satz bekommen habe). Hoch erfreute ihn
die meisterhafte Faktur des ganzen Werkes. Kaum war ich
fertig, so setzte er sich wieder ans Klavier um alles mögliche
herauszugreifen, das ihn besonders erfreute; an dem liebli-
chen letzten Satz konnte er sich gar nicht genug thun. Nicht
minder fesselte ihn der wirklich große erste Satz und der
sehr amüsante zweite. [...] Mahler trägt sich mit allen möglichen Plänen zu einer Propaganda des Werkes, das er für
eines der erfreulichsten erklärt, die ihm vorgekommen wären. Eine ganze besondere Freundin hast Du an der hoch-
musikalischen Frau Mahler, die Dein Quartett geradezu
frißt, wie Mahler das nennt; ich mußte es ihr dalassen, damit sie sich noch daran erfreuen konnte; jetzt hat Rosé das
ganze Material. Es waren wunderschöne Stunden, die wir
am Donnerstag damit verbrachten. Mahler fand sogar ein
ihm verwandtes Element in Deiner Musik.*[75]

Zwischen Bruno Walter und Hans Pfitzner kommt es Ende 1905 zu
einer tiefgreifenden Verstimmung, an der in erster Linie Pfitzners
freundschaftliche Beziehung zu Alma Mahler Schuld ist, durch die
infolge von Klatsch auch seine – Walters – Beziehung zu Mahler getrübt werden könnte.

Im *GMB* ist unter dem Sommer 1906 ein Brief an Bruno Walter
eingeordnet[76], der aber aufgrund der Bemerkung über die Beendigung der 6. Sinfonie ins Jahr 1904 datiert werden muß.

[75] *BWB*, S. 59/60
[76] *GMB*, S. 277 (293/294)

Die Ereignisse des Sommers 1907 – der Tod der ältesten Tochter und die Entdeckung seines Herzleidens – stürzen Mahler in tiefe Depression. Dazu kommt eine immer stärker werdende Kampagne der Wiener Presse gegen den Hofoperndirektor. Bruno Walter beobachtet dies alles aus nächster Nähe.

Die Mahlerepoche ging zu Ende. Er fühlte, daß seine Zeit gekommen war. Seine Anhänger standen treu zu ihm, aber die Feinde konnten um so wirksamer gegen ihn arbeiten, als er selbst sich nicht gegen Angriffe und Intrigen wehrte. Unter den großen Zeitungen hielt nur die Neue Freie Presse zu ihm, deren erster Kritiker, Dr. Julius Korngold, der leidenschaftliche Kämpfer gegen die Atonalen, für ihn mit Beredsamkeit und Überzeugungskraft stritt. Außer Korngold war eigentlich nur noch Richard Specht auf Mahlers Seite, während die sonstige Presse mehr oder weniger heftig gegen ihn eiferte.

Noch einmal zeigte sich in einer Art strahlenden Abendsonnenglanzes ein Bild seines Wirkens und Strebens. Zyklisch zusammengefaßt, bot das Opernrepertoire seiner letzten Direktionszeit in kurzen Abständen eine Reihe jener Mustervorstellungen, zu denen er sich und seine Mitarbeiter gesteigert hatte – es war Mahlers Abschiedsbotschaft an Wien.[77]

Der mir nicht mehr erinnerliche Grund zu seiner Demission war nur der Tropfen, der ein volles Gefäß zum Überlaufen bringt. Kurz vorher schilderte mir Mahler in seiner drastischen Weise die Situation, indem er, an den Beinen eines Sessels rüttelnd, sagte: »Sehen Sie, so macht man es jetzt mit mir; wollte ich sitzen bleiben, so brauchte ich mich nur recht fest rückwärts anzulehnen und ich könnte meinen Platz behaupten. Aber ich leiste keinen Widerstand, und so werde ich schließlich heruntergleiten.« Bald darauf ließ mich Mahler eines Mittags aus meiner Probe holen; wir verließen zusammen das Haus, und noch sehe ich ihn neben mir die Ringstraße hinuntergehen, während er mir in ruhigem, mildem Ton Mitteilung von seiner Demission machte, und habe sein schönes Wort im Ohr: »Ich habe in den zehn Jahren an der Oper meinen Kreis ausgeschritten.« Und damit hatte er in einem tiefen Sinne recht – seine Arbeit am Kunstwerk der Oper war vollbracht; nun mußte sie wei-

[77] *BWT*, S. 225

*chen und in seinem Innern Raum geben für die letzten großen
eigenen Werke und die letzten großen Auseinandersetzungen
mit seinen Lebensproblemen. Ich erinnere mich, daß wir dann
von seiner Zukunft sprachen, von der amerikanischen Tätigkeit, deren Ertrag ihm Lebensbequemlichkeiten sichern sollte,
von ruhigerem Leben und dergleichen. Nach Hause gekommen, schrieb ich ihm unter dem Eindruck seiner Mitteilung einen ernsten Brief, den er mir mit einigen sehr schönen Zeilen
beantwortete.*

*Um wieviel schwerer aber und um wieviel erschütternder war
die Mitteilung, die er mir im Herbst desselben Jahres wiederum
während eines Spazierganges auf der Ringstraße machte: er
gab mir Kunde von dem Herzleiden, das sein Arzt plötzlich bei
ihm entdeckt hatte. Er sprach nun mit mir von den ernsten
Konsequenzen, die die Entdeckung seiner Krankheit für ihn
habe, von der umstürzenden Wandlung, welche die notwendige Rücksicht auf das Herz in seiner Lebens- und Schaffens-
weise bewirken müsse. Er, der von jeher gewohnt war, den musikalischen Inspirationen auf ausgedehnten Spaziergängen, ja
beim Bergsteigen zu lauschen, war nun zu sorgfältigster Zurückhaltung in körperlicher Bewegung verurteilt; das bedeutete
ihm nicht nur schmerzliches Entbehren, sondern Furcht für
sein Schaffen. Bedeutender aber als die gewiß bedenklichen
Änderungen in seinen Arbeitsgewohnheiten schien mir die entschiedene Wandlung in seinem Lebensgefühl. Der Tod, zu dessen Geheimnis seine Gedanken und Empfindungen so oft ihren
Flug genommen hatten, war plötzlich in Sicht gekommen –
Welt und Leben lagen nun im düsteren Schatten seiner Nähe.
So unsentimental und »sachlich« wir damals sprachen, so unverkennbar spürte ich das Dunkel, das sich auf sein ganzes Wesen gesenkt hatte.*[78]

Bruno Walter an seine Eltern.

Wien, d. 13. IX. 1907

*[...] Die Veränderungen hier berühren mich nicht sehr.
Von Mahler zu scheiden, das wird mir allerdings sehr, sehr
schwer; denn trotz vielem liebe ich ihn sehr und werde ihn
immer lieben. Von seinem schrecklichen Unglück habt Ihr*

[78] *BWM*, S. 48/49

*wohl gehört; daß er Anfang des Sommers seine ältere
Kleine (4 ½ Jahre) an Scharlach verloren hat. Ein bildschö-
nes, hochbegabtes, dabei selten kräftiges, gesundes Kind. Er
ist ganz gebrochen davon; äußerlich kann ihm niemand was
anmerken, aber wer ihn kennt weiß, daß er innerlich ganz
fertig ist. Sie scheint es leichter zu tragen, mit Tränen und
Philosophieren. Ich weiß überhaupt nicht wie man so etwas
tragen kann.*[79]

Mahlers Abschied von Wien fällt beiden sehr schwer; der Briefwechsel dokumentiert die trotz aller menschlichen Schwächen
Mahlers tiefe Verbundenheit Bruno Walters mit seinem verehrten
Lehrer und Mahlers Genugtuung, von Walter wirklich verstanden
zu werden.

Mahler an Bruno Walter.

Ohne Datum, Dezember 1907[80]

Mein lieber Freund!

*Herzlichen Dank für Ihre lieben Zeilen. Wir haben es ja beide
nicht nötig, Worte zu verlieren über das, was wir uns bedeuten.
– Ich weiß niemanden, von dem ich mich so verstanden fühle,
wie von Ihnen, und auch ich glaube in den Schacht Ihrer Seele
tief eingedrungen zu sein. Hier sende ich Ihrer Frau das gewünschte Bild. Leben Sie beide recht wohl. Im Mai hoffe ich
Sie wiederzusehen.*

Ihr alter

Gustav Mahler[81]

[79] *BWB*, S. 95
[80] In *GMB* ist der Brief noch mit *Frühjahr 1907* datiert. Der Hinweis auf das Wiedersehen im Mai läßt aber die Vermutung zu, daß der Brief – wie Herta Blaukopf in
GMBN, S. 324 schreibt – kurz vor Mahlers Abreise am 9. Dezember 1907 geschrieben worden ist.
[81] *GMB*, S. 278 (324)

Bruno Walter an seine Eltern.

Südbahn Hotel
Semmering, d. 10. I. 1908

[...] *Von Mahler ist mir der Abschied sehr schwer geworden.* [...] *Trotz allem, was ich durch ihn gelitten habe und
vielleicht sogar noch leiden werde – denn er hat schreckliche
Seiten – ist und bleibt er mir einer der teuersten Menschen
auf der Welt; und trotz allen Leides ist doch das, was ich
ihm innerlich verdanke, unermeßlich.* [...][82]

Mahler und Bruno Walter bleiben auch während Mahlers Ameri-
ka-Aufenthalten und in den Sommermonaten in Toblach durch einen Briefverkehr in Verbindung, der z. T. geschäftlich-organisato-
rischer Natur und insofern in diesem Rahmen wenig interessant ist,
der aber zum andern einen ungewöhnlich intensiven Einblick in
Mahlers seelische Verfassung in schwerster Zeit ermöglicht.

Mahler an Bruno Walter.

Ohne Datum. Toblach, Sommer 1908

Mein lieber Freund!

*Ich habe mich hier zunächst einzurichten versucht. Diesmal
habe ich nicht nur den Ort, sondern auch meine ganze Lebensweise zu verändern. Sie können sich vorstellen, wie
schwer mir letzteres wird. Ich hatte mich seit vielen Jahren
an stete und kräftige Bewegung gewöhnt. Auf Bergen und
in Wäldern herumzustreifen und in einer Art keckem Raub
meine Entwürfe davonzutragen. An den Schreibtisch trat
ich nur wie ein Bauer in die Scheune, um meine Skizzen in
Form zu bringen. Sogar geistige Indispositionen sind nach
einem tüchtigen Marsch (hauptsächlich bergan) gewichen. –
Nun soll ich jede Anstrengung meiden, mich beständig kontrollieren, nicht viel gehen. Zugleich fühle ich in dieser Einsamkeit, wo ich nach innen aufmerksam bin, alles deutlicher, was in meinem Physischen nicht in Ordnung ist.
Vielleicht sehe ich sogar zu schwarz – aber ich fühle mich,
seitdem ich am Land bin, schlechter als in der Stadt, wo*

[82] *BWB*, S. 97

484

auch die Zerstreuung über manches wegtäuschte. – Ich
kann Ihnen also nicht viel Tröstliches vermelden und wün-
sche zum erstenmal in meinem Leben, daß meine Ferien zu
Ende wären. – Herrlich ist es hier; hätte ich so was nur ein-
mal in meinem Leben nach Vollendung eines Werkes genie-
ßen können! – Das ist nämlich, wie Sie ja selbst wissen wer-
den, der einzige Moment, in dem man wirklich genußfähig
ist. Zugleich mache ich eine sonderbare Bemerkung. Ich
kann nichts als arbeiten, alles andere habe ich im Laufe der
Jahre verlernt. Mir ist wie einem Morphinisten oder einem
Potator, dem man mit einem Schlage sein Laster verbietet.
[...]

Ihrer Frau und Ihrer reizenden Kleinen viele Grüße
Ihr alter

Mahler[83]

Bruno Walter rät Mahler, sich auf einer Nordlandreise zu erholen, und empfiehlt ihm darüber hinaus, das Buch *Diätetik der Seele* von Ernst von Feuchtersleben zu lesen.

Toblach, 18. Juli 1908

Mein lieber Freund!

Sie sehen, ich schreibe noch immer von hier, und mit der
Nordlandsreise war es nichts! Haben Sie schönen Dank für
Ihren lieben, famosen Brief. Ich habe lächeln müssen, da
ich bemerken wollte, daß Sie auf mich mit meinen eigenen
Klingen losschlagen. Aber Sie haben weiß Gott wohin ge-
troffen, nur nicht auf den »Feind«! Was ist das mit dieser
Seele? Und mit ihrer Krankheit? Und wo sollte ich diese
kurieren? Auf einer Nordlandsreise? Da hätte ich mich
doch wieder nur zerstreuen können. Aber zu mir selbst zu
kommen und meiner mir bewußt zu werden, könnte ich nur
hier in der Einsamkeit. – Denn seit jenem panischen
Schrecken, dem ich damals verfiel, habe ich nichts anderes
gesucht, als wegzusehen und wegzuhören. – Sollte ich wie-
der zu meinem Selbst den Weg finden, so muß ich mich den
Schrecknissen der Einsamkeit überliefern. Aber im Grunde

[83] *GMB*, S. 408–410 (341/342)

genommen spreche ich doch nur in Rätseln, denn was in mir vorging und vorgeht, wissen Sie nicht; keinesfalls aber ist es jene hypochondrische Furcht vor dem Tode, wie Sie vermuten. Daß ich sterben muß, habe ich schon vorher auch gewußt. – Aber ohne daß ich Ihnen hier etwas zu erklären oder zu schildern versuche, wofür es vielleicht überhaupt keine Worte gibt, will ich Ihnen nur sagen, daß ich einfach mit einem Schlage alles an Klarheit und Beruhigung verloren habe, was ich mir je errungen; und daß ich vis-à-vis de rien stand und nun am Ende eines Lebens als Anfänger wieder gehen und stehen lernen muß. – Ist das eine geistige Disposition, die man mit Waffen eines Geistesarztes bekämpfen muß, wie Sie meinen? Und was meine »Arbeit« betrifft, so ist es eben etwas Deprimierendes, da erst wieder umlernen zu müssen. Am Schreibtisch kann ich nicht arbeiten. Ich brauche für meine innere Bewegung die äußere. Was Sie mir von den Ärzten sagen, nützt mir nichts. Ich bekomme von einem gewöhnlichen, bescheidenen Marsch eine solche Pulsbeschleunigung und Beängstigung, daß ich den Zweck eines solchen, seinen corpus zu vergessen, nicht erreiche. In diesen Tagen las ich Goethesche Briefe – ihm war sein Sekretär, dem er zu diktieren gewöhnt war, erkrankt; dies war für ihn eine solche Störung, daß er mitten in der Arbeit vier Wochen pausieren mußte. – Denken Sie einmal, dem Beethoven wären durch einen Unglücksfall seine Beine amputiert worden. Wenn Sie seine Lebensweise kennen – glauben Sie, daß er zunächst nur einen Quartettsatz hätte entwerfen können? Und das läßt sich wohl nicht mit meinen Umständen vergleichen. Ich gestehe, dies ist – so äußerlich es scheint – die größte Kalamität, die mich getroffen. Ich muß eben ein neues Leben beginnen – bin auch da völliger Anfänger. –

Nun aber, um nicht gar so larmoyant zu schließen, will ich doch versichern, daß es mir verhältnismäßig schon gelungen ist, zum Genuß meiner selbst und des Lebens zu kommen. Auch daß es mir physisch im ganzen nicht schlecht geht. Es ist wundervoll hier! Ich bedaure, daß Sie am entgegengesetzten Ende des Kontinents herumvagieren; sonst hätten Sie mich hier besuchen müssen. Meine Symphonie (die VII.) kommt nun am 19. September in Prag heraus – falls bis dahin nicht sich Tschechen und Deutsche

486

*in die Haare gefahren sind. Erfreuen Sie sich nur eines
schönen Sommers und laufen Sie (auch für mich)! Sie wissen gar nicht, wie schön das ist.*

Herzlichst grüße ich Sie und Ihre Frau

Ihr alter

Mahler[84]

Ohne Datum. Toblach, Ende Aug./Anf. Sept. 1908

Mein lieber Freund!

*Ich bereite mich jetzt zur Reise. – Ich komme am 5. früh
(wohl ungefähr halb 9 Uhr) am Südbahnhof an, muß allerdings leider in aller Eile – schon nachmittags um 6 Uhr –
nach Prag weiterreisen. Vielleicht könnten wir aber miteinander zu Mittag speisen und diese Gelegenheit zu einem
»Plausch« benützen.*

*Ich war sehr fleißig (woraus Sie ersehen, daß ich mich so
ziemlich »akklimatisiert« habe). Ich weiß es selbst nicht zu
sagen, wie das Ganze benamst werden könnte. Mir war eine
schöne Zeit beschieden und ich glaube, daß es wohl das
Persönlichste ist, was ich bis jetzt gemacht habe. Davon
vielleicht mündlich. Grüßen Sie Ihre liebe Frau und seien
Sie selbst herzlichst gegrüßt von*

Ihrem

Mahler
*(Ich muß bis zum letzten Tage fleißig sein, um fertig zu
werden.)*[85]

Ohne Datum. New York, Anfang 1909

Mein lieber Freund!
*Ein Brief des Herrn X. erinnerte mich daran, daß ich Ihnen
noch immer nicht geantwortet, obwohl ich mich mit Ihnen
schon recht oft im Gedanken unterhalten habe. – Eine
Frage darf ich nicht unterlassen, gleich zu beantworten: die
Philharmoniker haben ja die Symphonie*[86] *seinerzeit schon
unter mir gespielt, und es wäre das beste, Sie benützten dasselbe Material, das sich, samt Partitur, im Besitze des Mu-*

[84] *GMB*, S. 410–412 (343/344)
[85] *GMB*, S. 412/413 (347/348)
[86] die 3. Sinfonie

sikvereins befinden muß. N. wird es Ihnen sicher zur Verfü-
gung stellen. – Von mir ist zuviel zu schreiben, als daß ich
auch nur versuchen könnte, anzufangen. Ich durchlebe jetzt
so unendlich viel (seit anderthalb Jahren), kann kaum dar-
über sprechen. Wie sollte ich die Darstellung einer solchen
ungeheuren Krise versuchen! Ich sehe alles in einem so
neuen Lichte – bin so in Bewegung; ich würde mich manch-
mal gar nicht wundern, wenn ich plötzlich einen neuen
Körper an mir bemerken würde. (Wie Faust in der letzten
Szene.) Ich bin lebensdurstiger als je und finde die »Ge-
wohnheit des Daseins« süßer als je. Diese Lebenstage sind
eben wie die Sibyllinischen Bücher.

Mich selbst finde ich jeden Tag unwichtiger, kann es aber
oft nicht begreifen, daß man im täglichen Leben doch sei-
nen alten gewohnten Trott weitergeht – in allen »süßen Ge-
wohnheiten des Daseins«.

An Lipiner muß ich sehr oft denken. Warum schreiben
Sie mir nichts über ihn? Ich möchte wissen, ob er über den
Tod noch ebenso denkt wie vor acht Jahren, als er mir über
seine höchst merkwürdigen Anschauungen Auskunft gab
(auf mein etwas zudringliches Befragen – ich war gerade
von meinem Blutsturz Rekonvaleszent).

Wie unsinnig ist es nur, sich vom brutalen Lebensstrudel
so untertauchen zu lassen! Sich selbst und dem Höheren
über sich selbst auch nur eine Stunde untreu zu sein! Aber
das schreibe ich nur so hin – denn bei der nächsten Gele-
genheit, also z. B., wenn ich jetzt aus diesem meinem Zim-
mer hinausgehe, werde ich bestimmt wieder so unsinnig wie
alle anderen. Was denkt denn nur in uns? Und was tut in
uns?

Merkwürdig! Wenn ich Musik höre – auch während des
Dirigierens – höre ich ganz bestimmte Antworten auf alle
meine Fragen – und bin vollständig klar und sicher. Oder
eigentlich, ich empfinde ganz deutlich, daß es gar keine
Fragen sind.

Nun vergelten Sie nicht Gleiches mit Gleichem und
schreiben Sie mir wieder einmal. – Hier scheint das perma-
nente Orchester wirklich zusammenzukommen. Wüßten Sie
mir für diesen Fall einen jungen Musiker von wirklicher
Dirigentenbegabung und sonstiger musikalischer Routine,
der zu mir als »assistent conductor« ginge?

*Dies wäre nämlich doch die Bedingung, unter der ich
mich noch für ein Jahr verdingen würde. Ich muß jemanden haben, der meine Proben vorarbeitet und auch ab und
zu ein Konzert für mich übernimmt.*

*Seien Sie, lieber Freund, tausendmal gegrüßt wie auch
Ihre liebe Frau.*

*Wenn Sie Lipiner sehen und Nanna, grüßen Sie viele
Male*

Ihr alter

Mahler[87]

Ohne Datum, Toblach, Sommer 1909

Mein lieber Freund!

*Nie dürfen Sie glauben, daß ich Ihnen oder sogar einem an-
dern etwas übelgenommen hätte. Wäre ich aber auch so beschränkt, so hätte ich doch nach Ihrem lieben und schönen
Brief nicht den leisesten Anhalt zu einer Ursache. Ganz im
Gegenteil hat er mich innigst erfreut. Sie haben für mein
Stillschweigen den richtigen Grund erraten. Ich war sehr
fleißig und lege eben die letzte Hand an eine neue Symphonie[88]. Leider gehen auch meine Ferien zu Ende – und ich
bin in der dummen Lage – wie seit jeher – auch wieder
diesmal, noch ganz atemlos, vom Papier weg in die Stadt
und in die Arbeit zu müssen. Das scheint mir nun einmal
beschieden zu sein. Das Werk selbst (soweit ich es kenne,
denn ich habe bis jetzt nur blind darauf losgeschrieben und
kenne jetzt – wo ich den letzten Satz eben zu instrumentieren beginne – den ersten nicht mehr) ist eine sehr günstige
Bereicherung meiner kleinen Familie. Es ist da etwas gesagt, was ich seit längerer Zeit auf den Lippen habe – vielleicht (als Ganzes) am ehesten der IV. an die Seite zu stellen. (Doch ganz anders.) Die Partitur ist bei der wahnsinnigen Eile recht schleuderhaft und für fremde Augen wohl
ganz unleserlich. Und so möchte ich es sehnlichst wünschen, daß es mir heuer im Winter gegönnt sein möge, eine
Reinpartitur herzustellen.*

---

[87] *GMB*, S. 414–416 (351/352); »Herr X« ist Josef Reitler.
[88] die 9. Sinfonie

Nun tausend Grüße, lieber Freund – warum schreiben Sie nichts von Lipiner? (Das sollten Sie in keinem Brief versäumen, uns alles mitzuteilen, was Sie über ihn wissen.) Ich komme in den ersten Tagen des September nach Wien und sehe Sie dann sogleich.

Ihr alter

Mahler[89]

New York, 18. 12. 1909

Mein lieber Freund!

Hoffentlich haben Sie sich über mein Schweigen keine Gedanken gemacht. Es hat keinen anderen Grund gehabt als eine ungeheure Arbeitslast (sie hat mich an die Wiener Zeit erinnert), die mir nur vier Dinge erlaubt hat: Dirigieren, Notenschreiben, Essen und Schlafen. Ich sehe nachgeradezu, daß ich unverbesserlich bin. Leute unserer Art können nicht anders, als das, was sie tun, gründlich tun. Und das heißt, wie ich geradezu sehe, sich überarbeiten. Ich bin und bleibe einmal der ewige Anfänger. Und das bißchen Routine, die ich mir erworben, dient höchstens dazu, meine Anforderungen an mich zu steigern. So wie ich meine Partituren alle fünf Jahre aufs neue herausgeben möchte, so brauche ich zum Dirigieren der anderen jedesmal eine neue Präparation. [...] Mein Orchester hier ist das richtige amerikanische Orchester. Talentlos und phlegmatisch. Man steht am kürzeren Hebel. Als Dirigent wieder von vorne anzufangen, ist recht unerquicklich für mich. Das einzige Vergnügen sind für mich die Proben eines Werkes, das ich noch nicht unter den Händen hatte. Das Musizieren macht mir noch immer einen ungeheuren Spaß. Hätte ich nur ein bißchen bessere Musikanten! Ihre Nachrichten über Ihre Aufführung der III. waren eine große Freude für mich! Wie sehr lieb ist es mir vor allem für Sie, daß Sie einen so großen Erfolg davongetragen. Nach den übereinstimmenden Berichten muß die Aufführung außerordentlich gewesen sein.

[...] Ich brachte vorgestern hier meine Erste! Wie es scheint, ohne besondere Resonanz. Dagegen war ich mit

[89] *GMB*, S. 416/417 (367/368)

diesem Jugendwurf recht zufrieden. Sonderbar geht es mir
mit allen diesen Werken, wenn ich sie dirigiere. Es kristalli-
siert sich eine brennend schmerzliche Empfindung: Was ist
das für eine Welt, welche solche Klänge und Gestalten als
Widerbild auswirft! So was wie der Trauermarsch und der
darauf ausbrechende Sturm scheint mir wie eine brennende
Anklage an den Schöpfer. Und in jedem neuen Werk von
mir (wenigstens bis zu einer gewissen Periode) erhebt sich
dieser Ruf von neuem: »Daß du ihr Vater nicht, daß du ihr
Zar!« – d. h. nur während des Dirigierens!? Nachher ist al-
les gleich ausgewischt. (Sonst könnte man gar nicht weiterle-
ben.) Diese merkwürdige Realität der Gesichte, die sofort
zu einem Schemen auseinanderfließt, wie die Erlebnisse ei-
nes Traumes, ist die tiefste Ursache zu dem Konfliktleben
eines Künstlers. Er ist zu einem Doppelleben verurteilt und
wehe, wenn ihm Leben und Träumen einmal zusammen-
fließt – so daß er die Gesetze der einen Welt in der anderen
schauerlich büßen muß. – [...] Schreiben Sie mir doch,
bitte, immer, wie es Lipiner geht (genau), auch was seine
Frau und die anderen machen. Ich freue mich schon riesig
auf eine Zeit, die ich wieder mit allen zusammenleben
kann! Möge mir das doch noch für eine Spanne Zeit ge-
währt sein.

  Das Publikum ist hier sehr lieb und verhältnismäßig viel
anständiger als in Wien. Sie hören aufmerksam und wohl-
wollend zu. Die Vorgesetzten sind wie überall. Ich lese kei-
nen und lasse mir manchmal berichten. (Ich rate Ihnen die-
selbe Usance – berichtet klingen diese Dinge alle bedeutend
weniger aggressiv.) – Nun also tausend Grüße und schrei-
ben Sie bald – auch so was Ihnen gerade durch den Kopf
fährt. Demnächst hoffe ich mit meiner IX. anzufangen.

Ihr

Gustav Mahler[90]

Mahler bemüht sich aus dem fernen Amerika um fast jede Kleinigkeit der ins Auge gefaßten Uraufführung der »Achten«. »Vor Ort«
kümmert sich Bruno Walter um den richtigen Gang der Dinge.

---

[90] *GMB*, S. 417–421 (371–374)

Ohne Datum. New York, etwa Ende März 1910

Liebster Freund!

Bis heute habe ich mich innerlich und äußerlich gegen die mir fatale Münchner Barnum und Bailay-Aufführung meiner VIII. gewehrt. Ich hatte seinerzeit als X.[91] mich in Wien überrumpelte, an alles Drum und Dran solcher »Feste« nicht gedacht. – Nun scheint, nach allem, was ich erfahre, das Unzulängliche Ereignis zu werden. Wenigstens sehe ich nicht, wie ich mich meiner Verpflichtungen entledigen kann. Natürlich stelle ich heute wie immer die Bedingung, daß die Chöre meinen Anforderungen entsprechen. – Nach Ankunft in Europa und Absolvierung meiner Pariser und Römischen Verpflichtungen werde ich mich durch Augen- (und Ohren-) Schein davon überzeugen, wie die Sachen stehen. Sollte es also wirklich dazu kommen, so müßte nun die Solistenfrage befriedigend gelöst werden und da zähle ich ganz auf Ihre Freundschaft. Bitte, nehmen Sie sich der Sache an. – Ich stehe nach wie vor auf dem Standpunkt, daß das Hauptkontingent von Wien gestellt wird, sonst wüßte ich nicht, wie und wo ich die Solisten unter einen Hut bringe. Die X., Y.[92] usw. werden doch schließlich in Wien nicht unentbehrlich sein (respektive überhaupt tauglich dafür, was Sie allein beurteilen können). Bitte, schreiben Sie mir ein Wort über alle diese Dinge nach Paris – Hotel Majestic – wo ich nächste Woche eintreffe und bis 17. April verweile. Hierauf geht es nach Rom. – Mir geht es physisch recht gut. Mein Glück wäre ein vollständiges, hätte ich mich nicht in den Netzen des Herrn Emil Gutmann gefangen.
Seien Sie und Frau herzlichst gegrüßt von

Ihrem – vor der Abreise sehr eiligen

Gustav Mahler[93]

---

[91] In *GMBN*, S. 381, ist der Name des Konzertveranstalters Gutmann wieder eingesetzt, der die Uraufführung der »Achten« in München organisatorisch vorbereitet.
[92] In *GMBN*, S. 381, sind die Namen Elizza und Förstel wieder eingesetzt, zwei Sängerinnen der Wiener Hofoper.
[93] *GMB*, S. 421/422 (381)

Mein lieber Walter!

...Vielleicht ist doch in Wien an einen Mezzosopran zu denken, damit man da wenigstens die vier Weiber beisammen hat. – Eventuell könnte ich ja M.[94] um seine Intervention bitten – aber gerne tue ich letzteres nicht.

Kommt also noch der Bariton in Betracht. Ich sollte meinen, einer der Telramunde oder Wotäner in den deutschen Gauen dürfte doch aufzutreiben sein. –

Eine feine liebe Stimme für die mater gloriosa möchte ich extra haben, dies läßt sich gewiß leicht und im letzten Moment bestimmen.

Dies alles nur akademisch gesagt, denn ich glaube bisher nicht an die Aufführung. – Mir ist das alles so konfus. – Studieren die Chöre schon? – Und sind sie im Sommer beisammen? Können sie fertig werden? Ich glaube es nicht. – Ich stellte, wie Sie sich erinnern, vor allem andern die Bedingung, daß das Material am 1. Jänner fertig ist und der Chor mit dem Studium beginnt. Heute am 1. April habe ich noch immer keine Auskunft darüber, ob der Chor bereits studiert, ja wer überhaupt singen wird. Ich werde rücksichtslos absagen, wenn nicht alle künstlerischen Bedingungen zufriedenstellend sind. Ich bleibe vom 12. bis 17. April im Hotel Majestic.

Tausend Dank und Grüße von
Ihrem alten

Gustav Mahler

Die Reinpartitur meiner IX. ist fertig.[95]

Anläßlich der Uraufführung der »Achten« am 12. September 1910 treffen sich Walter und Mahler ein letztes Mal. Danach bricht Mahler zu seiner letzten Saison nach New York auf, von der er im Frühjahr 1911 todkrank zurückkehrt.

---

[94] Fürst Montenuovo, als erster Obersthofmeister die höchste dienstliche Instanz der k. k. Hoftheater
[95] *GMB*, S. 422/423 (382/383)

Die enge zeitliche Begrenzung meiner Zusammenkünfte mit
Mahler während seiner letzten Lebensjahre wird in meinem
Nachgefühl ausgeglichen durch die Intensität seiner Mitteilung,
die Erlebnisschwere, die jedes Gespräch mit ihm hatte. Wie in
der Natur die Dämmerung durch den Glanz der Abendröte ab-
gelöst wird, so lag nach der anfänglichen Verdüsterung seines
Lebensgefühls durch die Krankheit die Welt nun im milden
Licht des Abschieds vor ihm; die »liebe Erde«, deren Lied er
geschrieben hatte, erschien ihm darin so schön, daß alles, was
er dachte und sprach, von einem gewissen Erstaunen über den
neuen Reiz des alten Lebens geheimnisvoll erfüllt schien. Nie
kann ich den Ausdruck vergessen, mit dem er mir einmal er-
zählte, wie er bei einem Besuch auf dem Lande in Mähren die
Welt so schön wie noch nie gefunden habe, welch sonderbares
inniges Glück ihm der vom Acker aufsteigende Erdgeruch be-
reitet hatte. Hinter seinem Gespräch stand jetzt eine Aufge-
wühltheit der seelischen Verfassung, die von vielfachen The-
men geistiger Art, fast wie in den Hamburger Jahren, immer
wieder zu den metaphysischen Fragen hinstrebte, aber noch
dringlicher, noch erregter. Einem Reisefieber der Seele möchte
ich diesen Zustand vergleichen, der nur gelegentlich einer schö-
nen Ruhe wich; da wurden denn in unseren Gesprächen auch
Zukunftspläne gemacht. Wir sprachen von Haus und Garten
auf der Hohen Warte oder in Grinzing, auch von einem Kaffee-
haus war die Rede, wo man sich nachmittags öfter treffen
würde. Aber gewöhnlich endete sein Gedankenausflug ins
Idyll mit einer Handbewegung oder einem Blick des Unglau-
bens.[96]

Gustav Mahler stirbt am 18. Mai 1911 in Wien.

Bruno Walter an seine Eltern.

Wien, d. 27. V. 1911

Meine Lieben!

[...] Von der Reise nach Paris an keine ruhige Stunde mehr
– Angst, Sorge und Gram als tägliche Nahrung, dazu in der
Oper die Einstudierung einer Novität, Pelleas und Meli-
sande; dann Mahler's Ankunft in Wien, nun täglich jede

---

[96] *BWM*, S. 53

freie Minute im Sanatorium zugebracht und dann stand ich
in der Nacht des 18ten an seinem Bett, sah seinen furchtba-
ren Todeskampf und seine Erlösung. Ihr begreift, daß ich
aus Paris keine Ansichtskarte schreiben konnte, daß ich
auch noch zu keinem Brief an Euch kommen konnte, und
jetzt völlig müde und mürbe bin. Was ich fühle, was ich
verloren habe, was ich gelitten habe, das alles läßt mich mit
Schweigen übergehen. [...][97]

Natalie Bauer-Lechner

Natalie Bauer-Lechner, gebürtige Wienerin und zwei Jahre älter
als Mahler, zählt zu jenen Personen in seinem Leben, die einige
Jahre das Glück hatten, ihm in persönlichem Umgang Geheim-
nisse und Gedanken abzulauschen, die uns heute trotz mancher
subjektiv gefärbter Nuancierung nicht nur atmosphärische Eindrücke, sondern eine Reihe von Fakten vermitteln, die ohne ihre
tagebuchähnlichen Aufzeichnungen unwiederbringlich verloren
gewesen wären. Einiges aus diesen *Erinnerungen* hat Paul Stefan
bereits in seiner 1910 erschienenen Mahler-Biographie verarbeitet, bevor die *Erinnerungen* in einer Auswahl durch J. Killian im
Jahre 1923, also zwei Jahre nach dem Tod der Verfasserin, erscheinen konnten. *Der Inhalt* – so der Herausgeber – *wurde nach Mög-*
lichkeit auf Mahler und seine Aussprüche beschränkt [...]. Die
Warnung Killians, die Aufzeichnungen nicht nach Mahler-Zitaten
zu durchstöbern, muß in diesem Zusammenhang unberücksichtigt
bleiben, weil es einerseits unmöglich ist, die Aufzeichnungen unge-
kürzt wiederzugeben, auf der anderen Seite aber eine Unterschla-
gung dieser Dokumente einer fast fünfzehn Jahre dauernden
Freundschaft, die mit Mahlers Heirat endet, nicht zu verantworten
wäre. Die 1984 von Herbert Killian, dem Sohn des Herausgebers
der *Erinnerungen* von 1923, besorgte Neuausgabe bietet für den
dokumentarischen Teil keine wichtigen neuen Erkenntnisse,
wenngleich der von Knud Martner beigefügte Kommentar zur Er-
hellung einiger biographischer Sachverhalte recht hilfreich ist.
    Natalie Bauer-Lechners erste Eindrücke von Gustav Mahler
stammen aus der gemeinsamen Konservatoriums-Zeit, in der sie

---

[97] *BWB*, S. 122/123

als Hospitantin an den Orchester-Übungen unter der Leitung von Joseph Hellmesberger d. Ä. teilnimmt. Unvergeßlich bleiben ihr die Erlebnisse um die Proben zu einer Sinfonie des jungen Konservatoriums-Schülers Mahler. Die von Mahler z. T. fehlerhaft herausgeschriebenen Orchesterstimmen erzürnen Hellmesberger derart, daß er das Stück, das Mahler als Beitrag zu einem Kompositions-Wettbewerb geschrieben hatte, absetzt. Mahler komponiert nach Natalie Bauer-Lechners Erinnerung eilends eine neue Klavier-Suite und gewinnt damit einen Preis.

Außer einigen sporadischen Begegnungen in dieser Wiener Zeit kann von einem Kennenlernen im Sinne späterer Jahre noch keine Rede sein. Auch ein Besuch Natalie Bauer-Lechners in Budapest führt noch nicht zu freundschaftlichem Verkehr. Erst der Sommer 1893 – Mahler ist bereits seit zwei Jahren erster Kapellmeister am Stadttheater in Hamburg – führt mit einem Besuch am Attersee, wo Mahler und seine Schwestern die Ferien verbringen, zu jener Intensität des Gedankenaustausches, der diese Freundschaft so interessant und wichtig macht.

Mahler arbeitet in diesem Sommer am zweiten und dritten Satz seiner 2. Sinfonie; mit dem ersten Satz, der *Totenfeier*, war er bereits im Februar 1888 in Leipzig beschäftigt.

»Sind das zwei wunderschöne Themen, die ich heute aus der Skizze zum Andante meiner Zweiten Symphonie aufgegriffen habe, das ich ebenso wie das Scherzo mit Gottes Hilfe hier zu vollenden hoffe«, sagte Mahler, der, wenn er vom Komponieren kommt, noch eine Weile ganz entrückt ist und seinen eigenen Sachen wie ein Fremder gegenübersteht. »Die zwei Blättchen, auf denen sie noch von Leipzig her standen, als ich die ›Pintos‹[98] dort dirigierte, taten mir immer so leid, und wie ich sehe, nicht mit Unrecht. Denn in vollem, breitem Strome ergießt sich die Melodie darin: die eine umspielt von der andern und immer neue Arme um sich breitend, in unerschöpflichem Reichtum und Wechsel, zu den mannigfachsten Verschlingungen führend. Und wie fein und kostbar der Schatz aus der eigenen Fülle verarbeitet ist – wenn du das verfolgen könntest, du hättest deine Freude daran!

[98] Erstaufführung: 20. Januar 1888

Und nur so, in vollen Zügen, läßt sich's richtig schaffen. Das ist nichts, wenn einer mit einem armseligen Ding von Thema sich herumschlägt, das er variiert und fugiert und mit dem er, weiß Gott wie lange, haushalten muß, um einen Satz hindurch auszukommen. Ich kann das Sparsystem nicht leiden, das muß alles im Überfluß da sein und ohne Unterlaß quellen, wenn es was heißen soll.«

[...]

»Ich habe schon so darüber nachgedacht«, sagte Mahler, *»wie ich meine Symphonie nennen soll, um durch den Titel nur etwas auf den Inhalt hinzuweisen und, mit einem Worte wenigstens, meine Absicht zu kommentieren. Aber mag sie immer ›Symphonie‹ heißen und nichts weiter! Denn Benennungen wie ›symphonische Dichtung‹ oder ›symphonisches Gedicht‹ sind abgebraucht, ohne daß sie etwas Rechtes sagten, und man denkt dabei an Lisztsche Kompositionen, wo, ohne tieferen Zusammenhang, jeder Satz für sich etwas malt. Meine beiden Symphonien erschöpfen den Inhalt meines ganzen Lebens; es ist Erfahrenes und Erlittenes, was ich darin niedergelegt habe, Wahrheit und Dichtung in Tönen. Und wenn einer gut zu lesen verstünde, müßte ihm in der Tat mein Leben darin durchsichtig erscheinen. So sehr ist bei mir Schaffen und Erleben verknüpft, daß, wenn mir mein Dasein fortan ruhig wie ein Wiesenbach dahinflösse, ich – dünkt mich – nichts Rechtes mehr machen könnte.*

[...]

Das Schaffen und die Entstehung eines Werkes sind mystisch vom Anfang bis zum Ende, da man, sich selbst unbewußt, wie durch fremde Eingebung etwas machen muß, von dem man nachher kaum begreift, wie es geworden ist.

[...]

So ist es mir jetzt im Scherzo[99] *bei einem Passus ergangen, den ich schon aufgegeben hatte und wegließ, dann aber auf einem Beiblatt doch hineingefügt habe. Und nun sehe ich, daß es die unerläßlichste, gewaltigste Stelle des Ganzen ist.*

Noch auffallender war das vielleicht bei einem Übergang in meiner Ersten Symphonie, der mir so viel zu schaffen ge-

---

[99] der zweiten Sinfonie

*macht. Da handelte es sich darum, nachdem die Töne aus
kurzen Lichtblicken immer wieder in tiefste Verzweiflung
fallen, den triumphierenden, dauernden Sieg zu erringen*[100]*;
und dazu mußte ich, wie sich mir nach längerem, vergebli-
chem Herumtappen zeigte, durch eine Modulation von einer
Tonart in die des nächstfolgenden Tones gelangen (von
C-Dur nach D-Dur, der Grundtonart des Stückes). Das
hätte man sehr billig haben können, indem man den halben
Ton dazwischen benützte und so von C zu Cis, dann zu D
aufstieg. Doch da hätte jeder gewußt, daß es die nächste
Stufe ist. Mein D-Akkord aber mußte klingen, als wäre er
vom Himmel gefallen, als käme er aus einer anderen Welt.
Da habe ich, durch eine freieste und kühnste Modulation,
zu der ich mich lange nicht verstehen wollte und von der
ich mich nur widerstrebend fortreißen ließ, den Übergang
gefunden. Und wenn etwas groß ist an der ganzen Symphonie, so ist es diese Stelle, die – ich kann es wohl sagen –
ihresgleichen sucht.«*

[...]

*Ich fragte Mahler, wie es gekommen sei, daß ihm die
»Fischpredigt« zum mächtigen Scherzo der Zweiten an-
wuchs, ohne daß er zunächst daran gedacht und es gewollt.
Er entgegnete: »Es ist ein seltsamer Vorgang! Ohne daß
man anfangs weiß, wohin es führt, fühlt man sich immer
weiter und weiter über die ursprüngliche Form hinaus getrieben, deren reicher Gehalt doch, wie die Pflanze im
Samenkorn, unbewußt in ihr verborgen lag. Daher, scheint
mir, könnte ich mich nur schwer in den festgesetzten Grenzen halten, wie sie ein Operntext (es müßte denn ein selbst-
gemachter sein) oder auch nur das Vorspiel zu einem fremden Werke einem auferlegen.*

*Etwas anderes ist es bei Liedern, aber nur darum, weil
man da mit der Musik doch viel mehr ausdrücken kann, als
die Worte unmittelbar sagen. Der Text bildet eigentlich nur
die Andeutung des tieferen Gehaltes, der herauszuholen,
des Schatzes, der zu heben ist.*

*So ist es, wenn ich mir unter dem Schrei des Kindes nach
Brot (in jenem Gedicht, das ich zur Deutung eben ›Das irdische Leben‹ nenne) und der Antwort der Mutter, die es*

---

[100] vierter Satz

immer und immer auf später vertröstet, das menschliche Le-
ben überhaupt denke: das einem solange das Nötigste, des-
sen Geist und Leib zum Wachstum bedürfen, hinausschiebt,
bis es – wie bei dem toten Kinde – zu spät ist. Und ich
glaube, daß das in den unheimlichen, wie im Sturm dahin-
sausenden Tönen der Begleitung, dem qualvollen Angstruf
des Kindes und der langsamen, eintönigen Erwiderung der
Mutter – des Geschickes, das sich mit der Erfüllung unseres
Schreies nach Brot ja nicht zu beeilen braucht – charakteri-
stisch und furchtbar zum Ausdruck kommt. In der ›Fisch-
predigt‹ dagegen herrscht [...] ein etwas süßsaurer Humor.
Der heilige Antonius predigt den Fischen, und seine Worte
verwandeln sich sofort in ihre Sprache, die ganz besoffen,
taumelig (in der Klarinette) erklingt, und alles kommt daher
geschwommen. Ist das ein schillerndes Gewimmel: die Aale
und Karpfen und die spitzgoscheten Hechte, deren dumme
Gesichter, wie sie an den steifen, unbeweglichen Hälsen im
Wasser zu Antonius hinaufschauen, ich bei meinen Tönen
wahrhaftig zu sehen glaubte, daß ich laut lachen mußte.
Und wie die Versammlung dann, da die Predigt aus ist,
nach allen Seiten davon schwimmt:
›Die Predigt hat g'fallen,
Sie bleiben wie alle‹ –
und nicht um ein Jota klüger geworden ist, obwohl der Heilige
ihnen aufgespielt hat! – Die Satire auf das Menschenvolk darin
werden mir aber die wenigsten verstehen.«[101]

Über den Sommer 1894 fehlt jedwede Aufzeichnung. Im Sommer
1895 hält sich Natalie Bauer-Lechner wieder bei Mahler in Steinbach auf.

Mahler arbeitet, kaum daß er hier ist, an seiner Dritten
Symphonie. »Mit der hoffe ich Beifall und Geld zu verdie-
nen«, sagte er mir scherzhaft an einem der ersten Tage;
»denn das ist Humor und Heiterkeit, ein ungeheures La-
chen über die ganze Welt!« Aber schon am nächsten Tage
widerrief er es: »Du, mit dem Geldverdienen wird es auch
bei der Dritten nichts! Denn ihre Heiterkeit werden die
Leute erst recht nicht verstehen und gelten lassen; sie

[101] *NBL*, S. 7–11

schwebt noch über jener Welt des Kampfes und Schmerzes in der Ersten und Zweiten und konnte nur als deren Resultat hervorgehen.

Daß ich sie Symphonie nenne, ist eigentlich unzutreffend, denn in nichts hält sie sich an die herkömmliche Form. Aber Symphonie heißt mir eben: mit allen Mitteln der vorhandenen Technik eine Welt aufbauen. Der immer neue und wechselnde Inhalt bestimmt sich seine Form von selbst. In diesem Sinne muß ich stets erst wieder lernen, mir meine Ausdrucksmittel neu zu erschaffen, wenn ich auch die Technik noch so vollkommen beherrsche, wie ich, glaub' ich, jetzt von mir behaupten kann.

[...]

›Der Sommer zieht ein‹ soll das Vorspiel werden. Da brauche ich sogleich ein Regimentsorchester zur Erzielung der derben Wirkung von der Ankunft meines martialischen Gesellen. Es wird wahrhaftig sein, wie wenn die Burgmusik aufmarschierte. Ein Gesindel treibt sich da herum, wie man es sonst nicht zu sehen kriegt.

Natürlich geht es nicht ohne Kampf mit dem Gegner, dem Winter, ab; doch er wird leicht über den Haufen geworfen, und der Sommer in seiner Kraft und Übermacht reißt bald die unbestrittene Herrschaft an sich. Dieser Satz, als Einleitung, wird durchaus humoristisch, ja barock gehalten.

Die Titel der Dritten werden der Reihe nach lauten:

1. Der Sommer marschiert ein.
2. Was mir die Blumen auf der Wiese erzählen.
3. Was mir die Tiere im Walde erzählen.
4. Was mir die Nacht erzählt (Der Mensch).
5. Was mir die Morgenglocken erzählen (Die Engel).
6. Was mir die Liebe erzählt.
7. Was mir das Kind erzählt.[102]

Und das Ganze werde ich ›Meine fröhliche Wissenschaft‹ nennen – die ist es auch!«[103]

---

[102] Der erste Herausgeber Johann Killian bemerkt in einer Fußnote, daß merkwürdigerweise *ein Blatt aus dem Nachlaß der Verfasserin unter der Überschrift »Was das Kind erzählt« die Skizze zum Blumensatz enthalte.*

[103] *NBL*, S. 19/20

Hamburg, Januar 1896

*Eines Abends hat es Mahler mir zuliebe veranstaltet, daß er
und Walter bei Behn dessen Klavierauszug seiner Zweiten
mir und ein paar intimsten Bekannten vorspielten. Obwohl
ich sie teilweise schon in Steinbach von ihm gehört hatte,
machte sie nun im Zusammenhang auf mich einen ungeheuren Eindruck.*

*Am nächsten Morgen sagte mir Mahler über sein Werk:
»Der Erste Satz enthält das titanenhafte Ringen eines in der
Welt noch befangenen kolossalen Menschen mit dem Leben
und dem Geschick, dem er immer wieder unterliegt; sein
Tod. Der Zweite und Dritte Satz, Andante und Scherzo,
sind Episoden aus dem Leben des gefallenen Helden. Das
Andante enthält die Liebe. Das im Scherzo Ausgedrückte
kann ich nur so veranschaulichen: Wenn du aus der Ferne
durch ein Fenster einem Tanze zusiehst, ohne daß du die
Musik dazu hörst, so erscheint dir Drehung und Bewegung
der Paare wirr und sinnlos, da dir der Rhythmus als Schlüssel fehlt. So mußt du dir denken, daß einem, der sich und
sein Glück verloren hat, die Welt wie im Hohlspiegel, verkehrt und wahnsinnig erscheint. – Mit dem furchtbaren
Aufschrei der so gemarterten Seele endet das Scherzo.*

*Das ›Urlicht‹ ist das Fragen und Ringen der Seele um
Gott und ihre eigene ewige Existenz.*

*Während die ersten drei Sätze erzählend sind, ist im letz-
ten alles ein inneres Geschehen. Es beginnt mit dem Todes-
schrei im Scherzo. Und nun die Auflösung der furchtbaren
Lebensfrage, die Erlösung. Zunächst, wie Glaube und Kir-
che sie sich über dieses Leben hinaus schufen. Ein Beben
geht über die Erde. Hör' dir den Trommelwirbel an, und
die Haare werden dir zu Berge stehen! Der große Appell ertönt: die Gräber springen auf und alle Kreatur ringt sich
heulend und zähneklappernd von der Erde empor. Nun
kommen sie alle aufmarschiert im gewaltigen Zuge: Bettler
und Reiche, Volk und Könige, die ecclesia militans, die
Päpste. Bei allen gleiche Angst, Schreien und Beben, denn
vor Gott ist keiner gerecht. Dazwischen immer wieder – wie
aus einer anderen Welt – von jenseits der große Appell. Zuletzt, nachdem alle im ärgsten Durcheinander aufgeschrien,
nur noch die langhintönende Stimme des Totenvogels vom*

letzten Grabe her, die endlich auch erstirbt. – Und nun kommt nichts von all dem Erwarteten; kein himmlisches Gericht, keine Begnadeten und keine Verdammten; kein Guter, kein Böser, kein Richter! Alles hat aufgehört zu sein. Und leise und schlicht hebt an: ›Aufersteh'n, ja aufersteh'n . . . ‹, wozu die Worte selbst Kommentar sind. Und mit keiner Silbe werde ich mich je mehr herbeilassen, eine Erklärung zu geben!« rief Mahler.[104]

Hamburg, April 1896

Mahler war seit kurzem damit beschäftigt, den in der Hauptsache fertigen Teil seiner Dritten auszuführen und ins Reine zu schreiben. Während ich dort war, arbeitete er an dem Stück: »Was mir die Blumen erzählen.«

»Wie das klingen wird, davon kannst du dir keine Vorstellung machen! Es ist das Unbekümmertste, was ich je geschrieben habe, – so unbekümmert, wie nur Blumen sein können. Das schwankt und wogt alles in der Höhe, aufs leichteste und beweglichste, wie die Blumen im Winde auf biegsamen Stielen sich wiegen. So habe ich heute zu meinem Erstaunen bemerkt, daß die Bässe nur Pizzicato, nicht einen festen Strich haben und das tiefe und starke Schlagwerk nicht zur Verwendung kommt. Dagegen haben die Geigen, wieder mit Verwendung einer Solo-Violine, die bewegtesten, fliegendsten und anmutigsten Figuren. [. . .]

Daß es bei der harmlosen Blumenheiterkeit nicht bleibt, sondern plötzlich ernst und schwer wird, kannst du dir denken. Wie ein Sturmwind fährt es über die Wiese und schüttelt Blätter und Blüten, die auf ihren Stengeln ächzen und wimmern, wie um Erlösung flehend in ein höheres Reich.«*[105]

[. . .]

»Du wirst es sehen: ich erlebe den Sieg meiner Sache nicht mehr! Zu fremd und neu ist alles, was ich schreibe, den Hörern, die keine Brücke zu mir finden. Meine Sachen aus der Schülerzeit, wo ich mich noch an anderes anlehnte, sind verloren gegangen oder nie aufgeführt worden, und*

[104] *NBL*, S. 22/23
[105] *NBL*, S. 33

*was später kam, vom ›Klagenden Lied‹ angefangen, ist
schon so ›Mahlerisch‹, so scharf und völlig ausgeprägt in
meiner eigenen Art, daß es eine Verbindung nicht mehr
gibt. Auf meine Sprache sind die Menschen noch nicht eingegangen. Sie haben keine Ahnung, was ich sage und was
ich meine, und es scheint ihnen sinnlos und unverständlich.
Kaum daß die Musiker, die mein Werk spielen, begreifen,
was ich will. Als mir das neulich in Berlin plötzlich so klar
wurde (bei der ersten Probe im Ersten Satz der D-Dur-
Symphonie, den sie zuerst gar nicht kapierten, daß ich
selbst meinte, vor unüberwindlichen Schwierigkeiten zu stehen): das war ein Augenblick zum Totschießen! Warum,
fragte es in mir, muß ich das alles leiden, warum dieses
furchtbare Martyrium auf mich nehmen? Und nicht nur für
mich: für alle, die vor mir an dies Kreuz geschlagen worden
sind, weil sie der Welt ihr Bestes darbringen wollten, und
für alle, die es noch nach mir werden, empfand ich den un-
ermeßlichen Schmerz.«*[106]

Steinbach, 21. Juni 1896

*Auf einem Abendspaziergang sprachen Mahler und ich von
seinen Jugendkompositionen, mit denen er so leichtsinnig
umging, daß kaum mehr etwas davon vorhanden ist. »Das
Beste davon war ein Klavierquartett«, erzählte er mir, »welches am Schluß der vierjährigen Konservatoriumszeit entstand und das großen Gefallen erregte. Graedener*[107] *behielt
es monatelang bei sich und es gefiel ihm so, daß er es bei
Billroth*[108] *zur Aufführung brachte. Bei einer Preiskonkur-
renz, zu der ich das Quartett nach Rußland schickte, ist es
mir verloren gegangen.«*
*Ein Klavierquintett und zwei Symphonien sowie ein Vor-
spiel zu den »Argonauten«, das er früher gemacht, und eine
preisgekrönte Violinsonate hat er nie ganz zu Papier gebracht. »Das war mir damals zu umständlich und mein
Geist hatte sich noch zu wenig beruhigt und gesetzt. Ich
schritt von Entwurf zu Entwurf und führte das meiste nur*

[106] *NBL*, S. 35
[107] Hermann Graedener (1844–1929) war 1877–1913 Theorie-Lehrer am Wiener Konservatorium.
[108] Theodor Billroth (1829–94), seit 1867 Direktor der Chirurgischen Klinik in Wien

*im Kopf aus; da wußte ich aber jede Note, daß ich es alle-
zeit vorspielen konnte – bis ich es eines schönen Tages vergessen hatte.*

*Drei Sätze existieren von einer A-Moll-Symphonie; der
vierte war ganz fertig, doch eben nur in meinem Kopf, das
heißt auf dem Klavier, an dem ich damals noch alles komponierte (was man nicht tun soll und ich späterhin auch
nicht tat).*

*Ganz unzureichend waren meine damaligen Lieder[109], für
die meine Phantasie noch zu wild und maßlos war, zumal
es eigentlich am schwierigsten ist und die größte Kunst und
das meiste Können erfordert, in eine kleine Form einen großen Inhalt zu gießen.«[110]*

*Mahler konnte, obwohl noch ohne Skizzen, schon die er-
sten Tage in seinem Häuschen nicht unbenutzt lassen; er
komponierte aus »Des Knaben Wunderhorn« ein Lied:
»Lob des hohen Verstandes«, ein köstlicher Hohn auf die
Kritik. »Hier kam es nur darauf an«, sagte er mir, »nichts
an der Sache zu verderben und genau zu geben, was da
steht, während man in andere oft sehr viel hineinlegen, den
Text durch die Töne vertiefen und erweitern kann.«*

*Auch die Einleitung zum Ersten Satz der Dritten entwarf
er und erzählte mir davon: »Das ist schon beinahe keine
Musik mehr, das sind fast nur Naturlaute. Und schaurig ist,
wie sich aus der unbeseelten, starren Materie heraus – ich
hätte den Satz auch nennen können: ›Was mir das Felsge-
birge erzählt‹ – allmählich das Leben losringt, bis es sich
von Stufe zu Stufe in immer höhere Entwicklungsformen
differenziert: Blumen, Tiere, Mensch, bis ins Reich der Gei-
ster, zu den ›Engeln‹. Über der Einleitung zu diesem Satz
liegt wieder jene Stimmung der brütenden Sommermittags-
glut, in der kein Hauch sich regt, alles Leben angehalten ist,
die sonngetränkten Lüfte zittern und flimmern. Dazwischen
jammert, um Erlösung ringend, der Jüngling, das gefesselte
Leben, aus dem Abgrund der noch leblos-starren Natur, bis
er zum Durchbruch und Siege kommt – im Ersten Satz, der
attacca auf die Einleitung folgt.*

---

[109] vgl. zu allen genannten Werken: de La Grange, S. 704–706
[110] *NBL*, S. 39

Der Titel: ›Der Sommer marschiert ein‹, paßt nicht mehr nach dieser Gestaltung der Dinge im Vorspiel; eher vielleicht ›Pans Zug‹ – nicht Dionysoszug! Es ist keine dionysische Stimmung, vielmehr treiben sich Satyrn und derlei derbe Naturgesellen herum.«

Ein andermal sagte mir Mahler im Gespräch über die Symphonie: »Aus den großen Zusammenhängen zwischen den einzelnen Sätzen, von denen mir anfangs träumte, ist nichts geworden; jeder steht als ein abgeschlossenes und eigentümliches Ganzes für sich da: keine Wiederholungen und Reminiszenzen. Nur auf den Schluß der ›Tiere‹ fällt noch einmal der schwere Schatten der leblosen Natur, der noch unkristallisierten, unorganischen Materie. Doch bedeutet er hier mehr einen Rückfall in die tieferen tierischen Formen der Wesenheit, ehe sie den gewaltigen Sprung zum Geiste in dem höchsten Erdenwesen, dem Menschen, tut. Ein anderer Zusammenhang, der aber von den Hörern kaum bemerkt werden wird, ist zwischen dem ersten und dem letzten Satze: was dort dumpf und starr, ist hier zum höchsten Bewußtsein gediehen, die unartikulierten Laute zur höchsten Artikulation geworden.«[111]

Steinbach, 28. Juni 1896

Als ich heute mittags von der Geigerei kam, lief mir Justi schon entgegen: »Denk dir, Gustav hat die Skizze zum Ersten Satz vollendet!« […][112]

Er war so glücklich darüber, daß er sich vor Freude nicht zu fassen wußte. […]

Später sagte er in seiner Freude wieder: »So einen Entwurf fertig zu haben, das ist, wie wenn ein Mädel seine Versorgung in der Tasche hat. – Nun habe ich auch den Titel für die Einleitung gefunden: ›Pans Erwachen‹, worauf folgt: ›Der Sommer marschiert ein‹. Nein, was daraus noch werden wird? Es ist das Tollste, was ich je geschrieben habe!«

Indem er die Reihenfolge der Sätze durchging, sagte er: »Fünf sind Humor, nur zwei, der Fünfte und der Siebente – ›Was mir die Nacht erzählt‹ und ›Was mir die Liebe er-

---

[111] *NBL*, S. 40
[112] dritte Sinfonie

zählt‹ – tiefster Ernst.[113] Wie gerade der Humor am allerwenigsten verstanden werden wird, das konnte ich aus dem Verhalten eines Freundes, dem ich's vorspielte, entnehmen, auf den die ›Nacht‹ einen ungeheuren Eindruck machte, während er das darauffolgende Stück der ›Engel‹ als zu leicht nach solcher Schwere nicht gelten lassen wollte und dabei nicht begriff (was übrigens die wenigsten begreifen), daß der Humor hier nur für das Höchste einsetzen muß, das anders nicht mehr auszudrücken ist.«[114]

Steinbach, 29. Juni 1896

»Das Instrumentieren geht viel leichter, als ich dachte, weil ich in der ersten Skizze schon, wie ich merke, alles instrumentiert gedacht habe: als Hörner oder Geigen oder Schlaginstrumente, und darin bei der Ausführung kaum etwas hinzuzutun brauche.« [...]
   Er gestand mir, daß er sich noch immer, auch in der Dritten, nicht getraue, dem Flügelhorn, welches er seit frühester Kindheit – von den Militärorchestern her – so liebt, eine große Rolle zuzuweisen. »Ich fürchte mich stets, es möchte da und dort bei einer Aufführung nicht aufzutreiben sein. – So vorsichtig und ängstlich hat Berlioz die Es-Klarinette, eigentlich nur zur Erzielung einer gemeinen Wirkung, angewendet, während ich bei der ganzen Symphonie zwei Es-Klarinettenbläser einfach mitspielen lasse. Und zwanzig Geigen müssen mir da sein! Himmel, nach dem Tode – denn bei Lebzeiten spielen sie mich ohnehin nicht – werde ich mich vielleicht auch noch genieren!« rief er in komischem Zorn.[115]

Steinbach, 4. Juli 1896

Mahler kam heute ganz erschöpft und doch wie trunken von der Arbeit in mein Geigenhäuschen, um mich zum Spazierengehen vor Tisch abzuholen.

[113] Nach der heutigen Zählung sind der IV. und VI. Satz gemeint.
[114] *NBL*, S. 41–43
[115] *NBL*, S. 43

»Es ist furchtbar, wie dieser Satz[116] mir über alles, was ich je gemacht habe, hinauswächst, daß mir die Zweite als ein Kind dagegen erscheint. Das ist weit, weit über Lebensgröße, und alles Menschliche schrumpft wie ein Pygmäenreich dagegen zusammen. Wahres Entsetzen faßt mich an, wenn ich sehe, wohin das führt, welcher Weg der Musik vorbehalten ist, und daß mir das schreckliche Amt geworden, Träger dieses Riesenwerkes zu sein. Heute ist mir, wie einem manchmal durch eigenes Erleben etwas längst Gekanntes aufleuchtet und offenbar wird, plötzlich blitzartig aufgegangen: Christus auf dem Ölberg, der den Leidenskelch bis zur Neige leeren mußte und – wollte. Wem dieser Kelch bestimmt ist, der kann und will ihn nicht zurückweisen, doch muß ihn zu Zeiten eine Todesangst überkommen, wenn er denkt, was ihm noch bevorsteht. Solch ein Gefühl habe ich im Hinblick auf diesen Satz und in der Voraussicht dessen, was ich deshalb werde leiden müssen, um gewiß nicht mehr zu erleben, daß er erkannt und anerkannt werden wird.

Wenn ich es sonst auch in Worten noch andeuten und einigermaßen beschreiben und schildern konnte, was in den verschiedenen Sätzen vorgeht, so hört das hier völlig auf; du müßtest in die Natur selbst dich mit mir versenken, die von der Musik so tief an der Wurzel gefaßt wird wie von keiner Kunst und keiner Wissenschaft. Und ich glaube, auch kein Künstler hat von ihrer Mystik so zu leiden wie der Musiker, wenn sie ihn anpackt. [...] Die höchsten Menschheitsfragen, die ich in der Zweiten stellte und zu beantworten suchte: Wozu sind wir? und: Werden wir sein auch über dieses Leben hinaus? – sie können mich hier nicht mehr bewegen. Denn was hat das im All zu bedeuten, wo alles lebt und leben muß und wird? Kann ein Geist, der den ewigen Schöpfungsgedanken der Gottheit in einer Symphonie wie dieser nachdenkt, sterben? Nein, die Zuversicht bekommt man: ewig und unvergänglich wohlgeborgen ist alles; und hier hat auch Menschenleid und -trübsal keinen Raum mehr. Die sublimste Heiterkeit herrscht, ein ewig strahlender Tag, freilich für Götter, nicht für Menschen, für

---

[116] I. Satz der dritten Sinfonie

*die er das grausig Ungeheuere, ein nimmer Festzuhaltendes
ist.*

*In solchen Räumen bewegt sich dieses Werk. Du kannst
dir denken, daß auch die äußeren Dimensionen riesenhaft
sind. Zu meinem wahrhaften Schrecken habe ich erst heute
gesehen, daß dieser Erste Satz eine halbe Stunde, vielleicht
noch länger dauern wird. Was werden sie dazu sagen? –
kein gerades Haar an mir lassen! Doch ich kann es verantworten. Durch seine Kurzweiligkeit und Mannigfaltigkeit ist
dieses Werk, trotz der Gesamtdauer von zwei Stunden,
kurz, ja von der größten Knappheit. – Ich werde den Ersten
Satz als erste Abteilung bringen und darnach eine lange
Pause machen. Das Ganze will ich aber nun doch ›Pan,
Symphonische Dichtungen‹ nennen. [...]*

*Rasend wälzt sich's im Ersten Satz heran gleich dem Süd-
sturm, der in diesen Tagen hier fegt und der – ich bin des
sicher – alle Fruchtbarkeit in seinem Schoße trägt, da er aus
fernen fruchtbar-heißen Ländern kommt – anders als der
uns Menschen erwünschte Ostwind-Fächler. In einem fort-
reißenden Marschtempo braust es immer näher und näher,
lauter und lauter, lawinengleich anschwellend, bis sich das
ganze Getöse und der ganze Jubel über dich ergießt. Dazwischen ertönt es im mystischen Anklang und als höchst
seltsame, geheimnisvolle Ruhepunkte: ›O Mensch, gib
acht!‹ (aus der ›Nacht‹.)*

*Auf diesen ersten Satz, zu dessen Riesenaufgabe ich,
glaube ich, nicht den Mut gehabt hätte, wären die andern
nicht fertig gewesen, folgen nun, gänzlich unterschieden von
dem vorigen, die andern Sätze, so mannigfaltig wie die Welt
selbst, und gipfeln und finden die befreiende Lösung in der
›Liebe‹.«*[117]

Steinbach, 28. Juni 1896

*Welch eine Freude und Entlastung: Mahlers Dritte ist voll-
endet!*[118]

---

[117] *NBL*, S. 44–47
[118] *NBL*, S. 49

Steinbach, August 1896

Auf dem heutigen Spaziergang sagte Mahler zu mir: »Im Adagio[119] *ist alles aufgelöst in Ruhe und Sein; das Ixionsrad der Erscheinung ist endlich zum Stillstand gebracht. In den schnellen Sätzen dagegen, im Menuett und Allegro (ja, selbst im Andante meiner Zweiten) ist jegliches Fluß, Bewegung, Werden. So schließe ich meine Zweite und Dritte wider den Usus – ohne daß ich mir damals des Grundes bewußt gewesen wäre – mit Adagios, als mit der höheren gegen eine niedrigere Form.«*[120]

Hamburg, September/Oktober 1896

An einem Abend bot sich endlich die langersehnte Gelegenheit, daß Mahler den Ersten Satz seiner Dritten mir vorspielen konnte. Trotz allem, was ich von ihm selbst während der Zeit des Entstehens im Sommer täglich in Worten darüber vernommen und von Walter in Steinbach[121] *davon spielen gehört, trat es wie etwas völlig Unerwartetes, kaum Geahntes nun an mich heran. Mahler selbst war ganz außer sich und mitgerissen davon.*

Die Art, wie er seinen Schöpfungen nachträglich auf die Spur zu kommen sucht, gibt ihm bald dieses, bald jenes Bild dafür ein. »Es ist Zeus, der den Kronos stürzt, die höhere Form, welche die niedrigere überwindet, was in diesem Satz zum Ausdruck kommt«, sagte er mir diesmal darüber. »Immer mehr sehe ich, wie sehr die ungeheure Naturauffassung der Griechen ihm zugrunde liegt.«[122]

Im Frühjahr 1897 verhandelt Mahler nach einigem Hin und Her erfolgreich über ein Engagement als 1. Kapellmeister an die Wiener Hofoper. Seine erste Vorstellung: *Lohengrin* am 11. Mai 1897. Den Sommer verbringt er mit seinen Schwestern und Natalie Bauer-Lechner an verschiedenen Orten Tirols.[123] Zum Arbeiten kommt er in diesem Sommer kaum.

---

[119] der »Dritten«
[120] *NBL*, S. 50/51
[121] vgl. Dokumente Bruno Walter, S. 456ff.
[122] *NBL*, S. 60
[123] vgl. Biographie, S. 160f.

Mahler hat für alle Naturlaute ein sehr feines Ohr und muß
auf sie hören, ob er will oder nicht. So der Kuckucksruf,
der in seiner Ersten Symphonie eine vorlaut-heitere Rolle
spielt; so das Geschrei von Pfauen, Hennen und Hähnen.
In Steinach am Brenner hat ihn ein unermüdlich in eigen-
tümlicher Modulation krähender Hahn schier zur Verzweif-
lung gebracht. So auch hat sich ihm vor zwei Jahren in
Steinbach das nicht zu bannende Rabengeschrei in den letz-
ten Satz seiner Zweiten Symphonie hineingestohlen.
   Darüber sagt er mir: »Wahrscheinlich empfangen wir die
Urrhythmen und -themen alle aus der Natur, die sie schon
in jedem Tierlaut in großer Prägnanz uns bietet. Wie ja der
Mensch und der Künstler im besonderen jeden Stoff und
jede Form der Welt, die ihn umgibt, entnimmt, freilich in
ganz anderem, erweitertem Sinne. Sei es nun, daß er sich in
harmonisch-glücklichem Einklange mit der Natur befindet
oder sich zu ihr in schmerzvoll-leidenden oder feindlich-ver-
neinenden Gegensatz stellt, sei es, daß er von überlegener
Warte aus in Humor oder Ironie mit ihr fertig zu werden
sucht: womit die Grundlagen zu dem schön-erhabenen, sen-
timentalen und tragischen und humoristisch-ironischen
Kunststil im engsten Sinne gegeben sind.«[124]

Über den Sommer 1898 finden sich in der von Killian getroffenen
Auswahl der *Erinnerungen* keine Angaben.

Aussee, Juni/Juli 1899

Als von der unverständigen Beurteilung seiner Zweiten
Symphonie durch einen Musikkenner die Rede war, sagte
Mahler: »Was würden sie nun erst zu meiner Dritten sagen,
und was haben sie für bodenlosen Unsinn damals bei ihrer
teilweisen Aufführung in Berlin darüber geredet und ge-
schrieben! Nicht an die Oberfläche, nicht an die äußersten
Konturen sind sie herangekommen! Das Ganze muß ihnen
in lauter Noten ohne inneren und äußeren Zusammenhang
auseinandergefallen sein.
   Und das wundert mich nicht, denn indem ich jetzt die
Korrekturen mache, kommt mir selbst alles so merkwürdig

[124] *NBL*, S. 81/82

vor, daß ich mich voll Staunen erst hineinversetzen muß. Besonders das Scherzo, das Tierstück, ist das Skurrilste und dazu wieder das Tragischeste, was je da war – wie ja nur die Musik von einem zum andern in einer einzigen Wendung mystisch uns führen kann. Dieses Stück ist wirklich, als ob die ganze Natur Fratzen schnitte und die Zunge herausstreckte. Aber es steckt ein so schauerlicher panischer Humor darin, daß einen mehr das Entsetzen als das Lachen dabei überkommt.

Wie aus dem wirren Traum das Erwachen – oder vielmehr ein leises Sich-seiner-selbst-bewußt-werden – folgt das Adagio darauf. Ich habe mich immer besonnen, woher ich das Thema kenne; heute fällt mir ein, daß es aus einer Komposition meiner Gymnasialzeit ist. Da standen die ersten Takte ganz so da wie in dem ›O Mensch‹; aber darnach wurde es gleich trivial.«[125]

Aussee, 22. Juli 1899

Mahler sagte: »Früher liebte ich in meinen Kompositionen das Ausgefallene und von allem Gewohnten auch in der äußeren Form Abweichende: wie ein junger Mensch sich gern auffallend kleidet, während man später froh ist, sich im Äußern nur nicht zu unterscheiden und nicht aufzufallen, wo innerlich der Unterschied gegen die andern ohnedies so groß ist. So bin ich heute zufrieden, wenn ich meinen Inhalt nur irgend in die gewöhnliche Form gießen kann, und vermeide alle Neuerungen, wo sie nicht sein müssen. Ehemals z. B. schloß ich ein Stück, das in D-Dur begann, womöglich in As-Moll; dagegen lasse ich mich's jetzt oft viele Mühe kosten, um in der Tonart des Anfangs auch zu enden.«[126]

Mahler kommt in diesen Sommerwochen mit der Arbeit nicht recht voran, beginnt aber trotzdem noch mit den Skizzen zur 4. Sinfonie.

In der Spielzeit 1899/1900 besucht ihn Natalie Bauer-Lechner.

[125] *NBL*, S. 118
[126] *NBL*, S. 120

*Als am Abend meiner Ankunft in Wien Mahler und ich
noch spazieren gingen, sagte er mir, daß er mit wahrem
Schauder an die Zeit in Aussee denke, an die Folterqualen,
die er in den letzten Tagen ausstand, wenn er morgens an
die Arbeit ging, die turmhoch vor ihm dastand, ein Riesen-
werk im ersten flüchtigen Entwurf. [...]*

*»Daß ich an der Ausführung scheiterte, ist mir noch nie
geschehen, aber beim Entwerfen geriet mir die Erfindung
oft ins Stocken. Doch diesmal quoll und floß es mir so
reichlich zu, daß ich gar nicht wußte, wie alles aufzufangen,
und fast in Verlegenheit war, wie es unterzubringen sei.
Und mit diesem schrecklichen Mißton mußten die Ferien
enden, wovon mir das Schlimmere, die Angst, noch geblieben ist, daß mich dieser furchtbare Schwindel immer erfassen wird, wenn ich an die Arbeit gehen will. Und so werde
ich zwar mein Häuschen und die Ruhe und alles, was wohl
tut, nun haben, aber – der Schaffende wird fehlen!«*[127]

Nach der Paris-Tournee der Wiener Philharmoniker unter Mahlers
Leitung im Juni 1900 verbringt er den Sommer in der Villa »Anto-
nia« in Maiernigg am Wörthersee, wo er an den Entwürfen zur
»Vierten« weiterarbeitet.

Maiernigg, 25. Juli 1900

*Mahler erzählte: »Heute hat sich mir etwas Merkwürdiges
ereignet. Durch die zwingende Logik einer Stelle, die ich
umwandeln mußte, verkehrte sich mir alles Darauffolgende
derart, daß ich plötzlich zu meinem Erstaunen gewahrte,
ich befinde mich in einem völlig anderen Reiche: wie wenn
du meinst, in blumigen elysischen Gefilden zu wandeln,
und siehst dich mitten in die nächtlichen Schrecken des Tar-
taros versetzt, daß dir das Blut in den Adern gerinnt. – Und
Spuren und Emanationen solcher mir selbst grauenerregen-
der, geheimnisvoller Welten gibt es in meinen Werken viele.*

*Diesmal ist es auch der Wald mit seinen Wundern und
seinem Grauen, der mich bestimmt und in meine Tonwelt
hineinweht. Ich sehe immer mehr: man komponiert nicht,
man wird komponiert!«*[128]

[127] *NBL*, S. 125/126
[128] *NBL*, S. 141

[...]

Mahler teilte uns als erste Details über seine Vierte Symphonie mit, daß sie in G-Dur ist und 45 Minuten dauert (also nicht länger als der Erste Satz der Dritten!).

»Eigentlich«, sagte er mir schon früher darüber, »wollte ich nur eine symphonische Humoreske schreiben, und da ist mir das normale Maß einer Symphonie daraus geworden – während früher, als ich dachte, daß es eine Symphonie werden sollte, es mir zu dreifacher Dauer – in meiner Zweiten und Dritten – wurde.«

Zu den drei Sätzen, welche Mahler diesen Sommer vollendet hat, bildet »Das himmlische Leben« den Schlußsatz.[129] *Er nannte ihn die sich ganz verjüngende Spitze von dem Bau dieser Vierten Symphonie.*

»Was mir hier vorschwebte, war ungemein schwer zu machen. Stell dir das ununterschiedene Himmelsblau vor, das schwieriger zu treffen ist als alle wechselnden und kontrastierenden Tinten. Dies ist die Grundstimmung des Ganzen. Nur manchmal verfinstert es sich und wird spukhaft schauerlich: doch nicht der Himmel selbst ist es, der sich trübt, er leuchtet fort in ewigem Blau. Nur uns wird er plötzlich grauenhaft, wie einen am schönsten Tage im lichtübergossenen Wald oft ein panischer Schreck überfällt. Mystisch, verworren und unheimlich, daß euch dabei die Haare zu Berge stehen werden, ist das Scherzo. Doch werdet ihr im Adagio darauf, wo alles sich auflöst, gleich sehen, daß es so bös nicht gemeint war.«

Von diesem Zweiten Satz, dem Scherzo, sagte Mahler noch, er sei der einzige, der in der Art an Früheres von ihm – an das Scherzo der Zweiten – erinnere und Neues in alter Form bringe.

Trotz dem gleichbleibenden Tenor des Ganzen herrsche die größte Beweglichkeit der Rhythmen und Harmonien – und erst welche Polyphonie! – in diesem Werke. Ja, oft wechseln kaleidoskopartig die tausenderlei Steinchen des Gemäldes, daß wir es in nichts wieder zu erkennen vermögen. Wie wenn uns ein Regenbogen plötzlich in die Milliarden seiner tanzenden, immer wechselnden Tropfen zerfiele

---

[129] vgl. zur Entstehungsgeschichte: *KB* I, S. 120–126

und damit sein ganzer Bau zu schwanken und sich aufzulösen schiene. Dies gilt besonders von den Variationen im
Andante, über die Mahler sagte, es seien die ersten richtigen, die er geschrieben, d. h. die ersten so durch und durch
verwandelten, wie er sich Variationen denke. Er nennt es
sein schönstes Andante, ja sein Bestes überhaupt. »Es geht
eine göttlich heitere und tief traurige Melodie durch das
Ganze, daß ihr dabei nur lachen und weinen werdet.«

[...]

Von einer Benennung des Werkes in den einzelnen Sätzen, wie in früheren Zeiten, will Mahler nichts mehr wissen.
»Ich wüßte mir wohl die schönsten Namen dafür, doch
werde ich sie den Trotteln von Richtenden und Hörenden
nicht verraten, daß sie sie mir wieder aufs albernste verstehen und verdrehen!« –

Mahler spricht von diesem Satze bald als »Adagio«, bald
als »Andante«. Als ich ihn darüber fragte, antwortete er, er
könnte es ebensogut Moderato, Allegro oder Presto nennen,
denn alles komme darin vor.

»Es ist die größte Farbenmischung, die je da war. Sphä-
risch ist das Ausklingen zum Schluß, eine fast kirchlich-ka-
tholische Stimmung.« »In diesem Satz, wie in der ganzen
Symphonie«, sagte er weiter, »kommt entsprechend seinem
Gegenstand kein einziges Fortissimo vor – darüber werden
sich die Herren, die immer behaupten, ich arbeite nur mit
den stärksten Mitteln, wohl verwundern. Ja, in der ganzen
Vierten fehlen die Posaunen.«

[...]

In Bezug auf die drei vorhergehenden Symphonien be-
tonte Mahler den engen Zusammenhang der Vierten mit jenen, die erst durch diese ihren Abschluß erhalten. Sie seien
zu viert dem Inhalt und Aufbau nach eine durchaus in sich
geschlossene Tetralogie. Ein besonders enges Verhältnis be-
stehe zwischen der Dritten und Vierten, da in der letzteren
und in dem Satz aus der Dritten: »Was mir die Engel erzählen« sogar gemeinsame Themen vorkämen – was so ungewöhnlich und merkwürdig sei, daß es ihn selbst fast be-
fremde. –

Alle drei Sätze der Vierten Symphonie waren letzten
Sommer in Aussee zur Hälfte entworfen, auch die Variationen in nuce schon da. »Du magst dir denken, mit welchen

514

*Gefühlen ich das alles abbrach und Aussee verließ, da ich
an die Möglichkeit eines Wiederaufnehmens dieser Arbeit
absolut nicht glauben konnte. (Das hat aber heuer auch eines fürchterlichen Kraftaufwandes bedurft!) In einer einzigen Rolle packte ich die paar für niemand zu entziffernden
Skizzen zusammen, warf sie in das letzte Fach meines
Schreibtisches und sah sie nicht an, ja konnte nicht daran
denken ohne den stechendsten Schmerz.«*

*Nun, da das Werk so gut wie fertig ist, erinnerte ich Mah-
ler daran, wie er während der Arbeit geklagt, daß er noch
nie so ohne Stimmung etwas gemacht, und deshalb gefürchtet habe, das werde dem Werk sehr schaden. Er gab es auch
zu und sagte, gestern zum erstenmal habe er wieder mit solcher Freude und aller Frische – wie vormals in Steinbach so
oft – gearbeitet. »Aber vielleicht ist es gar nicht nötig und
nicht einmal das Richtige, daß ein Werk immer so aus der
Stimmung, gleich einer Eruption, entspringt. Es muß vielmehr ein gleichmäßiges Können an ihre Stelle treten: die eigentliche Kunst, welche dem, der sie besitzt, immer zu Gebote steht und alle Schwierigkeiten, auch die des eigenen
Übelbefindens, überwindet.«*[130]

Maiernigg, 5. August 1900

*Mahler ist mit der Vierten heute fertig geworden – wie im-
mer nicht freudig erregt, sondern tief verstimmt, einen solchen Lebensinhalt zu verlieren.*[131]

In der Saison 1900/1901 findet eine Reihe von Gesprächen über die
1. Sinfonie statt. Genauere Daten werden von Natalie Bauer-
Lechner nicht mitgeteilt.

*Mahler hatte seine Erste ursprünglich »Titan« genannt, hat
aber diesen Titel, wie alle Überschriften seiner Werke,
längst gestrichen, weil sie ihm als Andeutungen eines Programms ausgelegt und mißdeutet wurden. So brachte man
ihm seinen »Titan« mit dem Jean Paulschen in Verbindung.
Er hatte aber einfach einen kraftvoll-heldenhaften Menschen*

[130] *NBL*, S. 143–146
[131] *NBL*, S. 146

im Sinne, sein Leben und Leiden, Ringen und Unterliegen
gegen das Geschick, »wozu die wahre, höhere Auflösung
erst die Zweite bringt«.

Im Ersten Satz reißt uns eine dionysische, noch durch
nichts gebrochene und getrübte Jubelstimmung mit sich fort.
Mit dem ersten Ton, dem langausgehaltenen Flageolett-A,
sind wir mitten in der Natur: im Walde, wo das Sonnenlicht
des sommerlichen Tages durch die Zweige zittert und flim-
mert. »Den Schluß dieses Satzes«, sagte Mahler, »werden
mir die Hörer gewiß nicht auffassen; er wird abfallen, wäh-
rend ich ihn leicht wirksamer hätte gestalten können. Mein
Held schlägt eine Lache auf und läuft davon. Das Thema,
welches die Pauke zuletzt hat, findet gewiß keiner heraus! –
Im Zweiten Satz treibt sich der Jüngling schon kräftiger,
derber und lebenstüchtiger in der Welt herum.«

Der wundervolle Tanzrhythmus des Trios ist besonders
zu beachten, »denn vom Tanz geht alle Musik aus«, wie
Mahler einmal sagte. »Da werden mich alle wegen der zwei
Anfangstakte, bei denen mich das Gedächtnis verließ und
die an eine in Wien sehr bekannte Symphonie Bruckners er-
innern, als Dieb und unoriginellen Menschen verschreien!«

(Mahler hat übrigens den Anfang für diese Aufführung
im letzten Augenblick etwas varriiert.)

Hieran schloß sich ursprünglich ein sentimental-schwär-
merischer Satz, die Liebesepisode – von Mahler scherzhaft
auch die »Jugend-Eselei« seines Helden genannt –, den er
dann entfernte.

Als Dritter der »Bruder Martin«-Satz, der am meisten
mißverstanden und geschmäht wurde. Mahler sprach neu-
lich davon: »Jetzt hat er (mein Held) schon ein Haar in der
Suppe gefunden und die Mahlzeit ist ihm verdorben.« Auch
sagte er, schon als Kind sei ihm der »Bruder Martin« nicht
heiter, wie er immer gesungen wurde, sondern tief tragisch
erschienen, und er hörte schon das heraus, was sich ihm
später daraus entwickelte. – Übrigens fiel ihm beim Kompo-
nieren zuerst der zweite Teil dieses Satzes ein und erst dar-
nach, als er den Anfang dazu suchte, tönte ihm fortwährend
der Kanon »Bruder Martin« im Ohr über dem Orgelpunkt,
den er brauchte, bis er, keck entschlossen, ihn ergriff.

[...]

Ich sagte Mahler, welche unglaubliche Klangwirkung jedesmal der Erste und besonders der »Bruder Martin«-Satz auf mich übe. »Das muß er auch«, entgegnete Mahler; »es liegt in der Art, wie ich die Instrumente verwende, die im Ersten Satz ganz hinter einem Strahlenmeer von Tönen verschwinden – wie der Leuchtkörper hinter dem Glanz, der von ihm ausgeht, unsichtbar wird. Im Dritten Satz sind die Instrumente wieder auf andere Weise verkappt und vermummt und gehen wie in fremder Erscheinung um: alles soll dumpf und stumpf klingen, wie Schatten an uns vorüberziehen. Daß in dem Kanon der neue Einsatz immer deutlich, in der Klangfarbe überraschend – gewissermaßen auf sich aufmerksam machend – eintrete, hat mir bei der Instrumentation viel Kopfzerbrechen gemacht, bis ich es so zum Ausdruck brachte, wie es heute auf dich jene seltsame, befremdend-unheimliche Wirkung ausübt. Und es ist, glaube ich, in der Tat noch niemandem eingefallen, wie ich das erreiche. Wenn ich einen leisen, verhaltenen Ton hervorbringen will, lasse ich ihn nicht ein Instrument spielen, das ihn leicht hergibt, sondern lege ihn in jenes, welches ihn nur mit Anstrengung und gezwungen, ja oft mit Überanstrengung und Überschreitung seiner natürlichen Grenzen zu geben vermag. So müssen mir Bässe und Fagott oft in den höchsten Tönen quieken, die Flöte tief unten pusten. Hieher gehört auch die Stelle im Vierten Satz (der Eintritt der Violen ist dir ja gegenwärtig?):

Auf diese Wirkung freue ich mich immer und nie hätte ich den gepreßten, gewaltsamen Ton hervorbringen können, wenn ich sie den hierin leicht ansprechenden Celli gegeben hätte.

Tritt im Ersten und Dritten Satz das Orchester ganz hinter seinen Gegenstand zurück, so habe ich mich beim Zwei-

ten und Vierten im Gegenteil bemüht, es aufs glänzendste zur Geltung zu bringen.«

Über das Entstehen der Flageoletts im Ersten Satz erzählte mir Mahler: »Als ich in Pest das A in allen Lagen hörte, klang es mir viel zu materiell für das Schimmern und Flimmern der Luft, das mir vorschwebte. Da fiel mir ein, allen Streichern Flageolett zu geben (den Geigern zu höchst bis zu den Bässen zu tiefst, die ja auch Flageoletts besitzen): nun hatte ich es, wie ich es wollte.«

Im allgemeinen sagte Mahler noch über seine Erste Symphonie: »Sie ist noch am unbekümmertsten und kecksten geschrieben. Ich meinte naiv, die sei kindleicht für Spieler und Hörer und werde gleich so gefallen, daß ich von den Tantièmen werde leben und komponieren können. Wie groß war meine Überraschung und Enttäuschung, als es ganz anders kam! In Pest, wo ich sie zuerst aufführte, wichen mir darnach die Freunde scheu aus; keiner wagte, mit mir über die Aufführung und mein Werk zu sprechen, und ich ging wie ein Kranker oder Geächteter umher. Wie aber erst die Kritiken aussahen, kannst du dir unter solchen Umständen wohl denken.«[132]

Wien, Ende Dezember 1900

Mahler arbeitet jetzt jeden Morgen und Abend ein paar Stunden an seiner Vierten. Das Scherzo hat er nun aus den Ausseer Skizzen mühsam so restituiert, wie er es ursprünglich entworfen hatte. Damals wäre es nur weiter ausgeführt und viel länger geworden und hätte in einer Tarantella geendet. »Es zeigt sich immer wieder«, sagte er, »daß die erste Intention, der erste Wurf das einzig Richtige und Brauchbare ist.«

Von den Mitteln, deren sich dieser Satz und die ganze Vierte bedient, sagte Mahler, sie seien wieder völlig verschieden von allen, die er sonst gebraucht. »Das sind im Scherzo lauter Spinnweben oder wie die ganz fein gearbeiteten Wollschals, die in eine Nußschale gehen und, wenn man sie ausbreitet, sich ins Unendliche ziehen und das wundervollste, aus Fäden wie Haar gestrickte Dessin zeigen.«

[132] *NBL*, S. 148–152

Das Geigensolo des Scherzos ändert er dahin ab, daß er die Violine um einen Ton höher stimmen läßt und es statt in E-Moll in D-Moll schreibt, damit die Geige schreiend und roh klinge, »wie wenn der Tod aufspielt«.

Vom Zweiten Satz sagte er, er müsse die Stimme noch anders disponieren. Durch die Pause von Aussee bis Mayernigg sei er zu sehr ausgewachsen, überwachsen, »wie Glieder Überbeine kriegen«.[133]

Wien, Anfang Januar 1901

»Wirst du es glauben«, sagte er mir ein andermal, »daß mir im Ersten Satz die Instrumentierung des so kindhaft einfachen und seiner selbst ganz unbewußten Themas:

die größte Mühe gemacht hat – wie kaum der polyphonste Satz, an dessen komplizierte Wege und Verschlingungen ich viel mehr gewöhnt bin, da ich seltsamerweise von jeher nicht anders musikalisch denken konnte als polyphon. Hier aber fehlt mir wahrscheinlich heute noch der Kontrapunkt, der reine Satz, welcher da für jeden Schüler, der ihn geübt hat, spielend eingreifen müßte.«

Mahler sagte noch von diesem Thema: »Das liegt bei seinem ersten Auftreten so unscheinbar da wie der Tautropfen auf der Blume, ehe die Sonne hineinscheint. Fällt aber dann ihr Strahl auf die Wiese hernieder, so bricht er sich in tausend Lichtern und Farben in jeder Tauperle, daß uns ein ganzes Strahlenmeer aus ihr entgegenleuchtet.«[134]

Maiernigg, 5. August 1901

In diesen Tagen sprach mir Mahler zum ersten Male von seiner heurigen Arbeit, seiner Fünften Symphonie, und zwar vom Dritten Satz, an dem er jetzt schreibt. »Der Satz

---

[133] *NBL*, S. 153
[134] *NBL*, S. 153

*ist enorm schwer zu arbeiten durch den Aufbau und die
größte künstlerische Meisterschaft, die er in allen Verhältnissen und Details verlangt. Die scheinbare Wirrnis muß, wie
bei einem gotischen Dome, sich in höchste Ordnung und
Harmonie auflösen.«*

*Auch heute (am 5. August) sagte mir Mahler über densel-
ben Satz: »Wie schwer es mir fällt und nicht enden will in
den Hindernissen und Spießigkeiten, die er mir entgegenstellt, kannst du nicht glauben. Es liegt an der Einfachheit
seiner Themen, welche sich lediglich auf der Tonika und
der Dominante aufbauen. Das würde sich heute keiner zu
machen getrauen. Dadurch ist die Akkordführung so
schwer, besonders bei meinem Prinzip, daß sich nicht einmal etwas wiederholen darf, sondern alles aus sich heraus
sich weiter entwickeln muß. Die einzelnen Stimmen sind so
schwierig zu spielen, daß sie eigentlich lauter Solisten bedürften. Da sind mir, aus meiner genauesten Orchester- und
Instrumentenkenntnis heraus, die kühnsten Passagen und
Bewegungen entschlüpft.«*

*Er bemerkt, daß ihm das Thema von Koschat »An dem
blauen See« (worunter der Wörther See gemeint ist) in den
Zweiten Satz geriet. »Es ist mir lieber, daß es von Koschat
ist, als wenn es von Beethoven wäre, denn der hat seine
Themen selbst ausgearbeitet! – Von Schubert könnte man
ruhig die meisten Themen aufgreifen und erst ausführen. Ja,
das würde ihnen gar nicht schaden, so ganz und gar unaus-
gearbeitet sind sie.«*

*Mahler sagt mir endlich, daß der Satz, an dem er arbei-
tet, ein Scherzo ist, das sich völlig von allem, was er bisher
gemacht, unterscheidet. »Es ist durchgeknetet, daß auch
nicht ein Körnchen ungemischt und unverwandelt bleibt.
Jede Note ist von der vollsten Lebendigkeit und alles dreht
sich im Wirbeltanz.« Er verglich es auch mit einem Kome-
tenschweif. »Romantisches und Mystisches kommt nicht
vor, nur der Ausdruck unerhörter Kraft liegt darin. Es ist
der Mensch im vollen Tagesglanz, auf dem höchsten Punkte
des Lebens. So ist es auch instrumentiert: keine Harfe, kein
Englisch Horn. Die menschliche Stimme würde hier absolut
nicht Raum finden. Es bedarf nicht des Wortes, alles ist rein
musikalisch gesagt. Es wird auch eine regelrechte Symphonie in vier Sätzen, deren jeder für sich besteht und abge-*

schlossen ist und die nur in der verwandten Stimmung ver-
bunden sind.«
    [...]
    Nachdem Mahler schon seine heurige Ferienarbeit abge-
schlossen hatte, um die letzten paar Tage der Erholung zu
widmen, ergriff ihn noch die Komposition des letzten,
gleich anfangs geplanten, aber zu Gunsten der Symphonie
liegen gelassenen Rückertschen Gedichtes: »Ich bin der Welt
abhanden gekommen.« Er selbst sagte über die ungemein
erfüllte und gehaltene Art dieses Liedes, es sei Empfindung
bis in die Lippen hinauf, die sie aber nicht übertritt! Auch
sagte er: das sei er selbst![135]

Wien, 12. Oktober 1901

Mahler hielt mit den Philharmonikern heute eine Leseprobe
seiner Vierten, die hier, in München und Berlin diesen Win-
ter aufgeführt werden soll. Er wollte sein Werk nur durch-
spielen (aus dem Probeexemplar der Partitur), um vor der
Drucklegung zu hören, ob keine Fehler darin seien, mehr
aber noch, ob ihm alles in der Ausführung so gelungen, wie
er sich's vorgestellt hatte. [...] Von dem Eingangsthema
sagte er vorher zu uns, es werde den Hörern zu altväterisch
und simpel erscheinen. Im weiteren Verlaufe – er spielte es
uns am Abend vorher auf dem Klavier – machte er uns dar-
auf aufmerksam, daß sechs Themen darauf folgten (im gan-
zen also sieben seien), die in der Durchführung dann verar-
beitet sind. Ein solches Werk, sagte er, müsse eine Fülle der
Keime und ihre organische, reiche Entwicklung enthalten,
sonst verdiene es nicht den Namen Symphonie. »Sie muß et-
was Kosmisches an sich haben, muß unerschöpflich wie die
Welt und das Leben sein, wenn sie ihres Namens nicht spot-
ten soll. Und ihr Organismus muß einer sein, darf durch
nichts Unorganisches, Flicken und Bänder, getrennt sein.«
    Von der Stimmung der ersten drei Sätze sagte er noch:
»Es ist die Heiterkeit einer höheren, uns fremden Welt
darin, die für uns etwas Schauerlich-Grauenvolles hat. Im
letzten Satz (im »Himmlischen Leben«) erklärt das Kind,
welches im Puppenstand doch dieser höheren Welt schon

---

[135] *NBL*, S. 164–167

*angehört, wie alles gemeint sei.« Im Scherzo klang ihm bei
der Probe die Stelle der – zur Erzielung eines besonders
schrillen Klanges um einen Ton hinaufgestimmten – Solo-
geige noch nicht scharf genug. Er beschloß daher, sie der
Viola zu geben, die der Konzertmeister spielt.*

*Gleich anfangs im Adagio machten ihm die Streicher, be-
sonders die Celli, die crescendi und diminuendi zu stark,
und er ließ die Zeichen entfernen. –*

*»Die Instrumentation«, sagte Mahler, »ist nicht dazu da,
Klangeffekte zu erzielen, sondern deutlich zum Ausdruck
zu bringen, was man zu sagen hat.« In den Variationen der
Vierten strich er an einer Stelle, die ihm durch den zu großen Reichtum an Tönen verdunkelt schien, getragene Füll-
noten weg, da er sie hier zur Harmoniebildung nicht brauche, die bei dieser feinen, der Miniaturmalerei ähnlichen
Führung der Stimmen durch ihre verschlungenen Linien
selbst, wie sie sich berühren und treffen, erzielt werde. –*

*Mahler sagt, daß er in der Orchestrierung ungemein viel
von Verdi gelernt habe, der hierin ganz neue Wege gewandelt sei.*

*Endlich zeigte er mir in der Partitur, daß er Stellen, die
er etwas langsamer gespielt haben will, nicht mit »ritar-
dando«, das man ihm gleich zu viel machen würde, sondern mit »nicht eilen« bezeichnet, und umgekehrt, wo er es
acceleriert wünscht, bloß »nicht schleppen« hinschreibt.
»Mit solcher List wollen die Musiker behandelt sein!«*[136]

Die 4. Sinfonie wird am 25. November 1901 unter Mahlers Leitung
in München uraufgeführt. Weitere Aufführungen folgen u. a. am
16. Dezember 1901 in Berlin und am 12. Januar 1902 in Wien, jeweils unter der Leitung des Komponisten. Bei diesen Gelegenheiten äußert sich Mahler verschiedentlich zu dieser Sinfonie.

*Über die einzelnen Sätze sagte er noch: »Der Erste fängt
doch gleich charakteristisch genug mit der Schellenkappe
an. Daß der Dritte, aber auch der Zweite Variationen sind
– werden sie mir's herausfinden?«*

*[...] Was ihm auch diesmal von allen wieder abgespro-
chen wurde, war Erfindung und Originalität. Und einstim-*

[136] *NBL*, S. 170–172

Natalie Bauer-Lechner 1903

mig schrien und verlangten sie nach einer Angabe in Wor-
ten, die Aufschluß über den Inhalt und Vorgang des Werkes
geben sollte. »So korrumpiert«, *rief Mahler,* »sind sie schon
durch die Programm-Musik, daß sie kein Werk mehr einfach und rein musikalisch aufnehmen können! – Der Anfang dieses Unheils und Irrtums schreibt sich von Liszt und
Berlioz her. Aber die hatten wenigstens Talent und gewan-
nen damit neue Ausdrucksmittel. Heute aber, da wir sie
haben: wer wird sich noch der Krücken bedienen?«[137]

---

[137] *NBL*, S. 176–178

Wien, Anfang Januar 1902

Mahler, der an ärgere Mißerfolge gewöhnt war, schien ver-
stimmt darüber; er sagte zu Walter: »Jetzt wissen sie nicht,
was sie damit machen sollen: sollen sie's von vorn oder von
hinten verdauen?«

Walter aber, mit dem und dessen Frau ich nachher zu-
sammen war, sagte: »Daß selbst die Besten immer nur ihren
Maßstab, ihr Urteil anlegen und nicht begreifen wollen, daß
sich nicht die Sonne um die Erde, sondern die Erde um die
Sonne zu drehen hat!«[138]

Mahler hat sich vor sechs Wochen mit Alma Schindler ver-
lobt. Ich befände mich hier, wollte ich darüber reden, in
der Lage des Arztes, der sein Nächstes und Liebstes auf
Tod und Leben behandeln soll. Drum sei, dies zu Ende zu
führen, in die Hände des höchsten, ewigen Meisters ge-
legt![139]

Bertha Zuckerkandl (1863–1945)

Bertha Zuckerkandl, Tochter von Moritz Szeps, der 1864 das *Neue*
Wiener Tagblatt gegründet hatte, wurde im April 1886 die Frau des
Anatomen Emil Zuckerkandl. Durch die Heirat ihrer älteren
Schwester Sophie mit dem französischen Bergbau-Ingenieur Paul
Clemenceau, einem Bruder des berühmten Staatsmannes Georges
Clemenceau, entsteht eine intensive, wenngleich quasi private
österreichisch-französische Kulturbeziehung. Im Hause Emil und
Bertha Zuckerkandls in Döbling verkehrt bald alles, was in der
Welt des Theaters und der Kunst Rang und Namen hat; dort wer-
den auch die ersten Pläne der Wiener Sezessionisten gemacht, und
bei Zuckerkandl lernt Mahler seine spätere Frau kennen. Alma
Mahler selbst berichtet von dieser Begegnung (*AME*, S. 9ff.), und
Bertha Zuckerkandl hält in einem ihrer berühmten Telefon-Proto-
kolle fest[140], unter welchen Bedingungen Mahler sich überhaupt

---

[138] *NBL*, S. 179
[139] *NBLN*, S. 204
[140] Bertha Zuckerkandl, *Österreich intim. Erinnerungen 1892–1942*, hg. von Reinhard
Federmann, Wien 1970

bereit erklärte, zu einem kleinen Empfang im Hause Zuckerkandl zu erscheinen[141]:

> »Gustav Mahler. Guten Tag. Ich bringe Ihnen Grüße aus Paris.«
> »Vielen Dank, Herr Direktor, daß Sie sich diese Mühe nehmen.«
> »Zu danken habe ich Ihren Verwandten in Paris. Dort fand ich Verständnis, wirkliche Musikliebe... Nur das hat mich bewogen, Sie anzurufen. Ist sonst nicht meine Art.«
> »Ich traue mich kaum, Sie zu fragen, ob es Ihnen paßt, einen Abend bei uns zu verbringen?«
> »Vielleicht entschließe ich mich dazu. Aber es ist ein Opfer. Und nur unter der Bedingung: Keine Gesellschaft, sonst laufe ich davon.«
> »Das weiß ich. Sie brauchen nichts dergleichen zu befürchten.«
> »Donnerstag bin ich frei. Ich esse nur Grahambrot und Meraner Äpfel. Empfehle mich.«[142]

Nach der ersten Begegnung Mahlers mit Alma berichtet Bertha Zuckerkandl ihrer Schwester Sophie Clemenceau.

Wien, den 30. November 1900[143]

Mme. Paul Clemenceau, Paris

Liebste!

Seit drei Wochen schon will ich Dir schreiben. Vor allem muß ich Dir von Gustav Mahler erzählen. Denk Dir, er selbst hat mich eines Tages angerufen, um mir Eure Grüße zu bestellen. Er hat sogar zugesagt, einen Abend bei uns zu verbringen. Den dritten November war es soweit. Es war keine leichte Frage, wen man zu diesem scheuen, verschlossenen, hypersensiblen Menschen einladen sollte. Längst war der Ruf von ungemütlichen Vorfällen zu mir gedrungen. So traf ich meine Wahl: Hermann Bahr, Max Burckhard und Gustav Klimt.

---

[141] Der Zeitpunkt des Buchs geht aus den Aufzeichnungen nicht deutlich hervor.
[142] Zuckerkandl, S. 41
[143] Das Datum muß wahrscheinlich lauten: 30. 11. 1901.

Bertha Zuckerkandl und Sophie Clemenceau

Keine Frauen, nur ein junges Mädchen, das einzuladen
Emil sich in den Kopf gesetzt hatte: Alma Schindler, die
Tochter des großen Malers Emil Schindler. Er ist vor Jah-
ren gestorben, jetzt ist sie die Stieftochter des Malers Karl
Moll, des frevelhaft geschickten Impresarios der Secession.
Natürlich war das Menü auf Mahler eingestellt, er ver-
trägt nur leichte Kost. Punkt acht Uhr kam er. Viel gemütli-

cher, als wir dachten. Angeregtes Tischgespräch über die Wiener Art, Kunst zu sabotieren. Mahler erzählte, daß ein Erzherzog ihm geschrieben und dringend verlangt habe, er solle eine absolut unbegabte, sehr hübsche Sängerin engagieren. Der Oberhofmeister fragt verlegen, ob er dem Erzherzog endlich die Antwort geben dürfe. »*Antworten Sie ihm, daß ich den Brief in den Papierkorb geworfen habe*«, *sagte Mahler.*

»*Daß Sie, lieber Kollege, nicht sofort entlassen wurden, sondern der Erzherzog dies schweigend hinnahm*«, *sagte nun Burckhard,* »*zeigt, wieviel sich im letzten Jahrzehnt zugunsten von Kunst und Künstlern gewandelt hat. Heute wäre nicht mehr möglich, was noch vor meiner Direktion geschah, daß nämlich eine Erzherzogin ein Stück verbieten läßt, weil darin ein unverheiratetes Mädchen mit unehelichem Kind vorkommt. Ebenso ist es seit meinem Amtsantritt ausgeschlossen, daß der Oberhofmeister die Annahme eines Stücks mit der Begründung verbietet, die erlaubte Anzahl der Stücke, in denen ein unehelicher Sohn vorkommt, sei dieses Jahr bereits überschritten.*«

Alma hatte bisher schweigend zugehört. Nun fragte sie temperamentvoll: »*Warum hat sich das Publikum das gefallen lassen?*«

Mahler hatte sie bisher nicht beachtet. Jetzt sah er sie aufmerksam an.

»*Eine solche Frage kann nur die Jugend stellen, die weiß noch nichts von Feigheit und Kompromissen.*«

Dann wurde das Dessert serviert, und Mahler wandte sein Interesse den Äpfeln zu. Zum schwarzen Kaffee löste sich die Tischgemeinschaft auf. Plötzlich höre ich laute Stimmen aus dem Nebenzimmer und werfe einen Blick hinein. Zornig steht Alma da. Auch Mahler ist wütend. Hüpft hin und her, wie immer, wenn ihm seine Nerven durchgehen.

»*Sie haben nicht das Recht, ein Werk, das Ihnen eingereicht wird – noch dazu von einem echten Musiker wie Zemlinsky*[144], *einfach ein Jahr lang liegenzulassen! Sie können ›nein‹ sagen, aber antworten hätten Sie müssen!*«

---

[144] damals Almas Lehrer

»*Das Ballett*[145] *ist miserabel*«, knurrt Mahler. »*Ich verstehe nicht... Sie studieren doch Musik – wie können Sie für so einen Schmarren eintreten?*«

»*Erstens ist es kein Schmarren. Wahrscheinlich haben Sie sich nicht die Zeit genommen, das Werk durchzusehen, und zweitens kann man auch höflich sein, wenn es sich um schlechte Musik handelt.*«

Mahler nagt heftig an seiner Lippe. Plötzlich streckt er seine Hand aus:

»*Machen wir Frieden. Ich verspreche Ihnen natürlich nicht, das Ballett anzunehmen. Weil Sie aber so tapfer für Ihren Lehrer einstehen, verspreche ich Ihnen, Zemlinsky morgen zu mir zu bitten.*«

Alma war sichtlich über ihren Temperamentsausbruch erschrocken. Wie hatte sie ihn ihrem Idol gegenüber nur wagen können? Sie flüchtete zu Klimt und Burckhard. Klimt hat für sie geschwärmt, als sie sechzehn Jahre alt gewesen ist. Burckhard ist eben jetzt in sie verliebt. Sie aber nimmt das recht gleichgültig hin.

»*Es ist das erste Mal*«, sagte Mahler später, »*daß ich mich in einer Gesellschaft wohl fühle. Ich muß aber fort, denn ich habe morgen Kostümprobe. Übermorgen ist die Generalprobe*[146] *von ›Hoffmanns Erzählungen‹. Diese Oper bedeutet mir viel. Offenbach hat sich sein Leben lang danach gesehnt, der Operette zu entwachsen, eine Oper zu komponieren. Aber erst als alter Mann, an der Schwelle des Todes, hat er es vollbracht. Ein Schicksal, das jeden von uns erwartet. Erst sterbend vollenden wir uns.*«

Dann, als er sich verabschiedete: »*Darf ich Sie zur Generalprobe einladen? Übermorgen Punkt zehn Uhr. Wenn es Fräulein Schindler interessiert, so bitte ich auch sie, mir das Vergnügen zu machen.*«

Fort war er. Mit seinen hastig zuckenden Schritten verschwand er wie ein Irrlicht. Wir blieben noch beisammen.

»*Alma, du kannst dich nicht beklagen*«, sagte ich scherzend, »*ich habe dir die Vergangenheit eingeladen*«, und ich

---

[145] *Das gläserne Herz* nach Hofmannsthals *Triumph der Zeit*. Alma Mahler spricht irrtümlich von *Das goldene Herz* (vgl. *AME*, S. 11).
[146] 10. November 1901

zeigte auf Klimt, »die Gegenwart«, auf Burckhard, »und vielleicht die Zukunft.«

Drei Wochen sind seither vergangen. Gestern[147] hat sich Alma mit Mahler verlobt. Gleich nach dem Abend bei mir hatte er Frau Moll, Almas Mutter, besucht, war von der Atmosphäre dieses Heims entzückt – taute auf, vergaß seine asketische Weltanschauung, wurde jung und töricht verliebt. Genug getratscht.

Deine Bertha[148]

Alma Mahler und Bertha Zuckerkandl werden in diesen Jahren zu intimen Freundinnen. Die Einschätzung Bertha Zuckerkandls hinsichtlich Almas Verhältnis zu Mahler ist deshalb von besonderem Interesse; dies um so mehr, als es sich – entgegen Almas eigener Sicht – als quasi emanzipiertes darstellt.

[...] *Als Mutter ist sie die hingebende Hüterin der ihr von der Natur anvertrauten Kostbarkeiten. Aber ungleich anderen Frauen, die in der Erfüllung ihrer Aufgaben ihr eigenes Selbst verlieren, ihr Persönlichstes auslöschen, ist Alma so reich an Individualität, daß sie das Virtuosenstück zustande gebracht hat, sich vollkommen unabhängig fortzuentwickeln. Sie läßt sich nicht einmal wie alle Mahler Nahestehenden von seiner Dämonie beherrschen. Oft hat sie einen anderen Weg eingeschlagen als Mahler. Er ließ sich zuweilen täuschen oder, da er großzügig jeden künstlerischen Willen respektierte, zu Entscheidungen zwingen (vor allem von seinem Mitarbeiter Roller), für die er selbst die Verantwortung übernehmen mußte, obwohl er im Innersten nicht ganz damit einverstanden war.*

In solchen Fällen konnte Alma unerbittlich in Opposition treten. Klug durchschaute sie viele Mahler-Affären, die in Wien ein Jahrzehnt hindurch an der Tagesordnung waren, als zu persönlichen Zwecken von seinen Mitarbeitern angezettelte Intrigen. Es war ein oft nervenzermürbender

---

[147] 29. November 1901
[148] Zuckerkandl, S. 42/43

Kampf. Wenn nun Alma, was selten vorkam, einmal müde
wurde und genug von dem Ringen mit der Kulissenwelt
hatte, rief sie mich an. Sie kam dann, oder ich ging zu ihr.
   Ich bin nicht nur um eine Generation älter als Alma. Wir
sind auch grundverschieden geartet. Die Gegensätze unserer
Naturen hätten eigentlich trennend wirken müssen, aber sie
wurden zum unlöslichen Band einer Freundschaft, die auf
Freiheit beruht. Auf Freiheit von Vorurteilen, von gesell-
schaftlichen Vorschriften und heuchlerischem Schein-
leben.[149]

Ein Telefon-Gespräch zwischen Alma Mahler und Bertha Zuckerkandl, das – nach den dort gemachten Angaben – im Dezember
1905 stattgefunden haben muß:

»Ich vertrag' es nicht«, sagte sie mir einmal am Telefon,
»daß Gustav so oft in Affären verwickelt ist, die von den
Zeitungen sofort aufgebauscht werden.«
   »Das kann dich doch nicht wundern. Er wird den Beque-
men immer unbequem sein.«
   »Darum geht es ja nicht. Aber vieles, was das Publikum
in Opposition treibt, geht auf unnötige, eigensinnige Forde-
rungen zurück. Und nicht Mahler ist der Urheber. Es sind
die Talmi-Idealisten, die sich mit Mahlers Toga drapieren.
Es ist ja leicht, auf seine Kosten unerbittlich jede geringfü-
gige Konzession an die öffentliche Meinung zurückzuwei-
sen. Ich bin gewiß auch keine Kompromißnatur, aber man
sollte nur dort stark bleiben, wo man wirklich ganz recht
hat.«
   »Meinst du die Kampagne gegen Rollers Verdunkelungs-
system der Bühne?«[150]
   »Ja. Das Publikum lehnt mit Recht ab, daß die Gestal-
tung der Szene durch Licht und Dunkel, die Mahler als
wichtiges Stimmungsmoment erkannt hat, kraß übertrieben
wird. Roller fehlt es trotz seiner großen Qualitäten immer
an künstlerischem Takt, und er kann sich nicht genug tun
an einer Realistik, die auch ich ablehne. Ich bin wütend,
wenn Mahler in dieser Beziehung Roller gegen seinen Wil-

[149] Zuckerkandl, S. 67
[150] vgl. Dokumente, Anna von Mildenburg, S. 556f.

len nachgibt. *Auf der Bühne muß doch alles Illusion bleiben, übersetzte Wirklichkeit. Wenn aber das Publikum die Sänger tatsächlich nicht sieht, ihre Gesten nicht ausnehmen kann und sich schrecklich anstrengen muß, dem Ablauf der Handlung überhaupt zu folgen, so schadet das gerade jener Intensität, die Mahler als höchstes dramatisches Ziel erkannt hat. Aber da er selbst unnachgiebig seine Überzeugung verteidigt, zollt er Rollers Charakter eben höchste Achtung und setzt sich lieber Angriffen aus, als daß er einem Künstler, dem die Regeneration der Bühne zu verdanken ist, die Hände binden würde.«*

»An Abenden wie dem gestrigen vergißt jeder diese flüchtigen Reibungen. ›Rheingold‹ war wie ein wundervolles Märchen. Wie hat Mahler wieder das Verborgenste beleuchtet, und wie hat man ihm zugejubelt! Das hat mir nach dem empörenden Skandal bei der Uraufführung seiner Fünften Symphonie[151] so wohlgetan! Nur in Wien findet man bei den »Gerechten« so viel Verständnis, so viel Bereitschaft zum künstlerischen Erlebnis. Sonst wäre Wien nicht der heilige Boden Haydns, Mozarts, Beethovens, Schuberts, Bruckners, Johann Strauß' und jetzt Mahlers.«

»Aber die arroganten Hüter einer falschen Tradition, die Neidischen und Unfruchtbaren, speien als Kritiker Gift, sammeln als Salonsnobs eifrig Material, um es in die höchsten Kreise zu tragen.«

»Unlängst, bei der Erstaufführung der Fünften Symphonie[152], saß einer dieser Schädlinge hinter mir in der Loge, Bela Haas, der verwöhnte Witzbold der Wiener Gesellschaft. Ich sehe, wie er seine blütenweißen Manschetten herauszieht und darauf zu kritzeln beginnt... In einer Pause sagt er boshaft lächelnd: ›Dieses fünfte Verbrechen des Herrn Mahler zu ahnden, habe ich meine Manschetten geopfert. Morgen werden ein paar vernichtende Witze die Eruption eines Schwindlers zur Strecke gebracht haben!‹ Da ist es ja nur natürlich, wenn Mahler verbittert ist.«

»Er? Verbittert? Da irrst du. Er ist viel zu zerstreut, zu weltabgewandt, um sich solche Dinge nahegehen zu lassen. Nur irgendwo in seinem Unterbewußtsein schwelt noch et-*

---

[151] 18. Oktober 1904 in Köln
[152] 7. Dezember 1905

*was Schmerzliches, und daher bricht meist an unrechter
Stelle seine Wut los. Selbst ein Teil der Philharmoniker, die
ihm einen solchen Aufschwung verdanken, intrigieren gegen
Gustav. Angeblich malträtiert er sie mit endlosen Proben,
ist ein Sklavenhalter, ein Tyrann. Die Geschichte unlängst,
wie der Tenor das hohe C geschmissen hat und sich aus
Angst vor Mahler ins Klosett einsperrt – Mahler wutent-
brannt an der Tür rüttelt und brüllt: ›Feig' sind Sie
auch?‹ –, diese Geschichte wurde von einigen Herren des
Orchesters brühwarm im Kaffeehaus kolportiert. Es ist für
mich wirklich nicht leicht. Ich muß ja im Wirbel dieses
Treibens auf festem Boden stehen. Ich soll praktisch, vernünftig, ausgleichend wirken. Ich muß Gustav schützen und
dafür oft die kleinen Launen eines großen Genies ertragen.«*

*»Oft denke ich an einen Ausspruch – ich glaube von Tal-
leyrand: ›Es gibt keinen großen Herrn für seinen Kammer-
diener.‹ Und bitte, sag aufrichtig: Gibt es für uns Genie-
frauen ein Genie?«*[153]

Als Mahlers Demission im Jahre 1907 feststeht, telefoniert Alma
Mahler mit Bertha Zuckerkandl:

*»Mahler verläßt die Oper... Er hat um seine Entlassung
nachgesucht.«*

*»Alma! Das ist doch nicht möglich! Nie, nie wird man
ihn fortlassen!«*

*»Du kennst doch den dümmsten Ausspruch, den Phili-
stergehirne erfunden haben: Niemand ist unersetzlich...
Glaub' mir, das Oberhofmeisteramt ist im Begriff, diesen
Spruch in die Tat umzusetzen, und Mahlers Rücktritt wird
sogar mit Erleichterung zur Kenntnis genommen.«*

*»Daß er den Bürokraten unbequem ist, lasse ich gelten.
Trotzdem wird sich der Oberhofmeister nicht der Einsicht
verschließen können, daß die zehn Jahre der Ära Mahler
der Oper weit über Österreichs Grenzen hinaus eine nie ge-
kannte Bedeutung gewonnen haben.«*

*»Du siehst das durch die Brille der Mahler-Gemeinde,
aber ich bin mir der unüberbrückbaren Mißverständnisse,
die zwischen Mahler und dem normalen Opernbetrieb be-*

---

[153] Zuckerkandl, S. 67–69

stehen müssen, genau bewußt... Der sekkante Mahler! sa-
gen Behörden, Sänger und besonders das Orchester, so
blökt die Herde jener Opernbesucher, die immer seufzen:
Zu meiner Zeit...«
　　»Der sekkante Mahler – ist ein gläubiger Träumer!«
　　»Er hat es immerhin zustande gebracht, seinen Traum
zehn Jahre lang zu leben, was ein Wunder ist... Aber jetzt
will er gehen. Er hat es satt. Die ewigen Quälereien, Hin-
dernisse, Intrigen. Und ich juble, weil wir diese vielbenei-
dete Position aufgeben. Mir war nichts so zuwider, als Frau
Direktor zu spielen. Ich sehe die Erneuerung der Oper auch
nicht als Mahlers Mission an. Seine Aufgabe erkennt man
jetzt immer lebendiger in seinen Symphonien und Gesän-
gen.«
　　»Jetzt wird er also frei werden.«
　　»Nein, noch nicht. Schon versucht man, ihn für Amerika
zu gewinnen.«
　　»Ihr wollt fort?«
　　»Ja, Bertha. An die Metropolitan Opera. Man hat auch
ein Symphonie-Orchester für ihn ins Leben gerufen – wie
könnte er da widerstehen? Leicht fällt es uns nicht. Weißt
du, was er gestern gesagt hat? Wenn ich so viele Menschen
mitnehmen könnte, wie ich Finger habe, ich hätte kein
Heimweh. Unter diesen zehn Menschen müßten die Zucker-
kandls sein.«[154]

Alfred Roller

1864 zu Brünn geboren, studiert Roller an der Wiener Akademie
der Bildenden Künste (vgl. Biographie, S. 249) und erhält 1900
eine Professur an der dortigen Kunstgewerbeschule. 1897 tritt er
zusammen mit Gustav Klimt, Otto Wagner, Carl Moll, Josef Hoffmann und Josef Engelhart der neu gegründeten »Wiener Sezession« bei. 1903 beginnt die Zusammenarbeit mit Mahler; Roller
wird Ausstattungchef der Hofoper. Rollers »persönliche Beobachtungen« beginnen nach eigenem Bekunden[155] erst nach 1900.
Es mag sein, daß er zuvor zwar von Mahler gehört, ihn selbst aber

---

[154] Zuckerkandl, S. 70
[155] vgl. Alfred Roller, *Die Bildnisse von Gustav Mahler*, Leipzig–Wien–Zürich 1922

nicht kennengelernt hat. Alma Mahler ist der Ansicht, daß sich beide im Hause ihrer Mutter auf der »Hohen Warte« kennengelernt haben[156]; Anlaß dazu könnten die Vorbereitungen zur Feier der Enthüllung von Klingers Beethoven-Denkmal im Gebäude der Sezession im Mai 1902 gewesen sein (vgl. Biographie, S. 250f.). Die erste Arbeit Rollers an der Hofoper ist der Entwurf der Kostüme für die Neueinstudierung der *Euryanthe* von C. M. von Weber am 19. Januar 1903; die eigentliche künstlerische Zusammenarbeit mit Mahler setzt aber erst mit den Vorbereitungen zur Neuinszenierung von *Tristan und Isolde* am 21. Februar 1903, anläßlich der zwanzigsten Wiederkehr von Wagners Todestag, ein.

Alma Mahler dazu in einem Interview aus dem Jahre 1962:

Was Mahler und Roller in und mit dieser Inszenierung schufen, galt für Jahrzehnte hinaus als Muster, und es war, gemessen an dem, was es vorher gab, sehr viel revolutionärer als das, was man heute – wie sagt man doch? – entrümpelt.[157]

Licht und Farben spielten auf einmal eine große, wenn auch nicht die beherrschende Rolle. Ich erinnere mich noch an die großen gelben Zeltvorhänge, durch die das Sonnenlicht vorgetäuscht wurde. Ein fahles, gleißendes Wüsten- oder Meeressonnenlicht – es war phantastisch! Man kannte noch keine modernen Leucht- oder Lichtquellen. Und doch war das Ganze, war der Effekt so modern, daß man's, wie ich glaube, auch heute noch auf den Bühnen mit diesen Mitteln versuchen könnte.

Der zweite Akt war gänzlich in ein Veilchenblau getaucht, und Akt drei war mit einem trostlosen Grau erfüllt; auf der Felsenhöhe ein Lindenbaum... ich habe das alles bis ins Detail hinein nicht vergessen. Man sprach dann nach den ersten Kritiken nur noch von der »Mahlerschen Lichtmusik« und von der »Rollerschen Lichtmalerei«.[158]

---

[156] *AME*, S. 71
[157] wahrscheinlich eine Anspielung auf Wieland Wagners »Neu-Bayreuth«
[158] Wessling, S. 193/194

Damit ist eine Zusammenarbeit eröffnet, die in ihrer Einzigartigkeit bis in die Bayreuther Inszenierungen Wieland Wagners in den sechziger Jahren hinein Maßstäbe gesetzt hat.[159]

Oscar Bie, 1864 in Breslau geborener Musikwissenschaftler, seit 1890 Privatdozent für Kunstgeschichte an der Technischen Hochschule in Berlin und zugleich Opernkritiker des dortigen *Börsen-Courier*, schreibt 1910 in einem Widmungsband zum 50. Geburtstag Gustav Mahlers[160] sehr eingehend über die diversen Mahler-Rollerschen Arbeiten der Wiener Jahre:

Aus dem Kreise der Sezession hat Mahler seit einigen Jahren Herrn Roller für die szenische Ausstattung verpflichtet – ein Sezessionist an der k. k. Oper! Roller hat rücksichtslos nach modernen Prinzipien die Werke, die in alter Schablone erstarrt waren, vorgenommen und zu dem schönsten Opernorchester, das es in der Welt gibt, die interessanteste Bühne der Oper hinzugefügt. Noch ist man am Werk, die wichtigsten deutschen Opern gleichmäßig in diese neue Form zu bringen – Mozart ist fertig, Wagner zur Hälfte. Indessen hat Mahler die Gelegenheit benutzt, uns eine gewisse geschlossene Gruppe dieser Neueinstudierungen in einer Folge aufzuführen, die er »Zyklus klassischer Meisterwerke« nennt. Er begann mit der aulischen Iphigenie von Gluck, läßt die Hauptopern von Mozart folgen, und schließt mit dem »Fidelio«. Mahler ist ein kleiner Philosoph, er denkt sich, daß diese Folge nicht bloß eine zufällige Zusammenstellung von Repertoirestücken ist, sondern eine Art Menschwerdung aus dem Stil heraus zeitlich vergegenwärtigt – der Typus der stilisierten klassischen Figur bis zum Naturalismus Beethovens, der den Menschen aus dem Rahmen herauswachsen läßt.[161]

---

[159] Cosima Wagner, die Hüterin des Bayreuther Grals, hat sich mit Rollers und Mahlers Inszenierungsart nie einverstanden erklärt. In einem Brief an Hermann Graf Keyserling vom 11. April 1903, also wenige Wochen nach der Wiener *Tristan*-Premiere, schreibt sie, ohne Mahler oder Roller beim Namen zu nennen: *Hier ist nichts zu erfinden, sondern nur im einzelnen zu vervollkommnen [...] Das Zelt der Isolde, der Meerprospekt für Tristan im III. Akt, der Wald für Siegfried, kurz und gut, alles hat zu bleiben, wie es von dem dramatischen Schöpfer angegeben wurde [...]* (Cosima Wagner, *Das zweite Leben, Briefe und Aufzeichnungen 1833–1930*, hg. von Dietrich Mack, München 1978, S. 63/64)

[160] *Gustav Mahler. Ein Bild seiner Persönlichkeit in Widmungen*, hg. von Paul Stefan, München 1910

[161] *Gustav Mahler. Ein Bild...*, S. 22/23

[...]

*Gustav Mahler ist ein Stilist. Man wird aus dieser Eigen-
schaft vieles auch in seinen Kompositionen verstehen. Es liegt
ihm gar nichts an einem Programm oder einem Naturalismus,
er liebt das Absolute der Erscheinung. Wie die Dinge stehen,
wie sie sich in ihrer großen Form bieten, wie sie ihren Stil gewinnen, das ist sein Interesse. Mahler gehört absolut in die
Reihe der neuen Menschen, die sich von der Banalität des
Wirklichkeitsdogmas abwenden und die Form, das ewige Gesetz, den bleibenden Stil suchen. Das wechselnde Repertoire
der Bühne, die billige Formel der Ausstattung ist seiner Natur
zuwider. Er sehnt sich nach dem stilisierenden Kunstwerk,
nach den ruhigen Gesetzen, den Ewigkeitsszenen und der
illustrativen Musik. Er liebt Straußens »Salome« über die Ma-
ßen und sieht darin eine verheißungsvolle Annäherung an dieses Stildrama. Er möchte eine so streng stilisierte Bühne schaffen, daß unsere Tondichter geradezu gereizt werden, für sie zu
schreiben – es ist dies einer der interessantesten Rückschläge
auf Wagner.*

*In Herrn Roller fand Mahler den geeigneten Mann für seine
Pläne, zugleich einen sehr selbständigen Künstler und pflicht-
treuen Arbeiter. Was er mit ihm zusammen schuf, ist nicht eine
gewöhnliche Neuinszenierung von Opern, sondern der Versuch einer Durchführung des Stilprinzips, das für die Entwicklung der Tonkunst von Bedeutung werden könnte. Hierbei
wurde Roller der strenge Architektoniker, während Mahler für
den nötigen Einschlag der Phantasie sorgen konnte. Alles
bleibt Versuch und Problem, aber es ist System darin und
Kunstkraft.*

*Mozarts Werke schienen wie geschaffen, diesen Versuchen
sich darzubieten. Seine Musik steigt in unserer Schätzung um
so höher, als wir uns aus den realistischen Puritanismen in die
reinen Stilregionen wieder zu erheben beginnen, und seine
Szene verlangt jene Projektion auf die Ewigkeit, die die stilisie-
rende Oper sich wünscht. In der göttlichen Erfindung Mozarts,
eingegossen in das neue tektonische Gesetz, liegt der größte
Anreger für die Zukunft.*[162]

---

[162] *Gustav Mahler. Ein Bild...*, S. 25

[...]

Zu den gelungensten Arbeiten von Roller gehört *Fidelio*.[163] *In Wien spielt die erste Hälfte des ersten Akts im Zimmer, einem reizenden bürgerlichen Zimmer, in dem noch die friedliche Atmosphäre herrscht. Die zweite Hälfte geht dann im Gefängnishof vor sich, der in dunklem Licht und finsteren Massen gehalten ist, nur links oben ist ein Ausschnitt, durch den blauer Himmel und frisches Grün hereinlugt. Die Architektur ist meisterhaft, die symbolische Stimmung zwingend. Die Gefangenen kommen aus einem tiefen Loch unten im Hintergrunde, und gehn nach links durch: wie wunderbar wirkt dieser Chor (der die unmusikalischsten Menschen zu Tränen rührt), wenn er sich sachte entwickelt und beim Anruf der Freiheit mit hochgestreckten Händen sein Crescendo singt, um unter den Augen eines Inspizienten, der von einer oberen Galerie in den Hof herabsieht, wieder ängstlich zu verstummen. Der Chor der blauen Soldaten Pizarros steht stramm in Reih und Glied, während er seine murmelnden Bemerkungen zu der Arie des Gouverneurs singt: eine fabelhafte Kontrastwirkung. Dieser Gefängnishof ist in seiner Szene vielleicht das Vollkommenste, was Wien uns bisher geboten hat. Hier ist das Drama ganze Gestalt geworden. Das Gefängnis Florestans treibt uns dann weiter ins Dunkel hinein. Es ist undurchdringlich finster. Rocco und Fidelio sollten mit der Laterne in die Zisterne hinabsteigen, damit dämonische Schlagschatten sich an der Felsdecke bewegen. Die Schlußszene endlich bringt uns wieder ins Licht – dies Beethovensche »vom Dunkel ins Licht« ist stets sehr suggestiv betont – die große Mauer links, der freie Himmel rechts geben den elementaren Gegensatz. Die Kostüme setzen sich ab. Alle niederen Leute, einschließlich Fidelio, tragen eine Art Bauernhemd, wie die griechische Fustanella – was zudem den Vorteil hat, daß aus Fidelio keine Pagenkarikatur in Trikots werden kann. Pizarro erinnert noch an die wilderen Kriegstrachten des siebzehnten Jahrhunderts, während Don Fernando in der aufgeklärteren Eleganz des achtzehnten erscheint. Wie weit das historisch stimmt, ist gleichgültig, die Kleider charakterisieren jedenfalls die Menchen.*[164]

---

[163] Bie bezieht sich auf die Neuinszenierung vom 7. Oktober 1904 (vgl. Biographie, S. 279ff.).

[164] *Gustav Mahler. Ein Bild...*, S. 29/30

[...]

Die Inszenierung des Tristan von Roller ist genial. Der erste Akt: ein bühnenhohes orangenes Zelt, nach hinten sich zu Isoldens Zimmer erweiternd. Das Zelt wird aufgezogen: man sieht die Kapitänsbrücke, Tristan am Steuer, Kurwenal am Geländer, eine Treppe führt herab – diese Brücke liegt über Isoldens Zimmer. Der zweite Akt: links nächtliche Burgmauern, rechts der Wald, vor dem Tristan und Isolde in tiefster Finsternis ihre Szene singen. Eine Treppe an der Mauer führt nach hinten hinauf zur Warte. Von dort winkt Isolde; das ist ein Bild! Dritter Akt: vorn Schatten, um den großen Baum, nach hinten lichter bis zum Meereshorizont, welliges Terrain mit einer Erhöhung in der Bühnenmitte, auf der Tristan hinsinkt und Isolde ihre Szene aufführt, hinten tief unten das Tor, rechts die Warte. Die Örtlichkeiten kann man beschreiben, das Licht nicht. Wenn das Zelt sich hebt, wenn der Morgen graut, wenn Isolde ins Licht sinkt – das ist genial. Hier ist etwas von Lichtmusik.[165]

[...]

Im April 1907 bittet Mahler um seine Entlassung aus den Diensten der Hofoper, erhält die endgültige Bestätigung aber erst Anfang August.[166] Inzwischen verhandelt er aber bereits im Juni mit dem Manager der New Yorker »Met« um ein neues Engagement.

Mahlers Briefe beweisen, daß er sowohl in dieser Zeit als auch später immer darum bemüht ist, Alfred Roller dem Musiktheater als Bühnenbildner zu erhalten. In einem Brief vom Mai 1907 empfiehlt er ihn Richard Strauss:

Lieber Freund!

Was hier vorgeht, wissen Sie wol. Ich gehe. – Nun hat dieß leider, wie ich nunmehr schon mit Bestimmtheit voraussehe, [zur Folge,] daß auch Roller, der bedeutende Künstler und selten begabte Praktiker, nicht wird bleiben können. – Mir geht dieß sehr nahe; denn ihn dem Theater zu erhalten scheint mir von größter Bedeutung. Es stecken Möglichkeiten in ihm, die noch Niemand auch nur ahnen kann.

Mir fällt eben ein, daß vielleicht Berlin (hauptsächlich Sie in Berlin) ihn brauchen könnten! Sie möchten Unerhörtes

[165] *Gustav Mahler. Ein Bild...*, S. 31/32
[166] vgl. Biographie, S. 351

an ihm erleben! Ich theile Ihnen diesen Einfall mit – viel-
leicht daß eine solche Anregung von Folgen begleitet sein
könnte. – Ich bitte Sie allerdings um streng vertrauliche Be-
handlung meiner Mittheilung, da man dieß hier sehr mis-
deuten könnte. [...][167]

Entgegen Mahlers Vermutung bleibt Roller auch unter Weingartner Ausstattungschef und fühlt sich zunächst in der Zusammenarbeit mit ihm recht wohl.[168] In der Folgezeit verschlechtern sich aber
die Arbeitsbedingungen – z. T. aufgrund des despotischen Auftretens Rollers gegenüber dem Theaterpersonal – zusehends, so daß
er am 11. März 1908 in einem Brief an Mahler äußert:

[...] *Gerade jetzt wäre mir die Berufung nach New York*
sehr erwünscht gewesen, denn ich denke, meine Stellung an
der Oper wird nicht mehr lange zu halten sein. [...][169]

Mahlers Empfehlung an Strauss hatte immerhin zur Folge gehabt,
daß Roller mit ihm in Berlin ein Gespräch führt[170], das aber keine
Konsequenzen hat.

Mahler dagegen versucht, Roller an die New Yorker »Met« zu
holen. In einem Brief vom 20. Januar 1908 schildert er ihm die Situation in New York, die seiner Meinung nach vor allem unter
Mängeln der Ausstattung leide.

[...] *Ich habe den Herren (eigentlich einem von ihnen, der*
der Hauptmacher ist) aufs gründlichste nachgewiesen, daß
hier vor allem die Bühne einen neuen Herrn braucht, und
daß ich nur einen Einzigen kenne, der künstlerisch wie per-
sönlich den Karren aus dem Dreck ziehen kann. – Zur glei-
chen Zeit die Notwendigkeit versichert (und bin nach dieser
Richtung noch weiter tätig), daß diesem Herrn die Bühne
und alles, was damit zusammenhängt, mit Haut und Haar
übergeben werden muß. Ähnlich, wie ich mir Ihre Stellung
in Wien immer gedacht. – Es ließe sich noch viel schreiben.
Persönlich muß ich Ihnen sagen, daß Sie hier die reichsten
Mittel vorfinden und nobelste Gesellschaft – ohne Intrigue –

---

[167] *BMS*, S. 123/124
[168] vgl. Brief Rollers an Mahler vom 22. Januar 1908, *AME*, S. 421–426
[169] AME, S. 426/427
[170] vgl. Rollers Brief an Mahler vom 11. März 1908, *AME*, S. 427/428

ohne Beamtenkram. – Mit einem Worte, den herrlichsten
Wirkungskreis, den ich mir für Sie wünschen könnte.
[...][171]

Tatsächlich findet eine Unterredung zwischen Roller und dem Abgesandten der »Met«, Mr. Cottenet, statt, über die Roller im Brief vom 11. März 1908 berichtet; aber ein Engagement Rollers kommt nicht zustande. Bereits am 27. Februar 1908 hatte Mahler geschrieben:

> *Lieber Freund!*
>
> *Die Dinge haben eine Wendung genommen, die ich noch nicht ganz überblicke. Nur soviel scheint mir klar, daß irgend jemand mir mit meinen Plänen »in die Suppe gespuckt« hat. – Auffälligerweise ist dieser Umschwung, den ich zu bemerken glaube, seit der Anwesenheit Cottenets in Wien eingetreten. – Was ist dort geschehen? War er bei Ihnen? Und bei wem noch? Ich konnte bis jetzt noch nichts darüber erfahren (auch dies ist schon sehr verdächtig); spüre aber eine bedeutende Erkaltung der Temperatur bei den hiesigen maßgebenden Personen. [...] Ich glaube nicht mehr an Ihre Berufung. [...] Ich bin überzeugt, daß Mr. Cottenet – ein großer Schwachmatikus und Anhänger der Italiener – von den lieben Landsleuten über Sie und mich gründlich »informiert« worden ist. [...]*[172]

Roller kehrt an die Kunstgewerbeschule zurück, deren Direktor er 1909 wird; daneben arbeitet er weiterhin als freier Bühnenbildner. 1918 wird er Ausstattungsleiter der Wiener Staatstheater, arbeitet ab 1922 auch für die Salzburger Festspiele und wird 1923 Leiter der Bühnenbild-Klasse an der Wiener Akademie für Musik und Darstellende Kunst.

Alfred Roller hat in der Zeit seiner Zusammenarbeit mit Gustav Mahler immer wieder Gelegenheit, mit der Genauigkeit des bildenden Künstlers den Menschen Mahler zu beobachten und die von Mahler existierenden Bilder zu kommentieren. Im Vorwort zu seinem Buch *Die Bildnisse von Gustav Mahler* teilt Roller seine Beobachtungen in einer Weise mit, die trotz oder gerade wegen ihrer persönlichen Interpretation unvergleichlich faszinierend wirkt.

---

[171] *GMB*, S. 430/431 (325)
[172] *GMB*, S. 435/436 (333/334)

»*Unansehnlich, schwächlich, häßlich, zappelndes Nervenbündel*« – *das sind gangbare Schlagworte über Mahlers äußere Erscheinung. Sie sind unzutreffend und nur teilweise durch ihn selbst veranlaßt.*

Um mit der äußeren Hülle zu beginnen: Mahler trug sich lässig. Er hatte in seiner reifen Zeit sehr gute Kleidung, behandelte sie aber achtlos. Die Überröcke wurden bloß auf dem obersten Knopf geschlossen und die Fäuste in die Taschen gestemmt, die Krawatte war in drei Sekunden zu irgend einem schiefen Knoten geschlungen, der neueste Hut sah, mit beiden Fäusten an den Krempen gepackt und auf die Ohren herabgezerrt, bald formlos wie ein alter aus.

[…]

Dabei hatte er an schönen, gutgekleideten Menschen ein lebhaftes Wohlgefallen. Oft machte er mich, wenn wir nach der Vormittagsarbeit, gemeinsam die Oper verlassend, auf dem Kärntnerring den Bummel der eleganten Welt kreuzten, auf irgend einen gutrassigen, vornehm gekleideten Aristokraten aufmerksam und die Schönheit und gewählte Kleidung seiner eigenen Frau hatte keinen entzückteren Bewunderer als ihn selbst. Für sich hatte er eben nicht das innere Bedürfnis elegant auszusehen und bloße Äußerlichkeit langweilte ihn. […]

Wenn Mahler während seiner alljährlichen Sommeraufenthalte seinem Wandertrieb folgte, so trug er mit großem Behagen einen grauen Touristenanzug. Den Rock hängte er gern an einer Fangschnur über die Schulter, die Kappe war an die Brust des derben Leinenhemdes genadelt, der schwarze Faltengürtel tief unter die Taille hinabgeschoben. Die Füße steckten in gelben Schnürstiefeln, zu denen er dünne schwarze Kniestrümpfe trug. Zu den in diesem Falle selbstverständlichen gebrauchsfarbigen Wollstrümpfen oder -Stutzen mochte er sich nicht verstehen. Eine andere Absonderlichkeit von Mahlers Kleidung war, daß er seine Nachthemden kurz wie Reithemden schneiden ließ. Die langen Nachthemden seien ihm lästig, behauptete er und er schlafe außerdem am besten, wenn ihn ein wenig friere.

[…] *Mahler lachte gern und herzlich wie ein Kind, so daß ihm die Tränen aus den Augen liefen. Dann nahm er die Brillen ab, um die trüb gewordenen Gläser zu putzen und trampelte dabei regelmäßig einen wahren Freudentanz auf dem Fleck, wo er gerade stand.*

[…]

Solange er an sein gesundes Herz glaubte, also bis zum Jahre 1907, war er nicht nur ein leidenschaftlicher Fußgeher, sondern auch ein vorzüglicher Schwimmer, ausdauernder Ruderer und geschickter Radfahrer. In Mayernigg am Wörthersee, das ihm durch sieben Jahre als Sommersitz diente, erhob er sich um halb sechs Uhr morgens, hatte einsam sein erstes Bad und eilte dann rasch auf versteckten Pfaden zu seiner tief im Wald verborgenen Komponierhütte, wo das erste Frühstück für ihn vorbereitet war. Dann folgten etwa sieben Stunden ununterbrochener Arbeit. Vor dem Speisen badete er abermals, musizierte dann gewöhnlich gemeinsam mit Frau Alma und spielte mit seinen Kindern. Nach dem Essen ruhte er kurze Zeit, was er sich in der Stadt nie gestattete, auch wenn er von der Vormittagsprobe noch so müde war. Redete man ihm in solchem Falle zu, doch ein wenig zu ruhen, so pflegte er mit der Begründung: es sei doch nur »eine ganz ordinäre körperliche Müdigkeit«, abzuwehren. Dieser kurzen Nachmittagsruhe auf dem Lande folgten dann von etwa vier Uhr an täglich lange Spaziergänge, auf denen ihn für gewöhnlich Frau Alma begleitete. Es wurde ihr oft gar nicht leicht. Denn man konnte mit ihm ein sehr flottes Marschtempo gehen, ohne daß ihm das lästig wurde. [...]

Mahler mußte unter uns Süddeutschen für klein gewachsen gelten. Gemessen habe ich ihn leider nie. Ich schätze, daß er nicht über 160 Zentimeter groß war. Den Kopf ließ das über Frau Almas Wunsch ziemlich lang getragene, reiche Haar etwas zu groß erscheinen. Ich konnte im Sonnenbad, das Mahler eifrig pflegte, seinen nackten Körper aufmerksam studieren. Dieser Körper war von großem Ebenmaß und ausgesprochen männlichen Proportionen. [...] Zu schlendern vermochte Mahler überhaupt nicht. Sein Körper hatte immer Haltung, wenn auch nicht immer die konventionelle. Bergan stieg er viel zu rasch. Ich vermochte ihm da kaum zu folgen. Sein Bad begann gewöhnlich mit einem mächtigen Kopfsprung. Dann schwamm er lange unter dem Wasser und weit draußen im See kam er erst wieder zum Vorschein, sich behaglich im Wasser wälzend wie eine Robbe. Mit Mahler gemeinsam zu rudern war kein Vergnügen. Er hatte einen sehr kräftigen Streich und einen viel zu schnellen Schlag. Aber seine Kraft befähigte ihn, diese Anstrengung lange auszuhalten.

Die Abende auf dem Lande verbrachte er regelmäßig in Gesellschaft seiner Frau. Oft las sie ihm, manchmal er ihr vor. Sie

berichtet, daß er in diesen Sommermonaten – der Zeit seiner ei-
gentlichsten Arbeit – immer viel zugänglicher, menschlicher
und hingebender sei als in der Stadt. Er habe sogar seine große
Scheu soweit überwunden, daß er ihr halbfertige Arbeiten vor-
spielte.

Mahler machte zu jener Zeit den Eindruck eines kerngesun-
den Menschen. Er schlief vortrefflich, liebte seine Zigarre und
genoß gern des Abends ein Glas Bier. Schnäpse mied er gänz-
lich. Wein trank er nur bei besonderen Anlässen. Besonders
gern Mosel, Chianti oder Asti. Ein oder zwei Glas machten ihn
schon aufgeräumt und er brachte dann Wortwitze vor, über die
er, um Frau Almas Worte zu gebrauchen, sich selbst fabelhaft
unterhielt. Aber bei aller Sinnenfreudigkeit, die er auch den
Genüssen der Tafel entgegenbrachte, war er von größter Mä-
ßigkeit. [...] Aber er aß gern und mit Genuß. Viel Obst, beson-
ders Äpfel und Orangen, viel Butter, leichte Gemüse und
Mehlspeisen, wenig Fleisch und immer nur das von Haustie-
ren. Wild und das Fleisch freilebender Tiere mied er vollkom-
men. Da ihn jeder Diätfehler arbeitsunfähig machte, war er –
besonders wenn er an der Beendigung eines Werkes tätig war
und nur noch wenige Ferientage vor sich sah – bei Tisch über-
trieben vorsichtig, ja ängstlich. [...]

Von der ersten Amerikafahrt war er, nicht gerade gealtert,
aber doch sehr verändert heimgekehrt.[173] *Ich war betroffen, als*
ich ihn im grauen Licht der Bahnhofshalle vor mir sah. Die
leichtere Arbeit, die er drüben zu leisten gehabt hatte und die
verminderte Bewegung hatten ihn etwas Fett ansetzen lassen.
Die Kleidung war gepflegter. Er war noch immer ein magerer
Mann, aber alles an ihm, Gestalt, Bewegung und Miene, war
weicher geworden. Selbst die Stimme schien verändert. Das
war allerdings bloß eine Täuschung.

In Mahlers Stimme lagen nämlich zwei Register unvermittelt
nebeneinander. Ein sehr sonores baritonales, in dem sich seine
ruhige Rede bewegte, und ein klingendes, tenorales, das bei ge-
steigerter innerer Lebhaftigkeit benützt wurde. Die Stimme
konnte zu großer Kraft gesteigert werden, ohne ihre tiefe Lage
zu verlassen.

[...] Übrigens sprach Mahler ungemein fesselnd und an-
schaulich in klaren, wohlgefügten Sätzen, fern von jedem

---

[173] Mahler verläßt New York am 23. April 1908 (vgl. Biographie, S. 365).

Schwulst und in einem schönen, reinen, von jeglichem Fremd-
klang vollkommen freien Deutsch. Seine Rede war männlich.
Das »R« wurde etwas stark betont und ein ganz klein wenig
gaumig gesprochen.[174]

[...]

Mahler hat seine jüdische Abstammung nie versteckt. Aber
sie hat ihm keine Freude gemacht. Sie war für ihn Sporn und
Stachel zu um so höherer, reinerer Leistung. »Wie wenn ein
Mensch mit einem zu kurzen Arm auf die Welt kommt: da muß
der andere Arm desto mehr vollbringen lernen und leistet
schließlich vielleicht Dinge, die beide gesunde Arme nicht fer-
tiggebracht hätten.« So erklärte er mir einst die Wirkung seiner
Herkunft auf sein Schaffen. Oft sagten ihm Leute, die ihm an-
genehm sein wollten, er sei infolge seiner Entwicklung ja gar
kein Jude mehr. Das machte ihn traurig. »Die Leute sollen
mein Werk hören und auf sich wirken lassen, es annehmen
oder verwerfen. Aber ihre günstigen oder ungünstigen Vorur-
teile gegen das Werk des Juden sollen sie daheim lassen. Das
verlange ich als mein Recht.« Was ihn vorwiegend an das Ju-
dentum band, war Mitleid. Die Gründe hierfür hat er wohl
reichlich an sich selbst erfahren, obgleich er hierüber selten
sprach und immer nur ruhig konstatierend, nie verbittert, nie
sentimental. Aber: »Unter den ärmsten Menschen ist immer der
noch ärmer, der dabei auch noch Jude ist.« Jüdische Abstam-
mung war jedoch in seinen Augen nicht im mindesten ein Ent-
schuldigungsgrund für Laster, Gemeinheit oder auch nur Un-
gezogenheit. Er war kein jüdischer Parteigänger und hat von
dieser Seite ja zeitweilig mehr Verfolgung zu leiden gehabt als
von der gegnerischen. »Merkwürdig, die antisemitischen Zei-
tungen sind, scheint mir, die einzigen, die vor mir noch etwas
Respekt haben«, sagte er oft lachend während der letzten Zeit
seiner Wiener Direktionstätigkeit. Er hatte sich zuletzt zu voll-
kommener Unempfindlichkeit gegen Lob und Tadel der Öf-
fentlichkeit durchgerungen. [...] Er war tief religiös. Sein
Glaube war der eines Kindes. Gott ist die Liebe und die Liebe
ist Gott. Diese Idee kehrte in seinem Gespräch tausendfältig
immer wieder. Ich fragte ihn einst, warum er eigentlich keine
Messe schreibe. Er schien betroffen. »Glauben Sie, daß ich das

---

[174] Alfred Roller, *Die Bildnisse...*, S. 9–22

vermöchte? Nun, warum nicht? Doch nein. Da kommt das
Credo vor.« Und er begann das Credo lateinisch herzusagen.
»Nein, das vermag ich doch nicht.« Aber nach einer Probe der
»Achten« in München rief er mir in Erinnerung an dieses Ge-
spräch fröhlich zu: »Sehen Sie, das ist meine Messe.« Ich habe
von Mahler nie ein blasphemisches Wort gehört. Aber ihn ver-
langte nach keinem Mittler zu Gott. Er sprach mit ihm von An-
gesicht zu Angesicht. Gott hauste gern in ihm. Wie anders will
man die Entrücktheit nennen, in der er schuf![175]

Rollers Äußerungen zu Inszenierungsproblemen sind erstaunlich
sparsam. 1909 beschäftigt er sich in der Zeitschrift *Der Merker* mit
der Frage, in welcher Weise eine Bühnenreform sinnvoll sein
könnte.

Ich für meine Person bin der Überzeugung, daß sich die Fragen
der Bühnenreform nur durch viele Experimente, nicht durch
theoretische Erörterungen lösen lassen und daß insbesondere
alles, was bildende Künstler über das Wesentliche dieses The-
mas auszusprechen hätten, entweder eine Selbstverständlich-
keit oder eine Unverständlichkeit sein würde. [...]

Das Repertoiretheater scheint mir bloß ein Mißverständnis
zu sein. Freilich hat Gustav Mahler bewiesen, daß auch am
Repertoiretheater Weihefestspiele möglich sind. Aber er hat sie
mit seiner unerhörten Kraft erzwungen, gegen die ganze Dis-
position seines Institutes.
[...]

Unser Theater befriedigt also sein ernsteres Publikum nicht
und um es neu zu gestalten, will man beim Ausstattungswesen
anfangen. Aber ist das nicht ganz verkehrt? Die Inszenierung
ist doch durchaus eine Rahmenkunst, niemals Selbstzweck,
eine durchaus sekundäre Sache, die ihre Gesetze und Regeln
immer nur dem Werke entnehmen kann, um das es sich gerade
handelt, und die kein anderes Gesetz haben kann, als die ganz
besonderen, oft ganz einzig dastehenden Forderungen dieses
Werkes zu erfüllen. Was für einen Sinn hat es dann also, eine
neue Inszenierungsmethode zu suchen? [...]

Die Wahrheit ist, daß wir heute im Inszenierungswesen noch
durchaus auf demselben Punkte stehen, wie etwa vor 100 Jah-

---

[175] Alfred Roller, *Die Bildnisse...*, S. 25/26

ren. Eher sind wir zurückgegangen; denn damals waren sich die Dichter und Musiker dessen klar bewußt, daß das Theater Spiel ist, und sie kannten die Bühne genau, für die sie ihre Spiele dichteten und komponierten, mochten es Weihefestspiele oder Hanswurstkomödien sein. Heute schreibt der eine für eine Arena, der andere für eine ganz kleine Saalbühne, der dritte möchte seine Stücke am liebsten im Freien gespielt haben, oder im Panorama, das das Freie vortäuscht, und die meisten denken überhaupt an keine Bühnen, wenn sie dichten oder komponieren. Höchstens an die schlechten Gewohnheiten des Bühnenbetriebes. [...]

Panoramahorizont, plastische Dekoration, Wandelhorizont, Drehbühne, Schiebebühne, pneumatische Luft, pneumatisches Feuer, elektrisches Licht, diffuse Beleuchtung, chemischer Dampf, Vorhangbühne, rollender Teppich und alle anderen mit so viel Überschwang gepriesenen »bühnentechnischen Errungenschaften der Neuzeit«, die Presse und Publikum je in Aufregung versetzt haben, sind nämlich nichts als Masken und Verschleierungen der alten Kulissenbühne. Mit den »geschlossenen Dekorationen« hat das Unheil begonnen, und es blieb uns zunächst nichts übrig, als den Becher zur Neige zu leeren und alle Möglichkeiten zu erschöpfen und zu erledigen, die diese Bühne bietet.

[...]

Es kann sich durchaus nicht darum handeln, daß irgend ein Künstler eine neue Ausstattung für unsere alte Bühne erfindet, die dann jeder Handlanger nachmachen zu können glaubt, sondern es kommt darauf an, daß Dichter, Publikum und Inszenierer sich gemeinsam auf den ursprünglichen Sinn des ganzen Theaters als eines Spieles besinnen und unter Verwerfung abgelebter Formen sich selbst die Kraft zutrauen, neue zu schaffen.

Also nicht »Bühnenreform«, sondern Theaterreform!

Es handelt sich darum, mannhaft Verzicht zu leisten auf Spielerei und angewöhnte Geschmacksroheit (genannt »Tradition«) und wieder ein lebendiges Theater zu gewinnen, auf dessen Bühne eingestandenermaßen Alles nur bedeutet, nichts wirklich ist oder wirklich zu sein vorgibt![176]

[176] *Der Merker* 1901 (1), Heft 5, S. 193–197

Ganz in diesem Sinne steht die Zusammenarbeit Rollers mit Mahler, der in den meisten Fällen ja auch selbst Regie führt und die Inszenierungen überwacht, so daß Roller hinreichend Gelegenheit hat, ihn bei der Arbeit zu beobachten.

Da Mahler Musikwerke auf die Bühne zu stellen hatte, inszenierte er natürlich nicht die Textbücher, sondern die Musik. [...] Dieses besondere musikalische Wesen des behandelten Werkes seinen mit der Gestaltung der Szene betrauten Helfern jedesmal klar zu machen, scheute er keine Mühe. Gleichnis, Beispiel, Gegensatz, alles zog er heran, um ihnen das Ziel zu zeigen. Jede seiner blutwarmen Ausführungen schloß mit der Aufforderung recht genau ins Orchester zu horchen. »Steht alles in der Partitur.« Verspürte er endlich die Sinne seiner Gehilfen richtig eingestellt, dann ließ er ihnen volle Freiheit in der Wahl der Wege nach dem aufgezeigten Ziel, vermied jede dilettantische Einmengung in die Ausführung und jubelte wie ein Kind unterm Weihnachtsbaum, wenn er Schwieriges glücklich gelöst und für seine Absichten den richtigen Ausdruck gefunden sah.

[...] Die Vision des Bühnenbildes mußte ausschließlich aus der Musik empfangen sein. Danach beurteilte er den Wert desselben. Konnte er ihn feststellen, dann ordnete er sich gerne jeder sachlichen Notwendigkeit unter. Nie zögerte er, aus einem einmal für brauchbar befundenen szenischen Entwurf alle Konsequenzen für das Spiel und dessen Anordnung zu ziehen. Mit seinem theatralischen Scharfblick pflegte er von vornherein treffsicher die entscheidenden Stellen im Ablauf des Spieles zu erkennen und so alle Vorteile und Nachteile, die eine szenische Annahme bot, vollkommen klar vorherzusehen. Anderseits besaß er selbst eine so glänzende schauspielerische Begabung, daß es ihm eine Kleinigkeit bedeutete, den Sängern die nötigen, der Szene angepaßten Spielanweisungen zu geben. Vor allem aber behandelte er auch diesen Teil seiner Inszenierungsarbeit, die Regieführung, nicht anders als alle übrigen, das heißt er zeigte das Ziel, wozu ihm bei den Sängern ja auf den Einzelproben das vollendete Verständigungsmittel in der Musik zu Gebote stand und ließ sie auf der Bühne dann frei aus ihrem eigenen inneren Reichtum gestalten.[177]

[177] Alfred Roller, *Mahler und die Inszenierung*, in: *Musikblätter des Anbruch* 1920 (2), Nr. 7/8, S. 273–275

Anna Bahr-Mildenburg

Anna von Mildenburg, am 29. November 1872 in Wien geboren, war seit 1891 Schülerin der Mezzosopranistin Rosa Papier, der Mutter von Bernhard Paumgartner[178]. Als Bernhard Pollini[179] in Hamburg eine Nachfolgerin für die dramatische Sopranistin Katharina Klafsky sucht, wendet er sich an die Papier, die ihm umgehend ihre begabteste Schülerin zum Vorsingen schickt. Pollini nimmt sie an, und Anna von Mildenburg wird 1895 Mitglied des Hamburger Stadttheaters. Erster Kapellmeister ist Gustav Mahler.

Meine Kollegen überboten sich in phantastischen Schilderungen seiner Tyrannei und seiner Pedanterie. Man lachte mich aus, als ich schüchtern einwendete, daß er einem doch nichts tun könnte, wenn man seine Partien gut studiert hätte. »Ja, weil Sie noch glauben, daß eine Viertelnote eben eine Viertelnote sei, während aber zwischen einer Mahlerschen Viertelnote und der allgemein gebräuchlichen ein himmelweiter Unterschied ist!« Und bevor ich noch Gustav Mahler kannte, träumte ich schon von seinen Viertelnoten.[180]

Die erste Klavierprobe zur *Walküre* verläuft denn auch tatsächlich recht dramatisch, nachdem Mahler den probenden Korrepetitor vom Klavier gescheucht und die Sache selbst in die Hand genommen hatte. Dennoch hat die junge Debütantin von Anfang an tiefes Vertrauen zu Mahler.

Das Erste, was mir Gustav Mahlers Art gab, war ein von allen Bedenken und Befürchtungen befreiendes, erlösendes Vertrauen. Eine unendliche Geborgenheit kam über mich, gleich damals in der ersten Stunde unseres Zusammenseins. Das Theater und sein Getriebe hatte mich erstaunt und erschreckt. Es war mir neu, wie Menschen da untereinander verkehrten. Ich staunte ihr freimütiges offenes Wesen an, ihre Überschwänglichkeit und Unverblümtheit und dann wieder ihren unwahren, unaufrichtigen Ton, die Veränderlichkeit ihres Ur-

---

[178] Bernhard Paumgartner (1887–1971), Dirigent, Komponist und Musikforscher, leitete das Salzburger Mozarteum 1917–1938 und 1945–1959 und war Mitglied des Direktoriums der Salzburger Festspiele.

[179] seit 1874 Leiter des Hamburger Stadttheaters.

[180] Anna Bahr-Mildenburg, *Erinnerungen*, Wien–Berlin 1921, S. 12

teils, die Abhängigkeit desselben von äußeren Umständen und ihre sprunghafte Laune. Ich war wirklich in der Fremde und fühlte mich tief in die Seele hinein allein und verlassen. Und da sprach nun auf einmal ein Mensch wahrhaft gütig und lieb zu mir. Der Mensch, vor dem ich mich doch am meisten zu fürchten hatte, der Kapellmeister mit den unheimlichen Viertelnoten.[181]

Mahlers Verhältnis zu Pollini ist in diesen Jahren bereits sehr gespannt. Die unterschiedlichen Auffassungen von Sinn und Aufgabe des Theaters sind Anlaß zu immer neuen Kontroversen. Pollini möchte Anna von Mildenburg so schnell wie möglich zu einer Stimmband-Akrobatin machen.

Daß Mahler mir in den ersten Jahren meiner Bühnenlaufbahn zur Seite war, ist mir für alle Zeit segensvoll geworden, und je mehr ich wuchs, je reifer ich wurde, desto stärker ward auch diese Erkenntnis in mir. Ich kam mit ungewöhnlich großen Stimmitteln in mein erstes Engagement ans Hamburger Stadttheater zu Pollini. Der war furchtbar eitel und hielt es vor Ungeduld kaum aus, mit seiner neuen Entdeckung zu paradieren und zu protzen. [...] Als ich zu Pollini von meinen Bedenken sprach, wurde er ärgerlich. »Wenn man so eine Stimme hat, ist das alles Nebensache! Ausdruck, Spiel! Komm' mir nicht mit solchen Überspanntheiten.« Er duzte einen, wenn man in Gunst war und wenn er einen für aufmunterungsbedürftig hielt. Als er dann zu bemerken anfing, daß Mahler mit mir oft probte, war ihm das gar nicht recht. »Er wird dich ganz irr machen, der Narr, du hast deine Stimme, und das ist mir die Hauptsache«, sagte er mit einem gehässigen Gesicht, als ich ihm erzählte, wie glücklich ich sei, daß Mahler sich meiner Walküre annehme. Ich spürte aber ganz gut, daß Mahler mich nicht »irr« machte. Ich hatte meine Brunhilde sehr sorgsam vorstudiert – aber es waren eben doch nur die herkömmlichen »Viertelnoten«, die ich sang. »Korrektheit ist die Seele einer Kunstleistung«, sagte Mahler damals in der ersten Probe zu mir, und heute weiß ich, daß es ein Segensspruch für mein ganzes Leben war. Als mich Mahler mit seinen verpönten Notenwerten bekannt machte, erkannte ich gleich, welche neuen

---

[181] Anna Bahr-Mildenburg, *Erinnerungen*, S. 13

Wege er mir dadurch wies, zu richtiger Betonung und Gestal-
tung und zu sinngemäßer Ausdrucksweise, die sich aus mei-
nem Inneren heraus noch nicht selbständig und selbstverständ-
lich ergeben wollten. Jede kleinste Note wurde mir durch ihn
zur Wichtigkeit, zur Hilfskraft bei meiner schweren Aufgabe,
und ebenso lehrte er mich jeder Pause ebensolche Bedeutung
beizumessen wie gesungenen Noten. Natürlich war es mir da-
mals noch nicht möglich, einer Pause durch geistiges Durch-
leben die notwendige und natürliche Dauer zu geben, aber
Mahler, der das erkannte und verstand, wußte doch Behelfe,
um mich in meiner jugendlichen Unfertigkeit so viel als mög-
lich vor Sinnwidrigkeiten zu bewahren.[182]

Natürlich begnügt sich Mahler nicht mit dem Einstudieren der
»Viertelnoten«. Der Geist des Werkes und seines Schöpfers erscheint ihm für eine durchgearbeitete Interpretation ebenso unentbehrlich.

In einigen ausgiebigen, gründlichen Klavierproben arbeitete
Mahler meine Partie zuerst allein mit mir durch. Dabei erzählte
er mir viel über Richard Wagner und riet mir dringend, mich
vor allem in seine Schriften zu vertiefen. Ehe ich sie mir noch
selbst beschaffen konnte, schickte er mir die Bücher mit lieben
Begleitworten in meine Wohnung. »Eben gehe ich vor einer
Buchhandlung vorüber und sehe in einem Schaufenster Wag-
ners Schriften. Ich mußte beinahe lachen, so à propos kam das!
Eine Künstlerin muß diese Werke besitzen und sie immer wie-
der aufs neue lesen und in sich aufnehmen. Würden Sie mir die
Freude machen und diese Bände von mir annehmen? Da ich
so glücklich bin, Sie auf einem anderen Gebiete in den Geist
Wagners einzuführen, so wird dieses Buch ein willkommener
Bundesgenosse für mich werden – oder vielmehr, er wird mich
ganz entbehrlich machen (hoffentlich nicht ganz überflüs-
sig!).« So schrieb er und so lenkte er meine Blicke höheren Zie-
len zu [...].[183]

Interessant sind auch die Bemerkungen der Mildenburg zu Mahlers Art der Proben, dies um so mehr, als wir kaum eine authenti-
sche Schilderung besitzen.

[182] Anna Bahr-Mildenburg, *Erinnerungen*. S. 15/16
[183] ebda., S. 16/17

Er spielte immer aus der Partitur und saß in äußerst halsbreche-
rischer Weise vor dem Klavier, denn er balancierte immerfort
auf den zwei Vorderfüßen seines Sessels herum, was bei seiner
Beweglichkeit einen beängstigenden Eindruck machte. Das
Klavier behandelte er ohne jeden pianistischen Ehrgeiz,
wischte Passagen achtlos herunter, hob aber dafür alles beson-
ders hervor, was dem Sänger Anhalt für seine Singstimme und
Anschluß für seine Einsätze geben konnte. Sang einer unrein,
so fing er die Tasten förmlich zu prügeln an. Dabei sah er den
Sänger nicht an, sondern vermittelte ihm nur durch fortwäh-
rendes Loshauen aufs Klavier den richtigen Ton und seine ei-
gene Wut. [...] Gab sich ein Sänger Mühe und war mit seinem
ganzen Willen bei der Sache, so konnte Mahler mit ihm unge-
mein liebenswürdig sein. [...] Ganz zuwider war ihm Emp-
findlichkeit. Mit solchen Leuten hielt er sich nicht auf, nahm
gar keine Notiz von ihren Gefühlen, ihren zornigen und belei-
digten Mienen, und sie mußten weiter singen, mit oder ohne
Tränen. Sein Ärger fuhr dann noch von Zeit zu Zeit in einen
besonders temperamentvoll angeschlagenen Ton, wobei er
stille Verwünschungen vor sich hin zischte. Vieles Entschuldi-
gen und Rechtfertigen konnte er auch nicht vertragen. Am be-
sten kamen die weg, die widerspruchslos seine Ausstellungen
hinnahmen, ihn ruhig ausreden ließen, ohne ihm ins Wort zu
fallen, und ihm einfach dadurch zustimmten, daß sie's ein
zweitesmal besser machten.[184]

Anna von Mildenburgs Debüt in Hamburg verzögert sich ein wenig
infolge einer Angina, aber am 12. September 1895 ist es dann doch
soweit: sie stellt sich mit großem Erfolg als Brunhilde in *Walküre*
dem Hamburger Publikum vor.

Pollini setzt sie in seiner grenzenlosen Bewunderung und mit
dem Gespür für Publikumswirksamkeit in nicht weniger als 18 Rollen in dieser Saison ein, von denen sie die meisten ganz neu lernen
muß! Die Gefahr, eine so junge Stimme zu sehr zu strapazieren, ist
groß.

Mahler konnte mir da nicht helfen. Seine Stellung am Hambur-
ger Stadttheater war die unwürdigste. Der Geschäftsgeist unse-
res Direktors zog künstlerischem Wollen und Wirken die eng-

---

[184] Anna Bahr-Mildenburg, *Erinnerungen*, S. 18/19

sten Grenzen. Pollini handelte große Namen, Stimmen und Talente für sein Ensemble ein, nützte sie dann bis aufs ärgste aus und ließ den erbarmungslos fallen, der zu versagen drohte. Wir standen fast alle sechzehnmal und auch öfters im Monat auf der Bühne und hatten überdies schon zeitlich früh anstrengende Proben für Neuaufführungen. Mahler selbst erging es nicht besser; er dirigierte beinahe täglich und verbrachte die Vormittage mit den Künstlern in den Probezimmern. Aber er nahm sich trotzdem meiner an, wo er nur konnte, trachtete zu dirigieren, wenn ich sang, und das Repertoire so zu gestalten, daß sich hin und wieder doch zwei oder drei freie Tage für mich ergaben. Um alles dies zu erreichen, mußte der Herr Direktor bei guter Laune und dem Kapellmeister freundlich erhalten werden. Im Grunde seines Wesens haßte Pollini Mahler und Mahler verachtete Pollini. Doch jeder brauchte den andern und sie mußten ihren persönlichen Gefühlen wenigstens nach außen hin eine erträgliche Form geben.[185]

Trotzdem kümmert sich Mahler um das Wohlergehen der begabten Sängerin. Er läßt ihr in den Pausen oder nach der Vorstellung häufig Informationen auf Zetteln zukommen, die seine ganze Anteilnahme und Sorge um die Karriere der jungen Dame spüren lassen. So z. B. nach der Aufführung der *Aida* am 21. November 1895, in der Anna von Mildenburg unter der Leitung des jungen Bruno Walter, der damals noch Schlesinger heißt, zum erstenmal die Titelpartie singt:

Geschrieben nach der Nilszene! Über die letzte Szene mündlich! Bin sehr froh und befriedigt! Daß Sie sich heute schwer gesungen haben, hat außer mir (der ich jeden Atemzug von Ihnen mitatme) niemand gemerkt! Die Stimme klang immer schön – die p sehr schön, Haltung und Aussehen famos. – Sie halten sich auf dem errungenen Niveau.
[...]
Das Publikum ist allgemein sehr begeistert. Sehr schön gelang Ihnen meistenteils das Duett mit Amneris. Ebenso mit Amonasro. Die erste Arie litt etwas unter Ihrer Befangenheit – aber trotzdem schön... Im Vergleich mit Ihren Vorgängerinnen in dieser Rolle war alles himmelhoch. Also

[185] Anna Bahr-Mildenburg, *Erinnerungen*, S. 26

seien Sie sehr froh und schlafen Sie gut! Ich bin sehr zufrie-
den mit dem schönen Abend! Sie haben wieder einmal ei-
nen schönen wohlverdienten Erfolg errungen!
   Im Dezember kommt Figaros Hochzeit für Sie: am
8. Dezember, und am 18. Dezember die Rezia.[186] *Da werden*
wir wieder fleißig studieren! Also auf Wiedersehen Samstag.
Ja? Kommen Sie bald! Morgen ruhen Sie sich aus, und singen
Sie keinen Ton! M.[187]

Gut drei Wochen später verrät der Ton dreier Briefe aus Berlin[188],
daß beide sich näher gekommen sind. Aus jedem der Briefe spricht
aber auch Mahlers Sorge um seine Schwestern, denen er verspro-
chen hatte, erst dann zu heiraten, wenn sie versorgt seien. Anna
von Mildenburg kann leider nicht zur ersten Gesamtaufführung
der »Zweiten« nach Berlin kommen, weil Pollini sie von Hamburg
nicht wegläßt. Am 11. Dezember schreibt Mahler:

[...] Morgen telegrafiere ich an Pollini; Du gehe jedenfalls
noch einmal zu ihm hin. – Ich sage ihm, daß Du Freitag 1 Uhr
in Hamburg wegfährst, und wenn alle Stränge reißen, wieder in
der Nacht zurückfährst. – ... Wenn wir auch nichts von einan-
der haben können, so wird uns doch das selige Gefühl unseres
Beisammenseins über alles hinausheben – und die Hoffnung
auf eine baldige ungestörte Stunde. – Solltest Du nicht kom-
men, so komme ich dann Samstag ungefähr um $^1/_2$7 Uhr zu Dir
(Abends). – Zu Hause sage ich, daß ich ins Theater muß!
Meine liebe Anna, auf Wiedersehen! Ich küsse Dich tausend-
mal
            Dein schon sehr sehnsüchtiger

                                        Gustav[189]

Die Briefe Mahlers vom Sommer 1896 aus Steinbach am Attersee[190] sind weitere Dokumente dieser Liebe, die in den *Erinnerun-*
gen Anna von Mildenburgs mit keinem Wort erwähnt wird.
   Im selben Sommer besucht Mahler Bayreuth und bittet offenbar
bei dieser Gelegenheit Cosima Wagner darum, sich der Mildenburg anzunehmen. Dies geschieht, und so wird Anna von Milden-

---

[186] aus Webers *Oberon*
[187] *GMBN*, S. 133/134
[188] vgl. Biographie, S. 134
[189] *GMBN*, S. 139
[190] *GMBN*, S. 159ff.

burg Anfang Dezember 1896 zum ersten Mal nach Wahnfried gebeten, wo sie nach Vorbereitung durch Mahler mit Cosima an der Rolle der Kundry in *Parsifal* arbeitet.

Als Mahler mich an Frau Cosima empfahl, hatte er weniger meine Mitwirkung bei den Festspielen im Auge, als daß ich einmal den Segen ernsten künstlerischen Arbeitens kennen lernen sollte, was ihm bei meiner Jugend vorerst das Nötigste schien. In Hamburg war dazu wenig Zeit. Vier-, fünfmal in der Woche stand ich im Repertoire, sang hintereinander die größten Partien, die Walküre, Senta, Valentine, Rezia, Norma, alles ohne auch nur einen Tag Pause dazwischen, wohl aber hatte ich vormittags täglich noch die Proben für Neuaufführungen. Nur Mahler verhütete, daß ich dem gewohnten Bühnenschlendrian verfiel; er brachte mir die höchsten Begriffe von künstlerischer Präzision und musikalischer Genauigkeit bei, und ich lernte von ihm, meine Anforderungen an mich selbst aufs höchste anspannen. [...] Wie dankbar war Frau Cosima damals Gustav Mahler für seine Mühe! Ungehindert durch musikalische Unsicherheiten, konnte sie gleich zur Hauptsache übergehen, und ich hege und hüte mir einen reichen Schatz von Erinnerungen an jene Zeit.[191]

Bei den Festspielen 1897 gibt Anna von Mildenburg in der Partie der Kundry ihr Bayreuther Debüt. Mahler kann das Ereignis nicht miterleben, da er bereits Mitte April als Erster Kapellmeister an die Wiener Hofoper engagiert worden war. Einen Monat später schreibt er Anna von Mildenburg:

Mein liebstes Annerl!

Gestern und vorgestern kam ich nicht einmal dazu, Dir ein Wort zu sagen. Es war ein schrecklicher Wirrwarr von Gratulationen, Besuchen etc.! Gott sei Dank! Es ist nun alle Not vorüber! Ganz Wien hat mich geradezu mit Enthusiasmus begrüßt! Jetzt kommen nächste Woche Walküre, Siegfried, Figaros Hochz[eit] u. Zauberflöte. Es ist kaum mehr daran zu zweifeln, daß ich in absehbarer Zeit Direktor werde.[192]

[191] Anna Bahr-Mildenburg, *Erinnerungen*, S. 61/62
[192] *GMB*, S. 167 (220)

Im weiteren Verlauf des Briefes rät Mahler der jungen Sängerin, ein Engagements-Angebot nach Amerika abzulehnen, weil er fürchtet, daß ihre noch junge Stimme zu sehr beansprucht werden könnte. Außerdem – so schreibt er – habe sie genügend Chancen im alten Europa. Schließlich ist es im Juli 1897 Mahler selbst, der in Wien alles vorbereitet, um Anna von Mildenburg an die Hofoper engagieren zu können. Aber er stellt, um seine Position dort nicht zu gefährden, eine überraschende Bedingung:

> [...] Ich habe in Wien für Dich alle Wege soweit geebnet, daß mit Einwilligung Pollinis demnächst von dort ein Engagementsantrag an Dich ergehen wird. Es ist aber für den Fall, daß Du ihn annimmst durchaus nötig (nachdem ich die Verhältnisse jetzt ganz klar übersehe), daß wir dann unseren persönlichen Verkehr auf das Weitgehendste einschränken, um nicht uns beiden das Leben wieder zur Pein zu gestalten. Schon jetzt ist das ganze Personal durch die Klatschereien von Hamburg aus alarmiert, und die Nachricht von Deinem Engagement würde wie eine Bombe hineinplatzen. Wenn wir dann nur den geringsten Anlaß zu Mißtrauen etc. geben würde[n], so würde binnen kurzer Zeit meine Stellung eine unmögliche werden, und ich müßte wieder mein Bündel schnüren wie in Hamburg. Auch Du hättest ebenso wieder darunter zu leiden, wenn auch bei Dir nicht die Existenzfrage ins Spiel käme.
>
> Ich frage Dich nun, liebste Anna: fühlst du die Kraft in Dir, mit mir in Wien engagiert zu sein, und – wenigstens im ersten Jahre – einem persönlichen Verkehre und jeder Begünstigung von meiner Seite zu entsagen?[193]

Anna von Mildenburg stellt sich im Dezember 1897 dem Wiener Publikum vor[194] und erhält am 1. Juni 1898 einen Fünfjahres-Vertrag an die Hofoper. Sie bleibt Mitglied dieses Instituts bis 1917.

Neben der Arbeit in Bayreuth zählt die Zeit an der Wiener Hofoper unter Mahlers Direktion zu den wichtigsten Abschnitten im Leben dieser gefeierten Sängerin. Immer wieder erwähnt sie in ihren *Erinnerungen* die Unerbittlichkeit Mahlers bei der Arbeit, deren Sinn sie selbst und die meisten anderen erst nach langer Zusammenarbeit mit ihm zu begreifen begannen. In einem Rückblick auf

---

[193] *GMBN*, S. 228
[194] vgl. Biographie, S. 175

ihre damalige Tätigkeit schreibt sie aus Anlaß des fünfzigjährigen Bestehens der Hofoper:

Mahlers Vorstellungen von einer unerhörten, niemals zuvor erlebten Kraft waren das Ergebnis seiner pedantischen Genialität. Nichts war ihm unwichtig, nebensächlich, die kleinsten Notenwerte waren ihm Ausdrucksmittel, jede Pause war geistig erfüllt und hatte ihr eigenes Leben, und jedem, hatte er auch eine noch so kleine Rolle, gab er das Gefühl, daß es auf ihn ankomme und sein Versagen ein Vergehen an dem großen Ganzen bedeute. Bis aufs Blut peinigte er die Menschen mit seiner Unerbittlichkeit gegen alles »Geniale«. Nie war er so wütend, so grob, als wenn einer ihn beruhigen wollte und meinte: »Am Abend, wenn ich in Stimmung bin, da kommt der Ausdruck von selber!« Ihn interessierten vor allem die Proben; was er da den Künstlern entrang, das zählte für ihn und er drang auf sie förmlich ein, er gab nicht nach, zwang sie mit aller Gewalt weg von ihren ausgetretenen Wegen, um sie auf bisher unbekannte Höhen zu führen.[195]

Ein eigenartig verändertes Wesen bemerkt sie an Mahler im Umgang mit Alfred Roller, mit dem er seit 1903 zusammenarbeitet[196]:

Mahler und Roller! Köstlich war es, wie Mahlers Oppositionsgeist vor Roller dahinschwand. Roller mit seinen überempfindlichen Maleraugen verhängte damals oft recht tiefe Dunkelheit über Künstler und Publikum.[197] *Besonders im dritten Akt der »Walküre«, im Gespräch zwischen Wotan und Brunhilde, waren Weidemann und ich in solche Nacht gehüllt, daß unser Mienenspiel und alle feineren Züge unserer Darstellung völlig unsichtbar blieben. Wir fühlten, wie diese Szene dadurch an Länge zunahm und die Aufnahmsfähigkeit und das Interesse der Zuhörer erlahmte. Wagners Vorschriften setzen immer voraus, daß man den Darsteller sehe, er verpönte das Mitlesen in den Textbüchern und verwies das Publikum auf die Vorgänge auf der Bühne. Mahler war völlig unserer Meinung, aber dabei ganz ratlos, denn er richtete mit allen Gegenvorstellungen, die übrigens sicher sehr schüchtern waren, bei Roller*

---

[195] Anna Bahr-Mildenburg, *Erinnerungen*, S. 51/52
[196] vgl. Dokumente Roller, S. 533 ff.
[197] vgl. Dokumente Zuckerkandl, S. 530

nichts aus. Vor der zweiten Aufführung der neuinszenierten
»Walküre« flehte ich ihn noch einmal an, Roller zu einer klei-
nen Erleuchtung zu bewegen, der war aber nicht da und eigen-
mächtig wollte Mahler nichts veranlassen, was wir auch einsa-
hen. Aber nach Schluß der Vorstellung stürzte Mahler herauf
und rief mir schon von weitem zu: »Sie haben ganz recht, so ist
es unmöglich.« *Sprach noch viel über die Finsternis, sah dann*
plötzlich den Staub, den das Abtragen der Drehbühne verur-
sachte, unterbrach sich und schrie mich ganz unvermittelt an,
was ich denn hier noch zu suchen hätte. »Also nicht wahr, es
werde Licht«, flehte ich, während er mich von der Bühne
drängte. »Aber natürlich, das nächste Mal muß man euch sehen!« *rief er energisch, und damit wollte er fortstürzen, drehte*
sich aber noch einmal rasch um, stampfte ein bißchen und sagte
ganz kleinlaut und hilflos: »Ich bitt' Sie, Sie sagen's ihm, nicht
wahr – sagen Sie nur, ich hätte es auch für zu dunkel gefunden –
bitt' Sie, sagen's Sie ihm nur tüchtig«*, und weg war er.*[198]

Auch Anna von Mildenburg bestätigt die von vielen anderen beob-
achtete Wandlung des Dirigenten Mahler:

Mahler war in den ersten Wiener Jahren noch ein ziemlich un-
ruhiger beweglicher Dirigent. Später änderte sich das, und in
den letzten Jahren seines Lebens hatte er seinen Körper zu ge-
radezu eherner Ruhe gebändigt. Aber nur um so gewaltiger
entströmte Kraft und Wille dieser unheimlichen Gelassenheit.
Ich sah oft im Konzertsaal sein Dirigieren oder ich setzte mich
in unsere Künstlerloge in der Oper und sah von oben dem klei-
nen Riesen zu. Er war ganz absichtslos in seinen Bewegungen,
das Dirigieren wurde durch ihn nicht zur schauspielerischen
Leistung, er wollte nicht wirken, nicht gefallen, nicht interessie-
ren, es war kein Schaudirigieren, er wollte nur dienen und er-
füllen. Wenn es nach ihm gegangen wäre, hätten Orchester und
Dirigent unsichtbar sein müssen, man hätte nicht die Arbeit,
nicht den Schweiß sehen dürfen, und so verstand er auch mich,
wenn ich es vermied, ihn, während ich auf der Bühne stand, an-
zusehen, denn auch ich möchte den Menschen nur das Werk
zeigen, nicht den persönlichen Anteil und die Mühe oder das
Verdienst der eigenen Arbeit.[199]

---

[198] Anna Bahr-Mildenburg, *Erinnerungen*, S. 54/55
[199] ebda, S. 32/33

Als Mahler 1907 die Hofoper verläßt, um nach Amerika zu gehen, verabschiedet er sich von den Mitgliedern des Ensembles in einem an alle gerichteten Brief[200]. Nur an Anna von Mildenburg richtet er ein persönlich gehaltenes Abschiedswort:

Liebe, alte Freundin!

Ich habe eben einen Schreibebrief an die »geehrten Mitglieder« geschrieben, der ausgehängt wird. Aber unter dem Schreiben ist es mir doch vorgekommen, daß Sie da nicht inbegriffen sind, und für mich da ganz abseits stehen. Immer habe ich gehofft, Sie in diesen Tagen zu Gesicht zu bekommen. Nun sind Sie aber am Semmering (wo es freilich schöner ist). Und da kann ich Ihnen zum Abschied (vom Theater – nicht von Wien, wo ich wohnen bleibe) nur diese wenigen herzlichen Worte nachsenden, und Ihnen im Geiste die Hand drücken. Ich werde immer in alter Anhänglichkeit und Sympathie ihre Schritte verfolgen, und hoffe, daß uns ruhigere Zeiten wieder einmal zusammenführen.

Jedenfalls wissen Sie, daß ich Ihnen auch in der Ferne ein Freund bleibe, auf den Sie zählen können. Ich schreibe dies in einem schrecklichen Trubel. Leben Sie recht wohl und halten Sie sich oben!

Ihr alter

Gustav Mahler[201]

Anna von Mildenburg heiratet 1909 den Schriftsteller Hermann Bahr.

Erinnerungen an Gustav Mahler

Die folgenden Erinnerungen stammen von Gustav Mahlers Tochter Anna und von zeitgenössischen Musikern, von denen einige noch unter Mahlers Leitung im Orchester der New Yorker Philharmoniker gespielt haben. Die Interviews wurden für die Radio-Station KPFK-FM (USA) gemacht und erschienen später auf der CBS-Schallplatte Nr. 77215 unter dem Titel *Gustav Mahler remembered* zusammen mit einer Einspielung der 6. Sinfonie durch

[200] *GMB*, S. 356/357 (322)
[201] *GMB*, S. 355 (323)

die New Yorker Philharmoniker unter der Leitung von Leonard Bernstein. Die Interviews führte William Malloch, seine Partner waren meist ausgewanderte Europäer, die sich zuweilen eines nicht ganz orthodoxen Amerikanisch bedienen und infolge dessen Schwierigkeiten haben, vor allem das Außerordentliche der Persönlichkeit Mahlers sprachlich adäquat zu formulieren. Dennoch erscheinen viele dieser Aussagen von solchem Interesse, daß sie hier zum erstenmal in deutscher Übertragung[202] auszugsweise veröffentlicht werden.

Zu Beginn des Interviews berichten die Dirigenten Alfred Sendrey, Richard Lert und Dr. Klaus Pringsheim sowie der Stimmphysiologe Prof. Victor Fuchs über Mahlers äußere Erscheinung:

»*Es war schon sehr lustig, Mahler aus der Oper kommen zu sehen. Er zuckte immer [...]. Nicht sein ganzer Körper, nur sein linkes Bein. Er hatte immer den Hut in der Hand. Man konnte unmöglich mit ihm Gleichschritt halten; er machte nämlich immer drei große Schritte und dann einen kleineren, offenbar aus Nervosität. Jeder drehte sich nach ihm um: Wer ist denn dieser Kauz? Er war immer in Gedanken. Wenn man ihn gehen sah, hatte man immer das Gefühl, er dirigiert oder komponiert. Sein Gesicht machte den Eindruck eines Geistesabwesenden: die stechenden Augen hinter der Brille, sein Haar unordentlich, man könnte fast sagen: ungekämmt. In seiner äußeren Erscheinung lag etwas absolut Faszinierendes; man spürte etwas von dieser Persönlichkeit, von ihrer außergewöhnlichen Ausstrahlungskraft. Es war etwas Heiliges um Mahler, das fühlte man. Sein Gesicht war großartig, es war schön! Die Augen mit der Brille: das war beeindruckend – wie jedes großartige Gesicht.*«

Malloch: *Man sagt allgemein, Mahler sei ein bedeutender Dirigent gewesen. Was das nun allerdings bedeutet, können die meisten Menschen heute nicht mehr wissen, weil Mahler nie eine Schallplattenaufnahme mit dem Orchester gemacht hat. Möglicherweise können Musiker, die noch unter seiner Leitung gespielt haben, dazu beitragen, Mahlers musikästhetische Vorstellungen und ihre Realisierung besser zu*

---

[202] Übertragung ins Deutsche: Corinna Müller

verstehen. Alois Reiser war Cellist in der »New York Symphony«, als Mahler 1908 zum erstenmal als Konzertdirigent in Amerika auftrat. Reiser erinnert sich an Mahlers erste Begegnung mit dem Orchester:

»Wir begannen mit der ›Frühlings-Symphonie‹ von Schumann. Die Einleitung beginnt sehr einfach, geradezu naiv. Aber plötzlich, wie aus heiterem Himmel, schossen seine schmalen zierlichen Hände mit den schlanken Fingern nach vorn und schreckten uns alle auf. Nie wieder in meinem ganzen Leben habe ich von diesem Orchester einen solchen Klang gehört.

Im Konzert erreichte Mahler alles, was er wollte, denn das Orchester liebte ihn wirklich, weil wir so viel von ihm lernten. Jeder, der etwas lernen wollte, mußte ihn lieben. Letztendlich war er eben doch ein hervorragender Dirigent, obwohl er eine miserable Schlagtechnik hatte. Er schlug nie, wie das richtige deutsche Dirigenten tun: 1-2-3-4-, 1-2-3 etc. Bei ihm war alles nur Rhythmus, reiner Ausdruck. Z. B. bei einem Akzent erwartet man natürlich einen Schlag nach unten. – Er schlug nach oben! Da gab es für ihn keinen Unterschied. Wir verstanden ihn natürlich, weil wir ja die Noten vor uns hatten [...] Das Orchester brauchte seine Hände nicht für's Taktschlagen, nur für die Interpretation.«

Der Fagottist Benjamin Kohon berichtet von einer Situation, in der die Schwierigkeiten deutlich werden:

»Ich erinnere mich an eine kleine Auseinandersetzung zwischen Mahler und einem Oboisten, der etwas älter war als ich und viel Orchestererfahrung hatte. Er sagte zu Mahler: ›Herr Mahler, wir verstehen Ihren Schlag nicht; wir wissen nicht, was wir machen sollen.‹ Und Mahler antwortete ihm: ›Gute Musiker brauchen keinen Dirigenten; ein Dirigent ist ein notwendiges Übel. Machen Sie sich keine Gedanken darüber, was ich tue; spielen Sie nur Ihre Musik!‹

Und als ich in der ›Met‹ ein paar Aufführungen unter seiner Leitung spielte, kannte ich damals den zweiten Konzertmeister sehr gut, der zugleich auch Personalmanager war; der saß immer sehr nahe bei Mahler. Mahler hatte die Angewohnheit, seinen rechten Arm immer fallen zu lassen, entweder aus Müdigkeit oder weil er an etwas anderes dachte. Er ließ also seinen Arm bis unter's Pult sinken und

*dieser Herr Rothmeier sagte dann zu ihm: ›Herr Mahler,
den Stock höher!‹ Er hat ihn ständig daran erinnert, daß
die Leute im Orchester seinen Taktstock nicht erkennen
konnten. Mahler war überhaupt nicht sonderlich zufrieden
mit dem Philharmonischen Orchester; er war an die Wiener
Art, die ja auch seine eigene war, gewöhnt. Und die Wiener
Philharmoniker waren damals ohne jeden Zweifel ein Spit-
zenorchester. Er wurde immer sehr ungehalten: ›Nein, nein!
So kann man das nicht spielen! Ich höre etwas ganz anderes
als ich gewöhnt bin.‹ Er dachte eben immer, er dirigiere das
Wiener Orchester.«*

*Als Mahler Wien ohne großes Aufsehen, aber natürlich
nicht unbemerkt verläßt, packt auch ein begeisterter junger
Mann seine Sachen und folgt Mahler nach Amerika: Der
Geiger Herman Martonne wird in der ersten Saison unter
Mahler Mitglied des New Yorker Philharmonischen Orchesters:* »Nachdem ich – sagen wir – alles quasi von außen
(als Zuhörer in Wien) mitbekommen hatte, interessierte es
musikalisch vor allem, wie er das nun eigentlich macht.
[...]*

*Was Mahler nicht ausstehen konnte, war eine gleichgül-
tige Tongebung, indifferente Musik. Er sagte einmal: ›Musik, ... wo Musik ist, muß ein Dämon sein!‹ Ich erinnere
mich an einen wundervollen Klarinettisten, von dem Mahler
sehr viel hielt. Und eines Tages sagte er zu Mahler: ›Piano!
Gestern haben Sie noch gesagt: piano, piano!‹ Mahler erklärte ihm: ›Wissen Sie, das hängt alles von unserer Stimmung ab, es ist alles Gefühl. Gestern dachte ich vielleicht,
es sei zuviel gewesen; heute denke ich, es ist zu wenig.‹ In
dieser Hinsicht war er menschlich; er sagte nicht: Was ich
sage, wird gemacht; er erklärte einfach, daß alles vom Gefühl abhängt. Das war etwas, was Toscanini nie hatte. Man
konnte Toscanini vollkommen zufriedenstellen, aber er
hatte nie diese innere Sensitivität. Ich glaube, er bekam vom
Orchester alles, was er wollte. Aber ich dachte immer, wenn
Mahler dirigierte und Toscanini im Publikum saß: Nun, guter Mann, hör' Dir mal etwas an, das von Herzen kommt
und nicht vom Terrorisieren des Orchesters. [...] Natürlich
terrorisierte auch Mahler sein Orchester. Aber wenn die Arbeit, die man zu tun hatte, von Herzen kam, dann hatte er
keine Einwände. Was bei Mahler selbst von innen kam,*

sollte auch bei seinen Musikern von Herzen kommen: nicht nur ›laut‹ und ›leise‹ verlangen, sondern auch das Gefühl vermitteln, das dahintersteht; und die ganze Atmosphäre – das war es, was ihn so hervorragend machte. Er tat nie etwas zur Show; er hatte immer die Hand am Körper, das war alles. Und wenn etwas hervortreten sollte, dann machte er nur eine kleine Bewegung – nichts zur Show. Deshalb war eine Probe auch nie sehr lang; sie kam uns jedenfalls nicht lang vor, weil immer diese Atmosphäre herrschte. Wir wollten Musik machen und bessere Musik machen; wir wollten dem, was in der Musik ausgedrückt werden sollte, gerecht werden, und zwar nicht nur, weil wir jede Woche dafür bezahlt wurden. Das war ein Mann! Manchmal schockte er mich, wie er auf Leute losging, aber – wie er Partitur und Stimmen einrichtete, das war eben der Musiker in ihm, großartig!«

[...] Herbert Borodkin, Geiger im Philharmonischen Orchester, über den Unterschied zwischen Mahler und Toscanini: »Toscanini dirigierte alles dramatisch, was Mahler so dirigierte, wie es dem Willen des Komponisten entsprach. Er hatte ein ungeheures Verständnis für das, was der Komponist wollte, viel mehr als Toscanini. Toscanini respektierte die Komponisten nicht. Mahler war ganz anders; z. B. spürte man in manchen Schubert-Werken Fröhlichkeit, und sogar in Beethovens 6. Symphonie brachte Mahler noch Heiterkeit hinein, wo Toscanini nur auf den ›großen Sturm‹ wartete. [...]

Mahler sang viel mehr, und er ließ uns auch die Musik singen, anstatt sie nur mechanisch herunterspielen zu lassen, was heute nicht sehr oft passiert. Er erklärte uns, wie er es gern gehabt hätte, und wenn wir es nicht so spielten, sang er es uns vor, er phrasierte es mit der Stimme. Er forderte viel mehr Vibrato als die meisten Dirigenten heutzutage; er bestand einfach darauf.«

Ein anderer Punkt, der mit dem Singen und Phrasieren zusammenhängt, waren die sehr ausdrucksvollen glissandoartigen Schleifer. Herbert Borodkin und Herman Martonne: »Mahler war eben Wiener, und auch Strauß und all die anderen haben etwas davon in ihrer Musik. Nehmen Sie z. B. das Thema der IV. Symphonie; geschrieben steht folgendes:

562

Mahler machte dies daraus:

Er bestand geradezu auf gewissen Schleifern in seiner Musik (vor allem bei größeren Sprüngen), die er ganz vom Singen her empfand.«

Interessant sind auch die Bemerkungen zu Mahlers Tempo-Auffassung:

»Mahler legte in dieser Beziehung eine ungeheure Flexibilität an den Tag. Er praktizierte in bezug aufs Tempo genau das, was Wagner immer gepredigt hatte. [...] Es ist vollkommen richtig, was immer behauptet wird, daß nämlich keine zwei Takte bei Mahler im gleichen Tempo waren.«

Immer wieder sind auch Mahlers Interpretationen und Bearbeitungen der Musik anderer Komponisten diskutiert worden. Dazu Herbert Borodkin und Herman Martonne:

»In dieser Hinsicht machte er die erstaunlichsten Dinge der Welt, z. B. im ›Till Eulenspiegel‹, wo er im Schlußteil, an der Stelle, an der Eulenspiegel gehängt wird, meinte, es sei besser, anstelle der lustigen hohen D-Klarinette eine normale Klarinette zu nehmen. In solchen Dingen war er sehr eigenmächtig.

Wir machten – glaube ich – ›Don Juan‹, und er hatte irgendwo einige Glocken oder so etwas eingefügt, nur für einige Noten, und er erklärte einfach: Wissen Sie, als Strauss das Stück schrieb, war er ein junger Mann; jetzt, z. B. in der ›Salome‹, würde er das anders instrumentieren.

Im letzten Satz von Beethovens ›Eroica‹ setzte er ab Takt 211 eine Es-Klarinette dazu, um dem Ganzen einen möglichst schrillen Klang zu verleihen. Er war der Meinung, das sei eine ungarische Melodie und deshalb müsse es zigeunerhaft klingen.

*In dieser Beziehung war er völlig unorthodox, er machte
solche Dinge so, wie er es sich dachte. Mahler war z. B.
der erste in den USA, der für Beethoven oder Brahms oder
grundsätzlich für bestimmte Kompositionen, in denen die
Holzbläser besonders hervortreten sollten, das Holz verdop-
pelte.«*

*Auch die menschliche Seite Mahlers ist den Orchestermu-
sikern noch sehr lebendig im Gedächtnis. Dazu kommen
Erinnerungen von Mahlers Tochter Anna, die 1908 als
Vierjährige zum erstenmal ihre Eltern begleitete.*[203]

*Kohon: »Ab und zu kam Mahlers Frau mit der kleinen
Tochter zu den Proben, und er schaute sich dann immer zu
ihnen um und lächelte sie ganz glücklich an. Es muß ein
gutes Verhältnis zwischen ihnen gewesen sein. Frau Mahler
war eine außerordentlich graziöse Dame; sie war blond und
eher etwas groß, aber schlank. Sie erinnerte mich immer ein
wenig an Frau Jeritza*[204]. *Sie war eine außerordentliche Persönlichkeit, ihre Stimme war wundervoll, sehr charmant.
Die Tochter war damals noch ein kleines Mädchen, vielleicht neun oder zehn Jahre alt.«*[205]

*Anna Mahler: »Ich erinnere mich sehr gut an ihn, denn
ich war immerhin fast sieben Jahre alt, als er starb. Aber
meine Erinnerung besteht nicht aus Anekdoten, es sind vielmehr bestimmte Einzelheiten, die mir im Bewußtsein geblieben sind: seine Stimme, seine Hände, dieser eigenartige
Gang, an den ich mich besonders genau erinnere, weil ich
oft mit ihm ging.*

*Es gibt Leute, die sagen, das sei irgendein nervöser Tick
gewesen, aber das stimmt nicht! Der Gang war unregelmä-
ßig, aber es war eher eine Art Schrittwechsel; alle paar
Schritte wechselte er die Gangart. Das war alles. Warum er
das tat, weiß ich nicht; natürlich macht es irgendwie einen
nervösen Eindruck, aber es war kein Tick, er wechselte einfach nur die Gangart.*

*Und dann erinnere ich mich an diese schrecklichen lun-
ches. Ich durfte nichts sagen, und er war ständig mit irgend*

[203] vgl. Biographie, S. 374
[204] Maria Jeritza (1887–1982) sang 1921 bis 1932 an der Metropolitan Opera in New
York. Lebte seit 1940 in Hollywood.
[205] Als Anna 1910 zum letzten Mal mit nach New York kam, war sie sechs Jahre alt.

etwas beschäftigt, dachte über völlig andere Dinge nach, und immer bekamen wir irgend etwas Schreckliches zu essen, jedenfalls erschien es mir so. Aber wenn er mich dann doch mal bemerkte, dann veränderte er sich vollkommen, dann floß er über vor Wärme und Herzlichkeit. Leider kam das nicht so sehr häufig vor, weil er kaum Zeit hatte.

Ich erinnere mich eigentlich noch an eine ganze Menge von Dingen, aber das meiste ist mir doch so fremd geworden, daß ich nur noch zu zwei oder drei Photographien eine wirkliche innere Beziehung habe, die anderen berühren mich nicht mehr so sehr. Es sind wirklich ganz persönliche Erinnerungen, vor allem an Bilder aus der letzten Zeit, wo er schon – trotz seiner erst fünfzig Jahre – so ungeheuer alt erschien. Er war völlig ausgezehrt, gezeichnet; sein Gesicht hatte in diesem letzten Jahr den Ausdruck eines Dramas angenommen. [...]

Ich hatte immer irgendwelchen Unsinn im Kopf; und so hatte ich z. B. eines Tages mit einer Schere irgendwo hineingeschnitten und Mami fragte natürlich: ›Warst du das?‹ Aber ich sagte: ›Nein‹, und log munter drauf los. Als Mahler hereinkam, setzte er sich zu mir und sagte: ›Meinst du nicht auch, daß die Schere sich plötzlich bewegt hat?‹ Und ich sagte mit einem Ton zum Steine-Erweichen: ›Ja –.‹«

Kohon: »*Da gibt es noch so eine nette Geschichte. Wir spielten einige Konzerte in der ›Brooklyn Academy of Music‹. Mahler nahm grundsätzlich nie ein Taxi, um in die Stadt zu kommen, er fuhr immer mit der U-Bahn. Ich saß eines Tages im gleichen Wagen und tippte zum Gruß an meinen Hut, aber ich hatte den Eindruck, er sah mich überhaupt nicht; er sah wirklich sehr schlecht. Aber andererseits sah er Dinge, von denen man es nicht annahm, oft ganz weit hinten im Orchester.*

Selten reichte ihm die Lautstärke im ersten Satz der 5. Sinfonie von Beethoven, er wollte immer noch mehr: wie ein Kataklysmus, ein Vulkan-Ausbruch – jedenfalls etwas, wozu wir nicht imstande waren. Aber eines Tages haben wir es dann doch geschafft, und er war so froh darüber, daß er nach dem Konzert das ganze Orchester zu einem kleinen Imbiß einlud.«

Martonne: »*Mahler war immer sehr freundlich zu jedermann, sehr liebenswürdig. Er schüttelte jedem die Hand und sprach mit uns, hörte zu usw. usw. Aber er sprach nie über die Vergangenheit oder über seine Erfahrungen. Er mochte uns sehr und hoffte natürlich, daß wir noch lange zusammenbleiben würden, aber es dauerte nur noch einein- halb Jahre; Mahler mußte nach Europa zurück, und Kon- zertmeister Spiering übernahm das Orchester. [...]*

Er wurde krank, tat aber seine Arbeit noch etwa eine Woche lang. Ungefähr ein oder zwei Tage vor dem Konzert sagte er: ›Wir sind leider noch nicht ganz fertig mit dieser Komposition, aber ich möchte Sie, meine Herren, nicht wei- ter beanspruchen; Sie sollen nicht unter meiner Krankheit leiden!‹ Er verlangte auch keine Überstunden oder etwas Ähnliches, obwohl er dazu berechtigt gewesen wäre.

Eine Woche später war er dann sehr krank und ging schließlich nach Wien zurück.

Selbst im letzten Konzert gab es keine Anzeichen seiner Krankheit, er nahm sich ungeheuer zusammen; er hatte eben diesen eisernen Willen. [...]

Nach Mahlers Abschied gab es für ein, zwei Jahre, viel- leicht sogar für zehn Jahre einen gewaltigen Niedergang der Philharmoniker.«

Essays

Überall ist das Elend zu Hause...

Mahlers Welt-Verständnis –
Musik als Widerbild der Welt

Am 18. oder 19. Dezember 1909 schreibt Mahler aus New York an Bruno Walter: *Was ist das für eine Welt, welche solche Klänge und Gestalten als Widerbild auswirft*, und nimmt damit Bezug auf den dritten und vierten Satz seiner 1. Sinfonie, genauer gesagt: auf den Zusammenhang beider Sätze, denn er schreibt weiter: *So was wie der Trauermarsch und der darauf ausbrechende Sturm erscheint mir wie eine brennende Anklage an den Schöpfer. Und in jedem neuen Werk von mir (wenigstens bis zu einer gewissen Periode) erhebt sich dieser Ruf von neuem:* »*daß du ihr Vater nicht, daß du ihr Zar!*«[1]

Ganz ähnlich hatte er sich schon als Neunzehnjähriger seinem Jugendfreund Josef Steiner mitgeteilt:

Wenn mich der scheußliche Zwang unserer modernen Heuchelei und Lügenhaftigkeit bis zur Selbstentehrung getrieben hat, wenn der unzerreißbare Zusammenhang mit unseren Kunst- und Lebensverhältnissen imstande war, mir Ekel vor allem was mir heilig ist, Kunst, Liebe, Religion, ins Herz zu schleudern, wo ist dann ein anderer Ausweg als Selbstvernichtung. Gewaltsam zerreiße ich die Bande, die mich an den eklen schalen Sumpf des Daseins ketten, mit der Kraft der Verzweiflung klammere ich mich an den Schmerz, meinen einzigen Tröster. [...] O, daß ein Gott den Schleier risse von meinen Augen, daß mein klarer Blick bis an das Mark der Erde dringen könnte! O, ich möchte sie schauen, diese Erde, in ihrer Nacktheit, ohne Schmuck, ohne Zierde, wie sie vor ihrem Schöpfer daliegt; ich wollte dann hintreten vor ihren Genius. »Nun kenne ich dich, Lügner, hast mich nicht getäuscht mit deinem Heucheln, mich nicht geblendet mit deinem Schein! O, sieh her! Ein

---

[1] *GMB*, S. 419 (372); das Zitat stammt aus der *Totenfeier* des polnischen Dichters Adam Mickiewicz in der Übersetzung von Sigfried Lipiner.

Mensch, umgaukelt von dem gleißendsten Spiele deiner
Falschheit, getroffen von den furchtbarsten Schlägen deines
Hohns, doch ungebeugt, stark! Angst treffe dich, wo du
dich birgst! Aus dem Tale der Menschheit tönt's zu dir her-
auf, zu deiner kalten einsamen Höhe! Begreifst du den un-
säglichen Jammer, der sich da unten durch Äonen zu Ber-
gen gehäuft hat? Und auf ihren Gipfeln thronst du und
lachst!«[2]

Beide Brief-Zitate lassen Phänomene von essentieller Bedeutung
erkennen:

1. Mahlers Weltverständnis wird durch den Eindruck der »Heuchelei« und »Lügenhaftigkeit«, durch »Trug und Leichtsinn«, die
ihm die Welt und das Leben darin als »schalen Sumpf des Daseins«
erscheinen lassen, wesenhaft als negatives geprägt. *Überall ist das*
Elend zu Hause und es legt die seltsamsten Kleider an, um die armen
Menschenkinder zu verspotten, schreibt er am 1. November 1880
an Emil Freund, einen seiner engsten Vertrauten seit Jugendjahren.

2. Der Komponist Mahler schafft sein Werk als »Widerbild« einer Welt-Realität, die durch ein Unten und Oben, durch »eklen
schalen Sumpf« und Hohn aus »kalter einsamer Höhe«, durch
Blendwerk eines Schöpfers gezeichnet ist, der auf den Gipfeln des
von ihm geschaffenen Elends sitzt und lacht. Musik als Widerbild
solcher Welt ist Dokument und Anklage zugleich, nicht pures Ab-
Bild, nimmt vielmehr »Welt« in ihren Widersprüchen und Brüchig-
keiten in sich auf, verschleiert nichts, will selbst aber eine »andere
Welt« sein. *Mein Bedürfnis, mich musikalisch-symphonisch auszu-*
sprechen, beginnt erst da, wo die dunkeln *Empfindungen walten,*
an der Pforte, die in die »andere Welt« hineinführt; die Welt, in der
die Dinge nicht mehr durch Zeit und Ort auseinanderfallen.[3]

Widerspiegelung realer Phänomene in jener »anderen Welt«, in
der die Dinge quasi kugelgestaltförmig zusammenfließen, kennzeichnet bereits die Imagination des jugendlichen Mahler, der aus
der selbstgewählten ungarischen Einsamkeit seinem Freund Steiner eine Vision ständig sich durchdringender Ebenen von Erleb-
tem und Erschautem vermittelt: *Da ziehen die blassen Gestalten*
meines Lebens wie der Schatten längst vergangenen Glücks an mir

[2] *GMB*, S. 5/6 (8)
[3] *GMB*, S. 187 (149)

vorüber, und in meinen Ohren erklingt das Lied der Sehnsucht wieder. Da hält der Leiermann »in seiner dürren Hand den Hut hin«, und in den verstimmten Tönen des Leierkastens erkennt Mahler seine Jugendoper *Ernst von Schwaben* wieder, für die Steiner den Text geschrieben hatte; Ernst von Schwaben breitet die Arme aus und tritt auf ihn zu: *und wie ich hinsehe, ist's mein armer Bruder*, Ernst, ein Jahr jünger als er, mit dreizehn bereits gestorben.

Szenenwechsel: *Aus dem grauen Meere tauchen zwei freundliche Namen auf: Morawan, Ronow!*, jene Meierhöfe bei Časlau in Böhmen, auf denen Mahler 1875 und 1876 im Sommer zu Besuch war. Pauline – möglicherweise seine Jugendliebe – erscheint: *ich sehe die zwei Augen, die mich einst zum Diebe gemacht hatten – und wieder sinkt alles zurück.*

Neue Szene: *Dort erhebt sich nun der verhängnisvolle Regenschirm […]. Plötzlich steigt ein Tisch aus dem Boden, an ihm eine gespenstische Gestalt, ganz in blaue Wolken eingehüllt: Es ist Melion […]*, der Repetitor Mahlers und Steiners in Gymnasial-Zeiten. *Und daneben sitzen wir wie zwei Ministranten, die zum ersten Male dem heiligen Amte dienen.* Hinter ihnen schwebt ein Kobold, der mit furchtbarer Stimme *in der Melodie der Bertinischen Etüden* ruft: *Beuget euch! Auch diese Herrlichkeit wird verschwinden!*

Erneuter Schauplatzwechsel. Ein Wolkenstrom vernebelt alles; plötzlich blickt ein Engelsköpfchen daraus hervor, *und unter ihm steht Ahasver* – der ewige Jude, mit dem sich Mahler immer wieder identifiziert – *mit seinem Leiden, und möchte hinauf zu ihm in die selige erlösende Nähe, doch der Engel entschwebt lachend […].*[4] Hier artikuliert sich jene »merkwürdige Realität der Gesichte«, von der er auch im Zusammenhang mit den Empfindungen beim Dirigieren seiner 1. Sinfonie spricht[5]; eine Realität, *die sofort zu einem Schemen auseinanderfließt, wie die Erlebnisse eines Traumes*, in dem eben *die Dinge nicht mehr durch Zeit und Ort auseinanderfallen.* Auf diese *andere Welt*, in der *die dunklen Empfindungen walten*, ist sein kompositorisches Wollen gerichtet, in ihr sieht er die eigentliche, die wahre Realität. *Die Musik muß immer ein Sehnen enthalten, ein Sehnen über die Dinge dieser Welt hinaus*, äußert er im Sommer 1899 gegenüber Natalie Bauer-Lechner.[6] Der Kom-

---

[4] *GMB*, S. 7–9 (9/10)
[5] Brief an Bruno Walter vom 18. oder 19. Dezember 1909 *GMB*, S. 417–420 (371–374)
[6] *NBL*, S. 119

ponist Mahler schafft diese »andere Welt«, nach der *Ahasver in seinem Leiden* sich sehnt; er möchte dem Engel nahe sein, *möchte hinauf zu ihm in die selige erlösende Nähe.*

Die Ansicht von Floros, Mahlers Bemerkung vom *Sehnen über die Dinge dieser Welt hinaus* gehe zurück auf E. T. A. Hoffmann und *jene unendliche Sehnsucht, welche das Wesen der Romantik ist*[7], scheint zu kurz zu greifen. Mahlers Glaube an eine jenseitige Welt, in der die Dinge *nicht mehr durch Zeit und Ort auseinanderfallen,* gründet sich zwar nicht in der Transzendentallehre Gustav Theodor Fechners, findet in ihr aber seine Bestätigung. Fechner hatte seine Gedanken zur Unsterblichkeit zum erstenmal 1836 im *Büchlein vom Leben nach dem Tode* niedergelegt. Nachweislich hat Mahler Fechners großes Werk *Zend-Avesta* gelesen, das sich in seinen Gedankengängen unmittelbar an das »Büchlein« anschließt.

Mahlers Begriff des Jenseitigen deckt sich weitgehend mit der dritten der von Fechner entwickelten Drei-Stufen-Lehre, auf der sich menschliches Leben *mit dem von andern Geistern zu einem höhern Leben in dem höchsten Geiste* verflicht, von der aus man *in das Wesen der endlichen Dinge* zu schauen vermag.[8] Diesseitiges und jenseitiges Leben bilden nach Fechner eine untrennbare Einheit insofern, als das jenseitige, die Sphäre der Erinnerungen, aus dem diesseitigen, dem der Anschauungen, in notwendiger Bedingtheit hervorgeht. *Wir können das Jenseits*, so Fechner in *Zend-Avesta*, *als eine höhere Entwicklungsstufe des Diesseits betrachten; aber es ist überall nicht die Natur höherer Entwicklungsstufen, die bisherige Basis aufzugeben, sich davon loszumachen, sondern die bisherige Basis selbst zu gipfeln, zu krönen; höhere Beziehungen daran zu entwickeln.*[9]

Mahlers *Sehnen über die Dinge dieser Welt hinaus*, das jede Musik enthalten müsse, richtet sich auf dieses jenseitige Leben, das nach Fechner so zu verstehen ist, *als ob der größere Geist selbst, dem wir angehören, uns im Tode mit unserem ganzen Gehalt und Wesen aus seinem niederen Anschauungsleben in sein höheres Erinnerungsleben aufnimmt.*[10]

---

[7] Constantin Floros, *Gustav Mahler I. Die geistige Welt Gustav Mahlers in systematischer Deutung*, Wiesbaden 1977, S. 157

[8] Gustav Theodor Fechner, *Zend-Avesta oder Über die Dinge des Himmels und des Jenseits. Vom Standpunkt der Naturbetrachtung*, Leipzig 1851

[9] ebda.

[10] ebda., S. 427

Wie sehr solche Gedankengänge Mahlers eigenen Überlegungen entgegenkommen, ist der Bemerkung im Brief an seine Frau vom 2. April 1903 zu entnehmen, daß er im *Zend-Avesta Altgekanntes, Selbstgeschautes, und Erlebtes* wiedergefunden habe, ja, daß er sich Fechner, der in seinen Empfindungen Rückert sehr nahe stehe, außerordentlich verwandt fühle.[11]

Mahlers »andere Welt« ist eine Welt des Erschauten, Erlebten, Erinnerten, eine Welt, in der die Dinge »zu einem Schemen auseinanderfließen«, den Gesetzen diesseitiger Realität, ihrer Logik und zeitlicher Strukturiertheit nicht mehr zu unterwerfen sind. Darum kann seine Antwort als Komponist auf die Dinge der diesseitigen Realität in der »Realität der Gesichte« nicht eine einfach abbildende sein, kann nicht purer Transfer von Bildern diesseitiger Welt-Realität resp. Realitäts-Welt in die Sprache von Musik sein; und darum empfindet er es geradezu als *Plattheit* [...], *zu einem Programm Musik zu erfinden* [...]. *Daran ändert die Tatsache nichts, daß die Veranlassung zu einem musikalischen Gebilde gewiß ein Erlebnis des Autors ist, also ein Tatsächliches* [...].[12] Das musikalische Gebilde selbst, die »Klänge und Gestalten« aber sind – wie er es nennt – ihr »Widerbild«, nicht Ab-Bildung, nicht Beschreibung mit anderen Mitteln, sondern Verweise auf Erschautes, Erinnertes, auf Gedankenmögliches. Und so können denn auch Mahlers Erklärungen seiner Sinfonien – sofern und solange er überhaupt solche gegeben hat – nichts mehr sein als »Wegtafeln und Meilenzeiger« für den noch unerfahrenen Hörer. Inhalt seiner Musik sind sie niemals gewesen. *Die Crux der Auffassung der Musik Mahlers als Programmusik besteht vor allem darin, daß man den Gleichnischarakter der verbalen Umschreibungen nicht erkennt und sie als das Gemeinte wörtlich nimmt, während sie doch als Gleichnisse aufs Gemeinte nur hinzuweisen versuchen.*[13]

Gemeint ist vor allem die Negativität des Weltgetriebes, der »schale Sumpf des Daseins«, das Elend, das überall zu Hause ist und die armen Menschenkinder verspottet: zu ihm bezieht er Position. *Er plädiert musikalisch für die Bauernlist gegen die Herren; für die, welche Reißaus nehmen vor der Ehe; für Außenseiter, Einge-*

[11] *AME*, S. 288

[12] *GMB*, S. 187 (149); auch hier äußert sich Mahler zu Problemen im Zusammenhang mit der 1. Sinfonie.

[13] Hans Heinrich Eggebrecht, *Die Musik Gustav Mahlers*, München/Zürich 1982, S. 99

kerkerte, darbende Kinder, Verfolgte, verlorene Posten. [...] *Die vorwaltende Ideologie des Wahren, Schönen, Guten, mit der Mahlers Musik zu Anfang sich gemein macht, schlägt um in stichhaltigen Protest. Mahlers Menschheit ist eine Masse von Enterbten.*[14] Martin Zenck weist allerdings mit Recht darauf hin, daß sich schon im *Klagenden Lied*, dem einzigen größeren erhaltenen Werk der Frühzeit, von dessen Vollendung er am 1. November 1881 Emil Freund Mitteilung macht[15], die *für* [...] *Mahlers Weltanschauung charakteristische Sympathie mit dem gefährdeten und unterdrückten Menschen* dokumentiere[16].

Anfang 1892 erscheinen bei B. Schott's Söhne in Mainz drei Hefte *Lieder und Gesänge aus der Jugendzeit.* Den Liedern des ersten Heftes – komponiert zwischen 1880 und 1883, also zwischen dem Laibacher und Olmützer Engagement – liegen Texte von Richard Leander, Tirso de Molina und Mahler selbst (*Hans und Grete*, ursprünglicher Titel *Maitanz im Grünen*) zugrunde, die des zweiten und dritten Heftes sind ausnahmslos auf Texte aus *Des Knaben Wunderhorn* komponiert.

Mit den Liedern der beiden letzten Hefte – zwischen 1888 und 1891 geschrieben – findet gegenüber den früheren ein Umschwung im Sinne einer *kritischen Reflexion*[17] statt, was Textwahl wie musikalische Gestaltung betrifft. Auf eben diesen veränderten Tonfall hebt wohl auch Adorno ab mit seiner Bemerkung, Mahlers Musik schlage von einer anfangs *verwaltende*[n] *Ideologie des Wahren, Schönen, Guten* später *in stichhaltigen Protest* um.[18]

Für den naiven Volkston-Charakter der ersten Lieder stehe hier Hans und Grete, dessen Motivik Mahler im Scherzo der 1. Sinfonie übernimmt:

---

[14] Adorno, *Mahler*, S. 67/68
[15] *GMB*, S. 15 (18)
[16] Martin Zenck, *Mahlers Streichung des »Waldmärchens« aus dem »Klagenden Lied«*, in: *AfMw* 38 (1981), H. 3, S. 189
[17] Mathias Hansen, *Das irdische Leben. Zum Weltbild des jungen Mahler*, in: *Beiträge zur Musikwissenschaft* 16 (1974), S. 27
[18] Adorno, *Mahler*, S. 67/68

Mit dem zweiten Heft der *Lieder und Gesänge* wendet sich Mahler den Gedichten der *Wunderhorn*-Sammlung zu, von denen er bekennt, daß *Art und Ton dieser Poesie* ihn seit frühester Jugend fasziniert habe, weil sie *beinahe mehr Natur und Leben [...] als Kunst genannt werden könnte [...]*.[19] Natur- und Welt-Anschauung des jungen Mahler schlagen sich in Text-Wahl, Text-Bearbeitung und musikalischer Gestaltung gleichermaßen nieder.

    Natur und Leben, Leben und Welt spiegeln sich für ihn in vielen dieser Verse, deren Auswahl allein schon die Tendenz seiner Ab-

[19] *GMB*, S. 254/255 (299)

sichten verdeutlicht. Stets gehe es ihm – so Hansen – um *ein zu ver-allgemeinerndes Problem. Mahlers Streben, noch im Detail Allge-meingültigkeit aufzuspüren, entspricht wiederum dem kritischen Impuls seines Werkes: Unbehagen am Geläufigen zu provozieren* [...].[20]

Angesichts der humorigen Naivität einer Volkspoesie wie jener vom Kukuk, der sich zu Tode gefallen hat (*Ablösung im Sommer*), mögen Zweifel an derartigen Interpretationen wach werden. Der Text in Mahlers Fassung[21]:

> *Kukuk hat sich zu todt* [*zu Tode*] *gefallen*
> *an einer holen* [*grünen*] *Weiden,* [*!*]
> [*Kukuk ist todt! hat sich zu Tode gefallen!*]
> *Wer soll uns diesen* [*denn den*] *Sommer lang*
> *die Zeit und Weil' vertreiben.* [*?*] [*Kukuk! Kukuk!*]
> *Ei* [*,*] *das soll tun Frau Nachtigall,* [*!*]
> *Die sitzt auf grünem Zweige;* [*!*]
> [*Die kleine, feine Nachtigall,*
> *die liebe, süße Nachtigall!*]
> *Sie singt und springt, ist allzeit froh,*
> *wenn andre Vögel schweigen,* [*!*]
> [*Wir warten auf Frau Nachtigall;*
> *die wohnt im grünen Hage,*
> *und wenn der Kukuk zu Ende ist*
> *dann fängt sie an zu schlagen!*]

Neu sind solche »mit Humor« vorzutragenden Lieder gewiß nicht, es gibt sie auch von anderen Komponisten zuhauf. Neu ist die musi-kalische contradictio in adjectu, jener »süßsaure«, *schauerlich-pa-nische Humor, daß einen mehr das Entsetzen als das Lachen dabei überkommt*[22]. Betroffenheit wird nicht durch die Sache selbst, daß nämlich der Kukuk tot ist, ausgelöst, sondern dadurch, daß der Tod »mit Humor« zu verkünden sei. Und wenn schließlich die ein-zige Sorge der Frage gilt *Wer soll uns denn den Sommer lang die Zeit und Weil' vertreiben?*, so gewinnt eine derartig naturhaft-naive Position gegenüber dem Tod eine zusätzlich groteske Perspektive, indem Mahler hier das gleiche melodisch-harmonische Material

---

[20] Hansen, *Das irdische Leben*, S. 27
[21] In [] Änderungen oder Zusätze von Mahlers Hand
[22] Mahler über das Scherzo der 3. Sinfonie; *NBL*, S. 118

benutzt wie zuvor bei der Mitteilung, der Kukuk habe sich zu Tode gefallen:

Eggebrecht glaubt, der Text sei *nur scheinbar, jedenfalls nur einerseits humorvoll in harmloser Weise. Andererseits (und in Wirklichkeit) ist er grausam: tödlicher Unfall eines Zeitvertreibers, Schadenfreude und drohende Langeweile beim Publikum, das einen neuen Zeitvertreiber zum Star erkürt* [...].[23] Solche Interpretation der

[23] Eggebrecht, S. 174

Textvorlage scheint indes nur bedingt stichhaltig, weil das Sowohl-
als-auch, das Ineinander von Humor und Grausamkeit zwar wohl
im Text als Möglichkeit angelegt, von Mahler aber erst musikalisch
herausgebracht ist. Beide Elemente bilden im Natur- und Weltverständnis Mahlers eine untrennbare Einheit. Über das Scherzo seiner 3. Sinfonie, in das die *Ablösung im Sommer* direkten Eingang
gefunden hat, schreibt er am 18. November 1896 an Richard
Batka, den Herausgeber der *Prager Neuen Musikalischen Rundschau* u. a.: *Daß diese Natur alles in sich birgt, was an Schauerli-
chem, Großem und auch Lieblichem ist [...], davon erfährt natürlich niemand etwas. Mich berührt es ja immer seltsam, daß die meisten, wenn sie von »Natur« sprechen, nur immer an Blumen, Vög-
lein, Waldesduft etc. denken. Den Gott Dionysos, den großen Pan
kennt niemand.*[24]

[24] *GMB*, S. 214 (180)

»...Felsblöcke, aus denen jeder das Seine formen darf«

Aspekte des Mahlerschen Text-Verständnisses

Mahler benutzt vorhandene Literatur, vor allem die Texte der *Wunderhorn*-Sammlung, als Vorwand zum Komponieren. Zahlreiche Kürzungen, Zusätze und Modifikationen der poetischen Vorlage lassen erkennen, daß Hansen nicht nur mit seiner Vermutung Recht hat, Mahler wähle nur solche Texte aus, *in denen ein zu verallgemeinerndes Problem angesprochen wird*, sondern daß über die Auswahl hinaus recht massive Eingriffe dem ursprünglichen Text eine Richtung verleihen, die ihn vollends mit Mahlers Weltsicht deckungsgleich machen. Hans Mayer, der Mahlers Umgang mit der lyrischen Vorlage als »usurpatorisch« kennzeichnet, verbindet damit nicht etwa den Vorwurf künstlerischen Leichtsinns, ganz im Gegenteil: *Mahler nimmt den Text sehr ernst: so sehr, daß er alles zu eliminieren sucht, was die Identifikation hemmen könnte.*[25]

Mahlers Modifikations-Verfahren rechtfertigt sich quasi aus der Genese der *Wunderhorn*-Gedichte heraus, die selbst jeder Authentizität entbehren und vielmehr Reime darstellen, die *auch Brentano bedenkenlos zurechtdichtete*[26]. Die *Wunderhorn*-Texte sind für Mahler Rohstoff, sie bilden für ihn *eigentlich nur die Andeutung des tieferen Gehaltes, der herauszuholen, des Schatzes, der zu heben ist*[27].

Das kunstvolle, das vollendete Gedicht, das der musikalischen Gestaltung nur schwerlich bedürfte, bei dem der Komponist nach *möglichen Offenheiten für das Eindringen von Musik* (Mayer) zu suchen hätte, ist nicht Gegenstand des Mahlerschen Interesses (Ausnahmen bilden die Texte der »Achten«); ihn fesselt die litera-

---

[25] Hans Mayer, *Gustav Mahler und die Literatur*, in: *Ein Denkmal für Johannes Brahms*, Frankfurt/M. 1983, S. 150
[26] ebda., S. 153
[27] *NBL*, S. 10

rische Vorlage nur insoweit, als sie geeignet ist, an ihr seine eigenen Intentionen zu realisieren.[28]

Hier ein Text-Vergleich des Liedes *Aus! Aus!* (*Lieder und Gesänge*, Heft 2) mit dem Original *Abschied für immer* aus *Des Knaben Wunderhorn*.

Wunderhorn	Mahler
Heute marschieren wir,	*»Heute marschieren wir!*
Morgen marschieren wir,	*Juchhe, juchhe im grünen Mai!*
Zu dem hohen Tor hinaus,	*Morgen marschieren wir*
Ei du wacker schwarzbraun	*zu dem hohen Tor hinaus,*
* Mägdelein,*	*zum hohen Tor hinaus! Aus!«*
Unsre Lieb ist noch nicht aus.	
Reist du schon fort?	*»Reist du denn schon fort?*
Reist du denn schon fort?	*Je, je! Mein Liebster!*
Kommst du niemals wieder heim?	*Kommst niemals wieder heim?*
Und wenn du kommst in ein	*Je, je! Mein Liebster?«*
* fremdes Ländchen,*	*»Heute Marschieren wir,*
Lieber Schatz vergiß mein nicht.	*juchhe, juchhe im grünen Mai!*
	Ei, du schwarzbraun's Mägdelein,
	unsre Lieb ist noch nicht aus,
	die Lieb ist noch nicht aus, aus!
Trink du ein Gläschen Wein,	*Trink du ein Gläschen Wein*
Zur Gesundheit mein und dein,	*zur Gesundheit dein und mein!*
Kauf mir einen Strauß am Huth,	*Siehst du diesen Strauß am Hut?*
Nimm mein Tüchlein in die	*Jetzo heißt's marschieren gut!*
* Tasche,*	*Nimm das Tüchlein aus der Tasch*
Deine Thränlein mit abwasch.	*deine Thränlein mit abwasch!*
	Heute marschieren wir,
	juchhe, juchhe, im grünen Mai;
	morgen marschieren wir,
	juchhe, im grünen Mai!«

[28] Mayer kennzeichnet in diesem Zusammenhang Mahlers Standort bezgl. der Wechselbeziehung von Poesie und Musik im Vergleich zwischen Schumann, Brahms und Wolf auf der einen, Reger und vor allem Schönberg auf der anderen Seite als »zweischneidig«; a.a.O., S. 146 und 149.

Es kommt die Lerche,
Es kommt der Storch,
Es kommt die Sonne ans
*   Firmament.*
In das Kloster will ich gehn,
Weil mein Schätzchen nicht mehr
*   tu sehen,*
Weil nicht wiederkommt mein
*   Schatz!*

»Ich will ins Kloster gehn,
weil mein Schatz davon geht!
Wo geht's denn hin, mein Schatz?
Gehst du fort, heut schon fort?
Und kommst nimmer wieder?
Ach! Wie wird's traurig sein
hier in dem Städtchen!
Wie bald vergißt du mein!
Ich! armes Mädchen!«

»Morgen marschieren wir,
juchhe, juchhe, im grünen Mai!
Tröst' dich, mein lieber Schatz
im Mai blüh'n gar viel Blümelein!
Die Lieb ist noch nicht aus!
Aus! Aus! Aus! Aus!«

Der Text stellt bereits in der *Wunderhorn*-Version eine Kontamination einer Gedicht-Abschrift Jacob Grimms aus dem *Morgen-*
blatt für gebildete Stände (1807) und zweier Liedaufzeichnungen
Bettina von Arnims dar. Auf Grimm gehen die Verse 1–12 und
16–21, auf Bettina die Verse 13–15 und 22–31 zurück, wobei wiederum die Verse 22–25 dem Kinderlied *Rothe Äuglein* verwandt
sind und die Verse 22–31 sich insgesamt als sogenannnte Wander-
strophen in ähnlicher Form auch in anderen Liedern der *Wunder-*
horn-Sammlung sowie im *Deutschen Liederhorst* von Erk-Böhme
wiederfinden. Das Verfahren ist symptomatisch für die gesamte
Wunderhorn-Dichtung: Brentano und von Arnim nahmen nicht
nur die Lieder des 16. und 17. Jahrhunderts sowie Dichtungen von
Zeitgenossen auf, sie adaptierten auch eine Reihe von Vorlagen
für eigene Dichtungen in der typischen »Wunderhorn«-Manier,
bei der es sich nach Ansicht von Hans Magnus Enzensberger *um*
fortwährend gegenwärtige Erinnerungen an Tonfälle und Melodien,
an metrische Schemata und rhythmische Gebärden[29] handelt, zu-
meist um Topoi, die tief im »kollektiven Unterbewußtsein« verankert waren und damit den Anschein des Vertrauten erwecken
konnten. Genau dies trifft auf Mahlers Interesse. Der Anschein
des Bekannten, das glatt Eingeschliffene fordert ihn heraus, darin

[29] zit. nach Peter Hamm, »*Von Euch ich Urlaub nimm…*« *Zu den von Gustav Mahler*
vertonten Texten, in: *Akzente. Zeitschrift für Literatur*, April 1977, S. 163

liegt der Schatz, *der zu heben ist.* Auf der Ebene der Text-Zuberei-
tung setzt er das Brentano-Arnimsche Verfahren der Adaption
fort und formt den »Rohstoff« nach seinen Bedürfnissen. *Heute
marschieren wir! Juchhe! Aus!* wird zum Zentrum seiner Text-Version; der Rest, die naiv-dümmlichen Fragen des Mädchens werden
in ihrer Hilflosigkeit zur kurios-idyllischen Kulisse. Immer wieder
kehren die Verse zu diesem teils martialisch, eher aber doch wohl
komisch anmutenden Begeisterungsausbruch *Heute marschieren
wir!* zurück. Erst in dieser, der Mahlerschen Adaption wird aus
dem harmlosen *Abschied für immer* (der Titel läßt weit Schreckli-
cheres vermuten, als das Gedicht einzulösen vermag!) jene Kol-
portage eines Heldentums, dessen kriegslüsterne Kopflosigkeit für
Generationen zum verhängnisvollen Glaubensbekenntnis wurde.
Grausamkeit und Idiotie mischen sich in peinlicher Weise [...],
stellt Hansen fest und sieht darin seine Vermutung des kritischen
Impulses im Werk des jungen Mahler bestätigt: *Unbehagen am Geläufigen zu provozieren, das Mahler dem Mißbrauch einer sinnverlassenen, spießigen bürgerlichen Gesellschaft ausgesetzt sieht.*[30]

Was Mahler auf sprachlicher Ebene vorbereitet – dem Leser ist
eigentlich nie so recht wohl bei diesem Text »im Volkston« –, wird
im Musikalischen vollends evident: nicht nur, daß dem Schein von
Volkston-Melodik »unangemessene« Harmonik kontrapunktiert
wird – die harmonischen Wendungen sind auch in sich selbst nicht
»stimmig«: eine quasi vertikal wie horizontal verlaufende contradictio. Die Musik ist – wenn überhaupt – nur an der Oberfläche af-
firmativ, gebärdet sich nur wie eine »im Volkston«, wie »vertraute
Weisen«. Die Wahrheit dieser Musik sitzt tiefer; niemals ein »So«
oder ein »Aber«, immer scheint zugleich die Kehrseite der Me-
daille durch: Marschtempo ja, aber *keck*; *kläglich* ja, aber *mit Parodie*! Erst in der contradictio offenbart sich die Wahrheit der
Dinge, allein in dieser Dialektik ist ihr Wesen begründet.

Das Brüchige, die Verweigerung des Einverständnisses mit dem
Üblichen ist der »Ton« dieser Musik. *Idyllik wird ins Parodistische
getrieben, volksmusikalische Ungetrübtheit jäh ins Tragische, Ab-
gründige, Heiterkeit in Skurrilität gewendet. Hiervon geht insbesondere der kritische Ton Mahlers aus, seine Schärfe und Konsequenz
gegen das mit Tradition verwechselte Klischee.*[31]

[30] Hansen. *Das irdische Leben*, S. 27
[31] ebda., S. 29

Vom zweiten und dritten Heft der frühen *Lieder und Gesänge* führt ein direkter Weg zu den Orchesterliedern auf *Wunderhorn*-Texte aus den Jahren 1892 bis 1901. *Wo die schönen Trompeten blasen*, zusammen mit dem ähnlich gearteten *Lied des Verfolgten im Turm*, im Juli 1898 komponiert[32], knüpft unmittelbar an die Marschlied-Idiomatik des *Aus! Aus!* an, wenngleich sie hier von Anfang an durch Mahlers Vorschrift *Verträumt. Leise* ins quasi irrational Verschleierte gewendet ist.

Die Quellenlage der Mahlerschen Textfassung ist klar, aber vielschichtig. Wesentliche Grundlage ist neben *Unbeschreibliche Freude* das ähnlich geartete Gedicht *Bildchen*, das seinerseits wiederum eine Kontamination zweier Quellen darstellt; hinzu kommen einige Zeilen bzw. einzelne Worte von Mahlers Hand. Die folgende Aufstellung zeigt den für Mahler typischen Umgang mit dem »Rohstoff« der *Wunderhorn*-Texte:

Unbeschreibliche Freude	Bildchen	Mahler
Wer ist denn draußen und klopfet an?	*Wer ist denn draußen, wer klopfet an?*	
Der mich so leise wecken kann?		
Das ist der Herzallerliebste[33] dein,		
Steh auf und laß mich zu dir ein.		
	Was soll ich hier nun länger stehn;	
	Ich seh die Morgenröt aufgehen;	
	Die Morgenröt, zwei helle Stern,	
	Bei meinem Schatz, da wär ich gern,	

---

[32] vgl. *Gustav Mahler. Ein Lesebuch mit Bildern*, hg. von H. Kühn und G. Quander, Zürich 1982, S. 156; de La Grange vermutet noch 1895. Die dortigen Angaben gehen wahrscheinlich auf Mitchell zurück.

[33] *Der Lesarten-Bericht der historisch-kritischen Ausgabe von Brentanos Werken*, hg. von H. Rölleke, Stuttgart/Berlin/Köln/Mainz 1978, Bd. 9, 3, S. 193, verzeichnet *Herzallerliebste* als Druckfehler und bestätigt das von Mahler verwendete *Herzallerliebe* als richtig!

Unbeschreibliche Freude	Bildchen	Mahler
		bei meinem Herzallerliebe.
Das Mädchen stand auf, und ließ ihn ein,		
	Sie hieß ihn auch willkommen sein.	
		Willkommen, lieber Knabe mein, so lang hast du gestanden!
	Sie reicht ihm auch die schneeweiße Hand, das Mädchen fängt zu weinen an.	Von ferne sang die Nachtigall;
Ach weine nicht, du Liebste mein, Aufs Jahr sollst du mein Eigen sein.		
	Mein eigen sollst du werden gewiß, Wie's keine sonst auf Erden ist.	
O Lieb auf grüner Erden.		
	Ich zieh in Krieg auf grüne Haid, die grüne Haide, die ist so weit. Allwo dort die schönen Trompeten blasen, da ist mein Haus von grünem Rasen.[34]	

[34] Die Vermutung von de La Grange, S. 777, die letzten Strophen von *Bildchen* seien echte Volkspoesie, weshalb sie Mahler durch Verse aus andcren Gedichten ersetzt habe, entbehrt jeder Grundlage. Wie der Lesarten-Bericht, Bd. 9, 3, S. 142, ausweist, handelt es sich um die Zeilen 29–36 einer Lieder-Abschrift der Geschwister Mannel. Diese Zeilen wurden von Brentano übernommen.

Mahler begegnet dem Text in der Art Brentanos; er setzt dessen Kontaminations-Verfahren fort und verschachtelt neben der Einfügung eigener Beiträge, die sich dem *Wunderhorn*-Ton in Motivik und sprachlichem Gestus anpassen, die beiden Gedichte *Unbeschreibliche Freude* und *Bildchen* ineinander. Die Behauptung von de La Grange, Mahler habe die ersten drei Strophen von *Unbeschreibliche Freude* wörtlich übernommen, ist falsch. Richtig ist dagegen, wie die obige Aufschlüsselung zeigt, daß die Zeilen 12 und 13 von Mahlers Hand stammen, d. h. genau jene Zeilen, von denen de La Grange sagt, sie seien *the expressive climax of the song, one of the finest passages in all of Mahler's music* [...].[35]

Einer solchen Interpretation liegt indes ein Verständnis zugrunde, das die dialektische Bezogenheit ästhetischer Kategorien bei Mahler übersieht.

Der Text wird ohne Kenntnis der Mahlerschen Musik als Allerwelts-Idylle aufzufassen sein, die am Ende eine gewisse Trübung erfährt, weil der Geliebte in den Krieg zieht. Diese Trübung wird für Mahler zum Zentrum, hier liegt für ihn der Schatz, der zu heben ist, aus dieser Perspektive – der einzigen, die ihn an diesem Text fasziniert – überzieht er alles mit einer Folie von Trauer und Resignation; das musikalische »Meinen« ist nicht kongruent dem sprachlichen der *Wunderhorn*-Vorlage. Der Tonfall des Liedes ist der von Trauer und Wehmut, von resignierender Ohnmacht. Mahlers musikalische Sprache läßt in dieser Hinsicht keinen Zweifel zu.

In Anlehnung an Eggebrechts Terminus der *Vokabeln als aus dem Kontext analytisch isolierbare*[r] *Anknüpfungsgebilde*[36] wird hier der »Ton« des Liedes durch ein in den Zustand der Erstarrung zurückgenommenes Militärsignal bestimmt,

das im Verlaufe des Liedes in verschiedensten Transformationen wiederkehrt, häufig gekoppelt mit einer Triolen-Signalfigur in Horn-Quinten:

[35] de La Grange, S. 778
[36] Eggebrecht, S. 70

Oder in anderer Form

oder

Die semantische Intention dieser »Vokabel« liegt in ihrer Doppeldeutigkeit:

a) Militärsignal als positives Signum mit Aufforderungscharakter (auf der Ebene der militärischen Verständigung und des militärischen Selbstverständnisses)

b) Verkehrung ins Gegenteil, indem durch »Neueinkleidung« der ursprünglichen Bedeutungsebene eine andere entgegengesetzt wird.

Eine weitere, anders geartete Vokabel stellt die Terz- bzw. Sextparallelen-Dominanz der Takte 40 ff., 92 ff. u. 130 ff. zu den Worten des Mädchens dar, deren »benennende Kraft« aus dem Kontext ihres Gebrauchs abzuleiten ist: Schwelgerei, Überschwang, auch naive Idylle, bürgerliche Selbstgefälligkeit, Unbekümmertheit. Hier greift Mahler ein: an der Stelle *Sie reicht ihm auch die schneeweiße Hand* (T. 104 ff.) übernehmen anstelle der Streicher die Klarinetten in Sext- und Terzfiguren für wenige Takte die Begleitung der Singstimme – der Klang wird für einen Moment »ausgedünnt« –, bevor ab T. 107 wieder die Streicher allein zu Worte kommen

und die Sext-Terz-Vokabel in ihr Gegenteil verkehren: hier wird mit zusammengebissenen Zähnen von Schönheit und Idylle geredet; das ist die Redeweise von einem, der es besser weiß, wie es um die Schönheit in dieser Welt bestellt ist, und doch ohnmächtig zusehen muß; das ist Terzen- und Sexten-»Seligkeit«, die bitter schmeckt.

Prompt folgt die Ernüchterung: der schwelgerische Streichersatz fällt in die Starre der Holzbläser-Passage vom Anfang zurück:

Nichts von jener naiven Volkslied-Mentalität, die noch Paul Stefan aus Mahlers Liedern herauszuhören imstande war; nichts von der *volkstümlich schlichten Seite*, die Richard Batka in seinem Nachruf diesen *warm empfundenen,* [...] *naiven Gesängen* unterstellt.[37]

---

[37] *Der Kunstwart* 24 (1910/1911), S. 315

Ihre scheinbare Schlichtheit ist immer eine Falle[38], ihre Anbiederung ans Bekannte, ans Einfache entlarvt Normalität als Schein, spiegelt eine Welt, *die nichts begriffen hat und je begreifen wird,* [...] *die Welt des ewigen Blabla der Spießbürger und Philister*, wie Eggebrecht im Hinblick auf den ersten Satz der 4. Sinfonie sagt, die den Abschluß der sogenannten *Wunderhorn*-Phase bildet.[39] Mahlers musikalische Sprache wird zu einer permanenten »contradictio sine qua non«.

---

[38] Hamm, S. 161
[39] Eggebrecht, S. 103

»...ein ungeheures Lachen über die ganze Welt«

Humor, Ironie, Groteske

Mahlers Werk ist bewußter und intensiver als das anderer Komponisten Spiegelung seines Verhältnisses zur Welt. Die Suche nach Möglichkeiten einer Welt-Bewältigung führt ihn sehr früh in philosophische Bereiche, deren Wurzeln in die griechische Antike zurückreichen. Daher ist seine Musik nicht allein aus philosophischer Perspektive, aber auch nicht ohne sie interpretierbar.

Im Sommer 1897 umreißt er in einem Gespräch mit Natalie Bauer-Lechner seine Sicht des Verhältnisses Künstler – Welt und die für ihn sich daraus ergebenden philosophisch-ästhetischen Konsequenzen: Der Mensch und insbesondere der Künstler entnehme jeden Stoff und jede Form, die er benutzt, der Welt, die ihn umgibt, *freilich* – so ergänzt er, um Mißverständnissen vorzubeugen, ausdrücklich – *in ganz anderem, erweitertem Sinne. Sei es nun, daß er sich in harmonisch-glücklichem Einklange mit der Natur befindet oder sich zu ihr in schmerzvoll-leidenden oder feindlich-verneinenden Gegensatz stellt, sei es, daß er von überlegener Warte aus in Humor oder Ironie mit ihr fertig zu werden sucht: womit die Grundlagen zu dem schön-erhabenen, sentimentalen und tragischen und humoristisch-ironischen Kunststil im engsten Sinne gegeben sind.*[40]

Humor und Ironie, die Mahler als philosophisch-ästhetische Kategorien der Welt-Begegnung synonym verwendet, hatte er bereits ein Jahr zuvor in einem Brief an Max Marschalk exakter zu fassen gesucht, und zwar *im Sinne des Aristoteles »eironeia«*[41]. Und 1903 schreibt er an Julius Buths, der eine Aufführung der 4. Sinfonie in Düsseldorf plant: *Im allgemeinen habe ich die Erfahrung gemacht, daß Humor dieser Sorte (wohl zu unterscheiden von Witz und muntrer Laune) selbst von den Besten oft nicht erkannt wird.*[42]

---

[40] *NBL*, S. 81/82
[41] *GMB*, S. 185/186 (147)
[42] *GMB*, S. 317 (282)

Ironie und Humor als Kategorien des Welt/Natur-Verständnisses und zugleich als Mittel der Wirklichkeits-Bewältigung weisen Mahler in erster Linie als Vertreter romantischen Gedankenguts aus; dies um so mehr, als er auch der Natur ausschließlich aus dem Blickwinkel der Ironie zu begegnen vermag, d. h., daß er in ihr nicht das Widerbild uneingeschränkter Harmonie, sondern den Widerstreit disparater Elemente, das feindlich Lauernde, den panischen Schrecken sieht.

Aus Mahlers negativem Welt-Verständnis leitet sich Ironie quasi zwangsläufig als Medium der Wirklichkeits-Begegnung ab, und zwar einerseits als theoretisch-kontemplative Verfahrensweise, zum andern in künstlerischer Umsetzung als Groteske.

In keiner der Mahlerschen Einlassungen zu Welt und Wirklichkeit richtet sich seine Anklage gegen den Mißstand einzelner Erscheinungen, sondern immer gegen das Ganze des Daseins. Die Unvollkommenheit der diesseitigen Welt ist ein im Sinne der Fechnerschen Stufenlehre (vgl. S. 572) Noch-nicht-Gewordenes, ein im Blick auf die Vollkommenheit des Jenseits Vor-Vollkommenes. Mit solcher Realität sucht Mahler »von überlegener Warte aus in Humor und Ironie« fertig zu werden. In diesem Punkt trifft er sich mit jenen Gedankengängen, die Jean Paul in der *Vorschule der Ästhetik* äußert: *Der Humor, als das umgekehrte Erhabene, vernichtet nicht das Einzelne, sondern das Endliche durch den Kontrast mit der Idee. Es giebt für ihn keine einzelne Thorheit, keine Thoren, sondern nur Thorheit und eine tolle Welt*. Der Humor – so Jean Paul – vernichtet alles, *weil vor der Unendlichkeit Alles gleich ist und nichts*[43].

Das Lachen über die ganze Welt ist nur möglich aus der höheren Warte einer »eigentlichen« Welt: *Wenn der Mensch, wie die alte Theologie that, aus der überirdischen Welt auf die irdische herunterschaut, so zieht diese klein und eitel dahin; wenn er mit der kleinen, wie der Humor thut, die unendliche ausmißt und verknüpft, so entsteht jenes Lachen, worin noch ein Schmerz und eine Größe ist*.[44]

In diesem Sinne spricht Mahler vom *tragischen Humor* der 1. Sinfonie[45], die Max Kalbeck in seiner Rezension im *Neuen Wiener Tagblatt* vom 20. November 1900 als *Sinfonia ironica* betitelt

[43] Jean Paul, *Vorschule der Ästhetik*, Hamburg 1804, S. 132
[44] ebda., S. 137
[45] vgl. Fritz Löhr, *Zwei Jugendbriefe*, in: *Musikblätter des Anbruch* 2 (1920), Nr. 7/8, S. 302

und feststellt: *Ohne Zweifel jeanpaulisiert die Symphonie in hohem Grade [...]*. Mahler ist begeistert und schreibt postwendend an Kalbeck: *Und so müssen Sie sich es gefallen lassen, daß ich Ihnen Bravo zurufe und applaudiere! Ich bin ganz erstaunt über manches, was Sie sagen, und möchte immer fragen – woher, zum Kuckuck, haben Sie denn das?*[46]

Im Innern, in der Stimmung, im Fühlen: über alles Bedingte, Endliche, Reale hoch erhoben, von höherer Warte; im Äußeren, in der Ausführung nach Art eines italienischen Buffo, so wie es Friedrich Schlegel im *Lyceum* beschreibt: *Es gibt alte und moderne Gedichte, die durchgängig im Ganzen und überall den göttlichen Hauch der Ironie atmen. Es lebt in ihnen eine wirkliche transcendentale Buffonerie. Im Innern, die Stimmung, welche alles übersieht, und sich über alles Bedingte unendlich erhebt, auch über eigne Kunst, Tugend oder Genialität: im Äußern, in der Ausführung die mimische Manier eines gewöhnlichen guten italienischen Buffo.*[47] Peter Szondi sieht darin *die Destruktion des Bedingten. [...] Buffonerie im aufgerissenen Raum zwischen dem Idealen und dem Realen*[48].

Der in diesem Zusammenhang häufig zitierte III. Satz der 1. Sinfonie ist eine solche Buffonerie. Mahler hat großen Wert auf die Feststellung gelegt, daß es – unbeschadet der »äußeren Anregung« durch das Kinderbild *Des Jägers Leichenbegräbnis – nur auf die Stimmung* ankomme, *welche zum Ausdruck gebracht werden soll*[49]. Die Stimmung, von Mahler zuweilen auch als »Empfindung«, »Gefühlsgang« oder »gedankliche Basis des Werkes« bezeichnet, ist hier zweifelsfrei die von Trauer. Aber diese Trauer wird ihrer Endlichkeit, ihrer diesseitigen Direktheit beraubt, indem er sie »von überlegener Warte aus«, in ironischer Distanz darstellt. Aus dieser Sicht erst wird der eigentliche Sinn von Mahlers Bemerkung zur Instrumentation, zur Einkleidung des Satzes verständlich. Natalie Bauer-Lechner erinnert sich eines Gesprächs Ende 1900/Anfang 1901, in dem sie Mahler von der unglaublichen klanglichen Wirkung erzählte, die vor allem der dritte Satz auf sie mache. »*Das muß er auch*«, entgegnete Mahler; »*es liegt in der Art, wie ich die In-*

---

[46] *GMB*, S. 295/296 (254/255)

[47] Friedrich Schlegel, *Lyceum*, S. 42

[48] Peter Szondi, *Friedrich Schlegel und die romantische Ironie*, in: *Euphorion* 48 (1954), S. 405

[49] *GMB*, S. 185 (147)

*strumente verwende, die im ersten Satz ganz hinter einem Strahlen-
meer von Tönen verschwinden – wie der Leuchtkörper hinter dem
Glanz, der von ihm ausgeht, unsichtbar wird. Im Dritten Satz sind
die Instrumente wieder auf andere Weise verkappt und vermummt
und gehen wie in fremder Erscheinung um: alles soll dumpf und
stumpf klingen, wie Schatten an uns vorüberziehen.«*[50]

Der *intendierte Gehalt* – mit einem Terminus Eggebrechts – ist
Trauer; als Musik, in ihrer klanglichen Äußerlichkeit aber tritt sie
»verkappt«, »vermummt«, »wie in fremder Erscheinung« auf, gibt
sich als Buffonerie »in Callot'scher Manier«

In diesem Punkte scheint Eggebrechts Interpretation, der intendierte Gehalt des dritten Satzes sei *die Perversion der Trauer*[51],
fragwürdig. Nicht die Perversion der Trauer ist die »Idee« des Satzes, sondern Trauer als Zustand eines »im Tiefsten verwundeten
Herzens«, der aus Mahlers Sicht in der musikalischen Konkretisie-
rung einer verfremdenden Distanzierung bedarf. *Der Humor [...]
vernichtet [...] das Endliche durch den Kontrast der Idee* (J. Paul).

Im III. Satz der 1. Sinfonie singen die Instrumente maskiert, ge-
bückt und verwundeten Herzens, den Figuren Callot'scher Stiche
und Radierungen ähnlich, ihr Lied vom *Bruder Martin.*

Um jene »befremdend-unheimliche Wirkung« zu erzielen, die
ihm beim *Bruder-Martin*-Satz vorschwebt, läßt Mahler die Instrumente in un-erhörter Weise spielen, deformiert ihre Normalität.
*Wenn ich einen leisen, verhaltenen Ton hervorbringen will, lasse ich
ihn nicht ein Instrument spielen, das ihn leicht hergibt, sondern lege
ihn in jenes, welches ihn nur mit Anstrengung und gezwungen, ja oft
mit Überanstrengung und Überschreitung seiner natürlichen Grenzen zu geben vermag. So müssen mir Bässe und Fagott oft in den
höchsten Tönen quieken, die Flöte tief unten pusten.*[52]

[50] *NBL*, S. 151
[51] Eggebrecht, S. 16
[52] *NBL*, S. 151

Alle Instrumente bewegen sich am äußersten Rande ihrer Möglichkeiten, in Extrem-Situationen[53], die den vertrauten Klangeindruck so entscheidend verändern, daß solche Stellen als *überschärfte Differenzen von der musikalischen Hochsprache* erscheinen[54]. Anders ausgedrückt: musikalisches Denken dieser Art läßt nicht nur Trivialität und Häßlichkeit zu, es erzwingt sie geradezu aus der Logik der Mahlerschen Ästhetik.[55] Übertreibung oder Deformierung des Wohlgeformt-Normalen läßt jene künstlerisch notwendige Distanz entstehen, die zugleich Mittel der Entlarvung wie Bewältigung einer aus den Fugen geratenen Welt ist.

Die »befremdend-unheimliche Wirkung« des dritten Satzes ist nicht nur Benennung des »im Tiefsten verwundeten Herzens«, nicht nur Widerspiegelung des Leidens an der Welt, an ihrer »Lügenhaftigkeit«, ihrem »eklen schalen Sumpf«, sie ist zugleich auch der Versuch ironischer Distanzierung, in die gleichermaßen das *Versinken in die schmerzlich beglückende Traumstimmung*[56] des Mittelteils (T. 83–112) mit einbezogen wird: Leben wird zum Spiel – einer Maxime Schlegels folgend. *Die Gegebenheiten des Lebens und die Menschen werden auf einen »tiefen unendlichen Sinn«, der ihnen immanent ist, bezogen und von dort her betrachtet. [...] Denn Spiel ist nichts anderes als Leben, das aus einem ihm äußerlichen archimedischen Punkt heraus gelebt und gedeutet wird.*[57]

---

[53] Mahler schreibt beim Einsatz des Englischhorns: *Diese beiden Takte des engl. Hornes werden nur ausgeführt, wenn das B vorhanden ist.*

[54] Adorno, *Mahler*, S. 27

[55] Schon im Libretto der nicht vollendeten Oper *Rübezahl* bedient sich Mahler einer – wie er es im Brief an Marschalk nennt – *Reime dich oder ich freß dich-Prosa*, um mit ihrer Hilfe einen *skurrilen Ton* zu erzeugen; vgl. *Mahler-Briefe*, hg. von M. Hansen, S. 157/158

[56] Paul Bekker, *Gustav Mahlers Sinfonien*, Berlin 1921, S. 53

[57] Peter Szondi, a.a.O., S. 405

Im klanglichen Äußeren entschieden anders, aus dem Blickwinkel ironischer Distanz aber wesensverwandt ist das Scherzo der
5. Sinfonie, über das Mahler 1904 an seine Frau schreibt, es sei *ein
verdammter Satz! Der wird eine lange Leidensgeschichte haben! Die
Dirigenten werden ihn fünfzig Jahre lang zu schnell nehmen und einen Unsinn daraus machen, das Publikum – o Himmel – was soll es
zu diesem Chaos, das ewig auf's Neue eine Welt gebärt, die im nächsten Moment wieder zu Grunde geht, zu diesen Urweltsklängen, zu
diesem sausenden, brüllenden, tosenden Meer, zu diesen tanzenden
Sternen, zu diesen verathmenden, schillernden, blitzenden Wellen
für ein Gesicht machen?*[58]

Mahler komponiert diesen Satz im Sommer 1901 in Maiernigg,
zur gleichen Zeit, in der er nach Bekunden Natalie Bauer-Lechners Lieder von Rückert und den *Tambourgesell* aus *Des Knaben
Wunderhorn* schreibt.[59] Durch Natalie sind wir auch über seine Gedanken und Schwierigkeiten mit dem Scherzo der »Fünften« unterrichtet:

*Der Satz ist enorm schwer zu arbeiten durch die große
künstlerische Meisterschaft, die er in allen Verhältnissen und
Details verlangt. Die scheinbare Wirrnis muß, wie bei einem
gotischen Dome, sich in höchste Ordnung und Harmonie
auflösen. [...] Wie schwer er mir fällt und nicht enden will
in den Hindernissen und Spießigkeiten, die er mir entgegenstellt, kannst du nicht glauben. Es liegt an der Einfachheit
seiner Themen, welche sich lediglich auf der Tonika und
der Dominante aufbauen. Das würde sich heute keiner zu
machen getrauen. Dadurch ist die Akkordführung so
schwer, besonders bei meinem Prinzip, daß ich nicht einmal
etwas wiederholen darf, sondern alles aus sich heraus sich
weiter entwickeln muß. [...] Es [das Scherzo] ist durchgeknetet, daß auch nicht ein Körnchen ungemischt und unverwandelt bleibt. Jede Note ist von der vollsten Lebendigkeit*

[58] *AME*, S. 315/316

[59] de La Grange gibt an, Mahler habe außer *Blicke mir nicht in die Lieder*, das am
14. Juni 1901 beendet worden sei, *a few other »Rückert-Lieder«* in diesem Sommer
geschrieben (S. 628) und nennt im Anhang (unter Hinweis auf *NBL*, S. 166) folgende Titel: *Ich atmet' einen linden Duft, Ich bin der Welt abhanden gekommen*
und *Um Mitternacht*. Dazu kommen lt. de La Grange drei *Kindertotenlieder*: *Nun
will die Sonn' so hell aufgeh'n, Nun seh' ich wohl, warum so dunkle Flammen* und
Wenn dein Mütterlein.

und alles dreht sich im Wirbeltanz. [...] Romantisches und
Mystisches kommt nicht vor, nur der Ausdruck unerhörter
Kraft liegt darin. Es ist der Mensch im vollen Tagesglanz,
auf dem höchsten Punkt des Lebens.[60]

Es gilt festzuhalten: Das Scherzo der »Fünften« ist für Mahler immer zugleich

Chaos	unerhörte Kraft; der Mensch auf dem höchsten Punkte seines Lebens
Scheinbare Wirrnis	höchste Ordnung und Harmonie
Geburt einer Welt,	die im nächsten Moment wieder zugrunde geht
Einfachheit der Themen	keine Wiederholung, sondern Entwicklung, alles durchgeknetet, verwandelt, wie im Wirbeltanz

Das Scherzo ist in der Tat in seinen motivischen Zusammenhängen
außerordentlich dicht gearbeitet, der formale Ablauf sehr klar.
Die rhythmische Gestaltung des Satzes – von ihr soll hier allein die
Rede sein – beruht im wesentlichen auf fünf Modellen, die sich aus
dem Horn-Motto des Anfangs ableiten:

Die ständigen Permutationen dieser beiden rhythmischen Motive
prägen den Eindruck, den Mahler mit dem Begriff »Wirbeltanz«
umschreibt; beide Elemente a und b werden in der Reihenfolge
vertauscht und von Fall zu Fall modifiziert:

---

[60] *NBL*, S. 164/165

Anstelle der Viertel-Pause im Element b wird zuweilen das letzte Viertel von a_3 oder a_4 übergebunden, oder an die Stelle des a- bzw. b-Taktes tritt eine ♩.-Note. Ab T. 40 bzw. 43 werden zwei neue, in ihrer *Bezeichnungskraft* (Eggebrecht) andersartige Elemente eingeführt, die zugleich den Beginn eines neuen Abschnitts markieren: eine kraftstrotzende, später in T. 201 sogar als *wild* bezeichnete gleichmäßige auftaktige Achtel-Begleitfigur, zu der in T. 43 ein »Klarinetten-Motiv« hinzutritt:

Das Kopfmotiv ♫ ♪, ♪, oder auch ♫ ♩ ♩ ist offenbar eine Kontamination aus a_1 + a_3 oder aus a_1 + a_4; gegen die mögliche

Annahme, es handele sich um eine einfache Modifizierung des Mottos ♩♩♩ zu ♩♩ spricht die Tatsache, daß dieses Klarinetten-Motiv niemals in Verbindung mit Element b auftaucht. Aus den fünf rhythmischen Modellen formt Mahler unablässig neue vertikale wie horizontale Kombinationen, dazu stete Permutationen von Themen und Motiven, die in ihrer unerschöpflichen Fülle nicht im einzelnen dargestellt werden können. Stellvertretend hier die Takte 15 bis 26:

Das stolze, kraftvolle Thema der Hörner und alle daraus abgeleiteten Motive finden in Mahlers Bemerkung vom Menschen *im vollen Tagesglanz*[61] sicher ihre adäquate verbale Benennung, machen aber nicht die ganze Wahrheit dieses Satzes aus. Denn da gibt es neben der sinnlos-geschäftigen Achtelbewegung (ab T. 43 in den Streichern) mit dem erwähnten Klarinetten-Motiv, das den Eindruck erweckt, als lache jemand über irgend etwas, auch jene Passage in den Bässen, die an die Prügelszene in den *Meistersingern* erinnert

und hier in Verbindung mit dem Walzer-Motiv der Takte 152 bis 154, das den Geist eines Ochs von Lerchenau aus Strauss' *Rosenkavalier* atmet, und dem Klarinetten-Gekicher eher Anlaß gibt, nachdenklich zu schmunzeln, als einen Menschen »auf dem höchsten Punkt seines Lebens« zu assoziieren; es sei denn, daß man geneigt ist, die tragikomischen Figuren des Beckmesser und Ochs von Lerchenau als Synonyme für die Höhe des Lebens zu akzeptieren!

Teil dieses Satzes ist aber auch die Horn-Episode, deren melodische Substanz Vladimir Karbusicky als Zitat eines böhmischen Volksliedes identifiziert[62]:

Mit seiner Integration in den Scherzo-Satz vollzieht sich – gekoppelt mit der Ausnutzung »tonaler Labilität« – eine stufenweise Evolution des thematischen Materials. *Das dahinterstehende psy-*

---

[61] *NBL*, S. 165
[62] Vladimir Karbusicky, *Gustav Mahler und seine Umwelt*, Darmstadt 1978, S. 60

chische Geschehen – das Leiden des Menschen, das sich in der Volksweise wiederfindet – wird miterlebt[63], indem es durch Mahlers Zitat benannt wird.

Neben einer im Strukturellen deutlich wahrnehmbaren Zuspitzung polyphoner Durcharbeitung begegnen wir in diesem Satz entgegen den Erwartungen, die ein aus der Tradition übernommener Scherzo-Typus suggeriert, einem in seinem musikalischen Meinen disparaten, kontradiktorischen Vokabular, das sich in Wahrheit dem Einverständnis mit der »Höhe des Lebens« verweigert, ihm bestenfalls als Traum-Vision sich nähert, *ein vorübergehender Zustand ist, innerhalb des Weltlaufs ein exterritoriales Feld*[64], das dem naiven Glauben an diesseitiges Glück nur in ironischer Distanz zu begegnen vermag.

[63] ebda., S. 66
[64] Eggebrecht, S. 257

Gustav Mahlers Wirklichkeit

Ein Gespräch mit dem Dirigenten Eliahu Inbal[65]

Müller: Sie haben mit dem Radio-Sinfonie-Orchester Frankfurt inzwischen alle Sinfonien Mahlers, das »Lied von der Erde« und die 10. Sinfonie in der Fassung von Deryck Cooke produziert; es ist deshalb sicher keine Übertreibung zu sagen, in der Interpretation Mahlerscher Werke liege ein Schwerpunkt Ihrer Arbeit in Frankfurt. Haben Sie eine besondere innere Affinität zur Musik Gustav Mahlers?

Inbal: *Ich glaube, ja. Ich behaupte, daß Mahlers Musik besonderer Qualitäten bedarf, ohne die sie nicht vollständig interpretierbar ist. Und ich glaube, ich besitze diese speziellen Eigenschaften, die Mahlers Musik für mich zu einer natürlichen Ausdrucksmöglichkeit machen. Natürlich beziehen sich einige dieser*

---

[65] Eliahu Inbal, seit 1974 Chefdirigent des Radio-Sinfonie-Orchesters Frankfurt, wurde 1936 in Jerusalem geboren. Nach Studien an der dortigen Musikakademie erhielt er auf Empfehlung Leonard Bernsteins ein Stipendium in der Dirigierklasse des Conservatoire National Supérieur in Paris und für Kurse bei Franco Ferrara in Hilversum. Die Auszeichnung mit dem 1. Preis beim Dirigentenwettbewerb »Guido Cantelli« in Novara 1963 öffnete ihm den Weg für eine internationale Laufbahn.

Seither gastierte er bei den großen Orchestern Londons, dem Orchester der Mailänder Scala, dem American Symphony Orchestra, dem Orchestre de Paris, den Berliner und Wiener Philharmonikern, dem Concertgebouw Orkest Amsterdam und den Orchestern in Toronto, Montreal, Tokio und vielen anderen.

Er nahm teil an den Internationalen Festspielen in Salzburg, Linz, Berlin, Holland, Besançon, Luzern, Israel, Verona und Glyndebourne und unternahm mit den Israelischen Philharmonikern Tourneen in die USA, nach Australien, Mexiko und Brasilien.

Inbal machte Operneinstudierungen hauptsächlich von Werken Mozarts, Verdis und Strauss'.

Zahlreiche Schallplattenaufnahmen weisen ihn u. a. als kompetenten Bruckner-Interpreten aus.

In den letzten Jahren ist eine Reihe von neuen Aufnahmen erschienen, u. a. eine Einspielung der Bruckner-Sinfonien in Urfassung, für die das Radio-Sinfonie-Orchester Frankfurt 1983 den Preis der Schallplattenkritik erhielt.

Qualitäten ebenso auf andere Komponisten wie Mozart, Beethoven usw. *Der besondere Nerv, die spezifische Ausdrucksart Mahlerscher Musik bedarf aber eines Interpreten, der – wie Mahler selbst – entweder zu einer Minderheit oder zu einem unterdrückten Volk gehört, eines Interpreten, der in sich selbst den inneren Kampf, eine innere Unruhe besitzt, nie zum vollen Frieden kommen kann. Dann ist er in der Lage, Mahlers Musik als Ausdruck eigenen Erlebens wiederzugeben.*

Sind die Schwierigkeiten – wenn es solche spezifischen Probleme mit Mahlers Musik geben sollte – in verschiedenen Ländern und mit verschiedenartigen Orchestern unterschiedlich groß, oder umgekehrt: gibt es Orchester, die der Musik Mahlers näherstehen als andere?

Vor Jahren hatten die romanischen Länder mehr Schwierigkeiten mit Mahlers Musik, besonders mit der 6., 7. und 8. Sinfonie. Das hat sich in letzter Zeit geändert, und meine Erfahrungen in den vergangenen drei Jahren in Italien und Frankreich sind in dieser Beziehung vorzüglich, sowohl beim Orchester als auch beim Publikum. Es gibt Orchester – und das hat wieder einen Bezug zu der vorhergehenden Frage –, die eine natürliche Beziehung zu Mahlers Musik haben: alle mitteleuropäischen Orchester, z. B. alle österreichischen, und zwar aus eben den genannten Gründen. Die Österreicher sind auch ein Volk, das immer in Bewegung war, in das viele Minderheiten integriert worden sind; ebenso bei den slawischen Völkern; ich meine z. B. die Tschechoslowakei, vor allem Böhmen.

Ich glaube auch, obwohl das bisher nicht so deutlich wurde, daß die ungarischen Orchester einen natürlichen Zugang zu Mahlers Musik finden könnten.

Natürlich finden auch die Amerikaner, weil sie eine Mischung von Minderheiten darstellen, die Anfang des Jahrhunderts ihre Heimat verlassen haben, leichter Zugang zu seiner Musik. Und selbstverständlich das Philharmonische Orchester Israel.

Alle diese Orchester besitzen einen natürlichen Zugang zur Mahlerschen Musik. Freilich kommen andere Orchester wie die englischen oder deutschen dazu, die sehr schnell Mahlers Musik verstanden haben, geführt durch hervorragende Interpreten wie z. B. Bernstein, Solti und Kubelik, welche zu solchen Minderheiten gehören, deren Erbe von Unruhe und politischer Unsicherheit geprägt ist.

Wie steht es in dieser Beziehung mit den holländischen Orchestern? Mahler hat seine Sinfonien durch Mengelberg ja immer sehr gut aufgeführt empfunden.

Wenn Sie allgemein sagen »holländische Orchester«, dann würde ich glauben, daß sie in dieser Hinsicht keine besseren Qualitäten besitzen als andere. Aber wenn Sie sagen »Concertgebouw«, dann sage ich: Ja! Denn ein Orchester kann durch jahrelange Arbeit mit einem Dirigenten bestimmte Qualitäten und Traditionen erwerben, die so etwas ermöglichen, und das ist der Fall beim »Concertgebow«, das durch Mengelbergs Arbeit eine bestimmte Sensibilität und Klangsphäre erreicht hat, die Mahlers Musik entspricht.

Mahler war ständig um größtmögliche Deutlichkeit seiner Musik und als Dirigent auch der Musik anderer bemüht. Er hat in dieser Hinsicht offenbar sehr viel von Richard Wagner übernommen.[66] In seinen Partituren schlägt sich dieses Bemühen um Deutlichkeit in einer außergewöhnlichen Präzision der Spielvorschriften nieder. Arnold Schönberg spricht in seiner »Prager Rede« von 1913 von einer »fast beispiellosen Sachlichkeit, die nur das hinschreibt, was unbedingt nötig ist«.[67] Stimmt das mit Ihren Erfahrungen überein?

Ja, insofern, als Mahler Dirigent war und für Dirigenten geschrieben hat. Die Tatsache, daß er nie Metronombezeichnungen hingeschrieben hat, zeigt schon, daß da der Dirigent am Werk ist. Auf der einen Seite stimmte die »fast beispiellose Sachlichkeit, die nur das hinschreibt, was unbedingt nötig ist«, andererseits sieht man eben auch, welche Freiheiten er dem Interpreten läßt, nicht nur in bezug auf Tempi, sondern sogar in der Instrumentation. Nach Berichten und aus Mahlers Briefen ist uns ja auch bekannt, daß er eine Instrumentation niemals als endgültig betrachtet hat. Er hat sogar einmal in einer Probe auf den Dirigenten geschimpft, weil er nicht sofort von sich aus eine Stimme verdoppelt hat, die nicht deutlich genug zu hören war. Er sagte: »Sie müssen doch als Dirigent wissen, daß Sie eine Stimme verdoppeln müssen, wenn sie nicht kommt; Sie dürfen nicht nur nach den Noten gehen, Sie müssen eingreifen!«

[66] Richard Wagner, Bericht über die Aufführung der neunten Symphonie von Beethoven im Jahre 1846 in Dresden, in: *Gesammelte Schriften und Dichtungen*, hg. von Wolfgang Golther, Stuttgart 1914, Bd. 2, S. 50ff.
[67] Arnold Schönberg, *Prager Rede*, in: *Gustav Mahler*, Tübingen 1966, S. 41

Ich sehe die große Freiheit der Interpretation bei Mahler als zwingend an, damit der Dirigent die innere Resonanz mit seiner Musik haben kann. Wenn nämlich ein Dirigent, der sehr gut Mozart, Beethoven, Bruckner interpretiert, auch Mahler spielt, weil es inzwischen in Mode ist und von allen gefragt wird, ohne diesen inneren Kampf und Widerspruch zu spüren, zu verstehen und sich zu eigen zu machen, wirkt die Musik doch niemals lebendig, nicht spezifisch mahlerisch, sondern geglättet; meistens neigen solche Dirigenten auch dazu, schnelle Tempi zu nehmen, womit sie die Hälfte aller Probleme aus der Welt schaffen.

Wenn aber ein Dirigent den Nerv dieser Musik trifft, dann sind die Bezeichnungen von Mahler außerordentlich präzise!

Also ist die von Schönberg gepriesene Genauigkeit der Mahlerschen Partituren nur unter diesen Bedingungen vorhanden, nicht schon im Schriftbild.

Ja, nur unter dieser Voraussetzung! Sonst kann ein großes Mißverständnis zwischen dem Dirigenten und dem Komponisten entstehen, was sehr oft der Fall ist.

Th. W. Adorno spricht im Zusammenhang mit dem zweiten Satz der »Fünften« davon, daß Mahler dort »die Antithese von Weltlauf und Durchbruch mit voller Konsequenz zum Prinzip der Komposition erhoben« habe. Und weiter heißt es: »Seine Proportionen, das Verhältnis der stürmischen Allegroteile zu den überwuchernden langsamen Einschiebseln aus dem Trauermarsch erschweren die Wiedergabe ungemein. Jene Proportionen dürfen nicht dem Zufall des So-nun-einmal-Komponiertseins anheimfallen, sondern das ganze Stück muß von Anbeginn so klar auf den Kontrast hin organisiert werden, daß es in den Andanteteilen nicht stecken bleibt; der Wechsel bildet die Form. Besonders kommt es darauf an, daß auch die Prestopartien, ohne Konzession im Tempo, deutlich, thematisch gespielt werden und nicht im Wirbel verlorengehen; sie balancieren die Trauermarschmelodien.« Können Sie dieser Ansicht folgen, die ja hinter dem »So-nun-einmal-Komponiertsein« offenbar entscheidende Interpretationsfreiheiten bzw. -zwänge vermutet, die der bloße Notentext nicht nahelegt?

Das ist bei jedem komplexen Werk der Fall. Nehmen Sie etwa als Beispiel den letzten Satz der »Neunten« von Beethoven; da besteht auch zum Teil diese Brüchigkeit. Man kann überhaupt nicht notengetreu interpretieren. Ich wehre mich einfach gegen die Vorstellung, daß irgendein Dirigent oder Pianist (nur) noten-

getreu spielt. Auch wenn man nicht interpretieren will, interpre-
tiert man! Einfach, weil jede Musik von der Dynamik, vom
Tempo, von der Artikulation her von den Ausführenden rea-
lisiert werden muß. Bei Mahler ist solche theoretische Notentext-
Interpretation absolut nicht möglich. Wenn er z. B. sagt »Ruhi-
ges Tempo, aber nicht schleppend«: was soll man darunter ver-
stehen? Da kann man sich nicht auf irgend etwas berufen und
sagen: ich mache das jetzt notentext-getreu. Damit kommen wir
auf einen Punkt zurück, den wir vorhin besprachen. Ein Diri-
gent kann Mahlers Musik nur quasi »notengetreu« interpretieren,
wenn er sie versteht, wenn er diese zerrissene, in sich immer
kämpfende Musik darstellt. Ständig kämpfen bei Mahler die Ele-
mente gegeneinander: wenn das Schöne da ist, ist auch das Häß-
liche dabei; manchmal muß man sehr auf der Hut sein, es auch
deutlich genug herauszubringen. Besonders bei der 8. Sinfonie.
Denn dort besteht auch heute noch das Vorurteil, der zweite Satz
sei z. T. kitschig oder leicht oder problemlos oder gefällig. Das
stimmt überhaupt nicht! Ich habe es nie so empfunden. Es steht
alles in der Partitur, man muß es nur deutlich machen. Die stän-
dige Zerrissenheit bei Mahler braucht eben diesen besonderen
Typ von Interpreten, den ich erwähnt habe. Für jemanden, der
solche Zerrissenheit entweder selbst besitzt – und viele Künstler
besitzen sie – oder in dem durch seine Lebensumstände eine Re-
sonanz dafür entsteht, für den stellt sich Adornos Forderung als
selbstverständlich, als ganz natürliche Sache dar. Er kann nicht
anders, als diese gegensätzlichen Elemente herausarbeiten, das ist
für ihn einfach ein Teil des instinktiven Verständnisses von Mah-
lers Musik.

Dann wäre also aus Ihrer Sicht Mahlers Sinfonik doch in erster Linie auf ihn selbst bezogen und auf sein Weltverständnis,
und sie wäre demnach nicht zuerst und hauptsächlich eine Kritik an dem Kulturbewußtsein des 19. Jahrhunderts, was ja sehr
häufig behauptet wird. Wenn ich das recht verstehe, wäre das
eigentlich eher ein individualistischer Standpunkt.

Ja, das glaube ich schon. Und zwar nicht biographisch, quasi
im Sinne seines Privatlebens, das natürlich auch seinen Einfluß
hatte, sondern die Musik ist absoluter Ausdruck des Individuums
Mahler, das äußerst komplex und reich war. Seine Musik wirkt
manchmal auf mich wie eine Bibel, wie ein Katalog menschlicher
Gefühle, Probleme, Erlebnisse, Charaktere; das ist so allgegen-

wärtig und umfassend, daß man das beinahe als Stimme aus einer anderen Welt betrachten kann.

Die Brüchigkeit, von der ich schon sprach, ist ein außerordentlich wichtiges Merkmal seiner Musik, ich möchte fast sagen: sie ist der Hauptschlüssel. Das erklärt übrigens auch, warum Mahlers Musik erst so spät verstanden wurde.

Glauben Sie, daß die rapide Zunahme von Aufführungen und Aufnahmen Mahlerscher Werke seit Beginn der 60er Jahre damit in Zusammenhang steht, oder hat das auch noch andere Gründe?

Ich bin sicher, daß wir alle erst nach dem Zweiten Weltkrieg reif waren, Mahlers Musik zu verstehen; nicht von ihrer »technischen« Seite her, auch nicht von jener Seite, die der zeitgenössischen Musik am nächsten steht, sondern unter dem Aspekt des Weltverständnisses, das sich in ihr niederschlägt. Zum Wesen Mahlerscher Musik gehören – wie zu Kafkas Literatur – Paradoxien, und es ist ganz deutlich, daß bis in die 60er Jahre kein Interpret diese Musik so aktuell vermitteln konnte, daß jeder junge Mensch sie als Musik unserer Tage verstand. Sogar Dirigenten, die mit Mahler zusammengearbeitet hatten, ja sogar die getreuesten wie Mengelberg, Klemperer oder Bruno Walter, konnten das nicht vermitteln. Sie haben es natürlich nach ihrem Verständnis vermittelt, aber mit der Perspektive der Vergangenheit. Die Welle von Aufführungen Mahlerscher Musik in diesem Umfang, wie wir sie bis heute beobachten können, begann mit einer neuen Generation von Dirigenten (heute gehören sie zur mittleren bis älteren Generation), die diese Musik und ihre Brüche so verstanden haben, daß sie es den jungen Menschen von heute klar und zwingend aktuell machen konnten. Sie haben Mahlers Musik zeitgenössisch gemacht. Bis dahin war sie eine komische Mischung aus Romantik, aber ohne Homogenität, und Schönheit, aber mit Häßlichem und Banalem. Natürlich gibt es in dieser Musik Häßliches und Banales, aber das wurde zum erstenmal wirklich klar, als ein Mensch von heute es so verstand, wie man es zu verstehen hat nach allem, was geschehen ist.

Daß sich die Mahler-Welle dann so relativ schnell ausgebreitet hat, ist vielleicht ein Verdienst der Medien, der Entwicklung der Langspielplatte und der Stereophonie. Denn Mahlers Musik ist nach wie vor schwer aufzuführen; heute haben schon viele Orchester Mahler-Aufführungen gemacht, aber damals war das

doch noch sehr schwierig, und da kam – was die Verbreitung be-
trifft – sicher die Schallplatte zu Hilfe.

Hat vor allem die Stereophonie nicht auch unmittelbar etwas
zu tun mit der Art Mahlerscher Musik, sehr stark auf Raum hin
angelegt zu sein. Mahler hat einmal anläßlich einer Probe zur
2. Sinfonie Ende November 1901 in Wien geäußert, daß zukünftige Dirigenten seine Sinfonien immer auf den jeweiligen
Raum hin zu bearbeiten hätten: »Heil dem Dirigenten, der
nach mir meine Instrumentation der Akustik des Saales anpassen wird.«[68] Haben Sie sich zu solchen Änderungen schon einmal entschlossen, oder muß man dazu – wie Mahler – Komponist sein?

Nein, man muß nicht Komponist sein; denn diese Äußerung
Mahlers kommt von ihm als Dirigent, nicht als Komponist. Das
ist ja auch gerade einer dieser wundervollen Aspekte an Mahler,
daß er gleichzeitig ein großer Komponist und ein großer Dirigent
war. Das gilt in der gleichen Weise wohl nur noch für Richard
Strauss, und für beide gilt, daß ein Dirigent ihre Instrumentation
ändern sollte, wenn er es für notwendig erachtet, allerdings
kommt so etwas bei Strauss seltener vor, weil seine Musik nicht
so außerordentlich differenziert notiert ist wie bei Mahler.

Bringen Sie solche Retuschen oder Korrekturen dann ein für
alle Mal in einer Sinfonie an, oder machen Sie es – je nach den
räumlichen Gegebenheiten – mal so und mal so?

Der Raum entscheidet. Sie wissen, daß z. B. die Akustik man-
cher Säle die Bässe sehr betont; in solchen Fällen müßten die
Bässe »schlanker« gemacht werden, vielleicht kürzer; in anderen
Sälen ist das umgekehrt.

Wie erklärt sich aus Ihrer Sicht der Widerspruch zwischen
den ungeheuer intensiven Proben Mahlers zu dem Eindruck des
Improvisierten bei den Aufführungen, wie Paul Stefan in seinem Nachruf berichtet?[69]

Das ist selbst bei Mozart oder bei Schubert so. Mozart muß
fließend, muß leicht klingen. Aber das ist äußerst schwer, das
bedarf sehr anstrengender und genauer Proben. Aber dann
klingt er unmittelbar, fließend, natürlich, fast improvisiert. Das
ist geradezu das Ideal der Mozart-Interpretation. Denn auch bei
Mozart liegen die Emotionen nicht immer ganz offen an der

[68] *Die Presse*, 23. Mai 1970
[69] *Neue Musikzeitung* 32 (1911), H. 17, S. 350

Oberfläche, sie sind eher unterschwellig, unter der Oberfläche. Um sie aber dort zu belassen, muß man solche Probenarbeit machen.

Bei Mahler machen die Komplexität des Satzes, die Freiheiten im Tempo, vor allem die unterschiedliche Dynamik die Sache noch schwieriger. Manchmal muß die eine Stimme harmlos und schön klingen, während zur gleichen Zeit in einer anderen Stimme der Teufel mit seiner verbissenen Grimasse durchscheint: das kann man nur durch präzise Probenarbeit erreichen. Bei der Aufführung wirkt es dann allerdings spontan, unmittelbar.

Sieht angesichts der Differenziertheit Mahlerscher Partituren die Probentechnik anders aus als bei der Musik anderer Komponisten, wie z. B. Bruckner?

Das kann man vor allem im Vergleich zu Bruckner wohl sagen. Denn bei Bruckner ist das meiste – vor allem in den Urfassungen – blockartig komponiert, da ist ein Block gegen den anderen gesetzt, und es geht nicht so sehr darum, in jedem Themenblock die innere Differenzierung aufzuspüren oder gar irgendeine Art von Gebrochenheit, die es im Mahlerschen Sinne nicht gibt (es gibt wohl Überlappungen von rhythmischen Elementen u. ä.). Bei Mahler dagegen muß der Dirigent stets auf der Suche nach der Klarlegung solcher Zerrissenheit sein, insbesondere bei solchen Stellen, die im ersten Moment nur schön klingen: das sind die gefährlichsten!

...da steckt immer auch das Gegenteil mit drin...

Ja! Man muß es nur herausbringen.

Es gibt Ausnahmen, die aber nie sehr lange dauern; z. B. das Finale der 4. Sinfonie. Da kann man ein kleines Stück finden, wo man sagen kann: das ist schön. Aber dennoch ist das nur bedingt richtig; ich betrachte alle Sinfonien von Mahler als eine große Sinfonie, und das gibt mir auch den Schlüssel zur Interpretation mancher Sinfonien, die als etwas schwierig gelten, wie z. B. die 6. und 7., aber besonders die »Achte«. Der Schlüssel ist nur zu finden, wenn man das sinfonische Werk als Ganzes sieht, sonst ist man verloren. Gerade das hat so viel Verwirrung gestiftet im Hinblick auf die 8. Sinfonie.

...Mahler selbst hat ja seine Sinfonien auch als eine Einheit gesehen...

Genau! Seine Sinfonien sind der Ausdruck dieses außerordentlichen Wesens, das er war; deshalb kann man eine Sinfonie nicht von der anderen trennen. So wie die Person Mahler, wie sein

Leben, müssen auch die Sinfonien als Einheit erfaßt werden,
und wenn man das macht, versteht man einiges. Dann versteht
man z. B. eine Stelle, die nur schön ist, sofort anders. Man fragt
sich: Was ist da los? Ist die Welt plötzlich in Ordnung? Nein,
man muß sofort sehen, was danach kommt, dann ist die Relation
klar; dann kann man schön interpretieren mit einem »Aber« in
bezug auf das, was danach kommt. Genauso ist das mit der
8. Sinfonie. Die »Achte« hat die »Neunte« erzwungen! Oder:
ohne die »Achte« konnte die »Neunte« nicht kommen; und das
muß man eben bei der Interpretation der »Achten« auch schon
hören: das ist schön, aber…!

Noch einmal zurück zur Probentechnik. Man kann fast jede
beliebige Seite einer Mahler-Partitur aufschlagen: immer wird
man sehen, daß manchmal bis zu sechs oder sieben verschiedene
dynamische Stufen eingetragen sind; Akzentuierung hier gegen
Nicht-Akzentuierung dort; sogar vollkommen unterschiedliche
Dynamik zwischen I. und II. Violine, obwohl beide die gleiche
melodische Linie spielen. Das ist alles äußerst geschickt und diri-
gentisch von Mahler kalkuliert, das ist so hervorragend gemacht,
daß man eigentlich nicht viel Worte darüber in der Probe verlie-
ren müßte. Aber man muß doch die Musiker immer wieder dar-
auf aufmerksam machen, daß sie das wirklich so machen; denn
es gibt so eine Art Angleichungs-Tendenz bei Orchestermusi-
kern: wenn der Geiger X hört, daß sein Nachbar Y ff spielt,
neigt er dazu, auch etwas stärker zu spielen. Oder: wenn alle pp
spielen und irgendein Instrument soll laut Partitur f oder sfz
spielen, muß der Dirigent ihn wirklich dazu anhalten, das auch
mit aller Konsequenz zu tun, also das f oder sfz ganz heftig oder
sogar verbissen zu spielen; sonst neigt er dazu, die Sache zu ver-
schönen, also eher ein elegantes sfz als ein verbissenes zu spie-
len. Das ist es, was die Besonderheit der Probentechnik bei
Mahler ausmacht. Das kommt auch bei anderen Komponisten
vor, aber niemals in der Häufigkeit wie bei Mahler. Es kommt
sogar bei Komponisten vor, von denen man das eigentlich nicht
annehmen würde, z. B. bei Tschaikowsky, der zu oft verharm-
lost, ja geradezu zur Kaffeehaus-Musik degradiert worden ist.
Aber wenn man wirklich das ausführt, was in der Partitur steht,
dann findet sich auch bei Tschaikowsky diese Disparatheit der
Elemente; nicht in dem Maß wie bei Mahler. Aber nehmen Sie
z. B. den Walzer aus der 5. Sinfonie von Tschaikowsky. Da
sind auch diese ironischen und verbissenen Bemerkungen in der

Orchestration vorhanden, man muß sie nur machen, diese ge-
stopften Töne in den Hörnern, diese plötzlichen Akzente im Fa-
gott und Klarinetten: Das muß man rausbringen; dann ist dieser
Walzer plötzlich sehr mahler-nah.

Die Probentechnik muß diese Differenziertheit und den Mut
zum Häßlichen und Banalen als ästhetischem Ausdruckselement
hervorbringen. Besonders in Deutschland neigt man aufgrund ei-
nes spezifischen Verständnisses von Musikkultur zum Verschö-
nern. Selbst bei Komponisten wie Mozart ist das nicht durchweg
am Platze. Was z. B. das »Staccato« anbelangt, neigen vor allem
die Holzbläser oder auch die Hörner dazu, es zu verschönern,
also anstatt quasi abgerissene Staccati zu spielen, sie etwas wei-
cher zu machen; man sagt dann meistens: sie etwas musikali-
scher zu spielen, kultivierter, eleganter. Das mag generell viel-
leicht sogar richtig sein, aber manchmal muß der Dirigent doch
eher das Verbissene, das Klare, das Fanatische, das Häßliche als
ästhetisches Element auch bei Mozart oder bei Beethoven, erst
recht natürlich bei Mahler verlangen.

Mahler hat in einem Brief an Max Marschalk einmal geäußert: »Mit Eleganz lassen sich meine Symphonien nicht behandeln.«[70] Wie ist das Ihrer Meinung nach zu verstehen?

Das war ja gerade einer der Gründe, warum Mahler als Kom-
ponist so lange ein Außenseiter war. Man hat ihn verschönt, wo
es nichts zu verschönen gab; wo er ganz im Gegenteil in Extre-
men zu interpretieren gewesen wäre, man hat ihn verharmlost,
wo man seine Musik geradezu fanatisch hätte ausführen sollen,
und man hat die sogenannten Banalitäten kaschiert, wo man sie
hätte ganz deutlich hervorbringen sollen. Das lag im Geist der
damaligen Zeit und in der damaligen Aufführungspraxis; die
Eleganz und Verschönerung hat Mahlers Kraft nicht deutlich ge-
macht, und deshalb verstanden ihn die meisten nicht.

Hat nicht vielleicht auch die Neue Musik etwas mehr Bewußtsein dafür geschaffen, daß Musik nicht um jeden Preis
schön sein muß? Vielleicht ist durch die Brille der Neuen Musik nach 1945 auch Mahler besser verstanden worden.

Ich glaube, daß auch die Neue Musik vor dem Zweiten Welt-
krieg genug Ansatzpunkte gehabt hätte, mit ästhetischen Katego-
rien wie Häßlichkeit oder Brutalität zu Mahlers Musik hinzufüh-

---

[70] *Gustav Mahler, Briefe*, hg. von M. Hansen, a.a.O., S. 192

*ren. Aber es fehlte das menschliche Erlebnis dieser Dinge, die zu
einem neuen Weltverständnis geführt haben. Das änderte sich
erst nach dem Zweiten Weltkrieg, und ich bin davon überzeugt,
daß das der Grund dafür war, daß die Mahlersche Musik nach
den Unsicherheiten der 50er Jahre so explosionsartig verbreitet
werden konnte. Und dennoch: Mahlersche Musik ist immer noch
nicht so verbreitet, wie man es manchmal annehmen möchte. Es
gibt immer noch Länder, die zumindest die eine oder andere
Sinfonie noch nicht so ganz verstehen, besonders die »Sechste«,
vielleicht auch die »Siebte«, obwohl ich gerade mit diesem Werk
vor allem in Italien wunderbare Erfahrungen gemacht habe, was
die unmittelbare Resonanz und das Verständnis seitens des
Publikums anbelangt. Aber z. B. die Franzosen haben Schwierigkeiten, etwa die 6. Sinfonie zu verstehen; nicht so sehr das
Publikum, eher die Musiker, die ja die Detailarbeit, die
Schwerstarbeit machen müssen. Und gerade die »Sechste« ist in
dieser Hinsicht so schwer, daß man wirklich viele, viele Stunden
braucht, um das richtig hinzubekommen. Da fragt sich denn
doch mancher französische Musiker: wozu das ganze, lohnt sich
das überhaupt? Im Konzert verstehen sie dann, daß es sich ge-
lohnt hat.*

*Trotzdem: Mahler wird universeller und universeller, und ich
habe keinen Zweifel, daß er in einigen Jahrzehnten der univer-
sellste Komponist sein wird, viel mehr noch als jetzt. Wie ich übrigens auch glaube, daß Sibelius eines Tages seinen Platz finden
wird. Er ist in bestimmtem Sinne zu modern.*

Das ist interessant! Mahler hat von Sibelius' Musik nichts gehalten!

*Richtig. Aber man kann nicht erwarten, daß jeder sofort zu je-
der Musik Zugang findet; das braucht Zeit. Ich glaube tatsächlich, daß Sibelius Musik eines Tages universal verstanden wird –
aber vielleicht irre ich mich.*

Wie Arnold Schönberg mitteilt, hat Mahler in den letzten
Jahren weniger durch Gestik beim Dirigieren als vielmehr in
der Probe durch »immer größere Klarheit des Ausdrucksvermö-
gens durch Worte« jene Präzision erreicht, die ihm vorschwebte. Welche Erfahrungen haben Sie mit dem »Erklären«
Mahlerscher Musik bei der Probe?

*Die Erklärung Mahlerscher Musik ist notwendig und wichtig,
es sei denn, daß ein Orchester sehr häufig diese Musik spielt;
dann braucht es nur noch Absprachen über Tempo, Balance etc.*

Das Erklären der Musik ist notwendig, um in der Aufführung die Musik nahezu improvisatorisch natürlich erscheinen zu lassen. Die vielen Rubati, die vielen Verzögerungen – Mahlers Musik ist voll davon –, eine kleine Beschleunigung, aber nicht zuviel, und sofort wieder Verzögerung danach, ein Akzent, aber etwas weniger als der nächste usw. usw.: das alles kann man nicht dem Zufall überlassen.

Aber es klingt am Ende wie improvisiert...

Ja, oder sagen wir besser: wie unmittelbar. Aber damit es unmittelbar klingt, muß diese hartnäckige Probenarbeit vorangehen.

Ich komme noch einmal auf das »Erklären« zurück. Hat das für das Verständnis der Mahlerschen Musik überhaupt einen Sinn, den Musikern beispielsweise etwas über Zerrissenheit zu erzählen?

O ja, ich tue das sehr oft; und wenn Sie heute Mahler-Aufnahmen mit besten Orchestern und Dirigenten hören, dann hat man doch manchmal den Eindruck, es wäre besser gewesen, wenn da etwas erklärt worden wäre. Es gibt noch immer zu viele Verschönerungen, d. h. zu viele Mißverständnisse. Der Musiker muß den Mut haben, häßlich oder brutal zu spielen, jedenfalls so deutlich wie möglich eine Vortragsbezeichnung von Mahler auszuführen. Wenn man ihn dazu nicht ermutigt, neigt er zu Untertreibungen...

...im Sinne unangemessener Verschönerung...

Ja! Deshalb muß der Dirigent ihm das immer wieder erklären, und dann klingt die Musik sofort echter und unmittelbarer. Denn bis dahin versteht er die Dinge als bloß banal oder simpel; erst wenn man ihm erklärt, was es bedeutet, spielt er es mit Überzeugung.

Haben nach Ihrer Auffassung Mahlers Sinfonien einen unmittelbaren Wirklichkeitsbezug – beispielsweise zu Ereignissen in seinem Leben? Haben Sie selbst beim Studium dieser Werke derartige Vorstellung?

Zweifellos ist seine Musik auch Spiegel seines Privatlebens oder seines – wenn der Ausdruck gestattet ist – seines biographischen Lebens, aber nicht in dem Sinne, daß der Interpret erst einmal sich zu erkundigen hätte: was ist da alles passiert (in seinem Privatleben), als er dies oder jenes schrieb, um dann daraus Rückschlüsse für die Interpretation zu ziehen. Mahlers Musik ist viel umfassender, viel allgegenwärtiger. Die Privatsphäre ist zweitrangig bei Mahler, davon bin ich überzeugt. Es steht alles in der Partitur, und zwar sehr deutlich. Gut, wenn man weiß, daß er den ersten Satz der »Sechsten«, zumindest bestimmte Themen, als Moment von Entspannung oder Liebeserklärung oder Freude aufgefaßt hat, dann kann das etwas helfen. Aber man muß das nicht wissen; die Musik selbst drückt das ganz deutlich aus.

Also ist aus Ihrer Sicht Mahlers Musik nicht so sehr bezogen auf sein – wie Sie sagten – biographisches Leben, sondern es ist wohl mehr sein Verständnis von Welt, das sich in ihr niederschlägt.

Ja.

Nun resultiert Mahlers Verständnis von Welt – das läßt sich vielen seiner Äußerungen entnehmen – aus einem tiefen Pessimismus, oft sogar geradezu einer Resignation gegenüber dem So-Sein dessen, was gemeinhin als Realität angesehen wird. Gibt es in Mahlers Musik als dem Niederschlag dieses Welt-Verständnisses dennoch auch Momente des bedingungslos Schönen als einer positiven Kategorie von »Welt«?

Ja. Das gilt vor allem für die Schluß-Sätze einiger Sinfonien, so z. B. der »Vierten«, aber vor allem für die drei letzten Werke, die 9. Sinfonie, »Das Lied von der Erde« und die 10. Sinfonie, wo die Schlüsse eine Atmosphäre von Frieden, Ruhe, Ewigkeitsgefühl und Schönheit vermitteln, die aus verklärter Resignation zur Akzeptierung des Todes führt. Diese Stellen gehören zum Besten, was Mahler geschrieben hat.

Aber das sind nur kurze Momente, die immer mit einem »Aber« verbunden sind! Einen wirklich langen, ausgebreiteten Moment von Schönheit, von innerer Ruhe, von Zufriedensein mit der Welt und mit sich selbst gibt es bei Mahler nie, auch wenn manchmal dieser Eindruck entstehen könnte. Da komme ich auf meine Forderung zurück, daß der Interpret eine besondere Affinität zu Mahlers Musik haben muß, um das zu verstehen. Wenn es auch den Anschein von Zufriedenheit und Welteinverständnis macht, ist das doch nicht der Fall, und genau in diesem Moment geht es um die interpretatorische Farbe: es ist schön, aber es tut weh! Es ist gleichzeitig nostalgisch und doch spürt man sofort: das ist gleich vorbei, das ist sinnlos, das ist eigentlich schon nicht mehr da.

Liegt darin nicht auch Ironie, so wie sie Mahler verstanden hat?

*Die Ironie, die Verbissenheit und vor allem der Teufel, die
sind immer dabei: der Teufel lauert überall, ich meine diese Akzente und die z. T. krasse Instrumentation, selbst bei den schönsten Stellen. Aber ich meine nicht diesen Aspekt von Ironie und
Verbissenheit, die ja immer bewirken, daß Schönheit nicht einfach Schönheit ist.*

*Nein. Ich meine vielmehr bestimmte Momente von Ruhe, wie
z. B. in der »Achten«, die zu so vielen Mißverständnissen Anlaß
gegeben haben. Menschen, die das nur als schön oder sogar kitschig empfunden haben, die haben genau diesen niederschmet-
ternden Aspekt solcher Schönheitsmomente nicht begriffen. Daß
da ein Mensch, der verloren ist, der resignieren, den Tod akzeptieren muß, im letzten Moment wie ein schuldloses Kind versucht, sich die Illusion zu geben, daß es auch Schönheit gibt.
Und das ist in der Musik ganz, ganz klar zu hören, besonders in
der »Achten«, daß diese Schönheit vielleicht noch trauriger ist als
die, die mit verbissener Ironie durchsetzt ist, zu hören, wieviel
Weltschmerz diese sogenannte Schönheit trägt. Bei Mahler gibt
es niemals diese reine Schönheit; sie ist immer verbunden mit
deutlichen Spuren der Ironie oder der Fratzen des Teufels. Manche Interpreten haben das nicht begriffen: diesen Schmerz, der
hinter der Schönheit sich verbirgt. Deshalb muß der Interpret
solches Leid auch selbst gespürt haben, sei es durch seine privaten Lebensumstände oder durch sein ethnisches Erbe, um das in
natürlicher Weise zu begreifen. Deshalb klingen manche Passagen in Mahlerschen Werke von ansonsten hervorragenden Dirigenten so harmlos. Wem soll man dann die Schuld geben, wenn
es heißt: das ist kitschig, das ist banal?*

Angesichts des Mahlerschen Weltverständnisses wird immer
wieder – seit Adorno – auf die musikalischen Brüche verwie-
sen. Werden Sie als Dirigent durch solche Brüche, die ja eine
bewußte Verweigerung gegenüber tradierten Formkategorien
darstellen, vor spezifische Probleme gestellt? Adorno konfrontiert Mahler in diesem Punkt mit Bruckner, dessen Formsprache gerade, »weil er sie ungebrochen verwendet«, brüchig
werde, während Mahlers Musik »Sinn im Sinnverlassenen« auf-
spüre und gerade diese Gebrochenheit »zu seinem eigenen Ton
geworden« sei.[71]

[71] Theodor W. Adorno, *Mahler*, a.a.O., S. 48

Genauso ist es. Diese Gebrochenheit ist Mahlers ureigenster »Ton«, der Ton eines Menschen, der den Frieden sucht und ihn niemals findet, sich möglicherweise manchmal täuscht, ihn gefunden zu haben, aber dann merkt man es um so mehr, daß er ihn nicht gefunden hat. Diese Brüchigkeit ist Teil seines musikalischen Ausdrucks, und deswegen gibt es keine Probleme, wenn man den Nerv der Musik trifft; dann ist Brüchigkeit nicht ein Problem, sondern wird zur Sprache selbst.

Sie werden demnach diese Brüchigkeit nicht zu kaschieren versuchen, sondern im Gegenteil alles daran setzen, sie offenzulegen.

Selbstverständlich! Niemals kaschieren! Offenlegen, klarmachen, nicht übertreiben (das ist sehr wichtig!) und eines zum anderen ins richtige Verhältnis bringen. Um ein Beispiel zu nennen: wenn Inhomogenität hervorgerufen wird durch eine banale, simple Stelle, auf die eine im Ausdruck raffinierte Passage folgt, dann muß man dafür sorgen, daß die eine durch die andere verstanden wird, nicht als Dinge, die miteinander nichts zu tun haben, die einfach nebeneinander stehen. Zerrissenheit ist sowohl Bruch wie Zusammenhang!

Dadurch konstituiert sich Mahlers Form...

Ja. Aufs Kleine betrachtet handelt es sich um Brüchigkeit, Inhomogenität, aufs Ganze gesehen ist genau dies das tragende, formbildende Element.

Verzeichnis der Abkürzungen

AME   Alma Mahler, *Gustav Mahler. Erinnerungen und Briefe*, Amsterdam 1940
Neuausgabe, hg. von Donald Mitchell, Frankfurt/M. 1971

AML   Alma Mahler-Werfel, *Mein Leben*, Frankfurt/M. 1960

BWB   *Bruno Walter, Briefe 1894–1962*, hg. von Lotte Walter-Lindt, Frankfurt/M. 1969

BWM   *Bruno Walter, Gustav Mahler. Ein Porträt*, Wien 1936, hier zitiert nach der Taschenbuchausgabe, Wilhelmshaven 1981

BWT   Bruno Walter, *Thema und Variationen*, Frankfurt/M. 1950

GMB   *Gustav Mahler, Briefe 1879–1911*, hg. von Alma Maria Mahler, Berlin–Wien–Leipzig 1924
(In Klammern die Seitenzahl der Neuausgabe *GMBN*)

GMBN *Gustav Mahler, Briefe*, Neuausgabe, erweitert und revidiert von Herta Blaukopf, Wien–Hamburg 1982

KB I   Kurt Blaukopf, *Gustav Mahler oder der Zeitgenosse der Zukunft*, Wien–München–Zürich 1969

KB II   Kurt Blaukopf, *Mahler. Sein Leben, sein Werk und seine Welt in zeitgenössischen Bildern und Texten*, Wien 1976

KBG   Ludwig Karpath, *Begegnung mit dem Genius*, Wien 1934

MGG   *Musik in Geschichte und Gegenwart*, Kassel–Basel–London 1949–1979

MSB   *Gustav Mahler – Richard Strauss, Briefwechsel 1888–1911*, hg. von Herta Blaukopf, München–Zürich 1980

NBL   Natalie Bauer–Lechner, *Erinnerungen an Gustav Mahler*, hg. von Johann Killian, eingeleitet von Paul Stefan, Wien–Zürich 1923

NBLN Natalie Bauer-Lechner, *Erinnerungen an Gustav Mahler*, Neuausgabe, hg. von Herbert Killian, mit Anmerkungen und Erklärungen von Knud Martner, Hamburg 1984

NZfM *Neue Zeitschrift für Musik*

UGMB *Gustav Mahler, Unbekannte Briefe*, hg. von Herta Blaukopf, Wien–Hamburg 1983

Chronologisches Werkverzeichnis

Die Zahlen in Klammern geben die Entstehungszeit an. Verschollene oder unveröffentlichte Werke sind nicht berücksichtigt.

Quartett für Violine, Viola, Violoncello und Klavier, I. Satz *Nicht zu schnell; entschlossen* (1876)

Das Klagende Lied für Sopran-, Alt-, 2 Tenor-, Bariton- und Baß-Soli, Chor und Orchester (1880)
Waldmärchen; *Der Spielmann*; *Hochzeitsstück*
(In der 2. Fassung von 1898 fehlt das *Waldmärchen*.)

5 Lieder für Singstimme und Klavier (1880–83)
Frühlingsmorgen, *Erinnerung*, *Hans und Grete*, *Serenade aus Don Juan*, *Phantasie aus Don Juan*

Lieder eines fahrenden Gesellen für Singstimme und Orchester (1884–96)
Wenn mein Schatz Hochzeit macht, *Ging heut' morgen übers Feld*, *Ich hab ein glühend Messer*, *Die zwei blauen Augen*

1. Sinfonie D-Dur für Orchester (1885[?]–88)

Die drei Pintos, Oper in drei Akten nach Vorlagen von C. M. von Weber, ergänzt von Gustav Mahler (1887–88)

9 *Wunderhorn*-Lieder für Singstimme und Klavier (1888–91)
Um schlimme Kinder artig zu machen, *Ich ging mit Lust durch einen grünen Wald*, *Aus! Aus!*, *Starke Einbildungskraft*, *Zu Straßburg auf der Schanz*, *Ablösung im Sommer*, *Scheiden und Meiden*, *Nicht wiedersehen!*, *Selbstgefühl*
(Diese 9 Lieder erschienen 1892 zusammen mit den 5 Liedern aus den Jahren 1880–83 als *Lieder und Gesänge*.)

12 *Wunderhorn*-Lieder für Singstimme und Orchester (1892–96)
Der Schildwache Nachtlied, *Verlor'ne Müh'*, *Trost im Unglück*, *Wer hat dies Liedlein erdacht?*, *Das irdische Leben*, *Des Antonius von Padua Fischpredigt*, *Rheinlegendchen*, *Lied des Verfolgten im Turm*, *Wo die schönen Trompeten blasen*, *Lob des hohen Verstandes*, *Es sungen drei Engel einen süßen Gesang*, *Urlicht*
(Die beiden letzten Lieder wurden in die dritte bzw. zweite Sinfonie übernommen.)

2. Sinfonie c-Moll für Sopran- und Alt-Solo, Chor und Orchester (1888–94)

3. Sinfonie d-Moll für Alt-Solo, Frauen- und Kinderchor und Orchester (1895–96)
4. Sinfonie G-Dur für Sopran-Solo und Orchester (1899–1900)
7 *Lieder aus letzter Zeit* für Singstimme und Orchester (1899–1903)
   Revelge, Der Tambourg'sell, Blicke mir nicht in die Lieder!, Ich atmet' einen linden Duft, Ich bin der Welt abhanden gekommen, Um Mitternacht, Liebst du um Schönheit
5. Sinfonie cis-Moll für Orchester (1901–1902)
Kindertotenlieder für Singstimme und Orchester (1901–1904)
   Nun will die Sonn' so hell aufgehn, Nun seh' ich wohl, warum so dunkle Flammen, Wenn dein Mütterlein, Oft denk' ich, sie sind nur ausgegangen, In diesem Wetter
6. Sinfonie a-Moll für Orchester (1903–1904)
7. Sinfonie e-Moll für Orchester (1904–1905)
8. Sinfonie Es-Dur für 3 Sopran-, 2 Alt-, Tenor-, Bariton- und Baß-Soli, Kinderchor, Gemischten Chor und Orchester (1906)
Das Lied von der Erde für Alt- (oder Bariton-) und Tenor-Solo und Orchester (1908)
   Das Trinklied vom Jammer der Erde, Der Einsame im Herbst, Von der Jugend, Von der Schönheit, Der Trunkene im Frühling, Der Abschied
Arrangement einer Suite nach Sätzen von J. S. Bach für großes Orchester (1909)
9. Sinfonie D-Dur für Orchester (1909)
10. Sinfonie Fis-Dur für Orchester, unvollendet (1910)
   Ein *Adagio*-Satz ist von der Internationalen Gustav-Mahler-Gesellschaft im Rahmen der Kritischen Gesamtausgabe nach der Partitur-Skizze Mahlers herausgegeben worden.
   1961 veröffentlichte Deryk Cooke eine vollständige Rekonstruktion der Sinfonie nach den vorhandenen Skizzen Mahlers.

Eine Kritische Gesamtausgabe der Werke Gustav Mahlers wird von der Internationalen Gustav-Mahler-Gesellschaft in Wien herausgegeben.

Literaturhinweise

Einen genauen Überblick über die vorhandene Mahler-Literatur vermittelt die Gustav-Mahler-Dokumentation von Bruno und Eleonore Vondenhoff, Tutzing 1978. Über laufende wissenschaftliche Arbeiten unterrichten die Nachrichten der Internationalen Gustav-Mahler-Gesellschaft in Wien.

A. Quellen

Gustav Mahler, Briefe 1879–1911, hg. von Alma Maria Mahler, Berlin–Wien–Leipzig 1924
Neuausgabe, erweitert und revidiert von Herta Blaukopf, Wien–Hamburg 1982
Gustav Mahler, Unbekannte Briefe, hg. von Herta Blaukopf, Wien–Hamburg 1983
Gustav Mahler, Briefe, hg. von Mathias Hansen, Leipzig 1981
Gustav Mahler – Richard Strauss, Briefwechsel 1888–1911, hg. von Herta Blaukopf, München–Zürich 1980
Mahler, Alma: *Gustav Mahler. Erinnerungen und Briefe*, Amsterdam 1940
Neuausgabe, hg. von Donald Mitchell, Frankfurt/M. 1971
Mahler-Werfel, Alma: *Mein Leben*, Frankfurt/M. 1960
Bauer-Lechner, Natalie: *Erinnerungen an Gustav Mahler*, hg. von Johann Killian, eingeleitet von Paul Stefan, Wien–Zürich 1923
Neuausgabe, hg. von Herbert Killian, mit Anmerkungen und Erklärungen von Knud Martner, Hamburg 1984

B. Allgemeines (Auswahl)

Adler, Guido: *Gustav Mahler*, Wien und Leipzig 1916
Adorno, Theodor W.: *Mahler – Eine musikalische Physiognomik*, Frankfurt/M. 1960
Appia, Adolphe: *Die Musik und die Inszenierung*, München 1899
Bekker, Paul: *Gustav Mahlers Sinfonien*, Berlin 1921
Nachdruck Tutzing 1969
Berg, Erich Alban: *Alban Berg, Leben und Werk in Daten und Bildern*, Frankfurt/M. 1976

Blaukopf, Kurt: *Gustav Mahler oder Der Zeitgenosse der Zukunft*, Wien/München/Zürich 1969

ds.: *Mahler. Sein Leben, sein Werk und seine Welt in zeitgenössischen Bildern und Texten*, Wien 1976

Cardus, Neville: *Gustav Mahler*, London 1965

Chevally, Heinrich: *Hundert Jahre Hamburger Stadttheater*, Hamburg 1927

Dahlhaus, Carl: *Die rätselhafte Popularität Mahlers*, in: *Mahler. Eine Herausforderung*, hg. von Peter Ruzicka, Wiesbaden 1977

Danuser, Hermann: *Zu den Programmen von Mahlers frühen Symphonien*, in: *Melos/Neue Zeitschrift für Musik* 1 (1975), S. 14–19

ds.: *Versuch über Mahlers Ton*, in: *Jahrbuch des Staatlichen Instituts für Musikforschung Preußischer Kulturbesitz* 1975, S. 46–79

Eggebrecht, Hans Heinrich: *Die Musik Gustav Mahlers*, München/Zürich 1982

Engel, Gabriel: *Gustav Mahler. Song Symphonist*, New York 1932

Ferrar, Geraldine: *Memoiren*, übersetzt und bearbeitet von A. Sacerdoti-Thomin, Mainz 1928

Fischer, Kurt von: *Gustav Mahlers Umgang mit Wunderhorntexten,* in: *Melos/Neue Zeitschrift für Musik* 4 (1978), S. 103–107

Floros, Constantin: *Gustav Mahler* I. *Die geistige Welt Gustav Mahlers in systematischer Deutung*, Wiesbaden 1977

ds.: *Gustav Mahler* II. *Mahler und die Symphonie des 19. Jahrhunderts in neuer Deutung. Zur Grundlegung einer zeitgemäßen Exegetik*, Wiesbaden 1977

ds.: *Gustav Mahler* III, *Die Symphonien*, Wiesbaden 1985

Förster, Josef Bohuslav: *Der Pilger. Erinnerungen eines Musikers*, Prag 1955

Forchert, Arno: *Zur Auflösung traditioneller Formkategorien in der Musik um 1900. Probleme formaler Organisation bei Mahler und Strauss*, in: *Archiv für Musikwissenschaft* 32 (1975), S. 85 ff.

Friedell, Egon: *Kulturgeschichte der Neuzeit*, München 1927–1931

Graf, Max: *Wagner-Probleme und andere Studien*, Wien 1900

ds: *Die Wiener Oper*, Wien/Frankfurt/M. 1955

Hanslick, Eduard: *Aus neuer und neuester Zeit*, Berlin 1900

Istel, Edgar (Hrsg.): *Mahlers Symphonien, erläutert mit Notenbeispielen von Edgar Istel, Ludwig Schiedermair, Hermann Teibler u. a., nebst einer Einleitung von Edgar Istel*, Berlin [2]1910

Jemnitz, Alexander: *Gustav Mahler als königlich ungarischer Hofoperndirektor*, in: *Der Auftakt*, Jg. 16, Prag 1936, S. 7 ff.

Karpath, Ludwig: *Gustav Mahler und die Wiener Hofoper*, in: *Bühne und Welt* 6 (1904), Nr. 17, S. 705–714

ds.: *Begegnung mit dem Genius*, Wien/Leipzig [2]1934

Kayser, Wolfgang: *Das Groteske. Seine Gestaltung in Malerei und Dichtung*, Stalling 1957

Kennedy, Michael: *Mahler*, London 1974

Klemperer, Otto: *Meine Erinnerungen an Gustav Mahler und andere autobiographische Skizzen*, Zürich 1960

Klob, Karl-Maria: *Kritische Gänge*, Bd. 1 *Musik und Oper*, Ulm 1909

Kolleritsch, Otto (Hrsg.): *Sinfonie und Wirklichkeit*, Graz 1977

Kralik, Richard: *Karl Lueger und der christliche Sozialismus*, Wien 1923

ds.: *Gustav Mahler*, Wien 1968

Kühn, Hellmut (Hrsg.): *Gustav Mahler. Ein Lesebuch mit Bildern*, hg. von Hellmut Kühn und Georg Quander, Zürich 1982

Louis, Rudolf: *Die deutsche Musik der Gegenwart*, München 1909 *Gustav Mahler*. Mit Beiträgen von Arnold Schönberg, Ernst Bloch, Otto Klemperer, Erwin Ratz, Hans Mayer, Dieter Schnebel und Theodor W. Adorno, Tübingen 1966

Meixner, Michael: *Gustav Mahler als Operndirektor in Budapest*, in: *Almanach Wiener Festwochen* 1967, Wien 1967

Mitchell, Donald: *Gustav Mahler. The early years*, London 1958

ds.: *Gustav Mahler: The Wunderhorn years*, London 1975

Neisser, Arthur: *Gustav Mahler*, Leipzig 1918

Newlin, Dika: *Bruckner – Mahler – Schönberg*, Wien 1954

Nikisch, Arthur: *Leben und Wirken*, hg. von Heinrich Chevally, Berlin 1922

Nodnagel, Ernst Otto: *Jenseits von Wagner und Liszt*, Königsberg 1902

Pamer, Fritz Egon: *Gustav Mahlers Lieder* I/II, in: *Studien zur Musikwissenschaft*, Bd. 16/17, Wien 1929/30

Penkert, Anton: *Die musikalische Formung von Witz und Humor*, *Kongreß für Ästhetik und allgemeine Kunstwissenschaft*, Bericht Berlin 1913, Stuttgart 1914

Pfohl, Ferdinand: *Gustav Mahler. Eindrücke und Erinnerungen aus den Hamburger Jahren*, hg. von Knud Martner, Hamburg 1973

Pringsheim, Klaus: *My recollections of Gustav Mahler*, in: *Chord and Dischord* 1958, Vol. 2, Nr. 8, S. 114–116

Quander, Georg (Hrsg.): *Gustav Mahler. Ein Lesebuch mit Bildern*, hg. von Hellmut Kühn und Georg Quander, Zürich 1982

Redlich, Hans-Ferdinand: *Gustav Mahler. Eine Erkenntnis*, Nürnberg 1919

ds.: *Bruckner und Mahler*, London 1955

Reich, Willi (Hrsg.): *Gustav Mahler. Im eigenen Wort – Im Wort der Freunde*, hg. von Willi Reich, Zürich 1958

Roller, Alfred: *Die Bildnisse von Gustav Mahler*, Leipzig/Wien/Zürich 1922

Rudolf, Elmer Vinibert von: *Georg Ritter von Schönerer*, München 1936

Ruzicka, Peter (Hrsg.): *Mahler. Eine Herausforderung*, Wiesbaden 1977

Seidl, Arthur: *Moderne Dirigenten*, München 1900

Schiedermair, Ludwig: *Gustav Mahler. Eine biographisch-kritische Würdigung*, München 1901

Schmitt, Theodor: *Der langsame Symphoniesatz Gustav Mahlers*, München 1983

Schönerer, Georg von: *Judenthum und Deutschthum in der Ostmark*, Marburg 1887

Schreiber, Wolfgang: *Gustav Mahler in Selbstzeugnissen und Bilddokumenten*, Reinbek 1971

Schumann, Karl: *Das kleine Gustav Mahler Buch*, Salzburg 1972

Shaw, George Bernard: *Musik in London 1890–94*, London 1930–1938

Specht, Richard: *Gustav Mahler*, Berlin 1913

ds.: *Das Wiener Operntheater. Von Dingelstedt bis Schalk und Strauss. Erinnerungen aus 50 Jahren*, Wien 1919

Sponheuer, Bernd: *Logik des Zerfalls. Untersuchungen zum Finalproblem in den Symphonien Gustav Mahlers*, Tutzing 1979

Stahmer, Klaus Hinrich (Hrsg.): *Form und Idee in Gustav Mahlers Instrumentalmusik*, Wilhelmshaven 1980

Stefan, Paul (Hrsg.): *Gustav Mahler. Ein Bild seiner Persönlichkeit in Widmungen*, München 1910

ds.: *Gustav Mahler. Eine Studie über Persönlichkeit und Werk*, München 1910

Stein, Erwin: *Mahlers Instrumentations-Retuschen*, in: *Pult und Taktstock* 4 (1927), November/Dezember, S. 117–122

Stephan, Rudolf (Hrsg.): *Mahler-Interpretationen. Aspekte zum Werk und Wirken von Gustav Mahler*, Mainz 1985

Tibbe, Monika: *Über die Verwendung von Liedern und Liedelementen in instrumentalen Symphoniesätzen Gustav Mahlers*, München 1971

Vill, Susanne: *Vermittlungsformen verbalisierter und musikalischer Inhalte in der Musik Gustav Mahlers*, Tutzing 1979

Vondenhoff, Bruno und Eleonore: *Gustav Mahler Dokumentation. Materialien zu Leben und Werk*, Tutzing 1978, Ergänzungsband 1983

Wagener, Ferdinand: *Die romantische und die dialektische Ironie*, Arnsberg 1931

Walter, Bruno: *Gustav Mahler. Ein Porträt*, Wien 1936

ds.: *Thema und Variationen*, Frankfurt/M. 1950

ds.: *Von der Musik und vom Musizieren*, Frankfurt/M. 1957

Weingartner, Felix: *Lebenserinnerungen*, Zürich/Leipzig 1929

Wessling, Berndt W.: *Gustav Mahler. Ein prophetisches Leben*, Hamburg 1974

Willnauer, Franz: *Gustav Mahler und die Wiener Oper*, Wien/München 1979

Worbs, Hans Christoph: *Gustav Mahler*, Berlin 1960

Zenck, Martin: *Die Aktualität Mahlers als Problem der Rezeptionsästhetik. Perspektiven von Mahlers Naturerfahrung und Formen ihrer Rezeption*, in: *Melos/Neue Zeitschrift für Musik* 3 (1977), S. 255ff.

Zuckerkandl, Bertha: *Österreich intim. Erinnerungen 1892–1942*, hg. von Reinhard Federmann, Frankfurt/M./Berlin/Wien 1970

C. Einzeldarstellungen (Auswahl)

1. Sinfonie

Hoyer, Michael: *Die multiperspektivische Totalität von Mahlers erster Sinfonie*, in: *Form und Idee in Gustav Mahlers Instrumentalmusik*, hg. von Klaus Hinrich Stahmer, Wilhelmshaven 1980, S. 29–116

Nodnagel, Ernst Otto: *Gustav Mahlers I. Symphonie. Eine technische Analyse*, in: *Neue Musikzeitung*, Stuttgart (26) 1905, Nr. 16, S. 353–357 und Nr. 17, S. 376–379

Sponheuer, Bernd: *Der Durchbruch als primäre Formkategorie Gustav Mahlers – Eine Untersuchung zum Finalproblem der Ersten Symphonie*, in: *Form und Idee in Gustav Mahlers Instru-*

mentalmusik, hg. von Klaus Hinrich Stahmer, Wilhelmshaven 1980, S. 117–164

Osthoff, Helmuth: *Zu Gustav Mahlers Erster Symphonie*, in: *Archiv für Musikwissenschaft* 28 (1971), S. 217–227

2. Sinfonie

Dahlhaus, Carl: *Mahler. Finale der Zweiten Symphonie*, in: Carl Dahlhaus, *Analyse und Werturteil*, Mainz 1970, S. 89–93

Engel, Gabriel: *Mahler's Second and the »Kindertotenlieder«*, in: *Chord and Dischord* 1938, Vol. I., Nr. 9, S. 3–5

Krieger, Georg, und Stroh, Wolfgang Martin: *Probleme der Collage in der Musik, aufgezeigt am 3. Satz der »Sinfonia« von Luciano Berio*, in: *Musik und Bildung* 3 (1971), Heft 5, S. 229–235

Maurer-Zenck, Claudia: *Technik und Gehalt im Scherzo von Mahlers Zweiter Symphonie*, in: *Melos/Neue Zeitschrift für Musik* 2 (1976), Heft 3, S. 179–184

Ringger, Rolf Urs: *Mahlers 2. Symphonie und das Zitat*, in: *Neue Zeitschrift für Musik*, 1967, H. 11, S. 252–254

3. Sinfonie

Schiedermair, Ludwig: *Gustav Mahler. Dritte Symphonie*, in: *Meisterführer* Nr. 10, Berlin 1910, S. 54–69

Schnebel, Dieter: *Über Mahlers Dritte*, in: *Neue Zeitschrift für Musik* 135 (1974), S. 283–288

Walter, Bruno: *Zu Mahlers Dritter Symphonie*, in: *Der Merker* 1 (1909/10), H. 1, S. 9–11

Zender, Hans: *Eine Probenwoche mit Mahlers Dritter*, in: *Melos/Neue Zeitschrift für Musik* 3 (1977)

4. Sinfonie

Abraham, Lars Ulrich: *Zur Harmonik in Gustav Mahlers IV. Symphonie*, in: *Neue Wege der musikalischen Analyse*, Berlin 1967, S. 43/44

Kropfinger, Klaus: *Gerettete Herausforderung: Mahlers 4. Symphonie – Mengelbergs Interpretation*, in: *Mahler-Interpretation*, hg. von Rudolf Stephan, Mainz 1985, S. 111 ff.

Neuwirth, Gösta: *Zur Geschichte der 4. Symphonie*, in: *Mahler-Interpretation*, hg. von Rudolf Stephan, Mainz 1985, S. 177 ff.

Nodnagel, Ernst Otto: *Mahlers Vierte*, in: *Jenseits von Wagner und Liszt*, Königsberg 1902, S. 185 ff.

Schiedermair, Ludwig: *Analyse zur IV. Symphonie*, in: *Gustav Mahler als Symphoniker*, *Die Musik* 1 (1901/02), H. 8, S. 696–698

Stephan, Rudolf: *Betrachtungen zu Form und Thematik in Mahlers Vierter Symphonie*, in: *Neue Wege der musikalischen Analyse*, Berlin 1967, S. 23–42

5. Sinfonie

Nodnagel, Ernst Otto: *Gustav Mahlers Fünfte Symphonie, Technische Analyse*, Leipzig 1905

Stresemann, Wolfgang: *Mahler's Fifth Symphony*, in: *Chord and Dischord* 1948, Vol. 2, Nr. 5, S. 30–33

Weigl, Karl: *Gustav Mahler. V. Symphonie*. Analyse in: *Meisterführer* Nr. 10, Berlin 1910, S. 85–102

6. Sinfonie

Andraschke, Peter: *Gustav Mahlers Retuschen im Finale seiner 6. Symphonie*, in: *Mahler-Interpretation*, hg. von Rudolf Stephan, Mainz 1985, S. 63ff.

Nodnagel, Ernst Otto: *6. Symphonie in a-Moll von Gustav Mahler*, in: *Die Musik* 5 (1905/06), H. 16, S. 233–246

Pringsheim, Klaus: *Zur Uraufführung von Mahlers sechster Symphonie*, in: *Blätter des Anbruch* 2 (1920), Nr. 14, S. 496–498

Ratz, Erwin: *Gustav Mahler. Symphonie Nr. 6 in a-Moll*, in: *Erwin Ratz, Gesammelte Aufsätze*, Wien 1975, S. 123–130

Specht, Richard: *Gustav Mahlers VI. Symphonie, Thematischer Führer*, Leipzig 1906

7. Sinfonie

Brinkmann, Reinhold: *Mahlers Siebente – Näherungen zu einem schwierigen Werk*, in: *Philharmonische Programme des Berliner Philharmonischen Orchesters*, Nr. 32, 1980/81

Kneif, Tibor: *Collage oder Naturalismus? Anmerkungen zu Mahlers »Nachtmusik I«*, in: *Neue Zeitschrift für Musik* 134 (1973), H. 10, S. 623–628

de la Motte, Diether: *Gustav Mahler. VII. Symphonie, 4. Satz, »Nachtmusik II«, Takt 1–55*, in: Diether de la Motte, *Musikalische Analyse*, Kassel–Basel–Paris–London–New York 1968, S. 107–114

Specht, Richard: *Gustav Mahler. VII. Symphonie. Thematische Analyse mit Notenbeispielen*, in: *Der Merker* 1909/1910, S. 88ff.

8. Sinfonie

Gottwald, Clytus: *Die Achte – Epilog zu Gesprächen mit György Ligeti. Gustav Mahler und die musikalische Utopie*, in: *Neue Zeitschrift für Musik* 135 (1974), H. 5, S. 292–295

Isler, Ernst: *Gustav Mahlers achte Sinfonie*, in: *Schweizerische Musikzeitung* 50 (1910), Nr. 26, S. 326

Istel, Edgar: *Gustav Mahler. VIII. Symphonie in Es-Dur. Analyse*, in: *Meisterführer* Nr. 10, Berlin 1910, S. 144–161

9. Sinfonie

Andraschke, Peter: *Gustav Mahlers IX. Symphonie. Kompositionsprozeß und Analyse. Beihefte zum Archiv für Musikwissenschaft*, Bd. XIV, Wiesbaden 1976

Dahlhaus, Carl: *Form und Motiv in Mahlers Neunter Symphonie*, in: *Neue Zeitschrift für Musik* 135 (1974), H. 5, S. 296–299

de la Motte, Diether: *Das komplizierte Einfache. Anmerkungen zum 1. Satz der 9. Symphonie von Gustav Mahler*, in: *Gustav Mahler, Sinfonie und Wirklichkeit*, hg. von Otto Kolleritsch, Graz 1977, S. 52–67

Ringger, Rolf Urs: *Mahlers Neunte Symphonie und das Dramatische*, in: *Musica* 20 (1966), H. 2, S. 58–61

Schenk, Rüdiger: *Zur Neunten Symphonie Gustav Mahlers*, in: *Form und Idee in Gustav Mahlers Instrumentalmusik*, hg. von Klaus Hinrich Stahmer, Wilhelmshaven 1980, S. 165–222

Spinnler, Burkard: *Zur Angemessenheit traditioneller Formbegriffe in der Analyse Mahlerscher Symphonik – eine Untersuchung des ersten Satzes der Neunten Symphonie*, in: *Form und Idee in Gustav Mahlers Instrumentalmusik*, hg. von Klaus Hinrich Stahmer, Wilhelmshaven 1980, S. 223–276

10. Sinfonie

Rohland, Tyll: *Zum Adagio aus der X. Symphonie von Gustav Mahler*, in: *Musik und Bildung* 5 (1973), H. 11, S. 605–615

Roy, Klaus George: *The creative process and Mahler's Tenth Symphony*, in: *Chord and Dischord* 1958, Vol. II, Nr. 8, S. 17–32

Specht, Richard: *Gustav Mahler. Nachgelassene Zehnte Symphonie*, Berlin–Wien–Leipzig 1924

Zenck, Martin: *Ausdruck und Konstruktion im Adagio der 10. Sinfonie Gustav Mahlers*, in: *Beiträge zur musikalischen Hermeneutik*, hg. von Carl Dahlhaus, Regensburg 1975, S. 205–222

Zur Diskussion um die Ausarbeitung der Skizzen durch Deryck Cooke:

Reid, Charles: *Mahler's »Tenth«. The Music Review*, London 1965, Vol. 26, Nr. 4, S. 318–325

Das Lied von der Erde

Devaré, Ulric: *Gustav Mahler's Song of the Earth*, London 1960

Roman, Zoltan: *Aesthetic symbiosis and structural metaphor in Mahler's »Das Lied von der Erde«*, in: *Festschrift Kurt Blaukopf*, hg. von Irmgard Bontinck und Otto Brusatti, Wien 1975, S. 110–119

Wöss, Josef: *Das Lied von der Erde, Thematische Analyse*, Wien 1912

Kindertotenlieder

Engel, Gabriel: *Mahler's Second and the »Kindertotenlieder«*, in: *Chord and Dischord* 1938, Vol. I, Nr. 9, S. 3–5

Das klagende Lied

Diether, Jack: *Mahler's Klagendes Lied, Genesis and evolution*, in: *Music Review*, November 1968

Mitchell, Donald: *Mahler's Waldmärchen. The unpublished first part of »Das klagende Lied«*, in: *The musical Times*, London, April 1970, S. 375–379

Rosenberg, Wolf: *Gustav Mahlers »Klagendes Lied«. Versuch einer Deutung*, in: *Musica* 26 (1972), H. 2, S. 119–122

Lieder eines fahrenden Gesellen

Ringger, Rolf Urs: *Zu Mahlers »Liedern eines fahrenden Gesellen«*, in: *Musica* 14 (1960), S. 362/363

Waeltner, Ernst Ludwig: *Liederzyklus und Volkslied-Metamorphose. Zu den Texten der Mahlerschen Gesellen-Lieder*, in: *Jahrbuch des Staatlichen Istituts für Musikforschung Preußischer Kulturbesitz*, hg. von Dagmar Droysen, Berlin 1977

Klavierquartett (1876)

Ruzicka, Peter: *Gustav Mahlers Klavierquartett von 1876. Einige Anmerkungen zum nachgelassenen Werk*, in: *Musica* 28 (1974), H. 5, S. 454–457

Die drei Pintos

Becker, Heinz: *Meyerbeers Ergänzungsarbeit an Webers nachge-
lassener Oper »Die drei Pintos«*, in: *Die Musikforschung* 7
(1954), H. 3, S. 300–312

Hartmann, Ludwig: *Die drei Pintos von C. M. v. Weber*, in: *Die
Musik* 5 (1905/06), H. 17, S. 303–310

Hollander, Hans: *Gustav Mahler vollendet eine Oper von Carl Maria von Weber. Vier unbekannte Briefe Mahlers*, in: *Neue Zeitschrift für Musik* 116 (1955), H. 12, S. 130–132

Register der Werke Mahlers

Register

Personen, Orte, Stichwörter

630

Der Brockhaus
für alle Freunde
der Musik

Der Musik-Brockhaus enthält mit über 11000 Stichwörtern von A–Z eine Fülle von Namen, Daten und Begriffen. So sind Komponisten der ernsten und der unterhaltenden Musik mit biographischen Angaben und kurzer Charakterisierung ihres musikalischen Schaffens ebenso vertreten wie die Interpreten aus Oper und Konzert, aus Operette, Musical und Ballett, aus Jazz-, Pop-und Rockmusik. Begriffe aus der Musikpraxis, der Musikerziehung, der Musikwissenschaft, der Musikgeschichte werden prägnant und allgemeinverständlich erläutert, viele auch historische und exotische Musikinstrumente in Wort und Bild dargestellt. Der Musik-Brockhaus gibt Informationen über Musikverlage und Instrumentenbauer, über die Techniken der Musikaufnahme und der Musikwiedergabe. Übersichten, z.B. über Opern, Operetten und Musicals, über Orchester, Opernhäuser, Konservatorien und über Musikpreise erleichtern das Auffinden von Namen unter den einzelnen Stichwörtern. Der Band ist ausgestattet mit über 1000 ein- und mehrfarbigen Abbildungen, zahlreichen Notenbeispielen und vielen Übersichten.
ISBN 3-7653-0338-0. 686 Seiten, Ganzleinen DM 79,–.

F. A. Brockhaus · B. Schott's Söhne

SCHOTT Monographien
Gebundene Ausgaben

In jeder Monographie wird neben dem biographischen Teil in einem Sonderabschnitt das Werk in Analyse und Interpretation beschrieben. Einen großen Raum nimmt die Dokumentation ein – Aufzeichnungen, Briefe, Kritiken, Selbstdarstellungen usw. Eine Zeittafel, Abbildungen, Literaturhinweise sowie ein Register ergänzen den Inhalt.

Dieter Rexroth

Beethoven

Monographie

SCHOTT

Dieter Rexroth
BEETHOVEN

Bestell-Nr. ED 7191, 559 Seiten, gebunden, DM 26,–
Beschreiten die herkömmlichen Biographien einen Weg, der die Grenzen der Schilderung von Leben und Werk offen hält, so geht der Autor in diesem Buch von einem gänzlich anderen Ansatz aus. Er grenzt, soweit das überhaupt möglich ist, Beethovens Leben und sein Schaffen voneinander ab, breitet in der biographischen Darstellung die psychologische Lebenssituation dieses Komponisten aus und beschäftigt sich in einem gesonderten Teil anhand ausgewählter Werke mit Einzelaspekten seines individuellen Kompositionsstils. Die beiden großformatigen Teile schließen als zentralen Abschnitt eine Vielzahl von Dokumenten über Beethoven und sein Schaffen ein. Diese werk- und biographiebezogenen Dokumente wollen den Weg Beethovens als Künstler, seinen stetig wachsenden Ruhm und seine Bedeutung für die bürgerliche Öffentlichkeit nachvollziehbar machen, sie zeigen daneben aber auch, wie sehr nach 1800 die Privatsphäre einer Künstlerexistenz an Wichtigkeit gewonnen hat – ein Ausgangspunkt, der bis in die heutige Zeit hinein zunehmend Aufmerksamkeit findet.

Wolfgang Burde

Strawinsky

Monographie

SCHOTT

Wolfgang Burde
STRAWINSKY

Bestell-Nr. ED 7192, 444 Seiten, gebunden, DM 19,80
St. Petersburg – Paris – Schweizer Exil – Frankreich – USA, dies sind die Stationen eines langen Komponistenlebens, das die Musikgeschichte um eine Vielzahl von Werken unterschiedlichster Stilistik bereichert hat. Igor Strawinskys weltmännisches Œuvre hat die Palette nahezu aller Gattungen bereichert: von der Sonate bis zum Solokonzert, vom Lied bis zur Oper, von der Ballettmusik bis zur Sinfonie... Ebenso facettenreich fällt die Aufzählung der unterschiedlichen kompositorischen Schreibarten aus, die Strawinsky im Laufe seines Schaffens beherrscht hat: vom durch seinen Lehrer Rimskij-Korsakow beeinflußten Stil der ersten Jahre zur "kubistischen" Komposition beispielsweise des skandalumwitterten *Sacre du printemps*, vom Neoklassizismus der *Pulcinella* bis zu den zwölftönig komponierten *Movements* – bis hin zu den Ausflügen in den Jazz. Orientierungslosigkeit bzw. stilistische Uneinheitlichkeit gehörten denn auch zu den Vorurteilen, denen sich Strawinsky gegenübergestellt sah. Solchen Vorurteilen tritt Wolfgang Burde in diesem Buch entgegen und verdeutlicht, daß der Komponist niemals "à la mode" oder "à la manière de" geschrieben hat, sondern die Neuentdeckung kompositorischer Verfahrensweisen oder auch bestimmter Form-Modelle stets in den Zusammenhang seiner persönlichen Denkweise integriert. Hier wird deutlich, warum Strawinsky, wie Wolfgang Burde schreibt, *neben Claude Debussy und Schönberg zu den bedeutendsten Komponisten der europäischen Avantgarde* gehörte.

Musikliteratur bei Piper – eine Auswahl

Ernest Ansermet
Die Grundlagen der Musik im menschlichen Bewußtsein
847 Seiten mit 230 Notenbeispielen und 32 Diagrammen. Serie Piper 388

Claudio Arrau
Leben mit der Musik
Aufgezeichnet von Joseph Horowitz. Aus dem Engl. von Rudolf Hermstein.
320 Seiten mit 56 Notenbeispielen. Serie Piper 597

Glenn Gould
Von Bach bis Boulez
Schriften zur Musik I
Herausgegeben und eingeleitet von Tim Page.
Aus dem Amerik. von Hans-Joachim Metzger.
358 Seiten mit zahlreichen Notenbeispielen. Leinen

Glenn Gould
Vom Konzertsaal zum Tonstudio
Schriften zur Musik II
Herausgegeben und eingeleitet von Tim Page. Aus dem Amerik. von Hans-Joachim Metzger.
321 Seiten. Leinen

Joachim Kaiser
Große Pianisten in unserer Zeit
292 Seiten mit 25 Notenbeispielen und 27 Fotos. Kt.

Lust an der Musik
Ein Lesebuch. Herausgegeben von Klaus Stadler. 436 Seiten. Serie Piper 350

Gustav Mahler/Richard Strauß
Briefwechsel 1888–1911
Herausgegeben und mit einem musikhistorischen Essay versehen von Herta Blaukopf.
240 Seiten und 14 Abbildungen auf Tafeln. Serie Piper 767

Albrecht Roeseler
Große Geiger unseres Jahrhunderts
397 Seiten mit 70 Abbildungen. Leinen

Franco Zeffirelli
Zeffirelli
Autobiographie.
Aus dem Engl. von Inge Leipold. 545 Seiten mit 53 Abbildungen. Leinen

Glenn Gould

Von Bach bis Boulez

Schriften zur Musik I
Herausgegeben und eingeleitet von Tim Page.
Aus dem Englischen von Hans-Joachim Metzger.
360 Seiten mit zahlreichen Notenbeispielen. Leinen.

»Wer die Schriften Glenn Goulds in die Hand nimmt, legt sie so schnell nicht
mehr beiseite; denn hier doziert nicht jemand über den Köpfen hinweg, sondern
er steht mit seiner ganzen schillernden Person hinter jedem Wort, das er sagt.
Und der schnell süchtig werdende Leser bekommt mit den Texten immer auch
eine Auseinandersetzung zwischen den Phänomenen einerseits und Goulds
Subjektivität (einschließlich seiner Idiosynkrasien) andererseits, mitgeliefert:
Insgesamt ein außerordentlich spannend zu besichtigendes Schlachtfeld.

Süddeutsche Zeitung

Der Musikwissenschaftler Karl Schumann nach Lektüre des Buches: »Glenn
Gould hat mir eine schlaflose Nacht bereitet. Ich bin sogleich ans Lesen gegangen, fühlte mich bald angezogen, bald abgestoßen, genoß die herrlich saloppe
deutsche Übersetzung und bemühte mich, den mitunter recht wunderlichen
Gedanken Goulds gerecht zu werden. Vorab erscheint Gould als ein umfassender
Geist. Was der alles über die Musik unseres Jahrhunderts weiß! Einiges ist wohl
absichtsvolle Provokation, und das Ganze hat einen hinreißend lebendigen
Rhythmus, überfällt einen Satz für Satz, knallt einem bald verstiegenste Subjektivität und bald einschüchterndes Wertgefühl um die Ohren. Alleine, was er über
Beethoven sagt! . . . Nach geraumer Zeit wieder ein Buch, das aufregender war
als ein guter Krimi!«

Band 2:

Vom Konzertsaal zum Tonstudio

Schriften zur Musik II
Herausgegeben von Tim Page. Aus dem Englischen von Hans-Joachim Metzger.
321 Seiten. Leinen.

PIPER

Das weltweit einzigartige Nachschlagewerk über Oper, Operette, Musical und Ballett

Pipers Enzyklopädie des Musiktheaters

Oper – Operette – Musical – Ballett
Herausgegeben von Carl Dahlhaus und dem Forschungsinstitut für Musiktheater der Universität Bayreuth unter Leitung von Sieghart Döhring

Der Aufbau des Gesamtwerks:
Ein Werkteil (Band 1–5) mit ca. 3000 Werken, ein Registerband (mit Nachträgen zum Werkteil, Band 6) und ein Sachteil (Band 7–8) mit allen themenbezogenen Begriffsdarstellungen.
Jeder Band mit ca. 800 Seiten, zweispaltig, mit insgesamt ca. 1300 Abbildungen. davon ca. 200 in Farbe. Lexikonformat, Cabraleder. Erscheinungsweise jährlich.

Band 1
Werke Abbatini – Donizetti
776 Seiten

Band 2
Donizetti bis Henze
796 Seiten

Nach dem Erscheinen von Band 1 im Herbst 1986 schrieb Karl Schumann in der »Süddeutschen Zeitung«: »Ein schwindelerregendes Unterfangen in der Absicht, über das Jahr 2000 hinauszuwirken: eine Enzyklopädie des modern-komplexen Begriffes Musiktheater. Die Enzyklopädie läßt nach dem ersten Band schier ein Jahrhundertwerk erwarten, eine Zentralkartei des Musiktheaters. Der Gegenstand ist ständig in Bewegung, doch dürfte das ausladende Lexikon den Wechselfällen der nächsten Jahrzehnte standhalten. Es hilft dem Laien und macht sich dem Fachmann unentbehrlich.«

»Ein langersehnter Wunsch aller Musikinteressierten, der nun endlich seine Erfüllung gefunden hat.«   Herbert von Karajan

Ausführliches Informationsmaterial und die Subskriptionsbedingungen erhalten Sie in Ihrer Buchhandlung oder beim Verlag:
Piper Verlag, Georgenstraße 4, 8000 München 40

PIPER

Von und über Richard Wagner

Carl Dahlhaus
Richard Wagners Musikdramen
165 Seiten. Serie Piper 752

Martin Gregor-Dellin
Richard Wagner
Sein Leben – Sein Werk – Sein Jahrhundert. 930 Seiten. Leinen

Martin Gregor-Dellin
Richard Wagner
Eine Biographie in Bildern. 220 Seiten mit 325 farbigen und schwarzweißen Abbildungen. Leinen

Cosima Wagner
Die Tagebücher
Herausgegeben von der Stadt Bayreuth. Ediert und kommentiert von Martin Gregor Dellin und Dietrich Mack.
Band I: 1869–1872. 1982. 624 Seiten. Serie Piper 251
Band II: 1873–1877. 1982. 688 Seiten. Serie Piper 252
Band III: 1878–1880. 1982. 656 Seiten. Serie Piper 253
Band IV: 1881–1883. 1982. 688 Seiten. Serie Piper 254

Cosima Wagner
Das zweite Leben
Briefe und Aufzeichnungen. 1883–1930. Herausgegeben von Dietrich Mack.
899 Seiten und 36 Abbildungen auf Tafeln. Leinen

Richard Wagner
Briefe
Ausgewählt und kommentiert von Hanjo Kesting.
679 Seiten. Leinen

Richard Wagner
Mein Denken
Eine Auswahl der Schriften. Herausgegeben und eingeleitet von Martin Gregor-Dellin.
416 Seiten. Serie Piper 264

DEMOSKOPIE
IM KONZERTSAAL

Rainer Dollase
Michael Rüsenberg
Hans J. Stollenwerk

Best.-Nr. ED 7406
(ISBN 3-7957-1660-8)
248 Seiten, broschiert,
DM 48,–

Zum Buch: Wie unterscheiden sich Opernbesucher von den Besuchern eines Peter-Alexander- oder Boney-M.-Konzertes?
Welche Partei werden Besucher eines Konzertes von Jethro Tull wählen?
Ist Musik „eine Art Trost" für das Liedermacherpublikum?
Solche und ähnliche Fragen werden in diesem Buch anhand von Umfrageergebnissen beantwortet.
In einer westdeutschen Großstadt (Köln) haben die Autoren Publika verschiedener Musikveranstaltungen mit einem für alle gleichen Fragebogen untersucht: die Besucher von Peter Alexander (Schlager), Boney M. (Internationale Popmusik), von Wolf Biermann und Klaus Hoffmann (Liedermacher), der Londoner Symphoniker unter Claudio Abbado, des Orlando Quartetts (Kammermusik), des Gürzenich-Orchesters, von Maria Hellwig (Volksmusik), Jethro Tull (Rockmusik), des Jazzhaus-Festivals (Moderner Jazz), einer Veranstaltungsreihe Neuer Musik sowie zweier Opernvorstellungen („Fidelio"). Dazu Stichproben einer Fernsehsendung („Bio's Bahnhof") und aus diversen Sport-Publika.

„Demoskopie im Konzertsaal" ist nach „Rock People" (1974) und „Das Jazzpublikum" (1978) der Abschluß einer Trilogie zur Musik-Rezeptionsforschung vor Ort, ein auch international in dieser stilistischen Breite noch einmaliges Projekt.
Die überraschenden und verblüffenden Ergebnisse, die den gängigen Vermutungen z. Z. krass widersprechen, werden ausführlich dargestellt und hin und wieder unkonventionell präsentiert. Eine voreingenommene theoretische Erörterung der Daten zeigt selbst dort recht klare Interpretationsmöglichkeiten auf, wo bislang eher Vorurteile und Ratlosigkeit die Diskussion bestimmten.

SCHOTT

Volkmar Braunbehrens

Mozart in Wien

512 Seiten mit 42 Abbildungen auf Tafeln und im Text. Leinen.

Mozarts Leben war schon immer mit Legenden umgeben, mit Anekdoten und Geschichten, die auf zweifelhafte und nicht nachprüfbare Quellen zurückgehen. Seine Biographie schien die romantische Vorstellung vom gefeierten Wunderkind, das zum musikalischen Genie heranreift, von seinen Zeitgenossen aber schon zu Lebzeiten vergessen wird und im Armengrab endet, in idealer Weise zu erfüllen. Ein liebgewordenes Mozartbild, ein von Legenden überwuchertes Denkmal, das dringend einer Reinigung bedarf.
Der Kulturhistoriker Volkmar Braunbehrens beschreibt einen neuen Weg, um Mozarts Reifezeit, die Jahre in Wien (1781-1791) genauer zu erfassen. Er konfrontiert die für die Zeit spärlichen Zeugnisse über Mozarts Leben mit dem Wiener Alltag der josephinischen Zeit, er schaut auf das, was vor Mozarts Haustür passiert, sucht nach den Lebensbedingungen in Wien, dem »normalen Leben« in der Metropole des Habsburger Reiches und fragt von diesem Panorama aus zurück nach Mozarts Lebenswirklichkeit. Gerade die biographischen Details, die von der Musikgeschichtsschreibung eher vernachlässigt wurden, erfahren eine ausführliche Darstellung, führen zu neuen Einsichten.

»Dieses Buch ist nicht nur spannend zu lesen, sondern ein Gewinn für alle, die Mozart – gereinigt von den Mythen der Romantik – aus der Perspektive seiner eigenen Zeit kennenlernen wollen. Mozart wird als ein bewußt und intellektuell auf der Höhe seiner Zeit stehender, wirtschaftlich durchaus erfolgreich und vor allem unabhängig agierender Künstler im aufgeklärten josephinischen Wien vorgestellt. Ein wichtiges Buch, das mehr Beachtung finden sollte!« Fono Forum

Gernot Gruber
Mozart und die Nachwelt

323 Seiten. Serie Piper 592

»Was das Buch für jeden anziehend und nützlich macht, ist – neben der Eleganz der unterschwellig witzigen Diktion – der kulturgeschichtliche Überbau. Rezeptionsgeschichte wird eingeordnet in den geistesgeschichtlichen Zusammenhang, verständlich gemacht aus den Wechselspielen des Zeitgeistes.«
Karl Schumann, Süddeutsche Zeitung

PIPER